Instruire une armée

Dans la même collection

Bouvier, Patrick, *Déserteurs et insoumis. Les Canadiens français et la justice militaire (1914-1918)*, 2003.

Legault, Roch, *Une élite en déroute. Les militaires canadiens après la Conquête*, 2002.

Lemblé, Jean, *Incorporé de force dans la Wehrmacht*, 2002.

Litalien, Michel, *Dans la tourmente. Deux hôpitaux militaires canadiens-français dans la France en guerre (1915-1919)*, 003.

Litalien, Michel, Thibault, Stéphane, *Les tranchées. Le quotidien de la guerre 1914-1918*, 2004.

Morin-Pelletier, Mélanie, *Briser les ailes de l'ange. Les infirmières militaires canadiennes (1914-1918)*, traduction Pierre R. Desrosiers, 2005.

Morton, Desmond, *Billet pour le front. Histoire sociale des volontaires canadiens (1914-1919)*, traduction Pierre R. Desrosiers, 2005.

Piché Allard, Simone, *Une vie. Entre diplomatie et compromis (1909-1995)*, coll. "Mémoire vive", 2002.

Rawling, Bill, *Une façon de faire la guerre. La prise de Cambrai, octobre 1918*, 2006.

Rawling, Bill, *Survivre aux tranchées. L'armée canadienne et la technologie (1914-1918)*, traduction Pierre R. Desrosiers, 2004.

Rawling, Bill, *La mort pour ennemi. La médecine militaire canadienne*, traduction Pierre R. Desrosiers, 2007.

Tremblay, Thomas-Louis, *Journal de guerre (1915-1918)*, 2006. (Texte inédit, établi et annoté par Marcelle Cinq-Mars), 2006.

Tremblay, Yves, *Volontaires. Des Québécois en guerre (1939-1945)*, 2006.

Tremblay, Yves, Legault, Roch, Lamarre, Jean (dir.), *L'éducation et les militaires canadiens*, 2004.

Vance, Jonathan, *Mourir en héros. Mémoire et mythe de la Première Guerre mondiale*, traduction Pierre R. Desrosiers, 2006.

Yves Tremblay

Instruire une armée
Les officiers canadiens et la guerre moderne (1919-1944)

Athéna éditions remercie le Conseil des Arts du Canada et la Société de développement des entreprises culturelles du Québec (SODEC) pour le soutien accordé à son programme de publication.
Gouvernement du Québec, « Programme de crédit d'impôt pour l'édition de livres », Gestion Sodec.

Page couverture	Bernard Langlois
Photos de la couverture	BAC, acq. 1967-052, cliché 1063-2 ; BAC, acq. 1967-052, cliché 575-16 ; BAC, acq. 1967-052, cliché 578-23

Diffusion au Canada

Prologue
1650, boul. Lionel-Bertrand
Boisbriand (Québec)
J7H 1N7
prologue@prologue.ca

En France

DNM Distribution du Nouveau Monde
30, rue Gay Lussac
75005 Paris
Tél. : 01.43.54.49.02
www.librairieduquebec.fr
direction@librairieduquebec.fr

En Suisse

Servidis
Chemin des Chalets
CH - 1279
Chavannes-de-Bogis Suisse
Courriel : commande@servidis.ch

© Athéna éditions
C.P. 48883
CSP Outremont
Outremont (Québec)
H2V 4V3
athenaeditions.net

Aucun élément du contenu de cet ouvrage ne peut être utilisé, reproduit ou transmis, en totalité ou en partie, de quelque manière que ce soit ou par quelque procédé électronique, mécanique, photocopie, enregistrement ou autre, sans l'autorisation écrite de l'éditeur.

ISBN 978-2-922865-58-5
Dépôt légal – 4ᵉ trimestre 2007
Bibliothèque et Archives du Canada
Bibliothèque et Archives nationales du Québec
Imprimé au Canada

à I. M. R. McK.

Dans les grosses batailles, il taschoyt de donner des horions sans en recepvoir, ce qui est et sera tousiours le seul problesme à résouldre en guerre ; mais il ne s'y espargnoyt jamais ; et, de faict, comme il n'avoyt point d'aultre vertu, horsmis sa bravoure, il feut capitaine d'une compaignie de grans lances...

Capitaine Cochegrue, personnage d'un Balzac pastichant la langue de Rabelais, *Contes drolatiques I*, 1832.

Les batailles, plus que jamais aujourd'hui, sont *des batailles de soldats*, de capitaines.

Charles Ardant du Picq, 1868.

Toutes les guerres commencent par des cours.

Journal d'Ernst Jünger, 6 septembre 1939.

Avant-propos

★ ★ ★

Tout me persuade de plus en plus que ces questions de stratégie dont on fait un si grand mystère et pour la solution desquelles on prétend que des connaissances extrêmement spéciales sont indispensables, sont des questions de gros bon sens — qu'un simple esprit, droit, lucide et prompt, est souvent plus habile à résoudre que nombre de vieux généraux.

ANDRÉ GIDE, *Journal*, 25 octobre 1916.

Le plus difficile est de faire comprendre à ces hommes qui ont de vingt-cinq à quarante ans que nous ne sommes pas des ennemis. Par quelles souffrances l'humanité a-t-elle dû passer pour que le mot chef en soit arrivé à inspirer à lui seul la haine alors qu'il devrait être synonyme de confiance. Votre rôle de chef est de diriger, d'instruire, de sauver parfois, surtout pendant la guerre, et quand le moment est venu de le remplir vous vous trouvez en face de regards butés ou moqueurs.

RAYMOND DUMAY, aspirant de réserve, 24 ans,
Mon plus calme visage et autres journaux de guerre, 8 février 1940.

Ce livre est un appel à surmonter l'attitude bien pensante généralement affichée au Québec qui veut que la guerre étant chose horrible, tout programme d'études non pacifiste des conflits armés n'est qu'une manifestation plus ou moins déguisée de militarisme. C'est un appel à dépasser l'ignorance séculaire du Français d'Amérique pour les affaires militaires, que les médias ou les universités québécoises réduisent trop facilement à une approche politique des relations internationales. L'histoire de la guerre et de la pensée militaire sont des objets d'études légitimes au même titre que toute autre forme de violence (criminalité petite et grande, violence familiale…).

Le problème est simple à énoncer. En 1939-1940, l'Armée canadienne doit former des milliers de cadres en quelques mois, voire en quelques semaines, pour affronter la plus formidable machine de guerre des temps modernes. Alors, comment s'y prend-elle ? La réponse donnée ici relève de l'histoire des idées militaires, celles circulant dans les cercles militaires canadiens dans l'entre-deux-guerres et au début de la guerre, dans l'organisation mise en place pour passer d'un régime produisant des dizaines de finissants à un régime centuplé et dans la pédagogie employée pour transmettre aux apprentis officiers les idées tactiques et opérationnelles à maîtriser pour relever le défi posé par le régime nazi.

S'y greffe un aspect sociopolitique. Le Canadien français d'avant 1970 devait être quelque peu masochiste s'il avait l'intention de servir sous les drapeaux. Des prédécesseurs (Gravel, Bernier, Pariseau, Ross et Gagnon) ont montré comment la barrière linguistique et culturelle (« la race ») a désavantagé le francophone du Canada qui, de gré ou de force, était confronté à des crises d'ordre militaire. Cet aspect crucial du développement militaire du Canada, relégué trop facilement par les historiens de langue anglaise au problème « national » québécois, sera en toile de fond du problème spécifique de la *formation militaire* des officiers canadiens au début de la Seconde Guerre mondiale.

Ce n'est pas dire qu'il faille écarter du revers de la main les productions du monde anglo-saxon, car cette historiographie a beaucoup à apprendre aux locuteurs francophones. Ainsi, ce livre emprunte à nombre d'études réalisées au Canada anglais depuis vingt ans. Il est aussi grandement inspiré par des auteurs britanniques. La démarche de ces derniers est souvent la plus stimulante. Elle amène à des résultats qui nous éclairent sur l'une des activités les plus (dé)structurante de l'aventure humaine : la guerre.

29 septembre 2002, 1er juin 2007

Introduction

✯ ✯ ✯

> Je souhaitais que le sort me mette dans des situations difficiles, pour lesquelles il faille de la force d'âme et de la vertu. Mon imagination aimait se représenter ces situations, et mon sentiment intérieur me disait que j'avais pour elles assez de force et de vertu. Mon amour-propre et la certitude de ma force d'âme grandissaient, ne trouvant pas de démentis. [...] J'étais orgueilleux, mais mon orgueil ne s'appuyait pas sur des actes, mais sur le ferme espoir d'être à la hauteur de tout. De ce fait mon orgueil apparent n'avait pas d'assurance, de fermeté et de constance, je passais de l'extrême présomption à une excessive modestie. Mon état au moment du danger m'a ouvert les yeux. J'aimais m'imaginer parfaitement de sang-froid et calme dans le danger. Mais je n'ai pas été tel dans les affaires du 17 et du 18. (À suivre)
>
> Journal de l'artilleur de 4e classe Léon Tolstoï, 23 ans,
> en campagne dans le Caucase, 28 février 1852.

Il existe un préjugé qui veut que les soldats soient des pauvres hères décervelés par une institution machiavélique en vue d'en faire des machines à tuer. La caricature est répandue. Elle est pourtant grossière et injuste. On dit souvent que la réalité est plus complexe. C'est le cas ici car, dans les faits, les armées sont des collectivités instruites. Il est vrai que cette instruction est d'une nature particulière[1]. Les savoirs véhiculés sont à finalités pratiques, les uns directement reliés aux métiers de combat (infanterie, blindés, artillerie, sapeurs), les autres aux services soutenant les armes combattantes (administration, transport, construction, entretien mécanique et soins de santé pour nommer les plus importants). Il est aussi vrai que l'instruction est inégalement répartie du haut en bas de l'organisation. Elle est concentrée dans deux classes hiérarchiquement bien définies, celle des officiers et celle des sous-officiers, alors que généralement n'est demandée aux soldats que la maîtrise de savoir-faire limités requérant un entraînement poussé mais une instruction sommaire (du moins avant la Seconde Guerre mondiale).

L'officier, en particulier, est un éternel élève. Durant toute sa carrière, il est de son devoir de se perfectionner professionnellement. Après les phases d'instruction initiale, la formation de l'officier se poursuit, soit en suivant des cours

---

1. Le texte général le plus accessible est : Martin Van Creveld, *The training of officers, from military professionalism to irrelevance*, New York et Londres, The Free Press et Collier Macmillan, 1990, ix-134 p. Une critique percutante du simplisme de la thèse du citoyen transformé en bête à tuer par l'entraînement militaire peut être trouvée chez l'historienne néo-zélandaise Joanna Bourke, *An intimate history of killing : face-to-face killing in twentieth-century warfare*, Londres, Granta Books, 2000 (1999), p. 363-368.

avancés, soit en mettant en pratique des savoir-faire de plus en plus complexes lors d'exercices sur carte, d'exercices sans troupes ou de manœuvres avec troupes. C'est pourquoi, lorsque les unités ne sont pas en ligne, officiers et hommes passent une bonne partie de leur temps en exercices et en perfectionnement. Formation (sérieuse) impliquant jugement sur ces performances, l'officier est constamment évalué. Son avancement dépend, outre ses qualités personnelles de chef, des connaissances qu'il a acquises et de ses capacités à les communiquer à ses subordonnés[2]. Les militaires sont probablement les gens les plus formés de la société.

Le lecteur aura remarqué l'emploi du mot « instruction ». Je l'oppose ici à « éducation », tout simplement parce que les savoirs communiqués dans l'institution militaire ont des finalités spécifiques aux métiers qui sont nécessaires au bon fonctionnement d'une armée (artilleur, sapeur, etc.). On veut des praticiens avant tout et on les veut rapidement. Les cours sont donc bâtis sur mesure. Ils se comptent en jours, semaines ou mois, rarement plus (et au plus en deux ans pour les officiers supérieurs). Les écoles d'instruction d'une armée font quelquefois penser aux formations courtes des écoles de métier, à une exception près : l'instruction militaire n'est pas sanctionnée par un diplôme. Parler d'éducation dans ce contexte serait donc aller trop loin.

Par ailleurs, pour le militaire, le mot éducation réfère au même concept que pour le civil : ce sont les savoirs généraux reçus dans le système d'éducation nationale, du primaire à l'universitaire. Du reste, un certain niveau d'éducation est nécessaire avant l'instruction proprement militaire. Les sous-officiers doivent savoir lire, écrire et compter, et quelques connaissances en géographie sont utiles, donc avoir au moins une éducation primaire. Les officiers auront généralement une formation secondaire complétée et les officiers des armes savantes (artillerie, génie) un diplôme universitaire de premier cycle ou l'équivalent.

Les connaissances des militaires ont beau être à finalités pratiques, elles sont souvent complexes. De plus, l'apprentissage et la transmission de ces savoirs revêtent généralement un caractère « internalisé » à cause de la nature de l'activité et de l'appropriation de la violence organisée par les États. Dit autrement, les savoirs militaires sont rares en dehors du cadre institutionnel lui-même. L'armée pourvoit donc à son instruction plus ou moins en vase clos, et plus que moins.

Or, cette instruction « coupée » du reste du mouvement éducatif général d'une société vise à conduire une activité que, dans un régime policé et libéral, tous souhaitent qu'elle ne survienne jamais, ou alors le plus rarement possible. Il arrive pourtant que certaines situations rendent le recours aux armes inévi-

---

2. Voir Paul Fussell, *À la guerre : psychologie et comportements pendant la Seconde Guerre mondiale*, Paris, Seuil, 2003 (1989), p. 75-76. Fussell fait remarquer que tous les officiers et sous-officiers doivent maîtriser l'art de tenir une conférence « quasi universitaire ». Pour s'en assurer, l'Armée britannique a organisé pour son personnel des conférences sur la manière de donner des conférences durant presque toute la Deuxième Guerre mondiale.

table. Dans ces sociétés où la guerre est hors norme se pose avec acuité le problème de l'adéquation de l'instruction militaire à la réalité. On peut par exemple se demander comment une armée comme l'Armée canadienne apprend à faire la guerre lorsque les circonstances l'y forcent après plusieurs années de paix ; l'expertise interne est alors à son plus bas et l'Armée est sans expérience récente. Le risque est donc grand que les contenus de l'instruction ne correspondent plus aux réalités. En particulier, comment s'y prend une armée comme l'Armée canadienne, en cas de crise majeure, lorsqu'une expansion soudaine impose de faire appel à des citoyens ordinaires[3] ? Comment s'assure-t-elle que les apprentissages communiqués à des néophytes sont pertinents, c'est-à-dire suffisamment sophistiqués pour leur permettre non seulement de survivre mais aussi de remplir adéquatement leurs missions ? Et comment leur apprend-elle à faire la guerre du moment et non la dernière ou, encore une fois, comment s'assure-t-on que l'instruction prodiguée correspond aux problèmes contemporains et ne soit pas la régurgitation de vieilles recettes ? Un peu de lumière peut être jetée sur ces questions en explorant l'instruction des officiers canadiens au début de la Seconde Guerre mondiale.

Dans la première moitié du XXe siècle, la guerre revêt un haut degré de complexité organisationnelle et technique auquel on s'attardera souvent dans les pages qui suivent. Mais au bout du compte, la guerre est violence et destruction. Dans la plupart des sociétés occidentales des années 1920 et 1930, traumatisées par l'expérience de la Grande Guerre, cette donnée irréductible était difficile à confronter. On a beau refouler les sensations désagréables, la guerre même juste donne rendez-vous avec l'horreur. C'est un piège dangereux pour une société peu guerrière. Car à moins d'entraînements rigoureux, jusqu'à la brutalité[4], le risque d'un désastre est grand, pour les combattants eux-mêmes, pour les sociétés qu'ils défendent et pour les valeurs qui les animent. Sans compter qu'en 1939, c'était s'illusionner que de planifier une guerre où les machines seraient substituées aux hommes, leur épargnant les tourments physiques et psychologiques de 1914-1918[5].

Il ne s'agit pas là de questions purement rhétoriques. Un des premiers revers tactiques au tout début de la première véritable campagne des Canadiens durant la Deuxième Guerre mondiale en fournit une illustration tragique. Le 10 juillet 1943, la 1re Division et la 1re Brigade blindée débarquent en Sicile. Juste après le débarquement, ces formations rencontrent peu de résistance de la part des Italiens. Le 14 juillet, les Allemands envoient en renfort une division aéroportée, suivie bientôt d'un corps *Panzer*. Ces grandes unités rejoignent la division aéro-

---

3. Cette question est posée pour l'Armée britannique par David Fraser, *And we shall shock them : the British Army in the Second World War*, Londres, Cassell, 1999 (1983), p. x.
4. « Brutalité et cynisme », écrit Paul Fussell dans *The Boys' crusade : the American infantry in northwestern Europe, 1941-1945*, New York, The Modern Library, 2003, p. 97.
5. *Ibid.* Voir aussi l'analyse de Frédéric Rousseau, *La guerre censurée : une histoire des combattants de 14-18*, Paris, Seuil, 2003, p. 25.

portée et celle de *Panzergrenadier* (la 15ᵉ) déjà sur place pour soutenir l'effort défensif italien.

C'est la 15ᵉ *Panzergrenadier* qui s'oppose aux Canadiens. Le 15 juillet, le premier accrochage sérieux contre des éléments de cette division est relativement bénin, les Allemands décrochant vers une meilleure position défensive. Les jours suivants, toutefois, les progrès des Canadiens ralentissent et le 24 juillet au matin, ils doivent stopper devant Nissoria et la crête juste derrière, car les Allemands se sont retranchés pour protéger l'important carrefour routier d'Agira. Là survient le premier revers sérieux pour l'Armée canadienne depuis le jour sombre de Dieppe.

Pour vaincre la résistance sérieuse que représente cette position, un plan élaboré est mis au point. Tout ce que quatre ans de réformes a produit dans les tactiques, l'instruction, l'entraînement et la collaboration avec les autres armes, y compris l'aviation, apparaît dans l'ordre d'attaque : départ à 14 h, prise et nettoyage du village pour atteindre la position de départ devant la colline où sont retranchés le gros des Allemands, barrage d'artillerie commençant à 15 h devant se terminer par un écran de fumée à « poser » 1000 verges (un peu plus de 900 m) devant les compagnies d'infanterie (Royal Canadian Regiment) montant à l'assaut, celles-ci accompagnées de chars de la 1ʳᵉ Brigade blindée (Régiment de Trois-Rivières) et couvert par quelque 90 bombardiers et 150 chasseurs-bombardiers.

Les premières centaines de mètres sont parcourus comme à la promenade, mais à l'approche du village, les Allemands tirent d'abord au mortier, une de leur spécialité. Malgré cela, le village est pris sans coup férir. Derrière, la crête. En sortant du village, le feu ennemi est si intense que le commandant du bataillon d'infanterie doit rediriger ses compagnies. L'une est stoppée net devant la portion nord de la crête, mais les trois autres progressent vers sa partie méridionale. Elles doivent cependant attendre la fin d'un barrage d'artillerie supplémentaire. Ce barrage supplémentaire avait été demandé parce que le barrage initial n'avait pas réduit au silence toutes les batteries adverses. En plus, l'écran de fumée n'a pas suffisamment masqué les fantassins. D'autres obus fumigènes sont donc tirés.

Pendant ce temps, dans l'impossibilité d'avancer directement vers la hauteur, sentant une faiblesse dans la position ennemie au sud de la crête, les trois compagnies de ce côté-là ont dévié vers le sud, contournant puis dépassant la crête. Leurs petites radios de compagnies d'infanterie fonctionnent bien, mais elles n'ont pas la puissance nécessaire pour atteindre les quartiers généraux supérieurs (la crête s'interpose). Les trois chefs de compagnie se réunissent alors pour décider de la marche à suivre. Leurs ordres prévoyaient qu'ils ne devaient pas poursuivre leur avance au-delà d'un certain point qu'ils jugent avoir atteint. Ils décident donc de s'installer pour la nuit. Si l'idée leur est venue de poursuivre la marche jusqu'à Agira, coupant ainsi la ligne de retraite allemande, ou de revenir vers la crête pour prendre à revers les Allemands qui y sont retranchés, ils n'en font rien.

Le nouveau barrage et le nouvel écran de fumée arrivent alors, produisant de la confusion. Des avions appelés à la rescousse perdent leurs objectifs à travers la fumée. Pire, la radio principale du bataillon d'infanterie est tombée en panne et son commandant, inquiet d'avoir perdu le contact avec ses trois compagnies du sud, part à leur recherche. Ce faisant, il est tué par l'ennemi.

Tandis que les compagnies du RCR se dispersent à gauche et à droite de l'objectif, au centre, sur la route principale sortant du village, les chars du Régiment de Trois-Rivières montent vers la crête à leur rythme, sans se soucier de ce qui arrive à l'infanterie. (Chars et infanterie font la guerre selon le même horaire, mais pas ensemble.) Comme souvent en Italie, la route est étroite et les chars doivent avancer à la queue leu leu. La couverture aérienne prévue brille par son absence et les canonniers antichars ennemis ont beau jeu. Ils font feu et le premier char de la file est immobilisé ; les autres doivent stopper derrière. Les Allemands ajustent alors les chars un à un. Dix sont détruits ou endommagés, quatre hommes sont tués et onze autres blessés.

C'est l'impasse et pourtant… les trois compagnies « perdues » sont *derrière* la position ennemie qu'elles n'auraient qu'à prendre à revers pour la détruire. Elles passent la nuit sans bouger. Le lendemain matin, par sémaphore, on leur signale de retraiter derrière leur ligne, car un nouvel assaut frontal est en préparation. Le RCR a perdu depuis le début de l'assaut 44 hommes, dont 17 morts. Pour rien.

Aussi incroyable que cela paraisse, les généraux sur place, dont le major-général G. G. Simonds, commandant la division, qui observe toute l'affaire d'un piton voisin, n'ont pas profité de la situation créée par l'« égarement » des trois compagnies du RCR. Ils ont préféré renouveler un assaut frontal en règle, qui échoue lui aussi. Le 25, il faudra engager les deux autres bataillons de la 1re Brigade d'infanterie dans un troisième assaut frontal. Nouvel échec qui coûte 90 hommes, dont 29 tués. La 1re Brigade est alors relevée par la 2e qui livre un nouvel assaut fortement appuyé par l'artillerie et combiné à une attaque des chars le 26 juillet. La crête est prise, mais les Canadiens sont stoppés devant la ligne de crête suivante que les Allemands ont pu, grâce au temps gagné, occuper et aménager.

L'affaire de Nissoria n'est qu'un épisode dans une campagne qui s'avérera finalement victorieuse pour les Alliés. Mais ce n'est pas par excès d'élégance que les Canadiens se sont tirés d'affaire, c'est plutôt l'effet combiné d'un entêtement non imaginatif du commandement et de supériorité matérielle.

L'incident illustre un certain nombre de failles dans les pratiques canadiennes : dépendance du scénario initial — longue préparation avec ordres précis et détaillés — et de la méthode codifiée dans les publications doctrinales — un assaut est toujours précédé d'un barrage d'artillerie qu'il faut attendre avant d'avancer ; manque d'initiative des subordonnés — coupés du bataillon, ceux-ci connaissaient pourtant l'objectif à atteindre et auraient pu agir sans attendre d'ordre formel ; manque de souplesse du haut commandement qui préfère s'en tenir au plan plutôt que de profiter d'une occasion imprévue ; coordination déficiente entre infanterie et blindés[6] — plutôt que de s'appuyer mutuellement, les deux armes mènent la guerre chacune de leur côté, ce qui simplifie la tâche défensive de l'ennemi qui n'a qu'un type d'adversaire à affronter à la fois ; les barrages d'artillerie et les écrans du fumée n'ont pas produit l'effet paralysant souhaité sur un adversaire plus coriace que prévu ; l'appui aérien promis est absent. Ces erreurs professionnelles coûtent au moins une cinquantaine de morts inutiles[7].

Comment expliquer cet échec ? L'incident de Nissoria montre bien combien la guerre moderne est difficile : il y a des techniques sophistiquées à maîtriser dont la gestion et la coordination sont complexes. Pour obtenir de bons résultats, il faut organiser, instruire et entraîner la troupe et les officiers adéquatement. Il faut que l'institution transmette les bonnes techniques, qu'elle inculque des procédures de collaboration efficaces, tout cela en ne brimant pas la faculté d'initiative des élèves. C'est supposer que l'institution a au départ une idée claire des objectifs pédagogiques à atteindre, ce qui, on en conviendra, n'est pas toujours une mince affaire.

D'où les questions suivantes : l'Armée canadienne du début de la Deuxième Guerre mondiale possède-t-elle un programme pédagogique performant ? Cela implique bien sûr de savoir ce que l'Armée de 1939 connaissait des meilleures pratiques militaires du temps. Autrement dit, la culture institutionnelle intègre-t-elle correctement les progrès récents ? L'organisation pédagogique transmet-

---

6. Selon Jean-Yves Gravel (*Les soldats-citoyens : histoire du Régiment de Trois-Rivières, 1871-1978*, Trois-Rivières, Éditions du Bien Public, 1981, p. 55), « [c]ette journée d'infortune à Nissoria illustre le manque de collaboration blindés-infanterie par suite de transmissions difficiles — situation fréquente en Sicile en raison de la chaleur torride et des montagnes. Le problème vient des transmetteurs sans fil n° 18 que l'on transporte à dos d'hommes à raison d'un appareil par compagnie d'infanterie. Ces postes de radio ne sont pas assez puissants pour le terrain montagneux de la Sicile. Ces pannes, tellement courantes, sont surtout causées par les batteries à piles sèches qui se décomposent sous la chaleur tropicale de l'île ; en outre, les trois quarts des batteries de réserve sont déjà hors d'usage à leur arrivée en première ligne. De leur côté, les chefs d'escadron [blindé] utilisent le poste de radio n° 13 et les chefs de troupe, le poste n° 38, plus petit ; ces deux radios servent aussi à communiquer avec l'infanterie. Au contraire des Allemands, les forces alliées éprouveront des difficultés de transmissions durant toute la guerre. » Pourquoi les Alliés, contrairement aux Allemands, n'ont pas des systèmes radios compatibles ? Les techniciens de chacune des armes n'avaient pas prévu au départ que la coopération instantanée et simultanée dans un même lieu (et non pas seulement synchronisée) avec d'autres armes aurait autant d'importance. On comprendra plus loin que le manque de collaboration ne peut être réduit à un simple problème de modèles de radios, aussi réel soit-il, mais qu'il résulte de « cultures » d'armes de combat incompatibles. Sur ce problème toujours actuel, on peut lire l'article du colonel R. J. M. Porter, « Higher Command and Staff Course Staff Ride Paper : As the experience of the French and German Armies in 1940 demonstrates, doctrine not equipment is the key to success in modern warfare. Discuss », *Defence Studies*, vol. III, n° 1, printemps 2003, p. 136-147.
7. L'affaire de Nissoria a fait couler beaucoup d'encre. Commencer avec l'histoire officielle et les histoires régimentaires : G. W. L. Nicholson, *Histoire officielle de la participation de l'Armée canadienne à la Seconde Guerre mondiale, volume II : les Canadiens en Italie, 1943-1945*, Ottawa, Imprimeur de la Reine, 1960, p. 126-134 ; G. R. Stevens, *The Royal Canadian Regiment, volume two, 1933-1966*, London, London Printing and Lithographing, 1967, p. 77-81. Pour un point de vue plus critique, voir : Bill McAndrew, « Fire or movement ? Canadian tactical doctrine, Sicily – 1943 », *Military Affairs*, vol. 51, n° 3, juillet 1987, p. 142-143 ; Bill McAndrew, *Les Canadiens et la Campagne d'Italie, 1943-1945*, Montréal, Art Global, 1996, p. 54-55.

elle efficacement les pratiques en question à tous les échelons de l'organisation ? Arrive-t-elle à gérer l'interaction entre une transmission théorique des connaissances et les expériences du terrain ?

J'aborderai ces questions par le biais d'une enquête sur la transmission de la culture tactique. Cette transmission s'opère par l'instruction à tous les niveaux : celui de la troupe en général, des sous-officiers, des officiers subalternes (sous-lieutenant et lieutenant), des officiers supérieurs (capitaine, major, lieutenant-colonel et colonel) et des officiers généraux (brigadier-général, major-général, lieutenant-général et général). À chaque niveau correspondent des centres de formation, qu'il s'agisse de camps d'entraînement, d'écoles d'instruction ou d'écoles de guerre. Il serait trop long d'étudier tous les aspects de cette transmission. De plus, si les études sur les officiers généraux et leurs états-majors abondent, elles ne disent pas tout et, dans une perspective globale, culturelle, elles sont souvent déficientes.

Je préfère me pencher sur la portion centrale de l'édifice de formation, où l'on s'occupe des subalternes, mais aussi des sous-officiers et de plusieurs officiers supérieurs récemment promus. Les chefs instructeurs de ces écoles « moyennes » sont quant à eux des officiers supérieurs. Ainsi, la transmission de la doctrine tactique pourra être examinée dans l'institution jusqu'au niveau du bataillon et même de la brigade (le principal officier d'état-major d'une brigade de style britannique est le major de brigade). Au-delà, on entre dans le champ des officiers généraux qui a souvent été exploré. (En me concentrant sur les officiers du bas de la hiérarchie, par ce choix du moyen terme, je ne sacrifie pas grand-chose, car l'instruction donnée dans les divers camps et écoles de ce « milieu » de l'Armée canadienne est un bon indicateur de la manière dont les généraux conçoivent leur métier, car les généraux approuvent le contenu des enseignements.)

Une autre raison peut être invoquée : les subalternes sont la seule classe de la hiérarchie militaire en contact quotidien avec les hommes[8], ce qui ouvre une fenêtre permettant d'explorer la réception de la culture tactique dans la masse des troupiers. Il y a aussi que les sous-officiers et soldats laissent moins de souvenirs que les officiers sur lesquels fonder une telle analyse. À cette époque, la hiérarchie est un reflet direct du nombre d'années de scolarité.

On verra aussi que le déroulement de la guerre en Europe affecte le contenu des enseignements par les nouvelles qui en proviennent et par la navette que font certains officiers instructeurs entre le théâtre d'opérations outre-mer et les écoles d'instruction au Canada. Finalement, on pourra évaluer ces enseignements en vérifiant s'ils préparent adéquatement les troupes à affronter les réalités du champ de bataille.

Dans les pages qui suivent, je me concentrerai sur les activités de formation en territoire national, même si des écoles ont aussi fonctionné en Grande-Bretagne

---

8. F. Rousseau, *La guerre censurée…*, *op. cit.*, p. 97.

pendant toute la guerre. Ces deux limites — l'attention sur les officiers du bas de la hiérarchie et la préférence accordée aux centres d'instruction en territoire national — font qu'on ne couvrira généralement pas ici l'entraînement (la pratique) en grandes formations (brigades, divisions et corps d'armée) qui se faisaient en Grande-Bretagne. Lorsque je parlerai d'entraînement dans ces pages, ce sera au niveau des unités[9] (bataillons ou régiments) et sous-unités (compagnie, escadron, batterie, peloton et section). Les grandes manœuvres relèvent des officiers généraux (à partir des brigadiers) et d'état-major (majors de brigade et plus) qui m'intéressent moins ici. Elles ont d'ailleurs été longuement étudiées.

Les questions énumérées plus haut dictent une démarche. D'abord, il faut évoquer le contexte dans lequel se produit l'arrivée sous les drapeaux des milliers de jeunes hommes à instruire, ainsi que l'état matériel et organisationnel de l'Armée de terre canadienne en 1939. Ensuite, comme l'instruction reçue, dans un premier temps, est tributaire des savoirs que possédait l'institution militaire avant la mobilisation, il faut examiner quelle est la culture tactique de l'Armée, c'est-à-dire quelles sont les préconceptions sur le combat que partagent les cadres permanents de 1939, ceux qui ont la responsabilité première de l'instruction des recrues. Ces cadres (chapitre premier) et cette culture (chapitre deux), que l'Armée canadienne tire presque intégralement du Royaume-Uni, produisent une crise en 1940, en dépit de plusieurs mois de préparation intense, un problème à examiner attentivement.

Même si les Forces canadiennes ne sont alors pas engagées dans des combats avec l'ennemi, elles subissent aussi un choc qui remet en question la culture tactique traditionnelle (chapitre trois). On constate en 1940 de nombreux problèmes qui conduisent l'Armée à changer complètement son système d'instruction et d'entraînement. C'est pour cela que le cheminement de l'élève-officier et le système militaire d'instruction sont réformés (chapitre quatre). Le contenu des apprentissages est aussi revu en mettant l'accent sur les réalités du champ de bataille (chapitre cinq).

---

9. Dans l'organisation militaire, l'unité est l'organisation de base. Elle intègre les individus après le recrutement afin de les socialiser, de les entraîner et de les mener au combat. Très généralement, une unité n'est jamais déployée qu'en bloc. Ces sous-unités sont des groupements à finalités purement tactiques sans autonomie administrative. Cela a une conséquence archivistique : les journaux de guerre sont tenus par les quartiers généraux supérieurs jusqu'au niveau de l'unité, mais pas en deçà. Dans la tradition britannique, l'unité de base dans l'infanterie est le bataillon, qui trouve son équivalent dans le régiment d'artillerie ou le régiment de cavalerie (plus tard le régiment blindé). Toutes ces « unités » sont commandées par un lieutenant-colonel. Malheureusement, la terminologie britannique (copiée par les Canadiens) n'est pas cartésienne. Ainsi, le cadre administratif dans lequel se fondent le recrutement et les cheminements de carrière s'appelle la plupart du temps le régiment, mais peut aussi être désigné sous le nom de corps (mais pas au sens de corps d'armée !). D'autres complications de vocabulaire résultent du fait qu'un régiment peut avoir plusieurs bataillons. Par exemple, le Royal 22e Régiment a de nos jours cinq ou six bataillons (désignés 1 R 22e R, 2 R 22e R, etc.), alors que les Royal Canadian Dragoons et le Régiment de Trois-Rivières, des régiments blindés, sont parties du Corps blindé royal canadien, et ainsi de suite.

Cependant, si les réformes sont reçues avec enthousiasme au niveau des subalternes (chapitre six) qui n'avaient pas à se débarrasser d'une culture institutionnelle, au niveau des officiers supérieurs les consciences sont plus difficiles à impressionner et les nouvelles idées rencontrent plus de résistance (chapitre sept). Qu'ils aient été acceptés ou non avec facilité, les changements introduits ont pour cause les défaillances constatées en se colletant aux forces nazies ; il est donc nécessaire d'examiner plus avant la difficulté considérable que connaît l'Armée canadienne à s'adapter à la guerre moderne, faite de grands mouvements de troupes motorisées et de forces blindées appuyées par l'aviation, ce qu'on appelle communément la *blitzkrieg*.

Dieppe a permis de corriger certaines conceptions relatives aux opérations de débarquement, mais les enseignements qu'on a pu en tirer pour les combats au sol demeurent limités et finalement de peu d'utilité. Si les Canadiens n'en viennent vraiment aux mains avec les forces terrestres nazies que lors de l'invasion de la Sicile en 1943, il serait faux de dire qu'entre 1940 et 1943, les tacticiens et les pédagogues militaires sont demeurés passifs. Ils tentent d'intégrer les « leçons apprises » aux enseignements, en particulier celles des campagnes de 1940 en Flandres et celles provenant d'Afrique du Nord. L'enseignement aux subalternes est fortement teinté de ces leçons apprises, dernier sujet discuté dans cet ouvrage (chapitre huit).

Il resterait à confronter les apprentissages avec la guerre telle qu'elle se déroule pour l'Armée canadienne en Italie et en Europe de l'Ouest de 1943 à 1945, ce qui nous obligerait à aborder des questions opérationnelles. À cette étape, pour les subalternes, l'instruction laisse la place à l'expérience comme principal mode d'apprentissage. Parce qu'il serait fastidieux d'étudier les opérations — cela a été fait mille fois — et parce que la mécanique de l'expérience demande pour être bien comprise d'autres outils analytiques, l'étude des campagnes de 1943, 1944 et 1945 déborde largement le cadre de cette étude, aussi intéressante et nécessaire qu'une telle confrontation entre apprentissages et expériences puisse paraître.

✯ ✯ ✯

Chapitre un

✯ ✯ ✯

L'encadrement de 1919 à 1939

C'est une triste mais indiscutable vérité qu'après chaque guerre la préparation pour la prochaine tombe dans les mains de ceux qui ont eu le moins de contact avec la réalité — les généraux et les officiers d'état-major, qui ont mené la guerre à distance, plutôt qu'à ceux qui l'ont vécue de près[1].

J. F. C. Fuller, général britannique à la retraite, 1934.

La Première Guerre mondiale avait fondamentalement changé les aspects de la formation des officiers. On s'était en effet aperçu lors des combats que les officiers d'une arme, disons de l'infanterie, voyaient l'efficacité de leur action diminuée s'ils n'étaient pas au courant des conditions précises dans lesquelles opéraient les autres armes, disons l'artillerie et la cavalerie. Les futurs officiers de la Reichswehr devaient désormais passer par les différentes écoles d'application en faisant des stages de plusieurs mois successifs dans des unités d'infanterie, à l'École de guerre de l'infanterie à Munich, puis, promus au grade d'enseigne, dans une unité d'artillerie et à l'École de tir de l'artillerie à Jüteborg, et enfin dans les unités de cavalerie et à l'École de cavalerie à Hanovre. À la fin de ces stages, ils recevaient leur brevet d'officier, après quoi ils rejoignaient les régiments dans lesquels ils devaient servir. Il ne fait pas de doute que l'alternance de cours théoriques et d'exercices pratiques occupait le temps et les esprits de ces jeunes gens[2].

Ernst von Salomon, 1960.

À l'automne 1939, l'état-major de l'Armée canadienne est confronté à la difficile perspective de gonfler rapidement les effectifs à partir des cadres d'une petite force de réguliers et d'une réserve de soldats à temps partiel de qualité inégale. En effet, l'effectif officiel n'est pas un reflet fidèle de la réalité. L'année d'avant, l'armée de terre avait un effectif autorisé de 90 576 militaires de tous grades dont 4268 dans la Force permanente, le reste dans les unités de milice. Dans les faits, les effectifs sont bien moindres, car la milice n'atteint pas, et de loin, ses effectifs autorisés : au 31 mars 1939, toutes les unités de milice ne réunissent que 51 418 hommes[3].

---

1. J. F. C. Fuller, *The Army in my time*, réimpr., Cranbury, The Scholar's Bookshelf, 2006 (1re éd. brit., 1935), p. 104-105. À moins d'avis contraire, toutes les traductions sont de l'auteur.
2. Ernst von Salomon, *Le destin de A. D. : un homme dans l'ombre de l'Histoire*, Paris, Éditions Gallimard (coll. « L'Imaginaire »), 2002 (éd. orig. allemande 1960), p. 37-38. Il s'agit d'un texte de fiction, mais von Salomon a bien connu l'époque et le milieu auxquels réfère l'épigraphe. À noter qu'il publie ce livre une bonne décennie avant que la coopération interarmes devienne un thème à la mode chez les écrivains militaires spécialisés.
3. *Report of the Department of National Defence Canada for the fiscal year ending March 31,* 1940, Ottawa, Imprimeur du Roi, 1940, tableau de la p. 49. Voir le tableau 1 plus loin dans le chapitre.

Cette donnée est à prendre en considération lorsqu'on observe comment s'est faite la mobilisation. Le 30 septembre 1939, après inclusion des réservistes volontaires pour la force active[4] et de quelques milliers de civils supplémentaires, aussi volontaires, l'effectif total de l'armée d'active n'est que de 61 497 hommes, dont les 58 337 volontaires incorporés durant le mois (le reste, des membres de la Force permanente). Parmi les volontaires, 30 327 avaient une expérience militaire : 4986 dans les troupes permanentes, 24 089 dans les unités de milice et 1252 dans l'Armée britannique ou d'autres forces étrangères. Cependant, des 58 337 volontaires, 1096 sont libérés pour une raison ou une autre avant la fin du mois, probablement en raison de l'âge ou de l'état de santé. C'est dire qu'environ 28 000 volontaires de septembre 1939 sont des recrues sans aucune formation[5]. Et il y a 27 000 miliciens inscrits en 1938 (51 000 moins 24 000) qui ne se sont pas précipités pour se porter volontaires, un rappel que la milice était pour la majorité un emploi à temps partiel plutôt qu'un tremplin vers l'aventure.

En somme, la préparation considérée d'un point de vue statistique reste en deçà des possibilités.

Toutefois, comme la mobilisation de l'automne 1939 avait des objectifs peu ambitieux du fait de la réticence du gouvernement à engager un corps expéditionnaire dans une guerre étrangère aussi juste qu'elle pouvait paraître, ces piètres résultats suffisaient. En effet, jusqu'en mai 1940, les volontaires sont assez nombreux pour combler les vides. Cependant, après la crise provoquée par l'effondrement de l'Armée française en mai-juin 1940, on décida d'augmenter considérablement les effectifs de l'armée d'active, d'ajouter deux divisions aux deux déjà mobilisées (ce qui faisait trois divisions d'infanterie de 18 000 hommes et une division blindée de 15 000), plus une brigade indépendante de chars d'infanterie[6]. Cette brusque augmentation, et les prévisions voulant qu'il faudrait sans doute faire un effort supplémentaire dans les années à venir, contraignent le gouvernement canadien à faire adopter par le Parlement la Loi sur la mobilisation des ressources nationales (LRMN), qui impose le service militaire obligatoire pour la défense du territoire[7].

---

4. L'armée d'active est l'armée désignée par arrêté ministériel pour combattre. À ce titre, légalement et administrativement, c'est une organisation distincte de la Force permanente (ou force régulière) et de la force non permanente (milice). C'est ce qui explique que les miliciens doivent se porter volontaires pour la force d'active s'ils veulent combattre. Il en ira de même pour les conscrits obtenus sous la loi LRMN (chapitre trois) avant que le Cabinet en décide autrement à l'automne 1944 après une crise d'effectifs dans les unités d'infanterie.
5. C. P. Stacey, *Histoire officielle de la participation de l'armée canadienne à la Seconde Guerre mondiale, volume I. Six années de guerre : l'armée au Canada, en Grande-Bretagne et dans le Pacifique*, Ottawa, Imprimeur de la Reine, 1966, p. 19, 49, 54 et 540. Voir aussi J. L. Granatstein, *The generals : the Canadian Army's senior commanders in the Second World War*, Toronto, Stoddart, 1993, p. 8-9.
6. Geoffrey Hayes, *The development of the Canadian Officer Corps, 1939-1945*, thèse de doctorat (histoire), University of Western Ontario, 1992, p. 100.
7. *Ibid.*, p. 75-82. Sur la loi, voir Michael D. Stevenson, *Canada's greatest wartime muddle : National Selective Service and the mobilization of human resources during World War II*, Montréal et Kingston, McGill-Queen's University Press, 2001, chap. 1. Rappelons qu'au personnel des unités combattantes,

En ce qui concerne les officiers, le problème n'était pas non plus quantitatif au début de la guerre, comme l'a montré l'historien officiel Stacey il y a déjà longtemps. L'armée régulière canadienne des premiers mois de 1939 comptait 455 officiers, mais dès septembre, 3000 nouveaux joignent les cadres, ayant tous une certaine expérience, soit de la Première Guerre mondiale en tant qu'officier subalterne (sous-lieutenant ou lieutenant), soit des retraités de la force permanente ou de la milice d'entre-deux-guerres, soit des officiers de milice qui passent dans l'armée d'active, ou encore quelques vétérans de l'Armée britannique ayant immigré au Canada. En plus, le Collège militaire royal de Kingston pouvait contribuer modestement en délivrant des brevets à quelques centaines d'élèves-officiers à plus ou moins brève échéance[8]. L'encadrement des deux divisions prévues au déclenchement des hostilités ne présentait donc pas de problèmes particuliers, chacune nécessitant environ 900 officiers ou un peu plus[9]. Mais après la décision de doubler la taille de l'armée d'active, sans compter la concurrence féroce de l'aviation et de la marine aussi à la recherche de candidats officiers, le recrutement pour le service actif deviendra plus laborieux[10].

Au bout du compte, l'Armée canadienne décernera plus de 40 000 brevets d'officiers durant la guerre[11], un nombre douze fois plus élevé qu'à la fin septembre 1939. Elle enrôlera en tout 700 000 hommes et femmes.

Un contexte difficile

Entre 1919 et 1939, il était une chose sur laquelle tous les décideurs, aussi bien civils que militaires, s'accordaient : on ne voulait pas répéter l'expérience de 1914-1918, fatale à trop de soldats. Au-delà, le consensus éclatait et des myriades de solutions étaient avancées, de l'application la plus rigoureuse du Traité de Versailles contre l'Allemagne à la diplomatie multilatérale de la Société des Nations en passant par le pacifisme le plus intransigeant.

Il en allait des militaires comme des diplomates. Dans son histoire de l'Armée britannique au XXe siècle, lord Carver classe en trois catégories les groupes débat-

---

il faut ajouter les effectifs nécessaires au maintien au combat : services administratifs, logistiques et auxiliaires de toutes sortes. Stacey estime à moins de 45 % la proportion de membres des formations de combat parmi les unités de l'Armée canadienne d'outre-mer (*Six années de guerre…*, *op. cit.*, p. 99 et 108-109). Il ne calcule pas le ratio membres des formations de combat/effectifs totaux de l'Armée y compris les forces métropolitaines, mais on peut l'estimer à moins de un sur trois (voir ses chiffres de la p. 108 et comparer au tableau de la p. 541). Encore faut-il rappeler que ce ne sont pas tous les membres des unités de combat qui sont des combattants, comme Stacey le note aussi (p. 108-109), car même dans les unités de combat plusieurs servent d'administrateur, etc.

8. *Ibid.*, p. 50-52 et 129-130.
9. Ministère de la Défense nationale, Direction Histoire et patrimoine, Subject Files : « Division Size/Chart – U.S. & Canada ».
10. Sans compter que l'état-major de l'Armée prévoyait, dans les années 1930, pas moins de sept divisions. Voir C. P. Stacey, *Six années de guerre…*, *op. cit.*, p. 18 ; Stephen J. Harris, *Canadian Brass : the making of a professional army, 1860-1939*, Toronto, University of Toronto Press, 1988, chap. VIII.
11. C. P. Stacey, *Six années de guerre…*, *op. cit.*, p. 133.

tant sur l'avenir de l'Armée de terre britannique[12]. Pour les premiers, appelons-les « négationnistes », mieux vaut revenir à la politique qui a si bien servi l'Empire au XIXe siècle : la Royal Navy défendrait le territoire national et l'Armée les colonies ; le nouveau service, la RAF, assisterait les services plus anciens dans leur mission respective. Rien ne sert d'investir dans de nouveaux armements comme les chars d'assaut, car infanterie et cavalerie (à cheval) suffisent amplement à la défense du territoire. En d'autres termes, les négationnistes posent comme prémisse que les forces impériales ne seront pas engagées dans un conflit impliquant les grands effectifs d'un corps expéditionnaire sur le continent européen. Et, en effet, quel meilleur moyen d'éviter de grandes pertes que de ne pas envoyer une grande armée au secours de la France ou de la Belgique ?

D'autres, les « radicaux », refusent de fermer les yeux sur le retour d'une menace terrestre (allemande) contre leurs alliés continentaux. Mais ils entendent éviter le bain de sang en mettant leur foi dans les inventions mécaniques, spécialement ces chars dont les négationnistes ne veulent pas. Le grand maître de cette seconde école est J. F. C. Fuller. Selon cette seconde école, les pertes seront réduites en remplaçant les hommes par les machines. Plutôt que les sanglants assauts frontaux de 1914-1918 le long de fronts quasiment fixes, les hommes protégés par les machines perceront la défense en grands groupes mécanisés. Ensuite, au lieu de chercher à tuer tous les soldats de l'ennemi, ils attaqueront ses moyens de commandement. Des incursions de chars, loin derrière la ligne de front, viseront les communications et les centres de commandement ennemis, qu'ils paralyseront. L'infanterie suivra pour occuper le terrain, mais elle ne sera pas trop exposée. On peut aussi comprendre que l'artillerie sera utilisée le moins possible pour éviter de trop bouleverser le terrain devant les chars.

Finalement, les « évolutionnistes », le troisième groupe identifié par Carver, veulent construire sur les méthodes de la dernière année de 1914-1918, celles où de petits groupes de fantassins étaient accompagnés par quelques chars mis à leur disposition. Ces groupes mixtes progressaient au rythme des barrages d'artillerie, ce qui implique qu'ils suivaient un plan orchestré d'avance et minuté avec précision. Bernard Law Montgomery en est un bon exemple.

Toutes ces approches se rencontrent dans les milieux militaires canadiens de l'entre-deux-guerres. Mais au Royaume-Uni comme au Canada, la première a des avantages politiques majeurs : elle permet d'épargner les finances publiques et elle est tout à fait en symbiose avec une opinion publique qui rejette la possibilité même d'un conflit majeur. Y correspond une politique extérieure qui est une sorte de multilatéralisme s'incarnant dans la Société des Nations. Ottawa, toujours à la remorque du Foreign Office britannique malgré le Statut de Westminster de 1931, qui donne l'indépendance en matière de politique extérieure au Canada, mise donc sur la SDN. Cela fait qu'il est exclu, jusque tard dans les années 1930, de prendre une attitude de méfiance ouverte à l'égard des fascismes.

---

12. Michael Carver, *Britain's Army in the 20th century*, Londres, Pan Books/Imperial War Museum, 1999 (1998), p. 132-133.

Bien entendu, l'espoir fondé en la SDN et le désir d'éviter la répétition du désastre de 1914-1918 se conjuguent pour rendre les dépenses militaires moins populaires en 1919 et dans la décennie qui suit. Lorsque la crise de 1929 éclate, l'Armée écope à nouveau. C'est donc tardivement que le Canada se préparera à la guerre[13].

Le contexte était difficile, mais l'Armée canadienne avait aussi du mal à se définir pour des raisons internes à l'organisation. On verra plus loin qu'au sein du corps des officiers, on avait du mal à s'entendre sur une conception cohérente de la guerre moderne. Quant à l'entraînement, il était stéréotypé et peu formateur. On ne pouvait manœuvrer en unités dépassant la taille du bataillon[14], faute de fonds pour convoquer les hommes et pour rassembler et équiper les unités, mais on ne savait pas non plus contourner cette difficulté par des simulations, comme en faisaient couramment à l'époque d'autres armées.

Un matériel insuffisant

Il n'est pas nécessaire de s'étendre longuement sur les difficultés matérielles, dont j'ai déjà dit quelques mots, dans la suite de la démobilisation radicale de 1919. D'une superbe armée de 600 000 hommes, commandés au front par l'un des meilleurs chefs de corps alliés, Arthur Currie, on passe en quelques mois à moins de 4000 hommes dans la force régulière, soit à peu près les effectifs de 1914. Cette simple situation permet de comprendre que la survie même de la force régulière sera l'obsession des responsables dans les années qui suivent. Cette poignée de réguliers devait se contenter du vieil équipement de 1914-1918, faute de budget. Pour la même raison, la tenue de manœuvres d'envergure était impossible. Par conséquent, il était difficile de pratiquer les nouvelles idées tactiques qui foisonnaient dans la littérature militaire de l'époque.

Ce n'est qu'en 1937-1938 que le budget du ministère de la Défense fut augmenté de manière significative et, compte tenu des délais de livraison et du temps mis par le personnel à se familiariser avec le nouveau matériel, il était trop tard pour que cela se reflète positivement sur l'instruction et l'entraînement des unités de combat avant le déclenchement des hostilités.

C'est ainsi qu'à la veille de la guerre, la Force permanente n'avait reçu en armes « modernes » que 16 chars légers obsolètes, 5 mortiers de trois pouces, 29 fusils-mitrailleurs Bren, 23 fusils antichars Boys et 4 canons antiaériens. Les chars, de petits Vickers Mk VI armés seulement de deux mitrailleuses, n'avaient aucun avenir. Le mortier de trois pouces allait devenir un formidable moyen pour les unités d'infanterie de réduire des objectifs par le tir indirect mais, en 1939, l'Armée canadienne ne savait pas encore comment le mettre à profit. Le Bren était une

---

13. Sur le climat régnant au sein du gouvernement sur les questions de sécurité internationale dans les années 1920 et 1930, voir le témoignage de Lester B. Pearson, *Mike : the memoirs of the Right Honourable Lester B. Pearson, volume I, 1897-1948*, Toronto, University of Toronto Press, chap. 4, 5, 6 et 7.
14. John A. English, *Failure in high command : the Canadian Army and the Normandy campaign*, Ottawa, The Golden Dog Press, 1995 (1991), chap. I.

arme assez fiable sans être vraiment performante, mais il venait tout juste de remplacer la trop lourde mitrailleuse Lewis (datant de la Première Guerre mondiale) comme principale arme d'appui du peloton d'infanterie ; en plus, leur nombre était insuffisant pour équiper tous les bataillons d'infanterie et on n'était pas familier avec son emploi. Les quatre canons antiaériens étaient de fabrication récente, mais ils étaient déjà dépassés sur le plan de l'efficacité[15]. Quant aux fusils antichars, outre la petite quantité — il en aurait fallu au moins un millier —, ils étaient complètement obsolètes avec leur ridicule projectile de carbure de tungstène de 14 mm de diamètre. Un spécialiste a pu écrire qu'« au mieux le char visé ignorerait le taon qui l'importunait et qu'au pire, si l'équipage du char s'en trouvait ennuyé, il partirait à la recherche du trouble-fête, deux éventualités peu profitable au fantassin manipulant le fusil antichar[16] ».

C'est avec de telles armes que l'Armée canadienne entrait en guerre. Bref, peu d'équipement moderne et celui qu'on avait en main montrerait rapidement ses limites. Dans ces circonstances, se concentrer sur le maniement des armes ne pouvait mener à rien. Pour que l'entraînement procure quelque bénéfice, il fallait plutôt mimer les armements modernes et « imaginer » les conditions du combat à venir, un exercice intellectuellement exigeant que seuls des gens hors du commun et une institution militaire imaginative étaient à même de réaliser.

Une telle excellence intellectuelle est possible, comme le montre éloquemment la politique suivie par la Reichswehr à compter de 1919. L'armée laissée à l'Allemagne par le Traité de Versailles ne pouvait posséder de chars d'assaut ou d'avions de combat. Pourtant, c'est cette armée qui développera à compter des années 1920 leur emploi coordonné, aboutissant à la fin des années 1930 à la technique de la *blitzkrieg*[17]. La Reichswehr du général von Seeckt y est parvenue par une sélection impitoyable du personnel, par le développement d'attitudes appropriées, c'est-à-dire une agressivité cultivée et entretenue, par une doctrine favorisant la coopération des armes sur le plan tactique et l'assaut dans la profondeur du dispositif ennemi sur le plan opérationnel[18], et par l'emploi de

---

15. Pour les conséquences matérielles des limitations budgétaires, voir C. P. Stacey, *Six années de guerre…*, *op. cit.*, p. 5-26 ; Brereton Greenhous, *Dragoon : the centennial history of The Royal Canadian Dragoons, 1883-1983*, Belleville (Ontario), Guild of the Royal Canadian Dragoons, 1983, p. 281-293. La liste d'équipements modernes de Greenhous (p. 293) diffère de celle de Stacey : 14 Vickers Mk VI, 12 chenillettes Carden-Lloyd, 1 auto blindée Ford, 1 Chevrolet, 4 canons antiaériens et 4 canons antichars de deux livres. C'est étrange, étant donné que la référence de Greenhous est Stacey.
16. John S. Weeks, *A history of anti-tank warfare*, New York, Mason/Charter, 1975, p. 32.
17. J. A. English, *Failure in high command…*, *op. cit.*, p. 39 et 309.
18. Depuis les années 1970, l'art de la guerre est divisé en trois catégories principales : la *tactique*, qui s'occupe du combat, l'*art opérationnel*, qui s'intéresse à l'agencement des grandes unités de combat à l'intérieur d'un théâtre d'opération géographiquement délimité, et la *stratégie*, qui relève à la fois de la compétence des militaires et de celle des politiciens, où sont fixés les objectifs généraux donnés aux forces militaires et où sont alloués les moyens matériels et humains pour atteindre les objectifs. Certains auteurs préfèrent subdiviser cette dernière catégorie en *stratégie militaire*, dont la responsabilité revient aux généraux, et *grande stratégie*, relevant de l'ordre politique et où les militaires n'agissent qu'en conseil. Pour les fins de notre exposé, la division ternaire suffit.

méthodes d'entraînement réalistes inculquant cette doctrine. Une culture organisationnelle particulièrement heureuse a ainsi permis aux Allemands de surmonter des handicaps financiers et matériels importants[19].

A contrario, on pourrait invoquer les expériences britanniques et soviétiques. En effet, avant que les Allemands leur ravissent le premier rang, les Britanniques étaient les chefs de file dans la mécanisation des forces terrestres. Ils vont pourtant se laisser rejoindre et distancer par les Allemands pour un ensemble de causes (psychologiques — peur de répéter 1914-1918, financières — mais ce n'est pas déterminant comme on vient de le dire, et doctrinales). Quant à l'Union soviétique, de toutes les grandes puissances, elle est celle qui a produit le corpus théorique militaire le plus impressionnant entre les deux guerres. C'est aussi la première à avoir organisé de grandes unités fondées sur les nouvelles conceptions tactiques et opérationnelles. Tragiquement pour les Russes, les purges staliniennes élimineront les officiers les plus novateurs, ce qui explique largement pourquoi les forces soviétiques seront dominées par les Allemands jusqu'à 1942, avec des millions de morts au passif[20].

Les contraintes matérielles n'expliquent donc pas à elles seules l'état de préparation ou plutôt de non-préparation des officiers canadiens à la prochaine guerre.

Les chefs d'état-major

De cela, le successeur du général Currie au poste de chef de l'état-major de l'Armée après le départ de celui-ci en 1920, le major-général J. H. MacBrien, était bien conscient. Officier de carrière, MacBrien s'était distingué dans les grandes batailles réglées de la Première Guerre mondiale, d'abord dans les états-majors, ensuite comme commandant de brigade. Que pensait-il de la direction des opérations dans une guerre « moderne » ?

En janvier 1926, MacBrien publie un compte rendu détaillé des grandes manœuvres britanniques tenues au mois de septembre précédent et auxquelles il avait été invité[21]. Comme il l'indique en introduction, le suivi de ces manœuvres par les officiers canadiens revêt un caractère primordial « étant donné que les fonds disponibles au Canada pour fins de défense ne permettent pas de tenir des manœuvres ».

---

19. On trouvera un résumé de la question du développement des méthodes tactiques et opérationnelles de la Deuxième Guerre mondiale dans Williamson Murray et Allan R. Millett, *A war to be won : fighting the Second World War*, Cambridge, The Belknap Press of Harvard University Press, 2000, chap. 2 et annexes 4 et 5. Cette nouvelle histoire militaire de la Deuxième Guerre mondiale intègre les résultats des recherches récentes, notamment les travaux rassemblés sous la direction des auteurs dans *Military effectiveness, volume II : the interwar period* et *Military effectiveness, volume III : the Second World War*, Boston, Allen & Unwin, 1988. Sur le grand bâtisseur que fut Seeckt et sur la Reischwehr, voir James R. Corum, *The roots of Blitzkrieg : Hans von Seeckt and German military reform*, Lawrence, University Press of Kansas, 1992, xviii-274 p.
20. Sur l'expérience soviétique, voir Richard Harrison, *The Russian way of war : operational art, 1904-1940*, Lawrence, University Press of Kansas, 2001, xi-351 p.
21. « The British Army Manœuvres, September, 1925 », *Canadian Defence Quarterly*, vol. 3, n° 2, janvier 1926, p. 132-150.

Les manœuvres de cet automne-là avaient entre autres objectifs de tester les changements dans la structure des unités de combat depuis 1919, ainsi que la coopération avec l'aviation. L'article décrit en détail les opérations des « armées ennemies » du Wessex, qui a envahi le territoire de « Northumbria », et celles de « Mercia », un belligérant qui s'engage ultérieurement dans le conflit aux côtés de Northumbria (évidemment, Wessex, c'est l'Allemagne, Northumbria la Belgique/France et Mercia l'Angleterre). Chaque armée dispose de canons antiaériens et chacune est appuyée par des escadrons d'avions de reconnaissance et de bombardement. Mais c'est moins le déroulement de l'exercice que les leçons qu'en tire MacBrien qui nous préoccupent ici.

Le chef d'état-major canadien note les problèmes suivants : la défense antiaérienne et les tactiques antichars ne sont pas au point. Il est vrai que les chars sont encore peu nombreux et que leurs rôles se cantonnent pour l'instant à soutenir la progression de l'infanterie en écrasant les barbelés, en démolissant les nids de mitrailleuses et autres formes d'opposition à l'avance des fantassins. C'est tout à fait ce qu'on avait expérimenté en 1917-1918 et rien de plus. Lorsqu'il y aura plus de chars disponibles et de meilleurs engins, continue MacBrien, on pourra les employer contre les flancs des unités ennemies, en collaboration avec la cavalerie traditionnelle. Là encore, rien de neuf, c'est la mission traditionnelle de la cavalerie depuis au moins Napoléon que de rechercher les flancs de l'adversaire. Le remplacement du cheval par le moteur à essence, la cuirasse, le canon et la mitrailleuse n'y change rien, semble-t-il. On verra plus loin que cette idée de faire du char d'assaut un remplaçant de la cavalerie a entraîné l'Armée britannique de 1940, et la canadienne dans sa suite, à adopter un mode d'opération fautif et désastreux face à l'approche plus radicale des Allemands.

Qu'on comprenne bien que MacBrien n'est pas hostile au char, mais il les insère dans le contexte de 1917-1918. Il souligne par exemple que les chars expérimentaux de 1925 sont imparfaits ; ils sont trop courts pour franchir les grands obstacles. Les Britanniques produisaient de petits chars parce qu'ils étaient obnubilés par la vitesse (les petits chars sont des « chevaux de course », les gros plus lents, des « bunkers mobiles »). MacBrien pense ici aux franchissements des réseaux linéaires défensifs, comme ceux de la Grande Guerre encore une fois, où c'est moins la vitesse que l'aptitude tout-terrain (et le blindage, pour résister aux canons de l'ennemi pendant le franchissement) qui importe.

En ce qui concerne l'infanterie, il préconise la motorisation intégrale de la division, afin d'épargner l'énergie des fantassins. Ils seront plus en forme lorsqu'ils monteront au combat (à pied). L'artillerie devra remplacer ses chevaux d'attelage par des « tracteurs » de canons. Les armes auxiliaires (logistique, transmissions, sapeurs, etc.) feront de même. Dans l'Armée britannique, un consensus s'établit donc sur la question de la motorisation de toutes les fonctions auxiliaires, mais les difficultés budgétaires vont rendre impossible la motorisation intégrale avant la fin des années 1930. Néanmoins, sur le plan de la motorisation, au sens d'acheter plus de camions, les Anglais prendront l'avance.

Quant à l'aviation, son développement impose des changements importants dans l'approche des zones de combat selon MacBrien. Les colonnes de marche sur les routes sont très vulnérables aux bombardiers. Il faut donc contrer en développant des véhicules tout-terrain, l'artillerie antiaérienne et la chasse d'escorte. Pour le reste, à savoir les missions de reconnaissance et de contrôle de l'artillerie au-delà de l'horizon, les manœuvres de 1925 ont montré un grave manque de coordination et de compréhension entre les officiers de l'armée de terre et ceux de la Royal Air Force. Il est vrai que l'Armée britanniques ne porte pas toute la responsabilité ici, car dans la RAF de l'époque, la coopération avec les forces terrestres avait la dernière priorité, derrière le bombardement stratégique des villes et les missions de défense aérienne du territoire[22].

MacBrien conclut que l'Armée britannique est dans un état transitoire, mais que la motorisation doit se poursuivre au fur et à mesure de l'introduction de véhicules de modèles satisfaisants. En attendant, l'organisation des formations de combat — essentiellement des unités de fantassins combattant à pied, soutenue par l'artillerie — doit demeurer la même, car « l'organisation suit l'invention ». (La Reichswehr a adopté l'approche opposée.) Il ne serait pas sage, pense MacBrien, d'agir trop rapidement. Au bout du compte, il manifeste une ouverture prudente aux nouvelles technologies, mais le cadre conceptuel d'utilisation est le même que celui de 1918. Avec le recul, on peut dire que le drame des Britanniques et des Canadiens de 1940, c'est que même une motorisation terminée n'a pas suffi, car les méthodes retardaient sur le matériel.

Ne soyons donc pas trop sévère ; MacBrien n'est pas un rustre intransigeant, il est au fait des débats de l'heure et désireux que ses subordonnés s'y intéressent. Ses commentaires sont l'antithèse des platitudes édulcorées auxquelles les bureaucraties s'adonneront plus tard. Par exemple, pour l'année se terminant en mars 1923, MacBrien écrit :

> Il est regrettable que pour des raisons financières la période d'entraînement annuelle de la milice non permanente a dû une nouvelle fois être ramenée à neuf jours et encore pour un effectif réduit. Cette période est insuffisante pour tenir un entraînement adéquat même si l'ardeur des troupes a permis de tirer le maximum des circonstances. [...] Il est à espérer que l'injection de fonds dans l'avenir rendra possible l'allongement de la période d'entraînement et permettra que tous les effectifs des unités de milice puissent y participer. Le manque de fonds n'a pas permis l'achat de tanks et aucun entraînement dans cette spécialité de l'art de la guerre n'a été possible[23].

La situation financière s'envenime dans les années suivantes. MacBrien se fait laconique en 1925, mais le message est le même :

---

22. Voir John Terraine, *The right of the line : the Royal Air Force in the European War, 1939-1945*, Ware (Hertfordshire), Wordsworth Editions, 1998 (1985), p. 64.
23. Rapport du chef d'état-major dans *Report of the Department of National Defence for the fiscal year ending March 1923*, Ottawa, Imprimeur du Roi, 1923, p. 6.

> La majorité des unités [de milice] se sont entraînées à leur manège pour une période de neuf jours. Dans seulement quelques cas, les fonds disponibles ont permis de se rendre dans un camp central ou local. Des classes et camps d'une durée de seize jours ont été organisés pour les officiers, sous-officiers et spécialistes. Cet entraînement est insuffisant pour produire une force efficace[24].

S'étant querellé avec son collègue de la Marine à propos de la nouvelle loi sur la défense nationale, dont il ne voulait pas, MacBrien démissionne de l'Armée en 1927[25]. Après un bref intérim (major-général H. C. Thacker, Royal Canadian Artillery), A. G. L. McNaughton lui succède (1929-1935). Comme on le verra, McNaughton a moins d'affinité avec les doctrines militaires qu'avec les sciences et le génie. Les deux successeurs de McNaughton avant le déclenchement des hostilités, les majors-généraux E. C. Ashton (1935-1938) et T. V. Anderson (1938-1940), n'ont pas laissé de souvenirs impérissables[26]. Bien après les événements, Maurice Pope a eu de méchants mots pour le dernier chef d'état-major du temps de paix : « le produit d'un entraînement militaire étroit ; il avait deux livres de chevets : les Ordonnances royales et la liste d'ancienneté des officiers[27]. »

Il faut noter quelque chose de curieux. Currie était un autodidacte. Officier de milice, il n'a jamais étudié dans les collèges militaires, ce qui ne l'a pas empêché de briller au front jusqu'à s'élever au sommet de la hiérarchie. MacBrien et Thacker étaient des artilleurs de carrière, McNaughton un ingénieur de formation devenu par la suite artilleur, Ashton avait une formation médicale et Anderson un diplôme en génie de McGill (comme McNaughton). Il est vraiment étrange qu'une armée de fantassins soit à ce point dominée par des officiers au profil scientifique !

C'est que cela ne tient pas du hasard. Il y avait un système à l'œuvre. Ce système est rodé sous McNaughton.

A. G. L. McNaughton (1887-1966) était un individu remarquable. Scientifique de formation (génie électrique), chargé d'enseignement à l'Université McGill, il était aussi attiré par la vie militaire. Après quelques années dans la milice non permanente, il est breveté dans la Force régulière en 1910. Il s'illustre par la suite comme principal officier artilleur du corps canadien durant la Grande Guerre. Il est remarqué par Currie qui le prend sous sa protection, ce qui assure à McNaughton les nominations qui place sur la voie royale : en 1921, il peut ainsi fréquenter le Staff College de Camberley, en Angleterre. À son retour en

---

24. Rapport du chef d'état-major dans *Report of the Department of National Defence for the fiscal year ending March 1925*, Ottawa, Imprimeur du Roi, 1925, p. 6.
25. David J. Bercuson et J. L. Granatstein, *Dictionary of Canadian military history*, Toronto, Oxford University Press, 1992, p. 119-120.
26. Les biographies que leur consacrent Bercuson et Granatstein dans le même dictionnaire militaire (*ibid.*, p. 5 et 9) sont d'un laconisme édifiant pour des hommes ayant atteint le faîte de la hiérarchie.
27. À la fin de sa vie, Pope aimait qualifier le caractère et le travail de ses collègues d'avant 1945 (DHP, Dossier BIOG de Pope, entrevues avec Norman Hillmer en 1977). De Ashton, Pope dit qu'il connaissait bien la milice et qu'il était plutôt sympathique (*ibid.*).

1922, il est nommé par le général MacBrien à la fonction de Directeur de l'instruction et des travaux d'état-major (Director of Training and Staff Duties)[28].

Durant la Grande Guerre, McNaughton eut l'occasion d'appliquer son esprit scientifique aux problèmes particuliers de l'artillerie, une arme « scientifique ». Il tirera de cette expérience l'axiome que la guerre à l'ère industrielle est une grande entreprise à gérer rationnellement avec des moyens modernes. Il était convaincu qu'une prochaine guerre serait encore plus scientifique et plus technologique que la précédente et que le rôle des ingénieurs irait grandissant[29].

Si l'on adopte cette logique, il s'ensuit que les ingénieurs et les artilleurs, qui, de tous les officiers des armes de combat, ont la meilleure éducation, doivent être favorisés pour suivre les cours d'état-major dans les écoles impériales. C'est ainsi que pour les années où McNaughton a tenu les rênes du pouvoir (chef d'état-major adjoint de 1923 à 1926 et chef d'état-major de 1929 à 1935), 25 des 45 Canadiens retenus pour suivre les cours des écoles d'état-major étaient ingénieurs ou artilleurs. Plus encore, au niveau suprême, à l'Imperial Defence College, trois artilleurs, trois ingénieurs mais un seul officier d'infanterie ont été désignés[30].

Les officiers supérieurs

Si le nombre d'officiers réguliers et de milice paraît suffisant pour fournir l'encadrement régimentaire[31] au début de la guerre, il n'en va pas de même pour les officiers d'état-major et les commandants de grandes unités (brigades, divisions, corps d'armée et armée). En effet, dès avant la guerre, on prévoyait tirer de l'armée permanente les cadres de haut niveau nécessaires à la conduite des opérations : officiers de renseignements, officiers responsables des opérations et commandants des grandes unités. Durant la Première Guerre mondiale, l'Armée britannique avait prêté des officiers expérimentés pour combler plusieurs de ces postes cruciaux, mais en 1939, sous le gouvernement libéral de Mackenzie King sou-

---

28. Plusieurs détails biographiques pertinents dans John N. Rickard, « Une étude de cas sur le perfectionnement professionnel : la préparation de McNaughton à assumer le haut commandement au cours de la Deuxième Guerre mondiale », *Le Journal de l'Armée du Canada* (traduction loufoque de *The Canadian Army Journal*), vol. IX, n° 3, hiver 2006, paru en mars 2007, p. 60-78. Article très critique de l'amateurisme militaire du soldat professionnel McNaughton, non sans quelques contradictions, notamment l'insinuation risible voulant que le gouvernement aurait mieux fait de donner la 1re Division à Pearkes en 1939. Une mise en pages médiocre rend l'utilisation du tableau des étudiants de Camberly et de l'IDC d'avant 1939 inutilisable, ce qui est bien dommage.
29. Cela est très évident dans les propositions qu'il fait au comité Otter en 1919. Voir John Swettenham, *McNaughton, volume I 1887-1939*, Toronto, The Ryerson Press, 1968, p. 182-185. Voir aussi le texte d'une conférence présentée à Ottawa le 8 avril 1929 : « The military engineer and Canadian defence », *Canadian Defence Quarterly*, vol. VII, n° 2, janvier 1930, p. 150-154. Il ne serait pas surprenant que McNaughton, comme beaucoup d'ingénieurs de son temps, ait eu une grande affinité avec le taylorisme.
30. S. Harris, *Canadian brass : the making of a professional army, 1860-1939*, Toronto, University of Toronto Press, 1988, p. 254, n. 67.
31. On oppose souvent les officiers régimentaires (bataillons d'infanterie, régiments blindés et d'ingénieurs de combat, batteries d'artillerie, etc.) aux officiers d'états-majors et d'administration des grandes unités (brigade en montant) et des quartiers généraux nationaux.

cieux de préserver l'indépendance nationale, cette avenue était fermée[32]. Or, au 1ᵉʳ août 1939, dans la liste dressée par le Quartier général de la Défense nationale de dix-neuf officiers susceptibles de commander les grandes unités (notons que des dix-neuf, seulement trois avaient alors le grade de brigadier général), aucun commandant de division ou de corps n'était désigné. Seul le brigadier H. D. G. Crerar (1888-1965) était pressenti pour assumer les fonctions de chef d'état-major du corps d'armée de deux divisions prévu dans les plans[33].

Les études de Steve Harris et de John English[34] confirment les déficiences notées par l'historien officiel, le colonel Stacey, mais les deux premiers auteurs vont plus loin. Tous deux incriminent le plus important officier général de l'époque, McNaughton, pour sa politique de sélection d'officiers, d'une part, et, d'autre part, pour le peu d'importance qu'il accordait aux questions opérationnelles. English est le plus critique. Selon lui, McNaughton aurait gaspillé une génération complète d'officiers par ses mauvaises politiques, d'où les difficultés qu'aura le Canada à trouver des commandants de division et de corps compétents durant toute la Seconde Guerre mondiale[35].

Pour parvenir à ces hautes fonctions, un officier devait poursuivre des études militaires dans les grands collèges militaires de l'Empire. Il y perfectionnait d'abord le travail d'état-major, puis étudiait le commandement des grandes unités. Un aspect important du séjour dans ces collèges était le développement de la collégialité entre officiers talentueux d'une même génération, de sorte que les futurs chefs militaires des pays de l'Empire avaient l'occasion de faire connaissance et d'échanger sur les idées professionnelles bien avant d'occuper les fonctions importantes où ils auraient à coopérer. Jusqu'en 1926, l'institution terminale d'éducation militaire de l'Empire britannique était le collège d'état-major (Staff College). Il en existait deux, l'un à Camberley en Angleterre, l'autre à Quetta aux Indes (Pakistan actuel).

L'enseignement de Camberley dans l'immédiat après-guerre n'a pas laissé des traces identiques chez tous les officiers canadiens qui l'ont connu. George R. Pearkes, jeune chef de bataillon d'infanterie titulaire de la Victoria Cross, obtient l'une des places réservées aux Canadiens dans la première cohorte d'après-guerre (1919), cohorte qui comptait d'aussi prometteurs chefs britanni-

---

32. C. P. Stacey, *Six années de guerre...*, op. cit., p. 50-51, 432-433.
33. *Ibid.*, p. 38-39.
34. Stephen J. Harris, *Canadian Brass...*, op. cit., 4ᵉ partie ; J. A. English, *Failure in high command...*, op. cit., chap. I, II, IV, VI et conclusion. Ce point de vue révisionniste est à son tour révisé dans Stephen Ashley Hart, *Montgomery and « colossal cracks » : the 21st Army Group in Northwest Europe, 1944-45*, Westport, Praeger, 2000, xv-229 p.
35. J. A. English, *Failure in high command...*, op. cit., p. 307-309. Le général H. D. G. Crerar, successeur de McNaughton à la tête de la Première Armée canadienne, a déclaré en 1954 que McNaughton était un organisateur, un mobilisateur et un technicien, mais qu'il n'avait pas de vision globale des opérations et était incapable de donner à ses officiers la formation dont ils avaient besoin (*ibid.*, p. 152-153). Crerar a quant à lui fait l'objet d'un verdict d'incompétence opérationnelle de la part d'English, qui s'appuie sur de nombreuses sources britanniques.

ques que Alan F. Brooke (qui deviendra lord Alanbrooke), Richard O'Connor et John Gort. Contrairement à ses futures célébrités militaires, Pearkes n'a aucune expérience d'état-major et n'a d'ailleurs jamais suivi un cours du genre. C'est peut-être ce qui explique qu'il apprécie son séjour. Comme le cursus implique que les étudiants donnent des conférences dans une spécialité choisie, Pearkes en profite pour rappeler l'évolution des tactiques de l'infanterie entre 1914 et 1918 : de l'attaque de masse debout en ligne au coude à coude de 1914 aux tactiques par section de 1918 en passant par les vagues d'assaut de 1915-1917. Il apprécie aussi les exercices tactiques sans troupes (*Tactical Exercices Without Troops*, en abrégé TEWT) qui permettent de se confronter aux collègues lors de batailles simulées. Il note aussi l'accent mis dans ces exercices sur la mobilité plutôt que sur la guerre de tranchées. Il se rappelle également de longues discussions sur le rôle de la cavalerie comparée aux chars, même si son passage est marqué par un instructeur de cavalerie, vétéran de Palestine, qui déprécie la mécanique au profit de l'animal. Des discussions entre étudiants et personnel d'instruction, Pearkes retient que la plupart fondent de l'espoir dans l'emploi des autos blindées, véhicules légers et rapides qui peuvent très bien remplir la tâche de reconnaissance, qui restait théoriquement un attribut de la cavalerie traditionnelle encore à cette époque et qui, il faut le noter, pouvait jouer un rôle décisif contre les forces faiblement armées qui contestaient la domination britannique en Irlande, aux Indes, en Mésopotamie ou en Palestine. Pas surprenant non plus que Pearkes n'ait été mis en contact avec aucun prophète des chars d'assaut, pas même J. F. C. Fuller, pourtant déjà célèbre. Pearkes déclarera en 1965 qu'à cette époque, « nous n'avons sans doute pas apprécié la valeur des tanks. Cela n'est venu que plus tard[36]. » Le programme de 1919 qu'a connu Pearkes est assez bien construit, pratique, mais pas nécessairement indicatif de ce qui suivra, une fois passé au régime de paix.

Andy McNaughton séjourne à Camberley en 1921. Il impressionne ses collègues étudiants et professeurs par sa compréhension des problèmes techniques liés à l'emploi de l'artillerie au point que, à la demande du commandant du collège, il donnera une leçon sur le sujet[37]. Il y fait connaissance des étoiles montantes de l'Armée britannique et la mesure qu'il prend de lui-même de sa capacité à débattre avec eux est des plus favorables. Il adopte par exemple une attitude plus que condescendante à l'égard d'un certain Alan Brooke (futur chef de l'état-major général britannique durant la Seconde Guerre mondiale), qu'il considère compétent mais pas suffisamment au fait des questions technologiques et

---

36. Reginald H. Roy, *For most conspicuous bravery : a biography of major-general George R. Pearkes, V.C., thorough two world wars*, Vancouver, University of British Columbia Press, 1977, p. 81-83. La citation est tirée de la p. 183.
37. C'est du moins ce que son biographe estime à la lecture des archives de McNaughton conservées à Bibliothèque et Archives Canada. McNaughton tirera un article de sa conférence « Counter battery work », *CDQ*, vol. 3, n° 4, juillet 1926, p. 380-391. L'article a été réimprimé sous forme de fascicules avec quatre autres conférences de la même teneur sous le titre général de *The development of artillery in the Great War*, [Ottawa], Armée canadienne, [194 ?], 56 p.

des développements scientifiques. McNaughton est ravi de son séjour à Camberley, mais quant à ce que le sujet en retient vraiment, son biographe reste muet[38].

Maurice Pope (1889-1985) séjourne à Camberley de 1923 à 1925. Il rapporte que l'enseignement donné dans les collèges d'état-major britanniques de l'entre-deux-guerres était plutôt à caractère administratif (des armées en campagne) et stratégique. Pope a servi dans les Royal Canadian Engineers en France entre 1915 et 1918. L'emphase du programme avait changé depuis le passage de Pearkes : on voulait maintenant former des officiers capables de parler aux politiciens, car on considérait qu'une des lacunes des généraux de la Première Guerre était leur incapacité à faire comprendre les besoins de l'armée aux décideurs politiques (on réagissait peut-être à l'incapacité oratoire proverbiale du maréchal Haig). Pope décrit dans ses Mémoires[39] les leçons qu'il a retenues dans les collèges britanniques ; il n'y fait état d'aucune préoccupation opérationnelle ou tactique, si ce n'est quelques vagues allusions aux chars d'assaut.

Quant à Crerar, un artilleur, futur commandant de la 1re Armée canadienne et confrère de Pope à Camberley, il semble n'avoir retenu qu'une seule leçon de son passage en Grande-Bretagne : l'importance d'une politique de défense impériale comme fondement de la sécurité canadienne. Il restera toute sa carrière un général administrateur tourné vers la grande politique[40]. La tactique et les opérations ne semblent pas l'avoir préoccupé au-delà de ses premières années de service comme subalterne.

Les « tendances » de Camberley, qui fait « la mode » dans l'Armée britannique, se répercutent presque sans modification dans les armées coloniales. C'est donc sans surprise que les quelques articles parus dans les années suivantes dans le *Canadian Defence Quarterly* sont à saveur stratégique à compter de la fin des années 1920, reflétant de plus en plus les préoccupations stratégiques étudiées en Grande-Bretagne.

Si l'on suit Tommy Burns, le climat de Quetta valait bien celui de Camberley : « C'était une époque très heureuse de ma vie et je suppose que j'ai beaucoup appris sur le métier de soldat, bien que je n'arrive à me rappeler de rien en particulier. On s'y tenait en forme physique en jouant au tennis, au golf, au polo et en chassant à courre les chacals[41] »…

L'addition des préoccupations stratégiques au cursus posait toutefois un problème : le programme de Camberley devenait trop chargé et on y embrassait trop d'objectifs. À vouloir former dans une seule institution des commandants de divisions, de corps d'armée, d'armée et des officiers pour les hautes fonctions

---

38. J. Swettenham, *McNaughton, volume I…, op. cit.*, p. 191-193.
39. Voir *Soldiers and politicians : the memoirs of Lt.-Gen. Maurice A. Pope, C.B., M.C.*, Toronto, University of Toronto Press, 1962, p. 54-62 et 98-122.
40. J. L. Granatstein, *The generals…, op. cit.*, chap. 4. Le portrait que Granatstein trace est plutôt indulgent si on le compare à la piètre opinion que Montgomery avait de Crerar (J. A. English, *Failure in high command…, op. cit.*, p. 183-184, 193-194, 267-268 et 274.).
41. E. L. M. Burns, *General Mud : memoirs of two world wars*, Toronto, Clarke Irwin, 1970, p. 89-90. Burns a séjourné à Quetta en 1928-1929.

d'état-major, en plus de s'intéresser aux questions de grande stratégie[42] relevant de l'ordre politique, on s'égarait. C'est pourquoi les Britanniques fondent un nouveau collège pour la formation stratégique en 1926 : l'Imperial Defence College (IDC). Le passage dans ce nouveau collège conférera un avantage pour les promotions aux fonctions les plus élevées, comme Camberley le faisait auparavant. Les quelques officiers canadiens qui y étudieront en feront un tremplin pour leur carrière, non sans qu'en découle un effet pervers : ils délaissent les problèmes d'instruire une petite armée en s'imaginant participer aux grands débats politico-stratégiques de l'heure[43].

La première victime est nul autre que McNaughton, qui est de la première promotion de l'IDC en 1926-1927. Il reviendra de son passage vivement impressionné par la qualité des conférenciers invités, généraux, hauts fonctionnaires et universitaires. Après ce séjour, il est clair que les intérêts intellectuels de McNaughton portent plus que jamais sur des questions scientifiques, stratégiques et organisationnelles[44]. Il est bien entendu au fait des nécessités matérielles modernes — il est notamment partisan de l'achat de chars et d'autos blindées pour l'Armée canadienne lorsqu'il entre en fonction comme chef d'état-major de l'armée en 1929 — mais il ne s'intéresse plus du tout aux questions tactiques ou opérationnelles[45], sur lesquelles d'ailleurs il n'a rien publié dans l'entre-deux-guerres.

Après la fondation de l'IDC, le cursus suivi à Camberley est recentré sur les problèmes tactiques et opérationnels. Arrivés après ce changement, le futur lieutenant-général Simonds a apprécié son séjour pour des raisons différentes de ses prédécesseurs Pope et Crerar. Professionnel studieux, officier d'une arme de combat (l'artillerie) jusqu'au bout des ongles, Simonds a eu tout le loisir d'affiner ses connaissances de l'art de la guerre lors de son passage en 1936-1938. Le cours suivi par Simonds, ou ce qu'il en a retenu, diffère de ce qui a frappé Pope une douzaine d'années auparavant. C'était les années de la remilitarisation de la Rhénanie et de la guerre d'Espagne et tous sentaient qu'un grand conflit avec l'Allemagne approchait ; les temps étaient devenus propices au retour à des études militaires pratiques.

Le programme de la première année portait sur le travail d'état-major au niveau divisionnaire et Simonds a brillé lors des simulations de groupe. Il a par exemple eu l'occasion d'y affirmer ses convictions sur l'appui tactique aérien et sur la mobilité (notamment sur le problème que constituait la mobilité tout-terrain du char, laissant derrière lui l'artillerie tractée et le fantassin à pied ; le problème trouvera sa solution dans l'artillerie autopropulsée et le transport de

---

42. David French, *Raising Churchill's Army : the British Army and the war against Germany, 1919-1945*, Oxford, Oxford University Press, 2001 (2000), p. 164.
43. John English, « Leçons de la Grande Guerre », *Revue militaire canadienne*, vol. IV, n° 2, été 2003, p. 58.
44. *Ibid.*, p. 60.
45. J. Swettenham, *McNaughton, volume I…, op. cit.*, p. 229-237 pour le séjour à l'IDC ; J. A. English, *Failure in high command…, op. cit.*, chap. 2, *passim*, pour l'incompétence militaire grandissante de McNaughton au fur et à mesure où il s'élève. Swettenham et English divergent totalement d'opinion sur le personnage ; autant le biographe est louangeur pour son héros, autant l'analyste tactique est sans pitié pour le manque de connaissances militaires du général.

troupes blindé lors de la Seconde Guerre mondiale — notons que Simonds « inventera » un tel transport de troupes blindé en 1944). La deuxième année était consacrée à des études théoriques, stratégiques et politiques. Toutefois, Simonds constitue probablement une exception en ce que son intérêt tout professionnel pour la tactique et les opérations était antérieur à ses études d'état-major et qu'il demeurera intéressé à ces questions jusqu'à sa retraite.

Simonds s'est distingué à Camberley, mais ce n'est pas le cas de tous les Canadiens de passage. Les collèges d'état-major britanniques avaient la réputation d'être laxistes lorsque des étudiants des Dominions s'y présentaient. Pope porte un jugement sans fard dans les années 1920. Il reconnaît que les officiers non britanniques étaient notés au-dessus de leur mérite réel, et ce, pour le bien de l'Empire. Une douzaine d'années plus tard, le commandant du collège de Camberley est plein d'éloges dans sa note finale au dossier de Simonds. Pour l'historien Granatstein, si celui-ci s'en est tiré brillamment, c'est grâce à son mérite académique, non du fait de la faveur d'un supérieur impérial pour un subordonné colonial. Simonds est l'exception d'une règle non écrite mais pourtant bien réelle[46].

Les candidats ayant réussi les cours d'état-major impériaux, qui pouvaient faire suivre leur nom des lettres « p.s.c. », c'est-à-dire « pass staff college », étaient favorisés au tableau d'avancement. Les officiers à profil scientifique envoyés par McNaughton dans les collèges britanniques acquéraient donc un avantage supplémentaire dans la course à l'avancement. Ils avaient toutes les chances de se retrouver à la tête des brigades, divisions et corps d'armée dans l'éventualité d'une guerre, ce qui fut effectivement le cas. *A contrario*, les connaissances tactiques et opérationnelles et l'habileté à manier les troupes, le *forte* des officiers d'infanterie, étaient moins récompensées. McNaughton croyait que l'art du commandement s'acquérait par « osmose », pour reprendre le mot de Harris, que des officiers à l'esprit scientifique (comme lui-même) ou ayant certains talents pour la planification (toujours comme lui-même) pourraient, le cas échéant, s'en tirer plus qu'honorablement. Si nécessaire, ils trouveraient chez leurs subordonnés l'expertise tactique qui leur manquait[47].

McNaughton était un technocrate de premier plan, mais dans son esprit, la méthode scientifique et les règles de la gestion moderne tenaient lieu d'art du commandement. Harris est cinglant dans la conclusion de son étude :

> L'Armée dans son ensemble n'est pas entièrement à blâmer pour le manque d'entraînement réaliste dans les années 1920 et 1930 [vu le climat budgétaire et poli-

---

46. J. L. Granatstein, *The generals...*, *op. cit.*, p. 151. Dominick Graham (*The price of command : a biography of general Guy Simonds*, Toronto, Stoddart, 1993, p. 27-32) donne un compte rendu exhaustif des deux années de Simonds à Camberley ; il en ressort une impression de rare brio intellectuel. M. Pope, *Soldiers and politicians...*, *op. cit.*, p. 54, confirme la politique de notation généreuse pour les officiers en provenance des Dominions.
47. S. J. Harris, *Canadian Brass...*, *op. cit.*, p. 207 à 209. Le nombre de candidats canadiens aux écoles d'état-major impériales est donné à la p. 254, n. 67. Voir aussi J. L. Granatstein, *The generals...*, *op. cit.*, chap. II et conclusion, p. 309.

tique], mais en définitive la conception que le général McNaughton se faisait d'un bon système de développement des officiers s'est révélée fausse. Il fallait plus qu'un esprit vif, une éducation scientifique et la présence dans les cours d'état-major de l'Armée britannique pour produire de bons généraux à partir de majors et de colonels qui pouvaient n'avoir commandé qu'un peloton ou une compagnie durant la Grande Guerre, mais qui n'avaient depuis aucune expérience en campagne. Par exemple, McNaughton et Crerar ont occupé des fonctions d'état-major à Ottawa ou ailleurs durant presque tout l'entre-deux-guerres. C'est encore pire avec des officiers comme E. L. M. Burns ou C. R. S. Stein qui ont été propulsés au commandement de divisions n'ayant même pas commandé au feu une sous-unité des armes de combat. On ne se surprendra pas, dans ce contexte, que huit des vingt-deux majors-généraux et gradés plus élevés qui ont commandé des divisions, des corps ou l'Armée d'outre-mer ont été limogés pour incompétence avant d'être engagé dans des combats, que deux autres ont été relevés dès leur premier affrontement et qu'un autre n'a duré que neuf mois. Pas plus surprenante est la performance des officiers de la régulière à la tête de brigades et qui ont fait encore pire[48].

Harris n'est pas seul ici. Pour English, McNaughton a négligé cet aspect du travail d'un chef d'état-major général qui consiste à tenir physiquement et intellectuellement prête sa troupe en vue d'un prochain conflit. Un autre observateur de la carrière d'Andy McNaughton, le capitaine John N. Rickard, le blâme ainsi :

> McNaughton, pendant qu'il occupe le poste de chef d'état-major, est bien au fait que la force permanente n'effectue aucun entraînement en campagne. [...] De son côté, l'armée de terre britannique parvient à mener des exercices en campagne tous les ans pendant les années 1930. Il est inacceptable que des forces armées professionnelles n'effectuent aucun entraînement pendant presque une décennie, quelles que soient les circonstances[49].

Cette faute s'explique peut-être du fait qu'à partir de 1931, McNaughton, qui avait la confiance du premier ministre Bennett, a accepté toutes sortes de mandats politiques (conférence sur le désarmement, camps de travail pour faire face à la crise économique, développement du transport aérien civil, etc.) qui le distrayaient de ses fonctions principales à l'état-major, à savoir instruire son armée dans l'art difficile de faire la guerre.

Finalement, en 1935, avec la défaite du gouvernement conservateur de Bennett et le retour au pouvoir des libéraux de Mackenzie King, McNaughton a quitté l'Armée et a accepté la direction du Conseil national de recherche du Canada. Il fut toutefois rappelé en 1939 pour devenir commandant des Forces canadiennes s'entraînant en Angleterre. Il sera poussé à la retraite à la fin de 1943 sans avoir réussi, de l'avis des autorités militaires britanniques et des historiens[50], à former correctement les Forces canadiennes pour les opérations en Europe.

---

48. S. J. Harris, *Canadian Brass...*, *op. cit.*, p. 210-211.
49. J. N. Rickard, « Une étude de cas sur le perfectionnement professionnel », *op. cit.*, p. 68. J'ai corrigé la traduction de cet article publié d'abord en anglais.
50. J. A. English, *Failure in high command...*, *op. cit.*, *passim* ; J. L. Granatstein, *The generals...*, *op. cit.*, chap. 3 et p. 103.

Stephen Harris impute aux contraintes de l'époque et aux distorsions induites par les préjugés de McNaughton les failles du corps des officiers ; le général aurait dû s'occuper d'affiner ses capacités intellectuelles *et* ses connaissances militaires professionnelles pour garantir le succès sur les champs de bataille contemporains plutôt que de se concentrer sur les problèmes de gestion. Tout cela fait dire à John English que l'accent mis sur la gestion budgétaire et d'autres objets non strictement militaires ont détourné l'Armée canadienne de sa mission essentielle en temps de paix, c'est-à-dire la préparation au combat[51].

Évidemment, on peut supposer que la direction de l'Armée canadienne était consciente du trop petit nombre d'officiers qualifiés pour les fonctions d'état-major et pour le commandement des brigades, divisions et corps d'armée prévus dans les plans de mobilisation. Et après les succès retentissants des armes allemandes en Pologne (automne 1939) et en France (printemps 1940), la direction de l'Armée ne pouvait ignorer les déficiences doctrinales, du moins dans une certaine mesure. Le problème de l'état-major canadien peut s'énoncer ainsi : comment former rapidement les cadres d'une armée aux effectifs en pleine expansion lors d'une mobilisation à une forme de guerre dont on sait déjà qu'elle revêtira un caractère différent de celle de 1914-1918, ne serait-ce qu'en raison de la motorisation intégrale ?

Officiers régimentaires et régiments

Il faut en effet tenir compte du caractère particulier du système militaire basé exclusivement sur le recours aux volontaires dans un monde atlantique où le service militaire obligatoire est souvent la règle. La Force permanente (FP) des années 1930 est si petite qu'elle n'a aucune valeur combative. C'est seulement après mobilisation, c'est-à-dire mise sur pied de guerre des unités de réserve et appel aux volontaires pour combler les cadres des unités permanentes et de réserve, que l'on pourra envisager la formation d'un corps expéditionnaire (en supposant les problèmes matériels résolus). Bref, l'Armée canadienne a beau compter sur une Force permanente, celle-ci est trop petite. C'est seulement par la gestion adéquate et diligente de la Milice Active Non Permanente (MANP[52]), nom officiel des réserves, et l'enrôlement de nouvelles recrues civiles qu'elle pourra acquérir une quelconque utilité combative. Autrement dit, sans préparation adéquate des réserves et sans organisation d'un cadre de réception performant pour accueillir les volontaires, l'Armée canadienne est une armée de

---

51. S. J. Harris, *Canadian Brass...*, *op. cit.*, p. 210-211 et 220 ; J. A. English, *Failure in high command...*, *op. cit.*, p. 56.
52. Par opposition à la milice sédentaire des deux régimes coloniaux, la milice de tous les hommes valides, qui n'est autre que la vieille levée médiévale et qui est encore prévue dans la loi, mais n'a jamais été convoquée, c'est-à-dire n'est jamais devenue « active ». Cette disposition moyenâgeuse n'est retirée de la Loi sur la Défense nationale qu'en 1950 ! Un résumé des diverses lois sur la milice est donné par C. P. Stacey, *Introduction à l'étude de l'histoire militaire à l'intention des étudiants canadiens*, 6e éd., 4e rév., n.d., Ottawa, Quartier général des Forces canadiennes, p. 1-20, *passim*.

papier seulement capable de faire la guerre aux chômeurs. Ce qui pose la question des structures d'accueil.

Traditionnellement, la sélection, l'instruction et l'entraînement des hommes et des officiers étaient de la responsabilité du régiment. Si l'on excepte les diplômés du Collège militaire de Kingston, qui formait une minorité d'officiers (mais un bloc solide imbu de son importance au sein de la Force permanente), l'instruction était donnée dans les « écoles » des régiments sous la responsabilité des officiers dudit régiment. Pour les officiers, l'entrée au régiment se faisait par « vote » de l'assemblée des officiers[53]. L'avancement était obtenu (et cela se fait encore de nos jours) à l'ancienneté sur rapport favorable du supérieur immédiat. Toutefois, le nombre de candidats reçus ne pouvait excéder le nombre d'officiers prévu au tableau d'effectifs, un tableau dont la ventilation relève du Quartier général de l'Armée à Ottawa. C'est dire que si tous les postes supérieurs sont comblés, l'avancement est impossible. En temps de paix, cela peut poser problème et faire que le rythme de l'avancement soit très lent. Nonobstant cette restriction, l'avancement aux grades inférieurs à celui du commandant d'unité (lieutenant, capitaine et major) relève en pratique du commandant de ladite unité sans qui rien d'important ne peut se décider. Au-delà, les promotions dépendent du bureau de l'adjudant-général, l'officier général responsable du personnel au Quartier général à Ottawa, du chef de l'état-major général de l'armée, éventuellement du ministre de la Défense et du Cabinet (pour les chefs d'état-major et les commandants de théâtre d'opérations en particulier).

Dans la petite force régulière d'alors, fatalement tout le mode se connaît et la course aux promotions prend inévitablement un caractère personnalisé[54]. En théorie, cela permet au supérieur de se former une idée du caractère des subordonnés et donc de poser un jugement informé sur l'opportunité d'accorder une promotion. C'est peut-être vrai, mais cette pratique ouvre aussi la porte à des biais fondés sur les préférences personnelles. On a vu que McNaughton favorisait les officiers à profil scientifique pour les cours d'état-major à l'étranger, ce qui permettait à ces officiers de faire avancer leur carrière au détriment d'officiers ayant d'autres profils.

---

53. Le système est décrit pour une unité d'artillerie de réserve dans : Richard et Philippe Garon, *Le 6ᵉ Régiment d'artillerie de campagne*, Lévis, le Régiment, 2002, 125 et 128-129. À la p. 128, les historiens font l'aveu suivant : « Il va sans dire que cette pratique n'est pas étrangère aux liens de parenté qui existent entre les membres de l'unité ainsi qu'au nombre élevé de sous-officiers qui démontrent leur qualité pour ensuite devenir officiers. » Le régiment de tradition britannique est une société endogamique. Nos historiens notent toutefois que dans les années 1930, l'instruction devient plus formelle et les exigences administratives (stages, examens) plus impératives, c'est-à-dire que le Quartier général de la Défense impose progressivement les standards à respecter uniformément à travers le pays.
54. James Eayrs écrit de ces affectations dans les collèges supérieurs de guerre britanniques qu'elles étaient « much sought after and gratefully received » (*In defence of Canada from the Great War to the depression*, Toronto, University of Toronto Press, 1967 (1964), p. 88). On imagine bien toutes les bassesses et les intrigues se dissimulant sous une telle formulation.

Tim Travers a montré comment la personnalisation du système de promotion de l'Armée britannique d'avant 1914, autrement plus grande que l'Armée canadienne de 1939, avait eu une incidence déterminante sur la conduite des armées britanniques durant la Première Guerre mondiale. Le corps des officiers britanniques était une société qui reposait sur les amitiés, avait un respect filial pour les traditions régimentaires et acceptait sans questionner les préjugés sociaux de son temps dans sa manière de déterminer ses positions sur tous les sujets, à propos des promotions comme de la conduite de la guerre. Ainsi, les maréchaux French et Haig privilégiaient leurs collègues de la cavalerie pour les promotions aux commandements d'armée en 1914-1918. Cela avait la fâcheuse conséquence que ces commandants d'armée rêvaient de grande cavalcade à la poursuite d'un ennemi en fuite, l'une des principales tâches de la cavalerie, mais étaient plutôt négligents dans des domaines comme l'application de l'artillerie aux combats de tranchées ou encore la recherche d'une solution au problème de l'heure : comment franchir plusieurs lignes de tranchées défendues par des barbelés, des mitrailleuses et des canons, une question pour fantassins. Avant de poursuivre un ennemi en retraite, il fallait quand même résoudre cette difficulté.

En dépit de la conviction générale que l'Armée britannique d'avant 1914 est une armée professionnelle, parce que tous ses membres sont des volontaires servant à temps plein pour une longue durée, par opposition, par exemple, à l'Armée française, Travers affirme qu'au contraire il s'agit d'un club fermé d'amateurs. Bien loin d'encourager le professionnalisme, le système de promotion britannique d'avant 1914 était la marque d'une organisation d'amateurs[55]. Autrement dit, le professionnalisme est une attitude dans l'exercice d'une activité ; le temps à servir sous les drapeaux — la carrière — c'est autre chose. Si les deux peuvent se rejoindre, l'un n'implique pas nécessairement l'autre. En fait, dans le cas britannique, le long service et la stabilité de la structure régimentaire ont plutôt facilité la reproduction d'attitudes conservatrices irrationnelles, au détriment du professionnalisme.

Dans une armée minuscule comparée à l'Armée britannique, les effets de la personnalisation avaient toutes les chances d'être proportionnellement plus importants. En l'absence de mécanismes objectifs d'évaluation et de sélection du personnel (des méthodes introduites seulement en 1941), il y a lieu de penser que les caractéristiques relevées par Travers (effet déterminant des amitiés, des affinités scolaires ou régimentaires) ont existé et perduré dans l'Armée canadienne durant tout l'entre-deux-guerres, avec des conséquences néfastes sur la direction des opérations après 1939.

---

55. Tim Travers, *The killing ground : the British Army, the western front and the emergence of modern warfare 1900-1918*, Barnsley (South Yorkshire), Pen & Sword Books, 2003 (1987), chap. premier et épilogue, p. 252-253.

La formation des officiers de réserve

Dans la réserve, la personnalisation joue de la même manière que dans la force régulière. Mais à l'époque, un autre problème était tout aussi préoccupant et sans doute plus manifeste dans les unités de réserves. Comme de par sa nature la milice est formée de citoyens-soldats dont les compétences militaires sont (en moyenne) très réduites, la méthode traditionnelle du régiment-école peut difficilement produire de bons résultats.

Les gouvernements canadiens ont tôt reconnu que l'instruction et les promotions par les régiments de milice avaient leurs limites. C'est pourquoi, par les diverses lois sur la milice de la fin du XIXe siècle, les unités de la Force permanente ont reçu la responsabilité d'encadrer l'instruction et les promotions dans les unités de la milice non permanente. Cela ne veut pas dire que les commandants d'unités de milice soient déchargés de leur responsabilité d'instruire et d'entraîner leurs hommes, mais seulement que les soldats permanents doivent fournir un soutien ou un encadrement, que les lois ne définissent malheureusement pas avec précision. La santé de la réserve est donc fonction de l'intérêt que lui porte le général commandant les deux forces (Force permanente, Milice active non permanente ou milice ou réserve pour abréger), qui doit en particulier combattre les préjugés des réguliers envers les « amateurs » de la réserve.

En principe, la contribution de la Force permanente à l'entraînement des miliciens devait prendre deux formes principales : l'encadrement des cours et des examens de promotion des officiers de réserve et la supervision des manœuvres annuelles (ou la participation des unités de milice à des manœuvres conjointes).

Les officiers de réserve n'ont pas accès aux collèges d'état-major anglais. La débrouillardise propre aux gens instruits — à l'époque, les officiers sont des diplômés du secondaire — est donc essentielle pour compenser le déficit de connaissances militaires. Avec débrouillardise, l'officier de réserve peut parvenir à un grade intéressant. Toutefois, ses connaissances tactiques resteront encore plus rudimentaires que celles de réguliers, sauf si l'officier de réserve a le penchant de l'autodidacte militarisant. En ce cas, il pourra arriver à des résultats surprenants, car là, il a un avantage sur le régulier : il n'a pas à désapprendre des décennies d'habitudes néfastes à l'apprentissage des nouveautés.

Il existe des cours pour officiers de milice : le cours pour subalternes des pelotons (sous-lieutenants et lieutenants, aussi ouvert aux sergents) de six semaines, le cours d'état-major de quatre semaines pour les capitaines et celui pour les majors de deux semaines[56]. À noter que le premier cours est entièrement sous la gouverne des régiments, c'est-à-dire qu'il est construit à l'intérieur d'un régiment de réguliers pour les subalternes du régiment des unités de milice

---

56. Serge Bernier, *Le Royal 22e Régiment, 1914-1999*, Montréal, Art Global, 1999, p. 92-93. Voir aussi G. R. Stevens, *The Royal Canadian Regiment, volume two, 1933-1966*, London, London Printing and Lithographing, 1967, p. 4-5.

de sa région militaire. Des variations locales sont donc possibles, avec certaines conséquences qui peuvent en dériver quant à l'interprétation faite ici ou là des doctrines tactiques. Assurément, cela pourra avoir des effets néfastes sur la capacité à collaborer d'unités provenant de districts militaires différents (les divisions sont assemblées en réunissant des unités de plusieurs régions).

Les deux cours supérieurs (pour capitaines et pour majors) d'officiers de milice sont « officiels » au sens où le contenu et les examens (respectivement « A » et « B ») sont régulés par la Direction responsable de l'instruction au Quartier général de l'Armée. Il devrait donc y avoir plus d'uniformité dans les programmes avancés. Avec l'évaluation personnelle par le supérieur, ces examens devaient être considérés dans la sélection des candidats pour les promotions. « Devait », car en fait, le système fonctionne à l'envers : un officier pressenti pour une promotion est choisi pour suivre un cours, la note de passage (qui est toujours obtenue ou presque pour un officier présélectionné) le qualifiant pour une promotion lorsqu'une vacance dans le tableau d'effectifs se produit. Ces cours assurent donc que les candidats ont des qualifications minimales, guère plus, et par voie de conséquence, perpétuent la toute-puissance du commandant du régiment dans la sélection de ses subordonnés, avec une interférence réduite des quartiers généraux supérieurs. Les contenus sont plutôt limités, car il s'agit avant tout d'informer les officiers de milice des procédures administratives de l'armée. La tactique est la portion congrue. Elle se réduit souvent à la bonne manière de rédiger un ordre d'opération, c'est-à-dire à l'ordonnancement des paragraphes, à l'art très difficile de déterminer les destinataires et le nombre de copies conformes, art hautement complexe dans une armée, cela dans un vocabulaire normé, c'est-à-dire pauvre, rébarbatif, truffé de sigles et d'abréviations aux fins de confondre les yeux indiscrets[57].

L'officier de milice devait aussi recevoir une formation pratique organisée dans les divers districts militaires. Comme pour les réguliers, cette formation pratique devait se faire en s'exerçant à des *wargames* (sur cartes ou table à sable contre des adversaires, parfois des batailles simulées en classe comprenant réception d'un état de situation au début de l'exercice, puis d'autres messages, rédaction d'ordres au fur et à mesure, avec parfois interventions télégraphiques ou téléphoniques pour déstabiliser les étudiants), des TEWT (manœuvres sur le terrain sans troupes) ou des *staff rides* (excursions organisées par un officier expérimenté pour susciter un sens du terrain chez des officiers en formation). Les rapports annuels du ministère de la Défense des années 1920 et 1930 font état

---

57. Quiconque explore les archives militaires se bute à cette difficulté d'une langue technique poussée jusqu'à l'absurde. Bien des erreurs fatales sont dues à cette manie d'une rédaction technique faite uniquement de jargon et d'acronymes, sans parler des fautes induites par le codage et le décodage. La difficulté était aggravée dans l'Armée canadienne par un recours excessif aux longs ordres écrits, un travers appris des Britanniques mais transformé en un « art supérieur » par les Canadiens. Pour pallier ces problèmes communs à toutes les armées modernes et donc bureaucratiques, les Allemands n'hésitaient pas à parler en clair à la radio, considérant le risque d'une indiscrétion moins grave que la perte de temps induite par une mise en forme conforme au règlement.

de ces pratiques sans les détailler. Pour sa part, Pearkes met en application la méthode apprise à Camberley. Il organise quelques TEWT et *staff rides* alors qu'il est officier d'état-major du district militaire de Colombie-Britannique à la fin des années 1920. Il est l'un des rares officiers supérieurs de l'époque à mentionner ce type d'entraînement dans ses archives personnelles[58]. Il y a toutes les raisons de penser qu'il s'agit là d'une exception et que plus on avance dans les années 1930, moins l'entraînement est sophistiqué, faute de moyens.

L'inanité de ces formations sera démontrée à l'hiver 1940 lorsqu'une cohorte de capitaines et majors canadiens issus de la MANP se présentera à Camberley peu après l'arrivée de la 1re Division canadienne en Angleterre. Les résultats des quatre Canadiens inscrits au 3rd War Staff Course (11 janvier au 20 avril 1940) seront si médiocres que les autorités du collège convoqueront McNaughton et son état-major pour une explication qui fut, semble-t-il, orageuse. Un seul Canadien figurera honorablement dans la promotion, encore qu'avec une note moyenne. Le commandant du collège juge ainsi les Canadiens : « les officiers canadiens de cette cohorte donnent une performance bien au-dessous de la moyenne, surtout en ce qui concerne les connaissances militaires ». McNaughton se défend en expliquant qu'étant donné le manque d'officiers réguliers disponibles, il ne peut désigner pour Camberley que des officiers de réserve. Le principal officier d'état-major du collège, le lieutenant-colonel Horrocks (une future célébrité du corps blindé britannique) répond que même dans une classe d'officiers territoriaux britanniques, équivalente à la MANP canadienne, les Canadiens n'auraient pas paru brillants[59]. C'est au figuré une véritable gifle.

Comme le suggère la reconstitution précédente, la performance laisse plus qu'à désirer. La taille réduite de la Force permanente faisait que le nombre d'instructeurs disponibles, officiers et sous-officiers expérimentés, était faible. Comme en plus les quelques cadres expérimentés devaient également assurer les tâches administratives essentielles dans leurs unités d'appartenance, il y avait beaucoup

---

58. R. H. Roy, *For most conspicuous bravery…*, op. cit., p. 101-103. Dans les Mémoires et biographies cités dans ce chapitre, c'est de fait la seule mention. Si les rapports annuels du ministère mentionnent de temps à autre que de tels exercices se tiennent de manière satisfaisante, ils ne fournissent jamais de détails. Ainsi, la section « Tactical Exercices without Troops, and War Games » du rapport pour l'année se terminant le 31 mars 1936 (p. 39) se lit ainsi : « Tactical exercices without troops and war games were held throughout the year under arrangements made by District Officers Commanding. » C'est tout. Cette mention est répétée sans aucune modification dans les rapports des années 1936-1937 (p. 46), 1937-1938 (p. 43), 1938-1939 (p. 47) et 1939-1940 (p. 38). En fait, tout indique que le zèle de Pearkes n'est pas coutumier. Ce qui différencie la pratique canadienne de la pratique allemande, c'est que dans l'Armée allemande (qui a inventé *wargames*, TEWT et *staff rides*), les commandants régionaux sont les chefs de corps d'armée désignés en cas de guerre, alors que les commandants de districts militaires canadiens sont purement des officiers administratifs. Les Allemands veulent former des chefs, alors que les officiers canadiens s'empêtrent dans l'administration. Cette distinction est vitale et va se payer en défaites et en vies humaines.
59. BAC, RG24, C-3, bobine T-1872, images 001652-001653, annexe au journal de guerre de la 1re Division, un p.-v. daté du 30 mars 1940 et rédigé par le lieutenant-colonel Turner. Tout le document montre que les Canadiens sont sur la défensive.

de chance pour que la préparation de cours ne soit pas à la hauteur. Quant à organiser des exercices pratiques périodiques afin de valider les enseignements, tester les équipements, se familiariser à la collaboration interarmes (entre l'infanterie, la cavalerie/les blindés, l'artillerie, le génie et les forces auxiliaires) ou même seulement vérifier l'état de l'entraînement des diverses formations, beaucoup s'en fallait, comme on le soupçonne au vu des ressources humaines et financières disponibles[60].

Il ne faut donc pas s'illusionner sur le niveau atteint par la moitié de volontaires ayant suivi un entraînement et qui s'est enrôlé en 1939. Les miliciens se réunissaient d'ordinaire un soir par semaine, sauf pour les exercices d'été qui devaient durer quinze jours en théorie. Les étudiants du Corps-école des officiers canadiens, une réserve d'officiers recrutés à même les étudiants inscrits dans les collèges et universités, et qui acceptaient de suivre un entraînement militaire de base, en faisaient encore moins, comme ceux de l'Université de Toronto, qui ne s'entraînaient qu'une trentaine de jours par année en tout[61].

Même si le nombre d'officiers de milice ayant reçu de l'instruction s'est accru à l'approche de la guerre, il reste que plusieurs d'entre eux ne participaient pas aux camps annuels estivaux[62]. Peu ont suivi les cours d'état-major de la milice en 1939 ou auparavant : au déclenchement des hostilités, le cours de base (réintroduit en 1922 après une éclipse de plusieurs années) a été réussi par environ 400 officiers subalternes de la milice, le cours avancé (datant de 1935) par seulement 29[63].

Les activités d'entraînement

La faiblesse qualitative de l'encadrement et le manque de ressources financières ont des conséquences sur le genre d'activités qui peuvent être réalisées à l'entraînement. En période de crise budgétaire, l'imagination des officiers doit pallier le manque de ressources. Était-ce le cas ?

Il faut d'abord examiner comment les unités régulières encadraient les recrues, car cela permet d'établir un étalon de mesure pour toute l'armée. Prenons l'exemple du Royal 22ᵉ Régiment, l'unité régulière canadienne-française basée dans la ville de Québec. Voici comment il forme ces propres soldats : les

---

60. Ernest R. May fait le même genre de remarques à propos de l'Armée française des années 1930, pourtant une armée aux ressources infiniment plus grandes que celles du Canada (*Strange defeat : Hitler's conquest of France*, New York, Hill and Wang, 2000, p. 122).
61. Lucien A. Dumais, *Un Canadien français à Dieppe*, Paris, Éditions France-Empire, 1968, p. 17-18 ; *Notes on elementary military administration and organization*, Toronto, The University of Toronto Press, 1941, p. 4 (coll. DHP). Ce dernier texte illustre bien que les cours pour subalternes des collégiens et universitaires concernent essentiellement deux choses : l'acculturation aux signes propres à une armée (insignes de grade, division et respect des responsabilités entre officiers et sous-officiers, etc.) ; et normalisation des textes, lectures et rédaction technique des ordres de toutes sortes. La discipline est négligée, le maniement des armes et la tactique complètement ignorés.
62. Voir les chiffres de C. P. Stacey, *Six années de guerre...*, *op. cit.*, p. 33.
63. À opposer aux 45 officiers de la force régulière ayant suivi les cours de Camberley et Quetta entre 1919 et 1939. Voir J. A. English, *Failure in high command...*, *op. cit.*, p. 98.

recrues sont réparties en pelotons dans lesquels est donnée une instruction élémentaire qui dure quatre mois. À quels exercices se livre-t-on ? La tenue correcte d'un soldat bien astiqué (le « spit-and-polish »), le conditionnement physique et l'exercice sur la place d'armes constituent les parties prépondérantes. Le maniement de l'arme individuelle (le Lee-Enfield de 1914-1918), le tir sur cible et la marche en sont le pendant. Quelques soldats sont choisis pour le cours d'armes automatiques, mais le complément de formation reçue tient essentiellement au maniement de l'arme. Sur le plan tactique c'est tout, si tant est que le maniement d'une arme personnelle ou de section relève de la tactique. C'est dire que le soldat régulier en apprend finalement assez peu. Le 22e fournit les instructeurs pour encadrer les camps de recrues des unités de milice ; le programme y est similaire à celui des réguliers, mais le rythme est forcément plus lent.

Ajoutons que comme le niveau de scolarité est assez bas chez les soldats tant chez les réguliers que dans les unités de réserve, le 22e organise aussi une sorte d'école primaire pour ses hommes et pour les miliciens du district. Cela peut sembler anodin, mais un analphabète ne peut être promu sous-officier. C'est tout en qui concerne les rangs. On peut donc dire que les connaissances tactiques, du moins celles transmises par un enseignement formel, sont pauvres. Un peu comme cela a souvent été le cas dans l'histoire, et comme cela s'est produit pour la campagne en Afrique du Sud en 1899 et pour la Première Guerre mondiale, on espère que la phase de mobilisation sera suffisamment longue pour donner le temps de raffiner la préparation. C'est vrai pour la formation initiale des recrues, comme pour celle plus poussée dans chacune des armes de combat de l'Armée de terre.

Commençons avec la « reine des batailles », l'infanterie. Après la Grande Guerre, tous les bataillons recrutés, numérotés dans l'ordre d'établissement, sont dissous sauf deux qui sont transformés en unités permanentes, portant le nombre de régiments réguliers d'infanterie à trois : le Princess Patricia's Canadian Light Infantry et le Royal 22e Régiment, les deux nouveaux, rejoignent le Royal Canadian Regiment. Malgré ce triplement de la Force permanente par rapport à 1914, une routine de paix s'installe rapidement.

Les activités de socialisation de tout ordre dominent, avec les formalités liées à la vie de garnison. Dans le cas du 22e, ces dernières sont particulièrement astreignantes, puisque le régiment tient garnison dans la citadelle de Québec, où les cérémonies protocolaires sont nombreuses. L'été, la monotonie est rompue par l'exercice annuel avec les unités de milice du district militaire. De temps à autre, il y a aussi les appels du gouvernement pour le maintien de l'ordre. Le 22e est ainsi chargé à quelques reprises de ramener le calme dans les secteurs miniers de la Nouvelle-Écosse. La troupe loge dans des baraquements médiocres et utilise un matériel vieillissant. Ainsi, deux chenillettes Carden-Lloyd expérimentales (voir plus loin) sont amenées à Valcartier en 1931 pour permettre au 22e de se familiariser avec du matériel « moderne ». Mais ce n'est seulement qu'à la fin des années 1930, avec la perception de la menace et l'augmentation des budgets qui en résulte, que les affaires prennent une tournure plus sérieuse. Ainsi, le 22e sera représenté aux grandes manœuvres de 1938 à Borden[64] (voir plus bas).

Dans les unités de la MANP, c'est un peu la même chose : le social domine et l'entraînement prend du sérieux seulement à l'approche de la guerre. Restons dans la région de Québec, où la proximité des « professionnels » du 22e était un avantage *a priori* pour l'instruction des unités de milice. Avant de fusionner pour devenir le Régiment de la Chaudière, les régiments de Beauce et de Dorchester n'envoyaient qu'une centaine d'hommes aux exercices annuels (un bataillon compte en théorie quelque 800 hommes). Les choses se corsent un peu à compter de 1937, mais encore là on dépasse rarement l'entraînement de base. À un point tel que la compétition de tir interrégimentaire est le fait saillant année après année[65]. Les historiens du Régiment de la Chaudière, Jacques Castonguay et Armand Ross, le premier historien régimentaire et l'autre brigadier-général respecté, affirment que la situation de leur Régiment n'était ni meilleure ni pire que celle des autres unités de la milice canadienne : « ce manque de formation prévalait d'ailleurs un peu partout », écrivent-ils[66].

Le régiment de milice de la fin des années 1930 est avant tout un club social peu sélect, comme l'a noté avec un brin d'indulgence un mémorialiste :

> Notre entraînement militaire était plus ou moins une performance d'amateur. Quelques copains étaient au régiment seulement pour la pratique de tir, d'autres pour les privilèges de bar des mess ou encore parce qu'ils appréciaient les distributions gratuites de bières fréquentes après une sortie. Pour les officiers, l'aspect social — dîners régimentaires, danses, cérémonies avec défilés et *garden parties* — apparaissait primordial[67].

En 1931, le jeune Jean V. Allard intègre la milice et suit le cours pour subalternes du Régiment de Trois-Rivières par désœuvrement (ce qui ne l'empêchera pas de devenir chef de l'état-major général dans les années 1960). Les cours sont donnés en anglais deux fois la semaine et les notions de droit et d'administra-

---

64. S. Bernier, *Le Royal 22e Régiment…, op. cit.*, p. 94-103.
65. Manque d'instructeurs compétents, amateurisme des officiers, régiment-club social, entraînement au combat se limitant aux tirs sur cibles fixes sont des tares qui affligent les unités de milice depuis leur création. Jean-Yves Gravel rapporte des critiques rigoureusement identiques pour les unités de milice des années 1870-1900 (*L'armée au Québec (1868-1900) : un portrait social*, Montréal, Boréal Express, 1974, p. 66-67, 85-86, 94-95, 100-106). Dans l'Armée canadienne, tradition n'est pas un vain mot.
66. Jacques Castonguay et Armand Ross, *Le Régiment de la Chaudière*, Lévis, le Régiment, 1983, p. 107-112. La citation vient de la p. 111. Mais le Chaudière est peut-être un modèle si l'on compare aux Fusiliers Mont-Royal, du moins à ce qu'en rapportent les historiens régimentaires, totalement obnubilés par les uniformes et les défilés (J. Guy Gauvreau *et al.*, *Les Fusiliers Mont-Royal, 1869-1969*, Montréal, Éditions du Jour, 1971, chap. 6).
67. Strome Galloway, *The general who never was*, Belleville, Mika Publishing Company, p. 5. Galloway précise à la page suivante que si son régiment de milice (The Elgin Regiment) n'avait pas de mal à trouver des officiers (on pouvait instantanément devenir chef), il était cependant plus problématique de réunir des « Indiens », que l'on ne trouvait que parmi les *old-timers* de la succursale locale de la Légion canadienne, augmentés de quelques adolescents désœuvrés en quête d'aventure (tel Galloway) ou de « morceaux choisis » parmi la faune des salles de pool.

tion militaire prennent le pas sur celles de tactique. En tout, Allard estime avoir passé environ deux ans en service dans son unité de milice avant l'entrée en guerre. Il prend son « loisir » au sérieux, assez vite en tout cas pour être promu deux fois avant 1940[68]. On peut cependant douter que tous les officiers de milice aient utilisé avec autant de profit leur hobby pour aiguiser leurs habiletés militaires… ou qu'ils aient eu les aptitudes d'un Allard.

Du reste, ce témoignage est essentiellement un souvenir où les détails précis manquent. Par contre, le colonel Galloway, qui a aussi commencé sa carrière militaire dans la milice des années 1930, est plus explicite et contredit Allard sur le point essentiel de la valeur de l'instruction et de l'entraînement. À l'Elgin Regiment, les hommes n'ont pas de brodequins dans les années 1930 ; ils doivent mettre de longues chaussettes noires par-dessus le bas de leur pantalon les jours de défilé pour donner l'illusion d'une « apparence militaire ». L'entraînement des hommes se limite virtuellement au maniement du fusil Lee-Enfield et aux marches. Les officiers suivent les cours de la milice, mais selon Galloway le droit, c'est-à-dire l'administration de la discipline, y domine. En fait, le subalterne n'apprend que les commandements à donner pour faire évoluer les hommes sur le terrain d'exercice. Après une journée éreintante passée à mimer les soldats de bois, l'unité se réunit pour un « party hot dog ». Galloway en conclut que « beaucoup de temps et d'efforts étaient mis sur l'apparence. […] Nos miliciens d'entre les deux guerres ont eu peu de chances de développer leurs habiletés et presque rien pour les encourager à devenir soldats[69]. »

Galloway explique aussi que s'il est vrai que les miliciens sont payés pour les jours où ils servent, toute la paie revient au fonds régimentaire servant à organiser les activités sociales. Pour un civil, l'incitatif à suivre un entraînement militaire est donc faible. L'impression générale que donnent les différents témoignages est celle d'une organisation de réserve qui vivote jusqu'à la toute veille du danger. Un relevé statistique officiel publié au début de la Deuxième Guerre mondiale, livré sans présentation et sans commentaire dans le rapport annuel du ministère, corrobore les témoignages.

Plusieurs observations peuvent être faites. Par rapport à la situation d'avant 1914, le retour à la paix signale une régression marquée, tant de l'effectif entraîné que du nombre total de jours passés à l'entraînement. La situation s'améliore sensiblement au cours des années 1920, surtout en ce qui concerne le nombre de miliciens qui font le camp d'exercice annuel. Avant l'été 1936, on n'atteint jamais le 30 % d'hommes passant par le camp estival d'exercice, seul vrai moment où les habiletés militaires peuvent être testées, la valeur de l'entraînement en manège étant à peu près nulle d'un point de vue de préparation au combat.

---

68. Jean V. Allard et Serge Bernier, *Mémoires du général Jean V. Allard*, Ottawa, Les Éditions de Mortagne, 1985, p. 40-41.
69. Strome Galloway, « Between the wars with the Canadian militia », *Esprit de Corps*, vol. 10, n° 5, mars 2003, p. 19-20 ; vol. 10, n° 6, avril 2003, p. 19-20.

Tableau 1

Entraînement des réserves, 1913-1915 et 1924-1940

	Effectifs					Nombre moyen de jours d'entraînement		
	Autorisés	Réels	Entraînés en manège	Entraînés en camps	Total entraînés	Au manège	En camps	Total
1913-1914	76 606	55 282	22 891	33 391	n.d.	16	12	28
1914-1915	70 064	59 004	24 597	34 407	n.d.	16	12	28
—	—	—	—	—	—	—	—	—
1924-1925	122 600	50 492	21 800	6 700	n.d.	9	9	18
1925-1926	121 183	49 075	23 572	6 663	n.d.	9	9	18
1926-1927	138 316	49 075	20 616	4 293	n.d.	9	9	18
1927-1928	136 705	52 326	22 327	11 858	n.d.	9	9	18
1928-1929	134 967	52 248	24 094	16 971	34 348	9	9	18
1929-1930	123 843	51 831	22 630	18 109	33 008	9	10	19
1930-1931	125 748	53 201	22 630	17 865	33 648	9	10	19
1931-1932	126 633	51 287	35 249	2 182	36 189	10	4	14
1932-1933	134 707	51 873	32 539	9 435	38 441	8,5	6,3	14,8
1933-1934	134 751	52 627	33 994	12 218	39 492	10,7	7,6	18,3
1934-1935	135 284	50 074	34 223	12 720	39 242	10,2	8,2	18,4
1935-1936	133 935	48 761	35 651	14 610	39 806	10,79	7,27	18,06
1936-1937	99 585	45 746	34 371	13 815	39 992	11,11	8,87	19,98
1937-1938	85 982	45 631	35 305	17 997	41 629	10,97	8,48	19,45
1938-1939	86 310	51 418	40 686	29 103	46 521	9,39	8,29	17,68
1939-1940	89 294	46 855	43 241	30 648	49 554	10,75	8,09	18,83

Source : *Rapport annuel du ministère de la Défense*, 1940, p. 48-49.

Avec la crise de 1929, la situation se détériore grandement pour les réserves. L'entraînement d'été est virtuellement suspendu en 1931-1932 et ne reprend que très lentement jusqu'à 1937-1938. Ce n'est pas seulement faute de budget, mais aussi parce que les cadres permanents et les installations sont réquisitionnés pour l'aide aux chômeurs. Même l'année des (seuls) grands exercices d'entre-deux-guerres, en 1938-1939, on s'est moins entraîné qu'en 1913-1914, aussi bien par le nombre d'hommes concernés que par les jours passés sous les drapeaux. Et grâce au total d'hommes entraînés compilé de 1928 à 1940, on peut déduire que rares sont ceux qui font à la fois l'entraînement auprès du manège de leur unité et participe au camp estival. L'effet de la réorganisation de 1936 (où l'on fusionne des unités et où l'on modifie leurs missions) est aussi bien perceptible ; l'effectif autorisé est ramené à des proportions plus en rapport avec les capacités financières de l'État et l'enthousiasme tout relatif des Canadiens pour la chose militaire.

Ces données appellent un constat déplorable : le complexe édifice de réserve édifié dans les années précédant la Première Guerre mondiale est, tant du point de vue des effectifs que de celui du nombre moyen de jours d'entraînement à l'extérieur, en pire état à veille de la guerre de 1939 que vingt-cinq ans plus tôt, en 1914. Le nombre de jours moyens à l'entraînement, calculé assez sommairement avant 1932, est toujours en deçà des prévisions de deux semaines de camp annuel au moment du déclenchement de la guerre. Même après que Hitler eut failli aux engagements pris lors de la conférence de Munich en occupant la Bohême-Moravie le 14 mars 1939, le budget consacré à l'entraînement et à l'instruction des réserves demeure inférieur à celui d'avant la guerre de 1914 ! Il faut se rappeler ici que les événements de juillet-août 1914 n'avaient été prévus par personne, alors qu'après l'occupation de toute la Tchécoslovaquie en mars 1939, une guerre européenne devenait probable. En un mot, malgré un début de rétablissement accompli au dernier moment, l'Armée canadienne n'est pas prête à la guerre en août 1939.

Il n'est donc pas étonnant que le tableau ne soit pas officiellement commenté dans le rapport annuel du ministère : il est bien trop révélateur d'un manque de préparation dont la classe politique est grandement responsable.

Dans l'artillerie, le manque de matériel moderne empêchait la troupe de se former aux nouvelles techniques ou d'apprendre à servir les nouvelles pièces anti-aériennes et antichars qui commençaient à être distribuées aux unités britanniques. Pis, avec le temps, les vieilles munitions qui restaient de la Première Guerre mondiale sont épuisées, ce qui fait qu'à la veille de la Deuxième Guerre mondiale, il n'y en a pas suffisamment pour s'entraîner correctement : « sans obus, il est difficile d'apprendre à tirer », commente ironiquement l'historien de l'artillerie, le colonel Nicholson. Comme pour l'infanterie, la compétition inter-régimentaire était le haut point de l'année[70]. Dans ces circonstances, la coopération avec les armes de combat est une chimère. Même aux quelques exercices de la fin de l'été, on se côtoyait plutôt que de vraiment travailler ensemble.

Dans le génie de combat, vital en ce temps de motorisation — les véhicules ont besoin de routes et de ponts —, la situation frôle la catastrophe dans les années 1920 : les effectifs totaux ne dépassent pas 300 hommes, officiers compris, et le nombre de « véhicules » de transport pour le matériel est fixé dans le tableau de matériel à 20 chariots… à traction chevaline. Un début de motorisation devra attendre 1935-1936. Un quart des officiers régimentaires est « détaché » pour des affectations au Grand Quartier général ou à l'étranger (dont les favoris de McNaughton). Le régiment régulier ne peut parfois même pas tenir les cours pour miliciens, faute de fonds. Quant à l'entraînement, il est virtuellement inexistant et il n'y a d'ailleurs pas de matériel (ponts, pontons, explosifs pour démolition, etc.). Même s'il y en avait eu plus, il est douteux que les sapeurs aient eu l'occasion de l'utiliser en manœuvres, faute de fardier pour porter les ponts mobiles. Les historiens régimentaires notent ironiquement que le meilleur endroit pour s'entraîner au génie militaire dans ces années de vaches maigres,

---

70. G. W. L. Nicholson, *Gunners of Canada : the history of the Royal Regiment of Canadian Artillery, volume II, 1919-1967*, Toronto et Montréal, McClelland and Stewart, 1972, chap. 2, p. 42-44 surtout.

ce sont les firmes civiles d'ingénierie. À partir de 1933, la situation s'améliore lentement sous l'impulsion du major F. R. Henshaw, placé en charge de la 1st Field Company de la FP, la seule unité régulière en titre du génie de combat, qu'on forme en vue de résoudre les problèmes d'entraînement des sapeurs. Henshaw organise une école régimentaire (dans le génie de combat, la « compagnie » est l'équivalent du bataillon d'infanterie ou du régiment de blindés ou d'artillerie) qui supervise aussi l'entraînement des compagnies de sapeurs de réserve. Le recrutement demeure toutefois difficile tant dans la FP que dans la milice, car la paie n'a rien de séduisant et les occasions de pratiquer le métier sont plus rares que dans le civil. En outre, le candidat-sapeur doit, avant de jouer avec le gros matériel, subir les affres de l'entraînement de base, le maniement du fusil sur le terrain d'exercice, etc.

Le tournant n'est pris qu'après la réorganisation de 1936. Un camp modèle pour sapeurs-miliciens est ouvert à Petawawa en 1936 et fonctionne tous les ans par la suite. Le Corps of Royal Canadian Engineers envoie aussi des unités aux manœuvres interarmes de Borden en 1938[71].

Mais 1938, c'est bien tard. Et même alors, des déficiences importantes demeurent : l'absence de matériel similaire à celui qu'on utilisera finalement au combat étant encore une fois un handicap majeur. Il y a d'autres problèmes au niveau des contenus de l'enseignement théorique ou de certains enseignements pratiques qui avec plus d'imagination auraient pu être réalisés même avec des moyens modestes. Par exemple, on n'apprend rien sur le sujet pourtant capital du minage et du déminage. La mine, au sens de petit contenant rempli d'explosif qui est dissimulé et qui saute sous pression d'un poids ou lorsqu'un fil est tiré, est un objet récent, dont les prototypes datent de la fin de la Première Guerre mondiale. Dans les années 1930, les Allemands, les Italiens, les Russes et les Français vont manufacturer en série des mines antipersonnel (mais assez peu de mines antichars, une erreur que vont payer chèrement les Français en 1940 et les Soviétiques en 1941). Au cours de la retraite vers Dunkerque en 1940, les Britanniques n'utiliseront pas une seule mine pour ralentir leur poursuivant allemand, une véritable aberration[72]. Les Britanniques apprendront à leurs dépens l'art de la guerre des mines dans les déserts d'Afrique du Nord au contact des Italiens et des Allemands, et ne parviendront à se rattraper que dans la seconde moitié de 1942. Quant aux Canadiens, il faut attendre les mois précédents les débarquements de 1943 et 1944 avant qu'ils commencent vraiment à se servir et à parer ces engins sournois[73]. Dans le génie de combat plus que dans n'importe laquelle autre unité, le manque de moyens financiers handicape.

---

71. A. J. Kerry et W. A. McDill, *The history of the Corps of Royal Canadian Engineers*, Ottawa, The Military Engineers Association of Canada, 1962-1966, vol. I, p. 291-310 et vol. II, p. 1-9 ; Bill Rawling, *Technicians of battle : Canadians field engineering from pre-Confederation to the post-Cold War era*, Toronto, Military Engineering Institute of Canada, 2001, chap. 3 ; Bill Rawling, *Ottawa's sapper : a history of 3rd Field Engineer Squadron*, [Ottawa ?], Canadian Military Engineer Museum, 2002, p. 31-53.
72. Mike Croll, *The history of landmines*, Barnsley (Angleterre), Leo Cooper, 1998, p. 34-36.
73. B. Rawling, *Technicians of battle...*, op. cit., p. 90-91.

Le cas du corps blindé est le mieux documenté dans l'historiographie récente. En 1914-1918, l'Armée canadienne avait été une pionnière des formations d'autos blindées, mais elle avait adopté tardivement le char (été 1918) et aucune unité canadienne de chars n'a finalement connu le feu durant la Grande Guerre. Dans l'après-guerre, toutes les unités de cavalerie, de la milice comme de la régulière, retrouvent leurs chevaux et reviennent à leurs habitudes d'avant 1914 ; aucune unité n'a de char ou d'automitrailleuse dans son ordre de bataille. La Crise de 1929 a particulièrement gêné l'achat de matériel blindé, dispendieux. En 1930-1931, le gouvernement a acheté douze « tankettes » de fabrication britannique (Carden-Lloyd), guère plus que des voitures d'enfants motorisées sur chenilles. D'ailleurs, elles ont finalement été versées à l'infanterie et converties en véhicules porte-mitrailleuse. En 1934-1935, le gouvernement finance la fabrication et l'essai de deux autos blindées, des camions Ford et Chevrolet modifiés.

Ces matériels inadéquats auraient pu servir à « répéter » les bons gestes d'une formation blindée, mais rien de très convaincant n'en est ressorti. Sur le terrain, automitrailleuses ou chenillettes ne servent qu'à entraîner les régiments de « cavalerie », c'est-à-dire à éclairer le front d'un corps d'armée, une organisation qui n'existe pas dans l'organisation de l'armée de paix canadienne. Les tactiques de choc en coopération avec les autres armes sont ignorées. En fait, la cavalerie blindée restait la cavalerie, elle ne changeait que de montures, et encore, avec une désespérante lenteur.

Comme les autres armes, en 1936, la « cavalerie » est réorganisée : le nombre de régiments à cheval passe de 35 (!) à 16 (mais encore 16 !), et sont créées quatre unités de voitures blindées et six de chars. En fait, à part la réduction du nombre d'unités, c'est une réforme sur papier, car aucune unité ne reçoit les matériels nécessaires[74].

Il faut aussi attendre l'été 1936, après la remilitarisation de la Rhénanie, pour que le gouvernement autorise la formation d'une école de blindés. Après deux changements d'appellation et un déménagement, elle reçoit la désignation « Canadian Armoured Fighting Vehicles School » (CAFVS) et s'installe à la grande base du Camp Borden. Elle récupère les chenillettes Carden-Lloyd et elle reçoit à l'été 1938 deux chars légers Vickers Mark VI B (armés seulement de mitrailleuses), suivis en août 1939 de quatorze autres, aussi de fabrication britannique. (Les deux prototypes d'autos blindées de 1931 sont attachés au Royal Canadian Dragoons et au Lord Strathcona's Horse, deux régiments réguliers de cavalerie.) Le premier titulaire de l'école, le lieutenant-colonel F. F. Worthington, est un vétéran des formations d'autos blindées de la Première Guerre mondiale, un croisé de l'arme blindée ayant quelque chose du chef charismatique. Worthington et les principaux instructeurs reçoivent leur formation à la Royal Tank Corps School de Bovington (Dorset)[75].

---

74. John Marteinson et Michael R. McNorgan, *Le Corps blindé royal canadien : une histoire illustrée*, Kitchener, The Royal Canadian Armoured Corps Association, 2001, p. 71.
75. À l'époque où Worthington et ses subordonnés passent par Bovington, le Royal Tank Corps est sous l'influence théorique du général Percy Hobart. Voici le portrait qu'en fait le meilleur spécialiste de

Sans que cela surprenne, le programme de l'École des blindés de Borden est d'abord constitué de cours élémentaires s'adressant à une troupe qui n'est pas encore familière avec le monde des véhicules blindés ; d'où la concentration sur les cours de conduite et d'entretien, ensuite sur l'utilisation de l'armement et la communication radio à partir des véhicules. Ces cours durent de quatre à six semaines et s'adressent aux soldats réguliers. Pour convertir les miliciens de la cavalerie aux engins à moteur, on met au point un cours comprimé sur deux semaines, ce qui, reconnaît Worthington, ne permet guère que de livrer quelques principes, de ne donner aux miliciens que des rudiments de mécanique, de conduite et d'utilisation tactique des nouvelles machines[76].

Des exercices de petite envergure sont organisés par l'école du Camp Borden. Les régiments de « cavalerie », des unités d'infanterie et d'artillerie de la région et quelques appareils vétustes de l'Aviation royale du Canada (ARC) participent à ces exercices. Mais ces petites manœuvres ne pouvaient aller très loin, étant donné le manque d'entraînement de base de chacun des acteurs concernés. Worthington défendait le niveau élémentaire des cours de l'École des blindés en invoquant l'argument que les hommes qui passaient par son école acquéraient une mentalité « mécanique », mais il admettait du même coup que les exercices avaient quelque chose de « burlesque[77] ».

L'exercice de la fin de l'été 1938 est plus ambitieux. Des unités des diverses armes de combat et quelques appareils de la RCAF sont rassemblés à Borden pour les seules « grandes manœuvres » tenues au Canada depuis 1919. La plupart des unités permanentes y sont représentées (les exceptions notables étant le Lord Strathcona's Horse et les PPCLI, des unités de l'Ouest) pour toutes les armes (infanterie, artillerie, cavalerie, génie, unités médicales et de soutien logistique comprises), mais seul le Royal Canadian Regiment est au complet. De manière incompréhensible, aucun haut gradé de l'état-major n'y participe[78]. Le 22ᵉ Régiment n'y envoie qu'une compagnie. Frais de transport obligent. Les trois premières semaines sont occupées à l'entraînement en compagnie et en unité, alors qu'en théorie les unités permanentes ont toute l'année pour le faire. Seule la dernière semaine est consacrée à une manœuvre collective, plutôt simpliste : une marche d'approche de 45 milles (72 km), un assaut et la consolidation de

---

l'histoire de l'arme blindée britannique, J. P. Harris : « Hobart has a rather narrowly tank-centered outlook and an inadequate concept of how armoured divisions should be organized [*i.e.* trop de chars et pas assez d'infanterie portée et d'artillerie de toutes sortes] and handled. His RTC chauvinism and acerbic personality did not his Corps' cause any good and made it impossible for him to play adequately the leading role in the British armoured forces in the 1930s » (*Men, ideas and tanks : British military thought and armoured forces, 1903-1939*, Manchester, Manchester University Press, 1995, p. 304-305). Voir aussi la p. 317. On verra au dernier chapitre comment les conceptions comme celles de Hobart vont se révéler néfastes pour les forces blindées du Commonwealth.

76. John F. Wallace, *Dragons of Steel : Canadian armour in two world wars*, Burnstown, General Publishing House, 1995, p. 108-113. Référence indispensable.
77. Clara E. Worthington, « *Worthy* » *: a biography of major-general F. F. Worthington, C.B., M.C., M.M.*, Toronto, The Macmillan Company of Canada, 1961, p. 153.
78. S. Harris, *Canadian Brass...*, *op. cit.*, p. 207.

la position conquise. Cette même semaine, deux bataillons de milice, un d'infanterie et un de mitrailleuses lourdes (tous deux venant de Toronto — encore les coûts de transport) se joignent aux réguliers. Durant cette dernière semaine, quelques appareils de l'Aviation royale du Canada simulent des tâches de « coopération » avec l'armée (sous ce concept, il faut surtout comprendre la reconnaissance et le réglage de l'artillerie)[79].

Au même moment, en Grande-Bretagne, on ne faisait guère mieux. Il faut citer ici le rapport d'un professeur de comptabilité de l'Université McGill. Robert Randolph Thompson était un vétéran britannique de 1914-1918, l'un des réformateurs des méthodes de comptabilité du War Office après guerre et un membre de la réserve (commandant du Corps-école des élèves officiers à McGill) après son immigration au Canada en 1921. Dans une futile tentative de reprendre du service actif à la veille de la Deuxième Guerre mondiale (à 55 ans, on le juge trop âgé), Thompson a expédié un long rapport au commandant du District militaire n° 4 (QG à Montréal) sur les réformes dans l'Armée britannique depuis 1937. Plusieurs passages de ce rapport sont vraiment prémonitoires. Il y indique que malgré l'enthousiasme des commandants de régiments et de compagnies d'infanterie à l'égard du fusil antichar Boys, la seule arme antichar alors en usage au Canada, ses projectiles ne pourraient percer le blindage des chars allemands, ce que l'avenir allait confirmer. Thompson avait aussi observé de loin un exercice de brigade dans la plaine de Salisbury (sud de l'Angleterre). Il avait alors remarqué le manque de sérieux des commandants de division, de brigade et de bataillon et autres régiments pour la collaboration avec la RAF[80]. Toutes les appréhensions du comptable ont trouvé confirmation neuf mois plus tard (voir le chapitre trois).

L'absence de grandes manœuvres entre 1919 et 1937 est tragique autant pour la formation tactique des hommes et des officiers subalternes des armes de combat que pour l'évaluation des capacités de soutien administratif et logistique

---

79. *Report of the Department of National Defence, Canada for the Year ending March 31, 1939*, Ottawa, Imprimeur du Roi, 1939, p. 31-32. À partir de 1936, en novembre et décembre, l'Armée a organisé le premier cours de coopération avec l'aviation, cette année-là un cours de trois semaines pour officiers supérieurs réguliers à la base de Trenton. Les officiers de la Milice non permanente peuvent aussi suivre une version courte du même cours. En 1936, douze réguliers et douze miliciens suivent le cours ; ils sont respectivement huit et onze en 1937. En 1938, seule la cohorte des réguliers, et seulement six d'entre eux, suit le cours. En 1939, la guerre provoque l'annulation du cours. Par ailleurs, un cours de liaison pour lieutenants et capitaines se tient en parallèle en janvier suivant, neuf réguliers et neuf miliciens en 1937, dix (seulement des lieutenants réguliers cette fois) et onze respectivement en 1938, mais seulement six réguliers en janvier 1939. Le cours était donc peu populaire, et le concept bancal de coopération avec l'armée en est probablement responsable, bancal parce que l'Armée de terre recherche sous ce vocable anodin le soutien d'une aviation jalouse d'une indépendance acquise depuis moins de vingt ans, et qui accepte difficilement de détourner des ressources rares au profit de rampants. Ce conflit va perdurer jusque tard dans la Deuxième Guerre mondiale, comme on le constatera aux chapitres trois et huit.

80. John Black, « De comptable agréé à professeur d'université : la vie en temps de paix et en temps de guerre de Robert Randolph Thompson, professeur de comptabilité et de gestion scientifique à l'Université McGill de 1921 à 1943 », *Bulletin de doctrine et d'instruction de l'Armée de terre*, vol. VI, n° 3, automne-hiver 2003, p. 47-54. Dans les deux dernières phrases, je paraphrase cet article à la p. 53.

d'une armée en campagne et, plus vital encore, pour l'entraînement des cadres supérieurs dans un contexte réaliste. Les généraux canadiens de 1939 n'ont jamais eu l'occasion de s'exercer à l'art de mouvoir de grandes unités en temps de paix, alors qu'on s'apprête à leur demander de commander des dizaines de milliers d'hommes au combat[81]. Leurs officiers d'état-major n'ont pas plus l'occasion de tester les procédures et les subalternes, et les hommes de troupe n'ont aucune idée de la capacité de leurs chefs à les mener. Ce qui fera écrire à l'un des meilleurs historiens de la campagne de Normandie qu'il

> est intéressant de souligner que ni Simonds [qui commandera le IIe Corps canadien en 1944] ni ses commandants divisionnaires n'avaient combattu pendant la Grande Guerre. Aucun, en fait, parmi tous les brigadiers et les officiers des échelons supérieurs de l'Armée canadienne du début de la Deuxième Guerre mondiale n'avait entraîné fût-ce un bataillon complet au cours de manœuvres depuis vingt ans ! Au début de la guerre, à l'exception de Crerar, ceux qui étaient devenus des généraux en 1944 avaient gravi les échelons parce qu'ils étaient des lieutenants, des capitaines ou des majors qui, tous, provenaient de la 1re Division d'infanterie canadienne. Ils durent apprendre rapidement ; leur tour venu, à mesure qu'ils montaient en grade, ils assumèrent le commandement des brigades et des divisions dont faisaient partie des centaines d'officiers qui possédaient encore moins d'expérience qu'eux-mêmes[82].

Ces lacunes vont hanter les Canadiens jusqu'en 1945.

Malgré tout l'enthousiasme dont peuvent faire preuve réguliers et miliciens, les résultats des manœuvres de Borden à la fin de l'été 1938 sont minces :

> En tant qu'expérience pédagogique, ces exercices furent un grand succès. Ils montrèrent toute une variété de fautes aussi bien de la part de l'infanterie, de la cavalerie que du commandement. Les avances se faisaient avec trop de lenteur, la coopération était déficiente et les tactiques combinées médiocrement appliquées par toutes les armes. Seuls l'artillerie et les services auxiliaires s'en sont tirés honorablement. Plusieurs des faiblesses qui vont miner la performance des troupes canadiennes cinq ans plus tard y étaient bien en vue[83].

Les grandes manœuvres de l'année suivante furent annulées[84], peut-être à cause de la montée des tensions internationales. En 1939, les unités permanentes ne s'entraînent que dans leurs bases et camps d'été respectifs (Valcartier pour le 22e, Shilo pour les PPCLI, etc.) et le personnel des unités de milice retournent à la pratique des trente jours (quinze en manège, quinze en campagne). On n'a donc pas eu l'occasion de construire sur le précédent de 1938, de pousser un peu plus loin. Ce seul fait laisse songeur quand on sait que la Reichswhr et la

---

81. Ceci est bien souligné par le biographe du général Pearkes : R. H. Roy, *For most conspicuous bravery...*, op. cit., p. 153.
82. Reginald H. Roy, *Débarquement et offensive des Canadiens en Normandie*, Montréal, Trécarré, 1986 (1984), p. 429-430. J'ai rectifié quelque peu la traduction.
83. Brereton Greenhous, *Dragoon...*, op. cit., p. 293.
84. *Report of the Department of National Defence, Canada for the Year ending March 31, 1940*, Ottawa, Imprimeur du Roi, 1940, p. 26.

Wehrmacht ont organisé des grandes manœuvres tous les ans entre 1919 et 1939[85]…

Un débat sur l'instruction militaire des officiers à la veille de 1939

L'entraînement des soldats réguliers plane au niveau de la médiocrité avant la guerre. Celui des officiers de réserve ne vaut pas mieux. Plusieurs officiers de réserve qui ont connu ce système l'ont vivement critiqué dans le *Canadian Defence Quarterly*. Le major Barry Watson, réserviste qui s'est formé dans le cadre du programme d'officiers pour étudiants des collèges et universités (COTC), critique les cours d'état-major offerts aux officiers de milice pour la qualification aux grades de capitaine et de major (cours dits « de base » et « avancé » respectivement). Certains officiers de milice croient que la réussite des cours qualifie pour les fonctions de capitaine d'état-major et de major de brigade, une conception erronée ; en fait, il s'agit plutôt de donner aux officiers de réserve des notions administratives qu'ils peuvent apprendre difficilement par eux-mêmes. En théorie, les candidats doivent y approfondir les problèmes d'administration des unités, résoudre des problèmes tactiques de leur niveau, mais en fait ils apprennent à rédiger des ordres de mouvement très simples et au mieux ne font qu'acquérir des notions générales sur les problèmes stratégiques. Les objectifs sont louables, mais le major Watson est d'avis qu'ils ne sont pas atteints car, même famélique, le régime pédagogique est trop contraignant pour des officiers à temps partiel qui doivent d'abord vaquer à leurs occupations de civils. Il demande qu'on répartisse les cours sur deux ans, la première année théorique servant à filtrer les candidats pour la qualification pratique qui suivrait dans la deuxième année[86].

Les critiques du major A. A. Bell, réserviste des transmissions, sont plus fondamentales. Le niveau d'entraînement des membres de la milice est selon lui si bas que les unités de réserve ne peuvent profiter des exercices annuels d'unité pour s'entraîner d'une manière profitable. Trop d'hommes savent trop peu de choses sur les matières de base pour bien suivre un exercice demandant de la sophistication. Bell impute cette difficulté à la mauvaise qualité de la troupe — on recrute n'importe qui, il n'y a pas de sélection, la milice est devenue une sorte de camp de vacances payées pour jeunes désœuvrés[87].

La critique de Bell est partagée par trois autres officiers dans une série de trois courts articles parus en avril 1939. L'un d'eux, le lieutenant-colonel A. S. Nops, ne mâche pas ses mots : « L'injection d'hommes est variable : quand il n'y a pas de travail, les recrues se bousculent, mais les bons hommes qui restent dans l'unité sont difficiles à trouver. » C'est encore la Crise, pourrait-on ajouter. Nops et ces deux collègues dénoncent aussi la médiocrité du matériel mis à la

---

85. Robert M. Citino, *The path to blitzkrieg : doctrine and training in the German Army, 1920-1939*, Boulder, Lynne Rienner Publishers, 1999, ix-281 p.
86. Barry Watson, « The advanced militia staff course », *CDQ*, vol. 16, n° 1, octobre 1939, p. 68-69.
87. A. A. Bell, « N.P.A.M. training », *CDQ*, vol. 16, n° 1, octobre 1938, p. 83-86.

disposition de la milice, l'absence de locaux adéquats et la qualité des instructeurs disponibles[88], c'est-à-dire qu'ils contestent le « professionnalisme » et les connaissances tactiques des officiers et sous-officiers de la FP affectés aux tâches d'instruction de la MANP.

Finalement, un auteur anonyme (il signe « A.B.C. ») aborde en détail les difficultés d'instruction et d'entraînement propres aux soldats à temps partiel. Pour lui, la milice non permanente souffre de cinq problèmes importants : une trop grande dépendance à l'égard de l'enthousiasme des volontaires, dont le temps est divisé entre le travail, les activités quotidiennes et l'entraînement, qui n'a pas toujours la priorité (il généralise la critique de Bell à toute la réserve) ; le climat canadien ne laisse que cinq mois environ pour l'entraînement à l'extérieur ; les champs de manœuvres sont trop rares et trop loin des grands centres, ce qui fait qu'une trop grande proportion des fonds de la MANP va au transport ; la MANP manque de matériels modernes ; finalement, elle manque d'instructeurs qualifiés, car les officiers et les sous-officiers de la Force permanente sont pris par d'autres tâches ou peu intéressés par l'enseignement à des « amateurs ». À certains égards, toutes ces critiques reviennent au manque de moyens (même le climat), mais du même souffle, notre auteur ajoute qu'il faut travailler avec les moyens du bord. Le problème se ramène donc à maximiser en qualité le temps à l'entraînement. Comment s'y prendre ?

A.B.C. estime qu'il faut avoir des objectifs limités, et ce, de deux manières : premièrement, il faudra un minimum de six à huit mois pour mettre les unités de milice sur pied de guerre ; en attendant, tout ne pourra être enseigné et pendant la période de paix il vaut mieux se concentrer sur l'apprentissage des éléments de base. Pour les soldats et leurs chefs immédiats, cela veut dire la maîtrise des tactiques de combat jusqu'au niveau de la compagnie, pratiquées autant que possible sur le terrain, car la table à sable, si chère aux officiers britanniques, requiert un effort conceptuel dont sont incapables la plupart des nouveaux soldats.

De par la nature même de la MANP, les subalternes en question, sous-lieutenant et lieutenant, n'ont généralement aucune connaissance militaire. Bien que la tradition britannique fasse que l'instruction et l'entraînement des troupes soient de la responsabilité des officiers commandants ces troupes, le peu de temps que passent les hommes de la milice sous les drapeaux et le manque de qualification de leurs chefs immédiats font que cela est une illusion. C'est pourquoi, en théorie, comme le prévoit d'ailleurs la Loi sur la Défense nationale, l'expertise devait provenir d'officiers instructeurs des forces régulières. Malheureusement, ceux-ci ne remplissent pas toujours leur mandat. En l'absence de cette expertise, doit-on limiter l'entraînement aux aspects les plus simples et les plus

---

88. « Difficulties in training the Canadian Militia », *CDQ*, vol. 16, n° 3, avril 1939, p. 340-346. La première partie est du capitaine R. John Pratt, la seconde du capitaine H. F. Seymour et la dernière du lieutenant-colonel A. S. Nops.

mécaniques, c'est-à-dire, l'utilisation de l'arme individuelle, l'exercice sur le terrain d'exercice et la gestuelle stéréotypée héritée du XVIIIe siècle ?

A.B.C. ne le pense pas, car cela produira une « génération » de soldats qui n'aura rien appris d'utile et une classe d'officiers subalternes incapables d'élever leurs hommes au-dessus des compétences les plus primaires. Comme on ne peut compter sur la Force permanente, A.B.C. propose l'organisation de camps pour instructeurs, des camps où quelques membres de la Force permanente enseigneraient aux chefs néophytes les complexités tactiques, ceux-ci repassant ces savoir-faire à leurs hommes ensuite. Autrement dit, on maximise l'usage des faibles ressources humaines en nombre de soldats réguliers en ajoutant un étage multiplicateur composé d'instructeurs. A.B.C. suggère aussi l'emploi de films d'instruction pour remplacer les démonstrations par des réguliers trop souvent indisponibles.

Les officiers du rang de capitaine à celui de lieutenant-colonel, qui ont le plus d'expérience, doivent être disponibles pour dispenser des conseils, ce qui implique qu'ils ne pourront suivre des cours spécialisés au même moment que leurs subalternes. Mais ces supérieurs doivent s'entraîner à leurs fonctions spécifiques eux aussi. Ils procéderont par exercices tactiques sans troupes (TEWT) aussi souvent dans l'année que possible. Ces exercices pourront servir d'examens de promotion, remplaçant les fins de semaine d'études du régime en cours qui sont cause d'un fort taux d'abandon. Pour soulager les supérieurs d'une partie de leur tâche administrative, A.B.C. demande au ministère de leur fournir un adjudant (lieutenant ou capitaine administrant l'unité) et un sous-officier d'administration payé à temps plein.

A.B.C. admet que ce schéma pose une difficulté majeure en ce qu'il élimine toute manœuvre sur le terrain pour les bataillons, brigades, etc. Les hommes n'ont pas la chance d'interagir en grands groupes avec les défis administratifs particuliers que cela pose et les officiers supérieurs ne peuvent atteindre un niveau tactique suffisant que par l'exercice plus intellectuel des TEWT. Mais le plan suggéré par A.B.C. a l'avantage d'être économique en argent et en temps. A.B.C. croit que les six à huit mois suivant la mobilisation pourront être consacrés à l'entraînement en grandes formations, puisque l'entraînement de base avec le régime proposé sera excellent. Finalement, A.B.C. critique vertement les autorités militaires pour leurs hésitations concernant le statut des unités de cavalerie de la milice. Elles ont encore des chevaux, alors que les plus éclairés savent que la prochaine guerre se fera avec des engins motorisés[89].

Il est évident qu'A.B.C. connaît à fond la MANP. C'est probablement un officier ayant côtoyé la réserve pendant de longues années. Ces remarques sont intéressantes non seulement du fait qu'elles exposent les faiblesses de la réserve, mais aussi en ce qu'on peut étendre son analyse aux problèmes de l'intégration de volontaires non instruits mobilisés après l'ouverture des hostilités. D'ailleurs,

---

89. A.B.C., « How to train the militia », *CDQ*, vol. 16, n° 2, janvier 1939, p. 148-156.

comme on le verra au chapitre quatre, l'instruction de base des officiers subalternes suivra à peu près le schéma proposé par A.B.C.

A.B.C. et les autres critiques de la MANP se concentrent sur l'organisation de l'instruction et de l'entraînement. Ils n'abordent pas les contenus. En l'absence d'étude sur la formation intellectuelle des officiers de la réserve, ce qui a été dit plus haut des réguliers peut probablement leur être appliqué. Toutefois, les réservistes avaient un grand avantage sur les réguliers : leur ignorance des vieilles théories. Du fait de leur statut à temps partiel, ils n'étaient pas autant exposés que les réguliers aux expériences étrangères. Les réservistes ont été de la sorte immunisés contre les mauvais plis pris par les réguliers ; ils n'avaient pas accès aux écoles d'état-major britanniques, ni la possibilité de bénéficier d'une affectation à l'étranger comme attaché militaire ou comme observateur lors de grandes manœuvres[90].

Ajoutons, avec John English, que les quelques cours que suivaient les officiers réservistes étaient donnés par des réguliers venant souvent de RMC, une école d'ingénieurs et d'artilleurs où la tactique était la portion congrue. Ainsi que l'écrit Richard Arthur Preston, « en 1937, le cours de RMC échouait non seulement à couvrir les matières militaires données à Sandhurst et Woolwich [les écoles d'élèves-officiers britanniques], mais n'assuraient même plus une préparation adéquate pour l'entrée dans une faculté universitaire d'ingénierie au Canada ». Venant d'un défenseur généralement très complaisant avec son collège préféré, c'est tout dire[91].

Le problème fondamental avec RMC, c'est le débat perpétuel entre les tenants d'une formation « école pour officiers de l'armée permanente » et ceux qui privilégiaient une éducation générale de type universitaire préparant pour le pays une élite forte en sciences appliquées et incidemment une élite militaire. Le contraste ne pouvait être plus grand avec le régime d'une école militaire allemande. Le tableau 2 montre les régimes respectifs de RMC et de l'école de Postdam dans le cas d'élèves-officiers issus du secondaire et préparant l'admission à un régiment d'artillerie de la force régulière.

Consulté en 1937 sur la question de la réforme du programme de RMC dont il est fait état au tableau 2, McNaughton pouvait écrire à propos de la *drill* et d'éventuelles pratiques à la mitrailleuse que ces « sortes de matières pourront être mieux apprises sur le terrain d'exercice d'une caserne ... après avoir rejoint[92] » une unité. Dans la mesure où les diplômés du Collège militaire de Kingston

---

90. Quelques-uns de ces réservistes ont payé de leurs poches pour assister en observateur aux grandes manœuvres britanniques (J. H. Macbrien, « The British Army manœuvres, September, 1925 », *CDQ*, vol. 3, n° 2, janvier 1926, p. 132).
91. *Canada's RMC : a history of the Royal Military College*, Toronto, The University of Toronto Press, 1969, p. 265.
92. Lettre de McNaughton au brigadier Matthews, le commandant du Collège, 13 mai 1937, citée dans R. A. Preston, *Canada's RMC...*, *op. cit.*, p. 267. La coupure est de Preston. À Kingston, le débat sur l'équilibre à trouver entre les formations scolaire et militaire dure encore au début du XXIe siècle.

Tableau 2

Formation des officiers d'artillerie canadiens et allemands, circa 1937-1939 (jeunes du même âge à l'admission et arrivant du secondaire)

R. M. C., Kingston (d'après une lettre circulaire de 1937)	Kreigsschule, Postdam (octobre 1937-août 1939)
— [L]e cours de RMC sera réorganisé, de sorte que les trois premières années deviennent un cours scientifique général avec un peu d'anglais, de français, d'histoire, de science politique et économique, des affaires impériales et internationales ; en plus, les cadets suivront des cours d'histoire militaire et de génie militaire, un entraînement de fantassin, le maniement d'armes et l'équitation. À la quatrième année, ils devront choisir entre les génies civil, mécanique, électrique, chimique (ou la chimie), minier et métallurgique [, année préparatoire avant spécialisation d'un ou deux ans à l'université], ou suivre un cours général plus avancé sur les matières non scientifiques énumérées plus haut. [...] [E]n 1934, la *RMC Review* notait que l'été précédent, on avait offert à la classe finissant la deuxième année la possibilité de suivre le camp estival du Royal Canadian Horse Artillery [FP], d'habitude ouvert seulement aux diplômés. Cinq cadets ont accepté. À l'été 1934, tout le collège s'est rendu à Petawawa pour s'entraîner sous la tente [...], ce qui selon un cadet lui a donné une première occasion de coucher dans une tente. Cet entraînement d'été a donné aux élèves une petite idée de ce qu'est la vie de soldat, une pratique qui avait décliné dans l'après-guerre. En 1939, il est devenu normal de détacher des cadets pour suivre les exercices d'été de la milice. [...] Mais la partie la plus importante de l'entraînement du cadet à RMC, c'est sa stricte discipline [...] administrée par les anciens [aux nouveaux et fondée] sur les brimades psychologiques plutôt que physiques [récemment interdites].	— Nous n'étudiions que des sujets militaires, parce que nous étions tous diplômés d'un *gymnasium* avec treize années intensives de matières académiques. Notre principale matière était la tactique, sur laquelle nous passions le plus clair de notre temps. Les autres matières incluaient la topographie et la lecture de cartes, le génie (essentiellement l'érection de structures et leur démolition à l'explosif), une base d'artillerie, l'équitation, la *drill* sur le terrain d'exercice avec fusil, la coopération avec la Luftwaffe [l'aviation de guerre allemande] et l'éducation physique. Nous passions six heures par jour en classe et trois heures en exercices. Nous apprenions tout ce qu'un chef de bataillon d'infanterie doit savoir dans toutes les conditions imaginables de combat. À la fin du cours, nous devions théoriquement être capables de commander un bataillon d'infanterie au combat. [...] Nous allions en manoeuvre pour « jouer » au chef de bataillon. [...] En tactique, on étudiait l'attaque, la retraite, les marches, etc. On étudiait l'histoire militaire, surtout celle de la Prusse aux XVIIIe et XIXe siècles, ainsi que des batailles de la Première Guerre. [...] Nous pratiquions aussi l'entraînement de base des fantassins, comme le tir sur cibles, le tir à la mitrailleuse, le lancer de grenades, etc. Parfois, quand on étudiait le génie, nous posions des barbelés et des obstacles antichars. Nous apprenions où poser la dynamite sur un pont de façon à ce qu'il s'écroule et devienne inutilisable. On étudiait aussi comment s'occuper des mines. Toutes les matières étaient étudiées en classe et sur le terrain.

Sources : Richard Arthur Preston, *Canada's RMC : a history of the Royal Military College*, Toronto, The University of Toronto Press, 1969, p. 267-269 ; Siegfried Knappe et Ted Brusaw, *Soldat : reflections of a German soldier, 1936-1949*, New York, Dell Publishing, 1993 (1992), p. 117-119.

avaient une vision du métier militaire, il est probable qu'elle inclinait vers la « systématique » de l'artilleur, ce que l'historien John English[93] considère comme problématique pour des hommes devant être des officiers maîtrisant la tactique, devant enseigner celle-ci dans leurs régiments réguliers et devant servir de tuteurs aux officiers de réserve. C'est inquiétant, d'autant plus que c'est le premier officier

---

93. J. A. English, *Failure in high command...*, op. cit., p. 50.

d'état major du Collège (le GSO1) qui avait la responsabilité de préparer les examens pour les cours d'officier de la milice⁹⁴.

Dans ce contexte, il n'y a rien de surprenant à ce que la situation dans les réserves ait été loin d'être satisfaisante en 1939. Or, rappelons-le, l'Armée canadienne n'existe que si elle peut mobiliser et entraîner ses volontaires efficacement.

De ces considérations sur l'encadrement d'avant-guerre, on peut tirer quatre conclusions principales : 1. quantitativement, l'Armée de terre canadienne possédait suffisamment d'officiers pour encadrer les deux divisions initiales ; 2. malheureusement, la situation va changer radicalement après la défaite française, ce qui a contraint à une soudaine expansion et donc un besoin d'encadrement plus grand que ce que le système du moment pouvait produire ; 3. les enseignements donnés et l'entraînement reçu avant 1939 ne correspondaient pas aux réalités de la guerre à venir ni pour les officiers ni pour la troupe, tant en qualité qu'en occasion de s'entraîner, et cela est vrai autant des unités de réguliers que de celles de miliciens⁹⁵ ; et 4. aucun officier de la FP n'a commandé une grande formation et aucun officier d'état-major ne s'y est vraiment exercé, sauf quelques rares réguliers privilégiés ayant passé par les collèges d'état-major britanniques.

Lorsque la crise éclatera, l'Armée canadienne ne sera pas en mesure de fournir un encadrement adéquat.

Aurait-elle pu au moins s'ajuster rapidement pour pallier ses déficiences ? Deux types de réponses sont à envisager. Premièrement, comme les supérieurs ont la responsabilité de former leurs subordonnées, il faut se questionner sur les conceptions du combat et des opérations du corps des officiers de la FP à la fin des années 1930 et au début de la guerre. Sans conception claire des savoirs à transmettre, il y a peu de chances de réformer les contenus avec succès. Deuxièmement, il fallait repenser l'organisation de l'instruction et de l'entraînement, car le système du temps de paix était clairement dépassé.

---

94. R. A. Preston, *Canada's RMC...*, *op. cit.*, p. 267.
95. J. A. English, *Failure in high command...*, *op. cit.*, p. 55, soutient que l'état-major de l'Armée canadienne, en négligeant de bien préparer les troupes, a renié sa raison d'être.

Chapitre deux

✻ ✻ ✻

Culture institutionnelle et débats doctrinaux dans l'entre-deux-guerres

> À l'avenir, au lieu d'éduquer le non-régulier sur le modèle du régulier, le système devrait préserver dans le régulier ce qui caractérise le non-régulier[1].
>
> Un subalterne de 1901 cité par J. F. C. Fuller.

> Je suis entré dans l'armée pour combattre le fascisme, mais j'ai découvert que l'armée était pleine de fascistes[2].
>
> Un soldat britannique.

Même si l'institution a des déficiences organisationnelles dues aux difficultés financières et au peu de souci des classes politiques pour l'état de préparation des forces armées, cela ne conduit pas nécessairement à la médiocrité intellectuelle. L'instruction de la force mobilisable peut se faire (en partie) en donnant l'occasion aux réservistes de s'instruire par eux-mêmes, essentiellement en leur distribuant la documentation pertinente.

Ainsi, le tirage relativement élevé (2000 exemplaires) du *Canadian Defence Quarterly* (*CDQ*), le périodique trimestriel officieux des forces canadiennes, par rapport au nombre d'officiers réguliers (400) laisse penser qu'une proportion significative des lecteurs était des officiers de la réserve.

Le *CDQ* était à la fois un lieu d'information sur les idées militaires débattues à l'étranger, de vulgarisation pour l'auditoire national, d'adaptation au contexte local et finalement d'échange pour les militaires canadiens voulant participer au débat. Toutefois, le *CDQ*, comme les périodiques étrangers du genre, n'est jamais que l'expression d'opinions informées. Les idées officiellement admises, et qui sont remises en cause dans ce genre de périodiques, s'expriment ailleurs. La norme véhiculée dans l'institution empruntait plutôt le canal des publications officielles, dont la plus importante était les *Field Service Regulations* (FSR – Règlements des armées en campagne), un vaste recueil normatif sur la pratique de la guerre et première référence officielle britannique en matière d'art de la guerre.

---

1. J. F. C. Fuller, *The Army in my time*, réimpr., Cranbury, The Scholar's Bookshelf, 2006 (1re éd. brit., 1935), p. 94.
2. Peter Grafton cité par P. Fussell, *À la guerre : psychologie et comportements pendant la Seconde Guerre mondiale*, Paris, Seuil, 2003 (1989), p. 225 (trad. de Paul Chemla).

La doctrine officielle

Malgré une évolution sensible de la doctrine opérationnelle[3] britannique telle qu'elle peut être lue dans les quatre éditions (1920, 1924, 1929 et 1935) des FSR d'entre-deux-guerres, certains traits culturels forts ont persisté pendant toute la période. Ces traits persistants fournissent un substrat qui permet de comprendre les choix et les limites de la méthode britannique (et donc canadienne) de faire la guerre.

Le militaire est généralement conservateur, peut-être parce que la guerre est l'activité destructrice par excellence. Ce conservatisme peut dépasser les réflexes intellectuels conscients pour, dans certaines circonstances, imprégner toute la culture d'une société (militaire et non militaire), après une guerre et avant la prochaine. Paul Fussell en a donné une analyse convaincante à propos de la mémoire moderne après 1914-1918. Traumatisme européen, la Grande Guerre a altéré les modes de représentation coutumiers de manière irréversible. Dans certains milieux, toutes les catégories, toutes les idées en ont été durablement affectées. Si cela est clair chez les écrivains qu'il analyse, c'est encore plus vrai pour les intellectuels militaires, ce que Fussell a fait remarquer ainsi dans un chapitre conclusif :

> Le soldat se repose non seulement sur le précédent conflit mais également sur la période de paix qui précède une nouvelle guerre. Pour lui, le présent est trop ennuyant ou trop épuisant à concevoir, le futur est trop effrayant à imaginer. Alors, il s'accroche au passé. De sorte que le style jugé approprié pour la dernière guerre sera à nouveau employé dans la nouvelle, du moins dans ces premiers stades[4].

On dit souvent que les états-majors ont tendance à concevoir la guerre qui approche comme celle qui vient juste de se terminer, non sans conséquences tactiques[5]. Ainsi, pour continuer avec Fussell, la conduite de la Deuxième Guerre mondiale sur le front de l'Europe occidentale est partout conditionnée par les souvenirs des sanglants assauts frontaux de 1914-1918. Il faudra éviter trop de pertes dans l'infanterie. Dans le contexte technologique de la fin de la Première Guerre mondiale, cela conduit à un corollaire important : une incapacité à se passer de l'artillerie, vue comme panacée (et c'est la même chose dans la *set piece battle* britannique que dans la « bataille conduite » française), inséparable d'un système de contrôle rigide dirigé de l'arrière, absolument nécessaire pour les colossales concentrations d'artillerie et de munitions utilisées dans ce type de bataille[6].

---

3. En termes de concepts contemporains, les *Field Service Regulations* relèvent plutôt du niveau opérationel et le manuel *Infantry Training* du niveau tactique. À l'époque, on ne distinguait pas le niveau opérationnel de la stratégie ou de la tactique. Il n'y avait pas séparation étanche entre la « bible » et le « catéchisme » et la curiosité individuelle était sans doute un critère aussi discriminant que le grade ou l'importance de la fonction.
4. Paul Fussell, *The Great War and modern memory*, Oxford, Oxford University Press, 2000 (1975), p. 314.
5. *Ibid.*, p. 315.
6. Bill Rawling, *Survivre aux tranchées : l'Armée canadienne et la technologie (1914-1918)*, Montréal, Athéna éditions, 2004 (1992), p. 117 *et sq.* et 232 *et sq.* La synthèse classique de Shelford Bidwell,

Cette méthode pesante s'incruste, ce qui fait que durant toute la Deuxième Guerre mondiale, les Alliés feront une utilisation plus que prudente des unités d'infanterie après de massifs et élaborés bombardements. En général, ils auront recours à des solutions technologiques sophistiquées toujours et partout, quelle que soit la difficulté du problème tactique à surmonter, à un point tel que notre auteur se demande si plus de hardiesse n'aurait pas écourté la guerre de sept ou huit mois. La question n'est pas que rhétorique, car s'il est indéniable que les généraux anglo-saxons de 1939-1945 ont été économes des vies humaines qu'on leur avait confiées, il reste, rappelle Fussell, qu'environ un million de détenus des camps de la mort nazi ont péri pendant ces sept ou huit mois de 1944-1945 pendant lesquels les Alliés sont peut-être trop méthodiquement partis à la conquête de l'Allemagne[7].

Ce que Fussell s'attache à montrer du style des écrivains anglo-saxons post-1918 peut être appliqué à la pensée militaire britannique et canadienne de 1919-1940[8]. L'analyse a été faite pour l'Armée britannique d'entre-deux-guerres dans un ouvrage remarquable de David French. French reprend l'explication culturelle et générationnelle de Travers, déjà résumée au premier chapitre :

> Les principaux officiers de l'état-major général britannique [de 1914-1918] étaient le produit de la société britannique de la fin du XIXe siècle. [...] L'expérience de 1914-1918 n'a diminué en rien la conviction des officiers supérieurs qu'il était possible de réduire la bataille à une série de phases séparées, chacune susceptible d'analyse et d'un contrôle par la raison. Contrairement à leurs homologues allemands, ils n'acceptaient pas que le champ de bataille est en soi, inévitablement, chaotique, avec pour conséquence qu'ils pourraient développer une théorie partant de cette prémisse. [...] [U]n autre élément important constituait un handicap [...]. L'Armée britannique était imbue d'un système de commandement et de contrôle qui entravait la recherche d'une plus complète mobilité, grande activité ou vitesse sur le champ de bataille ; elle demeurait attachée à un système inflexible et autocratique de commandement et de contrôle.

(*Gunners at war : a tactical study of the Royal Artillery in the twentieth century*, Londres, Arrow Books, 1972 (1970), 256 p.) lisible et bien informée, fait la part trop belle aux « progrès » dans la mobilité de l'artillerie entre 1918 et 1939 : l'équipement est plus mobile, certes, mais la manœuvre demeure lente faute d'une conception générale adéquate de la guerre de mouvement.

7. *Ibid.*, p. 317. Le même argument est exposé longuement et avec force par Max Hastings, *Armageddon : the battle for Germany, 1944-1945*, New York, Alfred A. Knopf, 2004, xxiii-584 p.
8. Petite digression. Reprenant des critiques qui reprochent à Fussell son corpus étroitement littéraire d'Anglo-Saxons blancs, Jonathan Vance (*Death so noble : memory, meaning and the First World War*, Vancouver, UBC Press, 1997, p. 5-6) analyse comment la mémoire canadienne (dans la littérature mais aussi la presse périodique, les pratiques de commémoration, la propagande officielle, etc.) a été affectée par la Grande Guerre. Il y trouve que le « mythe » de la guerre s'inscrit dans une continuité pré-1914, de sorte que 1914-1918 n'est qu'une étape (« another phase », p. 266) de l'histoire canadienne. En fait, je crois que Vance se méprend ; la rupture que Fussell montre c'est l'introduction, du fait de la Grande Guerre, de modalités littéraires qui ont une influence permanente sur les générations futures. Je vois mal comment on peut nier cela. Entre les lignes, il faut aussi comprendre que Fussell exorcise sa propre expérience de jeune subalterne en 1944-1945, d'où l'aperçu judicieux sur la mémoire des militaires cité ici.

French insiste sur la prégnance de certaines « manières », non pas un refus obstiné de toute innovation, mais plutôt l'incapacité atavique d'aller jusqu'au bout des leçons à tirer de l'application des technologies introduites dans les armées depuis quelques décennies, technologies maintenant maniées par des troupes de conscrits-citoyens très différents des soldats avec lesquels le duc de Wellington a vaincu les forces de Napoléon, soldats que lord Haig a si mal utilisés entre 1916 et 1918. Le problème est donc culturel et va bien au-delà des effets psychologiques traumatisants de la dernière guerre, niveau d'analyse que Fussell ne dépasse pas et n'avait pas à dépasser étant donné le corpus littéraire auquel il s'intéressait.

La gestion par le haut dont parle French est aggravée par une absence généralisée de confiance des supérieurs, par préjugé de classe ou par anti-démocratie, envers les subordonnées, des officiers subalternes aux soldats en passant par les sous-officiers. Il en résulte deux effets paradoxaux : cela ancre, malgré toutes les proclamations de l'extirper qui peuvent être trouvées dans la littérature officielle, l'idée que le supérieur doit expliquer en détail comment atteindre l'objectif ; et cela conduit à négliger l'entraînement tactique des petits ensembles d'hommes, en deçà du niveau du bataillon, parce qu'on ne leur demandera pas des tâches compliquées, les fantassins n'ayant qu'à suivre le barrage d'artillerie. Du fait de ce peu de confiance et de la nécessité de masser l'artillerie, on abuse des ordres écrits hyper-détaillés, où le supérieur explique avec minutie au subordonné quoi faire, par opposition à des ordres verbaux courts diffusables par radio.

Des caractéristiques précédentes découlent l'habitus des supérieurs de tout contrôler, empêchant les subordonnés de prendre des initiatives, ce qui dans les situations fluides créées par la forme de combat que privilégieront les Allemands à partir de 1939 constituera un lourd handicap[9].

Des représentations culturelles séculaires contribuent à éloigner davantage l'esprit militaire britannique (et les Canadiens ne diffèrent en rien des Britanniques ici) d'une solution correcte au problème de la guerre moderne : un système régimentaire exacerbé qui peut bien aider à soutenir le moral, mais qui entrave la transmission d'une doctrine commune à toute l'armée et rend la coopération plus difficile entre les régiments d'armes différentes[10] ; une image stéréotypée de l'adversaire (l'Allemand serait systématique mais ne saurait pas improviser) et une image idéalisée de soi (le Britannique libéral et cultivé sait improviser et le Canadien plus que le Britannique), les deux images se renforçant pour conduire à négliger certains aspects de l'entraînement, notamment le refus obstiné de former les petits groupes à surmonter une impasse momentanée par une action rapide non approuvée par la hiérarchie[11]. Ces « croyances »

---

9. David French, *Raising Churchill's Army : the British Army and the war against Germany, 1919-1945*, Oxford, Oxford University Press, 2001 (2000), chap. I, surtout les p. 12, 17-25, 29 et 37-47. La longue citation est une concaténation d'éléments tirés des p. 17-19.
10. *Ibid.*, p. 4.
11. *Ibid.*, p. 45 et 119, à propos du général Ironside (en 1937) et du maréchal Dill (en 1941). Cette image de supériorité « raciale » de l'Anglais sur l'Allemand est profondément ancrée dans la société

se répercutent dans l'organisation fautive des divisions, des brigades et des bataillons des forces terrestres de l'Empire britannique, trop exclusivement d'une seule arme, ce qui rend à peu près impossible tout désir de coopération interarmes en deçà du corps d'armée, comme on le faisait en 1918, et à peu près impossible l'entente avec l'aviation d'appui tactique. Tout cela aura l'ultime résultat de ralentir la vitesse de réaction en défense et le tempo des opérations en attaque.

La vulgarisation de la doctrine officielle

On ne demandait évidemment pas aux jeunes officiers subalternes (sous-lieutenants et lieutenants) de digérer les volumineuses *Field Service Regulations* (la bible) britanniques en usage au Canada et d'abord conçues pour les officiers supérieurs. Les subalternes disposaient plutôt d'un manuel vulgarisant la doctrine des FSR et la développant pour les officiers du bataillon, l'*Infantry Training Manual* (le catéchisme), également publié en Grande-Bretagne et réimprimé sans modification au Canada. Dans les années 1930 y sont consignés, encore, les enseignements tirés de la Première Guerre mondiale : planification centralisée ; gestion serrée du champ de bataille à partir du haut de la hiérarchie vers le bas ; recours massif au barrage d'artillerie, le barrage arbitrant tout mouvement ; manœuvre limitée et exploitation prudente, car on considère que tout progrès non précédé pas à pas du feu de l'artillerie est voué à l'échec[12]. Cette méthode représentait un progrès indéniable sur les assauts frontaux et meurtriers de 1914. Elle a donné la victoire en 1918 en épargnant le plus possible la vie des soldats dans un contexte technologique particulier. Mais son immuabilité posait problème pour l'avenir.

Pour la majeure partie des années 1930, c'est l'édition publiée en 1931 des *Infantry Training Manuel* qui sert d'inspiration. Il faut s'y attarder, car elle a été préparée par B. L. Montgomery. Il part d'un présupposé militaro-sociologique curieux mais significatif. Montgomery est un officier d'infanterie qui a un contentieux ouvert avec les généraux de cavalerie de la Première Guerre mondiale et leurs fantaisies d'exploitation opérationnelle qui ont mené à des désastres sans précédent. En négligeant les phases préliminaires de planification, d'organisation et de premiers contacts, le général à l'esprit cavalier se fourvoie tactiquement et, au bout du compte, il sacrifie des centaines de milliers d'hommes pour des gains insignifiants. Au contraire, avec l'armée de soldats-citoyens d'une démocratie, ce

---

britannique. Dans son étude de la mémoire sur la Première Guerre mondiale, Paul Fussell la mentionne déjà lors de la Première Guerre mondiale (*The Great War and modern memory…, op. cit.*, p. 27), en se servant de sources contemporaines. Elle va de pair avec une certaine négligence dans la préparation découlant du « génie britannique pour l'improvisation » (p. 43). Dans un livre controversé, l'historien israélien Azar Gat ridiculise ce schéma à la vie dure du Prussien automate versus le Britannique plein d'initiative qui remonte selon lui au début du XIXe siècle (*A history of military thought, from the Enlightenment to the Cold War*, Oxford, Oxford University Press, 2001, p. 281-282).

12. J'utilise ici l'analyse définitive de Bill McAndrew, « Doctrine canadienne : continuités et discontinuités », *Bulletin de doctrine et d'instruction de l'Armée de terre*, vol. 4, n° 3, automne 2001, p. 45-46.

ne sont pas les théories sur l'exploitation qui comptent, mais plutôt le prix à payer en sang :

> En ce qui concerne plus particulièrement l'Armée britannique, caractérisée par « l'amateurisme cultivé » de ses officiers, par les divisions de classes stériles, par les oppositions entre les diverses armes [blindés versus infanterie] et services [armée versus aviation] et par le je-m'en-foutisme de la troupe, des tactiques sophistiquées visant à percer en profondeur conduiront, lorsqu'on sera confronté à un ennemi de première classe [les Allemands] à l'échec voire au désastre. L'Armée britannique ne produira jamais, surtout chez ses citoyens-soldats, des exploitants de premier ordre[13]…

Cependant, les officiers et sous-officiers professionnels britanniques connaissent leur affaire et peuvent tirer leur épingle du jeu sur un champ de bataille avec le personnel peu entraîné qu'on leur confiera, cela si l'on n'en demande pas trop à la troupe et si l'administration de l'Armée, l'organisation des unités, la planification des opérations et l'entraînement de tous sont réglés au quart de tour.

Ainsi, dans l'*Infantry Training Manual* de 1931, le War Office souligne en gras ce qu'il faut que les subalternes, jeunes officiers et sous-officiers inclus, doivent considérer comme l'essence de la sagesse en attaque : « Une attaque peut être caractérisée comme la progression méthodique d'objectif à objectif, ou d'un point défendu à un autre point défendu, ce qui implique une succession d'assauts jusqu'à l'atteinte de l'objectif final[14]. » « Progression méthodique » est l'expression clef pour comprendre l'art de la guerre des Britanniques au XXe siècle. Le poids sur les consciences militaires de ces deux mots ne peut être sous-estimé.

Du reste, l'édition d'*Infantry Training Manual* de 1931 contient peu de choses sur le déroulement des opérations après l'assaut. Elle est très lourde en procédure d'état-major au niveau des bataillons et brigades, là où s'organisent justement les assauts contrôlés auxquels pense Montgomery. Des critiques, dont Liddell Hart, lui reprochent le peu d'accent mis sur l'exploitation, mais aussi une certaine négligence au niveau des directives à donner aux officiers en charge des pelotons et des compagnies[15]. Après tout, l'*Infantry Training Manual* leur est destiné et c'est ce genre de directives dont ils auraient d'abord eu besoin.

C'est vraisemblablement la raison pour laquelle l'édition de 1937 a été revue dans cette perspective. Entre-temps, Montgomery a été muté. Dans l'*Infantry Training 1937 – Training for War*, le manuel que les officiers subalternes canadiens ont dû assimiler jusqu'à la fin de 1940, début de 1941, le War Office revient sur l'enseignement de base de l'infanterie. L'accent est plus tactique et moins opérationnel, certes, mais on y trouve peu de nouveautés et le ton rappelle celui

---

13. Nigel Hamilton, *The Full Monty, volume I : Montgomery of Alamein 1887-1942*, Londres, Allen Lane, p. 191.
14. War Office, *Infantry training, vol. II : war 1931*, Londres, HMSO, 1931, p. 7.
15. N. Hamilton, *The Full Monty, volume I…, op. cit.*, p. 191-193. Le problème de la « transformation » des civils de pays démocratiques en militaires dans un contexte de guerre est redevenu d'actualité avec les affaires d'Irak et d'Afghanistan. Voir Brian Mockenhaupt, « The army we have », *The Atlantic Monthly*, vol. 299, n° 5, juin 2007, p. 87-99.

des brochures de la Première Guerre mondiale. Ainsi, bien que le texte préconise une défense en échiquier de points fortifiés sur 360°, points multipliés en profondeur et supportés par des réserves contre-attaquant, les illustrations montrent plutôt un front linéaire, une défense plutôt statique et passive. En attaque, l'assaut pas à pas derrière le barrage roulant de l'artillerie reçoit autant d'attention que le mouvement de flanc[16]. Les tactiques développées par les Allemands en 1917-1918, alliant une utilisation intelligente du terrain, l'infiltration, la progression en profondeur et la prise à revers des points fortifiés, ne semblent avoir influencé que superficiellement la doctrine communiquée dans le manuel de 1937. Or, c'est en couplant les tactiques d'infiltration de 1917-1918 aux chars, avions et moyens de communication des années 1930 que les Allemands ont inventé la *blitzkrieg*[17].

Pour résister à des attaques de ce genre, il ne faut pas s'inquiéter indûment d'empêcher toute infiltration, mais plutôt bloquer les principaux axes d'approche en tenant les points fortifiés évoqués dans le manuel. Les contre-attaques par les réserves locales du défenseur se chargeront de repousser les assaillants qui se seront infiltrés entre les îlots de résistance. Inversement, en attaque, il faut éviter de s'accrocher aux résistances qu'on peut contourner, et plutôt avancer rapidement dans le dispositif adverse pour paralyser sa capacité à réagir et donc de contre-attaquer. Dans les deux cas, en défense comme en attaque, parce que dans le chaos de la bataille la transmission des ordres est difficile, les chefs subalternes doivent avoir une grande marge d'autonomie pour décider s'ils doivent attaquer un point ou non, s'ils doivent se replier ou à quel moment il faut lancer une contre-attaque. Développer le jugement de jeunes hommes, dans des conditions qui ne manqueront pas d'être difficiles, ne se fait qu'en inculquant une « culture tactique » appropriée. Il faut naturellement que la société militaire chargée de cette transmission encourage cette culture et la transmette efficacement. Le manuel de 1937 n'engage pas les subalternes britanniques et canadiens sur cette voie.

Les blocages

La sanction d'une autorité éclairée aurait ajouté du poids à l'innovation dans une organisation où la hiérarchie et la discipline sont des conditions d'existence. À défaut d'une telle sanction, les contenus de l'instruction et leur adéquation aux problèmes militaires du moment sont fonction des idées tactiques et opérationnelles que partagent les officiers. Comme les réguliers qui ont fait leurs classes avant la guerre ont aussi eu la responsabilité de former l'armée de réserve, un

---

16. Pour une vue théorique, voir John English, *On infantry*, New York, Praeger, 1984 (1981), p. 61 ; pour un exposé simple et terre à terre des déficiences de la doctrine d'infanterie britannique, voir Anthony Farrar-Hockley, *Infantry tactics 1939-1945*, Londres, Almark Publishing, 1976, p. 8 et suiv. Sous les dehors d'un petit livre bien illustré pour adolescent, ce texte est rempli d'aperçus judicieux.
17. Len Deighton, *Blitzkrieg : from the rise of Hitler to the fall of Dunkirk*, Londres, Pimlico, 1993 (1973), 3e partie ; J. Corum, *The roots of Blitzkrieg : Hans von Seeckt and German military reform*, Lawrence, University Press of Kansas, 1992, *passim*.

examen attentif de l'univers conceptuel que les réguliers ont habité avant 1939 est de rigueur.

Établissons d'emblée que les officiers canadiens de l'entre-deux-guerres n'ignoraient pas les innovations en cours à l'étranger en matière d'équipement et de doctrine. Certains peuvent même être considérés comme des visionnaires. En outre, l'Armée d'après 1919 pouvait s'appuyer sur sa performance de la Première Guerre mondiale, où plusieurs de ses officiers s'étaient montrés innovateurs dans l'usage de l'artillerie et dans la conception des opérations d'exploitation[18]. Il n'y avait qu'à poursuivre sur cette lancée.

Pourtant, l'Armée canadienne de l'entre-deux-guerres n'a pas réussi à développer un cadre propice à l'apprentissage des nouvelles théories tactiques et opérationnelles. Pour s'y retrouver, il convient d'examiner la nature du débat théorique qui a lieu dans l'institution militaire canadienne dans les années 1920 et 1930. On constatera que, malgré la qualité du débat et la discussion des innovations à préconiser, il n'y avait pas de consensus suffisant et encore moins de volonté réelle de traduire les idées émises en changements organisationnels (création de formations motorisées et blindées) et doctrinaux (formulation d'une doctrine[19] interarmes prévoyant l'emploi de l'aviation tactique, exercices et grandes manœuvres où les nouvelles idées sont expérimentées et validées).

À quels facteurs peut-on attribuer cette difficulté à penser la prochaine guerre ? D'abord, il faut noter que pour n'importe quelle armée, penser l'avenir n'est jamais facile. La planification future d'une activité aussi complexe et faite d'autant d'imprévus que la guerre n'est pas simple. Dans l'entre-deux-guerres,

---

18. Sur le savoir-faire du corps canadien à la fin de la Première Guerre mondiale, voir Shane Schreiber, *Shock army of the British empire : the Canadian Corps in the last 100 days of the Great War*, Westport, Praeger, 1997, xvi-164 p.
19. Clarifions le vocabulaire. La *doctrine* est l'ensemble des concepts acceptés (et codifiés dans les publications officielles) que tous les officiers doivent connaître et maîtriser et qui, idéalement, permet à une armée (une grande organisation où tous ne peuvent se connaître) de répondre rapidement et « comme un seul homme » aux défis que soulève le combat. La doctrine conditionne l'instruction, l'entraînement et la forme que prendront les manœuvres. *Formation* peut désigner un élément d'une armée déployée, mais c'est aussi l'ensemble ou (selon le contexte) une portion de l'éducation d'un officier, éducation reçue dans les institutions civiles et militaires, à travers la famille ou dénichée par l'autodidacte. L'*instruction* est, toujours selon le contexte, une formation élémentaire (celle des élèves-officiers d'une école militaire par exemple) ou encore un élément de formation limité dans son objet et sa durée (par exemple, un cours sur la lecture de cartes), quoiqu'il puisse aussi s'agir d'un apprentissage à contenu sophistiqué (un cours sur la préparation des plans de guerre) mais toujours de brève durée. L'*entraînement* est la réalisation de l'instruction, de la marche en forêt avec utilisation de la boussole au *wargame* des officiers supérieurs. Dans le cas des recrues du rang (les futurs soldats), il y a moins d'instruction et plus d'entraînement. C'est par les *manœuvres*, simulation des mouvements de troupes et des combats sur le terrain à plus ou moins grande échelle, et ce, de la manière la plus réaliste possible, que devraient être évaluées les faiblesses de la doctrine, de l'instruction, de l'entraînement et des plans d'opération en gestation. Lorsque les manœuvres engagent relativement peu d'effectifs (une brigade ou moins), on utilise souvent le mot *exercice*. À l'opposé, les *grandes manœuvres* impliquent généralement un ou plusieurs corps d'armée ou, à tout le moins, une fraction importante des forces armées d'un pays.

peu d'armées se sont lancées dans la bonne direction. Même l'Armée allemande, généralement donnée en modèle, a parfois hésité et s'est quelquefois trompée.

Cependant, elle a fait mieux que d'autres. Pourquoi ? Un premier facteur à considérer est ce qu'on peut appeler le complexe du vainqueur : celui qui l'emporte n'a pas besoin d'expérimenter avec des solutions nouvelles et hasardeuses, car il connaît déjà la recette du succès. À l'automne 1918, les Canadiens pouvaient se glorifier d'avoir l'une des meilleures armées de terre du monde et certains de ses officiers étaient respectés pour leurs idées novatrices, notamment dans la préparation des grandes batailles rangées (*set piece battles*) et l'utilisation de l'artillerie. Dans ces deux activités, les militaires canadiens avaient développé (sur le modèle britannique cela va de soi) avec une particulière minutie les procédures d'état-major à suivre pour obtenir le meilleur rendement de leurs forces. Cela exigeait une longue préparation afin d'étudier les positions adverses, de reproduire sur papier, sur modèles réduits et parfois en grandeur réelle, lesdites positions, ensuite familiariser les troupes avec les tactiques pour les prendre d'assaut, accumuler les stocks de munitions nécessaires et ainsi de suite, activités s'étalant généralement sur plusieurs semaines. Le temps ne comptait pas vraiment, le front étant statique et rarement menacé d'effondrement. Cette méthode avait donné de bons résultats en 1918. On n'abandonne pas facilement une « recette » qui procure le succès.

Un deuxième facteur expliquant l'incapacité de l'Armée canadienne à intégrer les innovations conceptuelles relève de l'ordre culturel. Selon cette explication, l'anglophilie du corps des officiers aurait stérilisé toute possibilité d'innovation. Bill McAndrew s'en est fait le plus ardent défenseur. Dans un contexte de raréfaction des ressources matérielles, l'Armée canadienne s'est repliée sur elle-même pour survivre en attendant des jours meilleurs. Elle a érigé en vérités immuables les piliers sur lesquels elle pouvait espérer fonder cette survie : la tradition régimentaire britannique, la doctrine britannique à travers les manuels britanniques, l'enseignement professionnel britannique dans des collèges d'état-major britanniques, l'organisation des formations de combat sur le modèle britannique (un futur corps expéditionnaire canadien serait, comme en 1914-1918, la fraction d'un grand corps expéditionnaire britannique avec ses divisions, brigades, bataillons, etc., exactement conformes aux ordonnances britanniques) et, dans la modeste mesure des moyens accordés, des armements de fabrication britannique. En conséquence, les officiers à penchant innovateur étaient coincés. S'ils contestaient les idées en place, ils couraient le risque d'être accusés d'infidélité envers l'Empire, le véritable rempart de la défense du pays. Par extension, ils devenaient suspects de déloyauté envers une Armée menacée dans son existence par l'indifférence des politiciens canadiens. La conséquence, c'est que la hiérarchie militaire canadienne était conservatrice à l'excès[20].

---

20. Bill McAndrew, « Doctrine canadienne : continuités et discontinuités », *op. cit.*

Un examen de la seule revue militaire canadienne de l'époque illustre la thèse de McAndrew, tout en la nuançant quelque peu. À partir de 1923, paraît le *Canadian Defence Quarterly* (*CDQ*), un magazine trimestriel animé par des officiers du Quartier général de la Défense à Ottawa. La revue est supportée par le chef d'état-major de l'Armée, ce qui n'empêche pas les éditeurs d'être critiques du gouvernement, surtout concernant les maigres ressources financières allouées aux Forces armées. Nous l'avons vu, son tirage aurait atteint les 2000 exemplaires[21], ce qui est remarquable pour une armée régulière de 4000 hommes dont un peu plus de 400 officiers. Pour la majeure partie de son existence (1928 à 1939), la revue est dirigée par le colonel Kenneth Stuart, un Trifluvien, futur chef d'état-major de l'Armée de terre qui jouera un rôle important dans l'organisation de l'entraînement au début de la Deuxième Guerre mondiale[22]. Le mandat est bien défini par l'éditeur Stuart lorsqu'en 1933 il revient sur les origines de la revue : « Une revue pour le service devrait refléter la pensée militaire, examiner de manière critique le sens des développements militaires et étudier au moins quelques-unes des évolutions du monde[23]. »

La modernisation en question

Dans les pages du *CDQ* se trouve nombre d'analyses des opérations de la Grande Guerre, la reproduction d'extraits de publications étrangères (surtout britanniques et américaines) faisant le point sur les derniers développements, de même que des articles de prospective émanant de la plume de jeunes officiers canadiens. Y cohabitent les idées les plus avancées avec les plus conservatrices (ces dernières au début surtout), des points de vue entièrement orthodoxes (rarement) et moins orthodoxes. Un décompte sommaire des articles sur la cavalerie, arme conservatrice[24] s'il en est, peut servir d'indicateur sur la tendance générale (voir le tableau 3).

---

21. Jamie Hammond, « La plume avant l'épée : développer une pensée sur les forces mécanisées au Canada », *Revue militaire canadienne*, vol. 1, n° 2, été 2000, p. 95-104. Hammond donne des informations sur l'équipe dirigeant la *Canadian Defence Quarterly* et résume les débats sur les forces blindées entre les deux guerres. Cependant, je ne suis pas son interprétation en ce qui regarde Burns et Simonds.
22. J. V. Allard et S. Bernier, *Mémoires du général Jean V. Allard*, Ottawa, Les Éditions de Mortagne, 1985, p. 56.
23. Éditorial, *CDQ*, vol. 10, n° 2, janvier 1933, p. 135.
24. Récemment, David French a attribué le retard des Britanniques à convertir leurs unités de cavalerie au manque de véhicules performants (faute de R&D et donc en dernière analyse faute de moyens financiers) plutôt qu'au conservatisme supposé de la cavalerie. En attendant, les chevaux avaient encore leur place et les cavaliers n'étaient donc pas réticents aux véhicules blindés par conservatisme. La démonstration n'est pas absolument convaincante. Ainsi, French admet à plusieurs reprises que les cavaliers, très attachés à leurs régiments, voyaient souvent le remplacement des chevaux comme une occasion de réorganiser l'armée au désavantage des unités de cavalerie. Il insiste sur l'absence de véhicules blindés adéquats (en capacité tout-terrain principalement) avant le milieu des années 1930 pour remplacer les chevaux dans les missions de reconnaissance. C'est placer la mission de reconnaissance au-dessus des autres missions de la cavalerie, comme la protection des mouvements de l'armée, le choc et l'exploitation, toutes tâches que la cavalerie était totalement incapable de remplir, comme l'a montré 1914-1918. French mentionne aussi que la cavalerie traditionnelle avait toujours sa place dans les colonies de l'Empire, ce qu'on peut lui accorder. Cela dit, c'est encore une marque de conservatisme. Voir David French, « The mechanization of the British cavalry between the world wars », *War in History*, vol. 10, n° 3, juillet 2003, p. 296-320.

Tableau 3

Nombre d'articles sur trois thèmes choisis*
dans le *Canadian Defence Quarterly*

Volume	Cavalerie	Artillerie	Mobilité (sauf cavalerie)
1923-1924	4	3	2
1924-1925	1	3	1
1925-1926	9	2	3
1926-1927	4	1	6
1927-1928	4	2	6
1928-1929	8	5	9
1929-1930	3	0	4
1930-1931	3	1	2
1931-1932	3	1	8
1932-1933	1	2	9
1933-1934	0	2	1
1934-1935	1	1	5
1935-1936	1	0	6
1936-1937	0	0	3
1937-1938	0	3	3
1938-1939	0	2	1
1923-1939	**42**	**28**	**69**

* Compilation de l'auteur. Les articles sur les blindés, la motorisation, l'appui aérien rapproché, l'artillerie antiaérienne et les forces aéroportées sont compilés sous la mention mobilité. Parmi ceux-ci, on en compte sur les campagnes de Gengis Khan publiés entre 1931 et 1933 par le *flight lieutenant* C. C. Walker de la RCAF. L'éditeur de la revue les présente comme particulièrement pertinents au débat sur la mobilité opérationnelle. De fait, ce sont les seuls où l'on s'intéresse longuement au sujet.

Entre 1923 et 1939, 42 textes sont publiés sur la cavalerie. Toutefois, 39 d'entre eux paraissent dans les neuf premières années alors que seulement 3 sont publiés entre 1933 et 1936 et aucun après cette date, une indication claire que les défenseurs du cheval, et le conservatisme en général, perdaient du terrain.

Le *CDQ* reçoit peu de contributions sur l'artillerie. Elles sont plus fréquentes dans les années 1920, ce qui n'est pas surprenant, étant donné la domination de cette arme pendant la Première Guerre mondiale et l'efficience particulière des Canadiens à l'utiliser. C'est dans la période où l'artilleur McNaughton prend les rênes de l'Armée canadienne que la revue publie son plus grand nombre d'articles sur le sujet (cinq), dont celui signé par McNaughton lui-même sur le développement de l'artillerie durant la Grande Guerre[25]. Il y expose avec fascination et force statistique les progrès techniques réalisés, auxquels d'ailleurs il a contri-

---

25. « The development of artillery in the Great War », *CDQ*, vol. 6, n° 2, janvier 1929, p. 160-171.

bué significativement. Mais il se contente de gloser sur l'expérience passée. Nulle part dans l'article, ni ailleurs dans le *CDQ*, il n'aborde les questions tactiques ou opérationnelles de l'heure[26].

À plusieurs reprises, le la revue introduit ses lecteurs aux idées nouvelles en reproduisant des articles d'éminents auteurs étrangers. On peut ainsi y lire des articles du major-général J. F. C. Fuller et du capitaine B. H. Liddell Hart, deux Britanniques, certainement les deux intellectuels militaires les plus connus du XXe siècle. On y trouve même un article du colonel-général Hans von Seeckt, chef de l'Armée allemande dans la première moitié des années 1920. Seeckt, moins connu du grand public que Liddell Hart et Fuller, a eu une influence déterminante sur la reconstruction de l'Armée allemande après sa défaite en 1918 et après les troubles révolutionnaires de 1918-1919. Dans un contexte extrêmement difficile — limitations quantitatives et technologiques imposées par le Traité de Versailles et écroulement financier de l'État allemand — Seeckt a pourtant mis en œuvre toutes les grandes réformes intellectuelles et organisationnelles qui ont fait de l'Armée allemande de 1939-1945 l'instrument redoutable qu'elle a été.

Il serait fastidieux de résumer toutes les contributions de mains étrangères ou canadiennes de quinze années de publication. Retenons seulement quelques articles significatifs.

On l'a vu, les idées conservatrices ne dominèrent jamais la revue. On trouve plusieurs textes sur les nouvelles théories, celles qu'on discutait au même moment en Angleterre, en Allemagne, aux États-Unis, en Union soviétique et ailleurs. À plusieurs reprises, l'éditeur a attiré l'attention des lecteurs sur ces articles. Ces questions furent aussi débattues par des auteurs canadiens. Parmi ceux-ci, E. L. M. Burns (1897-1985), jeune capitaine des Royal Canadian Engineers en 1923, offre le cas le plus significatif.

Burns était un talentueux prosateur. Il a publié un mauvais roman en 1929 et plusieurs bons livres militaires après 1945. Dès 1925, il devient collaborateur pour les affaires militaires de l'*American Mercury*, une revue dirigée par l'iconoclaste H. L. Mencken. Son premier article dans le *CDQ* paraît en janvier 1924. Dans « The mechanization of cavalry », Burns adopte un ton léger mais diplomatique pour signifier la mort de la cavalerie à cheval et la nécessaire mécanisation des opérations qu'elle menait autrefois, à savoir la reconnaissance armée, l'attaque des flancs et des communications de l'ennemi (ou inversement la défense des siens) et l'exploitation opérationnelle des percées. Publié seulement cinq ans après la fin du premier conflit mondial, dans un Canada où les études de défense n'ont pas nécessairement beaucoup d'attrait, le texte de Burns a peu d'écho.

À compter de la fin des années 1920, les Britanniques tentent des expériences sur le terrain avec des formations blindées. Les auteurs britanniques

---

26. J. A. English, *Failure in high command : the Canadian Army and the Normandy campaign*, Ottawa, The Golden Dog Press, 1995 (1991), p. 50.

multiplient leurs interventions (Liddell Hart et Fuller en tête) en faveur du développement de l'arme blindée. Le *CDQ* s'intéresse évidemment au débat. Par exemple, en 1930, le major F. R. Henshaw, ingénieur militaire comme Burns, qu'on a vu placé en charge de ranimer les moribondes unités d'ingénieurs de combat au chapitre précédent, critique le livre du brigadier britannique Rowan-Robinson sur la mécanisation. Ce dernier dénonce le fait que durant les manœuvres récentes (1928), on n'a pas laissé aux chars l'occasion de montrer ce dont ils sont capables. Henshaw attaquait Robinson pour son parti pris trop favorable aux chars et rappelle l'utilité de l'infanterie et de la cavalerie traditionnelle.

Conscient que sa critique est superficielle, Henshaw revient sur le sujet six mois plus tard pour préciser comment, à son avis, les chars devraient être employés. Cet article d'avril 1930, d'un homme aujourd'hui complètement oublié, a pourtant une grande importance en ce qu'il est l'idéal-type de l'article militaire pro-*establishment*. Il insère une technologie émergente dans un cadre de fonctionnement hérité de la guerre 1914-1918 (et à certains égards hérité du XIXe siècle[27]). Les travers de la pensée militaire britannique s'y révèlent comme rarement. Revoyons donc cet article de cinq pages attentivement.

Henshaw commence en soulignant la confusion régnant dans les cercles militaires à propos de l'emploi des chars d'assaut et des formations mécanisées. Pour éviter de se laisser confondre par les excès des « hyper-enthousiastes » ou des « réactionnaires pessimistes », il convient d'examiner avec impartialité toutes les variables de l'équation. Mais curieusement, sa formule, il la tire des *Field Service Regulations*, l'énoncé doctrinal officiel, si bien que l'examen impartial est plutôt un appel à serrer les rangs autour de ce que l'autorité a sanctionné.

Comment Henshaw présente-t-il la solution officielle ? En premier lieu, il reprend la classification des chars en légers, moyens et lourds. Les défenseurs des chars disent que les modèles légers seront employés pour les tâches de reconnaissance tactique. Pour Henshaw, c'est une proposition fallacieuse, les chars légers n'ayant pas les capacités tout-terrain suffisantes, pas plus que les autos blindées d'ailleurs, et en plus la vision des équipages y est limitée. Il préconise plutôt le maintien du cheval. Un cheval passe n'importe où, ou presque, et de sa position élevée un cavalier peut surveiller de vastes espaces. Il est difficile de comprendre que Henshaw n'envisage pas le chef de char se tenant debout avec le haut du corps hors de la tourelle. Non, pour lui le char léger a plutôt sa place aux côtés de l'infanterie, qu'il accompagne pour écraser les barbelés et éliminer les nids de mitrailleuse. Les chars lourds (ici, plus de 20 t), prévus pour accompa-

---

27. Une des conclusions principales de Tim Travers dans *The killing ground : the British Army, the western front and the emergence of modern warfare 1900-1918*, Barnsley, Pen & Sword Books, 2003 (1987), p. 252-253 et 262, utilisant la notion kuhnienne de paradigme. Dans un langage plus terre à terre, J. Hammond, « La plume avant l'épée... », *op. cit.*, p. 99, conclut que Henshaw, malgré son préjugé favorable à la cavalerie, avait le mérite d'exposer les idées iconoclastes en même temps que ses critiques, permettant ainsi au lecteur de poser un jugement.

gner les fantassins dans ce rôle d'après le manuel officiel, sont donc inutiles et notre auteur les disqualifie sans autre forme de procès. Cependant, Henshaw est plutôt d'accord avec les FSR en ce qui concerne le char moyen. Il combine rapidité, protection supérieure au char léger et canon antichar pouvant détruire n'importe lequel autre char ou véhicule. Sa vitesse lui permet d'être employé en formation indépendante pour attaquer les flancs adverses. Cependant, insiste Henshaw, pas question d'envoyer de grandes masses de chars moyens dans la profondeur du dispositif ennemi, surtout pas au début d'un conflit, car c'est bien trop risqué, le commandement n'ayant pas encore eu le temps de déterminer avec précision la position de toutes les unités adverses.

En conclusion, Henshaw fait appel à l'autorité de Napoléon qui utilisait sa cavalerie de deux manières (selon lui) : la légère accompagnant les corps d'infanterie, la lourde sous les ordres directs de l'empereur pour emploi au moment jugé décisif, soit lorsque le commandant en chef aura l'information suffisante pour détecter un flanc ouvert à une charge dévastatrice par la cavalerie[28].

L'Armée britannique va concevoir l'emploi des blindés à la manière des FSR jusqu'à 1944. La proposition de Henshaw d'écarter les chars lourds ne sera pas retenue, ni celle d'utiliser les chars légers pour accompagner l'infanterie. Les trois types de chars de 1930 serviront dans les rôles prévus par la doctrine officielle[29]. La référence à Napoléon de Henshaw reste pourtant importante, car dans les régiments de chars britanniques, la philosophie de la réserve de cavalerie chargeant au moment critique demeurera une fixation. Henshaw n'a rien à dire sur la coopération entre chars, fantassins et autres armes et il est notoire que les Britanniques n'arriveront que très tardivement à développer une coordination satisfaisante des différentes armes. J'y reviendrai souvent dans les chapitres suivants lorsque j'examinerai l'instruction des jeunes officiers et les leçons tirées des premières opérations.

---

28. F. R. Henshaw, « The employment of tanks », *CDQ*, vol. 7, n° 3, avril 1930, p. 353-358.
29. À la pratique, les chars légers se révéleront trop vulnérables, faute d'un blindage adéquat, et inadaptés aux missions de reconnaissance à longue distance, faute de vitesse sur route. Les chars lourds d'accompagnement seront trop lents pour suivre les autres véhicules, tout en portant un canon spécialisé dans le support d'infanterie qui se révéla inefficace contre les chars ennemis. Quant aux chars moyens, ceux qu'on destinait aux phases mobiles des opérations et qui étaient donc les plus susceptibles de rencontrer des chars ennemis, s'ils sont rapides, en revanche, leur blindage est insuffisant et leur canon antichar manque de puissance contre les autres chars (dans les deux cas pour sauver du poids et favoriser la vitesse), sans compter qu'il est totalement inefficace contre les autres types d'objectifs. En spécialisant les fonctions, les Britanniques vont produire des matériels inadaptés aux situations de champ de bataille, beaucoup plus fluides et mélangées sur le terrain que dans les cerveaux d'état-major. De surcroît, en multipliant les types, les Britanniques vont se priver des avantages de la standardisation. Ces choix technologiques auront des conséquences désastreuses pour les armées alliées jusqu'à la fin de la Deuxième Guerre mondiale. Leurs chars seront notablement inférieurs aux modèles allemands. La confusion des types interagissait avec la confusion doctrinale et les pressions des fabricants. Il est apparu à un spécialiste de la question que c'est souvent le matériel poussé par ces derniers qui déterminait la structure et l'emploi des forces blindées, en totale opposition avec les nécessités du champ de bataille (et l'attitude des tankistes allemands). Voir J. P. Harris, *Men, ideas and tanks : British military thought and armoured forces, 1903-1939*, Manchester, Manchester University Press, 1995, p. 274 *et sq.*

Revenons à Burns dont le cheminement de carrière s'est fait sans accroc[30] — il ajoute « p.s.c. » (*past staff college*) à la suite de son nom en 1929. Il continue à collaborer avec le *CDQ* et remporte le concours annuel de la revue en 1932. La question du concours de cette année-là portait sur la protection des communications de l'armée dans le cas d'un assaillant disposant de formations blindées et d'appui aérien. La solution de Burns est sans originalité ; il demande qu'on accroisse l'aviation de « coopération », qu'on augmente l'allocation divisionnaire en armes antiaériennes et qu'on constitue une force mobile de réserve pour contre-attaquer des blindés perçant la défense. Significativement, il suggère aussi que les QG et autres points vulnérables soient aménagés sous forme d'abris bétonnés. La défense proposée est essentiellement statique, comme en 1915-1918. Toutefois, en conclusion, Burns sort du cadre proposé par le concours et suggère prudemment qu'il vaudrait mieux utiliser les ressources disponibles en attaque plutôt que de s'en tenir à un rôle strictement défensif, car même si l'on est en défense opérationnelle, un attaquant mobile devra lui aussi se soucier de protéger ses communications s'il ne sait pas à quoi s'en tenir sur l'utilisation des réserves mobiles du défenseur. De la sorte, habilement et sans soulever un débat que les éditeurs n'avaient pas choisi d'aborder, Burns amène le lecteur à considérer le problème d'un attaquant qui pénètre en profondeur un dispositif défensif[31].

Peut-être du fait qu'il prenait de l'assurance, peut-être parce que l'avènement d'Hitler alimentait un sentiment d'urgence, Burns signe en 1935 un texte au ton plus mordant que les précédents. « A step towards modernization » pose dès les premières lignes le dilemme de la mobilité dans l'Armée canadienne. Burns clame maintenant haut et fort que « [s]'il y a une chose que l'on peut prophétiser avec assurance à propos d'une guerre future, c'est que les transports motorisés dans toutes leurs formes y seront utilisés de toutes les manières pour donner aux forces combattantes de la mobilité ». Il poursuit en montrant l'adéquation entre la motorisation et les principes napoléoniens de la guerre (sécurité, économie des forces, concentration et mobilité). Il suggère par des exemples d'exercices pratiques comment, sur le terrain, le moteur à combustion interne

---

30. Si Burns consacre une bonne partie de son temps entre 1919 et 1939 à étudier, promouvoir et défendre des innovations au sein d'une institution conservatrice, il est aussi membre d'une arme « scientifique », avec tous les avantages que cela procure pour l'avancement, comme on l'a vu. Burns fut un écrivain militaire prolifique, mais il n'a pas encore fait l'objet d'une bonne biographie. Le meilleur texte reste celui de J. L. Granatstein, *The generals : the Canadian Army's senior commanders in the Second World War*, Toronto, Stoddart, 1993, chap. 5 « Tommy Burns : problems of personality ». À compléter avec Bernd Horn et Michel Wyczynski, « E. L. M. Burns : Canada's intellectual general », dans Bernd Horn et Stephen Harris (dir.), *Chefs guerriers : perspectives concernant les militaires canadiens de haut niveau*, Toronto, Dundurn Press, 2002, p. 163-186. Malheureusement, il y a peu à tirer des Mémoires de Burns mêmes (*General Mud : memoirs of two world wars*, Toronto, Clarke Irwin, 1970, chap. VI). Burns n'a pas tenu de journal pour cette période de sa vie et ses Mémoires, bien qu'agréables à lire, fournissent peu d'information et manquent de repères.
31. « Protection of the rearward services and headquarters in modern war », *CDQ*, vol. 10, n° 3, avril 1933, p. 295-313.

révolutionne l'application de ces principes. Les exemples portent sur la manœuvre de sections et de pelotons d'infanterie motorisée employant des automobiles pour défendre ici et là des points attaqués par une force ennemie se déplaçant à pied ou à cheval. Burns voulait montrer par là combien le supplément de vitesse introduit par les automobiles permet à une unité en infériorité numérique de faire face à un assaut d'un adversaire supérieur en nombre mais moins mobile. Par la pratique, avec des moyens réduits — l'étape sur la voie d'une motorisation intégrale suggérée par le titre —, Burns escomptait développer une manière de « penser et de pratiquer la guerre comme elle se fera avec les moyens de transport qu'offre l'industrie moderne ». Quant aux tanks, dispendieux, Burns pensait qu'il valait mieux ne s'en procurer que très peu pour les étudier, tant la recherche-développement était alors intense et les rendait obsolètes en quelques mois[32]. Ce programme n'est pas sans rappeler ce qui se faisait en Allemagne une décennie plus tôt.

Un débat à trancher

Les derniers volumes du *CDQ* d'avant-guerre contiennent une proportion de plus en plus grande de discussion à caractère stratégique (aussi bien sur le plan économique que politique) et on y délaisse les débats doctrinaux sur la tactique et les opérations. Est-ce un effet de la formation d'état-major reçue en Angleterre par les officiers canadiens dans les années 1930 ? Probable. Quoi qu'il en soit, trois auteurs abordent encore les questions tactiques/opérationnelles : Burns toujours, Guy Simonds, une étoile montante, et le général britannique B. L. Montgomery.

Prenons-les dans l'ordre chronologique de parution. Le *CDQ* d'octobre 1937 reprend un article du *Royal Engineer's Journal* sur un problème classique des étudiants militaires, la « bataille de rencontre ». L'éditeur ne cache pas son appréciation : « la plus réfléchie et enrichissante discussion tactique parue dans un périodique militaire britannique depuis un long moment ». L'auteur y reconceptualise le problème de la bataille de rencontre — simplement, comment planifier sur le terrain les premières phases des opérations avant le choc initial des armées adverses — en tentant d'intégrer les développements technologiques et théoriques des vingt dernières années. Évidemment, il s'agit de penser la rencontre initiale en termes de choc entre grandes formations motorisées.

Cet auteur, qu'on a rencontré brièvement au début du chapitre, est Bernard Law Montgomery (1887-1976). Il n'a besoin que de la plus brève des présentations. Issu de l'infanterie, archétype du soldat de carrière, vétéran de la Grande Guerre où il a été grièvement blessé, il s'est taillé une réputation enviable comme préparateur d'unité et entraîneur d'hommes au moment où paraît l'article. Dans les cercles d'initiés, il est considéré comme futur chef divisionnaire. La gloire le rattrapera dans un bourg obscur du nord-ouest de l'Égypte en 1942, alors que

---

32. Major E. L. M. Burns, « A step towards modernization », *CDQ*, vol. 12, n° 3, avril 1935, p. 298-305.

sa 8ᵉ Armée vaincra le redoutable Erwin Rommel. Durant la Deuxième Guerre mondiale, il s'élèvera jusqu'au grade le plus haut dans l'Armée britannique, celui de *field marshal*[33].

L'article traite le problème du point de vue du général commandant une division (le commandement que Montgomery est sur le point de recevoir) d'infanterie (il n'y a pas de division blindée dans l'Armée britannique de l'époque) motorisée (l'Armée britannique était à ce moment en passe de se motoriser intégralement). Comment Montgomery conçoit-il le problème ? Il commence par un avertissement aux futurs chefs de troupe (ses lecteurs peut-être) : quoique l'on blâme souvent la piétaille pour les défaites, le plus souvent les échecs sont le résultat soit d'un mauvais plan de départ, soit d'un manque de connaissance des commandants (des généraux aux chefs de bataillon) quant à l'application de la technique de séquençage d'une opération (« the technique of staging an operation »).

Permettons-nous une analogie. Le commandant d'une opération agit un peu à la façon d'un metteur en scène au théâtre : ses acteurs (les unités) ont peu de chance de réussir un bon spectacle (l'opération) si le metteur en scène n'a pas étudié à fond le texte qu'il a commandé à l'auteur (le plan préparé d'après une directive générale sommaire), s'il n'a pas montré où, quand et comment les acteurs (chacune des unités) entrent en scène (le champ de bataille) et cela en vue de provoquer certaines réactions dans l'auditoire. Ici l'analogie s'épuise, le public ne pouvant être assimilé à un ennemi qui réagit — le public ne monte pas sur la scène pour contrer les efforts du metteur en scène et des acteurs !

Ensuite, après la phase initiale, vient un moment où les plans doivent être refaits pour tenir compte des nouvelles situations. Un nouveau séquençage doit être préparé.

Dit autrement, séquencer c'est séparer les phases d'une opération en blocs logiques, pour chacun des blocs adopter le déploiement approprié, finalement ajuster le plan à la fin de chaque bloc selon les résultats obtenus et l'information supplémentaire recueillie. Le processus est répété aussi souvent qu'il le faut jusqu'au résultat final.

Pourquoi un bon séquençage est-il important ? C'est que Montgomery pense qu'avec les armes modernes, les opérations se déroulent à un rythme tel qu'un mauvais plan de déploiement et d'engagement des unités peut être fatal, qu'il est très difficile de réparer les fautes initiales et que dans le meilleur des cas, on ne pourra le faire qu'au prix de pertes élevées. Il est tout aussi dangereux d'attendre avant de formuler son plan sous prétexte que les renseignements sur l'ennemi sont insuffisants, car cela revient à abandonner l'initiative à l'adversaire.

---

33. Sur Montgomery, voir N. Hamilton, *The full Monty…*, *op. cit.* Le deuxième tome n'était pas paru au moment de la sortie de ce livre. Avant de publier *The full Monty*, Hamilton avait rédigé la biographie autorisée du maréchal dans les années 1980. Il a jugé nécessaire de reprendre le travail pour y intégrer des aspects « sulfureux » qu'il avait au départ écartés.

Ce que l'on sait du déploiement et des intentions adverses est évidemment capital pour l'exercice du métier de général. De plus, à une époque où la communication radio vient à peine d'atteindre une certaine fiabilité et où la reconnaissance aérienne n'a pas la sophistication qu'elle aura seulement trois ou quatre ans plus tard, la situation physique du poste de commandement par rapport aux unités combattantes est un objet de discussion important. Pour Montgomery, tant que l'information sur l'adversaire est trop imprécise, et donc tant que sa propre formation et la formation adverse ne sont pas entrées en contact, il vaut mieux que le commandant de la division se tienne près du front. Ensuite, il devrait prendre une position plus en retrait, d'où l'information est facile à collecter. Cependant, le chef ne devrait pas hésiter à se rendre à l'avant en cas de situation critique.

Montgomery discute ensuite en détail la composition des unités chargées de la reconnaissance, de la prise de contact (par l'avant-garde) et de l'engagement initial. Il prêche la souplesse quant à la composition des unités pour s'adapter aux circonstances. Il s'oppose aux unités de reconnaissance composées uniquement de chars légers, comme le prescrit le règlement d'alors, car les chars légers sont trop faciles à bloquer. Il favorise plutôt des unités composites d'infanterie portées et de blindés légers appuyés par un peu d'artillerie. La tête de la division, généralement une des trois brigades d'infanterie, mais si nécessaire deux, sera appuyée par de l'artillerie (plus que sa dotation habituelle d'un tiers s'il le faut) et des sapeurs (même remarque), ces derniers vitaux pour démolir les obstacles, réparer les routes et construire les ponts nécessaires si l'on veut que l'opération conserve un bon tempo. Elle se déplacera en ordre dispersé pour réduire les risques inhérents aux attaques aériennes. À partir de l'engagement de la tête de la colonne divisionnaire, selon les résultats positifs ou négatifs obtenus, selon aussi la meilleure connaissance acquise de l'opposition, le commandant ajuste son plan pour la suite de la bataille.

Montgomery s'en prend aussi à l'habitude qui veut qu'il soit toujours mieux d'attaquer à l'aube. Il prône plutôt les mouvements offensifs de nuit. C'est le meilleur moyen de préserver quelque chance de surprise tactique.

Concis, limpide, l'article de Montgomery offre *une* solution correcte au problème de l'opération avec des instruments mobiles. Cependant, la solution du futur maréchal a quelque chose de trop hardi pour l'Armée britannique de 1937. Montgomery le sait puisqu'à la dernière page de l'article, il écrit : « Il n'y a aucune raison de continuer à faire une chose comme on le fait puisque c'est ainsi depuis trente ou quarante ans. Si c'est là le seul motif, alors il est grand temps de faire autrement. » En particulier, Montgomery doute qu'on accepte facilement sa proposition de commander de l'avant, la plupart des officiers généraux britanniques considérant que la place d'un général est à l'arrière parce que de là, on peut gérer la bataille que mènent les subordonnés. Cette conception était sanctifiée par l'expérience de 1914-1918, où les déplacements de part et d'autre de la ligne de front se comptaient en centaines de mètres. Mais Montgomery songe à un autre type de guerre… Ajoutons que, comme nous l'avons remarqué plus haut, les Britanniques n'avaient pas encore jugé opportun de se doter de divisions blindées[34].

Deux types de facteurs déterminants sont passés sous silence par Montgomery. Qu'en est-il des difficultés d'ordre administratif, selon la terminologie britannique d'alors (difficultés climatiques, rupture de la chaîne logistique, fatigue physique ou morale de la troupe, etc.) ? Il a déjà montré dans sa carrière, et il le fera brillamment par la suite, qu'il n'est pas du tout ignorant de ces difficultés et qu'il sait les maîtriser. Mais elles relèvent d'un autre ordre que celui des « tactiques » discutées dans l'article.

L'autre facteur négligé donne pourtant à réfléchir : qu'en est-il de l'ennemi, des intentions de l'adversaire, de sa réaction ? Et si son plan d'ouverture était meilleur que le nôtre ? Que faire alors ? La question peut être formulée autrement : quel mécanisme, dans l'édifice conceptuel qu'érige Montgomery, permet de gérer l'imprévu ? Dans l'article de 1937, on ne le trouve que dans la proposition de commander de l'avant les phases précontact (et peut-être dans le souci quelque peu obsessif de la bonne organisation). On pourrait encore dire que cet article n'était pas l'endroit pour entreprendre une telle discussion. Cependant, si on cherchait dans toute la vie de Montgomery — et sa carrière a été examinée sous cet angle par plus d'analystes militaires que celle de n'importe quel autre chef allié de la Deuxième Guerre mondiale — on ne trouverait pas beaucoup d'attention accordée à la question du choc de deux génies. C'est que s'il est plus réceptif à la nouveauté que beaucoup de ses collègues, il a tendance à rationaliser les opérations à un point excessif. Ses plans dérangés — et ils le seront souvent après juin 1944 — sa méthode montrera ses limites. Or, cette propension à ne pas penser l'ennemi comme un adversaire dynamique est un écueil contre lequel presque tous les officiers de tradition britannique (et donc canadienne) vont se heurter.

En proposant de séquencer la bataille de rencontre, Montgomery plaçait l'accent sur la planification et l'organisation des unités de combat. Peu de références sont faites au matériel, si ce n'est une critique « en passant » du char léger en reconnaissance. Or, ce qui faisait couler beaucoup d'encre à l'époque, c'était la construction et l'emploi en masse des chars d'assaut.

Nous retrouvons ici un Burns devenu lieutenant-colonel. Il publie en 1938 un article fouillé sur la division en attaque, en droite continuité avec ses productions antérieures sur la mécanisation des forces armées.

L'article commence par une longue discussion des principes de la guerre à la lumière de l'expérience de 1914-1918. Burns cite d'abord les FSR pour rappeler que l'action offensive est nécessaire pour obtenir un résultat positif. Le

---

34. Cela fut l'objet d'un intense débat à l'époque et l'est encore aujourd'hui parmi les historiens. Qu'il suffise de rappeler que les Britanniques ont été les premiers à expérimenter l'emploi des grandes formations blindées, mais qu'ils se sont ensuite laissés dépasser par les Allemands, les Russes et les Américains. Quant aux Canadiens…

problème, c'est que l'expérience récente a montré que l'assaut est excessivement coûteux et que la défense, dans l'esprit de beaucoup mais pas dans celui de Burns, est la forme supérieure du combat[35]. Dans ces conditions, comment penser l'attaque ? Il propose de faire table rase de l'idée que l'infanterie est toujours la « reine des batailles », ce qui fait qu'il met en doute le principe énoncé dans la section 60 (5) des FSR à l'effet qu'en dernière analyse, c'est de l'infanterie dont dépend tout succès à la guerre. Concrètement, l'assaut se déroulerait de la manière suivante :

- Très généralement, l'assaut sera conduit avec des chars et non pas avec de l'infanterie, ni même de l'infanterie accompagnée par des chars.
- Durant l'assaut, le rôle de l'infanterie est de fournir un appui par son feu ; après la prise de l'objectif, de consolider le gain, c'est-à-dire d'aménager la position défensivement afin d'éviter un retour de l'adversaire.
- L'avance des chars sera précédée par un puissant tir de barrage de l'artillerie afin de contrer les canons antichars.
- Les chars légers sont nécessaires à la reconnaissance opérationnelle et tactique. Avec l'amélioration des chars légers, l'auto blindée est appelée à disparaître[36].

Ce schéma appelle trois remarques. D'abord, Burns est convaincu que le rôle principal en attaque revient aux chars. L'infanterie est trop vulnérable aux mitrailleuses et aux éclats d'obus, comme l'a montré la Grande Guerre. Quant à un assaut combiné chars/fantassins, c'est un mauvais compromis selon lui : « Je crois qu'il est incontestable qu'un assaut avec des chars a plus de chances de réussir qu'un assaut par l'infanterie seule ou par une combinaison infanterie/char, parce que les chars sont beaucoup plus rapides, moins dépendants de l'artillerie et invulnérables à l'armement manié par la plupart des troupes ennemies. »

De là découle que, deuxièmement, sur la controversée question de la spécialisation des chars, Burns préfère les chars légers pour la reconnaissance et la couverture des flancs et les chars moyens pour l'assaut et l'exploitation. Il ne veut pas du char lourd d'infanterie qu'il juge trop lent. Par des chemins différents, le « progressiste » Burns rejoint le conservateur Henshaw… et la doctrine officielle britannique !

Troisièmement, à l'argument que soulèvent plusieurs que les armes antichars peuvent stopper tous les chars à l'exception des mieux protégés (donc les chars d'infanterie dans la conception britannique), Burns oppose la vitesse et le nombre ; des chars moyens pourront éviter les coups grâce à leur mobilité et à leur manœuvrabilité. Ils sont aussi moins coûteux à produire, ce qui permettra d'en acheter plus et de les utiliser en plus grand nombre.

Nous avons déjà mentionné que les Britanniques étaient alors occupés à la motorisation intégrale de leur armée de terre. De là découle la proposition qui

---

35. Burns ne cite pas Clausewitz, mais cette thématique de la supériorité de la défensive sur l'offensive, alors que l'offensive est le seul moyen d'obtenir un résultat positif, est très clausewitzienne.
36. E. L. M. Burns, « A division that can attack », *CDQ*, vol. 15, n° 3, avril 1938, p. 282-298.

forme la seconde moitié de l'article. Burns y défend une division « mobile » entièrement motorisée comptant une brigade de chars (à quatre bataillons) et deux brigades d'infanterie (à trois bataillons de fusiliers plus un de mitrailleuses lourdes chacune), un bataillon de chars légers pour la reconnaissance, plus l'artillerie divisionnaire, les sapeurs, etc. Toutes les divisions de l'Empire devraient être réorganisées selon ce schéma. Cette organisation balancée — une unité de chars pour deux d'infanterie — peut surprendre au vu du ton plutôt « tout char » de la première moitié de l'article. Burns l'adopte sans doute pour ne pas effaroucher les puissants par une solution plus radicale ; l'Armée britannique (et canadienne) ayant une capacité limitée à innover, la modération est de mise.

Si sur le plan organisationnel on voit là une division balancée toutes armes, sur le plan de l'emploi tactique de ces armes, Burns pense plutôt en « phases » (préparation/assaut/consolidation/exploitation) confiées chacune à une arme principale opérant indépendamment (l'artillerie prépare, les chars donnent l'assaut, l'infanterie consolide tandis que les chars se regroupent pour l'exploitation). Pour lui, la coopération interarmes est une « idée charmante », mais « malheureusement » c'est une notion livresque ignorant les qualités physiques de chacune des armes (énorme puissance de feu de l'artillerie, mais mobilité très réduite, capacité d'occuper et de tenir le terrain de l'infanterie, puissance de feu avec grande mobilité des chars). Pour maximiser l'effet, chacune a un rôle à jouer à un moment précis. Dans cette conception, la « coopération » n'est pas simultanée mais séquentielle, chaque arme intervenant lorsque cela est approprié. En conséquence, la coopération artillerie-infanterie ne se fera plus au niveau de la brigade, comme dans l'organisation actuelle (un peu comme en 1914-1918), mais au niveau immédiatement supérieur, celui de la division[37]. En clair, les différentes armes ne se « verront » plus. Pour reprendre l'analogie du théâtre, les acteurs agissent en aveugles sur une scène pleine de fosses ouvertes en suivant le ballet agencé par le metteur en scène (le général de division).

Ce qu'il y a de plus remarquable dans cet article, et ce qui en fait une production si superficielle comparée au travail poli à l'infini d'un Montgomery, c'est que le schéma de l'attaque qu'il propose est une copie conforme des tactiques employées durant les phases statiques de la Première Guerre mondiale. La seule différence, c'est que le char a remplacé le fantassin. Burns n'arrive pas à secouer le moule dans lequel la tactique canadienne (et britannique) est coulée depuis 1916-1917.

---

37. Pour le lecteur intéressé, il peut être instructif de comparer les idées de Burns sur la coopération avec celles discutées simultanément dans la principale revue allemande de l'époque, le *Militär-Wochenblatt*. En juillet 1938, la *CDQ* publie la traduction d'un article du capitaine Kormann, Ph. D., dans le numéro du 28 janvier 1938. Sous un titre qui ne donne pas une idée correcte du contenu (« A system of anti-tank defence »), Kormann montre le rôle précieux que joue l'armement antichar dans toutes les phases du combat, en défense — ce qui paraît naturel — mais aussi en attaque — le canon antichar accompagne la vague d'assaut pour contrer les contre-attaques prévisibles des blindés adverses. Nous verrons au chapitre huit comment cela surprendra désagréablement les tacticiens anglais.

L'artilleur Guy Simonds (1903-1974), alors capitaine[38], donne la réplique au lieutenant-colonel Burns dès le numéro suivant du *CDQ*[39]. Simonds occupait alors le poste (unique poste !) de professeur de tactique, de stratégie et de relations internationales (!) au Collège militaire royal du Canada.

Simonds reproche d'abord à Burns son présupposé stratégique, à savoir que les divisions impériales doivent être pensées dans un cadre offensif. Au contraire, explique-t-il, dans les premières phases d'une guerre majeure en Europe, les forces de l'Empire seront trop peu nombreuses et arriveront trop lentement pour que les Alliés puissent envisager de passer à l'offensive. Ajoutons que la doctrine officielle française est aussi défensive. La division mobile de Burns ne paraît pas l'outil défensif le plus approprié pour Simonds. Il soutient que c'est au niveau des corps d'armée et de l'armée que l'attaque est dirigée et alimentée parce que jamais les divisions n'auront suffisamment de ressources par elles-mêmes pour percer un front. Il pense en termes linéaire à la 1914-1918. Les ressources supplémentaires (artillerie lourde et chars peut-on croire, mais ce n'est pas clair dans l'article) seront allouées aux divisions standards (d'infanterie) selon les difficultés de l'assaut à conduire. On peut donc imaginer (encore une fois, ce n'est pas d'une clarté totale) que Simonds préfère le maintien de l'organisation traditionnelle où presque toutes les divisions sont organisées en trois brigades d'infanterie. Il fait ici figure de défenseur de la tradition. D'ailleurs, il ne manque pas de reprocher aux zélés promoteurs des chars de ne pas tenir compte des capacités industrielles limitées de l'Empire pour produire les véhicules nécessaires à la conversion des divisions d'infanterie en divisions mobiles[40].

Dans sa contre-réplique[41], Burns avance que la division comme organisation a changé dans le passé lorsque les circonstances l'imposaient et que c'est à nouveau le cas en 1938. De plus, il rappelle qu'il faudra bien prendre l'offensive à un moment ou à un autre si on veut l'emporter.

C'est alors que le débat Burns-Simonds prend une tournure résolument moderne et que la rhétorique rejoint celle développée dans la Reischwehr depuis les années 1920, comme si les passes précédentes n'avaient été que des préliminaires brouillons. On poursuit le débat, mais en le repensant.

---

38. Sur Simonds, voir J. L. Granatstein, *The generals…*, op. cit., chap. 6 « Simonds : master of the battlefield » ; et D. Graham, *The price of command : a biography of general Guy Simonds*, Toronto, Stoddart, 1993.
39. Le débat Burns-Simonds est sans doute le plus célèbre de l'histoire intellectuelle de l'Armée canadienne, tant à cause des talents pédagogiques des auteurs que de la place éminente qu'occuperont par la suite les protagonistes (tous deux deviendront lieutenants-généraux et tous deux commanderont un corps d'armée durant la Seconde Guerre mondiale, le second avec plus de succès que le premier). Il est décrit dans : J. A. English, *Failure in high command…*, op. cit., p. 48-49 ; J. Hammond, « La plume avant l'épée… », op. cit., p. 102 ; John Marteinson et Michael R. McNorgan, *Le Corps blindé royal canadien : une histoire illustrée*, [Toronto], Robin Brass Studio, 2001, p. 76 ; et par Dominick Graham, *The price of command…*, op. cit., p. 4-36.
40. « An army that can attack — a division that can defend », *CDQ*, vol. 15, n° 4, juillet 1938, p. 413-417.
41. « Where do the tanks belong ? », *CDQ*, vol. 15, n° 4, octobre 1938, p. 28-31.

La division normale du règlement est une division de neuf bataillons d'infanterie, lourde en artillerie, mais ne disposant que d'un maigre effectif blindé pour la reconnaissance. C'est une division adéquate en défense statique, mais qui ne peut opérer en attaque sans adjonction de mobilité. Burns veut les transports dans la division[42], organiquement intégrés ; Simonds tire les éléments mobiles d'une réserve centralisée, ajoutés *ad hoc*. Burns avance maintenant deux nouveaux arguments de poids : l'entraînement interarmes sera bien plus facile si toutes les armes sont associées organiquement et vivent toujours ensemble, ce qui, notons-le, est une insistance plus grande sur la coopération que dans l'article initial (remarquons que s'il situe la coopération au niveau de la division, les Allemands la placent plus bas dans l'organisation[43]) ; de plus, dans une guerre de mouvement rapide, la division aura à avancer, reculer, retraiter, se défendre de menaces venant de toutes les directions ou distribuer ses éléments d'attaque au fil des changements de situation, tout cela en peu de temps, et cette vitesse de réaction est mieux garantie par la présence organique de tous les éléments de combat à l'intérieur de la division.

La revue donne le dernier mot à Simonds[44]. Il réaffirme son opposition aux présupposés stratégiques de Burns. Dans la foulée de sa critique précédente, il situe la coopération interarmes au niveau du corps d'armée et de l'armée. Les exemples qu'il évoque rappellent les situations tactiques de 1914-1918 — front dense et organisation de combat centralisée pour mobiliser d'énormes ressources afin de « grignoter » la ligne adverse[45]. Mais curieusement, l'avant-dernier paragraphe présente une ouverture que le reste de la réplique ne laissait pas entrevoir :

> En 1914-1918, les masses d'artillerie combinées à la surprise constituaient la formule du succès. À ces deux conditions, que les chars ou l'infanterie soient la principale arme d'assaut, la percée tactique réussissait. Mais ni les Alliés ni les Allemands ne sont jamais parvenus à une percée opérationnelle sur le Front Ouest. Dans l'avenir, en supposant un soutien adéquat et des chars au rayon d'action et à l'endurance améliorés, il se peut qu'ils puissent convertir une percée tactique en

---

42. Rappelons que la division, 15 000 à 20 000 hommes à l'époque, est la grande formation de base des armées depuis Napoléon. On évalue souvent la force de combat d'une armée en comptant le nombre de ses divisions d'infanterie, de cavalerie, blindées ou aéroportées.
43. Une question cruciale sur laquelle je reviendrai. Dès 1921, les orientations générales du chef de la Reichswehr plaçaient la coopération infanterie/blindé au niveau des simples combattants des bataillons, ce que préciseront et rendront formels les règlements tactiques des années 1930, dont le fameux *Truppenführung* de 1933. Voir R. M. Citino, *The path to blitzkrieg : doctrine and training in the German Army, 1920-1939*, Boulder, Lynne Rienner Publishers, 1999, p. 42 et 225-227.
44. « What price assault without support ? », *CDQ*, vol. 16, n° 2, janvier 1939, p. 142-147.
45. D. Graham (*The price of command...*, *op. cit.*, p. 36) termine sa revue de la réplique de Simonds ainsi : « [C]es articles traitent de la division d'infanterie [...] et bien des choses ont été laissées de côté, notamment la question de l'éventuelle différence entre la division blindée et la division d'infanterie en attaque. Simonds ne s'est pas attaché à la percée en profondeur, l'un des problèmes irrésolus de son temps au Staff College [de Camberley]. Son objet était une division d'infanterie qui n'est pas organisée pour l'attaque en profondeur et, dans son débat avec Burns, c'est essentiellement une formation défensive de contre-attaque. »

percée opérationnelle. Toutefois, la multiplication des armes antichars rendra l'assaut de chars non accompagnés aussi coûteux dans l'avenir que l'ont été les assauts de l'infanterie non appuyés dans le passé. Le bombardement aérien pourra peut-être se développer au point que des masses d'avions, convergeant à partir d'aérodromes éloignés, offriront un soutien suffisamment précis et intense pour donner aux troupes la protection nécessaire. Cela permettra de remédier à la difficulté de masser en secret de grandes concentrations d'artillerie sur le front d'attaque.

À la dernière heure, Simonds manifeste une clairvoyance que ne laissait pas entrevoir le reste de sa critique. À quoi l'attribuer ? La logique de Burns commence-t-elle à ébranler le contradicteur ? Impossible à déterminer avec certitude. Peut-être a-t-il lui aussi des doutes sur la doctrine en vigueur, peut-être a-t-il son idée sur ce qui devrait être fait, mais qu'il hésite encore à exposer entièrement et publiquement le fond de sa pensée. Peut-être aussi s'est-il tardivement convaincu que la puissance de feu, si nécessaire pour réussir l'assaut à ses yeux d'artilleur, pourrait être empruntée à l'aviation dans les phases de la bataille où la vitesse est un facteur critique. Il trace une voie prometteuse, mais il lui a fallu du temps.

Le débat avec Burns est terminé, mais Simonds a encore des choses à dire. Il fait le saut dans un dernier article de juillet 1939. Il ne réplique plus à Burns, mais s'attaque à la question centrale que les tacticiens cherchent à résoudre depuis 1914 : comment attaquer ? Contrairement à Burns, Simonds délaisse le terrain de l'organisation et s'occupe uniquement de l'aspect doctrinal dans son nouvel article. Il s'était piégé lui-même en adoptant une attitude conservatrice à l'égard de l'establishment quand il avait pris parti pour la division d'infanterie standard contre la division mobile défendue par Burns. Cette fois, Simonds, encore simple capitaine, prend des risques considérables. Son argumentation s'organise ainsi : dans les discussions des problèmes tactiques, dans les exercices qu'on tient régulièrement, on néglige le facteur le plus important si on n'a pas pris soin de définir qui est l'ennemi, ce qu'il pense et comment il conçoit les opérations : « L'ennemi, c'est le problème crucial à la guerre. » « Aucun exercice tactique, avec ou sans troupe, ne devrait être tenu sans qu'on ait auparavant déterminé l'organisation des unités et la doctrine de l'adversaire », continue-t-il Simonds. Sinon, les exercices sont sans réalisme. Et point n'est besoin d'être devin ni espion pour savoir ce que l'éventuel adversaire pense, il suffit de lire ses périodiques militaires. Il y a également nécessité de se représenter un adversaire de première classe lors d'un entraînement qui se devrait d'être le plus réaliste possible.

Simonds commet ensuite un sacrilège démocratique : l'armée régulière britannique, formée de volontaires d'une démocratie libérale, n'a aucune supériorité intrinsèque sur l'armée de conscrits d'une dictature continentale. C'est une théorie dangereuse et pleine de suffisance que de penser autrement. Il avance même qu'une armée de conscrits a l'avantage de recruter dans toutes les sections de la population où il y a du mauvais, c'est sûr, mais nécessairement aussi les meilleurs sujets, alors que le système du volontariat ne rapporte que ce qu'il rapporte, ce qui peut être très mauvais lorsque le métier de soldat est impopulaire.

Sur la question irrésolue des types de chars, Simonds fait un choix : il préfère le design du char d'infanterie britannique aux autres types, à cause de son épaisse cuirasse et de ses bonnes capacités tout-terrain. La vitesse est moins importante, les combats se déroulant de toute façon relativement lentement. Seul un char suffisamment bien protégé (donc plutôt lourd que léger) pourra survivre dans un environnement où les canons antichars sont appelés à se multiplier.

Chaque fois que le terrain le permettra, il faudra employer des chars comme arme principale d'assaut, parce qu'ainsi, des vies de fantassins seront épargnées et parce que les chars peuvent travailler plus facilement en profondeur. Cela ne veut pas dire qu'ils travailleront seuls car, « à l'avenir, une attaque réussie dépendra de la *coopération* de toutes les armes » (c'est Simonds qui souligne). Dans les terrains défavorables aux chars (boisés, pays de cours d'eau), il faudra recourir à l'infanterie, qui s'infiltrera et qui n'utilisera donc pas la méthode de la *set piece battle*, la bataille réglée de la Grande Guerre. L'artillerie fournira des barrages lorsqu'il le faudra. Simonds discute aussi du rôle de l'avant-garde dans la bataille de rencontre, non sans rappeler l'article de Montgomery[46].

C'est un article brillant qui a très bien vieilli. L'évolution intellectuelle de Simonds dans les derniers mois de paix est remarquable. On verra aux chapitres suivants que ses confrères n'avaient pas l'esprit aussi agile. Il n'a lui-même pas toujours suivi les préceptes qu'il a mis si longtemps à mûrir.

Après cette brillante démonstration, la *Canadian Defence Quarterly* ferme boutique. Le débat est interrompu, la mobilisation draine toutes les énergies intellectuelles pour un moment… jusqu'à juin 1940.

Que retenir des discussions tenues dans les colonnes de la *CDQ* en 1937-1939 ? S'il y a un consensus autour du rôle important que joueront les blindés dans le prochain conflit, on ne s'entend pas sur l'organisation des armes de combat, sur la manière d'employer les chars et quant aux types de blindés préférables. Des sujets sont à peine effleurés, la coopération char/infanterie par exemple, et là non plus on ne s'accorde pas. D'autres sont virtuellement ignorés, comme l'appui aérien, et ce, même pour les trois étoiles montantes que sont Montgomery, Burns et Simonds. Et malgré une ouverture réelle aux nouveautés, beaucoup de conceptions avancées restent fortement teintées de l'héritage de 1914-1918.

Chez les officiers plus conformistes et moins portés sur les débats théoriques, les *Field Service Regulations* ont valeur d'évangile. Mais la doctrine qui s'y trouve est ambiguë sur des sujets qui allaient se révéler critiques à partir de 1939. En plus, comme plusieurs officiers moins conformistes, tels Burns et Simonds, n'acceptent plus les énoncés officiels pour valeur comptant, une certaine incertitude règne sur le plan intellectuel.

---

46. « The attack », *CDQ*, vol. 16, n° 4, juillet 1939, p. 379-390. Le rôle de l'avant-garde dans les batailles de rencontre est une question débattue sans arrêt depuis qu'elle a été introduite par Foch bien avant 1914.

✯ ✯ ✯

Le manque d'adéquation aux réalités de l'instruction et de l'entraînement de la fin des années 1930 ne s'explique pas par l'ignorance des nouvelles idées car, comme nous venons de le voir, les pages de la *Canadian Defence Quarterly* regorgent d'articles intéressants sur ces sujets. Si les budgets restreints accroissaient les difficultés, ils n'étaient pas un empêchement insurmontable, comme on l'a fait remarquer à propos de l'Armée allemande d'avant 1933.

Où loge le mal ? C'est plutôt un facteur culturel qui semble déterminant. Il est explicite dans les publications doctrinales britanniques utilisées au Canada. Plus insidieusement, il pointe dans les écrits les plus novateurs, y compris lorsque la discussion porte sur les nouvelles armes. De la sorte, même les officiers progressistes n'arrivent que difficilement, et trop tard, à formuler une approche satisfaisante de la guerre moderne. L'univers mental du corps des officiers canadiens est comme appesanti par un climat institutionnel hérité de 1914-1918. Il n'est donc pas surprenant que ce conformisme culturel se manifeste avec force dans l'instruction donnée aux officiers recrutés et formés durant la première moitié de la guerre et qu'il persiste dans certaines sphères du haut commandement jusqu'à 1943, 1944 et même 1945.

Du reste, si les échanges dans la *CDQ* sont souvent vifs et stimulants, les idées ne se traduisent pas spontanément en conceptions claires d'application simple ; ces débats ne font pas la *doctrine*, c'est-à-dire la méthode tactique/opérationnelle adoptée, propagée et partagée dans toute l'armée. Autrement dit, la doctrine retarde sur le brassage d'idées. L'adaptation ne se réalise que lorsque l'organisation, les programmes d'instruction et les méthodes d'entraînement sont réformés et lorsque des exercices et des manœuvres mettent en pratique les nouvelles conceptions. En conséquence, les troupes mobilisées en 1939 profitent somme toute assez peu des débats théoriques des années 1920 et 1930. Avant que les choses s'animent, il faudra une crise des plus graves.

En 1939, à la demande du gouvernement, McNaughton reprend du service actif dans le poste le plus vital qui soit : celui de général commandant le corps expéditionnaire canadien en Angleterre. Sous sa gouverne, l'entraînement tourne à une farce qui aurait pu être tragique si les Canadiens avaient été engagés sur le continent dans les premiers mois de la guerre. Ainsi, le 27 avril 1940, un ordre détaillé d'exercice parvient aux brigades canadiennes d'infanterie sous sa responsabilité. L'ordre annonce qu'un camp d'entraînement à la guerre de tranchées se tiendra du 11 mai au 2 juin suivant. Mais le 10 mai, les Allemands déclenchent leur attaque contre la Hollande, la Belgique et la France ; trois jours plus tard, la percée est effectuée. Les Belges et les Français sont contraints à la capitulation, leur allié britannique rejeté à la mer. La guerre de tranchées n'aura pas lieu[47].

---

47. J. A. English, *Failure in high command…, op. cit.*, p. 76-77.

Chapitre trois
✯ ✯ ✯
La mobilisation et la crise de 1940

> Il y a une chose qui ne se change pas en criant ciseau : l'attitude mentale : [...] tant qu'elle n'a pas changé, les transformations dans l'organisation et le matériel seront émasculées dès l'implantation[1].
>
> J. F. C. Fuller, 1934.
>
> Manœuvrer et agir rapidement est quelque chose qui ne vient pas aisément aux systématiques Français et aux lourdauds Anglais[2].
>
> Adolf Hitler, 25 octobre 1939.
>
> Exercices à l'extérieur aujourd'hui. Instruction de section et de peloton en tournant autour d'une ferme. Une femme coupant ses choux a perdu son dîner et son épicerie de la semaine. Elle pense que nous l'avons volée. Nous lui avons offert steak et oignons, mais ça ne l'a pas adoucie. Nous rentrons au camp où les mauvaises nouvelles de la guerre nous rattrapent[3].
>
> Evelyn Waugh, 20 mai 1940.
>
> Les expériences de cette campagne se traduiront sans doute par d'importantes transformations dans la structure des armées du monde[4].
>
> Ernst Jünger, 23 juin 1940.
>
> Il nous faut maintenant apprendre des trucs complètement nouveaux[5].
>
> Général David Fraser, été 1941.

Une recrue portant l'uniforme n'est pas un soldat. En septembre 1939, l'Armée canadienne a dû s'atteler à la tâche d'enseigner les rudiments de la guerre à une multitude de jeunes volontaires, certains ayant une expérience militaire (médiocre) dans la milice, d'autres étant de vrais néophytes. En soit, il s'agit là d'une tâche complexe, mais cette tâche s'est compliquée encore plus lorsque les puissances alliées au Canada ont encaissé défaite sur défaite, particulièrement après l'écroulement inattendu de la France et de son armée de deux millions d'hommes en juin 1940. La Deuxième Guerre mondiale a un caractère différent de la précédente : le tempo des opérations y est plus rapide qu'en 1914-1918 et le rôle qu'y jouent les grandes formations motorisées est décisif. Les Français n'étaient pas

---

1. *The Army in my time*, nouv. éd., Cranbury, The Schorlar's Bookshelf, 2006 (éd. orig. 1935), p. 99.
2. Cité par E. R. May, *Strange defeat : Hitler's conquest of France*, New York, Hill and Wang, 2000, p. 236.
3. Evelyn Waugh, *The diaries of Evelyn Waugh*, éd. préparée par Michael Davie, Londres, Phoenix, 1995 (1976), p. 469.
4. Ernst Jünger, *Jardins et routes. Journal I, 1939-1940*, Paris, Christian Bourgois éditeur, 1995 (1942), p. 216.
5. David Fraser, *Wars and shadows : memoirs of general Sir David Fraser*, Londres, Penguin Books, 2003 (2002), p. 165.

prêts et leurs alliés guère plus. L'instruction des troupes sera donc différente après 1940 ; c'est une contrainte supplémentaire dans l'opération de transformation de recrues en soldats vraiment utiles.

Un bien mauvais départ : la 1re Division en Angleterre et en France, 1939-1940

Major-général à la retraite, Andy McNaughton est rappelé pour commander la 1re Division canadienne sous le titre pompeux et ambigu d'Inspecteur général, ce qui lui donne plus d'autorité qu'un celle d'un simple divisionnaire. Il était certainement l'officier le plus respecté au Canada, il était connu en Grande-Bretagne et ses états de service en 1914-1918 étaient brillants. Même si cela paraît une justification suffisante pour le remettre en service actif, plus mauvais chef n'aurait pu être choisi. De toute sa carrière, McNaughton n'a jamais commandé une grande unité : en 1915-1918, il agissait en expert auprès du commandant de corps et après la guerre, il n'a jamais exercé d'autorité directe en tant que commandant d'unité. Il n'a donc jamais conçu ni mis en pratique un programme d'entraînement, pas plus pour une petite unité que pour une grande. Pis, sa propension à penser la guerre en termes de sciences appliquées est devenue une véritable lubie après son passage à la direction de Conseil national de recherche dans les années 1930.

Pendant les dix premiers mois de la guerre, McNaughton avait pour responsabilité première de préparer sa division à monter en ligne. Il a complètement failli et c'est la chance (en fait la défaite rapide des Alliés en Norvège puis en France) qui a évité aux Canadiens l'humiliation. Pendant ces dix mois, il n'a pas réussi à dresser un programme d'entraînement cohérent pour la division et il n'a pas su comment superviser celui des brigades et autres unités qui dépendaient indirectement de lui. Dans la mesure où il a donné des instructions, et il en a donné très peu, celles-ci étaient inadéquates. Elles préparaient au mieux les Forces canadiennes à figurer honorablement dans l'ordre de bataille britannique de la fin de l'été 1917. Tout le journal de la division pour cette période est un document incriminant. On y voit à l'œuvre un officier général vaniteux, prétentieux, préoccupé avant tout de relations publiques, de gadgets technologiques et fabuleusement ignorant des méthodes de combat modernes[6].

On pourrait multiplier les exemples d'incurie. À l'embarquement à Halifax, les hommes des bataillons d'infanterie n'avaient encore reçu aucun entraînement utile (seulement des notions de « foot and arm drill », c'est-à-dire de maniement du fusil sur le terrain de parade), l'unité de reconnaissance divisionnaire n'avait

---

6. Sur le goût pour la publicité personnelle de plusieurs généraux de la Deuxième Guerre mondiale, voir P. Fussell, *À la guerre : psychologie et comportements pendant la Seconde Guerre mondiale*, Paris, Seuil, 2003 (1989), (trad. de Paul Chemla), p. 192-206 et spécialement la p. 197. Fussell place McArthur et Clark au sommet du palmarès des *prima donna* ; sur Clark il rapporte le mot de David Hunt parodiant Clausewitz à l'effet que « la guerre [est] la continuation de la publicité par d'autres moyens » (*ibid.*, p. 202).

pas assez de détenteurs de permis de conduire pour tous ces véhicules (presque toutes les unités avaient des difficultés à trouver suffisamment de chauffeurs) et le bataillon de chars d'infanterie sélectionné, le Trois-Rivières, qui n'a pas encore de chars, est jugé tellement inepte que les officiers d'état-major de la division en demandent un autre.

Vu la difficulté de trouver des chauffeurs, on comprend que durant la traversée emportant la division de Halifax à Greenock soit planifié un cours de conduite et d'entretien de camions. Mais ce qui est sidérant, c'est que de tout le voyage, ce soit le seul cours dont on fasse mention dans le journal de guerre. Aucune discussion significative sur l'entraînement, sur les exercices ou sur les manœuvres à venir n'est rapportée. On discute bien de l'éducation générale des recrues, mais pas d'instruction au combat, comme si les nazis allaient être vaincus sans tirer un coup de feu. C'est que l'état-major de la division veut mettre sur pied un programme d'éducation permanente, en prévision de la démobilisation après la guerre ! McNaughton met un frein à cette planification de peur qu'un plan trop ambitieux rogne sur le temps consacré à l'instruction militaire. Mais il préconise du même souffle une « éducation culturelle », c'est-à-dire des conférences d'histoire et de géographie, la projection de films d'intérêt général et autres activités du genre ! ! La raison en est qu'il faut occuper les hommes en attendant leur envoi sur le continent, ceci pour éviter qu'ils « s'engagent dans des activités répréhensibles[7] » ! ! ! Dans un contexte où les hommes sont déjà bien préparés, ce serait louable de les divertir ainsi, mais ce n'est pas le cas.

Si McNaughton a si peu fait pour entraîner sa division pendant dix mois, à quoi s'occupait-il ? Les relations publiques occupent une part excessive de son emploi du temps. À l'époque, le Quartier général canadien (Canadian Military Headquarters ou CMHQ) à Londres et l'Inspecteur général et officier général commandant la 1re Division canadienne, le titre complet de McNaughton, se partageaient les responsabilités quant à l'administration générale des Forces canadiennes (FC) de terre outre-mer. L'administration des FC outre-mer n'est pas une vaine question. Le Canada avait du mal à faire respecter son autonomie militaire en Grande-Bretagne, où le War Office n'hésitait pas à donner des ordres à des officiers canadiens par-dessus la tête du gouvernement[8]. Malheureusement, dans la première année du conflit, faute de ligne hiérarchique claire entre le CMHQ et l'Inspecteur général, il y avait querelle de préséance entre les deux. En fait, c'était même une querelle à trois, car s'y ajoutait un joueur mineur, le Haut-

---

7. Journal de guerre (JG), 1re Division canadienne, entrées du 10 au 17 décembre 1939, et annexes XI-2 et XI-4, des rapports d'inspection pour octobre et novembre (BAC, RG24, C-3, bobine T-1872).
8. JG, 1re Division, janvier 1940, annexe I-8, p-v. d'une réunion au cours de laquelle McNaughton tente de convaincre les officiers supérieurs de l'Aviation canadienne en Angleterre (qui devrait répondre à un général canadien à Londres plutôt qu'à des maréchaux de l'Air britanniques), en vain ; *ibid.*, mars 1940, annexe IV, rapport de discussions avec les Britanniques faisant état d'objections des Canadiens à ce que le War Office donne directement des ordres aux soldats canadiens non endivisionnés. Ce ne sont que deux exemples, mais qui montrent que McNaughton n'avait pas à lutter que contre les Britanniques pour défendre l'autonomie canadienne.

Commissaire canadien à Londres, Vincent Massey. Naturellement, Massey n'était pas consulté sur les questions militaires, sauf les plus insignifiantes (par exemple, la fourniture d'une garde d'honneur canadienne pour le palais de Buckingham). Mais avant l'établissement sur de solides fondations du CMHQ, les services de presse du Haut-Commissariat ont joué un rôle important dans la propagande canadienne en Grande-Bretagne, et par conséquent dans la représentation de lui-même que voulait offrir McNaughton aux publics britannique et canadien. Mal organisé, le service de presse a été au centre d'incidents cocasses mais révélateurs.

En effet, les relations publiques étaient le premier front qu'avait choisi d'affronter le haut commandement canadien. Avant de trucider le Boche, il fallait battre la mesure... sur les ondes de la BBC, devant les photoflashs des journalistes de la grande presse britannique et de l'étranger, en occupant les colonnes des plus vénérables quotidiens de l'Empire et, si l'occasion s'en présentait, en amusant les correspondants de la CBC ou en divertissant le public canadien par l'intermédiaire des caméras du service de presse de l'Armée. Profitant du manque de centralisation de la propagande, jusqu'à la mise sur pied d'une section de relations publiques au CMHQ au printemps 1940, McNaughton ne ratera pas une occasion de montrer son bon profil, particulièrement en mars 1940, lorsque les services de reportage de la CBC caressent l'orgueilleux général canadien[9].

Un diplomate canadien de haut rang a rapporté dans son journal personnel ce portrait de McNaughton et de sa cour alors qu'il visitait le CMHQ le 5 septembre 1941 :

> Visite du Quartier général canadien installé dans une horrible maison de campagne entourée de bois d'ifs repoussants. Le général McNaughton tient le fort entouré d'un choreute de généraux et brigadiers érubescents dont l'inertie (qui remonte à la fin de la dernière guerre) n'est dérangée que par la vitalité piquante du principal protagoniste. Ils n'osent croiser son regard. Il est peut-être un grand homme, je ne sais trop, mais c'est certainement une *prima donna*[10].

Le résultat des opérations de presse n'étant pas entièrement prévisible, il pouvait parfois être embarrassant, par exemple lorsque McNaughton s'adressait à un reporter qui n'était pas tombé de la dernière pluie. C'est le cas lorsqu'un journaliste franco-suisse, Blaise Cendrars, aussi un écrivain célèbre, s'intéresse aux Canadiens. Ancien combattant mutilé de 14-18, Cendrars a en quelque sorte repris du service à l'entrée en guerre comme correspondant de guerre près les forces britanniques pour le compte d'un syndicat de journaux de province français. Les textes qu'il écrira entre l'automne 1939 et le printemps 1940 seront publiés sous forme de livre le 18 juin 1940, le jour de l'entrée des Allemands dans Paris. Le livre fut immédiatement saisi et pilonné, ce qui fait que seuls quelques chanceux ont pu mettre la main sur un exemplaire. Parmi les articles recueillis,

---

9. JG, 1re Division, mars 1940.
10. Charles Ritchie, *The siren years : a Canadian diplomat abroad, 1937-1945*, Toronto, McClelland and Stewart, 2001 (1974), p. 64.

plusieurs font suite à un séjour en Angleterre de la fin janvier à la mi-février 1940. Le deuxième de la série, intitulé « L'effort gigantesque des Dominions », concerne surtout le Canada[11].

Bien sûr, à cette occasion, Andy McNaughton a été présenté au célèbre journaliste. Habilement, du moins les Canadiens pouvaient le penser, on avait briefé le Suisse sur « Mac Noughton », comme l'écrit Cendrars, en faisant bien ressortir qu'il était un brillant artilleur, grandement responsable de la victoire de Vimy en « 1918 », 1917 en fait. Erreur de nom, erreur de date, comme quoi Cendrars ne s'intéresse pas à ces détails-là. Pire pour les attachés de presse en uniforme qui composaient une bonne partie de l'état-major de McNaughton, dans tout l'article, Cendrars ne cite pas une seule parole du chef. Bref, le reporter reconnaissait pour ce qu'elles étaient la propagande et la vanité auto-publicisée. Car derrière l'image de pote qu'entretient Cendrars avec ses « amis » canadiens, il y a un homme qui en a vu d'autres.

Après avoir été assommé de statistiques sur le potentiel économique et les ressources naturelles et en hommes du Canada, de l'Australie, de la Nouvelle-Zélande, de l'Afrique du Sud et des Indes, Cendrars s'interroge toujours, et même plus en fin d'article. Il visite des officiers qui lui parlent en économistes et en sociologues, alors qu'il veut entendre des soldats. Roublard, il se met alors en scène, plaçant à l'aise un officier anglais vantard, qui longtemps aurait été instructeur de troupes au Canada. Il lui pose la question qui le démange :

> Tout ce que vous me racontez là est passionnant. [...] Mais pour en revenir à l'infanterie qui est malgré tout la reine des batailles, dites-moi, Sir, comment vous assurez l'unité de formation dans une armée qui arrive des quatre coins du monde et dont beaucoup d'éléments, à ce que vous m'avez dit, par exemple les divisions envoyées outre-mer par les différents dominions, sont autonomes et jalousement particularistes ? Est-ce le génie d'organisation des Anglais, leur sens pratique, le statut politique du Commonwealth britannique ou la notion de l'Empire qui assure cette unité ?

Question au but. L'interviewé n'y voit que du feu. Bien frotté dans le sens du poil, Briton (nom fictif) s'efforce de paraître à la hauteur. Mal lui en prend. Voici comment se termine la mise en scène, et l'article :

> Non, ce qui a créé cette unité dans une armée aussi variée que la nôtre, c'est notre doctrine de guerre. Elle est une. Elle s'applique à toutes les forces armées de l'Empire. Elle s'enseigne partout dans les mêmes livres. Qu'il s'agisse d'une division du

---

11. « L'effort gigantesque des Dominions », dans *Tout autour d'aujourd'hui, tome 13 : Panorama de la pègre, à bord de Normandie, Chez l'armée anglaise*, Paris, Denoël, 2006, p. 227-232. Pour ses reportages, Cendrars portait l'uniforme prescrit par l'Armée britannique pour les correspondants de guerre qu'elle accréditait. La notice (p. 404-406) et les notes (p. 407-408) donnent les informations essentielles sur la publication de l'article. Voir aussi l'introduction de Myriam Boucharenc, p. xii, xvi-xvii, xxiii-xiv et xxvii. Madame Boucharenc explique que dans ses articles, Cendrars simule des scènes, invente des personnages et leur fait tenir des conversations pour exposer « l'éclairage intérieur » (p. xxiv). En somme, le grand reporter demeure poète. Cela n'enlève rien à la valeur du témoignage de Cendrars, au contraire. Par ailleurs, le lecteur québécois remarque aussi qu'à plusieurs occasions, Cendrars indique que les conversations avec les officiers britanniques se déroulaient en français...

Canada, de l'Australie, de l'Afrique du Sud ou de la Nouvelle-Zélande ses bases, son organisation, ses établissements de guerre, son équipement, son armement, ses écoles, son entraînement, sa discipline sont exactement les mêmes partout. Depuis 1918, des officiers de tous les dominions viennent régulièrement faire un stage chez nous, dans nos états-majors en Angleterre et, depuis 1918, nous envoyons dans tous les dominions des officiers instructeurs pour corriger dans son application sur une aussi vaste échelle ce que notre doctrine a peut-être de trop théorique.

Le poisson ferré, la chute arrive, amenée par l'ultime question de Cendrars : « Et cette doctrine c'est ? ... » Ce à quoi Briton répond : « C'est l'expérience que nous avons acquise durant la dernière guerre aux côtés de l'armée française et l'exemple que nous a donné votre armée. » C'est tout. On est en droit de penser que la réponse ne fut pas tout à fait rassurante pour celui qui perdit sa main d'écriture en donnant l'exemple aux Anglais[12]. Candide, saurais-tu te taire ?

Des excès de candeur et du flot de paroles, Canada House (siège du Haut-Commissariat canadien à Londres) et certains officiers moins férus de publicité commençaient à en avoir assez. Un peu tard, après le printemps 1940, CMHQ commence à rationaliser les opérations de presse en procédant à une conquête du front des relations publiques, donnant aux chefs de guerre, à leur corps défendant, un peu plus de temps pour s'occuper de l'entraînement en cours et des opérations à venir.

Malgré cette défaite et malgré qu'il avançait en âge, McNaughton demeurait un homme énergique. Son esprit de technicien avait besoin de défis que la chose militaire ne semblait pas stimuler outre mesure. C'est ainsi que le général s'est occupé à choyer son bijou, une section spéciale de la 12th Field Company, Royal Canadian Engineers. Derrière cette désignation toute militaire se cache une unité spéciale formée sous le patronage de McNaughton et de ses relations dans le gouvernement fédéral et dans l'Association de l'industrie minière de l'Ontario.

L'histoire de cette unité est pour le moins étrange. Elle est envisagée comme une contribution militaire canadienne importante lors d'une réunion tenue à Ottawa le 30 novembre 1939. Assistent à la réunion McNaughton et deux de ses principaux officiers d'état-major (le chef d'état-major divisionnaire et le commandant divisionnaire des sapeurs), le brigadier-général commandant du District militaire n° 2 (R. G. Alexander), le ministre des Travaux publics, député de Frontenac-Addington et ingénieur minier (Colin Campbell) et le président du « Special Committee of Ontario Mining Association for Diamond Drilling for War Purposes », un certain O. Hall. Rien que la liste des participants laisse soupçonner que le gouvernement fédéral et ses institutions sont bien au service des Canadiens, mais au service de certains Canadiens plus que d'autres. Dans le procès-verbal tenu pour l'occasion, il est noté que « le général McNaughton se

---

12. Dans le septième reportage de la série, réalisé vers le 20 mars 1940, Cendrars s'inquiète de voir les armées du Commonwealth si bien équipées, car il se doute que cette modernisation va « à l'encontre des plus pures traditions de l'armée britannique » (« La lutte contre la montre », *ibid.*, p. 268).

déclare des plus impressionnés par les possibilités du projet, ce pourquoi il consacre son dernier après-midi libre [avant le départ vers la Grande-Bretagne] pour faire le déplacement à Toronto afin d'en discuter ; il veut que le projet démarre à petite échelle et qu'on lui donne de l'ampleur si les essais s'avèrent probants[13] ». Il mène la réunion d'un zèle informé. Au terme des discussions, on décide qu'une section spéciale de forage sera formée au sein de la 12th Field Company, RCE (Winnipeg) et qu'elle accompagnera la division outre-mer. Que les Allemands se tiennent bien, les foreuses canadiennes arrivent ! (Si au moins on était partis à la conquête de l'Afrique !)

Après son débarquement, le 17 décembre, la division prend le train vers le sud de l'Angleterre. Elle est placée en réserve, le temps de compléter son entraînement. Comme on l'avait envisagé durant la traversée, l'une des premières mesures prise à l'arrivée à Aldershot concerne l'établissement de cours pour les chauffeurs dont manquaient les transports motorisés de la division et qui seront nécessaires pour conduire tous les véhicules spécialisés promis par les Britanniques, mais dont ne dispose pas encore le Canada. Autrement, à quoi s'entraîner ? Aussi invraisemblable que cela puisse paraître, aucun programme précis n'apparaît au journal de guerre avant le 21 décembre 1939. En attendant, à la suggestion des Britanniques, la division pratique la pose de barbelés et la construction de tranchées.

L'anecdote précédente n'est pas extraordinaire, car dans toutes ces activités, McNaughton trahit son penchant pour les sciences appliquées. Pendant toute la guerre, il harcèlera les instances responsables du matériel d'artillerie au War Office, souvent par des interventions hors des canaux réguliers, soulevant l'irritation des responsables britanniques, notamment à propos des problèmes relatifs à la correction des tables balistiques[14]. Et jusqu'à ce qu'il soit relevé de son commandement en 1943, il s'affairera à des sujets pointilleux qu'un officier général n'a pas le temps de creuser ordinairement, s'il s'occupe vraiment de commander ses troupes.

L'entraînement souffre de cette négligence « d'expert ». Le programme fixé le 21 décembre, signé par le major G. G. Simonds, un des principaux officiers d'état-major à la division, prévoit que l'entraînement « individuel » se poursuivra du 27 décembre 1939 au 28 février 1940. Suivront des périodes de quatre semaines d'entraînement « collectif » et de cinq semaines « en formation ». Il est ensuite précisé qu'aucune unité de la division ne s'est encore entraînée collectivement, ni l'artillerie, en cours de réorganisation, ni le régiment antichar, qui n'a pas de canon, ni les bataillons d'infanterie. Tout reste à faire sur le plan de l'établissement des lignes téléphoniques de campagne (pour le contrôle de l'artillerie), pour la pratique du mouvement en colonne motorisée, etc. Tout devra être préparé dans les quatre semaines d'entraînement collectif. C'est à l'évidence

---

13. JG, 1re Division, oct.-déc. 1939, annexe XI-17.
14. Leslie W. C. S. Barnes, *Canada and the science of balistics 1914-1945*, Ottawa, Musées nationaux du Canada, 1985, chap. 8. Plutôt élogieux, mais à côté de la question.

un programme chargé. De plus, sa réalisation est dépendante de la fourniture d'un minimum d'équipement de combat. Or, la division manque cruellement de certains équipements, à commencer par des camions, des postes radios et des pièces antichars, le problème le plus délicat parce que le War Office réserve tous ces équipements aux forces britanniques, qui en manquent également. Lorsque le programme est présenté au chef d'état-major britannique le 22 décembre, McNaughton insiste d'ailleurs sur ces pénuries.

À l'occasion de cette réunion, le chef d'état-major de l'Armée de terre britannique, le général Ironside, amène la discussion sur des problèmes tactiques qu'ont connus les Polonais en septembre. Contrairement à ce que prévoit la doctrine héritée de la Première Guerre, la contre-attaque immédiate pour reprendre une position perdue est maintenant jugée inopportune. C'est que, précise Ironside, tout mouvement attire l'attention de l'aviation ennemie. Ironside recommande à ce propos de méditer sur le mot du général Gamelin, le commandant en chef français : « Ne pas bouger » (Ironside utilise alors le français). McNaughton n'a rien à dire[15]. Cette conversation peut paraître banale, mais elle est typique de l'attitude de ce dernier, qui évite systématiquement les discussions sur les contenus à donner à l'entraînement pour se consacrer à des activités périphériques et futiles.

Le 26 décembre, l'Instruction sur l'entraînement n° 1, la première en deux mois de journal de guerre, est distribuée. C'est un document assez élaboré de quatre pages, plus sept pages d'annexes. Cependant, la lecture des intitulés laisse songeur. Au lieu de principes tactiques à maîtriser, et des méthodes d'entraînement pour y arriver, cette instruction est une liste des qualifications de base que tous les corps d'armes de la division doivent atteindre successivement, dans l'ordre : port du masque à gaz, entraînement à la défense antiaérienne, lecture de carte pour officiers et sous-officiers, retranchement de campagne (cela marqué très important), pratique au tir individuel, cours de chauffeurs, cours sur les transmissions pour les non-spécialistes des bataillons, autres cours de métier et finalement instruction sur le camouflage. On remarquera qu'il s'agit dans tous les cas de formations très élémentaires. À aucun moment il n'est question d'exercices tactiques pour les soldats et les sous-officiers, même pour le plus petit groupe constitutif du bataillon d'infanterie, la section.

En plus de superviser la formation des hommes dans le b-a-ba militaire, les officiers suivront des cours de rafraîchissement en matière tactique (on n'explique pas d'où viendront les instructeurs, mais dans la suite du journal de guerre on comprend que l'on compte sur la collaboration des Britanniques), puis participeront à des exercices tactiques sans troupes (TEWT) pour résoudre des problèmes tactiques de plus en plus complexes.

L'Instruction n° 1 fixe donc la teneur de l'entraînement « individuel ». Elle donne aussi les objectifs de l'entraînement collectif, en bataillon : marche d'approche pour combler un vide dans un front rompu, défense, patrouilles, relève

---

15. JG, 1re Division, 26 déc. 1939 et annexe XII-22.

de positions défensives, retraite, action d'arrière-garde, mouvement en véhicules moteurs, attaque contre une défense organisée, attaque par infiltration d'un front rompu, opérations nocturnes, attaque de nuit et franchissement d'obstacles[16]. En attaque comme en défense, la ligne de front est le paramètre essentiel. Il n'y a aucune différence entre ce programme et ce que l'on faisait de mieux en 1918. En 1918.

La première discussion sérieuse sur les chars (qui a laissé une trace dans les documents) a lieu le 28 décembre. La division reçoit alors deux officiers britanniques venus présenter les caractéristiques des chars « I », les chars servant à soutenir la marche de l'infanterie au feu. Alors que les Anglais décrivent les caractéristiques techniques des engins, McNaughton fait dévier la conversation sur l'intérêt de produire au Canada de tels engins. Puis il est résolu de préparer une conférence et une démonstration de chars pour le bénéfice des officiers divisionnaires dès janvier suivant[17]. Conférence et démonstration qui devront être reportées.

En somme, après quatre mois de guerre, le bilan est mince. Rien ne semble presser, les Allemands comme les Français étant aussi inactifs les uns que les autres (la « drôle de guerre »). C'est aussi bien, car l'échéancier établi en décembre ne sera pas respecté. Deux difficultés majeures reviennent à plusieurs reprises dans le journal de guerre pour expliquer les retards : d'abord et surtout le manque de matériel moderne, car les Britanniques sont lents à équiper la division canadienne[18] ; ensuite, le manque de collaboration de la RCAF, qui multiplie les obstacles administratifs en matière de coopération avec l'Armée de terre, ce qui affecte l'entraînement des artilleurs (pour la rectification du pointage des pièces grâce à l'observation aérienne), la familiarisation de toutes les troupes avec les dangers de l'aviation ennemie (que la RCAF devrait simuler dans les manœuvres), comme la familiarisation aux procédures de coopération en attaque. Pour la RCAF, la coopération avec l'Armée de terre est un problème mineur[19].

---

16. JG, 1re Division, oct.-déc. 1939, annexe XII-27.
17. JG, 1re Division, oct.-déc. 1939, annexe XII-30.
18. Les magasins britanniques vont « égarer » les deux pièces AT de 25 mm qu'on devait envoyer aux Canadiens à la fin janvier 1940. Voir le journal de guerre en date des 22, 23, 26 et 27 janvier, et annexes I-25 et I-28 ; et 1er février (première utilisation de 2 pièces de 25 mm) ; annexe LXXVIII, mars 1940 (réception de six autres pièces). Le War Office devait aussi fournir des instructeurs pour cette pièce qui ne faisait pas encore partie de l'arsenal canadien, mais à la fin janvier, il n'y a aucun instructeur disponible pour donner des cours aux Canadiens (annexe I-3 du JG, janvier 1940).
19. Dans deux documents remarquables de février ou mars 1941, visiblement adaptés de notes britanniques similaires, le chef d'état-major de l'Armée de terre émet ses directives à propos du support que devrait accorder l'aviation aux troupes terrestres, tout en tirant les leçons des événements de mai-juin 1940. Ce document aurait pu servir de base à une doctrine efficace de soutien aérien, mais, malheureusement, c'est un document de l'Armée de terre pour l'Armée de terre qui suppose que la RCAF collaborera de bonne volonté. La liste de distribution ne comporte aucune adresse d'une organisation relevant de la RCAF. (« Notes on air co-operation », [6] p., et « Notes on the employment of aircraft when used in a close support role », 8 p., précédées d'une lettre de transmission signée par le lieutenant-colonel R. O. G. Morton pour le CGS et datée du 3 mars 1941, MDN, DHP, dossier 141.9.009(D21)).

Les difficultés avec la RCAF remontent à l'automne 1939 et ne connaîtront pas de solution satisfaisante avant… 1944 ! Le journal de guerre de la 1ʳᵉ Division note des tentatives répétées de McNaughton et de ses officiers d'état-major pour obtenir un engagement ferme des aviateurs canadiens à leur fournir une coopération minimale permettant de rendre l'entraînement plus réaliste, et pour développer des procédures administratives interarmes de collaboration (modes de communication, codes, etc.). Finalement, après avoir demandé l'intervention du chef d'état-major de la RCAF à Ottawa, McNaughton obtient une entente de principe avec l'officier supérieur de la RCAF en Angleterre en février 1940. La RCAF promet de fournir, lors des grandes manœuvres de l'Armée, quelques avions pour le repérage des cibles de l'artillerie et des bataillons de mitrailleuses. Mais elle ne tiendra pas promesse et ce sera finalement la RAF qui fournira le service de reconnaissance (photos aériennes) pour les exercices tenus au printemps 1940, et simulera des bombardements en piqué avec des Lysander, un bon avion de liaison mais tout à fait inadéquat dans ce rôle, en octobre suivant[20].

Et c'est tout ce qu'obtiendra McNaughton[21]. Cette fois, on ne peut le blâmer ; il a fait tout ce qu'il pouvait, mais la mauvaise volonté évidente des aviateurs canadiens empêchait la formation de liens terre-air plus étroits.

Inquiet de l'indépendance administrative canadienne face aux incursions du War Office, quotidiennement occupé par la mise en scène médiatique de l'effort « de guerre » canadien et de temps à autre concentré sur des défis techniques douteux, le général en chef n'a pas imprimé une marque indélébile sur le programme d'entraînement des unités de sa division, qui en avaient pourtant bien besoin. On a vu dans les chapitres précédents combien McNaughton avait été peu actif sur le front intellectuel entre 1919 et 1939, sauf pour rappeler quelques souvenirs de 1914-1918 et pour formuler des généralités sur la nécessité de mécaniser l'armée. On peut réduire ses conceptions « opérationnelles » aux maximes suivantes : continuité tactique avec les dernières années du premier conflit mondial (dominé par l'artillerie), importance des sciences appliquées et rôle prépondérant de ceux qui maîtrisent le plus ses deux aspects, à savoir les ingénieurs et les artilleurs.

Dès le débarquement des premiers éléments de la division canadienne dans les îles Britanniques, à la mi-décembre 1939, McNaughton multiplie les déclarations, dont plusieurs perles n'échappent pas à la presse. Le *Manchester Daily* du 20 décembre rapporte que le général canadien est un « scientifique de réputation ». L'*Eastern Daily Press* du même jour élabore sur ce thème :

---

20. JG, R 22ᵉ R, 1ᵉʳ octobre 1940 (BAC, RG24, C-3, vol. 15236).
21. JG, 1ʳᵉ Division, 5 déc. 1939 et annexe XII-6 ; annexes I-6 et I-8, janvier 1940 ; entrées des 15 et 20 février ; 13 mars ; 24 avril et annexe LIX du même mois (conclusion d'une premier accord avec la RCAF pour la collaboration de l'escadrille 110 avec la 1ʳᵉ Division) ; 26, 29 avril et annexes LXIII et LXVIII de ce mois ; annexe du 29 juin 1940.

« Les guerres, dit-il, sont maintenant gagnées par la science, pas les massacres. » Voilà un homme de la trempe du général Gamelin. Pour rendre cet axiome concret, il faut une rare combinaison de science et d'habileté militaire. Ce mélange est présent dans ce légèrement grisonnant général canadien aux yeux alertes, à la bouche volontaire, aux propos saccadés. Au Canada, sa réputation de soldat et de scientifique est inégalée. Commandant divisionnaire durant la dernière guerre [sic], il est retourné à l'enquête scientifique et est devenu président du Conseil national de la recherche, y encourageant la résolution de toutes sortes de problèmes scientifiques, du déglaçage des aéroplanes à la pourriture du bois.

Le *Daily Express* (« Nous n'avons pas un seul cheval, nous sommes une armée de techniciens ») et l'*Evening News* du 19 décembre avaient pavé la voie des propos dithyrambiques la veille, et le *Daily Sketch* et le *Daily Express* en rajoutent le 20, dont cette autre perle, toute fausse : au Conseil national de recherche, McNaughton a passé « tout son temps à appliquer son expérience de laboratoire à la solution de la guerre mécanique ». Mais la perle des perles mensongères revient au *Star* du 19 décembre, qui rapporte des déclarations réelles ou forgées par le journaliste à propos de soldats canadiens parlant le français, alors que les Français sont les principaux alliés et qu'on cherche à se les concilier : « Nous donnons les ordres en français et en anglais. » Quelques lignes plus loin, on fournit toutefois la précision suivante : « Nous sommes un peuple pratique et, en ce qui concerne les unités francophones, les détails sur le *drill* sont toujours expliqués en français même si les mots de commandement sont anglais[22]. »

La guerre sera donc affaire d'intelligence et d'industrie avec aussi peu de sang et de tripes bousillées dans les tranchées que possible. Tout le « programme d'entraînement » (c'est beaucoup dire) canadien jusqu'à juillet 1940 tient dans ces propos lâchés le nez au vent du large, les journalistes se pressant autour d'un McNaughton ravi.

La situation dans les bataillons d'infanterie au début de la guerre

En matière d'instruction et d'entraînement, après la mobilisation égale avant la mobilisation. L'équation vaut jusqu'à l'automne 1941, et cela aussi bien pour les officiers que pour les hommes, sous-officiers compris. Pendant les premiers mois de guerre, le recrutement, l'incorporation des hommes et la dotation en équipement sont à peu près les seules préoccupations des unités. Il faudra compter plusieurs semaines avant d'atteindre un minimum d'efficacité.

Commençons par le commencement, avec l'élite de l'infanterie canadienne, en tout bien tout honneur, les trois chefs des bataillons réguliers. Le rapport d'une inspection supervisée par le colonel Sansom, un officier régulier de l'entourage de McNaughton (Sansom deviendra le premier commandant de la 3e Division canadienne à la formation de celle-ci grâce à l'influence de McNaughton,

---

22. Les extraits cités sont tirés des coupures de presse rassemblées par Canada House et envoyées au QG de McNaughton (JG, 1re Division, janvier 1940, annexe I-1).

puis de la 5ᵉ Division blindée et enfin du IIᵉ Corps canadien), est chargé par l'Inspecteur général McNaughton d'évaluer les trois hommes. Sansom sera lui-même relevé de son commandement pour incompétence (camouflé sous des raisons médicales) en 1943, avant qu'aucune des formations qu'il avait commandées n'arrive au combat. On peut penser qu'il savait reconnaître l'incompétence d'un coup d'œil.

Le commandant du Royal Canadian Regiment est considéré « medically unfit » sans autre forme de procès. Sansom propose aussitôt Milton F. Gregg, MC, VC, pour le remplacer, un major dont Sansom écrit qu'il « prend un grand intérêt dans les affaires militaires depuis son retour, est à jour en matière tactique, etc. Il a une forte personnalité, un splendide dossier de guerre [pour 1914-1918], ce qui en fait un premier choix pour commander ». Mais voilà, Gregg est issu de la milice (il sert alors au Governor General's Foot Guards), où il a suivi ses cours d'état-major, n'est même pas arrivé au RCR, où il est attendu en décembre et où d'ailleurs un autre major, V. Hodson, a plus d'ancienneté dans le grade, avec l'insigne avantage d'avoir fait toute sa carrière dans le RCR. Malgré la recommandation de Sansom, c'est Hodson, plus jeune mais sans expérience de combat, qui prendra la tête du plus vieux régiment d'infanterie canadien. Notons que deux fils de Hodson servent aussi comme officiers du régiment[23] !

Gregg ne fait visiblement pas partie de la famille, ou plutôt il n'en fait plus partie, car c'était dans le RCR qu'il avait mérité la Croix de Victoria en 1918. En 1919, il n'avait ni l'ancienneté ni les connexions nécessaires pour y poursuivre une carrière, alors que l'on démobilisait rapidement et massivement, ce qui l'avait contraint à joindre la milice d'entre-deux-guerres pour poursuivre à temps partiel des activités militaires. Chose curieuse, la nomination de Gregg avait été annoncée, et elle apparaît dans les communiqués de presse de l'Armée au moins jusqu'en mars 1943[24], alors que dans l'histoire régimentaire, cette nomination est passée totalement sous silence. Gregg sera en fait brièvement commandant en second du RCR. Embarrassée, l'Armée le nommera commandant du West Nova Scotia Regiment dès février 1940, un régiment de milice appartenant à la même brigade que le 22ᵉ Régiment. Rien n'illustre mieux les défauts du système régimentaire que cette sélection empreinte de préjugés régimentaires. Heureusement, Milton Gregg aura sa revanche sur les officiers réguliers. On reparlera de lui.

Au sujet du commandant du Princess Patricia's Canadian Light Infantry, le jugement de Sansom est encore plus sévère. Sansom connaît l'homme. Un commandement de compagnie lui confie aussi que le colonel du PPCLI n'a pas les

---

23. Sur l'ancienneté, voir *Defence Forces List Canada (Naval, Military and Air Forces), Part I, November 1939*, Ottawa, Imprimeur du roi, 1939 (collection de la DHP) ; sur le changement de commandement, G. R. Stevens, *The Royal Canadian Regiment, Volume Two, 1933-1966*, London, London Printing and Lithographing, 1967, p. 15.
24. Si l'on se fie au communiqué de presse reproduit dans une coupure de presse d'un journal non identifié, coupure annexée au journal de guerre de l'OTC de Brockville pour le mois de mars 1943 (BAC, RG24, série C-3, vol. 16936).

qualités pour commander. Malheureusement pour cet officier anonyme qui visait peut-être une promotion, Sansom écrit dans son rapport qu'aucun officier du PPCLI n'a les qualités voulues. Il propose encore qu'un homme de l'extérieur, F. F. Worthington, le père du corps blindé canadien, que nous avons rencontré au chapitre premier, passe au PPCLI pour le commander. Mais là aussi cette nomination ne peut plaire, tant à l'intéressé qu'aux membres du régiment régulier de l'Ouest canadien. Elle sera ignorée et le commandant du PPCLI restera en place jusqu'en septembre 1940[25], moment où l'Armée canadienne entrera en mode de crise et où les susceptibilités régimentaires ne seront momentanément plus des entraves à des limogeages, déguisés ou non.

Sansom est laconique sur le 22ᵉ Régiment, dont il ne semble pas avoir une connaissance intime. Cela ne l'empêche pas de formuler un jugement catégorique : « Les officiers supérieurs de ce régiment sont connus pour être très faibles[26]. »

Malgré les préjugés dont les affirmations catégoriques de Sansom sont entachées, l'avenir confirmera les jugements sévères qu'il porte sur les trois lieutenants-colonels à la tête des régiments réguliers canadiens, comme nous le verrons plus loin. La crème de la crème avait tourné et même un officier de carrière médiocre comme Sansom pouvait s'en apercevoir.

La déroute de l'entraînement

L'entraînement de la troupe est à l'image du corps des officiers du début de la guerre. Le seul entraînement qui se fait, en dehors de la gymnastique, c'est l'exercice sur le terrain de parade, connu universellement sous le nom de *drill* : position de garde-à-vous, de repos, évolutions en rang, maniement du fusil. Les hommes obéissent, les sous-officiers hurlent les commandements codifiés par la tradition (et inscrits dans les Ordonnances royales d'inspiration britannique) et les nouveaux officiers subalternes observent le tout en tentant de se donner un air martial. C'est tout. Dans les mots d'une recrue d'un régiment de milice passant à l'active dès 1939,

> [i]l y avait un tas de directives et de règlements, d'infinies séances d'astiquage et de la *drill* répétitive. Le réveil sonnait à exactement 6 heures du matin et, à 10 heures du soir, le clairon annonçait l'extinction des feux. Le rassemblement matinal avait lieu à 7 heures et demie. Les ordres du jour étaient affichés exactement au même endroit et à la même heure, jour après jour. Nous vivions dans l'appréhension d'enfreindre le règlement, les infractions étant inévitablement et invariablement punies de la même manière. Mais sous cette carcasse structurée, prévisible, sous cette vie de routine, nous acquérions des valeurs plus fondamentales. Nous apprenions que l'antidote de la peur et de la panique sont une bonne préparation, l'obéissance, la

---

25. G. R. Stevens, *Princess Patricia's Canadian Light Infantry, 1919-1957*, Montréal, Southam Printing, s.d., p. 404.
26. Le rapport de Sansom, mis en forme par un officier l'accompagnant mais non identifié, se trouve à l'annexe X-4, JG, 1ʳᵉ Division, période d'octobre à décembre 1939 (bobine T-1872, images 000969-000977). Sur Sansom, voir les pages au vitriol de J. L. Granatstein, *The generals : the Canadian Army's senior commanders in the Second World War*, Toronto, Stoddart, 1993, p. 40-52.

loyauté envers l'unité et les camarades, le travail d'équipe. Tels étaient les fondements des comportements qui rassemblaient les doigts de la main en un poing puissant. Par ces valeurs les individus étaient cimentés en une véritable unité[27].

Selon ses partisans, le mérite de la *drill* serait donc de favoriser le développement d'un esprit de corps. L'esprit de corps se fabrique et s'entretient au fil du temps, à force de vivre les uns avec les autres, de subir des épreuves en commun, de partager les destins. La *drill* doit en précipiter l'apparition, du moins c'était l'intention exprimée dans les manuels encore dans les années 1930, comme si l'avènement du soldat-citoyen n'avait pas suscité une réponse plus sophistiquée de l'establishment militaire au problème de la cohésion : « L'objet de la *drill* est d'enseigner aux troupes, par l'exercice, à obéir aux ordres et à le faire de la manière correcte. *Pour cette raison, la* drill *est le fondement de la discipline et de l'esprit de corps*[28]. » *La* manière correcte.

L'entraînement ne peut toutefois s'y réduire, car les compétences tactiques modernes n'ont rien à voir avec celles du paraître sur le terrain de parade, pas même de très loin. C'est ce qu'a bien saisi un féroce critique de l'Armée britannique des années 1930, le redoutable polémiste et major-général J. F. C. Fuller, peut-être l'écrivain militaire britannique le plus intéressant du XXe siècle. Lu par les officiers canadiens, Fuller était un officier résolument partisan des nouvelles méthodes, surtout en ce qui a trait à la transformation de l'armée de terre en arme mécanisée centrée sur l'emploi des chars de combat, non sans excès, sa croyance en la toute-puissance des chars étant infinie. Il avait préconisé dès 1918 ce genre d'idées dans le Royal Tank Corps et il a continué à le faire après sa retraite de l'Armée britannique en 1934.

Ce qui nous intéresse le plus ici, c'est que cet esprit cartésien ne pouvait dissocier modernisation des équipements, rénovation des attitudes mentales et changement des méthodes d'entraînement, car l'emploi efficace des chars n'aurait de chance de se réaliser sans une transformation préalable de la culture de l'institution. C'est pourquoi il publie quelques mois après sa sortie de l'Armée un virulent pamphlet à l'allure autobiographique, *The Army in my time*. Ce qu'il y écrit de la *drill* frédéricienne et du *spit-and-polish* vaut le détour.

Fuller explique de quels contexte et nécessité est née la *drill* traditionnelle, essentiellement les caractéristiques primitives des premières armes à feu qui contraignaient à des évolutions complexes visant à maximiser le feu par déploiement des colonnes de marche (essayer de faire marcher une armée en ligne de front !) en ligne de deux ou trois rangs fournissant un feu à peu près continu. Les Prussiens ont perfectionné le système au XVIIIe siècle, mais les Hollandais l'avaient inventé au siècle précédent. C'est avec ces techniques que l'infanterie britannique a maîtrisées tardivement que les armées de Wellington ont fini par

---

27. George S. MacDonell, *One soldier's story 1939-1945, from the fall of Hong Kong to the defeat of Japan*, Toronto, Dundurn Press, 2004, p. 36.
28. War Office, *Infantry training*, vol. I : *training 1932*, Londres, HMSO, 1932, p. 70. souligné dans le manuel. Esprit de corps en français.

avoir raison de Napoléon. Ce succès même a conduit à une « prussianisation » de l'instruction des troupes britanniques pour presque un siècle, et il en est demeuré quelque chose jusqu'à au moins la Deuxième Guerre mondiale, alors que paradoxalement les Prussiens ont commencé vers 1810 à s'en distancer, pour abandonner ces méthodes définitivement en 1915 ou 1916. Autrement dit, plutôt que de saisir « l'esprit » — c'est Fuller qui emploie le mot — réformiste dont on avait tiré en son temps la *drill* classique, les chefs britanniques du XIXe siècle se sont « prussianisés », oubliant que la tactique doit se transformer sous l'empire des circonstances. C'était d'autant plus la solution facile que la vieille armée britannique, par son service volontaire à longue durée, n'arrivait à recruter que la lie de la société (et cela vaut autant pour les classes pauvres que les fils inutiles de l'aristocratie), alors que les armées continentales pouvaient compter sur le pire mais aussi le meilleur avec leurs conscrits[29]. Pour paraphraser Fuller, celui-ci veut jeter aux orties cette forme dépassée et dangereuse de discipline au profit d'une discipline qui ne détruise pas l'intelligence, car, en cette ère technique, « si l'Homme sait construire une machine et la manipuler, il ne peut être lui-même machine ». (On remarquera que c'est le contre-pied du taylorisme.) Il faut donc en finir avec la pétrification des recrues par une *drill* qui avilit : « Aujourd'hui, si avec notre système d'éducation nous n'arrivons pas à faire aussi bien qu'avec un *drill sergeant* du milieu du XVIIe siècle, alors que Dieu nous vienne en aide, car nous sommes une nation d'imbéciles[30]. »

La focalisation passéiste sur la *drill* de cérémonie a pour Fuller son équivalent dans le fétichisme de la hiérarchie à propos des sports, conçus eux aussi comme moyen de renforcer l'esprit d'équipe et de compétition, tout en affinant la forme physique, comme si l'entraînement militaire d'alors ne suffisait pas à activer un esprit vif dans un corps en grande forme. « Ce n'est pas l'exercice physique qui garde le corps jeune, écrit Fuller en exagérant quelque peu, mais l'exercice mental[31]. » Peut-on suggérer qu'avec un entraînement plus réaliste, le sport aurait moins de place ? J'y reviendrai.

Évidemment, Fuller était un mouton noir qu'on lisait parfois, mais sans que ses idées se traduisent vraiment en réformes, et cela autant dans l'Armée britannique que dans la canadienne. Ces idées sur les chars ont été mal comprises de ses contemporains. Quant à celle sur la nécessité d'abandonner la *drill* et le *spit-*

---

29. J. F. C. Fuller, *The Army in my time*, réimpr., Cranbury, The Scholar's Bookshelf, 2006 (1re éd. brit., 1935), p. 210-233. Ce pamphlet a été reçu par les éditeurs du *Canadian Defence Quarterly*, qui ont commandé un compte rendu à Kenneth Stuart, le futur chef d'état-major canadien, qui fera des remarques judicieuses sur l'entraînement que je citerai plus loin. Stuart a bien accueilli le pamphlet ; il a donné entièrement raison à Fuller au sujet du retard de la mentalité militaire sur les conditions en évolution de la guerre moderne (*CDQ*, vol. 12, n° 3, avril 1935 : 358-359). Par quelques allusions du compte rendu, Stuart visait certains officiers supérieurs, dont McNaughton probablement.
30. *Ibid.*, p. 221-222.
31. *Ibid.*, p. 237. Voir aussi les p. 39, 75-76, 79, 96-99 et 147-148. Le livre est aussi une charge contre les sports anglais pratiqués dans la bonne société, comme la chasse à courre.

and-polish, ou du moins de les placer loin au « second » rang dans l'ordre de priorité, derrière un entraînement au combat modernisé (qui n'est pas vraiment décrit dans son pamphlet), elle sera carrément ignorée. On l'écoutera d'autant moins qu'il prend à la même époque une dérive fascisante déçu que les démocraties n'arrivent pas à s'imposer les réformes militaires qu'il juge nécessaires devant la montée du fascisme en Italie, du nazisme en Allemagne et du communisme en Russie[32].

En sus de la *drill* de cérémonie, on pratique aussi quelques *drills* spécialisées, dont les plus fréquentes sont l'alerte au gaz, en souvenir de l'importance des gaz de combat durant la Première Guerre mondiale, et les mesures passives (tel le camouflage) de défense antiaériennes, en prévision des bombardements de terreur à haute altitude ou en rase-mottes (aménagement de tranchées individuelles très étroites appelées *slit trench*), ce dernier ouvrage, très fastidieux, étant une nécessité encore mal acceptée dans la troupe.

La phase d'incorporation et d'entraînement de base se termine à peu près ainsi. Il arrive souvent que la recrue n'a pas encore tiré un seul coup de fusil. L'entraînement de base est suivi, deux ou trois mois après l'activation de l'unité, plus dans le cas d'unités qui ont de la difficulté à recruter ou qui ont de mauvais officiers, par les premiers exercices en groupe, en fait en sous-groupes, la section[33] d'une dizaine d'hommes, le peloton de trois sections et les compagnies de trois pelotons de fusiliers. La *drill* des débuts occupe moins de temps. S'y ajoutent le tir au fusil dans un enclos de tir qui n'a rien à voir avec les conditions réelles de combat, la pratique de la vie en extérieur (montage de tente, cuisine extérieure et creusage des latrines principalement), les exercices de retranchement avec pelle et pioche, et surtout des marches de plus en plus longues destinées à tester l'endurance des troupes. Les officiers, certains sous-officiers et quelques hommes sont désignés pour suivre des cours spécialisés, de commandement de peloton, de lecture de cartes, de spécialisation au gaz de combat, de maniement du fusil-mitrailleur de section (le Bren) et des autres armes, ou des cours de chauffeur et d'entretien mécanique pour mentionner les plus usuels.

Les bataillons d'infanterie vont connaître une grande diversification de leur armement et une augmentation de leur puissance de feu, notamment en moyens antichars. Mais au début de la guerre, jusqu'à 1941-1942 disons, tout cela restait bien théorique. Les pénuries d'armes modernes forçaient à certaines improvisations pas toujours heureuses. Ainsi de l'anecdote d'un sergent-instructeur des Fusiliers Mont-Royal au sujet du *2-pounder*, le tire-pois qui servait de canon antichar dans l'infanterie britannique et canadienne au début de la guerre :

---

32. Les opinions antidémocratiques de Fuller sont perceptibles dans *The Army in my time...*, *op. cit.*, p. 36, 91, 113, 129 et 151. Sur le Fuller d'entre-deux-guerres, voir Brian Holden Reid, *J. F. C. Fuller : military thinker*, New York, St. Martin's Press, 1987, chap. 5-8.
33. La section des armées de tradition britannique (8 à 12 hommes) correspond plus ou moins à l'escouade des armées de tradition continentale (française, allemande mais aussi américaine). La section française de 1940 correspond au peloton britannique (30-40 hommes).

[J]'étais théoriquement responsable du peloton anti-char, chargé de la défense du bataillon avec six canons anti-chars dits « two pounders ». Mes hommes ont vite connu la théorie des pièces, la nomenclature du montage et des arrêts, ainsi que les commandements, car nous avions réussi à obtenir un livre d'instruction pour ce canon. Mais nous n'avions ni canon, ni camion pour le remorquer. Il n'y avait d'ailleurs que trois camions pour tout le bataillon ! Nous n'avions pas non plus de munitions. Ce qui était moins drôle, c'était de faire un semblant de manœuvre, devant une photo du canon, faute de canon ! Allez donc dans ces conditions maintenir l'intérêt des soldats[34] !

Situation typique d'un entraînement d'armes qui ne pouvait aller très loin. Cela complète l'entraînement du bataillon.

À peu près six mois après l'incorporation ou un peu plus, devrait arriver le temps des manœuvres. On procède du simple au complexe : exercices de bataillon et de brigade, puis manœuvres de division et de corps. Pour se rendre au niveau du corps, il faut compter à peu près dix mois. C'est le temps des grandes manœuvres qui concluent le cycle annuel d'entraînement. En temps de paix, les grandes manœuvres coïncident avec la fin de la période estivale, ce qui, si l'on compte à rebours, place le début d'un cycle à l'automne. Si l'entraînement en grandes formations teste encore l'endurance physique de la troupe — les formations doivent simuler les mouvements d'une armée en campagne, ce qui demande de longues marches, il est d'abord conçu pour vérifier les capacités manœuvrières et administratives des officiers de tous rangs et de toutes fonctions. C'est ce qui fait écrire aux planificateurs de l'instruction militaire que si les officiers subalternes sont mal préparés ou peu avisés, les troupes retireront peu de choses des grandes manœuvres[35], sauf à s'exténuer à marcher vers le nord, le sud, l'est ou l'ouest, à changer de direction ou à tourner en rond.

Après l'entraînement collectif, les troupes peuvent rejoindre un théâtre opérationnel pour prendre leur place près de la ligne de feu. En 1914-1918, il a fallu sept mois avant que la 1re Division monte en ligne, dans un secteur tranquille, et deux mois encore avant qu'elle soit engagée sérieusement. En 1939, on espérait faire au moins aussi lentement.

Drill et manque de précipitation concouraient pour saper toute chance d'un entraînement rigoureux en 1939-1940. Prenons encore une fois le cas du bataillon régulier canadien-français, le Royal 22e Régiment[36].

---

34. L. Dumais, *Un Canadien français à Dieppe*, Paris, Éditions France-Empire, 1968, p. 18-19. Dumais sera plus tard muté au Régiment de Maisonneuve, sortira du rang et terminera sa carrière comme capitaine.
35. *Canadian Army Training Pamphlet No. 3 : principles and organization of training 1941*, Ottawa, Imprimeur du roi, 1941, p. 7, section 12, § 5.
36. Comme on l'a dit auparavant, le régiment est le cadre de recrutement, le bataillon l'« unité » élémentaire d'une armée en campagne. À l'époque, les régiments canadiens ne comptaient qu'un bataillon pour le combat plus un dépôt pour l'administration et la préparation des renforts. Comme c'est souvent le cas dans la littérature militaire, j'emploierai parfois le mot « régiment » comme équivalent à « bataillon » ou « unité » lorsque le contexte garanti qu'il ne peut y avoir de confusion possible.

Le bataillon passe sur pied de guerre dès le 1er septembre 1939, neuf jours avant la déclaration de guerre du Canada à l'Allemagne. Il est associé à deux bataillons de réserves anglophones de l'Est du Canada au sein de la 3e Brigade d'infanterie. Les deux autres bataillons réguliers d'infanterie sont distribués dans les deux autres brigades de la division, donnant un noyau de soldats réguliers à chacune des brigades.

Mais ce noyau est bien faible si l'on s'en tient au bataillon canadien-français. Le 22e Régiment est dans un piteux état avant la mobilisation. À la fin de l'année fiscale gouvernementale, le 31 mars 1939, il ne comptait que 184 hommes sur les 773 du tableau d'effectifs d'une unité d'infanterie[37]. De sorte que les trois mois qui suivent la déclaration de guerre sont occupés à compléter les effectifs du bataillon avec des volontaires recrutés principalement au Québec. C'est donc, sauf pour ce qui concerne les cadres, un faux bataillon de réguliers qui est formé. Au moment de l'embarquement, le 9 décembre à Halifax, 800 hommes sont présents[38].

Les officiers et sous-officiers du 22e sont tellement pris par les tâches de recrutement, d'équipement (on n'a pas encore de camions ni d'autre arme que le fusil individuel) que seule l'acquisition des habitudes militaires peut être menée à bien, par les revues quotidiennes et l'inspection des quartiers principalement. L'entraînement est réduit à sa plus simple expression : la *drill* sur le terrain de parade. C'est seulement après l'arrivée en Angleterre que l'unité pourra entreprendre avec sérieux la phase d'entraînement individuel (de janvier à mars 1940) et en avril, s'amorcera l'entraînement collectif du bataillon : d'abord mouvement de jour pour occuper une position défensive, ensuite, plus complexe, approche de nuit, reconnaissance, attaque à l'aube avec coopération de l'artillerie. Ce sera bien insuffisant lorsque se produira le désastre inimaginable : les défaites française et britannique de mai-juin 1940.

Interviewé par les historiens Ben Greenhous et Bill McAndrew en 1980, le major-général Hoffmeister décrira ainsi l'état de l'entraînement en avril 1940. Hoffmeister était alors commandant de compagnie et s'entraînait avec ses hommes dans un complexe de tranchées de démonstration à Pirbright en Angleterre :

> Nous avons fait notre tour dans les tranchées de Purbright [*sic*] … et ça se faisait avec sérieux, en pleine nuit… à trébucher dans des boyaux de communication. C'était pareil à la Première Guerre mondiale. D'abord, une avant-garde avançait en plein jour. On nous montrait les passages coupés dans les barbelés, où les patrouilles iraient et d'où elles reviendraient. C'était assez amusant et intéressant. On ne savait rien d'autre[39].

On n'en savait pas assez et on ne savait pas les bonnes choses.

---

37. C. P. Stacey, *Histoire officielle de la participation de l'armée canadienne à la Seconde Guerre mondiale, volume I. Six années de guerre : l'armée au Canada, en Grande-Bretagne et dans le Pacifique*, Ottawa, Imprimeur de la Reine, 1966, p. 33.
38. S. Bernier, *Le Royal 22e Régiment, 1914-1999*, Montréal, Art Global, 1999, p. 104.
39. Entrevue citée par Douglas D. Delaney, *The soldiers' general : Bert Hoffmeister at war*, Vancouver, UBC Press, 2005, p. 24.

Le choc de 1940

Le 10 mai 1940, la presse canadienne consacre toutes ses unes au drame qui vient d'éclater. Les contemporains auront successivement la perception qu'une crise majeure est arrivée à maturité, que la bataille décisive est en cours, que la catastrophe guette, qu'elle frappe et enfin que les lendemains seront difficiles et que la victoire, toujours envisagée comme certaine, sera pourtant longue à venir.

En exil en Angleterre depuis quelques années, le grand écrivain autrichien Stefan Zweig note dans son journal le 20 mai 1940 :

> À midi, ce que j'entends à la radio me coupe le souffle — les Allemands à Amiens. Autrement dit presque à Abbeville, donc sur la côte, ce qui signifie que l'armée anglaise de Belgique est menacée sur trois côtés, va être acculée à la mer et devra s'estimer heureuse si elle ne perd que son matériel.

Le lendemain, il ajoute : « Peut-être me trompé-je, mais un long combat signifierait l'anéantissement total du monde, du nôtre au moins, et je ne crois plus à une victoire — le mieux que l'on puisse faire est de résister, et encore, au prix de quels incroyables sacrifices. » Zweig entre alors dans une profonde dépression qui le conduira au suicide deux années plus tard[40].

Cette « conduite de la guerre est absolument inédite », poursuit Zweig le 23 mai, et « l'armée anglaise de métier, expérimentée, semble en grande partie hors de combat ». Les recrues sont « formées à la va-vite » et « ne peuvent que fournir de la chair à canon aux forces allemandes techniquement aguerries depuis des années, véritables machines de guerre totalitaire » (26 mai). La démission de Chamberlain, que Zweig méprise, et la venue de « gens compétents » ne sont pas un baume suffisant pour l'écrivain que l'ogre nazi a forcé à l'exil : si « Churchill a immédiatement communiqué son énergie au pays », « le peuple, à qui on a toujours raconté que les recrues étaient bien soignées et diverties, mesure à présent les exigences impitoyables imposées par cette folie » (28 mai).

Souvent, le contemporain exagère « l'importance historique » des événements qu'il vit, incapable de transcender sa subjectivité. Mais 1940 n'est pas l'un de ces cas. Catastrophe il y eut, et pas seulement pour un dépressif hypersensible comme Zweig ou même pour l'ensemble des Français, des Belges ou des autres citoyens de pays envahis par les nazis. Les Britanniques aussi, qui se retrouvèrent presque seuls face à la machine de guerre allemande, alors que l'Empire, Canada compris, ne pouvait que peu, faute de n'avoir pas sérieusement mobilisé hommes et économies dès septembre 1939.

La victoire renforce Hitler dans sa mégalomanie ; si la puissante armée française a été vaincue en six semaines, tout est permis, en particulier contre les sous-hommes slaves[41]. Dès que la chute de la France est consommée et que la possibilité de débarquer en Angleterre devient illusoire, Hitler ordonne de commencer la

---

40. *Journaux 1912-1940*, trad. de Jacques Legrand, Paris, Librairie Générale Française, 1995, p. 414-415.
41. Karl-Heinz Frieser, *Le mythe de la guerre-éclair : la campagne de l'Ouest de 1940*, Paris, Éditions Belin, 2003 (éd. orig. allemande 1995), p. 381-385.

planification de l'opération Barbarossa, l'invasion de la Russie. La chute de la France (et celle des Pays-Bas) entraînent aussi un vide de puissance en Indochine (et en Indonésie), dont les Japonais profitent dès septembre 1940 en obtenant le libre passage de leurs troupes. Ce même mois de septembre, le Japon, l'Allemagne et l'Italie signent le pacte tripartite à Berlin. Le Japon s'engage dans la voie d'un conflit avec les puissances coloniales européennes afin de s'assurer des approvisionnements stratégiques. Il rencontrera une opposition de principe américaine qui conduira à Pearl Harbor. C'est dire qu'à cause de mai-juin 1940, la guerre deviendra mondiale[42].

Qu'ont pensé les Canadiens, et les Canadiens français compris, de l'effondrement de la plus grande armée de terre du monde selon certains, l'Armée française ? Il existe deux études anciennes sur le sujet. En effet, il est intéressant de noter qu'une étude fut réalisée et publiée dès 1942 par Elizabeth H. Armstrong, une chercheure américaine qui avait déjà donné une bonne thèse de doctorat sur le Québec et la crise de la conscription de 1917-1918, thèse publiée en 1937[43]. De toute évidence, les commanditaires, au fond l'élite politique canadienne-anglaise animant l'Institut canadien des affaires internationales, étaient inquiets d'une possible nouvelle crise de la conscription au Québec, conscription considérée comme inévitable vu les événements récents, mais en même temps espéraient que le sort de la France inspirerait un zèle militaire des Canadiens français plus manifeste qu'en 1914-1918. Malheureusement, peut-être faute de temps ou de moyens, Armstrong reste sommaire, se contentant de discuter de quelques dizaines d'éditoriaux de la presse francophone, y compris des hebdomadaires locaux. Cela lui suffit pourtant pour estimer qu'il « a fallu le désastre français de juin 1940 pour que les Canadiens français se rendent compte du terrible danger auquel les triomphes des Allemands en Europe exposaient le Dominion et, en fait, tout le continent américain[44] ».

L'autre étude est plus exhaustive. En 1949, R. B. Oglesby termine un rapport historique sur l'opinion publique canadienne durant la Seconde Guerre mondiale pour les besoins du Service historique de la Défense nationale à Ottawa. Avec plus de moyens qu'Armstrong — Oglesby a accès aux dossiers de presse compulsés pour le gouvernement King, de même qu'aux sondages Gallup commandés par ce gouvernement, il détermine qu'après « l'excitation suscitée par les élections » fédérales du 26 mars 1940, les opérations commencent en Europe du Nord et de l'Ouest. L'excitation revient, le ton est d'abord optimiste. Toutes sortes de rumeurs surgissent à l'effet que la 1re Division sera envoyée ici ou là combattre les Allemands. Mais dès la troisième semaine de mai, le ton devient grave dans

---

42. Julian Jackson, *The fall of France : the Nazi invasion of 1940*, Oxford, Oxford University Press, 2003, p. 3 et 236-237.
43. Éditée en français sous le titre *Le Québec et la crise de la conscription 1917-1918*, Montréal, VLB éditeur, 1998, 295 p.
44. Florent Lefebvre, Elizabeth H. Armstrong et R. B. Oglesby, *La presse canadienne et la Deuxième Guerre mondiale*, recueil de trois textes présentés par Claude Beauregard, Serge Bernier et Edwidge Munn, Ottawa, ministère de la Défense nationale, 1997, p. 58.

la presse canadienne, reflétant un discours ministériel lui aussi empreint de gravité. Il s'agit de préparer la nation à une longue guerre, avec ce que cela suppose de mesures financières, économiques, etc. Il ressort de l'étude Oglesby une impression de grande symbiose entre les actions du gouvernement et les rédactions des grands organes de presse canadiens à l'occasion d'une crise majeure. Toutefois, Oglesby ne consacre qu'une partie de son rapport à la crise de 1940, escamotant bien des détails d'intérêt. Et plus souvent qu'autrement, il cite des sources anglophones, nous informant assez peu sur le Québec. C'est pourtant là que les événements récents sont susceptibles de produire les réactions les plus intéressantes et les plus cruciales du point de vue gouvernemental[45].

Il faut donc reprendre l'analyse en mettant l'accent sur la presse francophone (avec ici aussi des moyens modestes). Un collage des grands titres et des principaux sous-titres et manchettes est suffisamment évocateur de l'incommensurable gâchis auquel les décideurs politiques et militaires sont maintenant confrontés. Un tel exercice donne aussi une bonne idée du climat d'urgence qui s'installe soudain et met en évidence le gouffre d'impréparation à combler en matière d'armements modernes, de mobilisation humaine et de formation des troupes.

Les fabricants d'opinion publique sont contraints à une sorte de saut quantique en mai-juin 1940. La presse est d'abord ouvertement optimiste, puis elle cache au public le désastre, ensuite elle n'arrive pas à en préparer l'annonce à cause de la soudaineté des événements[46]. Plutôt que d'expliquer, elle cherche des boucs émissaires, gomme certaines difficultés présentes et à venir, puis s'autocensure de plus en plus avant d'être soumise à une censure gouvernementale aux fins de soutenir l'effort de guerre. Tout cela en moins de six semaines.

Les premiers jours, la couverture est plutôt factuelle et passablement uniforme. Les correspondants n'ayant pas encore eu l'occasion de se déployer, tous

---

45. *Ibid.*, p. 102-111.
46. L'opinion publique ne coïncide évidemment pas avec l'opinion du public. Elle est une fabrication des pouvoirs, grande presse et politiciens en tête. Plusieurs décideurs et plusieurs chercheurs sont conscients de la distance entre les leaders d'opinion et les citoyens et c'est pourquoi, durant la guerre, les sondages, plus une forme de *focus group* avant la lettre, ainsi que l'analyse des censeurs postaux, seront ajoutés à l'arsenal analytique. Toutefois, en mai-juin 1940, ces outils n'existent pas encore. Les Britanniques avaient une avance de quelques années sur les Canadiens avec le projet *Mass Observation*, créé dès 1937 pour étudier la vie quotidienne des Britanniques dans un souci plutôt commercial, mais mis au service du ministère de l'Information au début de la guerre. C'est ce qui permet à John Lukacs de distinguer pour la première fois dans l'histoire (dans son fondamental *Five days in London, May 1940*, New Haven, Yale University Press, 2001 (1999), p. 27 et suiv.) l'opinion des élites du sentiment populaire. Lukacs montre notamment que certains éléments de l'élite bien informés sont pris de panique dans les deuxième et troisième semaines de mai, alors que la population en général demeure calme, en partie parce qu'on cache encore à celle-ci l'étendue de la catastrophe. Quant le discours rejoint la réalité au début de la quatrième semaine de mai, au moment où l'évacuation de Dunkerque débute, il n'est plus possible de cacher la défaite, et c'est à ce moment que l'art oratoire de Churchill, la solidité de quelques membres du Cabinet, de certains chefs militaires et hauts fonctionnaires, relayés au public par une BBC sobre et franche dans l'adversité (plus que la presse écrite en tout cas) vont convaincre la population de la nécessité de poursuivre la guerre coûte que coûte.

les journaux s'abreuvent des dépêches des grandes agences (BUP pour beaucoup de journaux canadiens) ou des communiqués laconiques des grands quartiers généraux français et britannique. Le ton est optimiste, car les Alliés ont réussi à devancer les Allemands en Belgique, la voie séculaire d'invasion. La nouvelle, vue plusieurs décennies plus tard, apparaît mensongère. Ainsi du *Winnipeg Free Press*, dont une manchette en lettres capitales du 13 mai clame : « La cavalerie britannique pulvérise les nazis » (« British Cavalry Smashes Nazis »). Mais le lendemain et le surlendemain, les journaux annoncent la capitulation des forces armées des Pays-Bas. Pas encore d'inquiétude, car les meilleures armées françaises et britanniques avancées en Belgique bloquent toute possibilité pour les Allemands de contourner le front par le nord.

Ces mêmes jours, les 14 et 15 mai, les lecteurs attentifs (il faut lire les petites manchettes ou entrer dans les articles) apprennent aussi que de violents combats se déroulent plus au sud, sur la Meuse, particulièrement dans la région de Sedan. Ni les journalistes ni les analystes militaires qui publient des colonnes dans les grands quotidiens ne relèvent l'incongruité que représentent ces combats impliquant des forces mécanisées allemandes à l'extrême sud-est de la Belgique. Les succès mineurs des Français sur ce point excentrique du front sont montés en épingle. C'est que dans quelques combats de chars, les Français remportent des succès locaux (leurs chars lourds et bien armés sont plus puissants que ceux des Allemands). Mais pour un lecteur vraiment attentif, cette incursion en force des Allemands, là où on n'a pas déployé les meilleures troupes alliées, pourrait paraître inquiétante.

Et en effet, le 15 mai, l'Agence Havas fait état d'une percée allemande à Sedan. Le même jour, *La Presse* consacre un long article à des renforts français envoyés sur la Meuse, claire indication pour qui sait lire entre les lignes qu'il y a là un problème. Mais encore une fois, ce sont les contre-attaques françaises, plus faibles dans la réalité que sous les rouleaux de la presse, qui priment dans le choix des titreurs.

Entre le 16 et le 18 mai, selon les journaux et les agences de presse que l'on préfère, la percée allemande est franchement admise, et il n'est plus besoin de perspicacité chez les lecteurs pour comprendre que la bataille décisive ne se déroule pas en Belgique, comme l'auraient voulu les Alliés, mais sur la Meuse, entre Dinant et Sedan. Le 20 mai, le généralissime français Gamelin est limogé et plus aucun doute n'est permis sur la gravité de la situation. Nous n'en sommes qu'au dixième jour d'opérations actives sur le front français ! Le lendemain, *Le Devoir* reproduit le discours du président du conseil français Paul Reynaud, qui proclame : « La patrie est en danger », comme si invoquer 1792 conjurait le sort. Le 22 ou le 23 mai, les lecteurs apprennent l'incroyable : les Panzers ont capturé Abbeville (en fait, ils y sont arrivés dans la soirée du 20, comme Zweig l'avait lu dans un quotidien britannique), à l'embouchure de la Somme sur la Manche, ce qui veut dire que les meilleures troupes françaises et britanniques sont prises dans une nasse. La Belgique était un piège ; les Alliés ont été leurrés. À cet égard, une comparaison des cartes publiées par les journaux entre le 10 mai et la fin du mois donnerait d'un coup d'œil une idée de la grandeur de l'erreur stratégique alliée, même si ces cartes sont plus des représentations artistiques que des résultats de la science géographique.

Au moment même où les nouvelles deviennent mauvaises, la censure commence à peser plus lourdement sur la presse. Alors qu'auparavant on se contentait d'éviter de citer les ordres de bataille ou les mouvements de troupe, et qu'on choisissait d'insister sur le côté positif des affaires, à compter du moment où la défaite est à peu près certaine, l'information sur les combats filtre plus difficilement. Il est aussi remarquable que plus la situation se dégrade, moins on en parle, c'est-à-dire qu'on décide d'insister sur autre chose, tel cet article du *Devoir* du 22 mai où l'on parle de la richesse de la Grande-Bretagne, le lecteur devant inférer que dans une longue guerre, cela sera un facteur déterminant. Tout espoir est perdu le 28 mai, alors que la capitulation belge est annoncée (et on ne manque pas d'accuser le roi des Belges de trahison), et que les premières informations sur l'évacuation de Dunkerque, l'Opération Dynamo, filtrent. C'est à peu près le moment où les rumeurs d'une cinquième colonne circulent avec le plus de vigueur, même à Montréal, où *Le Devoir* fait état de l'interpellation de 200 « sujets ennemis », pour s'en plaindre, car 6000 « ressortissants allemands » de plus auraient dû être arrêtés par la Police montée à cheval (ancien nom de la GRC).

Les derniers Britanniques et Français à s'embarquer à Dunkerque partent dans la nuit du 3 au 4 juin. La guerre en France cesse dès lors d'être la première nouvelle unanime de tous les journaux, alors que ce pays ne demandera l'armistice que le 17 juin. Dès le 5 juin, *Le Devoir* s'inquiète des conséquences intérieures de cette humiliante défaite sur le Canada français, qui réveille le spectre de la conscription. En réponse à une charge anti-Province de Québec du *Telegram* de Toronto en position éditoriale, Omer Héroux répond qu'« il ne faut pas que la guerre, qui rendra plus pénible encore la condition de nombre de pauvres gens, nous fasse oublier les angoissants problèmes qui se posent chez nous » et « il n'y a pas que sur les champs de bataille d'Europe que se perdent ou se gâchent les vies humaines », faisant ensuite un lien assez surprenant avec le manque d'espace vert à Montréal où les enfants de la ville pourraient s'égayer. La conscience de la gravité des événements ne frappe pas les consciences avec uniformité d'application.

Quand il devient encore plus évident que les choses ont mal tourné, il faut offrir des explications aux lecteurs. On cherche d'abord, et encore, des boucs émissaires. Dans son édition du 18 juin, *La Presse* reprend un article de l'agence BUP à Bordeaux, où le gouvernement français s'est réfugié après avoir déclaré Paris ville ouverte. L'article se veut une première tentative d'expliquer la défaite. Citant des « chefs militaires » anonymes, le correspondant britannique donne deux causes principales : la faiblesse de la 9e Armée française commandée par le général Corap, blâmé pour sa lenteur à colmater la brèche ouverte à Sedan, et la supériorité numérique écrasante des Allemands en chars d'assaut.

Les deux causes citées sont un réflexe typique d'une institution vaincue qui refuse l'examen de conscience. En effet, des chercheurs ont montré depuis longtemps que la prétendue supériorité numérique en blindés des Allemands n'était qu'un mythe et que les services de renseignements alliés s'étaient auto-intoxiqués sur le nombre de chars allemands. Et si Corap a été amorphe, il ne l'a pas plus été que son voisin de la 2e Armée (Huntziger) ou que bien d'autres généraux français d'un rang équivalent ou supérieur[47]. Trouver un bouc émissaire commandant une armée au front permettait de faire glisser le blâme vers un exécutant, évitant ainsi de chercher des causes plus profondes et plus dérangeantes pour l'opinion publique et pour le moral des armées : mauvaise répartition des effectifs, confiance naïve et stupide que les Allemands allaient répéter leur plan de 1914 (les Allemands ont compté là-dessus), niveau d'entraînement des réservistes et des appelés (l'essentiel des forces françaises) au-dessous de la médiocrité, méprises sur les rôles de l'aviation[48] (d'où des fautes irréparables dans la conception des appareils de combat français), doctrine tactique dépassée (datant de 1917), conception opérationnelle nulle (espérance d'un front longtemps statique en vue d'une guerre d'usure économique épargnant le sang) et profonde crise morale de la société (due essentiellement au souvenir des hécatombes de 1914-1918 et non pas aux gains électoraux de la gauche dans l'entre-deux-guerres, comme une droite cynique a voulu le faire croire) qui, à cause de la composition de l'Armée française (appelés et réservistes mobilisés en majorité) ne pouvaient que contaminer à peu près toute la nation[49].

---

47. Sans réhabiliter Corap, dont la carrière fut brisée, J. Jackson (*The fall of France...*, *op. cit.*, p. 35, 42 et 223) montre bien qu'il fut un bouc émissaire. Des officiers de haut rang tout aussi incompétents, sinon plus, comme Huntziger, ont été épargnés. Pis, Huntziger a pu poursuivre sa carrière sous Vichy.
48. « Que l'on imagine l'élève-officier penché à demi hors de la carlingue ouverte d'un coucou volant à 120 [km] à l'heure, ou dirigeant le pilote d'un biplan Léo-20 dont les longues ailes noires battaient l'air avec toute la grâce d'une vieille coccinelle, et l'on comprendra qu'à un an du Messerschmidt-110 et à dix-huit mois de la bataille d'Angleterre, le brevet d'observateur en avion nous préparait avec vigueur et efficacité à la guerre de 1914, avec le résultat que l'on sait. » (Romain Gary, *La promesse de l'aube*, Paris, Gallimard, 2003, p. 241.)
49. C'est là évidemment une question historiographique majeure ponctuée de nombreuses controverses. Il n'y a pas lieu d'en faire le rappel ici. Qu'il suffise de souligner que l'historiographie militaire française sur le sujet s'est longtemps complue dans la médiocrité et que si les Français acceptent maintenant de confronter ce passé avec plus d'honnêteté, ils tardent à fournir un bilan exhaustif et crédible. En l'absence de bonnes monographies, les témoignages contemporains demeurent des références obligées. Pour un bilan historiographique récent expliquant la faiblesse des travaux français, voir J. Jackson, *The fall of France...*, *op. cit.*, p. 188-197. Dans les travaux anciens, Alistair Horne (*Comment perdre une bataille, France 1940*, Paris Presses de la Cité, 1969, 491 p.), un Britannique, et surtout le journaliste américain William L. Shirer (*La chute de la IIIe République : une enquête sur la défaite de 1940*, Paris, Hachette, 1990 (éd. orig. 1969), 1047 p.) valent toujours le détour. Les meilleurs travaux récents sont ceux de chercheurs américains, et en premier lieu les livres de Robert Allan Doughty (*The Breaking point : Sedan and the fall of France, 1940*, Hamden, Archon Books, 1990, xiv-374 p.) et Ernest R. May (*op. cit.*), qui ont exploré les archives du SHAT, ce dont peu de Français se sont montrés capables jusqu'à aujourd'hui. L'Allemand Frieser donne également des aperçus sur la médiocrité du haut commandement français à partir de documents français, même si son propos principal repose sur l'exploration des archives allemandes. On pourra toutefois trouver dans le récit

Parfois, lorsque le journaliste est particulièrement compétent, comme A. C. Cummings, correspondant du *Ottawa Evening Citizen*, la critique porte au bon endroit : dès le 20 mai, Cummings écrivait que « les chefs occidentaux n'avaient pas suffisamment étudié les leçons de la Pologne ». On ne peut s'empêcher de remarquer ici que le niveau d'analyse entre la presse francophone et la presse anglophone est aux antipodes ; les journaux francophones sont très dépendants des agences de presse et leurs articles ne sont qu'une adaptation des dépêches ; les lecteurs anglophones bénéficient d'une presse qui a plus de moyens, financiers mais intellectuels aussi[50].

Que s'est-il passé ?

L'opinion publique est terrassée partout en Occident, l'effet le plus immédiat étant la chasse aux membres (inexistants) de la cinquième colonne qui durera à peu près un an, en fait jusqu'à ce que les Allemands attaquent les Soviétiques en juin 1941, privant la police de candidats à la trahison parmi les sympathisants des partis de gauche canadiens. Mais alors, comment l'Armée française a-t-elle pu être vaincue en seulement six semaines ? Pourquoi les soldats de métier britanniques ont-ils fait si piètre figure ? Que s'est-il passé pour qu'en quelques jours, l'on passe de l'optimisme béat aux plus sombres pressentiments ? La réponse à ces questions, que tout le monde se posait en juin 1940, donne un éclairage sur la nature des défis qui attendent les soldats canadiens après la catastrophe. Tenons-nous-en d'abord à des témoignages d'acteurs militaires écrits plus ou moins sur le vif, dont celui de Saint-Exupéry qui a été publié au Canada durant la guerre même en raison de l'occupation de la France.

---

populaire de Hubert de Wailly (*1940 : l'effondrement*, Paris, Perrin, 2000, 411 p.) une reconstitution au jour le jour intéressante de la déroute française. L'attitude des Français a été examinée de manière détaillée par Jean-Louis Crémieux-Brillac (*Les Français de l'an 40*, Paris, Gallimard, 1990, 2 vol.), peut-être le seul travail sur 1940 indispensable rédigé par un Français. Voir également les chapitres XII à XVII de l'*Histoire militaire de la France 3 – De 1871 à 1940* (dirigée par Guy Pedroncini, PUF, 1992, les chapitres de Henry Dutailly pour l'armée de terre, de Claude Carlier sur l'aviation et de Philippe Masson sur la marine), mais un effort décevant quand on le compare aux résultats de Doughty et May. Philippe Masson (*La Seconde Guerre mondiale*, Paris, Tallandier, 2003, 797 p.) offre une synthèse en phase avec les travaux américains, bien que pauvre en détails pourtant bien nécessaires. Le colloque des 16-18 novembre 2000 (actes sous la direction de Christine Levisse-Touzé, *La campagne de 1940*, Paris, Tallandier, 2001, 585 p.) annonçait un renouvellement dans l'Hexagone qui n'a pas eu lieu au moment de mettre sous presse, sauf pour l'aviation (avec Patrick Facon, *L'Armée de l'air dans la tourmente : la bataille de France 1939-1940*, Paris, Économica, 2005, 305 p.). Bernard Schnetzler (*Les erreurs stratégiques du IIIe Reich pendant la Deuxième Guerre mondiale*, 3e éd., Paris, Économica, 2003, 277 p.) a de bonnes idées sur 1940, mais il ne cite pas ses sources.

50. Le relevé de la presse qui précède est basé sur la lecture des quotidiens suivants : *Le Devoir* (10 mai au 7 juin 1940), *La Presse* (10 mai au 24 juin), *The Gazette* (10 au 27 mai), *The Globe and Mail* (10 au 17 mai), *The Ottawa Evening Citizen* (10 au 23 mai) et *The Winnipeg Free Press* (10 au 18 mai). Les couvertures du *Ottawa Citizen*, qui est le journal le mieux informé et qui a un bon correspondant anglais, et de la *Gazette*, qui se sert beaucoup de sources américaines non censurées, sont les meilleures. Les journaux québécois francophones font un travail plus que médiocre dans la couverture de la campagne de 1940.

Saint-Exupéry a laissé une belle page sur le découragement qui avait rapidement gagné les forces françaises après les percées allemandes du 13 mai 1940. Le capitaine d'aviation Saint-Ex était bien placé pour les décrire. Affecté aux longues reconnaissances, il voyait du ciel les colonnes allemandes rejoindre les civils fuyant l'invasion, disloquant du même coup les dispositions défensives françaises. Au sol, son unité a dû fuir d'un aérodrome à l'autre pour éviter la capture.

> L'ennemi a reconnu une évidence, et il l'exploite. Les hommes occupent peu de place dans l'immensité des terres. Il faudrait cent millions de soldats pour dresser une muraille continue. Donc entre les troupes il y a des trous. Ces trous sont annulés, en principe, par la mobilité des troupes, mais, du point de vue de l'engin blindé, une armée adverse peu motorisée est comme immobile. Les trous constituent donc des ouvertures véritables. D'où cette règle simple d'emploi tactique : « La division blindée doit agir comme l'eau. Elle doit peser légèrement contre la paroi de l'adversaire et progresser là seulement où elle ne rencontre point de résistance. » Les tanks pèsent ainsi contre la paroi. Il est toujours des trous. Ils passent toujours.

La détérioration rapide et catastrophique de la situation conduit Saint-Exupéry à exagérer la mécanisation des forces allemandes comparée à celle des Alliés[51]. En fait, on sait aujourd'hui que les Alliés avaient une supériorité en matériel et en effectif sur les Allemands dans la plupart des catégories, chars et avions compris[52]. Cependant, l'emploi que les forces allemandes faisaient de leurs ressources était fort différent de celui des Alliés et c'est ce qui a fait pencher la balance. Dans la suite du passage précédent, Saint-Exupéry expose dans son style limpide la nature du problème, la cause de la défaite et les raisons de son pessimisme :

> Or ces raids de tanks qui circulent aisément, faute de chars à leur opposer, entraînent des conséquences irréparables, bien qu'ils n'opèrent que des destructions en apparence superficielles (telles que captures d'états-majors locaux, ruptures de lignes téléphoniques, incendies de villages). Ils ont joué le rôle d'agents chimiques qui détruiraient, non l'organisme, mais les nerfs et les ganglions. Sur le territoire qu'ils ont balayé en éclair, toute l'armée, même si elle apparaît comme presque intacte, a perdu caractère d'armée. Elle s'est transformée en grumeaux indépendants. Là où il existait un organisme, il n'est plus qu'une somme d'organes dont

---

51. Nombre d'historiens (tout récemment Jeremy Black, *World War Two : a military history*, Londres, Routledge, 2003, p. 48 et 241) rappellent qu'à l'exception de ses pointes mécanisées, l'Armée allemande se reposait sur le cheval pour la plupart de ses grandes formations d'infanterie et pour une bonne partie de sa logistique.
52. Pour une mise au point récente à ce sujet, voir J. Jackson, *The fall of France…*, *op. cit.*, p. 12-21. Les histogrammes et tableaux d'Ernest A. May donnent les données, mais il faut lire tout le livre pour comprendre le jeu complexe d'auto-intoxication et de mauvaise foi *a posteriori* des Alliés sur les prétendues supériorités allemandes avancées pour excuser l'incurie des militaires alliés (*Strange victory…*, *op. cit.*, p. 476-480). Dans tous les domaines, sauf l'aviation tactique, les Alliés avaient une grande supériorité matérielle. Les chars de combat étaient mieux armés et mieux protégés que leurs équivalents allemands. Cependant, ce qui fut décisif, c'est la rapidité d'emploi que permettaient des chars bien équipés en radios (une force allemande, une faiblesse française) et l'emploi tactique d'avions au-dessus du champ de bataille, une pratique allemande totalement ignorée par les Alliés, malgré les avertissements de la guerre d'Espagne et de la campagne de Pologne.

les liaisons sont rompues. Entre les grumeaux — aussi combatifs que soient les hommes — l'ennemi progresse ensuite comme il le désire. Une armée cesse d'être efficace quand elle n'est plus qu'une somme de soldats[53].

En fait, dès les lendemains de la défaite, les esprits les plus sensibles aux événements pouvaient déjà tirer des conclusions presque définitives. Même un écrivain aussi peu belliqueux qu'André Gide, et aussi peu porté à noter les événements militaires dans son journal, et qui n'a jamais servi dans l'armée pour cause de poumons défaillants, savait où le mal résidait :

> Je feins de m'absorber dans ma lecture par crainte d'être pris à partie par le très respectable vieillard (de plus de quatre-vingt-deux ans), directeur de l'établissement et de l'hôtel, qui continue : « L'aviation ! Laissez-moi rire avec votre aviation. Oh ! je sais bien que… » Il s'éloigne avec son interlocuteur complaisant, et durant quelques instants je cesse de l'entendre. Mais, lorsque le groupe se rapproche, j'entends encore : « Sur un champ de bataille, c'est connu : le grand triomphateur, le seul, c'est le fantassin. Vos avions, c'est de la foutaise… » Hélas ! c'est pour nous être cramponnés à, je ne dis pas particulièrement cette idée, mais aussi bien à des sœurs de celle-ci, que ces batailles nous les avons perdues. Les moyens d'attaque et de défense changeant, les idées les plus justes, en stratégie, peuvent bien devenir avec l'âge des âneries, et devenir des généraux les officiers qui n'en démordent point. Devant un ennemi inventif et qui sut rénover ses méthodes et moyens d'attaque, rien de pire que des chefs routiniers. Mieux vaut encore des gens sans expérience aucune, mais prompts à l'accueillir et à en profiter, que des entêtés dans le souvenir d'une guerre précédente sans presque aucune ressemblance avec l'actuelle, prêts à penser que la victoire se trompe lorsqu'elle penche vers l'inédit.

Réflexion banale reconnaîtra Gide dans une note postérieure de quelques semaines, mais pas encore une « vérité courante », car au moment où elle fut écrite, le 8 juillet 1940, « il ne se trouvait presque personne pour les dire », du moins dans les milieux fréquentés par les gidiens[54].

Les impressions de ces écrivains rejoignent l'analyse à chaud du médiéviste Marc Bloch. Sous-officier puis officier en 1914-1918, officier de réserve en 1939-1940 (il aimait à se représenter, à 53 ans, comme le plus vieux capitaine de l'Armée française), résistant torturé et assassiné en 1944, Bloch a laissé une étude célèbre de la défaite de 1940 qui complète les impressions de Saint-Exupéry et les intuitions de Gide. En raison d'âge, l'officier de réserve Bloch avait une affectation logistique derrière le front, qui le plaçait toutefois au premier plan pour constater les effets « en profondeur » de la *blitzkrieg*.

---

53. La mission de Saint-Exupéry au-dessus d'Arras a lieu le 23 mai, c'est-à-dire treize jours seulement après la violation des frontières belges et hollandaises. Les deux citations proviennent de *Pilote de guerre*, Paris, Gallimard, 2001 (1942), p. 81-83. Cette édition ne donne pas le contexte de la mission, qu'on trouve dans les écrits posthumes : *Écrits de guerre, 1939-1944*, éd. rev., Paris, Gallimard, 1994, p. 85-87.
54. L'entrée du 8 juillet 1940 et la note postérieure du 20 octobre suivant sont citées dans l'édition Pléiade du *Journal* (Paris, Gallimard, 1997), t. II, p. 710.

L'étrange défaite est écrit dans la clandestinité dans les semaines qui suivent les événements de mai-juin 1940. En bon historien, Bloch cherche les causes de la défaite dans l'ensemble social français, et par-dessus tout, la cause immédiate de la défaite, dans les fautes du haut commandement. Loin de lui, homme de gauche, juif non croyant, de chercher dans la décadence de la société française, dans la cinquième colonne et autres mythes des causes de pourrissement comme le faisait si facilement l'extrême droite nationaliste. La culpabilité est à la fois plus diffuse, mais du coup plus grande, dans toute la nation. Elle est particulièrement évidente dans l'appareil d'État et dans les forces armées. L'historien du social applique la méthode qu'il connaît le mieux à ce qui est pour lui finalement un problème d'histoire des mentalités, une sclérose rendant incapable de penser correctement, et vite :

> Beaucoup d'erreurs diverses, dont les effets s'accumulèrent, ont mené nos armées au désastre. Une grande carence, cependant, les domine toutes. Nos chefs ou ceux qui agissaient en leur nom [les états-majors] n'ont pas su penser cette guerre. En d'autres termes, le triomphe des Allemands fut, essentiellement, une victoire intellectuelle et c'est peut-être là ce qu'il y a eu en lui de plus grave[55].

On remarquera comment cet homme cultivé, qui périra de la main de barbares, place ces barbares, ou du moins certains d'entre eux, intellectuellement au-dessus de ses compatriotes. Pour un combattant valeureux de 1914-1918, admettre le « triomphe » intellectuel des Allemands n'était pas un facile exercice d'humilité.

La sclérose mentale se traduit par une incapacité à réagir rapidement aux gestes de l'ennemi, ce qui permet à celui-ci de pénétrer en profondeur dans le dispositif défensif, accroissant de la sorte les effets délétères d'un système de commandement trop lent qui perd morceau par morceau ses capacités de contrôle (lignes téléphoniques arrachées, voies bloquées pour les estafettes, etc.).

Pour Bloch, le mal frappait à tous les niveaux de la hiérarchie, du généralissime Gamelin aux simples troupiers, de sorte que ni la pensée ni l'exécution ne pouvaient tenir le rythme[56] imposé par les Allemands : « la sclérose mentale ne se limitait pas aux autorités supérieures » et « les officiers de troupe avec, pour la plupart, moins de subtilité de doctrine, avaient été formés à la même école, en somme, que leurs camarades des états-majors[57] ». L'armée du temps de paix n'a pas su se préparer à la prochaine guerre parce qu'elle n'arrivait pas à penser chez les plus vieux, ni à faire penser, chez les plus jeunes, comment les choses pourraient se dérouler. D'où la question qu'il se pose à l'occasion d'une révision de son manuscrit en juillet 1942 : « [q]u'est-ce donc que l'éducation militaire, si elle prépare à tout, sauf à la guerre[58] ? » « Un enseignement trop formaliste n'avait pas dressé les cerveaux[59] », écrit-il plus loin en répondant à sa question.

---

55. *L'étrange défaite. Témoignage écrit en 1940*, Paris, Gallimard, 1990, p. 66. Toutes les citations sont extraites du chapitre II qui nous concerne plus directement ici.
56. *Ibid.*, p. 67.
57. *Ibid.*, p. 73 et 77.
58. *Ibid.*, p. 128.
59. *Ibid.*, p. 149.

Écrit de combat intellectuel au moment où les combats physiques et matériels sont suspendus par nécessité, Bloch ne peut indiquer de solutions. Toutefois, il rejoint les préoccupations de ceux qui ont certes subi une grande défaite, mais qui par chance ne sont pas encore vaincus : les Britanniques et leurs Dominions.

Interpréter la défaite

Il n'appartenait évidemment pas à Marc Bloch de trouver les solutions techniques, mais à ces états-majors et aux écoles militaires qui avaient si misérablement failli. Or, ce que les enseignements de vingt années de débats dans les écoles de guerre n'avaient pas suffi à changer, il fallait le réaliser en quelques mois.

Avant d'en venir aux causes proprement militaires, il faut évoquer une cause psychologique majeure qui affecte les pays qui ont subi de fortes pertes en 1914-1918, en premier lieu la France, mais aussi l'Allemagne, l'Angleterre, l'Italie, la Belgique et le Canada. Partout, on ne désire pas se laisser mener à l'abattoir comme en 1914-1918. La réaction chez beaucoup d'hommes de troupe est de marquer leur scepticisme quant à la compétence des chefs et une mauvaise volonté dans le respect des habitus militaires. Chez les généraux, si s'affirme un souci plus grand de la vie des hommes, la manière dont on entend relever le défi varie grandement : les uns ont voulu simplement reprendre là où ils l'avaient laissé en 1918[60], telle la majorité des responsables militaires français, anglais et canadiens, quand les autres, une minorité, ont pensé une forme différente de guerre, les Allemands surtout. Comme si, en meilleurs philosophes de la guerre, les Allemands étaient parvenus à une synthèse (la *blitzkrieg*) efficace, les Alliés en étant restés à l'antithèse (la guerre de position) d'une thèse (la volonté et l'élan contre les mitrailleuses et les canons) que tous rejetaient.

Ce refus de penser la guerre moderne s'accommodait bien des sensibilités politiques de l'époque. Des peuples pacifiques ne peuvent avoir des conceptions opérationnelles ou tactiques agressives. Il serait plutôt dans leur nature d'attendre les hordes d'agresseurs derrière des fortifications, permanentes ou de campagne. Derrière ces fortifications, on repousse l'agression tout en épargnant la vie des

---

60. Ce vieux guerrier las de 1914-1918, Jünger, surpris des succès spectaculaires de son pays en mai-juin 1940, commente ainsi dans son journal : « J'ai encore parcouru ce matin cette belle campagne, à cheval, pour aller discuter des formes nouvelles du combat d'attaque. On peut maintenant progresser comme nous avions rêvé de le faire en 1918. » Jünger écrit cela dans son journal en date du 5 juin 1940 (*Jardins et routes…, op. cit.*), alors qu'il est encore sous le coup de la surprise. Voir aussi les entrées des 18 et 29 juin 1940. Son attitude est indicative d'une mentalité agressive des soldats allemands qui avaient mis au point des nouvelles tactiques qui avaient failli leur procurer la victoire au printemps 1918. La victoire leur avait cependant échappé à cause de l'épuisement généralisé de la nation allemande et de l'arrivée des renforts américains. En 1940, on avait les ressources matérielles pour mettre en œuvre les concepts dérivés de 1917-1918. Notons que cela est écrit dans le vif de l'action (Jünger commande une compagnie de réservistes dans une division d'infanterie qui marche derrière les unités blindées) bien avant que les théoriciens militaires des années 1980-1990 établissent la filiation entre les tactiques d'infiltration des fantassins allemands de 1918 et la *blitzkrieg* de 1939-1940 ; Jünger établit ici une continuité théorique entre 1918 et 1940 qu'une analyse superficielle a longtemps occultée.

soldats. Malheureusement, cela sabotait toute chance de concevoir des opérations offensives, nécessaires même dans une guerre défensive, puisqu'il faudra bien reprendre certaines positions prises par l'agresseur pour préserver l'intégrité du système défensif. Plus insidieusement, cela dévaluait l'agressivité, conduisait à l'apathie et finalement sapait le moral[61].

Le drame de la France n'est pas seulement que la pensée militaire y avait pris du retard, c'était aussi le cas en Angleterre, mais que la France n'a que le Rhin pour la séparer de l'Allemagne, alors que les Anglais avaient la Manche. Quant aux problèmes sociaux et politiques particuliers à la France de la fin des années 1930, bien réels, s'ils ont pu affaiblir le moral dans certaines unités (les unités composées en majorité de vieilles classes de réservistes ou certaines unités de jeunes appelés mal encadrées[62]), il ne faut pas les exagérer[63].

Crise morale ou pas, l'instrument était émoussé car, encore une fois, les soldats de métier sur lesquels reposait l'essentiel de la planification et de l'exécution des manœuvres les plus difficiles avaient des conceptions professionnelles plus avancées en Allemagne que partout ailleurs en 1939-1940. Le soldat de métier agissant avec professionnalisme, c'est-à-dire soucieux de recherche et de perfection, était plus rare dans les armées alliées, quelles qu'en soient les causes. La défaite va permettre l'élimination de beaucoup de bois mort dans l'Armée anglaise, mais pour la France, il était trop tard. Dans l'Armée canadienne, il était difficile de se départir des officiers incompétents à l'été de 1940, faute de candidats à leur substituer. Avant de les éliminer, il fallait former une nouvelle classe d'officiers capables et les éprouver au combat. Il faudra donc du temps pour mettre en marche le processus et du temps pour qu'il produise ces effets, si bien que l'élimination des incompétents ne prendra de la vitesse qu'en 1942-1943 et qu'elle ne sera pas terminée au moment du débarquement de juin 1944.

---

61. Jean-Louis Crémieux-Brilhac, « L'évolution du moral des troupes », dans C. Levisse-Touzé (dir.), *La campagne de 1940...*, *op. cit.*, p. 289-299 ; D. Fraser, *Wars and shadows...*, *op. cit.*, p. 124 et 144. Fraser était sur place, officier subalterne en France à l'époque, devenu depuis un historien militaire respecté.
62. Sur la classe de 1938, la sienne, Romain Gary écrit (*op. cit.*, p. 239) : « La "classe" qui était [...] incorporée brillait par son manque d'enthousiasme et une profonde conviction, que les événements de 40 devaient justifier pleinement, qu'on la forçait à prendre part à un "jeu de cons". » Voir aussi les p. 252, 262, 272, 274, 277 et 290.
63. Mais il ne faudrait pas non plus les ignorer. À cet égard, J. Jackson (*The fall of France...*, *op. cit.*, p. 219-227) constitue un remarquable exemple : dans sa tentative de montrer que la France des années 1930 n'était militairement pas aussi décadente que certains historiens pressés l'ont écrit, que surtout, un déterminisme *post-facto* est une analyse trop facile, il en vient à imputer la défaite à des causes strictement militaires, à savoir un mauvais plan opérationnel, une mauvaise exploitation du renseignement militaire, une mauvaise répartition des divisions de réserve, une doctrine militaire privilégiant trop la « bataille conduite » style 1915-1918 et une faiblesse en chasseurs et bombardiers tactiques dont on avait pris conscience trop tard. C'est pourquoi la surprise a joué en mai 1940. Jackson aurait pu ajouter la faiblesse de l'armement antichar et antiaérien. Mais si tout cela est vrai, alors c'est que l'état-major ne fait pas son travail depuis un bon bout de temps. Si la production de matériel de guerre est en retard, c'est que le gouvernement est en cause. On en revient à une causalité plus complexe et surtout à plus long terme. Le révisionnisme semble à bout de souffle.

Les chars d'assaut sont spontanément associés à la *blitzkrieg*, mais l'appui aérien en est également une composante déterminante. La vitesse demandée par ce genre de guerre implique que les points de résistance qui ne peuvent être contournés doivent être neutralisés rapidement. Or, dans ces cas, un appui-feu supplémentaire devient nécessaire. Traditionnellement, c'est l'artillerie qui le fournit, mais la mise en place des batteries d'obusiers tractés exige du temps. Le risque est que le défenseur (qui a l'avantage de mieux connaître le terrain et d'occuper une position plus ou moins préparée à l'avance) puisse amener des renforts et ainsi stopper l'offensive. Pour cette raison, en 1914-1918, un attaquant pouvait difficilement empêcher le défenseur de se rétablir, d'où stagnation du front pendant plus de trois ans. Mais en 1939-1940, l'attaquant avait des solutions, parmi lesquelles l'aviation d'assaut tenait une grande place.

Dès le mois d'avril 1940, les forces franco-britanniques avaient eu un avant-goût de la recette de guerre allemande. Le Danemark avait été envahi sans coup férir le 9 avril 1940 et la Norvège dans les heures suivantes. Si on ne pouvait rien faire pour les Danois, qui ne s'étaient pas défendus, les Franco-Britanniques espéraient que les Norvégiens pourraient résister plus longtemps. D'où la décision d'envoyer un petit corps expéditionnaire en Norvège. Mais les événements en France ont finalement contraint les Alliés à abandonner la Norvège, évacuée le 8 juin 1940.

Dans l'un des rapports remis au secrétaire d'État à la Guerre britannique sur l'expédition, le lieutenant-général Auchinleck fait le bilan de l'échec des forces terrestres alliées dans le nord de la Norvège :

> Les pertes réelles des troupes au sol du fait des attaques à faible altitude sont assez faibles, mais l'effet moral d'un mitraillage constant venant des airs est considérable. Il faut aussi considérer que l'ennemi procède à des attaques de ce genre en remplacement de l'artillerie et cela pour couvrir ses troupes. Les soldats des positions avant soumis à ces matraquages se jettent au sol et, jusqu'à ce que l'expérience leur apprenne qu'ils sont relativement inoffensifs, l'attention qu'ils accordent aux mouvements ennemis en est d'autant réduite. L'ennemi peut ainsi en profiter pour s'avancer et déborder en toute impunité.
>
> La deuxième conséquence des attaques en rase-mottes est une paralysie partielle des quartiers généraux et par conséquent des hiatus dans l'exercice du commandement.
>
> Troisièmement, les attaques à basse altitude de transports cheminant sur des voies étroites ont sérieusement affecté l'approvisionnement, même si elles ne l'ont jamais complètement interrompu. [...]
>
> L'utilisation que l'ennemi fait de ses avions [...] était évidemment coordonnée de la manière la plus précise avec les opérations de ses forces avancées, ce qui démontre un très grand degré de coopération entre sa force aérienne et son armée de terre, d'autant plus remarquable que ses terrains d'aviation étaient situés à grande distance des combats[64].

---

64. *Supplement to the London Gazette*, n° 38011, 10 juillet 1947, appendice B (« Report on operations in Northern Norway »), « Conclusion – Lessons of the operations », p. 3193, paragraphes 94-95,

Contrairement à la presse qui n'en a que pour les chars et les avions d'assaut, particulièrement les infâmes Stukas, Auchinleck comprend que les succès allemands sont aussi dus à l'emploi intelligent des qualités complémentaires des chars, de l'aviation et d'une infanterie bien entraînée. Bref, le général anglais est impressionné par le degré de coopération entre les différentes armes de l'ennemi.

Il conclut en insistant sur une première grande leçon, à savoir l'importance de la maîtrise du ciel pour le succès des opérations terrestres, une leçon que les Alliés retiendront : « [L]a première grande leçon à tirer est qu'engager des troupes dans une campagne sans support aérien adéquat est une invitation au désastre[65]. »

La seconde grande leçon nous intéresse encore plus ici. Auchinleck y fait allusion lorsqu'il parle d'expérience du feu aérien. Elle a trait à la préparation générale, soit à un équipement adéquat, une logistique suffisante, un bon plan. La guerre contre les Allemands ne peut être improvisée. La préparation, c'est essentiellement l'instruction et l'entraînement des troupes et des états-majors :

> Le deuxième facteur important qui a pesé sur les opérations dans ce théâtre, c'est l'entraînement. Seuls des soldats parfaitement entraînés peuvent entreprendre des opérations de cette nature ; chaque homme, chaque officier doit être en forme et en très bonne santé.
>
> Dans un pays de collines, la première chose importante est que les troupes puissent se déplacer sans encombre, aient la forme physique pour porter le « paquet du soldat » pour de longues périodes en conditions de vrai service. Sur ce point, l'ennemi semble avoir été supérieur à nos troupes ; sa mobilité et son endurance sont remarquables. C'est ce qui me fait croire que le paquetage de nos soldats est encore beaucoup trop lourd.
>
> La deuxième chose, c'est qu'il faut mieux comprendre la valeur du terrain et ne pas hésiter par exemple à quitter les vallées pour gagner les hauteurs [leçon dictée par la configuration du terrain norvégien].
>
> Le troisième aspect est la nécessité vitale de l'initiative et de l'indépendance des chefs subordonnés, et l'autre nécessité de leur montrer que certaines menaces au flanc peuvent être ignorées et ne doivent pas obligatoirement conduire à la retraite générale[66].

Auchinleck mentionne aussi des problèmes de nature technique, notamment des appareils radio inutilisables dans les compagnies d'infanterie, ce qui rend impossibles toute coordination et toute coopération véritable avec les autres armes, ainsi qu'avec l'aviation, et les pâles performances du fusil-mitrailleur Bren comparées à la mitrailleuse de section standard des Allemands, à l'époque la MG34[67]. Sur ce second point, les Britanniques n'arriveront jamais à compenser la fai-

---

appendice signé par Auchinleck. Ce document est cité en concaténant plusieurs extraits par J. Black, *World War Two...*, *op. cit.*, p. 44, qui en donne le contexte.
65. *Supplement to the London Gazette*, n° 38011, p. 3195, § 106.
66. *Ibid.*, p. 3193-3194, § 99. Voir aussi le § 106, p. 3195.
67. *Ibid.*, p. 3194, § 100.

blesse du Bren, qu'utilisaient aussi les Canadiens, et on devra faire toute la guerre avec cette arme peu performante, rendant le travail des sections d'infanterie incomparablement plus difficile. Quant aux appareils radio, là encore le matériel d'origine britannique va se révéler un handicap presque jusqu'à la fin. Chose que plusieurs ignorent, c'est que pour presque toute la guerre, les soldats alliés ont dû utiliser de l'équipement inférieur en qualité et en performance aux matériels équivalents dans l'Armée allemande. La puissance industrielle anglo-américaine procurait quantité mais pas nécessairement qualité optimale[68].

Si ce rapport très explicite n'a été connu du public qu'en 1947, il a été remis au secrétaire d'État à la Guerre, le patron politique du War Office, le 19 juin 1940, donc au moment même où la France cesse le combat. Il est certain que les idées émises par Auchinleck, y compris les deux grandes leçons sur la maîtrise de l'air et la préparation, ont circulé dans les états-majors, y compris le canadien, qui n'était après tout qu'un état-major opérationnellement asservi aux Britanniques.

Ce rapport a pu inspirer des réformes, y compris dans l'entraînement, et il est certainement l'un des états les plus lucides et francs qui soient, malgré son caractère « officiel », comme c'est souvent le cas de documents produits par la haute fonction publique ou par le haut commandement britannique, où la puissance intellectuelle n'était pas toujours mal vue. Autre chose serait de passer d'un diagnostic à une thérapie efficace.

Les récits d'acteurs de premier plan comme Auchinleck, ou d'acteurs secondaires qui sont aussi des observateurs attentifs comme Bloch ou Saint-Exupéry, montrent les failles que les têtes d'affiche ont la responsabilité de colmater. Grâce à ces témoignages, le lecteur peut déjà comprendre quels sont les points sur lesquels les efforts de redressement porteront. Malheureusement, pour des causes complexes tenant à la culture de l'organisation, le développement des solutions prendra du temps et ne suivra pas une courbe d'apprentissage lisse, c'est le moins que l'on puisse dire.

Pour l'Armée canadienne en général, le choc de 1940 est vécu comme une tragi-comédie, car, heureusement, les Canadiens vivent la tourmente en spectateurs. La défaite a été si soudaine que les unités de la 1re Division n'ont pas eu l'occasion d'être engagées pour colmater les brèches causées par les assauts allemands. Mais le grand état-major britannique l'avait envisagé. Alertées une première fois en avril pour un débarquement en Norvège qui est par la suite contremandé, les forces de McNaughton sont à nouveau mises en alerte le 23 mai, cette fois pour une opération en France. Mais il est déjà trop tard et la brigade déployée les 12-13 juin est rappelée juste à temps, le 16 juin, ce qui lui évite d'être broyée dans la tourmente[69].

---

68. Sur ce point, voir mon *Volontaires : des Québécois en guerre, 1939-1945*, Montréal, Athéna éditions, 2006, *passim*, notamment les légendes du cahier photo.
69. On peut suivre les péripéties de l'engagement/non-engagement de la 1re Division canadienne dans l'histoire officielle : C. P. Stacey, *Six années de guerre...*, *op. cit.*, p. 264-297.

Dans les unités, on ressent la déception de l'acteur laissé à l'arrière-plan, parce ce qu'on n'a pas pris conscience qu'on l'a échappé belle. L'historique régimentaire d'une unité d'artillerie de la division, le 3rd Field Regiment, expose non sans humour comment les Canadiens ont approché le désastre qu'un affrontement avec un ennemi bien entraîné n'aurait pas manqué de produire :

> L'entraînement quotidien du régiment à Larkhill, Camp Fargo, a commencé avec des « manœuvres montées » (motorisées, notamment avec le camion de livraison d'épicerie G-1098 dans l'inventaire) pour toutes les batteries. Tous sont déterminés, car les rapports en provenance du continent et du BEF sont chaque jour plus mauvais. Le 15 mai, les Hollandais se rendent. Le 20 mai les Allemands ont enfoncé un large coin en France, le général Gamelin est relevé de son commandement et remplacé par le général Weygand. Le même jour, le 3rd Field Regiment tire son premier obus. [...] Le lendemain, les Allemands sont sur la Somme et prennent Arras. Cette perspective peu réjouissante pour les hommes est commentée dans le journal de guerre de cette manière : « Quand s'arrêteront-ils[70] ? ».

Le 22e Régiment appartient aussi à la 1re Division. Alors qu'il commence à peine à pratiquer la coordination entre ses quatre compagnies et la coopération avec l'artillerie divisionnaire, le calendrier est bouleversé par les événements d'outre-Manche. Le 10 mai, le journal de guerre du 22e rapporte l'invasion de la Belgique par les Allemands. Le lendemain, l'unité est placée en alerte avec préavis de mouvement de deux heures. Toutes les permissions sont annulées. Le 17 mai, le programme d'entraînement est modifié pour inclure des exercices destinés au développement de contre-mesures contre les procédés qui ont surpris les Danois et les Hollandais auparavant ; durant un exercice de nuit (nom de code « Ively Farm »), le bataillon doit se précipiter vers un aérodrome où de fictifs avions allemands déposent des parachutistes. L'exercice de brigade du 27 mai, de nuit encore, consiste à contre-attaquer puis à aménager à la hâte une position défensive.

L'unité est toujours en alerte le 28 mai, alors qu'elle s'entraîne aux combats de tranchées. Tous croient que les Allemands devront faire une pause pour se reposer et se ravitailler. Cette pause nécessaire marquera, croit-on, le passage de la guerre de mouvement à la guerre de position, comme en 1914. Comme les Canadiens, les Allemands n'ont pas oublié le script de 1914, mais eux ils cherchent consciemment à ne pas le répéter. Encore le 28, alors que les soldats du 22e se familiarisent avec la cuisine de tranchées, les Belges capitulent. Aussitôt, le bataillon est prévenu de se préparer à partir pour la France. À son arrivée sur la côte anglaise le 30 mai, on lui apprend qu'il vient d'entrer en « théâtre de guerre ». Mais sans que les membres du régiment sachent trop pourquoi, le bataillon est retourné à la caserne le 7 juin. Puis retour sur la côte anglaise le 12. Le 14, l'ordre d'embarquer est annulé définitivement. Le lendemain, il est porté au

---

70. « History of the 3rd Canadian Field Regiment, Royal Canadian Artillery, September, 1939, to July, 1945 – World War II », s.l., [1945 ?], dactylographié, n.p. (MDN, DHP, 142.4F3(D1)). Cet historique anonyme donne beaucoup de détails sur les premiers temps de l'entraînement.

journal de guerre que l'ennemi est à 40 km de Paris. Le 16 juin, nouvelle observation laconique : l'Armée française a cessé d'offrir une résistance organisée. L'impensable s'est produit. Il n'y a plus rien à faire pour sauver la France ; l'entraînement peut reprendre son cours normal[71].

La campagne de France ne s'est donc pas terminée avec la percée à Sedan et la décision d'évacuer Dunkerque (entre le 10 et le 25 mai). Pendant encore quatre semaines, jusqu'au 25 juin, les Français et leurs alliés vont se battre sur une ligne de défense reformée sur la Somme, puis dans l'espace compris entre cette rivière et la Loire, souvent avec plus de succès locaux contre les Allemands que lors de la phase précédente des combats. C'était d'abord en vue de renforcer cette ligne, puis de lui substituer la défense d'un réduit breton, que la 1re Division canadienne avait commencé à faire mouvement vers la France à la fin mai 1940.

Évidemment, la résistance a été vaine, car la position alliée était indéfendable : la Somme est un fleuve aisément franchissable et la grande plaine du centre-sud-ouest, y compris l'Île-de-France, est une proie facile pour des forces motorisées.

Cependant, on n'a jusqu'ici pas pris en compte que les Français, puisqu'il s'agit surtout d'eux à ce moment de la guerre, avaient commencé à ajuster leurs tactiques pour faire face à l'ennemi. On pouvait le croire, mais aucune recherche systématique ne l'avait montré. C'est maintenant fait. Martin S. Alexander a montré récemment, au terme d'une longue analyse des souvenirs publiés des participants ainsi que par une nouvelle exploration des archives militaires françaises (le genre d'analyse que savent si bien faire les chercheurs anglo-saxons dans les dépôts français) qu'au niveau intradivisionnaire il y avait en effet eu des adaptations heureuses. Malheureusement, au-delà de la division, c'est-à-dire au niveau des corps d'armée, des armées, des groupes d'armées et des grands quartiers généraux, la paralysie régnait faute de bonnes communications, de conceptions tactiques et opérationnelles adéquates et surtout faute de souplesse intellectuelle[72].

> La documentation suggère sans l'ombre d'un doute qu'il y a eu désintégration du commandement, du contrôle et des communications au-dessus du niveau de la division. Trop souvent, les commandants de division ont été laissés à eux-mêmes. Des heures durant, parfois plusieurs jours, ils restaient sans ordres, ignorants des événements se déroulant à aussi peu que vingt ou trente kilomètres à leur gauche ou à leur droite, véritablement aveugle sur ce qui se déroulait dans le reste de la France.

---

71. JG R 22e R, mai-juin 1940 (BAC, RG24, C-3, vol. 15 235).
72. Martin S. Alexander, « After Dunkirk : the French Army's performance against "Case Red", 25 May to 25 June 1940 », *War in History*, vol. 14, n° 2, avril 2007, p. 219-264. Alexander reproche à ses prédécesseurs, Horne et Doughty notamment, de trop insister sur la première phase, celle des percées, et pas assez sur la seconde, ce qui change grandement la perception d'ineptie que l'on pourrait avoir des Français si l'on se limitait aux dix premiers jours de combat. Il exagère cependant les possibilités de résistance après le 20 mai 1940, y compris en alléguant fort légèrement qu'une division canadienne était déjà en France à la mi-juin, ce qui, on le voit dans ce livre, est une vue bien trop optimiste. Ici, Alexander se fie trop sur les messages de provenance britannique qu'il a pu lire dans les archives françaises, où ce secours était promis.

Pourtant, la raison d'être des corps d'armée est de coordonner les manœuvres et les combats de groupes de divisions, afin d'assurer le synchronisme et la liaison des opérations. Les problèmes de communication des Français sont demeurés après la phase décousue des batailles de mai 1940, même lorsqu'ils se sont mieux battus en juin. Cela suggère que c'est au niveau mitoyen des interfaces armée/corps et corps/division que la technologie, les systèmes et les attitudes étaient les moins appropriés[73].

Plus bas dans la hiérarchie, aux niveaux des officiers régimentaires, Alexander trouve de très nombreux exemples d'adaptations heureuses aux méthodes allemandes, parfois même jusqu'au niveau des commandants de compagnie ou (mais souvent dans des unités d'élite, comme les chasseurs alpins, les régiments de marche étrangers ou les divisions nord-africaines). Malheureusement, ces officiers de rang moins élevé — Alexander cite des noms allant du rang de lieutenant à celui de général de brigade ou de division de nomination récente (de Gaulle, de Lattre, Juin, pour mentionner les plus connus) — n'avaient pas l'ancienneté suffisante pour faire admettre des conceptions tactiques moins antédiluviennes que celles de leurs supérieurs[74].

Naturellement la conclusion générale de Martin Alexander ne diffère pas de celle que l'on peut adopter si l'on s'en tient à un récit s'interrompant fin mai 1940. Mais son travail plus minutieux permet de confirmer et d'identifier avec plus de précision les problèmes confrontant les Français et leurs alliés. Le travail de cet auteur renforce deux hypothèses, que les événements précédents suggéraient déjà : que ce sont les officiers généraux et leurs états-majors qui étaient le plus en faute, et qu'ils pensaient trop en termes d'une guerre statique avec un front fortifié quasiment immuable. Son explication en suggère une troisième, à savoir que l'âge a peut-être quelque chose à voir ici. Or, si le haut commandement français est composé de gérontes — les deux commandants en chef français étaient des hommes âgés, soixante-huit ans pour Gamelin et soixante-treize pour Weygand, les commandants d'armée dépassaient la soixantaine et ceux de corps étaient dans la cinquantaine avancée ! — cela n'est pas le cas des Britanniques, où on peut atteindre les plus hauts grades dans la cinquantaine, et encore moins au Canada, où cela se fera dans la jeune quarantaine durant la Deuxième Guerre mondiale. Néanmoins, l'âge, s'il recoupe une sclérose progressive de l'esprit ou s'il s'accompagne d'un attachement excessif à la tradition, comme cela peut être le cas pour des hommes ayant passé vingt-cinq années d'une vie de quarante-cinq ans dans l'armée, peut jouer un rôle. Gardons cette hypothèse de la sclérose en tête, avec les deux autres.

La réaction du gouvernement canadien

Aux Communes, la session 1940 s'ouvre sur les mauvaises nouvelles d'outre-mer. Fait exceptionnel, le premier ministre accepte de répondre à une question

---
73. *Ibid.*, p. 259.
74. *Ibid.*, p. 262.

du chef de l'Opposition officielle avant que soit prononcé le discours du trône (il s'agit de la première session de la 19ᵉ Législature, après les élections du 26 mars). C'est que les journaux des 16 et 17 mai ont commencé à diffuser des informations sur la situation au front qui sont loin d'être rassurantes. R. B. Hanson, chef de l'Opposition officielle, demande tout simplement au premier ministre s'il a une déclaration à faire sur ce qui semble être une situation critique sur le front. Mackenzie King tente de rassurer l'opinion — la question de Hanson avait été planifiée avec le parti ministériel[75] — même s'il admet que la situation est sérieuse « à l'ouest de Sedan », où l'ennemi a engagé des « forces mécanisées assistées d'avions ».

Évidemment, les événements des derniers jours éclipsent tout élément d'un programme législatif conçu en vue d'une guerre longue et dans laquelle l'effort du Canada aurait été plutôt de nature économique ; une intervention plus importante qu'envisagée des banquettes ministérielles paraissait dorénavant inévitable. Les événements conduiront le gouvernement à adopter toute une série de mesures plaçant véritablement le pays sur pied de guerre, mesures que le premier ministre voudrait annoncer le 17 juin (jour où le maréchal Philippe Pétain devient président du conseil en remplacement de Paul Reynaud, démissionnaire) mais qu'il n'explique que le lendemain.

La principale concerne la mobilisation, qui est totalement chambardée. Au lieu de l'activation progressive d'unités de milice pour compléter le tableau des effectifs de deux nouvelles divisions d'infanterie, le premier ministre annonce maintenant une accélération du processus : les deux divisions d'infanterie seront recrutées immédiatement. Preuve que mai-juin 1940 est le tournant vers une mobilisation totale dans la population aussi, les bataillons d'infanterie de ces deux nouvelles divisions parviennent à recruter leurs effectifs dès l'été 1940 (6909 recrues dans l'Armée de terre en mai, mais 29 319 en juin et 29 171 en juillet[76]). Mais les cadres devront être trouvés, donc instruits. Aussi importante est l'annonce de l'établissement d'un service militaire obligatoire limité (loi LMRN) aux fins de préparer des renforts.

Avant d'expliquer comment fonctionnera désormais le flux des renforts, il faut insister sur ce moment décisif que sont les semaines s'écoulant entre le 10 mai et le 21 juin 1940 pour l'acteur politique canadien. La grandiloquence des déclarations publiques n'est probablement pas le meilleur indicateur de la profonde crise psychologique qui frappe le principal dirigeant politique canadien. Publiquement, il doit paraître en contrôle de lui-même à défaut des événements.

Le chercheur dispose d'un document exceptionnel pour tâter des sentiments les plus profonds du principal décideur, le premier ministre William Lyon Mackenzie King (1874-1950) : son journal. On peut se faire une meilleure idée

---

75. *Débats de la Chambre des communes*, 17 mai 1940. Le premier ministre avait été prévenu à l'avance, le président de la Chambre avait autorisé la question et aucun membre de la Chambre n'avait soulevé d'objection.
76. C. P. Stacey, *Six années de guerre...*, *op. cit.*, p. 78.

de la crise en suivant comment il reçoit les mauvaises nouvelles de mai-juin 1940 et comment il traduira en décisions dramatiques les conséquences de ces journées fatales.

Le matin du 10 mai 1940, King dormait du sommeil du juste à Laurier House. Il est réveillé par un policier-estafette qui lui apprend la nouvelle de l'invasion de la Belgique et de la Hollande. Sa première réaction en est une de soulagement. Enfin, les tensions palpables depuis la campagne de Pologne vont pouvoir se résoudre. Enfin, les puissantes armées alliées du front occidental, que King énumère (celles de Grande-Bretagne et de France maintenant augmentées de celles de la Belgique et de la Hollande), vont pouvoir se servir de leur énorme avantage numérique sur toute la largeur d'un front immense que l'Armée allemande, aussi victorieuse qu'elle fut jusque-là, ne pourra entièrement défendre, et ce, même si l'Italie se joint à l'Allemagne comme King le suppose. C'est évidemment en politicien utilisant des catégories de 14-18 que King réagit.

Le soulagement ne dure pas. Avant la fin de la journée, le premier ministre Neville Chamberlain est forcé de démissionner à cause du fiasco de Norvège. Chamberlain, que King considère comme un ami, est remplacé par Winston Churchill. Mackenzie King connaît bien ce singulier personnage, ce pourquoi il n'a aucune confiance dans le nouveau premier ministre britannique. Pis, Ernest Lapointe, l'indispensable lieutenant québécois du chef du Parti libéral du Canada, quitte ce jour-là l'hôpital sans vraiment être rétabli[77]. À son habitude, King trouve du réconfort en se plongeant dans des lectures édifiantes, dont celles du Livre de Daniel, le prophète prisonnier des Perses, mais qui garde l'espoir en une vengeance divine qu'il prédit[78].

Le sommeil de King n'est pas vraiment affecté avant la nuit du 16 au 17 mai, celle qui précède l'ouverture du parlement. Le 17, Norman Rogers, le très capable ministre de la Défense, rentre d'une courte visite en Angleterre. King reçoit des informations fraîches, non censurées comme celles des journaux, même les journaux américains, qui souffrent d'une censure à la source imposée par les Anglais, les Français et les Allemands, ni même édulcorées comme le sont les dépêches diplomatiques. La situation est alors considérée, déjà, seulement une semaine après le déclenchement de l'attaque allemande, comme « très sérieuse ».

---

77. Lapointe souffre alors d'une dépression causée par un épuisement généralisé après une campagne électorale éprouvante au Québec, compliquée par un diabète difficile à contrôler. Le pronostic du médecin de Lapointe, qui trahit son secret professionnel en communiquant l'état de santé détaillé du ministre au téléphone avec le premier ministre, est pessimiste. Plus tard, King apprendra aussi que son ministre souffre d'un cancer du pancréas incurable, qui emportera finalement Lapointe le 26 novembre 1941. Sur Lapointe au début de la Seconde Guerre mondiale, voir Lita-Rose Betcherman, *Ernest Lapointe : Mackenzie King great Quebec's lieutenant*, Toronto, University of Toronto Press, 2002, p. 305 sq. ; et John MacFarlane, *Ernest Lapointe and Quebec's influence on Canadian foreign policy*, Toronto, University of Toronto Press, 1999, p. 146 sq.
78. Journal de King, 10 mai 1940, p. 469 ; 11 mai, p. 478 ; 12 mai 1940, p. 480-481. King dicte d'abord le journal, qui est ensuite dactylographié par une secrétaire. La pagination réfère à ce tapuscrit. Le journal est en ligne sur le site de Bibliothèque et Archives Canada (http://king.collections canada.ca/). Il est possible d'y faire des recherches en format libre.

King, peut-être à l'instigation de Rogers, pose les difficultés sur le champ de bataille en termes purement matériels : infériorité numérique en chars, manque de munitions, nécessité d'accélérer la mise en place du Plan d'entraînement aérien du Commonwealth britannique, prévu dès avant septembre 1939, etc. C'est une rhétorique que King apprécie, puisqu'elle suppose que l'effort de guerre à venir se fera par un Canada fournisseur de l'Empire, avec un minimum d'engagement humain, et donc minimisation des risques de conflits politiques au Québec.

La situation est si mauvaise que King demande et obtient de ses collègues l'envoi le plus rapidement possible de la 3e Division d'infanterie en Angleterre, de même que des troupes nécessaires pour rendre opérationnel le corps d'armée que commande dorénavant McNaughton. Le lendemain (18 mai) est un jour sombre : King s'occupe beaucoup d'une ordonnance générale demandant à toutes les églises canadiennes d'organiser un jour de prières nationales pour la victoire... et la décision est prise d'écrire personnellement au président des États-Unis, un neutre, pour demander toute l'aide possible, « tellement la situation est désespérée ». King doit aussi gérer quatre ministres de la Défense (le ministre en titre plus un ministre junior pour chacun des trois services) entre lesquels ne règne pas toujours la bonne entente, spécialement avec le bouillant ministre québécois, Chubby Power[79].

Puis King arrive de moins en moins facilement à dormir, tellement la conjugaison des mauvaises nouvelles, des rencontres continuelles avec un groupe de ministres égotistes, la sollicitation des partisans libéraux (car King n'oublie pas de préparer la prochaine élection) et une opposition politicienne épuisent sa patience. C'est aussi à peu près à ce moment, le 23 mai 1940 pour être précis, que King se laisse gagner par la folie de la cinquième colonne, ce jour-là des pseudos agents italiens[80].

Le 27 mai, après une nuit cette fois tranquille, King reçoit un message personnel de Churchill par le biais de l'ambassadeur britannique à Ottawa. Churchill le prévient que la France est à bout et qu'elle va sans doute demander une suspension des hostilités. C'est un bon trois semaines avant qu'elle le fasse effectivement, ce qui en dit long sur l'opinion que Churchill avait du gouvernement français et de ses armées. Malgré le caractère ultra-confidentiel du message, sans hésitation, le premier ministre informe le jour même le Cabinet de son contenu. Les démarches auprès de Washington n'ayant encore rien donné, le Canada se trouve maintenant presque en première ligne. Le Cabinet est catastrophé, certains ministres paniquent et demandent la formation d'un Cabinet d'union nationale où siégerait des Conservateurs. King refuse fermement, indiquant même qu'il démissionnerait en cas de formation d'un gouvernement « national ». Il résout la crise en invitant certains ministres et certains membres de l'Opposition officielle dans son bureau, leur lisant des extraits de la dépêche de Churchill.

---

79. Journal de King, 17 mai 1940, p. 494-495 ; 18 mai 1940, p. 498-499.
80. Ibid., longue entrée du 23 mai 1940, p. 510-517.

Il prévient tout le monde que l'Angleterre sera peut-être envahie un jour prochain, mais malgré ces propos alarmistes, il réussit à calmer le jeu[81].

Après cette crise étouffée, ou à cause de l'épuisement qui en résulte, King passe une bonne nuit. Heureusement, car ce jour-là, le 28 mai, les journaux annoncent la reddition du roi des Belges, ce qui a évidemment des répercussions dans les gouvernements français et britannique, et bien entendu sur le champ de bataille où l'extrême droite de la poche de Dunkerque se trouve sans défense, alors même que l'évacuation du groupe d'armées alliées encerclées autour du port bat son plein. (Le gouvernement belge refusera lui de capituler. La trahison de Léopold va lui coûter sa couronne après la guerre.) Côté positif, King obtient l'assentiment tacite de plusieurs Conservateurs siégeant aux Communes et au Sénat, qui l'assurent de leur soutien parlementaire dans les semaines difficiles qui s'annoncent[82].

Le terrain est maintenant déblayé pour une action législative rapide, ce qui se traduira par une mobilisation plus grande des « ressources nationales », hommes mobilisables compris. Mais un coup dur frappe King le 10 juin, lorsque le ministre de la Défense Rogers perd la vie dans un accident d'avion. À peu près au même moment, le premier ministre apprend que l'Italie entre en guerre aux côtés de l'Allemagne, ce qui ne l'étonne guère. C'est King qui personnellement se rend à la demeure outaouaise de Rogers pour annoncer la triste nouvelle à son épouse. Puis il retourne à son bureau, pour peaufiner la déclaration de guerre à l'Italie. (On dirait que King en veut plus aux Italiens qu'aux Allemands !). Il lit aussi le chapitre six des Lettres aux Éphésiens. Dans la soirée, une dépêche de l'ambassadeur Vanier, toujours en France, lui apprend que les Français n'ont presque plus de chars et d'avions en état de combattre. La journée se termine sur des supputations à propos du remplacement de Rogers et un éventuel remaniement du Cabinet[83] (tout juste formé, l'élection étant récente).

La gestion d'un pays comme le Canada est difficile en temps ordinaire, combien plus en temps de guerre, et encore plus après une défaite catastrophique des armes alliées en Europe de l'Ouest, une situation qu'on n'avait pas vécu de toute la Première Guerre mondiale. La profondeur du traumatisme appellera des solutions radicales à tous les niveaux, y compris dans une réforme en profondeur des forces armées.

Les événements de mai-juin 1940 ont d'une certaine manière tout changé. Ils ont amené le gouvernement King à introduire une forme atténuée de service militaire obligatoire avec la Loi sur la mobilisation des ressources nationales (LMRN). Cette loi, entrée en vigueur le 21 juin 1940, prévoit l'inscription obligatoire des hommes de 16 à 45 ans les 19, 20 et 21 août 1940, dont les plus jeunes seront appelés à suivre un entraînement militaire ne pouvant à l'origine excéder

---

81. *Ibid.*, 27 mai 1940, p. 530-533.
82. *Ibid.*, 28 mai 1940, p. 534-537.
83. *Ibid.*, 10 juin 1940, p. 583-589.

trois mois[84]. Légalement, l'ensemble des recrues LRMN forme une armée de réserve existant indépendamment du reste de l'armée pouvant combattre (dite armée d'active). La loi prévoit que ces hommes ne peuvent être contraints à servir outre-mer, clause restrictive destinée à préserver l'unité politique canadienne à laquelle King est bien plus sensible que Borden en 1917. Si King veut éviter une crise politique intérieure, les autorités militaires espèrent quant à elles que les plus jeunes et les plus aptes se porteront volontaires pour l'armée d'active et iront éventuellement servir en dehors du pays.

Cafouillages

La mobilisation n'est pas tout. S'il ne faut que quelques jours pour adopter de nouvelles mesures de mobilisation, les solutions aux autres problèmes militaires mettent plus de temps à s'infiltrer jusqu'aux échelons supérieurs de la hiérarchie canadienne. Rien de très productif n'émerge avant plusieurs mois.

Dans la troupe, la confiance est ébranlée, même si les Forces canadiennes n'ont à peu près pas vu l'action. L'armée de la « mère patrie » était traumatisée et cela était en soi une cause d'inquiétude profonde dans les rangs de l'état-major et des réguliers canadiens. Pis, comme l'Armée britannique a perdu presque tout son matériel moderne à Dunkerque, la division canadienne est l'une des seules grandes formations présentes sur les îles Britanniques qui puisse assurer une défense crédible, du moins sur papier. Ce n'était sans doute pas une perspective réjouissante pour les hommes de McNaughton.

Et la liste des malheurs allait s'allonger dans les deux années suivantes. Car les Flandres et Dunkerque ne sont que les premiers d'une série de revers majeurs qui minent la confiance des armées du Commonwealth : évacuation de la Norvège (juin 1940), de Grèce et de Crète (avril et mai 1941), les défaites en Afrique du Nord (à partir de mars 1941), la perte de Hong Kong (décembre 1941), de la Malaisie et de Singapour (décembre 1941-février 1942) et de toute la Birmanie (mai 1942), même Dieppe (août 1942), créent une « habitude de la défaite » qu'il faudra secouer. Sur tous ces théâtres, les Alliés sont dominés tactiquement par leurs ennemis. Ce problème doit être résolu, car même si la supériorité matérielle alliée est de plus en plus évidente, elle est de bien peu de recours si l'on n'arrive pas à déloger les nazis de leurs positions[85]. David Fraser, un subalterne anglais, avoue dans son autobiographie qu'au début de 1941, plusieurs jeunes officiers doutaient de la compétence de leurs aînés (cela étant bien sûr ignoré du public), sentiment qui a été combattu par une campagne de propagande dans les armées[86].

---

84. Daniel Thomas Byers, *Mobilizing Canada : the National Resources Mobilization Act, the Department of National Defence, and compulsory military service in Canada, 1940-1945*, thèse de doctorat, Université McGill, 2001, p. 28-64.
85. D. Fraser, *And we shall shock them : the British Army in the Second World War*, Londres, Cassell, 1999 (1983), IIIe partie.
86. D. Fraser, *Wars and shadows…, op. cit.*, p. 174. Afin de stimuler le moral, des brochures étaient publiées par l'Armée britannique pour expliquer les défaites et les efforts faits pour redresser la situation (le

Pourquoi une série aussi longue de cinglants revers ? Si des membres de l'état-major britannique, comme Auchinleck, tirent certaines leçons des défaites, les correctifs ne sont pas nécessairement faciles à apporter.

Dès le retour de Dunkerque, les Britanniques mettent sur pied un comité de généraux divisionnaires et d'officiers d'état-major présidé par le lieutenant-général Bartholemew afin de tirer les leçons les plus urgentes des événements depuis avril 1940. Les recommandations, qui circuleront sous forme résumée dans l'état-major canadien fin juillet ou début août[87], peuvent être groupées sous deux rubriques : l'accélération du processus décisionnel en réformant certaines pratiques d'état-major (états-majors terrestres et aériens conjoints ; plus grande utilisation de la voix sur les ondes radio lorsque la situation le requiert, y compris en utilisant un code vocal simplifié, comme n'hésitent pas à le faire les Allemands, sachant que l'ennemi n'aura pas le temps de réagir ; création de deux QG divisionnaires, l'un tactique, plus près du front, l'autre administratif, plus loin ; système radio terre-air pour la coordination de l'appui tactique aérien ; etc.) ; et des améliorations tactiques, essentiellement en palliant l'insuffisance d'équipement, surtout dans l'infanterie (plus de mitraillettes Sten, triplement du nombre de mortiers de 3 pouces, canons antichars et antiaériens organiques aux unités d'infanterie, standardisation de l'équipement de pontage, trop variés, dont on ne devrait retenir que ce qui peut porter un char, etc.). Le rapport est constitué de listes pratiques, question de faire face à l'urgence, mais le sens des recommandations est clair : il faut accélérer le tempo opérationnel, augmenter la puissance des petits groupes pour que ceux-ci puissent tenir malgré le chaos les environnant et assurer de meilleures communications afin de garder le contrôle des troupes et des événements.

Certaines recommandations, par exemple celle d'améliorer les communications avec l'aviation ou encore celle d'affecter plus d'avions à l'appui des troupes et moins aux bombardements d'objectifs lointains, mettront du temps à être implantées faute de bonne volonté dans les forces aériennes. D'autres, plus techniques, comme celle d'accélérer la fabrication d'un gros canon antichar, le modèle en usage (le 2-*pounder*) étant maintenant connu des Allemands qui en avaient capturé des dizaines à Dunkerque, seront suivies avec difficulté, à cause

---

Current Affairs de l'Armée britannique est réimprimé au Canada). Même les périodiques plus sérieux, comme le *Mémorandum pour l'instruction de l'Armée canadienne* dont je reparlerai, comportaient des pages de propagande, des caricatures et des bons mots à cette fin. Il reste que la meilleure propagande est la confiance en soi qu'inspire l'entraînement, d'où le rôle vital que jouera la *battle drill* à compter de la fin de 1940.

87. Il ne semble pas y avoir de copie intégrale du rapport dans les archives canadiennes. Seulement deux résumés de deux et quatre pages se trouvent à la DHP, Kardex 321.009 (D47), dont l'un préparé par le colonel E. L. M. Burns. David French explique la composition du comité Bartholemew et ses recommandations. Les résumés ont reçu une diffusion limitée, peut-être pour ne pas ébranler la confiance qu'avaient les rangs inférieurs de l'armée et de la nation envers ses chefs militaires, et sans doute pour ne pas inviter les Allemands à précipiter leur assaut s'ils avaient su comment l'Angleterre était désarmée à l'été et à l'automne 1940 (*Raising Churchill's Army : the British Army and the war against Germany, 1919-1945*, Oxford, Oxford University Press, 2001 (2000), p. 189-196).

de la mauvaise gestion de la production d'armement en Grande-Bretagne, où les bureaux d'études furent lents à réagir aux problèmes des combattants.

Finalement, une recommandation du comité présidé par le général Bartholemew montre les limites du système militaire britannique : on récuse l'utilité d'unités *ad hoc* parce que l'on considère que les unités improvisées formées durant la déroute étaient difficiles à contrôler. En cela, on fait exactement le chemin inverse de celui des Allemands qui, constamment, dans toutes les situations, improvisent des unités pour faire face aux besoins. Sur ce point, le comité se heurte aux résistances régimentaires. C'est ce qui fait que les divisions blindées britanniques et canadiennes demeureront essentiellement des divisions de chars comptant peu d'infanterie motorisée, contrairement à l'expérience allemande. Quand on a l'esprit cavalier — les chars doivent pouvoir charger sans être encombrés par une infanterie plus lente — on ne comprend pas que les chars, l'infanterie et l'artillerie doivent former des groupes organiques travaillant ensemble. Ce manque de coopération interarmes causera d'énormes difficultés en 1942, 1943 et 1944, et les pertes de vies inutiles qui s'ensuivent, et jamais les Britanniques et les Canadiens n'arriveront à un fonctionnement égalant les performances de leur adversaire sur le plan de la coopération.

La consultation des journaux de guerre de l'époque donne l'impression que pendant près d'un an et demi après la catastrophe de 1940, dans un climat d'anxiété alimenté par des rumeurs d'invasion persistantes des îles Britanniques, les troupes canadiennes sont livrées en pâture au manque d'imagination abyssal de leurs grands chefs. En conséquence, l'entraînement demeure conventionnel et longtemps encore on concevra de façon imparfaite la rapidité de réaction à donner aux troupes[88], ce qui explique peut-être pourquoi la série de revers s'est poursuivie au-delà de 1940.

Le 17 juin 1940, le commandant de la 3e Brigade, le brigadier-général C. B. Price, s'adresse au 22e Régiment pour lui expliquer le « retrait » du deuxième corps expéditionnaire britannique de France, celui pour lequel une brigade canadienne avait été brièvement débarquée. Le retour sur le continent est remis indéfiniment. En attendant, l'entraînement doit reprendre.

Le 8 juillet 1940, le 22e Régiment assiste à une première démonstration de chars. Quant on y pense, c'est à faire frissonner. Il s'en est fallu de peu que le bataillon soit jeté dans la marmite, non seulement sans avoir les armes et les outils intellectuels adéquats, mais même sans une familiarité superficielle avec les nouveaux engins de mort mécaniques. On s'est souvent gaussé du ridicule des lanciers polonais chargeant les *panzers* en septembre 1939. L'infanterie canadienne de 1940, combattant à pied, n'était pas mieux préparée. De fait, les 22e ont si peu eu l'occasion de collaborer avec des chars, ou même d'en voir de près, que l'occasion est notée avec emphase chaque fois, comme lors de l'exercice Waterloo[89] (14-16 juin 1941).

---

88. J. Black, *World War Two…*, *op. cit.*, p. 39.
89. Journal de guerre du R 22e R (BAC, RG24, C-3, vol. 15 236).

Mais rien ne révèle plus le pathétique de la situation que l'entraînement au cocktail Molotov ordonné par McNaughton le 28 juin 1940[90], le cocktail Molotov que les Finlandais démunis et abandonnés de tous lançaient sur les chars soviétiques en désespoir de cause durant la première guerre russo-finlandaise (décembre 1939 – mars 1940). Pour être sûr que tous comprennent de quoi il s'agit à la 1re Division, le rédacteur du journal de guerre prend soin de noter un synonyme de « cocktail Molotov » : « feu grégeois » !

Malgré l'urgence de la situation, les conditions d'entraînement ne s'améliorent pas rapidement. On ne refait pas Rome en une nuit. Le 17 juillet, après des démarches laborieuses de McNaughton auprès de la RCAF, celle-ci daigne enfin participer à un exercice interarmes de coopération armée-aviation. Encore ne s'agit-il que d'un exercice de communication entre les quartiers généraux de la 1re Division, ceux des brigades et celui du 110e Escadron de la RCAF. Les bataillons ne sont pas impliqués. Pour avoir une idée des possibilités de l'aviation contre les troupes au sol, les officiers du 22e doivent attendre l'occasion de visites auprès d'unités britanniques le 21 octobre 1940 et le 24 février 1941[91] ! Évidemment, les grands responsables de cette lacune sont les aviations militaires canadienne et britannique, pour lesquelles la coopération avec les troupes au sol est la dernière des priorités[92].

Ce n'est qu'en octobre 1940, treize mois après le début de la guerre et quatre après la défaite française, qu'on commence à percevoir plus d'intensité. Pour la première fois apparaît un programme d'entraînement détaillé. Comme le cycle annuel d'entraînement est revenu à son point de départ, les activités programmées relèvent encore et seulement de l'instruction « individuelle ». Il ne s'agit toujours que d'activités plutôt conventionnelles, ce qui surprend. La continuité avec l'avant-mai 1940 est grande, comme si les recommandations du comité Bartholemew n'arrivaient pas jusqu'au niveau de bataillon. Au 22e Régiment, la reprise de l'entraînement « individuel » durera cette fois cinquante jours, devant être complété à la mi-janvier, ce qui est un progrès sur 1939-1940, où la portion « individuelle » du cycle n'avait été complétée qu'en avril. Malgré que le cycle annuel recommence, on prévoit qu'une journée par semaine sera réservée à un entraînement en brigade. Cependant, les entraînements restent sommaires : mouvements vers les positions défensives et procédure[93] pour lancer une attaque

---

90. Journal de guerre de la 1re Division, 28-29 juin 1940 et annexe CXLIV (BAC, RG24, bobine T1873) ; journal de guerre du R 22e R (RG24, C-3, vol. 15 235), 9 juillet 1940. On s'y entraîne encore le 8 mai 1941 (*ibid.*, vol. 15 236).
91. Journal de guerre du R 22e R (vol. 15 235 et 15 237) aux dates mentionnées.
92. Sur le dogmatisme prévalant dans l'aviation contre l'appui au sol, qui remonte à la fondation de la RAF en 1918, celle-ci considérant que se tenir trop près de l'armée de terre c'est risquer de perdre son indépendance, ainsi que sur le ressentiment des troupiers à l'égard d'une aviation nationale invisible, voir l'ouvrage complet et indispensable de John Terraine, *The right of the line : the Royal Air Force in the European War, 1939-1945*, Ware, Wordsworth Editions, 1998 (1985), p. 63-64, 80, 144-145, 156-157.
93. Selon Kenneth Radley, les « battle procedures » font leur entrée formelle dans la doctrine britannique et canadienne avec la brochure SS135 de décembre 1916, en réaction aux désastres survenus

comme en 1916-1917, marche journalière de 20 milles (32 km), plus une par semaine d'au moins 30 milles (48 km), entraînement à la baïonnette et à la grenade. La seule vraie nouveauté est l'insistance sur le retranchement rapide en tranchées individuelles, pour se protéger des attaques aériennes ; on spécifie qu'il faut faire comprendre aux hommes que leur vie en dépend[94]. Il n'est jamais facile de faire creuser un homme...

Ce laxisme dans les programmes était généralisé, comme l'a montré John English. C'est seulement le harcèlement au zèle par le commandant d'armée britannique arrivé en novembre 1941, le lieutenant-général Montgomery, qui force les Canadiens à intensifier leur entraînement[95]. Encore fallait-il savoir comment s'y prendre, ce qui n'était pas toujours le cas, les vieilles méthodes apprises au Canada par la plupart des officiers supérieurs n'étant plus d'aucune utilité.

Désarroi dans les unités restées au Canada

Pendant ce temps, au Canada, l'appui fourni aux unités mobilisées par le Quartier général est fait de trivialités administratives faibles en contenu. Lorsque la nouvelle de la guerre atteint les régiments de milice en 1939, une des premières choses qu'Ottawa ordonne est la garde d'édifices stratégiques comme les armureries ou les bureaux de poste (bien avant la naissance du FLQ !). Suit un ordre d'affûter les baïonnettes[96], alors que les chars et les avions allemands massacrent l'Armée polonaise.

En fait, dans les premiers mois de la guerre, les réserves sont plus ou moins laissées à elles-mêmes, ce qui serait un moindre mal si les chefs de bataillon étaient compétents et avaient l'initiative nécessaire. Prenons l'exemple du Régiment de la Chaudière, une unité éventuellement incorporée dans la 3e Division d'infanterie. Le bataillon passe l'hiver 1939-1940 au Camp de Valcartier où l'entraînement se fait « au ralenti, surtout en raison du manque de personnel [d'instruction qualifié] et d'équipement, des nombreuses corvées de chauffage et de l'enlèvement de la neige ». Pour qu'un minimum d'hommes poursuivent l'entraînement, le régiment organise une rotation entre les « corvées » et la « compagnie-école ».

---

lors des batailles de la Somme dans les mois précédents (*We lead, others follow : First Canadian Division 1914-1918*, St. Catherines, Vanwell Publishing, 2006, p. 152). Ces procédures visaient à assurer par une bureaucratie opérationnelle sans faille que l'infanterie et l'artillerie coopéreraient dans les petits bonds qu'étaient les offensives d'alors. Actualisées dans de complexes ordres écrits plusieurs jours à l'avance, ces procédures se révèlent totalement inadéquates pour réagir aux nouvelles méthodes. L'Armée canadienne, qui a étroitement collaboré à l'élaboration de ces procédures entre 1916 et 1918, les a érigées en démonstration de sa compétence militaire, en faisant de véritables tabous. Elle ne s'est jamais vraiment départie de cette mentalité procédurale, ni en 1940-1945, ni depuis. Elle en souffre encore au moment où ses lignes sont publiées.

94. Journal de guerre du R 22e R, octobre 1940, annexe E.
95. J. English, *Failure in high command : the Canadian Army and the Normandy campaign*, Ottawa, The Golden Dog Press, 1995 (1991), chap. 6 (« The Montgomery measurement »), l'un des meilleurs chapitres du livre.
96. Ces deux ordres idiots sont donnés au subalterne Strome Galloway, *The general who never was*, Belleville, Mika Publishing Company, p. 37-38.

Celle-ci donne des cours de maniement d'armes (un des éléments de la *drill*), de tir à la mitrailleuse, de lecture de cartes, de camouflage et d'« escrime à la baïonnette ». Sports et longues marches assurent le maintien de la condition physique... avec les pelles à neige. Même au début de 1941, après que le bataillon se sera installé dans le Sussex, les « activités du régiment continuent au rythme habituel, avec l'accent sur l'entraînement de peloton[97] », comme au 22ᵉ. C'est dire qu'après dix-huit mois de guerre, le Régiment n'avait progressé que de façon marginale dans sa fonction d'instruire ses membres. Quant à l'intégration du bataillon aux formations supérieures, brigade, division et corps d'armée, rien de sérieux n'avait été entrepris à cette dernière date.

Dans cette atmosphère d'effondrement de civilisation et de crise militaire aiguë, le jeune officier frais enrôlé se trouve devant un vide théorique incommensurable. Plusieurs chapitres des manuels doctrinaux sont devenus obsolètes du jour au lendemain. Avant que la théorie soit réécrite, avant qu'elle soit vulgarisée pour les masses (officiers subalternes, sous-officiers et soldats) à instruire, il s'écoule plusieurs mois d'incertitude. En fait, avant avril 1941, moment où commence à paraître le *Mémorandum sur l'instruction de l'Armée canadienne*, à peu près aucun texte accessible au subalterne ne peut l'aider à se former lui-même et à former ses hommes. C'est tellement vrai que l'éditeur Macmillan réédite l'opuscule du capitaine G. D. Matthews, un Australien ayant servi en France en 14-18, pour que de jeunes officiers canadiens désorientés achètent ce texte d'un autre temps. Les suggestions de Matthews sont empreintes de bon sens et plusieurs gardent leur pertinence (comment vivre avec les poux, comment gagner la confiance des hommes, etc.). Mais les trucs tactiques datent tous de la guerre des tranchées. Typique est cette remarque :

> Une chose dont il faut se souvenir à propos des obusiers est qu'étant dirigés de manière indirecte (sans vue sur la cible), il tire d'après des grilles repérant les positions. Les Allemands étaient si méthodiques que généralement nous connaissions à quel moment et vers quel endroit ils allaient tirer. [...] Dans la guerre de position, l'on apprend donc rapidement les endroits à éviter. Si vous voyez une grappe de cuvettes récentes à un endroit, voilà une excellente raison d'aménager votre poste de commandement ailleurs[98].

C'est le genre de conseils qui étaient vitaux en 1916 ou 1917 sur la Somme, qui ont toujours leur pertinence lorsque les lignes se stabilisent, mais qui ne mènent nulle part lorsqu'il faut affronter chars et avions et où le temps de réaction se compte en heures, pas en semaines ou en mois. Voilà ce que la tradition tactique du Commonwealth avait de mieux à offrir aux jeunes chefs ignorants de 1941. Pas faux, mais dépassé.

Évidemment, l'instruction dans les unités variait selon l'intérêt et les capacités pédagogiques des commandants de chaque unité. Il n'y a pas de doute que

---

97. J. Castonguay et A. Ross, *Le Régiment de la Chaudière*, Lévis, le Régiment, 1983, p. 130-131, 139 et 147.
98. *Soldiers in battle*, éd. canadienne, Toronto, Macmillan, 1941, p. 150. Le dernier chapitre (« Problems of an officer ») est un petit bijou.

dans les unités de milice, comme le Régiment de la Chaudière, les écarts par rapport à une norme idéale d'instruction avaient une probabilité plus grande de survenir que dans les unités régulières. Dans certains cas, l'apprenti-officier ne pouvait souvent compter que sur lui-même ; ce qu'il ne pouvait tirer de ses supérieurs, il devait le trouver dans les brochures d'instruction sur lesquelles il pouvait mettre la main… comme durant les années 1920 et 1930[99], mais sans garantie d'y trouver quelque chose de pertinent pour affronter les problèmes de l'heure. Le seul avantage du milicien « amateur » sur le régulier « professionnel », c'est, on l'a déjà dit, qu'il avait moins à perdre lorsqu'il avait le courage de secouer la poussière des traditions. Réconfort psychologique tout relatif.

Concluons sur la période de mobilisation : au printemps 1940, alors que les opérations commencent en Europe de l'Ouest, quelques éléments des Forces canadiennes sont arrivés en bordure du théâtre d'opération, ont terminé (à peine) l'entraînement individuel tel qu'on le conçoit à cette époque, mais ne viennent que de commencer l'entraînement collectif. Quant aux troupes au Canada, elles auront besoin de plusieurs mois d'entraînement individuel et collectif avant d'être bonnes à quelque chose. Un bilan bien décevant dans cette deuxième année de guerre.

La réaction de la Direction de l'entraînement, 1940-1941

À nos yeux, ces premiers efforts de redressement paraissent plus qu'insuffisants. Pour certains officiers canadiens bien au fait des événements, c'était aussi le cas. En vérité, l'Armée canadienne de 1939-1940 n'avait ni les structures ni les moyens pédagogiques pour préparer officiers et hommes de troupes à affronter les forces allemandes. Ainsi que le notait le Directeur de l'Instruction militaire de l'époque, le colonel J. K. Lawson (1890-1941), de retour d'une tournée d'inspection au Royaume-Uni à l'automne 1940, « la grande dispersion dorénavant nécessaire pour couvrir les longs fronts de la guerre moderne et pour diminuer les pertes dues à l'aviation forcent l'officier subalterne à administrer, à entraîner et à mener dans la bataille sa sous-unité [le peloton] sans supervision constante de la part d'un officier supérieur[100] ». Comme le système d'entraînement des officiers subalternes était jusque-là basé sur une « conception d'avant-guerre des devoirs d'un subalterne », il fallait le modifier pour tenir compte du nouveau contexte[101].

On peut se rendre compte à quel point ce constat a été difficilement accepté lorsqu'on lit ce qu'écrit Lawson dans les paragraphes précédents de son rapport, à l'effet que le fondement de tout entraînement est la condition physique, l'hy-

---

99. C'est le cas de George G. Blackburn (*Where the hell are the guns ? A soldier's eye view of the anxious years, 1939-1940*, Toronto, McClelland and Stewart, 1999 (1997), p. 146), jeune volontaire d'une unité d'artillerie de réserve à cette époque.
100. Ministère de la Défense nationale, Direction Histoire et patrimoine, collection Kardex, 112.3S2.009 (D181), « Report on visit to the United Kingdom 11th Nov. 1940-4th Jan. 1941 », Ottawa, 30 janvier 1941, p. 2. À noter que Lawson est un officier régulier sorti des rangs lors de la Première Guerre mondiale.
101. *Ibid.*

giène personnelle, la propreté en général, la discipline et la connaissance des routines administratives[102]. Sont-ce là des concessions rhétoriques pour ne pas trop choquer l'auditoire auquel il s'adressait, les officiers généraux canadiens ? On peut penser que pour faire adopter les changements qu'il jugeait nécessaires, Lawson prenait soin d'inscrire ses propos dans une continuité reconnaissable et attachante.

Après ces précautions rhétoriques, Lawson préconise de renforcer la sélection des officiers et des hommes, de même que le contenu des cours, d'accroître le nombre d'heures d'instruction des spécialisations, d'augmenter les échanges entre les officiers au Canada et ceux postés outre-mer pour faire bénéficier les recrues canadiennes d'une expérience en unités de combat, de mieux intégrer formation théorique et pratique des jeunes officiers en leur procurant plus souvent l'occasion de mener des sous-unités (sections et pelotons) et ainsi de suite. Il va aussi loin que recommander des cours comprimés pour mettre à jour les officiers supérieurs, une manière à peine polie de dire que les capitaines, majors et lieutenants-colonels canadiens étaient dépassés sur le plan des connaissances tactiques. De plus, étant donné l'expansion de l'Armée, l'envoi de stagiaires dans les écoles supérieures britanniques en nombre suffisant est impossible faute de place dans ces écoles. Il sera donc nécessaire d'établir de telles écoles au Canada avec du personnel canadien[103]. Au bout du compte, malgré tous ses efforts pour s'inscrire dans la continuité, Lawson, un officier supérieur dans une position stratégique s'il en était pour faire un tel constat, arrive à la conclusion que tout est à refaire ou presque.

Le rapport reste sommaire et les mesures concrètes ne sont pas détaillées. Avant de modifier ce qui doit être modifié, de transformer ce qui doit être transformé, il faudra temps et efforts. Or, le temps étant compté, il ne faut pas ménager les efforts. Lawson prend donc le bâton de pèlerin, car c'est à une véritable mission de conversion qu'il doit maintenant s'adonner : amener une institution par essence conservatrice à adopter d'autres principes. Et ce n'est pas seulement ses supérieurs qu'il veut convaincre, mais tous ceux qui, dans l'Armée canadienne, n'ont pas encore compris combien la tâche est difficile. C'est ainsi que, dans une causerie radiophonique à la CBC du 10 juillet 1941, il reprend avec plus d'emphase la prémisse fondamentale qu'il avait brièvement énoncée six mois plus tôt :

> La plus grande différence entre l'instruction dans cette guerre et celle de la dernière est le fait que chaque officier, sous-officier et soldat doit posséder un haut niveau d'entraînement individuel qui lui permette de remplir ses tâches en toutes circonstances sans attendre la réception de longs ordres détaillés. L'idée de fronts continus, en attaque comme en défense, telle que chaque unité puisse, si l'on peut dire, serrer la main de ses voisines, est révolue. Chaque unité doit être prête à mener sa propre bataille. De la division en descendant, les ordres seront généralement donnés

---
102. *Ibid.*, p. 1.
103. *Ibid.*, surtout le paragraphe 6, p. 8-11.

verbalement, aussi brefs que possible. Cela laisse énormément de latitude au chef subalterne qui doit être formé pour user de cette latitude de manière intelligente[104].

Toute la causerie de cet officier à l'esprit ouvert vaut la peine d'être lue (texte complet à l'annexe II). D'ailleurs, une suggestion est faite officiellement en septembre 1941 de relire cette causerie devant toutes les troupes[105].

Mais la guerre est cruelle et Lawson ne verra pas les mesures de redressement qu'il avançait porter fruits. En octobre 1941, le colonel Lawson est promu brigadier-général et placé à la tête d'une demi-brigade improvisée (la Force C) envoyée à la demande pressante des Britanniques pour renforcer la garnison de Hong Kong. C'est là qu'il fut l'une des premières victimes de l'amateurisme militaire canadien (et de la faiblesse des politiciens qui ont laissé faire), alors qu'il est tué par les Japonais dans un acte de courage suicidaire[106] en défendant son quartier général le 19 décembre 1941.

Autorisons-nous une digression ici. L'historien officiel se livre à un examen *post facto* du désastre de Hong Kong sans équivoque. Malgré qu'on admire l'œuvre pour son exhaustivité et sa précision, on reproche souvent à C. P. Stacey sa faiblesse critique à l'égard du haut commandement canadien[107] : McNaughton, Crerar et leurs acolytes trouvent une plume indulgente chez Stacey et jamais, ou presque jamais, la faillite des officiers de carrière à entraîner les troupes canadiennes — leur rôle premier avant la conduite des opérations — n'est suggérée ouvertement. Mais contrairement à l'habitude, Hong Kong est une occasion pour Stacey de jouer le rôle de critique sans pitié, peut-être parce que Lawson est mort et oublié depuis longtemps, alors que Crerar et McNaughton sont vivants lorsqu'il rédige dans les années 1950 l'histoire officielle des opérations de l'Armée canadienne en 1939-1945. Il faut contraster la conclusion finale du troisième et dernier tome de l'ouvrage, où Stacey se permet une envolée lyrique sur la « sûreté et intelligence » du « commandement à tous les échelons », à deux passages de la fin du tome premier à l'effet qu'à l'automne 1941, deux ans après l'ouverture des hostilités, il n'y avait « sans contredit » aucune troupe au Canada ayant atteint « un niveau réellement élevé d'exercices en campagne » et qu'on « peut même aller jusqu'à affirmer que, à part quelques divisions engagées avec l'ennemi [en Libye], il n'existait dans le Commonwealth, en 1941, aucune troupe formée de la façon qu'on l'a exigée à une période ultérieure de la guerre ». « Il nous restait encore beaucoup à apprendre[108] », de commenter laconiquement

---

104. *Canadian Army Training Memoradum No. 6*, Ottawa, Imprimeur du roi, septembre 1941, p. 26.
105. *Ibid.*, p. 6.
106. Les motifs de Lawson pour se lancer personnellement en contre-attaque, laissant ses unités sans coordination, demeurent un mystère aussi bien pour l'historien officiel (C. P. Stacey, *Six années de guerre...*, op. cit., p. 499-500) que pour le plus critique des historiens de l'opération (Brereton Greenhous, *Force to Hong Kong : a Canadian catastrophe, 1941-1945*, Toronto, Dundurn Press, 1997, p. 85-86).
107. Commentaires entendus à de multiples occasions par l'auteur lors de réunions d'historiens militaires canadiens.
108. C. P. Stacey, *Six années de guerre...*, op. cit., p. 465 et note et p. 508.

Stacey. L'incompétence canadienne est ainsi ramenée à un élément du contexte impérial parmi d'autres.

Les difficultés qu'avaient Lawson et les militaires canadiens à concilier tradition et modernité sont reflétées dans le guide expliquant le système d'entraînement canadien diffusé auprès de tous les instructeurs en 1941. On notera que cette édition du temps de guerre comporte des nouveautés qui découlent directement de la crise que connaissent les forces alliées à partir de mai 1940. On y défend l'individualité, on exige de tirer le meilleur apport possible de l'intelligence de tous. Toutefois, on remarquera que ce côté moderne se cantonne en périphérie du document, en préface et dans l'annexe IV (spécialement la section 6 « Brains on the job »). Le corps de la brochure aurait pu être écrit avant-guerre. On plaquait un emballage contemporain sur une doctrine désuète.

Quelques passages montrent que l'état-major ne sait plus à quel saint se vouer. Les sujets proposés (et obligatoires) comme éléments de l'instruction de base commune dans la brochure de 1941 montrent bien l'effet psychologique profond des défaites de 1939-1940 : protection contre les attaques aériennes à basse altitude, protection contre les attaques aux gaz, dont on craint l'utilisation par les avions, défense contre les troupes aéroportées, une obsession depuis l'utilisation de parachutistes par les Allemands en Belgique et en Hollande, défense locale et riposte contre un ennemi venu des airs avant que celui-ci ait eu le temps de s'organiser[109], c'est-à-dire attaquer les parachutistes sans attendre les ordres du quartier général supérieur.

La sagesse de ces injonctions est questionnable : les gaz de combat ne seront jamais utilisés et la crainte obsessive des parachutistes entretient un mythe à propos du danger réel que représentent les unités parachutistes. Après la Crète (mai 1941), les Allemands en viendront d'ailleurs à conclure que le lâcher de grandes formations de parachutistes est contre-productif, car les pertes sont trop élevées pour les bénéfices qu'on en retire. Mais en intégrant cette obsession au cursus, les Canadiens (et les Britanniques) entretenaient une mythologie du soldat allemand comme surhomme, rien de bon pour bâtir la confiance de la troupe. C'était aussi montrer une mauvaise compréhension des succès allemands dans les premières années de guerre, qui avaient finalement bien peu à voir avec les parachutistes et rien du tout avec les gaz ; il aurait mieux fallu suggérer la nécessité pour toutes les troupes, fantassins ou non, de bien connaître l'emploi des armes d'infanterie et antichars, et des tactiques de base pour contrer les incursions en profondeur. Sachant se défendre en toutes circonstances, les soldats, quelles que soient leurs fonctions, courront moins le risque de paniquer en cas de danger.

✯ ✯ ✯

---

109. *Canadian Army Training Pamphlet No. 3*, chap. III. Comme toutes les autres brochures citées dans ce livre, celle-ci est tirée de la collection du MDN à la DHP.

Au début de la guerre, l'état-major n'avait pas seulement des soucis quant à l'entraînement, au recrutement du personnel, à son moral ou à la doctrine devant définir son rôle au combat. Il fallait encore équiper les Forces canadiennes d'armes modernes, dont certaines n'existaient encore que sur la planche à dessin, pour contrer la nouvelle forme de guerre inaugurée avec fracas par les Allemands. L'histoire de l'équipement matériel des Forces canadiennes sort du cadre de ce livre, mais là aussi des difficultés considérables ont dû être surmontées : sélection du matériel, essais, conversion industrielle des industries pour les produire et financement de tout ceci, pour ne mentionner que ce qui vient rapidement à l'esprit[110].

Par le manque d'intérêt accordé à l'Armée avant 1939, le gouvernement et la nation ont une grande responsabilité dans les lenteurs à mobiliser et à équiper. Cela dit, ce n'était ni au gouvernement ni à l'opinion publique qu'incombait la préparation intellectuelle des cadres militaires. Ici, il faut pointer du doigt l'état-major, composé d'officiers réguliers, de « professionnels » comme ils aiment se considérer eux-mêmes. Uniquement l'état-major.

Reposant sur des fondations intellectuelles incertaines, la préparation des Forces canadiennes allait prendre du temps. Il fallait d'abord donner plus de capacité au système d'instruction en le réorganisant en profondeur, ensuite revoir les contenus et les enseigner, finalement confronter les nouveaux enseignements à la critique grâce aux premières expériences sur les champs de bataille post-1940.

---

110. On en aura une bonne idée en consultant les deux histoires officielles suivantes : J. de N. Kennedy, *History ot the Department of Munitions and Supply*, Ottawa, Imprimeur du Roi, 1950, 2 vol. ; et C. P. Stacey, *Armes, hommes et gouvernements*, Ottawa, Imprimeur de la Reine, 1970, vi-747 p. C. D. Howe a été nommé ministre des Approvisionnements et Munitions en avril 1940. C'est tout dire sur le redressement qui allait s'opérer sur ce plan au milieu de la guerre.

Chapitre quatre

☆ ☆ ☆

L'organisation de l'instruction jusqu'en 1943

L'Armée s'alarme de plus en plus des types médiocres d'officiers qui sortent des OCTU, une large proportion desquels sont renvoyés de leurs régiments comme inadaptés. En désespoir de cause, comme les Romains consultant les sibylles, on a appelé à la rescousse les psy[1].
EVELYN WAUGH, École de commandant de compagnie, 5 janvier au 7 février 1942.

[I]l exerçait dans le civil le métier de photographe ; c'est pourquoi sans doute on l'avait mis chauffeur de camion[2].
Soldat JEAN-PAUL SARTRE à SIMONE DE BEAUVOIR, 26 janvier 1940.

Je ne sais pas s'il ne vaut pas mieux mépriser des supérieurs sans en être complice que râler contre ses égaux [...] Par ailleurs on en fait baver aussi aux types qui « font la préparation ». Et dans le sec. Sans loisirs, sans ces grands abrutissements vagues où le soldat est livré à lui-même. Et puis ils courent souvent plus de dangers[3].
Soldat JEAN-PAUL SARTRE à SIMONE DE BEAUVOIR, 4 mars 1940.

[J]e vais faire bondir les tenants des armes scientifiques : je me suis mis à aimer l'arme de ceux qui sont trop gourdes pour aller ailleurs. On déclare en se rengorgeant : n'importe qui est bon pour faire un fantassin. [...] [C]eux qui se représentent l'infanterie pataugeant dans la boue ou défilant derrière la musique n'imaginent pas ce qu'il faut chez nous, ce ne sont pas les théories qu'on récite par cœur, mais de l'initiative, de l'astuce, du calcul, bref de l'intelligence, ou, si ce mot choque les armes supérieures, de la liberté d'esprit[4].
Journal de RAYMOND DUMAY, instituteur, écrivain et aspirant de réserve, 16 avril 1940.

Il a fallu aménager en l'espace de quelques mois tout un édifice « scolaire » pouvant produire en masse les soldats, les sous-officiers et les officiers nécessaires à l'expansion de l'armée : entre 1939 et 1942, une quarantaine de centres d'entraînement élémentaire (ou écoles de recrues) et avancé furent ouverts partout à

---

1. Evelyn Waugh, *The diaries of Evelyn Waugh*, éd. préparée par Michael Davie, Londres, Phoenix, 1995 (1976), p. 518.
2. *Lettres au Castor et à quelques autres ** 1940-1963*, éd. établie par Simone de Beauvoir, Paris, Gallimard, 1983, p. 61.
3. *Ibid.*, p. 118.
4. La citation se poursuit ainsi : « Les armes techniques qui nous mettent si volontiers au bas de l'échelle devraient penser que plus une technique est rigoureuse, moins elle laisse de place à l'esprit. J'ignore si l'infanterie est la reine des batailles, mais je sais bien qu'elle en est la reine spirituelle. N'importe quel artilleur borné, bourré de mathématiques est capable de détruire une casemate de mitrailleuses, mais réussir le même exploit avec une section de voltigeurs exige d'autres qualités. Quand on se bat avec des machines on sait que tel mouvement répond à tel commandement, mais allez donc deviner quelle sera la réaction d'un éclaireur à qui vous faites signe d'avancer bien qu'il vienne d'être aperçu par l'ennemi. » (*Mon visage le plus calme et autres journaux de guerre*, Paris, La Table Ronde, 2006, p. 84-85.)

travers le Canada pour accueillir les civils à transformer en soldats (voir l'annexe I). Après le niveau élémentaire, certains passaient aux écoles d'armes, dont seulement trois existaient à l'ouverture des hostilités (une pour l'artillerie et une autre pour le génie, toutes deux à Petawawa, plus celle du Corps blindé à Borden), nombre porté à presque une trentaine au début de 1943. La formation aux métiers et aux armes auxiliaires a suivi un développement similaire, de 4 écoles en 1939 (transmission, intendance, magasins militaires et service de santé, écoles situées sur la base de Borden, Ontario) à plus de 25 à la fin 1942, dont 3 spécialisées dans les cours pour volontaires féminins.

Une nouvelle structure

Le système d'instruction d'avant-guerre — RMC en tête, cours d'officiers pour la milice, échanges avec les collèges britanniques — était un compromis devant permettre à une minuscule armée de produire des officiers qui encadreraient une grande armée de soldats-citoyens le moment venu. Mais ce système se révèle en 1939-1940 totalement insuffisant.

En ce qui concerne les officiers, le système du temps de paix, reposant sur un seul petit collège militaire formant lentement des cohortes de quelques dizaines de jeunes officiers, ne répondait évidemment plus aux besoins. Le Collège militaire royal du Canada à Kingston n'avait ni assez de locaux ni assez de personnel pour suffire à la tâche. Malgré le prestige attaché à un diplôme du CMR (obtenu après quatre années d'études « universitaires[5] »), la qualité n'était pas au rendez-vous selon le très respecté historien James Eayrs : « La qualité de l'instruction laissait plutôt à désirer ; le milieu universitaire militaire était plus attirant pour ceux qui cherchaient à obtenir une pension rapide que pour la qualité des échanges intellectuels[6]. » Eayrs impute les lacunes à trois causes : le débat jamais fini sur l'orientation des contenus (militaires ou en sciences appliquées ?), l'incapacité d'attirer des professeurs-chercheurs, une rareté à l'époque au Canada, et la charge de travail écrasante du minuscule corps professoral, où un professeur d'anglais pouvait enseigner les mathématiques et être appariteur de laboratoire s'il le fallait. Eayrs conclut son développement sur l'éducation militaire dans les années 1920 et 1930 en écrivant que l'officier devait être d'abord et avant tout un autodidacte, ajoutant que la *Canadian Defence Quarterly* jouait un rôle vital ici, en fournissant le matériel d'étude[7].

---

5. Bien que RMC recrute des finissants du cours secondaire et qu'il les forme pendant quatre ans, comme les universités, son diplôme n'est pas un 1er cycle universitaire reconnu, car c'est seulement en 1959 que la province de l'Ontario accordera une charte universitaire à RMC (Richard A. Preston, *Au service du Canada : histoire du Royal Military College depuis la Deuxième Guerre mondiale*, Ottawa, Les Presses de l'Université d'Ottawa, 1992, p. 62).
6. J. Eayrs, *In defence of Canada from the Great War to the depression*, Toronto, University of Toronto Press, 1967 (1964), vol. I, p. 86-88. La citation est tirée de la p. 87.
7. *Ibid.*, p. 93 et suiv.

C'était maintenant insuffisant. Il fallait démultiplier l'infrastructure d'enseignement d'avant-guerre pour produire par milliers les officiers requis, et ce, avec un minimum de soutien britannique, étant donné les événements de 1940. C'est pourquoi, aux côtés des centres d'instruction s'occupant de la population des non-gradés du genre de ceux qui avaient existé en 1914-1918, apparurent aussi des écoles chargées de la formation des officiers. C'est d'ailleurs un signe des temps que dès que les autorités prennent conscience de la faiblesse de la formation des officiers tant en quantité qu'en qualité, on organise un « système » pour remédier au mal. En 1939-1945, il n'y a aucun doute que les chefs militaires ont compris que la « science » militaire n'était ni infuse, dans une caste née pour diriger, ni ne serait le résultat rapide d'une adaptation sur le champ de bataille. Les bancs d'école étaient devenus un détour incontournable pour apprendre la guerre.

Pour les besoins de notre propos, je m'en tiendrai à la formation de base et à la spécialisation d'infanterie à l'exclusion de toute formation technique, comme celles des officiers du génie militaire ou de l'artillerie.

Les officiers de la Seconde Guerre mondiale étaient soit issus des cadres de l'armée régulière (deux sous-filières : recrutement direct par le régiment et une minorité de diplômés du RMC), soit de ceux de la réserve (milice non permanente), soit du Corps-école des officiers canadiens (CEOC, plus connu sous l'acronyme anglais de COTC), c'est-à-dire des étudiants de collèges ou d'universités suivant à temps partiel des cours semblables (en théorie) aux cours des officiers de la réserve, soit finalement ils provenaient des rangs. Par la force des choses, et comme le suggèrent les développements précédents, les trois premiers cheminements ne pouvaient produire que relativement peu d'officiers subalternes.

À compter du 1er avril 1941, l'Armée canadienne a par conséquent mis en vigueur un nouveau régime : tous les candidats-officiers sortiraient désormais du rang, c'est-à-dire que les officiers potentiels devaient d'abord servir comme simple soldat ou sous-officier. En fait, l'Armée s'alignait comme à son habitude sur l'Armée britannique, qui avait adopté cette politique dès 1938[8]. (Pour l'Armée canadienne s'entraînant en Angleterre, une politique existait depuis le 2 mai 1940 à l'effet que 25 pour cent des officiers de renforts devrait sortir des rangs, mais c'est sans doute pour éviter que trop d'officiers inexpérimentés arrivant du Canada occupent des fonctions de subalternes critiques pour ces unités[9].) Les candidats devaient être âgés entre 19 ½ et 40 ans, mais préférablement de moins

---

8. G. Hayes, *The development of the Canadian Officer Corps, 1939-1945*, thèse de doctorat (histoire), University of Western Ontario, 1992, p. 102. D. Fraser (*Wars and shadows : memoirs of general Sir David Fraser*, Londres, Penguin Books, 2003 (2002), p. 146) donne 1939. Dans sa thèse, Hayes discute de l'évolution de l'organisation administrative supervisant la formation des officiers, mais il n'aborde jamais le contenu des enseignements, ce qui nous intéresse avant tout dans ce livre.

9. « Closing exercices, Second course, Canadian O.C.T.U. – Training of junior officers », CMHQ Report No. 21, avril 1941, paragraphe 20.

de 30 ans (dans le Corps blindé, la limite d'âge était fixée à 28 ans). Au minimum, s'ils faisaient partie de la force régulière, ils devaient avoir servi pendant quatre mois, dont deux comme sous-officier (pour exclure les sujets faibles, les candidats retenus provenant de la filière des réguliers et ayant deux ans de service devaient avoir un grade de sous-officier pour être reçus). Pour l'armée de réserve, on exigeait un an de service ou de suivre un cours dans un Centre d'instruction avancée. Pour les deux filières, l'éducation minimale exigée était l'« immatriculation », c'est-à-dire la réussite d'un cours secondaire donnant accès à l'université, les armes scientifiques formulant cependant des exigences particulières en mathématiques et en sciences[10]. Avec ces mesures, le recrutement direct d'officiers, sauf pour les candidats ayant un diplôme de médecine ou de génie, prenait donc fin, en théorie du moins[11].

Si auparavant on entrait dans l'armée comme officier ou comme soldat selon qu'on appartenait à la classe des chefs ou à celle des sujets, et que très généralement on y demeurait, dorénavant tous devaient (ou auraient dû) passer par le plus bas degré de l'échelle. Le favoritisme devenait ainsi plus difficile et une sorte de « sélection naturelle » aurait le temps d'opérer, sélection par laquelle les chefs « naturels » ressortiraient du lot de la piétaille. On verra sous peu comment le « système » devait repérer les futurs chefs, parce que la « sélection naturelle » avait trop peu de temps pour faire sentir ses effets.

Le système d'instruction des officiers est passé par trois phases : une phase de transition paix-guerre qui dure jusqu'en 1940, d'expansion jusqu'à l'automne 1943, moment où sont aussi mis en place des processus de sélection « objectifs » en parallèle des nouvelles écoles d'officiers, phase qui m'intéresse dans ce livre, puis une phase de rationalisation (et fermeture progressive) de l'automne 1943 jusqu'à la fin de la guerre.

Cinq écoles pour officiers ont fonctionné au Canada à un moment ou à un autre durant la guerre[12]. Durant la première phase, qui correspond à la situation avant le désastre du printemps 1940, il n'y avait que le RMC. Afin d'accélérer la production d'officiers, le long cours de quatre ans est réduit à deux ans dès le début de la guerre. Mais en 1940, attendre deux années pour former un officier était un luxe que l'Armée canadienne ne pouvait plus s'offrir. Le RMC est donc

---

10. Directorate of Military Training, journal de guerre, avril 1941, ébauche de la brochure « Canadian Army Training Pamphlet No. 8 1941 » (BAC, RG24, C-3, vol. 13 239). Un exemplaire de cette brochure (finalement intitulée « Canadian Army Training Pamphlet No. 8 : How to qualify, 1941 ») se trouve dans la collection FN de la DHP.
11. J. C. Newlands, « The policy governing the finding and selection of officers for the C.A.S.F. (later C.A.(A.)) », AHQ Report No. 37, par. 5-7. Il s'agit d'un rapport du QG de l'Armée conservé à la Direction Histoire et patrimoine, ministère de la Défense nationale, Ottawa. L'Aviation royale du Canada avait déjà adopté cette politique (*ibid.*, p. 3) ; G. Hayes, *The development...*, *op. cit.*, p. 100-102.
12. Il en existait une autre en Grande-Bretagne, à Bordon (Hampshire), pour les candidats issus des formations outre-mer. (C. P. Stacey, *Histoire officielle de la participation de l'armée canadienne à la Seconde Guerre mondiale, volume I. Six années de guerre : l'armée au Canada, en Grande-Bretagne et dans le Pacifique*, Ottawa, Imprimeur de la Reine, 1966, p. 131 et 140).

« fermé » (la dernière classe d'élèves-officiers part en juin 1942), c'est-à-dire qu'on met fin à l'enseignement régulier. Cependant, les locaux serviront toujours à l'éducation des officiers, car le collège est converti en école militaire avancée.

Ce ne fut donc pas à Kingston que l'immense majorité des subalternes de la Deuxième Guerre mondiale reçut son instruction, mais plutôt dans des Centres de formation d'officiers (OTC pour Officer Training Centre) créés de toutes pièces. Bien que la décision de ne retenir que les candidats sortant du rang pour l'école d'officiers ait été prise à l'automne 1940 (on l'a vu, en vigueur le 1er avril 1941), la façon d'implanter cette décision a fait l'objet de longues considérations qui ne seront tranchées qu'en mars suivant. C'est qu'on avait d'abord considéré la possibilité d'ouvrir une aile pour officiers dans chacun des camps de recrues, ce que plusieurs commandants de camps et officiers de districts militaires favorisaient, et ce qui d'une certaine manière reproduisait presque un système régimentaire, car les centres locaux de recrues fonctionnaient un peu comme les régiments traditionnels. Le directeur de l'Instruction militaire était de cet avis et c'est ce qu'il avait recommandé au chef d'état-major de l'armée en septembre 1940. Mais la centralisation de la formation l'a finalement emporté, l'argument décisif étant que des écoles centrales assureraient plus facilement des standards d'instruction communs[13].

L'ouverture des OTC de l'Est (OTC n° 1, Brockville, Ontario) et de l'Ouest (OTC n° 2, Gordon Head, Colombie-Britannique) en mars 1941 marque le passage de la phase un à la phase deux. L'OTC n° 3 de Trois-Rivières, ouverte à titre temporaire[14] en novembre 1942, est le dernier de la série. Ensemble, ces centres d'instruction pouvaient produire 6000 officiers subalternes par année[15], plus que l'effectif total (officiers et hommes) de l'armée régulière canadienne d'août 1939! On comprend pourquoi, en août 1943, l'Armée s'est rendu compte qu'elle se dirigeait vers un surplus d'officiers. Si l'on excepte le mois de septembre 1939 et la période de juin à septembre 1940, qui correspondent à la mobilisation initiale et à la crise décrite au chapitre trois, une moyenne d'environ 300 officiers sont brevetés chaque mois entre octobre 1939 et mai 1940, passant à 500 d'octobre 1940 à octobre 1941 inclusivement, puis à autour de 400 jusqu'à novembre 1942, à peu près 200 par mois jusqu'à juin 1943, avec des chutes brutales en juillet et août suivants, pour tourner dans les basses dizaines jusqu'à la fin de la

---

13. G. Hayes, *The development...*, *op. cit.*, p. 103. L'hypothèse de travail de Hayes est qu'une conception *manageriale* du corps des officiers a été implantée durant la Seconde Guerre mondiale sous l'impulsion de généraux bureaucrates comme McNaughton et Crerar. La recommandation du DMT (le colonel Lawson) se trouve dans un rapport d'inspection du 16 septembre 1940 dont les principales recommandations sont reproduites dans un tableau synoptique à l'intention du chef d'état-major et envoyé à celui-ci quelques jours plus tard (BAC, RG24, C-1, bobine C-5071, dossier H.Q.S. 4729, « Inspection by D.M.T. Generally », vol. 1).
14. *Report of the Department of National Defence for the Fiscal Year Ending March 31, 1943*, Ottawa, Imprimeur du Roi, 1943, p. 40.
15. Auxquels s'ajoutaient les 300 candidats produits par Bordon (Hants), Angleterre. Voir C. P. Stacey, « Passing-out ceremony, Eight Course, Canadian Officer Cadet Training Unit, 7 Mar 42. Transfer of Canadian O.C.T.U. to Canada », CMHQ Report No. 63, 18 mars 1942, p. 3.

guerre, sauf une pointe d'un peu moins de 200 en mai 1944, sans doute en prévision des pertes inévitables de subalternes qu'on prévoyait pendant et après le débarquement en Normandie. L'Armée canadienne ferme les OTC n°s 2 et 3 à l'été 1943, ce qui fait qu'à compter de septembre 1943, les cours élémentaires pour officiers sont concentrés à Brockville, et ce, pour le reste de la guerre[16]. C'est la troisième et dernière phase.

Les élèves-officiers francophones

Reconnaissant que la formation des candidats francophones présentait des difficultés particulières[17], des « ailes » pour élèves-officiers francophones ont fonctionné pendant la majeure partie des hostilités. Un « pré-OTC » a fonctionné à côté du Centre d'instruction élémentaire de Saint-Jérôme (Camp n° 44/S-18) d'octobre 1941 à août 1943. Les candidats y suivaient un cours de un ou deux mois, selon qu'ils étaient ou non des anciens du CEOC. Il s'agit essentiellement d'une révision et d'une mise à jour des procédures de base de l'Armée canadienne, auxquelles s'ajoutent des cours d'anglais et une mise en condition physique. Le programme comprend des cours de maniement du fusil, de lecture de cartes, de protection contre les gaz de combat, de premiers soins en plus des cours de langue, ces derniers donnés par le service éducatif de la Légion canadienne, où l'on connaissait fort bien l'anglais semble-t-il. À Saint-Jérôme, la langue de communication est le français, même si dans les premiers mois les manuels sont tous rédigés en anglais. Quelques candidats anglophones passent par la préparatoire de Saint-Jérôme, y suivant les cours en français. Toutefois, la pratique commune des instructeurs est de questionner les anglophones en anglais en fin de classe pour s'assurer qu'ils ont bien compris ; le cas échéant, les points essentiels de la leçon sont repris en anglais par l'instructeur[18]. Le bilinguisme officiel post-1969 a donc un précédent.

La nature de la préparation à Saint-Jérôme est bien illustrée par l'activité finale, qui consiste à marcher à pied en colonnes toute la distance séparant Saint-Jérôme, au nord de Montréal, jusqu'à Brockville, entre Cornwall et Kingston, une marche d'environ 230 km. Là, les candidats rejoignent l'aile spéciale pour francophones à l'OTC n° 1. En tout, 19 cohortes d'élèves-officiers (1940 « diplômés ») passèrent par Saint-Jérôme avant que le programme soit concentré

---

16. C. P. Stacey, *Six années de guerre...*, op. cit., p. 140-141. Le nombre d'officiers brevetés par mois pour la durée de la guerre est donné dans BAC, RG24, vol. 18574, dossier 133.064 (D4) « STATISTICS – Commissions By Month & Year of Appt 1939-1946 ».
17. Sur le problème de l'intégration des francophones, voir C. P. Stacey, *Armes, hommes et gouvernements*, Ottawa, Imprimeur de la Reine, 1970, p. 462-466. La relation de Stacey, plutôt favorable à l'effort d'intégration de l'Armée, est critiquée dans Jean Pariseau et Serge Bernier, *Les Canadiens français et le bilinguisme dans les Forces armées canadiennes*, tome I, 1763-1969 : le spectre d'une armée bicéphale, Ottawa, ministère de la Défense nationale, 1987, p. 119-120 et 129-133.
18. Voir le reportage de Robert E. Gardner, « They're seeking the King's commission at St. Jerome », *The Montreal Daily Star*, références à la date et à la page manquantes, dans l'annexe au journal de guerre du camp de Saint-Jérôme, février 1942 (BAC, RG24, C-3, vol. 16 914).

à Brockville. Dans les limites de ses objectifs, le cours pré-OTC de Saint-Jérôme semble avoir reçu les meilleures notes de l'équipe d'inspecteurs de la Direction de l'instruction[19]. Après la rationalisation, l'aile francophone de Brockville, sous la responsabilité d'un officier supérieur canadien-français, a été maintenue. Elle accueillera environ trente pour cent de l'effectif total de l'école[20].

En outre, dans tous les centres et écoles d'instruction de l'Armée de terre, des instructeurs parlant français devaient être nommés dans la proportion du nombre d'élèves présents, du moins était-ce l'intention ministérielle en 1941. La politique n'a sans doute pas eu le succès escompté, car l'année suivante, il a fallu nommer d'autres instructeurs francophones pour les centres d'instruction élémentaires du Québec et les écoles avancées hors Québec, car on n'avait pas encore réussi à réduire le « handicap linguistique » des francophones, selon les termes employés par le ministère dans son rapport annuel pour 1942-1943[21]. Cela tend à montrer que les francophones devaient apprendre l'anglais dès les premières étapes de la formation s'ils entendaient poursuivre avec un minimum de succès l'instruction ; dit autrement, l'addition d'instructeurs francophones aux institutions, comme l'avait voulu le ministre en 1941, ne s'est pas concrétisée, en tout cas pas partout, et la solution facile était de faire apprendre l'anglais aux jeunes francophones le plus tôt possible. Il fallait « apprendre son métier [militaire] en même temps que l'anglais[22] », en conclura le premier historien du système.

C'était la règle générale qui souffrait peu d'exceptions, aussi bien, pour me répéter, la formation de tous les cadres subalternes (sous-officiers, élèves-officiers, sous-lieutenants et lieutenants à Mégantic, Saint-Jérôme et Brockville) que pour les phases premières d'instruction à des « métiers » communs du genre chauffeurs, mécaniciens automobiles ou cuisiniers. Pour tout le reste, formation avancée des officiers, écoles tactiques spécialisées, écoles de métiers plus techniques (par exemple dans les transmissions, pour les sapeurs ou les artilleurs), une bonne connaissance de l'anglais, sinon une maîtrise quasi parfaite, était absolument nécessaire. Autrement, le « handicapé linguistique » était confiné à quel-

---

19. BAC, RG24, C-1, dossier H.Q.S. 4729, vol. 3 (bobine C-5071), rapport du lieutenant-colonel J. P. Girvan, 14 août 1942.
20. Pour le camp S-18, voir le journal de guerre : BAC, RG24, C-3, vol. 16912 à 16915. Le chiffre de 1940 est indiqué à l'entrée du 18 août 1943 (vol. 16915). Les marches entre Saint-Jérôme et Brockville font l'objet de beaucoup de publicité, comme on le constate dans les coupures de presse annexées au JG de l'École S18 en juin, juillet et août 1942 (vol. 16 915). Les francophones dirigés sur Brockville ont commencé à être placés sous la responsabilité d'un lieutenant-colonel francophone dès août 1941 (journal de l'OTC n° 1, 13 août 1941, vol. 16934). Exceptionnellement, en juillet 1943, les francophones forment près de 40 pour cent de l'effectif (*ibid.*, vol. 16 936). Ce n'est cependant qu'à partir de novembre 1943 que des ordres du jour en français apparaissent dans le journal de guerre de Brockville (*ibid.*, vol. 16 937).
21. *Report of the Department of National Defence Canada for the Year Ending March 31, 1942*, Ottawa, Imprimeur du Roi, 1942, p. 12-13 ; *idem*, 1943, p. 40-41.
22. Jean-Yves Gravel, paraphrasant une recrue francophone dans « Le Québec militaire, 1939-1945 », dans Jean-Yves Gravel (dir.), *Le Québec et la guerre 1867-1960*, Montréal, Les éditions du Boréal Express, 1974, p. 89.

ques ghettos d'emplois comme l'infanterie, les rangs inférieurs de l'intendance ou de l'administration[23].

Quant au centre temporaire de Trois-Rivières, étrangement, il fonctionnait exclusivement en anglais. Il n'a reçu qu'une poignée de francophones, surtout des Acadiens à ce qu'il semble[24]. La grande majorité de ses élèves-officiers étaient plutôt des anglophones provenant des districts militaires des Maritimes (les districts n°s 6 et 7).

Outre le temps mis à adapter les structures d'instruction pour les rendre plus accueillantes aux francophones, afin qu'ils puissent surmonter leur « handicap linguistique », l'Armée a identifié des déficiences culturelles chez les jeunes francophones habilités à entrer à l'université, son critère de base éducatif pour la sélection des officiers. Les collèges francophones donnaient un B.A. style français du XIXe siècle comme cours secondaire. Toujours dirigé par le clergé, ces collèges avaient mis du temps à développer les cours de mathématiques et de sciences souvent nécessaires pour devenir officier dans l'artillerie ou le génie. Une étude commandée en 1942 par l'Armée de terre canadienne s'est penchée sur cette question et son rapport était plutôt critique. La formation classique donnée dans ces collèges, avec l'accent sur les langues anciennes, la philosophie et la religion, préparait mal à la profession d'officier selon le rapporteur. En outre, l'on notait que les francophones manquaient d'ambition pour la « chose militaire[25] ».

Préjugé d'anglophones peu sympathiques aux particularismes canadiens-français ? C'est possible, encore qu'il est vrai que les cours secondaires du Canada français avaient leurs faiblesses[26]. Mais cela ne veut pas dire que la formation

---

23. Sur la place des francophones dans les Forces canadiennes avant et durant la Seconde Guerre mondiale, voir J. Pariseau et S. Bernier, *op. cit.*, chap. IV et V.
24. La première promotion (13 février 1943), la seule pour laquelle on a un relevé détaillé des affectations post-diplôme, comptait 378 diplômés aux patronymes à consonance anglaise contre seulement 14 françaises. Voir BAC, War Diary No. 3 OTC (Three Rivers, Que.), RG24, C-3, vol. 16941.
25. Je paraphrase J.-Y. Gravel (« Le Québec militaire, 1939-1945 », *op. cit.*, p. 90) qui fait un résumé du passage pertinent du rapport. L'expérience de Charley Forbes permet de nuancer quelque peu ce constat : il semble avoir profité des notions de rhétorique et d'expression orale, notamment l'expérience du théâtre, mais sa formation en mathématiques, qu'il avait perçue comme avancée au collège de Victoriaville (affilié à l'Université Laval) ne l'a pas empêché d'échouer en maths à RMC (Charley Forbes, *Fantassin pour mon pays, la gloire et… des prunes*, Québec, Septentrion, 1994, p. 84-111, peut-être les meilleures Mémoires d'un officier québécois).
26. L'équivalence entre les systèmes anglophones et les cours secondaires des francophones posait des problèmes. Il y a trace dans les dossiers de la Défense nationale de doutes sur la qualité de l'éducation de certains jeunes ayant suivi leur cours secondaire dans les systèmes du Canada français, du moins pour ceux qui n'avaient pas le cours classique complet. Il n'est pas certain que « l'immatriculation » dont Louis-Philippe Audet parle dans son histoire de l'éducation corresponde à la *matriculation* demandée par l'Armée canadienne, malgré tous les efforts d'Audet pour les faire paraître équivalentes, d'autant qu'Audet reconnaît que les premières années du cours classique « étaient souvent encombrées de matière qui auraient dû être vues et maîtrisées au primaire ». Par ailleurs, Audet reconnaît pleinement la faiblesse des cours secondaires public et privé (ce dernier, le cours classique) en matière scientifique jusqu'à 1939 (*Histoire de l'enseignement au Québec, tome 2 : 1840-1971*, Montréal et Toronto, Holt Rinehart et Winston, 1971, p. 282-291 — toute la section étant une défense de l'équivalence — et tabl. des p. 275 et 292). Les doutes de l'Armée étaient

donnée dans les collèges canadiens-français ait été absolument non pertinente au développement de bons officiers. On sait par exemple que plusieurs collèges menés par les Frères des Écoles chrétiennes abritaient des corps de cadets dynamiques et que des notions de leadership y étaient inculquées avec zèle. Le désir du clergé de former des élites était tout à fait compatible avec les besoins en chefs de l'Armée canadienne[27]. Un officier du Régiment de Maisonneuve racontant ces souvenirs en 1995 pouvait ainsi dire : « J'ai commencé à deux ans à jouer avec des soldats en papier mâché. À quatre ans j'étais garde d'honneur à l'Immaculée-Conception, je portais l'uniforme à quatre ans en 1913 ou 1914. [...] En 1926, j'étais commandant des cadets de l'école O'Neill. J'avais 950 cadets. J'avais le grade de colonel, deux médailles[28]. »

On sait aussi que les Jésuites, dont les règles calquent celles d'une armée, n'ont jamais reculé à donner des cours de préparation militaire.

Le problème était moins l'éducation en soi que le fossé des perceptions entre la majorité dominante et les francophones, qui entretenaient des rancœurs réciproques, ce qui faisait que dans l'armée, les francophones ne se sentaient généralement pas les bienvenus. La langue n'est pas seule en cause ici ; dans le rapport tout juste cité, on note d'ailleurs que les jeunes francophones sont presque tous bilingues. Non, c'est plutôt qu'avant les réformes de 1941-1942, les Forces canadiennes décourageaient tout simplement les jeunes francophones de s'investir dans la « chose militaire ». Si le reproche sur la faiblesse des études scientifiques est justifié, il reste qu'un gouvernement fédéral éloigné des préoccupations d'une bonne partie des élites canadiennes-françaises et une armée trop *british* demeurent les facteurs principaux pour expliquer le désintérêt pour la « chose militaire » des Canadiens français. Au bout du compte, ce sont les politiques fédérales et les questions de régie interne propres aux Forces cana-

---

justifiés, bien qu'elle reconnaissait généralement les équivalences sans trop se faire prier, avec une lettre de recommandation adéquate. Elle était d'autant plus complaisante au début de la guerre qu'elle manquait d'officiers francophones, ce qui explique qu'on peut voir dans les récits de vie collectés dans le Fonds Capolupo ou dans celui du général Dextraze, récits cités plus loin, que des étudiants du cours commercial public et des étudiants de syntaxe (9e année) deviennent officiers en dépit du fait qu'ils ne sont pas admissibles à l'université. On ne devrait donc pas accuser l'Armée de discrimination à la légère en ce qui touche au niveau d'éducation des francophones. Elle fait la même critique d'un système inadapté à la société industrielle que celle que fera vingt ans plus tard la Commission Parent.

27. On peut en apercevoir les contours dans les remarques de Marie-Victorin, frère des Écoles chrétiennes, la plus importante communauté d'enseignants pour garçons au Canada français (*Mon miroir : journaux intimes 1903-1920*, Montréal, Fides, 2004, p. 113, 297, 328, 338-341, 359, 391, 485, 506 et 770). Autre considération d'importance, le clergé québécois n'est peut-être pas aussi unanimement contre la participation à la guerre qu'une lecture rapide de l'histoire de l'époque a tendance à le faire croire (Béatrice Richard, « La participation des soldats canadiens-français à la Deuxième Guerre mondiale : une histoire de trous de mémoire », dans *Bulletin d'histoire politique*, no spécial, vol. 3, nos 3-4, printemps-été 1995, p. 387). Toute la question de la culture militaire au Québec demeure un sujet mal exploré.

28. MDN, DHP, Fonds Patrick Capolupo (96/23). Cité aussi dans Y. Tremblay, *Volontaires. Des Québécois en guerre (1939-1945)*, Montréal, Athéna éditions, 2006, p. 24.

diennes qui repoussent les candidats francophones, et le « retard culturel » qui, si tant est qu'il existait, n'était pas insurmontable.

C'est dire que l'intégration de milliers de jeunes officiers francophones a posé à l'Armée canadienne un défi de taille, comme on le verra encore plus loin.

Tensions administratives

Si le nouveau système paraît plus rationnel, s'il présente la potentialité de diffuser une instruction militaire de qualité uniforme sur le plan doctrinal, il avait à ses débuts les mêmes défauts que l'ancien régime. En 1941, sortir du rang ne signifiait pas avoir une réelle expérience du combat. À l'exception de la perte de Hong Kong à la fin de 1941 et du désastreux raid de Dieppe en août 1942, l'Armée canadienne n'a participé à aucune opération d'envergure l'exposant à l'ennemi avant le débarquement de Sicile en juillet 1943. Pour devenir officier, il ne s'agissait que d'avoir vécu sous l'uniforme du soldat, parfois aussi peu que les quelques semaines du centre d'instruction élémentaire de l'infanterie. Le règlement stipulait qu'il fallait que les candidats aient passé au moins quatre mois dans les rangs de l'armée d'active ou un an dans ceux de la milice, sachant qu'une année de milice correspond à trente jours d'entraînement annuel. C'est bien peu[29].

Après la guerre, E. L. M. Burns a vertement critiqué cette politique. Il a rappelé que des sous-officiers et des subalternes, par la nature de leur fonction, devaient être d'abord des instructeurs efficaces. Mais vu l'expansion rapide, il était impossible pour l'Armée canadienne de 1939-1940 de se reposer sur cette méthode traditionnelle de transmission du savoir-faire tactique, car ces cadres subalternes étaient eux-mêmes des néophytes. Comme on devait utiliser ce personnel parce qu'il n'y avait personne d'autres à qui confier la tâche, poursuit Burns, la seule politique possible était une division du travail (Burns utilise une analogie industrielle) qu'en d'autres circonstances on aurait jugé excessive. Faute d'expérience, les jeunes instructeurs ont donc été spécialisés dans un domaine suffisamment étroit pour qu'ils puissent faire des démonstrations satisfaisantes aux recrues après seulement quelques jours ou quelques semaines de formation.

> Une telle solution, la seule possible alors, n'est pas idéale. Ces inconvénients peuvent être illustrés en la comparant à la grande spécialisation des médecins d'aujourd'hui [1956]. Des médecins attentionnés savent bien qu'il faut traiter le patient comme un tout, pas seulement pour sa condition cardiaque, sa pression sanguine

---

29. Voir J. C. Newlands, « The policy governing the finding and selection of officers », p. 3. Le quatre mois est porté à cinq mois en juin 1943, alors qu'on avait jonglé quelque temps avec l'idée de demander sept mois (*ibid.*, p. 12-14). Au début, les conscrits sous la loi LRMN suivaient un entraînement de quatre semaines seulement. Après un intense lobbying du chef d'état-major de l'armée, le général Crerar, cette période est portée à quatre mois au début de 1941 (D. T. Byers, *Mobilizing Canada : the National Resources Mobilization Act, the Department of National Defence, and compulsory military service in Canada, 1940-1945*, thèse de doctorat, Université McGill, 2001, p. 65-71). Crerar avait insisté, croyant qu'il fallait au moins quatre mois pour former un fantassin pour la guerre moderne.

élevée ou ses douleurs dorsales. C'est encore plus vrai dans les affaires militaires. Il faut y traiter l'homme comme un être à part entière de sorte qu'il sait qu'on s'en occupe comme un homme, un individu avec ses capacités individuelles, ses émotions, son caractère. Il sera plus heureux et il comprendra mieux sa place dans le grand tout des choses militaires si le sergent ou l'officier qui lui enseigne son devoir n'est pas juste concerné par la culasse de son fusil, par le chargeur du Bren, mais se préoccupe aussi de savoir s'il mange bien, si son lit est chaud et sec, s'il reçoit du courrier, obtient une permission et ainsi de suite. Il y aurait beaucoup de choses à dire là-dessus[30].

Le facteur d'expansion entre la Force permanente d'avant 1939, qui devait fournir les cadres d'instruction comme on l'a dit, et l'Armée de terre à son apogée (fin 1944) est de 1 à 100 (4500 à 450 000 hommes et officiers)[31]. Cela rendait nécessaire le recours à des méthodes de masse, en sacrifiant certains éléments non quantifiables mais pourtant importants en temps de guerre. En usant du « nous », Burns accepte une part de responsabilité pour cette situation (comme on l'a vu, il a occupé dès le début de la guerre des fonctions d'état-major importantes au Canada et en Angleterre qui le plaçaient au cœur du processus décisionnel) :

> En 1939, nous n'avions aucune idée des effectifs qu'allait éventuellement atteindre l'Armée. Nous envisagions alors un effort plutôt limité. L'effondrement de la France en 1940 nous a alarmés et nous a poussés à adopter des mesures énergiques que nous aurions dû prendre un an plus tôt. Certaines de ces mesures étaient inappropriées et nous n'avons pas formulé un plan cohérent sur le type et la taille d'armée en campagne que nous devrions maintenir avant la fin de 1941[32].

L'efficacité du système centralisé a aussi été freinée par le désir des unités outre-mer de retenir leurs meilleurs hommes près du théâtre d'opération, et par la propension des quartiers généraux canadiens en Grande-Bretagne à vouloir contrôler l'instruction et l'entraînement. Alors qu'il aurait paru rationnel que l'entraînement individuel et l'entraînement de base des petites formations se fassent en territoire national (où l'abondance de candidatures permettait de procéder à une sélection sévère) et l'entraînement avancé et celui en grandes formations en Grande-Bretagne (où se trouvaient les brigades, divisions et corps d'armée canadiens), rien d'aussi tranché n'a existé pour la majeure partie de la guerre. Longtemps les Forces canadiennes en Angleterre ont retenu une capacité d'instruction élémentaire importante, au grand dam de plusieurs officiers de la Direction de l'instruction militaire à Ottawa. Il y eut par conséquent duplication de l'effort d'entraînement, des deux côtés de l'Atlantique, une recrue passant en moyenne par cinq camps d'entraînement sur deux continents avant d'intégrer son unité[33].

---

30. E. L. M. Burns, *Manpower in the Canadian Army, 1939-1945*, Toronto, Clarke Irwin & Company, 1956, p. 79-80.
31. *Ibid.*, p. 80.
32. *Ibid.*, p. 85.
33. La moyenne de cinq est tirée de Russell A. Hart, *Clash of arms : how the Allies won in Normandy*, Boulder, Lynne Rienner, 2001, p. 179. Hart, historien américain qui travaille dans une perspective comparative, n'est pas tendre pour le système d'instruction militaire canadien.

Il y avait encore plus de camps d'instruction s'il s'agissait d'un sous-officier ou d'un officier. Certains de ces camps faisaient exactement la même chose, par exemple les camps d'entraînement avancé du Canada et les Canadian Reinforcement Units (CRU) de Grande-Bretagne, ou encore les écoles de *battle drill* de Colombie-Britannique et du Hampshire.

En attendant l'ouverture d'un front, les unités stationnées en Angleterre ne demeuraient pas inactives. Elles voulaient combler les lacunes considérables dans l'entraînement, des petites aux grandes unités[34]. Ce faisant, des officiers incompétents étaient renvoyés[35] au Canada en même temps que des sous-officiers brillants se distinguaient. Il était naturel que certains des seconds puissent remplacer quelques-uns des premiers, surtout au début de la deuxième phase (expansion) de l'histoire du système d'instruction, alors que l'Armée canadienne manquait d'officiers. En Angleterre, le concept de « sortir du rang » avait un sens qui n'était pas entièrement usurpé, comme c'était le cas au Canada[36].

En août 1940, une petite école d'officiers est donc ouverte à Bordon Hants (Hants pour Hampshire), Angleterre. Elle ne donne pas tous les cours généraux (faute d'instructeurs et d'équipement) et, pour les cours spécialisés, elle dirige les élèves-officiers vers les écoles de l'Armée britannique. C'est sous le chapeau de cette organisation en gestation, qui deviendra la Canadian Training School (CTS) à plusieurs ailes de formation l'année suivante, que le sergent-major régimentaire Paul Triquet, élevé à Cabano sur les bords du lac Témiscouata (est du Québec), suit le cours d'élève-officier. Triquet est ensuite affecté, comme c'est souvent le cas, à un camp d'entraînement où il doit perfectionner son habileté à commander à la tête d'un peloton de recrues. Mais de manière surprenante, étant donné les difficultés de transport de l'époque, Triquet est renvoyé au Canada pour faire ce stage, à la base de Valcartier, qu'il connaît bien pour y avoir séjourné souvent dans son déjà long parcours de sous-officier de carrière[37]. Véritable « sorti du rang », le capitaine Triquet s'illustrera à la tête d'une compagnie en Italie en décembre 1943, où il méritera la plus prestigieuse et la plus convoitée

---

34. On peut suivre cette longue et fastidieuse phase de l'histoire de l'Armée canadienne d'outre-mer dans l'histoire officielle : C. P. Stacey, *Six années de guerre...*, *op. cit.*, chap. VIII. Pour un aperçu plus critique : J. A. English, *Failure in high command : the Canadian Army and the Normandy campaign*, Ottawa, The Golden Dog Press, 1995 (1991), chap. 3-7.
35. Malheureusement, il est presque certain que plusieurs incompétents se sont retrouvés au Canada en charge d'élèves à instruire. Les officiers limogés et laissés sans emplois sont extrêmement rares ; pour justifier un retour au Canada et une utilisation rationnelle (d'un point de vue bureaucratique) de la main-d'œuvre disponible, on pouvait renvoyer les incapables dans les très nombreuses écoles d'instruction de l'Armée au Canada. C'était l'un des types de mutation vers le Canada les plus courants, avec celui de l'âge, des blessures graves ou de l'épuisement psychologique, lui-même souvent déguisé sous des ennuis de santé physique.
36. Même si les subalternes stationnés en Grande-Bretagne n'ont pas d'expérience de combat eux non plus avant la seconde moitié de 1943. À défaut d'une expérience de combat, ces subalternes subissaient les pressions d'un environnement militarisé par la proximité du danger et par les raids aériens. Sur le plan du caractère, c'est déjà un test.
37. Je remercie mon collègue John MacFarlane de m'avoir communiqué les éléments de sa recherche sur Triquet, éléments tirés du dossier personnel de Triquet conservé à BAC.

des décorations britanniques, la Victoria Cross. Toutefois, ce genre de parcours est exceptionnel.

Au début de 1942, le général Crerar, qui vient de débarquer en Angleterre, aurait voulu fermer cette petite école, car quantitativement le système mis en place au Canada pouvait facilement intégrer les candidats qui sortaient du rang en provenance de l'armée d'outre-mer. Il s'est heurté immédiatement à une forte opposition dans les établissements canadiens en Grande-Bretagne. Deux arguments étaient invoqués pour retenir une aile OCTU en Angleterre. Premièrement, le milieu était propice à la formation d'officiers, en raison de la disponibilité d'instructeurs qualifiés et de conférenciers britanniques ayant une expérience de combat. Deuxièmement, plusieurs commandants d'unités répugnaient à laisser partir pour plus de cinq ou six mois (un mois de voyages transatlantiques, la durée du cours plus une longue permission) leurs hommes, et ce, d'autant plus que des unités restées au Canada se livraient à du maraudage afin de mettre la main sur ces officiers subalternes expérimentés.

Après de longs tiraillements entre Crerar d'une part, les généraux Montague (commandant de CMHQ) et McNaughton d'autre part, Crerar obtient à peu près gain de cause en septembre 1942, sauf pour le maintien d'une capacité formation OCTU de base pour certains spécialistes (artilleurs, ingénieurs de combat, transmissions et officiers des armements – *ordnance*) qui se familiariseront avec les droits et devoirs de l'officier dans l'aile n° 1 de la CTS pendant six semaines. Les formations spécialisées seront reçues dans les écoles militaires britanniques, la durée totale des cours pouvant aller jusqu'à vingt-deux semaines. Tous les autres candidats officiers, dont ceux de l'infanterie, seront renvoyés au Canada[38]. Cette décision ne fera pas d'heureux à la CTS, dont le commandant, le colonel T. E. Snow, critiquera longtemps cette décision. Dans un rapport d'octobre 1943 sur une visite qu'il fait à l'OTC de Brockville, Snow, en se fondant sur quelques interviews seulement, estime que les élèves-officiers perdent leur temps à Brockville. Il recommande de fermer cette école et de transférer toute la formation des officiers en Grande-Bretagne[39] !

Avant d'être fermée partiellement, l'aile OCTU de Bordon Hants avait dû surmonter d'autres problèmes. Les candidats qu'elle recevait, recrutés dans un bassin limité, avaient souvent moins de scolarité que les candidats canadiens, recrutés dans la population masculine en général, dont celle des collèges et université. (C'était l'un des arguments principaux de Crerar.) La hiérarchie de l'armée est à certains égards une manifestation du niveau d'éducation. En conséquence, les candidats outre-mer échouaient plus souvent les tests d'intelligence qu'on commençait alors à utiliser (voir la section suivante).

Les candidats officiers en Angleterre arrivaient maintenant des centres d'entraînement de renforts canadiens en Grande-Bretagne (Canadian Reinfor-

---

38. J. M. Hitsman, « Selection and training of officers for the Canadian army overseas 1940-1945 », CMHQ Report No. 156, 1946, p. 7-9.
39. Rapport de 5 p. dans BAC, RG24, C-2 vol. 9841, dossier 2/REPORTS/1.

cement Units – CRU). Ces centres, de grands dépôts centraux instaurés en 1940 au lieu de nombreux petits dépôts régimentaires impossibles à installer dans une Grande-Bretagne surchargée de militaires, servaient d'intermédiaires entre les camps canadiens et les unités de combat. On devait y mettre à jour le niveau d'instruction et d'entraînement des recrues, avant de les affecter aux régiments, qui n'avaient donc plus du tout en Angleterre la capacité de former des recrues, ayant maintenant d'autres chats à fouetter (un autre signe du déclin du concept de régiment-école). Parmi les recrues se trouvaient de nombreux hommes n'ayant pas été évalués au Canada pour devenir officiers. Soumis en Angleterre au processus de sélection, beaucoup de candidats jugés aptes par leur comportement exemplaire et leur expérience militaire manquaient toutefois d'instruction au sens général du terme, ayant depuis trop longtemps quitté les bancs d'école. Dès l'été 1942, mais sur une base non officielle, les CRU donnaient des cours de grammaire et d'arithmétique à ses hommes avant de les envoyer à l'aile OTC du CTS afin de leur donner une chance d'y réussir le cours d'officier, raison pour laquelle ce cours informel était qualifié de pré-OTC. La question s'est alors posée d'autoriser formellement un tel cours en Angleterre et, après hésitation, car c'était en somme un peu revenir sur la décision de fermer l'aile n° 1 de Bordon Hants, une école du genre fut approuvée en mars 1943, école logée auprès du CRU du Corps blindé canadien où elle obtenait des services administratifs[40].

L'apparition des CRU, des examens de sélection et du cours pré-OTC a aussi permis de mettre fin à des pratiques inquiétantes. Entre 1940 et 1942, de nombreux commandants d'unités n'envoyaient pas à l'OTC les meilleurs candidats, de peur d'affaiblir leur groupe de sous-officiers. D'autres commandants avaient une conception plus généreuse de la sélection, mais tout aussi problématique : ils désignaient pour Bordon Hants des sous-officiers ayant de longs et bons états de service afin de les récompenser et de leur donner la chance d'obtenir un brevet d'officier. Mais ces bons sous-officiers approchaient souvent la quarantaine. Ils étaient trop âgés pour devenir des subalternes efficaces. Le passage obligatoire par un CRU devait à moyen terme éliminer ce problème, du simple fait que les tests de sélection y étaient conduits en dehors de toute possibilité d'interférence des officiers régimentaires[41].

La sélection des officiers

Avant le début des opérations en Italie, la sélection des officiers ne pouvait se faire sur la base des antécédents au feu. Qui plus est, jusqu'à une réorganisation finale du processus en 1942-1943, le régiment d'appartenance avait son mot à dire[42].

---

40. J. M. Hitsman, « Selection and training of officers for the Canadian army overseas 1940-1945 », 1946, p. 10-13.
41. *Ibid.*, p. 3-4.
42. J. C. Newlands, « The policy governing the finding and selection of officers », *op. cit.*, p. 7, paragraphe 18-19 et 21 pour le rôle des régiments.

En effet, l'instruction *centralisée* voit le jour plus rapidement que les mécanismes de sélection *centralisée* qui y correspondent. C'est peut-être que l'Armée avait moins de sympathie pour la psychologie industrielle (et « expérimentale ») utilisée par les organismes de sélection que pour l'enseignement des rituels militaires et de la tactique.

Lorsque l'Armée canadienne entreprend son expansion en 1940-1941, elle se trouve devant la difficile tâche de repérer les meilleurs sujets possibles pour combler les postes d'officiers subalternes. Au début de la guerre, elle comptait surtout sur les connaissances personnelles des lieutenants-colonels commandant les unités de milice pour dénicher les candidats.

L'histoire de l'enrôlement de Farley Mowat, écrivain canadien-anglais célèbre pour ses romans d'aventure écolo-Jack-London, illustre comment le « processus » de sélection pouvait se dérouler au début de la guerre. Fils d'un officier de milice, le jeune Farley (18 ans) n'avait aucun goût de suivre les traces du père dans l'infanterie de réserve. Comme beaucoup de jeunes de l'époque, c'est une carrière de pilote qui le tente. Il se présente au bureau de recrutement de la RCAF à Toronto une première fois en octobre 1939, pour être éconduit par un sergent-recruteur qui le trouve trop fluet et trop jeune. Six mois plus tard, le 12 mai 1940, il s'essaie à nouveau, passe cette fois l'étape du recruteur, mais est refusé à l'examen médical parce qu'il lui manque quatre livres pour faire le poids minimal selon la charte médicale militaire.

En désespoir de cause, Farley s'adresse à son père. Il ira dans l'infanterie. L'examen médical est arrangé avec le médecin, qui lui recommande de boire plusieurs litres d'eau avant de se présenter pour la pesée. Le jeune lesté passe, mais c'est pour apprendre qu'on l'affecte comme *batman*, serviteur d'officiers, en parler militaire, une ordonnance (tous les officiers canadiens de l'époque, même les lieutenants, ont une ordonnance), car le père s'est arrangé avec le colonel du Hastings and Prince Edward Regiment (connu sous le nom humoristique de « Hasty Pees », QG à Belleville, Ontario) pour donner une leçon au fils, leçon que le père rationalise en lui disant que personne ne devrait recevoir un brevet d'officier sans être d'abord passé par le rang[43]. N'eût été de ce père ratoureux, Farley aurait pu devenir officier immédiatement. Comme processus de sélection, c'est pas mal, mais on peut douter que tous les régiments de milice enrôlaient les fils de cette façon.

Évidemment, avec l'épuisement progressif des candidats issus des réserves, avec l'augmentation démesurée des effectifs et l'arrivée en masse d'hommes pour lesquels l'Armée ne peut trouver facilement de recommandations fiables, les contacts personnels deviennent insuffisants. Il faut remplacer la bonne vieille méthode par un *système*.

Deux autres catégories de motifs poussent aussi l'Armée à agir. D'abord, il est devenu politiquement dangereux de se reposer sur la tradition. Dans une

---

43. Farley Mowat, *And no birds sang*, éd. revue, Toronto, Key Porter Books, 2003, p. 7-10.

« démocratie éduquée » et moderne, le principe du mérite doit primer. Il faut enlever au régiment la possibilité de faire des nominations « politiques » et il faut permettre à tout jeune homme intelligent, qualifié et motivé de pouvoir servir comme officier. Ensuite, comme l'expliquera en 1942 l'une des chevilles ouvrières du nouveau système mis en place, la guerre présente est beaucoup plus complexe que la Grande Guerre, avec beaucoup plus de mécanisation et de spécialisation technique[44]. Une sorte de déterminisme technologique et technocratique imprégnera de plus en plus l'Armée.

La reconstitution de cette politique faite ici, à partir de rapports historiques d'époque, est partielle. Il faudrait une recherche exhaustive dans les archives pour combler les lacunes. Quoi qu'il en soit, on peut déjà dire que la mise en place du processus de sélection est plutôt lente et confuse.

À l'entrée en guerre du Canada, la sélection se fait sur la base des Règlements royaux de la milice canadienne alors en vigueur. Les critères sont minimaux : avoir 18 ans révolus, habiter la zone où l'unité recrute, obtenir le certificat médical d'aptitudes physiques émis par un médecin militaire, être détenteur d'un diplôme secondaire ou l'équivalent (un examen écrit préparé par le ministère de la Défense) et, le plus important, être proposé par le commandant de l'unité[45]. Cette recommandation devrait être faite sur la base du potentiel de chef du candidat. Dans la pratique, un jeune homme bien, désirant entrer dans l'armée manifeste son désir au commandant d'une unité qui le « sélectionne » s'il y a une vacance dans le tableau des effectifs de l'unité. Si c'est le cas, le jeune devient *ipso facto* sous-lieutenant. Rien d'autre.

C'est ce que voulait changer la circulaire ministérielle du 1er avril 1941. Dorénavant, comme on l'a dit, le même jeune homme doit d'abord avoir terminé son entraînement de base avant de pouvoir briguer un brevet d'officier. Cependant, les choses n'ont pas changé subitement. Le 28 mai 1941, l'adjudant-général (responsable du personnel militaire) émet une directive quant à la nouvelle procédure de sélection. Il le fait à la demande expresse du brigadier-général commandant le District militaire n° 5, celui de l'Est du Québec (QG dans la ville de Québec). D'après le commandant de ce district, la décision ministérielle était mal comprise et les détails sur les modalités d'application manquaient. Selon la nouvelle directive, les unités devaient établir des comités de sélection, présidés par le commandant de l'unité, comités auxquels il était demandé de procéder à une première sélection à même les soldats du régiment. Les noms des candidats retenus devaient être envoyés au commandant du district militaire où l'unité tenait dépôt (ou le major-général commandant une division dans le cas d'une zone de guerre — commandement de l'Atlantique, du Pacifique et du

---

44. Journal de guerre de l'OTC de Brockville, 18 août 1942 (BAC, RG24, série C-3, vol. 16936), sans doute un commentaire du commandant de l'école, le colonel Gregg.
45. *Ordonnances et règlements royaux applicables à la milice canadienne, 1939*, art. 145. Il s'agit d'une traduction officielle préparée en 1941, un des premiers indices que l'Armée canadienne commence à prendre au sérieux le problème de recrutement des subalternes unilingues francophones.

Royaume-Uni en l'occurrence) et à qui revient la décision finale. Nul doute que les candidats recommandés par les comités d'unités, formés par les commandants d'unités (!), sont ceux que le niveau supérieur retient. Bref, malgré la nouvelle réglementation, les anciennes pratiques pouvaient être perpétuées.

Aussi limitée que soit la réforme, elle rencontre des résistances, car en juin 1941, et à nouveau en août 1941, l'adjudant-général répète ses injonctions dans des lettres circulaires aux unités et aux districts militaires. Il y répète la procédure à suivre (c'est-à-dire former des comités de sélection) et les enjoint à faire sérieusement le travail de sélection. Devant l'absence de réactions suffisantes, l'adjudant-général décide, le 22 septembre 1941, de former lui-même des Commissions d'examen pour la sélection des officiers (Officers Examining Boards). Trois sont mises en place, une pour l'est, une pour le centre et l'autre pour l'ouest du pays. Elles sont présidées par l'inspecteur général (un officier général nommé par Ottawa et donc indépendant des districts et des unités) et comprennent les commandants de district de la région (aussi nommés par Ottawa), plus l'officier supérieur de l'unité présentant sa liste de candidats. On voit mal comment les trois commissions régionales pouvaient fonctionner devant l'avalanche de candidatures qui ont été présentées, sinon qu'elles se fiaient à l'officier représentant l'unité encore une fois.

La mesure est donc imparfaite et l'adjudant-général en est conscient. C'est la raison pour laquelle il confie au brigadier Kennedy le mandat de revoir de fond en comble les procédures de sélection. Kennedy remet un rapport intérimaire le 10 décembre 1942 et ses recommandations sont aussitôt soumises pour examen au Conseil de l'Armée, l'instance administrative suprême de l'Armée de terre canadienne. Formé d'officiers réguliers très conservateurs, le conseil questionne la sagesse de confier la sélection à des comités et à des experts, comme le recommande Kennedy, et d'abolir toute possibilité de nomination par une voie « plus directe ». En cela, le Conseil a reçu plusieurs représentations négatives des districts et des unités qui se sont sentis bousculés par les nouvelles méthodes. Finalement, après l'élagage de certains « irritants » (notamment une proposition d'augmenter de quatre à sept mois la période en service actif avant de pouvoir poser sa candidature comme officier, que le Conseil établira finalement à cinq mois, et le maintien contre toute logique de la filière CEOC, sans obligation pour ses membres de servir comme soldats), le Conseil adopte un plan créant de véritables comités de sélection indépendants des commandants d'unités en... juin 1943[46] !

Entre-temps, les Commissions d'examen de districts[47] ont continué à fonctionner. Mais pour les rendre plus efficaces, et leur permettre de respecter l'esprit des décisions du printemps 1941, d'être plus « scientifiques » dans leurs juge-

---

46. J. C. Newlands, « The policy governing the finding and selection of officers », *op. cit.*, p. 5-14.
47. On les aurait appelées « Junior Selection Board » selon le reporter du *Montreal Daily Star* (annexe du journal de guerre de l'école préparatoire de Saint-Jérôme pour février 1942, BAC, RG24, C-3, vol. 16 914).

ments en quelque sorte, l'adjudant-général émet une autre directive en juin 1942 à l'effet d'obliger les unités à recourir obligatoirement au résultat du test d'intelligence « M » et à obtenir le rapport d'expertise d'un examinateur nommé par le QG de l'Armée (un par district militaire), examinateur qui établit son rapport sur la base des résultats du test « M » et des éléments pertinents au dossier des candidats, à savoir l'éducation et l'expérience professionnelle. Sur cette base, l'examinateur formule une recommandation au commandant de l'unité qui doit en tenir compte avant de recommander un candidat à la Commission d'examen. Si, par « inadvertance », le commandant de l'unité omet de consulter l'examinateur de l'Armée, celui-ci peut acheminer son avis directement au district militaire (souvent un autre bureau de l'édifice où il travaille). De la sorte, la Commission d'examen a une deuxième opinion sur laquelle elle peut baser sa décision, et non plus seulement celle du commandant de l'unité. La lettre circulaire annonçant cette dernière mesure est datée du 3 juin 1942, mais la directive finale, accompagnée des formulaires nécessaires, n'est prête qu'en septembre suivant[48].

L'examinateur a aussi le mandat de compiler un fichier des candidats sélectionnés, afin d'éviter les fraudes. En effet, avant la lettre circulaire de juin 1942, il arrivait que des candidats n'ayant pas obtenu un score suffisant à un premier test « M » aient pu le reprendre, un avantage considérable on s'en doute. Cette pratique frauduleuse était apparemment la plus répandue chez les candidats venant des unités de milice[49]. En fichant les candidats, le bureau de l'adjudant-général espérait mettre fin à la pratique.

Ce n'est donc pas avant le milieu de 1942 qu'une nouvelle procédure « scientifique » ou « objective », des qualificatifs de l'époque, commence à remplacer les anciennes façons de faire. Cette période entre deux régimes a produit des résultats parfois bizarres, n'inspirant pas toujours confiance dans les nouvelles procédures supposées plus scientifiques.

Le cas suivant sort un peu de l'ordinaire. Un jeune employé peu enthousiasmé par son travail de commis mal payé s'enrôle dans la milice non permanente, dans les Fusiliers Mont-Royal, fin juillet 1939, peut-être par désir de sentir ce que vaut la vie militaire. Il détient un diplôme commercial peu considéré, mais s'est perfectionné en anglais au cours du soir. Son attitude à l'entrée en guerre du Canada est ambiguë, car il ne se porte pas immédiatement volontaire pour le service général dans l'armée d'active. Toutefois, le jeune homme manifeste suffisamment d'aptitudes pour devenir caporal en avril 1940. Le régiment est alors sur le point de partir outre-mer[50], amenant avec lui les volontaires du service général. Les cadres du dépôt de la rue des Pins sont donc à remplir. Notre jeune homme, il est né en 1919, se distingue rapidement et profite des vacances

---
48. *Canadian Army Routine Orders*, n° 2355 (annexe), 16 septembre 1942.
49. *Ibid.*, paragraphe 4.
50. Les Fusiliers Mont-Royal seront en Islande du 1er juillet au 31 octobre 1940, et à partir de là en Grande-Bretagne. J. René Paquette *et al.*, *Cent ans d'histoire d'un régiment canadien-français : les Fusiliers Mont-Royal 1869-1969*, Montréal, Les Éditions du jour, 1971, p. 95 et suiv.

pour passer sergent intérimaire en juillet de la même année. Les subalternes aussi sont en demande. Après plusieurs mois dans la fonction de sergent, il décide finalement de passer au service général en avril 1941, espérant devenir officier. Il est convoqué en entrevue par le comité de sélection. Voici comment, bien des années plus tard, il décrit le résultat de cette première tentative pour obtenir un brevet d'officier : « On m'a interviewé, étudié mon dossier et finalement décidé que je ne possédais pas les qualités de leadership nécessaires pour devenir officier. Et pourtant, les classes de recrues que je dirigeais finissaient toujours en tête dans les exercices. » Après encore quelques mois de bon travail, il s'essaie à nouveau et, cette fois, il est reçu, ce qui lui inspire la réflexion suivante : « Et pourtant, je n'étais pas plus qualifié qu'avant pour assumer une fonction de leadership. » Il entre à l'OTC de Brockville en mars 1942 et retourne à son régiment en juillet, comme lieutenant commandant de peloton. Il passe en Angleterre en septembre suivant, faisant partie des nombreux renforts régimentaires chargés de reconstituer l'unité après le désastre de Dieppe, où le bataillon avait perdu 29 des 34 officiers et 484 des 604 autres hommes engagés[51]. Comme ses collègues, il suivra plusieurs cours en sol britannique, dont celui de l'aile 4 de la CTS, un perfectionnement en tactique. À compter de là, sa carrière est fulgurante : capitaine intérimaire et adjudant régimentaire en juillet 1943, capitaine en octobre, major intérimaire et commandant en second du bataillon en mars 1944, puis, exploit extraordinaire à 25 ans, commandant intérimaire du bataillon en décembre 1944, confirmé dans le grade de lieutenant-colonel dès mars 1945. Ce jeune officier, Jacques Dextraze, finira général d'armée et chef d'état-major des Forces canadiennes avant de prendre sa retraite de la vie militaire en 1972 pour devenir président du conseil d'administration des Chemins de fer nationaux du Canada[52]. Pas mal pour un jeune manquant de leadership.

Quoi qu'il en soit de ce type de raté, le système de sélection pour officiers n'est vraiment centralisé qu'au printemps 1943, lorsque sont mis sur pied les centres d'évaluation appelés Officers Selection and Appraisal Centres ou OSAC, l'un à Trois-Rivières pour l'Est du pays, l'autre à Chilliwack (C.-B.) pour l'Ouest. Les OSAC reçoivent la charge d'administrer la batterie de tests aux candidats pressentis pour l'école d'élèves-officiers. Parallèlement, les commissions d'examen, dont les pratiques variaient et qui malgré tout dépendaient toujours des opinions des commandants d'unité, sont remplacées par des Officers Selection and Appraisal Board (OSAB) aux pratiques standardisées. L'échappatoire que

---

51. *Ibid.*, p. 147.
52. Les citations sont tirées d'une entrevue accordée par Dextraze à *La Presse* le 29 août 1977, dont copie se trouve au dossier Biog de Jacques Alfred Dextraze (MDN, DHP). Ce dossier contient aussi des communiqués de presse résumant la carrière de Dextraze. Ironiquement, Dextraze est l'auteur d'un petit texte fort couru dans les Forces canadiennes : « L'art du commandement », plusieurs éditions et réimpressions, dont celle du *Bulletin de doctrine et d'instruction de l'Armée canadienne*, I, 2 (novembre 1998) : 23-27. Voir aussi Yves Tremblay, « Jacques Dextraze ou la passion de commander, 1944-1973 », dans Roch Legault (dir.), *Le leadership militaire canadien-français : continuité, efficacité et loyauté*, Toronto, Dundurn Press, 2007, p. 257-284.

pouvait constituer la filière du régiment de milice était enfin réduite. Désormais, pour devenir officier, presque tous, réguliers et réservistes, devaient subir une évaluation en OSAC avant d'obtenir d'un OSAB la permission de suivre le cours d'élève-officier.

Presque tous, car il y avait encore trois catégories d'exception. Les officiers de certains corps spécialisés pouvaient toujours recevoir l'épaulette sans passer par les mécanismes des OSAC/OSAB et sans suivre les cours de l'OTC. C'était d'ailleurs inévitable pour les médecins, dentistes, ingénieurs, comptables agréés, avocats et autres professionnels dont l'armée avait un grand besoin et que son système d'instruction ne pouvait lui procurer (le RMC, qui formait les ingénieurs militaires, était « fermé », rappelons-le). Cela ne posait pas de problèmes particuliers, parce que de toute façon ces officiers faisaient très généralement partie de services non combattants (comme le Service de santé ou le Corps des ingénieurs mécaniciens et électriciens chargés de l'entretien des matériels ou le Service de la paye, qui employait des comptables, etc.) et qu'ils étaient exclus de la chaîne de décisions opérationnelles quel que soit leur grade. En fait, le grade ici est plutôt un statut qui procure un niveau relativement élevé de salaire.

Le deuxième cas d'exception, celui des CEOC, est plus litigieux. J'ai déjà mentionné plus haut qu'on avait envisagé de supprimer la possibilité pour les étudiants de collèges et d'universités d'entrer directement dans l'armée comme officier, mais que le privilège fut maintenu longtemps. Il a finalement été aboli en juillet 1943[53]. En attendant, l'entraînement de base était épargné aux fils de bonnes familles, parce qu'en théorie ils l'avaient suivi avec le CEOC, où le statut de « cadet » était considéré par l'administration militaire comme équivalent au service dans le rang[54].

Le cas le plus connu de jeunes qui a échappé à la guerre grâce au CEOC est celui de Pierre Elliott Trudeau. Bien que d'âge militaire dès l'entrée en guerre, Trudeau évitera l'incorporation dans une unité de réserve (sauf le CEOC) durant toute la guerre, grandement à cause des règles laxistes entourant les séjours au CEOC, et, lorsque les règles seront devenues plus difficiles à contourner, grâce aux relations de sa mère et de son défunt père, qui lui obtiendront une dispense totale de servir lui permettant de s'inscrire à l'Université Harvard en… 1944 ! Trudeau était pourtant un athlète et il n'y avait aucun motif valable pour une telle exemption. Des moins fortunés s'en tireront aussi, mais pour d'autres raisons, comme l'étudiant en médecine Jean-Louis Roux, qui ne finira jamais sa médecine mais évitera le front en collant à la faculté[55], la médecine étant l'une

---

53. J. C. Newlands, « The policy governing the finding and selection of officers », *op. cit.*, p. 12 et 14.
54. *Mémorandum sur l'instruction de l'Armée canadienne*, n° 1, avril 1941, p. 11.
55. John English [un homonyme de l'historien militaire], *Trudeau, citoyen du monde, tome 1 : 1919-1968*, Montréal, Les Éditions de l'Homme, 2006, p. 84, 86, 96, 101, 105, 116-120 et 184-185 ; Max et Monique Nemni, *Trudeau, fils du Québec, père du Canada, tome 1 : les années de jeunesse – 1919-1944*, Montréal, Les Éditions de l'Homme, 2006, p. 153-55 et 384-385 ; Jean-Louis Roux, *Nous sommes tous des acteurs*, Montréal, Éditions Lescop, 1998, p. 81-82. À la décharge de ces deux éminents fédéralistes, rappelons qu'ils étaient à cette époque tous deux militants anticonscriptionnistes et

des professions jugées essentielles qui ne pouvaient se donner dans les écoles des Forces armées. Non seulement ces jeunes évitèrent de servir, mais parce qu'inscrits à un CEOC, ils étaient dispensés des camps de base selon la loi LMRN ! (Ils devaient toutefois suivre des entraînements « avancés » de quelques jours et les manœuvres estivales de la MNAP.) L'Armée était consciente que des jeunes se servaient du CEOC pour échapper aux prescriptions de la loi LMRN et c'est pourquoi elle rappelait périodiquement à son personnel d'être vigilant pour détecter les faux étudiants universitaires[56].

Le manque de sérieux du CEOC n'était pas sans causer des problèmes à ceux qui n'avaient pas la chance du parvenu ou du carabin, particulièrement au moment du passage du CEOC à l'OTC, car les candidats du CEOC n'étaient en fait pas prêts pour l'École d'officiers, malgré que le programme du corps-école devait les y préparer en théorie. Leur forme physique laissait souvent à désirer, leurs connaissances de base sur l'armée étaient lacunaires, sans compter que la philosophie militaire des CEOC était déphasée par rapport au reste du système d'instruction militaire qui évoluait maintenant plus rapidement[57]. Un exemple suffira : dans le programme imprimé de l'un des meilleurs COTC du Canada, celui de l'Université de Toronto, on écrit que « les ordres verbaux peuvent être donnés et sont donnés dans l'armée, mais qu'ils doivent être confirmés par écrit aussitôt que possible ». Cette pratique pouvait se faire dans le cadre de positions fixes ou changeant lentement, comme en 1914-1918, mais pouvait facilement encourager l'inertie dans une guerre de mouvement. La prescription est d'autant plus dommageable qu'elle s'adresse ici à des officiers débutants, dont l'esprit d'initiative n'était pas encouragé. Et ces officiers de réserve formaient la majorité des officiers de 1939-1945, et la très grande majorité des instructeurs[58].

---

séparatistes laurentiens, surtout P.-É. Trudeau. Les CEOC étaient vus comme une échappatoire par les fils de l'élite mais aussi par de jeunes officiers volontaires venant de milieux plus modestes. Voir mon *Volontaires...*, op. cit., p. 36. Sur le CEOC de l'Université de Montréal, y compris certaines allusions au service militaire obligatoire, voir Gilles Lafontaine, *L'Université de Montréal et sa participation à la Deuxième Guerre mondiale*, mémoire de maîtrise (histoire), Université de Montréal, 1985, p. 59-91. Je remercie mon collègue Michel Litalien d'avoir porté ce mémoire à ma connaissance.

56. *MIAC*, n° 4, juillet 1941, p. 21 ; le major André (pseudonyme) s'était inscrit à un seul cours à McGill en 1940 dans ce but, mais il s'est ensuite porter volontaire (Y. Tremblay, *Volontaires...*, op. cit., p. 36).
57. Le cours de Saint-Jérôme avait en partie pour but de corriger ces problèmes (voir journal de guerre de l'école S18, coupure d'un journal francophone non identifié et annexée au journal du mois d'août 1942, BAC, RG24, C-3, vol. 16 915). Sur les faiblesses de la condition physique des « intellos » des collèges et universités canadiennes, voir *MIAC*, n° 5, août 1941, p. 13.
58. *Notes on elementary military administration and organization*, Toronto, The University of Toronto Press, 1941, p. 34. Voir aussi les rapports d'observation éloquents de trois instructeurs du COTC de l'Université de Toronto, rapports annexés au journal de guerre de l'OTC n° 1 pour le mois de novembre 1942 (BAC, RG24, C-3, vol. 16936). À l'époque de ces visites, en septembre et octobre 1942, le colonel Gregg a réformé significativement le programme de Brockville, accroissant l'écart entre les COTC et le reste du système d'instruction militaire. Brockville est aussi mieux équipé en matériel pédagogique que le COTC de l'Université de Toronto (un des observateurs ci-haut parle de grands posters qui ne sont pas disponibles à Toronto). Mais ce qui distingue surtout les deux systèmes, c'est que le cours de Toronto en est resté à l'apprentissage de la « smartness » de l'officier-

La survie de l'échappatoire CEOC se justifiait pour une raison qui n'a rien à voir avec l'efficacité du commandement. La vérité, c'est qu'on hésitait à jeter les garçons bien éduqués dans la masse de candidats officiers issus des camps de recrues pour soldats. La reproduction de la société traditionnelle en aurait été trop bouleversée. C'est une guerre qu'on menait, pas une révolution.

La troisième catégorie d'exception est formée par les francophones. La situation des francophones dans l'Armée canadienne à l'entrée en guerre parle d'elle-même : ils formaient 10,5 % des hommes (soldats et sous-officiers) et 10,2 % des officiers de la Force permanente (FP). Pis, étant donné la faiblesse des effectifs de la FP, cette proportion se traduit par le nombre total de seulement 52 officiers considérés comme francophones[59]. En écartant les trop âgés, ceux en mauvaise santé et les officiers des services auxiliaires, c'est probablement insuffisant pour encadrer un seul et unique bataillon d'infanterie régulier. Dès lors, il est inévitable que la mobilisation de bataillons francophones de réserve se fasse sans officier expérimenté ou à peu près. Ces bataillons ne pourront compter que sur leur médiocre encadrement de paix et sur les volontaires qui se présenteront, en espérant une bonne proportion de jeunes candidats ayant un diplôme pré-universitaire et certaines qualités pour commander.

C'était beaucoup espérer et en fait l'Armée canadienne n'y croyait pas. Reconnaissant que la plupart des jeunes volontaires francophones ne pourraient réussir les épreuves d'un OSAC, l'Armée en exempte les francophones pour les diriger plutôt vers le camp de recrues de Saint-Jérôme auquel, comme on l'a vu, on a adjoint une préparatoire à l'école d'officiers. Ils y sont initiés au métier d'officiers en français, tout en apprenant l'anglais pour ceux qui ne maîtrisent pas encore la « langue des chefs ». Cela leur donne donc deux mois avant d'avoir à se débrouiller en anglais[60], mais aussi deux mois pour commencer à apprivoiser la culture militaire.

À ces trois catégories d'exception, il faut ajouter le cas de très nombreux officiers de milice qui sont versés dans la force d'active au cours de la guerre en échappant par divers stratagèmes aux rigueurs du nouveau système. Avant l'établissement des OSAB, ils étaient transférés dans la force active sans examen

---

gentleman, d'où l'accent sur la *foot drill* et la *rifle drill* au COTC de l'Université de Toronto, alors qu'à Brockville on cherche à former des chefs de peloton et de compagnie. Ainsi, les exercices en campagne et la *battle drill* pratiqués à Brockville ont vivement impressionné les trois observateurs. Un des premiers officiers francophones à passer de Saint-Jérôme à Brockville après l'arrivée de Gregg note que « l'entraînement semble très facile à ceux qui sont passés par St-Jérôme » (Jacques Gouin, *Lettres de guerre d'un Québécois (1942-1945)*, Montréal, Éditions du Jour, 1975, lettre du 12 septembre). Trois semaines plus tard, Gouin allait se raviser, alors qu'il entre en plein dans le programme de *battle drill* (*ibid.*, lettre du 2 octobre 1942). Il a servi dans la seule unité francophone de l'Artillerie canadienne, le 4e Régiment d'artillerie moyenne.

59. J.-Y. Gravel, « Le Québec militaire, 1939-1945 », *op. cit.*, p. 170-171. Gravel donne aussi les chiffres pour la MRC et l'ARC : en 1939, 7,1 % des marins et 3,6 % des officiers de marine (soit le nombre édifiant de sept !) sont francophones, respectivement 13,2 % pour les aviateurs et 4,6 % pour les officiers (ou douze !) de l'arme aérienne. Même si la situation des francophones n'y est pas brillante, l'Armée de terre est de loin le service le plus « accueillant » des trois.

60. *Ibid.*, p. 91.

particulier, parfois avec une réduction en grade[61] ; avec le régime des OSAB, leur dossier personnel est examiné et ils sont soumis à un cours de rattrapage[62] (un cours d'OTC accéléré). Les statistiques recueillies par l'historien officiel indiquent que les « exceptions », y inclus les officiers de milice passant directement à la force d'active, formaient une légère majorité des 42 613 brevets d'officiers accordés durant la guerre. Même après le 1er avril 1941, ils constituent toujours un tiers des brevetés[63]. C'est moins vrai des subalternes des armes de combat que des services non combattants. Quoi qu'il en soit, tout cela nous indique qu'il a fallu du temps pour circonscrire les échappatoires, un temps si long qui ne s'explique que parce qu'il y avait des résistances aux nouvelles méthodes dans la hiérarchie, en particulier envers la sélection « scientifique » et la centralisation de l'instruction, ces deux nouveautés privant les régiments et les officiers supérieurs de ces régiments de leurs prérogatives ancestrales.

En somme, la lenteur à perfectionner le système de sélection et les difficultés à réduire les cas d'exception font que la plupart des officiers subalternes qui combattront en 1943-1944 sont issus d'un système immature. Leurs supérieurs directs, du simple fait qu'ils avaient atteint des positions élevées avant la mise en place du système, n'y avaient pas été soumis, pas plus d'ailleurs que les réguliers d'avant-guerre qui tiennent les rênes de l'Armée et qui ont décidé l'implantation des nouvelles mesures.

Il y a plus. Avant la mise en place des nouvelles structures, comme après, le système ne fonctionnait que si tous ces éléments constitutifs remplissaient leurs fonctions comme prévues. Or, les circonstances ont souvent fait que les structures qualifiaient des candidats aux aptitudes insuffisantes. Dans un passage candide, Burns remarque que lorsque le recrutement de volontaires pour service outre-mer était le plus « frénétique », la hiérarchie trouvait le moyen de faire comprendre aux officiers responsables du recrutement, y compris les officiers médicaux, qu'ils ne devaient pas faire les difficiles en appliquant à la lettre les critères de sélection[64]. Burns parle en général de recrues dirigées vers les camps de base, mais il y a lieu de croire que l'on faisait plier les règles ailleurs lorsque le besoin s'en faisait sentir.

C'est dire que les officiers commandant les troupes qui commencent à se rendre au front à compter du milieu de 1943 n'ont pas tous connus les rigueurs d'un système de sélection, d'instruction et d'entraînement tardivement perfectionné, loin s'en faut.

Cette longue période de mise en place d'une approche « scientifique » de la sélection explique aussi pourquoi, après seulement quelques mois de fonc-

---

61. Les officiers passés par les cours du temps de guerre sont administrativement des officiers de réserve et leurs grades sont considérés comme équivalent au grade immédiatement inférieur dans l'armée régulière. Ainsi, un capitaine de réserve qui voudrait passer dans l'armée régulière n'aurait droit qu'aux galons de lieutenant.
62. *Ibid.*, paragraphe 43.
63. C. P. Stacey, *Six années de guerre...*, *op. cit.*, p. 133.
64. E. L. M. Burns, *Manpower in the Canadian Army...*, *op. cit.*, p. 106.

tionnement, le système entre dans une phase de rationalisation causée par le surplus appréhendé d'officiers[65]. Dès septembre 1943, après réduction des OTC au seul établissement de Brockville, le système de sélection est aussi ramené à un seul centre ; toute la sélection des officiers sera dès lors aussi concentrée à Brockville. Deux catégories d'exception sont véritablement éliminées : comme on l'a dit, les candidats issus des CEOC devront suivre la filière normale (à compter du 17 juillet 1943) sans bénéficier du statut d'élèves-officiers avant leur entrée à Brockville[66] ; la préparatoire de Saint-Jérôme est abolie (la dernière cohorte part le 18 août 1943[67]) et les francophones devront maintenant subir l'épreuve d'un OSAB. Heureusement, l'aile francophone est maintenue à Brockville, où un brigadier général francophone « assiste » le brigadier anglophone en charge de la sélection, de manière à assurer une forme d'équité dans l'évaluation des candidats francophones. De plus, rien n'indique qu'on ait aboli la note de passage moins élevée demandée aux francophones lors des examens de sélection (voir plus loin). Cette politique de « discrimination positive » avant la lettre aura un certain effet, si l'on considère que globalement, pour la durée de la guerre, la proportion d'officiers francophones s'élèvera à 14 %. Comme la proportion de sous-officiers et soldats est quant à elle de 19,5 %, l'effet est toutefois limité[68].

Le système de sélection et d'évaluation des candidats officiers atteint ainsi sa forme finale (voir l'annexe IV), du moins en territoire national.

La pénurie d'officiers étant chose du passé, le Canada pourra même prêter des officiers subalternes aux forces britanniques (673 officiers dont 622 de l'infanterie dans le cadre du programme CANLOAN) en 1944[69]. Et fin 1943, l'on se permettra le luxe de prolonger la période totale de formation du recrutement à la spécialisation, qui sera théoriquement de quarante-deux semaines à compter du moment de l'entrée à Brockville[70], avant d'être envoyé outre-mer.

Les tests de sélection

On est en droit de se demander sur quelle base repose la sélection, c'est-à-dire sur quels critères se fonde-t-on pour déterminer si tel ou tel candidat est du bon matériel d'officier[71] ? C'est un lieu commun de considérer que l'officier doit être

---

65. On pouvait à la fin 1942 produire 777 officiers par mois ou 9324 par année, Brockville comptant pour respectivement 308 et 3696 de ces totaux. « Progress report military training – 1942 », note de service adressée au CGS, dactylographié, 14 janvier 1943, p. 29 (MDN, DHP, 112.3M3.009(D195)).
66. J. C. Newlands, « The policy governing the finding and selection of officers », *op. cit.*, paragraphe 43.
67. Journal de guerre du camp de Saint-Jérôme, 18 août 1943 (BAC, RG24, C-3, vol. 16 915).
68. J. Pariseau et S. Bernier, *op. cit.*, p. 132.
69. C. P. Stacey, *Histoire officielle de la participation de l'Armée canadienne à la Seconde Guerre mondiale. La campagne de la victoire. Les opérations dans le nord-ouest de l'Europe, 1944-1945*, Ottawa, Imprimeur de la reine, 1960, p. 671-672.
70. *Report of the Department of National Defence Canada for the Year Ending March 31, 1944*, Ottawa, Imprimeur du Roi, 1944, p. 25.
71. Les paragraphes qui suivent sur la psychologie industrielle appliquée à la sélection du personnel militaire canadien proviennent de H. S. M. Carver, « Personnel selection in the Canadian Army : a descriptive study », Ottawa, National Defence Headquarters (Directorate of Personnel Selection), 1945, dactylographiée, [iv]-260. Voir le chapitre XIV pour la sélection des officiers.

à la fois un professionnel possédant bien les techniques de son métier et en même temps un meneur d'hommes[72]. C'est pourtant ce qui rend la sélection des candidats particulièrement complexe.

On peut simplifier en disant que la tendance était alors à trouver des méthodes de sélection plus « objectives » et donc moins dépendantes des contacts personnels. La méthode « objective », c'est la « science » psychologique qui la fournit.

L'influence des psychologues industriels sur les départements de personnel militaire est un fait largement ignoré du grand public. Il sort du cadre de ce livre d'exposer tous les tenants et aboutissants par lequel les psychologues civils ont investi les armées. On peut toutefois retenir ce qui suit.

La psychologie et la psychiatrie font leur entrée aux armées durant la guerre de 1914-1918, essentiellement à des fins curatives. La prévention (au point de vue de l'organisation, il va sans dire) des troubles mentaux et caractériels par le rejet des cas présentant des susceptibilités aux maladies mentales, cas détectés grâce à l'histoire familiale et à une rencontre avec le psychologue ou le psychiatre, n'est qu'entrevue[73]. C'est seulement dans l'entre-deux-guerres que les psychologues et leurs associations professionnelles développent des méthodes de sélection sophistiquées qu'ils appliqueront d'abord dans la grande industrie. Ces méthodes visent à détecter à l'avance les cas problématiques afin de les écarter des filières de responsabilités, voire les rejeter ; cela fait, on cherche aussi à apparier les qualités des candidats à la nature des fonctions en demande. Pour ce faire, des tests d'aptitude sont développés, tests suivis d'interviews, ces dernières comprenant généralement des mises en situation. Cette approche est devenue chose courante aujourd'hui dans tous les secteurs de l'économie, on le sait.

Les Américains et les Allemands semblent avoir été les plus enthousiastes à intégrer les techniques de la psychologie industrielle aux problèmes de sélection du personnel militaire. Dans les armées du Commonwealth, la résistance a

---

72. Cette question est vitale au sens premier du mot : la survie des hommes du peloton, première « unité » que commande l'officier subalterne, en dépend. Condensant le point de vue de ceux qui sont commandés, l'historien américain Peter S. Kindsvatter (*American soldiers : ground combat in the World Wars, Korea, and Vietnam*, Lawrence, University Press of Kansas, 2003, p. 229-231) fournit la liste des qualités suivante : un chef doit avoir confiance en lui, doit connaître son métier (tactique), doit savoir conduire son peloton sur le terrain et savoir faire appel à l'artillerie, ces deux éléments supposant la capacité de bien lire les cartes et de s'orienter sur tout terrain, doit connaître le fonctionnement des armes du peloton, y inclus l'habileté à déterminer les meilleures positions de tir, doit attacher de l'importance à informer les hommes sur la mission, doit commander par l'exemple, y compris en partageant les dangers et les privations, doit savoir prendre soin de ses hommes partout et en tout temps, en particulier s'assurer qu'ils obtiennent eau, nourriture, vêtements en qualité et quantité suffisantes quel que soit le terrain ou la situation, doit être capable de fournir les premiers soins et savoir obtenir l'évacuation des blessés graves. Ce n'est donc pas une mince responsabilité pour un jeunot d'environ 25 ans. Kindsvatter note que ces qualités font un bon chef de deux points de vue différents : celui de l'état-major, qui obtient un chef efficient qui peut réussir des missions ; celui des hommes, qui voient leur chance de survie augmenter entre de bonnes mains.
73. Ben Shepard, *A war of nerves : soldiers and psychiatrists in the twentieth century*, Londres, Jonathan Cape, 2000, chap. 2-10.

été plus grande. Ainsi, les Britanniques ne font appel aux psychologues qu'après le déclenchement de la guerre, surtout après la nomination de Ronald Adam comme adjudant-général au War Office britannique en juin 1941. Adam était sensibilisé depuis quelques années aux expériences tentées dans l'US Army et dans certaines entreprises britanniques. Peu après sa nomination, il établit une Direction de la sélection du personnel qui développera pour l'Armée britannique les tests et les méthodes de sélection devant maximiser le potentiel du bassin d'hommes disponibles. Suivront en avril 1942 les War Office Selection Board (WOSB) inspirés du système de sélection d'officier en usage en Allemagne, que les Canadiens imiteront en 1943, comme on l'a vu. Le comité britannique avait un président permanent qui s'associait localement des officiers régimentaires expérimentés appuyés d'un psychologue et d'un psychiatre. Le comité faisait passer divers tests écrits et mettait les candidats en situation de stress pour les observer. Finalement, il les interviewait[74].

Même si les autorités militaires canadiennes ont une fois de plus attendu que les Britanniques se commettent sur le sujet, le contexte nord-américain était plus favorable à un usage intensif des méthodes des psychologues industriels. En effet, dès 1939, des membres de la Canadian Psychological Association ont offert leur expertise aux Forces canadiennes. Des psychologues de l'Université McGill entreprennent aussitôt la confection d'un test d'aptitude générale (appelé « M », remplacé par la suite par le « M révisé ») pour l'Armée canadienne en s'inspirant des recherches américaines. Au début, la mise au point est lente et l'application limitée. Des essais auraient été conduits sur des étudiants de l'école des blindés de Borden dès l'automne 1939, comme on l'indique dans un rapport canadien de janvier 1940, où on suggère aussi d'étendre la pratique aux autres armes[75].

Toutefois, ce n'est qu'au printemps 1941 que le test commence à être largement employé[76]. Selon les fondateurs de la Direction de la sélection du personnel militaire canadien, quatre facteurs expliquent que la décision soit alors prise : 1. la qualité inégale dans les diverses unités recrutées régionalement au

---

74. D. French, *Raising Churchill's Army : the British Army and the war against Germany, 1919-1945*, Oxford, Oxford University Press, 2001 (2000), p. 67-68 ; B. Shepard, *A war of nerves…, op. cit.*, p. 187-197, offre une critique basée sur la fiabilité scientifique des évaluations psychologiques. Il n'est pas anodin que dans le journal de guerre de l'OTC de Brockville, alors commandé par le colonel M. F. Gregg, soit d'ailleurs noté que les Allemands ont adopté la « méthode scientifique » de sélection dès 1926 en s'inspirant des travaux des psychiatres et psychologues américains sur la guerre de 14-18. (JG, OTC n° 1, entrée du 18 août 1942, BAC, RG24, C-3, vol. 16 936.)
75. Colonel J. K. Lawson, Director of Military Training, « Report on visit to the United Kingdom 11th Nov. 1940 – 4th Jan. 1941 », Ottawa, 30 janvier 1941, dactylographié, p. 8 (MDN, DHP, 112.3S2.009 (D181)). Lawson note aussi que la pratique des tests d'intelligence a débuté dans les écoles d'officiers britanniques (OCTU).
76. H. S. M. Carver, « Personnel selection in the Canadian Army », chap. II. La lecture du livre de Terry Copp et Bill McAndrew (*Battle exhaustion : soldiers and psychiatrists in the Canadian Army, 1939-1945*, Montréal et Kingston, McGill-Queen's University Press, 1990, p. 28), qui curieusement citent aussi l'étude de Carver, peut laisser croire que c'est une équipe dirigée par le président de la Canadian Psychological Association, le professeur E. A. Bott de l'Université de Toronto, qui a développé le test M. Carver ne mentionne pourtant pas Bott.

Canada ; 2. la difficulté d'identifier les hommes qui doivent être retirés de leurs régiments pour être entraînés aux métiers ou comme officiers ; 3. l'augmentation du nombre d'hommes incapables de soutenir psychologiquement les rigueurs de l'entraînement ; et 4. le développement par les Britanniques d'un système « scientifique » de sélection du personnel[77].

Aussi, lorsqu'Andy McNaughton prend connaissance de la création de services de sélection du personnel dans l'armée, la marine et l'aviation britanniques au milieu de 1941, les choses commencent à s'accélérer. À Ottawa, les généraux Crerar et Stuart imposent aux services de l'adjudant-général la méthode « scientifique », non sans l'opposition de certains psychiatres et même de quelques membres du Corps médical de l'Armée qui jugent les examinateurs non qualifiés pour poser des diagnostics sur la santé mentale des recrues[78]. Selon le jugement des historiens canadiens Terry Copp et Bill McAndrew, les Canadiens auront le zèle des nouveaux convertis[79] et seront probablement plus systématiques que leurs alliés dans l'application de la « science » psychologique à la sélection du personnel.

Les francophones ont « bénéficié » d'une mesure visant à réduire le biais culturel inhérent aux tests d'intelligence. Conçu pour les anglophones d'origine européenne, les questionnaires faisaient référence à des connaissances générales dont certaines relevaient de la banalité quotidienne pour un anglophone, mais que ne reconnaissait pas toujours un francophone cultivé (par exemple, des tests d'associations de mots sur le vocabulaire de la mécanique empruntés au « Detroit General Aptitude Test »). C'est ce qui a fait dire aux autorités administrant le test que l'« on a constaté, toutefois, que la version française est relativement plus difficile que l'original anglais[80] ». Pour cette raison, le pointage minimum requis au test « M » était fixé à 160 pour un anglophone mais à seulement 145 pour un francophone[81]. (Pourquoi 145 ? L'explication se trouve ci-bas !)

Il faut dire quelques mots sur l'effet du processus de sélection « scientifique » sur l'ensemble du « matériel humain » (et pas seulement les officiers) mis à la disposition de l'Armée de terre par la nouvelle bureaucratie centralisée instituée au milieu de la guerre. Il y eut bien sûr des doutes sur l'utilité d'un classement reposant exclusivement sur les tests d'intelligence. Fin décembre 1942, la Direction de l'instruction reçoit les résultats d'un sondage fait à partir de 175 cartes

---

77. H. S. M. Carver, « Personnel selection in the Canadian Army … », *op. cit.*, p. 29-30.
78. T. Copp et B. McAndrew, *Battle exhaustion…*, *op. cit.*, p. 30-35. On rapporte en particulier dans les rapports d'examen l'abus de notions comme pervers ou hystérique, et l'utilisation de vocabulaire impropre comme *moron*, imbécile, *hobo*, ignorant, psychopate inférieur, etc.
79. *Ibid.*, p. 30-33. Ils écrivent (p. 33) : « In Canada, staff officers of the personnel selection directorate — young men given commissions on the basis of university degrees or some university attendance — were testing, interviewing, and diagnosing other young men with the kind of assurance that only profound ignorance can provide. »
80. *Mémorandum sur l'instruction de l'Armée canadienne*, n° 17, août 1942, art. non titré, p. 12. Le contenu des tests est résumé dans H. S. M. Carver, « Personnel selection in the Canadian Army : a descriptive study », *op. cit.*, p. 10-12.
81. H. S. M. Carver, *ibid.*, p. 168.

de résultat au test « M » prises dans divers centres d'entraînement élémentaire au cours de visites d'inspecteurs de la Direction. Les résultats sont comparés au dossier personnel complet des recrues et certaines notes des inspecteurs remettent en contexte l'épreuve. Il est par exemple rapporté que plusieurs candidats se présentent à un test (qui ne dure que 20 minutes !) en état d'épuisement, que d'autres, malgré un dossier très fort, n'atteignent pas le score minimal de 160. Les plaintes sont si fréquentes que le commandant du District militaire n° 3 (est de l'Ontario, Outaouais et Témiscamingue québécois avec QG à Kingston) demande qu'une circulaire soit émise à l'effet que le score au test « M » ne soit qu'un guide dans la décision finale d'un comité de sélection, et donc pas un préalable absolu[82]. On ne sait pas ce qu'il est advenu de cette demande.

Les tests (22 000 tests « M » par mois en 1942[83]), mises en situation et entrevues permettaient d'établir une hiérarchie de potentiel humain. On voit au tableau 4 comment, après la période de rodage des tests, les scores des étudiants furent interprétés.

À partir de cette hiérarchie, les services du personnel de l'Armée dirigeaient les recrues vers les métiers pour lesquels les tests révélaient des aptitudes. Bien sûr, les préférences et l'expérience civile des candidats étaient prises en compte dans la mesure du possible, mais avec le temps, les besoins de l'Armée dominèrent l'ordre du jour[84].

Même si on prend soin de préciser que les tests ne sont que l'un des moyens de la sélection avec l'entrevue et les mises en situation[85], les effets du classement au test « M » se font ressentir dans la sélection des candidats pour l'infanterie. (L'expérience des recrues du rang du nouveau Corps blindé du Canada, alors en entraînement au Camp Borden, est indicative : les soldats qui échouent le test sont versés dans l'infanterie[86] !) Dans ce système « scientifique », le métier de fantassin était considéré dès 1939 — c'était une hypothèse de départ — comme l'une des occupations les moins qualifiées. La méthode de vérification de cette hypothèse laisse songeur. Un sondage fait en mars 1940 sur un échantillon de 1119 soldats révèle que les membres du Corps des ingénieurs obtenaient en moyenne un pointage de 196 au test « M », alors que ceux qui étaient affectés dans l'infanterie n'obtenaient que 90[87], ce qui en dit long sur les qualités intellectuelles (en fait, l'éducation formelle) des fantassins moyens ! Heureusement, à cette époque, le test « M » était en rodage ; il ne servait pas encore à allouer des hommes aux corps de métiers. Les psychologues voulaient tout simplement prouver

---

82. Dossiers d'inspection du DMT, note de service du lieutenant-colonel W. Bu…, 25 déc. 1942 et lettre du D.O.C. du M.D. 3, 30 déc. 1942, dans BAC, RG24, C-1, dossier H.Q.S. 4729, vol. 3 (bobine C-5071).
83. *Report of the Department of National Defence Canada for the Year Ending March 31, 1942*, Ottawa, Imprimeur du roi, 1942, p. 14.
84. H. S. M. Carver, « Personnel selection in the Canadian Army… », *op. cit.*, p. 65.
85. On lit dans le *MIAC*, n° 17, août 1942, p. 13 : « Si l'on ne connaît rien de l'homme en cause, le résultat du test peut être de nature à induire en erreur. »
86. T. Copp et B. McAndrew, *Battle exhaustion…*, *op. cit.*, p. 28.
87. *Ibid.*, p. 14.

Tableau 4
Interprétation des résultats au test « M » révisé, août 1942

Moins de 75	Peu de chance de succès à l'instruction élémentaire et supérieure normale.
Plus de 90	Chance raisonnable de succès aux centres d'instruction élémentaire et supérieure ordinaires.
Plus de 120	Les recrues désignées à l'instruction de métier dans la plupart des armes et des unités doivent posséder les aptitudes à l'instruction représentée par des résultats s'échelonnant de 120 à 160 points.
Plus de 145	Habileté au-dessus de la moyenne ; sujet apte à devenir sous-officier.
Plus de 160	Habileté supérieure. Unie à l'aptitude à conduire les hommes, elle est de nature à faire du sujet un bon officier.

Source : *MIAC*, n° 17 (août 1942), p. 12.

aux autorités militaires que leur test fonctionnait et le test fonctionnait parce que les soldats occupant les emplois demandant le plus d'intelligence et le plus de qualifications professionnelles étaient ceux qui obtenaient les pointages les plus élevés. Autrement dit, l'échantillon testé n'était pas représentatif de la population des recrues, puisqu'une forme de sélection « naturelle » avait déjà eu lieu. Les premiers essais à grande échelle du test « M » ont lieu fin 1940 début 1941.

À partir du moment où le test est utilisé pour allouer les recrues à des métiers, officiellement[88] le 1er janvier 1942, on comprendra que l'infanterie s'est retrouvée avec les candidats jugés les moins brillants, car, sur la base des expériences précédentes, on avait décidé qu'un score M peu élevé suffisait pour servir dans l'infanterie. Comme l'infanterie est la principale arme de combat, on conçoit facilement les conséquences perverses de la méthode. Ce biais contre l'infanterie[89] s'ajoutait au peu de popularité de l'arme, considérée à juste titre comme l'une des plus dangereuses et l'une des moins attirantes professionnellement pour les jeunes en quête d'un métier[90], un aspect important de toute politique de recrutement étant l'apprentissage utile que l'armée procure et qui pourra servir au retour à la vie civile ; le « métier » de fantassin, qui a peu de lien avec une quelconque activité civile, n'en était que moins attrayant[91]. La base de recrutement des officiers d'infanterie (maintenant à tirer du rang, répétons-le) ne pouvait qu'en être affectée négativement.

Les tests mesuraient aussi les capacités de meneur d'hommes. Mais pour un candidat ayant un haut score comme meneur d'hommes et qui avait également un fort pointage en mathématiques, le système avait tendance à en faire

---

88. *Ibid.*, p. 54.
89. Les Britanniques se sont retrouvés dans la même situation. Voir D. French, *Raising Churchill's Army …, op. cit.*, p. 66 et 69-72.
90. *Ibid.*, p. 50.
91. Le capitaine Elmer Sagar, examinateur adjoint, Direction de la sélection du personnel de l'Armée, officier en poste à l'OTC de Brockville, insiste sur cet aspect lors d'une causerie au Rotary Club de Brockville le 18 août 1942. Voir le résumé de la causerie porté au journal de guerre de l'École ce jour-là (BAC, RG24, C-3, vol. 16 936).

un artilleur ou un ingénieur de combat plutôt qu'un officier d'infanterie. Dans l'Armée de terre, plusieurs doutaient (avec raison !) que les tests soient vraiment utiles pour découvrir de bons chefs pour l'infanterie, alors que, par exemple, il semblait que l'Aviation trouvait très efficace la méthode des tests pour sélectionner les pilotes[92]. Mais il faut aussi dire qu'on donnait un rang d'officier aux aviateurs seulement pour la paye, et qu'ils avaient très peu d'hommes à commander.

Comme on s'en rendra compte dans la seconde moitié de 1944, les pertes en subalternes d'infanterie, comparées à celles de l'artillerie ou du génie, étaient plus élevées que les pires prévisions. Par conséquent, si la guerre avait duré au-delà de 1945, le système aurait aggravé la difficulté de trouver des chefs compétents plutôt que d'en faciliter le repérage précoce, compliquant d'autant le problème des remplacements dans l'infanterie. L'ingénierie sociale a ses pièges que les expériences psychologiques de 1939-1945 n'ont pas su éviter.

Le cours d'officier : la formation élémentaire

Le camp d'instruction pour officiers de Brockville est le seul à avoir fonctionné pendant la majeure partie des hostilités. La documentation préservée est complète et de qualité si on la compare à celle qui a survécu pour les OTC de Gordon Head (journal de guerre laconique s'élevant rarement au-dessus du médiocre), pour l'OTC de Trois-Rivières (expérience trop courte) ou pour la pré-OTC de Saint-Jérôme (corpus limité par la nature même d'un cours préparatoire). Il suffira donc de suivre les aléas de la formation des officiers à travers le journal de guerre de l'école d'officiers de Brockville pour se faire une idée de la formation des nouveaux officiers canadiens au milieu de la guerre.

La formation d'un officier novice passant dans un OTC commençait par une formation élémentaire générale commune à toutes les armes, suivies de quelques semaines d'instruction élémentaire sur les sujets propres à l'arme de l'élève-officier, puis d'une introduction aux tactiques du peloton, le tout menant à l'examen de sous-lieutenant[93]. Au total, le cours de base du candidat officier durait douze semaines[94].

Au cours de la guerre, l'équilibre entre les trois parties du cours va changer[95]. De mars 1941 (ouverture de la première OTC à Brockville) à mars 1942, le tronc commun durait quatre semaines, la spécialisation six et les tactiques de

---

92. Ces remarques sont tirées de Bill McAndrew, « Le métier d'officier canadien : une vue d'ensemble », dans Bernd Horn et Stephen J. Harris (dir.), *La fonction de général et l'art de l'amirauté : perspectives du leadership militaire canadien*, Toronto, Dundurn Press, 2002, p. 43-48.
93. Le résumé que fait ici et là Stacey de l'instruction des officiers canadiens manque de clarté. Il vaut mieux se tourner vers l'aperçu plus fiable qu'en donne Wilfred I. Smith (*Code word CANLOAN*, Toronto, Dundurn Press, 1992, p. 3-4).
94. Disposition réglementaire dans *Canadian Army Training Pamphlet No. 8 : How to qualify 1941*, Ottawa, Imprimeur officiel, 1941, p. 6
95. L'histoire officielle (C. P. Stacey, *Six années de guerre...*, *op. cit.*, p. 140) donne quatre semaines d'instruction élémentaire générale et six d'instruction dans l'arme de spécialité, plus deux semaines aux tactiques de peloton, cela sans faire état des changements survenus par la suite. Comparer avec le journal de guerre de l'OTC de Brockville.

peloton deux. Le temps passé au tronc commun s'élève à six semaines au printemps 1942 en écourtant la spécialisation à quatre semaines. La spécialisation est plutôt l'affaire des écoles avancées, celles d'avant-guerre (Borden et Petawawa) comme les nouvelles qui sont créées dans toutes les régions du pays (annexe I). La « spécialisation » à Brockville est en fait une introduction à l'arme choisie par le candidat, la vraie spécialisation se donnant après la sortie de Brockville (voir la prochaine section). Les deux semaines consacrées aux tactiques de peloton auront en fait une intensité et un contenu variables et, comme on le verra, cela peut être directement lié aux personnalités des commandants.

Le plan de cours du tronc commun visait en fait à mettre au même niveau tous les élèves-officiers quant au fonctionnement général de l'Armée canadienne. On pouvait donc s'adresser à des individus provenant des camps de recrues, des unités de réserve ou des CEOC. Ces derniers avaient le privilège d'être exemptés des quatre semaines du tronc commun s'ils réussissaient un examen basé sur le programme du tronc commun. Les matières examinées, les mêmes que celles du cours, sont données à l'annexe VI. La liste des matières examinées permet de se rendre compte des priorités de l'instruction élémentaire. L'apprentissage des devoirs administratifs d'un officier (à travers les items organisation, soins des hommes, instruction, administration, droit militaire cc qui revient à dire discipline) occupait la moitié des matières à couvrir. Les notions de base en lecture de cartes, de *drill*, d'emplois des armes individuelles et de préparation de retranchement suivaient. L'avant-dernier item concernait la préparation des ordres, sujet sur lequel il y avait une véritable fixation dans l'Armée canadienne. Finalement, la tactique du peloton n'est qu'un des onze items retenus au plan de cours initial. Quelques notions théoriques seront aussi fournies dans les deux semaines d'exercices en peloton.

À l'OTC, l'apprentissage de l'arme de spécialité n'était qu'une initiation. On peut cependant dire que l'enseignement des spécialités au camp de Brockville était assuré par des « ailes » (*wing*) dont le personnel venait des armes en question. En 1942, les ailes suivantes fonctionnaient à Brockville : corps blindé, artillerie (pour l'artillerie de campagne et l'artillerie antichar), sapeurs (génie de combat), communication, infanterie, mitrailleuses (encore séparées de l'infanterie à l'époque), services (transport) et magasins[96]. Autrement dit, Brockville assumait une partie des fonctions des écoles d'armes du temps de paix. Dans les premiers temps, cet enseignement spécialisé ne semble pas avoir été poussé aussi loin qu'il aurait dû l'être, faute d'instructeurs qualifiés, de matériel et aussi d'une volonté du commandant de l'OTC de s'engager dans des enseignements relativement complexes avec des étudiants encore très nouveaux dans l'armée.

---

96. Les activités des ailes spéciales sont décrites en détail dans le journal de guerre du camp de Brockville pour décembre 1942 (BAC, RG24, C-3, vol. 16 936). Voir aussi le témoignage de George G. Blackburn, *Where the hell are the guns ? A soldier's eyes view of the anxious years, 1939-44*, Toronto, McClelland and Stewart, 1999 (1997), p. 146.

Finalement, les dix semaines d'instruction se terminent par deux semaines à pratiquer les tactiques du peloton. Tout en montrant les bons gestes à accomplir, il s'agit là d'éprouver les qualités de leadership des élèves-officiers.

Autant qu'on peut en juger à la lecture de l'ensemble du programme des douze semaines à l'OTC de Brockville, on peut inférer que dans les premiers temps, ce sont les devoirs envers les hommes du peloton (trente à quarante d'hommes en trois sections pour le peloton de fusiliers) sur lesquels l'accent était mis, à savoir le bien-être physique de la troupe, la bonne administration de l'unité et l'imposition de règles disciplinaires conformes au code et à l'éthique du militaire.

Les choses vont évoluer considérablement. Si les items mentionnés précédemment demeurent au programme pour la durée de la guerre, l'importance relative et le temps d'apprentissage accordé à chacun d'eux changeront la guerre avançant.

L'OTC n° 1 reçoit ses premiers étudiants le 1er avril 1941. L'école est alors commandée par le colonel R. G. Whitelaw, p.s.c., auparavant au Quartier général de l'Armée à Ottawa. La nomination de Whitelaw sera désastreuse. Sous sa férule, l'OTC de Brockville reproduit les déficiences du système d'instruction d'avant-guerre, comme si rien ne s'était produit en Pologne en 1939 et en France en 1940. Le plan de cours de 1941, dont nous parlions tout à l'heure, semble avoir été développé sous Whitelaw. On y adhérait avec sérieux[97]. Les deux semaines d'exercices tactiques comportaient des exposés par le personnel d'instruction, suivis d'exercices de plusieurs heures à l'extérieur, pourvu que le temps soit clément[98]. Le cours se concluait sur des « manœuvres » qui, pendant les premiers mois du camp, seront d'abord une longue marche de quatre jours sur 80 milles[99] (130 km) entrecoupée de nuits à la belle étoile et agrémentée de quelques exercices stéréotypés tirés des brochures d'entraînement.

C'est seulement en janvier 1942 que le groupe d'étudiants est divisé en deux armées opposées qui « s'affrontent » en suivant un scénario préparé à l'avance. L'officier chargé de tenir le journal de guerre espère que l'innovation va accroître l'intérêt des étudiants pour la tactique[100], un espoir un peu dérangeant quand on y réfléchit bien ; après tout, n'est-ce pas là ce qui devrait intéresser le plus les élèves-officiers ? On est en droit de penser que l'ancienne façon de faire n'avait pas soulevé beaucoup d'enthousiasme.

En fait, pour Whitelaw, la condition physique et une conception particulière du leadership constituent des objectifs qui priment tout. La nature précise des enseignements et les scénarios des exercices et manœuvres ne semblent pas être la passion du premier commandant de Brockville. Sous son règne, les objectifs du cours ne sont pas clairement énoncés dans le journal de guerre de l'école.

---

97. Voir le journal de guerre de l'OTC de Brockville pour le mois de juin 1941. Un plan de cours détaillé de 21 pages, correspondant aux intitulés de 1941, y est annexé (BAC, RG24, C-3, vol. 16 934).
98. OTC de Brockville, journal de guerre, 16 juin 1941.
99. *Ibid.*, 24 juin 1941.
100. OTC de Brockville, journal de guerre, 5 janvier 1942 (BAC, RG24, C-3, vol. 16 935).

Dans les annexes de ce même journal, on trouve peu de scénarios d'exercices, tous insipides, à la différence marquée de ceux de son successeur. Whitelaw semble croire qu'un gentleman aura par instinct les réflexes tactiques pertinents ; l'OTC n'a donc qu'à assurer la production de gentlemen[101].

Cela ne signifie en rien que Whitelaw néglige ses fonctions. C'est plutôt qu'il en a une conception archaïque. George Blackburn, élève-officier venu d'un régiment d'artillerie de milice, a exposé avec sarcasme la méthode Whitelaw dans ses Mémoires. Modèle du récit personnel détaillé, les Mémoires de Blackburn couvrent en trois forts volumes tous les aspects de la vie du subalterne, de l'enrôlement jusqu'au rapatriement en passant par tous les menus faits de la vie quotidienne et des combats. C'est sans doute le meilleur témoignage personnel disponible au Canada anglais sur le Seconde Guerre mondiale.

[T]out ce que le commandant, le colonel R. G. Whitelaw, peut imaginer être utile dans la formation d'un officier subalterne est comprimé à l'intérieur d'un cours de trois mois, y compris le tir au pigeon d'argile dans l'éventualité qu'un jour un gentilhomme britannique vous invite à une partie de chasse à la grouse en Écosse. La journée commence par un entraînement à la baïonnette et par des exercices physiques, avant le petit déjeuner, suivis d'un exercice de marche rapide (140 pas à la minute), de maniement des armes individuelles, de la tactique d'infanterie, d'exercices de tir, de cours et d'examens écrits d'artillerie et de fréquentes marches forcées de dix milles [16 km]. Après souper, il y a la leçon de conduite, les compétitions de piste et pelouse, le contrôle de la voix et le tir au pigeon mentionné précédemment. Puis, à mesure que les cours d'artillerie deviennent plus sophistiqués, il y a amplement d'études à faire pour vous occuper jusqu'à l'extinction des feux.

Et par-dessus toute cette activité testant vos facultés physiques et mentales, et par-dessus cet horaire d'entraînement débutant à l'aube avec l'appel qui suit la dernière note de la sonnerie du réveil, s'ajoutent les idiosyncrasies du commandant, qui alimentent une anxiété du genre de celle qui devait se rencontrer sur la dunette du HMS *Bounty*[102].

Blackburn est sans pitié pour le premier commandant de l'OTC n° 1. Sous le régime Whitelaw, la tenue, au sens le plus large du concept — port de l'uniforme, démarche, mouvements sur le terrain de parade, manières de table, attitudes et comportements en général — a une importance démesurée. Blackburn relate deux incidents caractéristiques de cette obsession pour la tenue : le dîner régimentaire et la parade de diplômation, l'un tragi-comique (ou comment on apprend à contourner le dilemme de manger des petits pois de la main gauche sans en laisser rouler un seul hors de l'assiette lorsqu'on est attablé devant le

---

101. Les élèves-officiers du Collège militaire royal de Kingston étaient d'ailleurs appelés « Gentlemen Cadets » (voir les extraits du rapport annuel du Commandant du CMR dans les rapports annuels du ministère). De la même manière que l'armée est une société dans la société nationale, le Collège militaire de Kingston (et ceux qui y ont étudié) forment une société au sein de l'Armée canadienne avec ses traditions particulières, ses mœurs et son sentiment de supériorité.
102. G. G. Blackburn, *op. cit.*, p. 147-148.

colonel, qui vous observe et vous juge), l'autre dramatique (un élève-officier est victime d'une péritonite[103] sur le terrain de parade, mais de peur que le colonel ne lui accorde pas la note de passage, il tient son rang jusqu'à l'effondrement fatal). Quant à l'enseignement, Blackburn ne le commente pas, ce qui n'est pas dans son habitude[104].

Dans les limites que représente le genre de sources qu'est un journal de guerre, le témoignage de Blackburn est confirmé. Les dîners « régimentaires » (l'école n'est pas un régiment mais en mime néanmoins les us et coutumes) sont institués dès le 3 juin 1941. Ils servent à initier les futurs officiers aux mœurs régimentaires britanniques, surtout les volontaires venus directement du civil, mal dégrossis, qui menaceraient les traditions si on les laissait dans l'ignorance des bonnes manières. Les dîners ont lieu deux fois la semaine et tous les élèves-officiers doivent subir l'épreuve par petits groupes. Il est sûr que le commandant de l'OTC considère ces événements comme centraux dans la formation des jeunes hommes sous sa responsabilité.

Un autre indice inquiétant est qu'on ne semble pas se soucier outre mesure des difficultés matérielles (manque d'équipement moderne pour les démonstrations) avant le départ de Whitelaw. C'est seulement après que les annotations sur les difficultés d'approvisionnements en armements modernes se multiplient dans les colonnes du journal de guerre. Heureusement donc, Whitelaw quitte soudainement Brockville le 17 avril 1942. Fait extraordinaire, le diariste ne remercie pas le commandant sortant, comme c'est l'habitude[105]. Whitelaw est remplacé par un officier autrement plus dynamique, le colonel M. F. Gregg.

La spécialisation

À la fin des douze semaines à l'OTC, les élèves subissaient l'examen écrit conduisant à l'obtention du grade de sous-lieutenant, le grade le plus bas parmi les officiers. Ils allaient ensuite suivre l'enseignement tactique dans leur arme d'appartenance pour quatre autres semaines, dans l'une ou l'autre des écoles « avancées » des armes en question (l'une des treize écoles d'infanterie un peu partout à travers le pays, Camp Borden pour les blindés, Petawawa pour l'artillerie — la liste complète se trouve à l'annexe I).

C'est à ce niveau que le futur chef de peloton était censé recevoir l'instruction tactique utile pour son métier particulier. Dans l'infanterie, le syllabus était divisé en 224 périodes, dont 24 d'éducation physique et de sports. Les 200 autres périodes (de 45 minutes) se répartissaient ainsi : 11 de *drill*, 24 de lecture de cartes, 87 de tactique, 5 d'alerte au gaz, 5 sur la chenillette d'infanterie, 8 sur les motocyclettes, 13 sur l'organisation et les caractéristiques des armes de support et des services auxiliaires, 9 sur le maniement du fusil, 9 sur celui du fusil-mitrailleur Bren, 3 sur le fusil antichar, 4 sur le mortier de 2 pouces, 8 sur celui de 3 pouces,

---

103. OTC de Brockville, journal de guerre, 1ᵉʳ septembre 1941.
104. G. G. Blackburn, *op. cit.*, chap. XXV.
105. JG, OTC n° 1.

4 sur le combat contre avions, 4 sur les grenades, 4 sur les baïonnettes et 2 sur le télémètre d'infanterie.

À vrai dire, il s'agit d'une continuation presque parfaite de la formation à l'OTC. L'officier d'infanterie est un généraliste. Il doit savoir tout ce que ces hommes savent, d'où l'insistance sur le maniement des armes et sur la conduite des véhicules de la compagnie d'infanterie. Il doit être un leader capable de mener ses hommes sur le champ de bataille, d'où les heures passées à la *drill*, au conditionnement physique, aux exercices à la baïonnette, à la lecture de cartes, etc. L'intégration de cette « théorie » et sa pratique se réduisent à environ un tiers du programme, les heures de tactique.

Dans une arme plus technique, l'artillerie par exemple, les quatre semaines étaient subdivisées en 206 périodes : 4 consacrées à l'organisation et à l'administration, 4 à la lecture de cartes, 25 à la trigonométrie et autres mathématiques utiles, 45 à la balistique, à l'instrumentation et au pointage, 18 aux munitions, 19 à l'entretien de l'équipement, 6 au combat de nuit, 67 à la pratique, le reste aux tests et examens[106]. Dans ce mois d'école d'artillerie, les matières administratives et disciplinaires ne recevaient qu'un minimum d'attention. On notera l'accent mis sur la théorie et la pratique de cette théorie, plus de 90 % du temps, et les poussières laissées aux affaires administratives, lectures de cartes, etc.

L'instruction des membres du corps blindé représentait un défi plus considérable. La décision de constituer de grandes formations blindées n'a été prise que tardivement. On se rappelle qu'à l'été 1940, deux nouvelles divisions avaient été formées. Étrangement, c'était deux nouvelles divisions d'infanterie, alors qu'on aurait pu penser qu'étant donné les événements de mai-juin 1940, l'opportunité de former au moins une division blindée aurait frappé les esprits canadiens. Mais voilà, au Canada il n'y avait aucun char moderne ni aucune usine capable d'en produire, sans compter l'impossibilité d'importer, les Anglais n'en produisait pas assez pour leur propre besoin et les Américains non plus. Il a donc fallu se résigner à ne former qu'une seule brigade blindée, autorisée le 13 août 1940, qu'on considérait comme le noyau d'une future division blindée. Et ce n'est pas avant janvier 1941 que le gouvernement s'est décidé à former une division complète, après un voyage en Angleterre du ministre Ralston, à qui les Britanniques ont expliqué que ce genre d'unité était devenu nécessaire[107].

Sans matériel pour s'entraîner, avec très peu de personnel familier quelque peu que ce soit avec les véhicules blindés et sans conception claire du rôle opérationnel des formations blindées (sans doctrine véritable), l'Armée devait construire de toutes pièces une arme de combat devenue essentielle pour reconquérir l'Europe. En attendant, le général Worthington, commandant de division désigné, ainsi que son successeur à l'École des blindés de Borden, le lieutenant-colonel George Carrington Smith, ont dû improviser un entraînement avec quel-

---

106. Pour le syllabus d'infanterie, voir MDN, DHP, 171.009 (D143) ; pour celui d'artillerie : MDN, DHP, collection des *Pamphlets*, carton FN 63.
107. C. P. Stacey, *Six années de guerre...*, *op. cit.*, p. 87 et 89-91.

ques chars M3 prêtés par les Américains, des chars qui n'équiperont finalement pas les formations canadiennes de combat, ce qui allait compliquer le travail d'instruction.

La division blindée connaît aussi des difficultés avec la RCAF au Canada, les mêmes que celles que vivait l'état-major de la 1re Division d'infanterie en Angleterre, ce qui montre bien que la culture de l'Armée de terre n'était pas le seul ni peut-être le pire obstacle à une riposte adéquate aux méthodes de combat allemandes. C'est avec énormément de rancœur que le colonel J. K. Lawson, de la Direction de l'instruction, qu'on a rencontré au chapitre précédent, soumet un rapport d'inspection des camps de l'Est du Canada en juillet 1941 sur la « coopération » avec l'Aviation royale canadienne :

> Pour le moment, le seul entraînement dans lequel la coopération avec des avions se réalise est plutôt limité, et c'est seulement lorsque des arrangements entre commandants locaux peuvent être conclus. Ces arrangements sont nécessairement d'une nature limitée.
>
> Des demandes de coopération, même celles sur une échelle réduite, ont été systématiquement refusées par le chef d'état-major de l'Air avec pour résultat qu'au Canada, les unités de l'Armée de terre ne reçoivent aucun entraînement sur cet aspect important de leur mission. Par exemple, la 3e Division, à laquelle on a prêté pendant quelques semaines un officier pour la coopération avec l'armée, n'a presque pas reçu d'entraînement à la coopération, et le peu qui a été obtenu l'a été seulement après que des efforts répétés de ma part et du Q. G. D. N. eurent conduit à ce qu'un avion soit affecté pour une période limitée à aider la 5e Division blindée [la 1re Division blindée venait d'être renumérotée].
>
> Nous voyons bien que le Plan d'entraînement aérien du Commonwealth britannique a pour fonction principale de préparer du personnel pour les escadrilles de chasse et de bombardement, mais la coopération avec l'armée ne peut pas se réaliser sans que les escadrilles de coopération s'entraînent avec nous ou sans que les avions ne se commettent en appui tactique direct.
>
> L'École de coopération avec l'Armée de la RCAF a été démantelée il y a déjà quelque temps. Si elle n'est pas établie et si la RCAF est incapable à cause de ses missions propres de coopérer avec les unités et les formations de l'Armée, je recommande que des écoles civiles de pilotage soient approchées afin d'obtenir une forme d'entraînement à la coopération avec les avions[108].

Ces phrases incroyables sont écrites plus d'un an après le désastre en Flandre française et presque deux ans après la campagne de Pologne. Dans ces conditions, l'entraînement est forcément resté élémentaire jusqu'à l'embarquement de la formation blindée pour la Grande-Bretagne à l'automne 1941. En fait, tout l'entraînement ou presque devra être repris à zéro à compter de la belle saison de 1942[109]. Deux ans après les événements de 1940, dans ce qui aurait dû paraître le plus fondamental.

---

108. BAC, RG24, C-1, dossier H.Q.S. 4729, vol. 2 (bobine C-5071).
109. J. Marteinson et M. R. McNorgan, *Le Corps blindé royal canadien...*, *op. cit.*, p. 89-93 et 114-115.

On voit que l'accent mis dans la formation spécialisée est différent entre les officiers d'infanterie et les officiers des autres armes de combat : les uns sont des chefs qui disciplinent les hommes, les autres de vrais spécialistes. C'est comme s'il n'y avait pas de « science » ou de « technique » du combat d'infanterie qui puisse s'apprendre sur les bancs d'école. En fait, cela marque une conception (un préjugé diraient certains) des officiers d'infanterie qu'a l'armée, dont on a déjà vu l'effet néfaste à propos de la sélection des officiers. Le préjugé peut s'énoncer ainsi : l'infanterie est un métier simple qui ne demande pas beaucoup d'intelligence mais plutôt de l'allant. Au temps où le subalterne d'infanterie supervisait des lignes de fusiliers c'était peut-être le cas, mais en 1940 cette conception contribuait à des insuffisances majeures dans la formation des officiers d'infanterie. On verra au chapitre suivant comment le métier de fantassin recevra, en 1942, toute l'attention requise, lorsque des écoles d'enseignement des tactiques de peloton et de la compagnie seront enfin instituées.

Après le mois de spécialité, les candidats atteignaient le niveau d'instruction requis (voir annexe III) pour recevoir le brevet de lieutenant. Quels étaient les critères menant à la première affectation — une unité, une école d'instructeurs ou un camp de recrues ? Ils ne semblent pas avoir été formalisés avant l'institutionnalisation des processus de sélection. Selon l'évaluation faite par les supérieurs, on jugeait qu'un jeune officier avait ou non suffisamment de leadership ou bien démontrait des aptitudes pour un certain métier. Il se pouvait que ce soit plutôt les besoins du moment qui poussaient tel ou tel jeune officier vers certaines spécialités, à moins que l'armée d'outre-mer n'ait un urgent besoin de chefs de peloton ou de compagnies, comme ce sera le cas à l'automne 1944. Comment ces cheminements particuliers cadreront-ils avec les recommandations des psychologues des OSAC ? Cela n'est pas évident.

En théorie, les candidats dont les qualités de chef n'étaient pas encore assez développées, mais qui avaient un certain potentiel, pouvaient se voir affecter à un camp de recrues. Dans la vie très réglée du camp de recrues, ils pouvaient acquérir les qualités de meneurs d'hommes qui leur manquaient. Le camp de recrues fournissait amplement le matériau sur lequel expérimenter les qualités de chef. Ils étaient sérieusement aidés en cela par les sergents de peloton, des hommes plus expérimentés qu'eux dans le maniement de matériel humain[110]. Ensuite, ces jeunes officiers étaient eux aussi affectés à une unité.

Quelques-uns suivaient un cheminement particulier qui en faisait des officiers-instructeurs dès leur promotion au grade de lieutenant. En plus des OTC, des écoles de spécialité d'armes, l'édifice d'instruction de l'Armée canadienne comportait aussi un certain nombre de camps d'instruction encore plus spécialisés. Cela allait du cours avancé en administration militaire à celui de guerre chimique en passant par le cours de mitrailleurs, d'artillerie côtière, la *Battle School* et ainsi de suite (voir l'annexe I). En compagnie de sous-officiers, des

---

110. G. G. Blackburn, *Where the hell are the guns ?*, op. cit., p. 162 et 239.

officiers subalternes poursuivaient dans ces camps un stage de quelques semaines pour se familiariser avec un métier ou une technique particulière. Ils apprenaient la technique, puis revenaient former les autres membres de l'unité ou les recrues des camps élémentaires et des OTC.

Il fallait aussi remplir les cadres des unités d'outre-mer et, en principe, des candidats plus mûrs que les précédents devaient y être affectés. Dans les faits, la filière des relations régimentaires perturbait souvent le mode d'affectation idéal. Quoi qu'il en soit, à un moment ou à un autre après la sortie de l'école d'armes, les lieutenants finissaient par être affectés à une unité en sol national ou à l'étranger. Mais l'arrivée à l'unité ne signifiait pas la fin de la dualité du rôle d'officier, un temps élève, le suivant instructeur. Plusieurs jeunes officiers passaient leurs premiers temps de service alternativement en tant qu'élèves puis comme instructeurs. C'est une autre façon de dire que bien des officiers instructeurs des premières années de guerre n'avaient aucune expérience de terrain[111].

Nouveaux outils pédagogiques

Non seulement la guerre a-t-elle contrainte à l'adoption de structures militaires scolaires de masse, mais elle a également forcé le haut commandement à repenser ses outils pédagogiques. Le rôle primordial d'enseignant, peut-être aussi important que celui de chef, a fait l'objet d'une grande attention de la part du haut commandement. Encore une fois, l'armée de masse impose le choix de méthodes « industrielles ». L'une s'inscrit en fait dans le prolongement direct de la tradition des brochures d'instruction : on multipliera les publications destinées à faciliter la transmission des savoir-faire militaires. J'y reviendrai dans le dernier chapitre à l'occasion d'une discussion sur les savoirs les plus avancés provenant de l'expérience du champ de bataille. Deux autres méthodes nous intéressent plus particulièrement à cette étape de la formation de l'officier subalterne : une brochure, n'ont pas de contenu mais de méthode d'enseignement, et la consultation des pédagogues universitaires, principalement en vue d'intégrer de nouveaux moyens pédagogiques.

À vrai dire, qu'il l'admette ou pas, tout officier est un pédagogue. Il peut l'être naturellement ou pas du tout. Mais l'armée aime standardiser, y compris la pédagogie. Pas étonnant donc qu'une brochure sur les principes de l'instruc-

---

111. L'inénarrable George Blackburn raconte l'anecdote suivante à propos d'un jeune officier chargé de former les chauffeurs de camions de l'unité : « [O]n lui a confié l'enseignement de la conduite et de l'entretien des camions aux artilleurs, alors que lui-même n'avait jamais reçu aucune formation sur le sujet. En fait, il ne savait même pas conduire une automobile, encore moins un camion. Néanmoins, sa nomination était en quelque sorte tout à fait adaptée à la situation d'alors [été 1941] et il ne s'est jamais retrouvé dans une situation désagréable, parce qu'il n'y avait tout simplement aucun camion de disponible pour l'instruction ! Sans camion pour l'encombrer, il débitait à ses étudiants un torrent de faits impressionnants (tirés d'une brochure de l'armée outrageusement détaillée) et mimait la bonne technique pour passer les vitesses — embrayage double et manœuvre d'un gros véhicule — assis sur une chaise pliante devant la classe. » (*Ibid.*, p. 146-147.)

Le lieutenant Milton F. Gregg, VC, Royal Canadian Regiment, fin 1918 ou début 1919 (University of New Brunswick UNB). Le ruban de la Croix de Victoria est clairement visible au haut de sa poche gauche. Gregg reprendra du service en 1939 et s'élévera jusqu'au grade de brigadier-général, principalement dans les institutions d'entraînement d'officiers. Un centre de recherche de UNB a été nommé en son honneur : The Brigadier Milton F. Gregg Centre for the Study of War and Society.

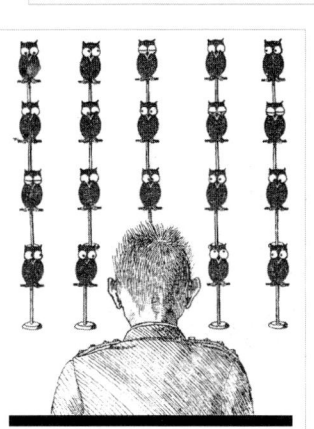

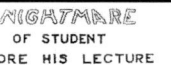

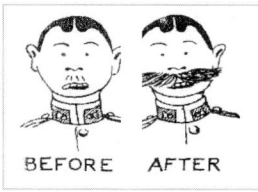

Cinq illustrations tirées de *The Owl*, 1928, le journal du collège d'état-major de Quetta, l'année suivie par E. L. M. Burns. Tout commentaire paraîtrait superflu. (BAC, Fonds Burns, MG31, G6, vol. 12)

Andrew G. L. McNaughton, chef d'état-major de l'Armée canadienne (*Canadian Defence Quarterly*, janvier 1929). Remarquer l'accoutrement militaro-académique.

L'artillerie à cheval canadienne en voie de mécanisation durant la Grande Crise (*Canadian Defence Quarterly*, juillet 1933)

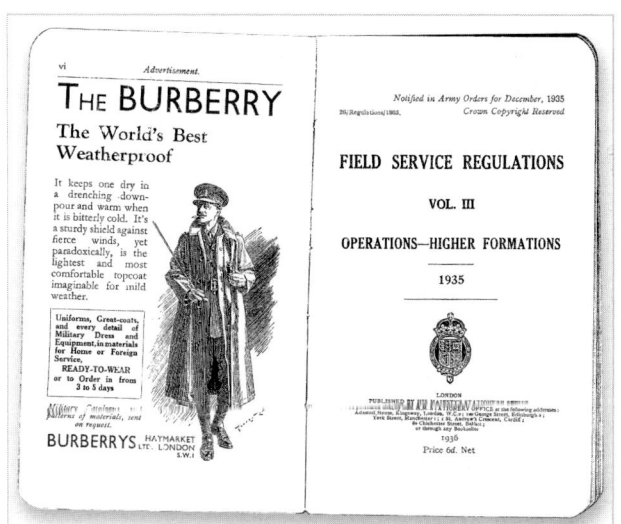

Publicité en regard de la page titre d'un manuel britannique utilisé au Canada : l'officier idéal est chic et décontracté. (*Field Service Regulations, vol. III*, 1935)

Bernard Law Montgomery après que la célébrité l'eut atteint, *circa* 1942 (wikipedia.org). Une personnalité peu conventionnelle s'affiche avec ses deux insignes régimentaires au béret, ce qui est non réglementaire.

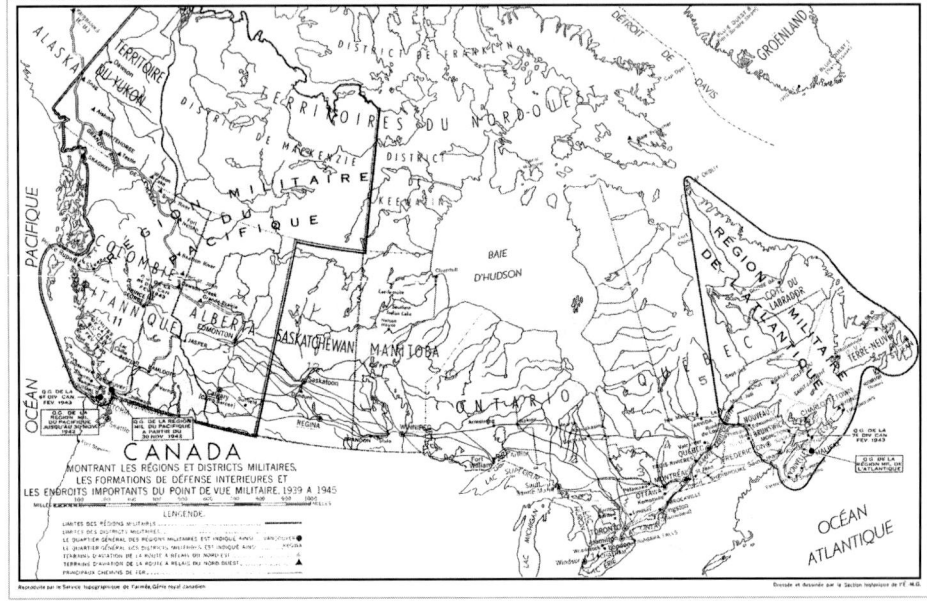

Carte de l'histoire officielle montrant les régions et districts militaires, les formations de défense intérieures et les endroits importants au Canada du point de vue militaire, 1939 à 1945. (C. P. Stacey, *Six années de guerre*, carte 3)

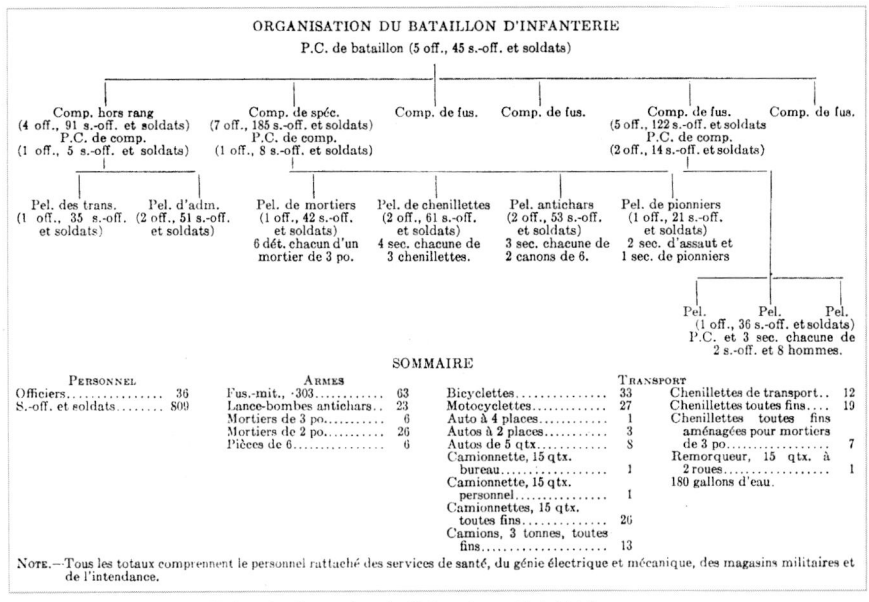

Organisation du bataillon d'infanterie (*Instruction de l'infanterie, partie I*, 1944)

L'un des posters de propagande de la série « Victoire aérienne sur la Pologne » (wikipedia.org). Ce genre de représentation anticipe l'effet de terreur, et la réputation que le Junkers Ju-87 « Stuka » (abreviation allemande pour bombardier en piqué) se gagnera auprès des armées alliés en 1940. Partant de 4000 ou 5000 m, l'avion atteint 600 km/h durant la plongée. Des dispositifs automatiques permettent le lâcher des bombes (jusqu'à 500 kg) et le redressement de l'appareil aux environs de 500 m d'altitude seulement. Les aviateurs nazis s'étaient aperçus dès la guerre d'Espagne que l'attaque en piqué était non seulement plus précise que le bombardement horizontal, mais pouvait aussi inspirer la terreur. Pour cette raison, certains Stukas furent munis d'une sirène aérodynamique, visible sous le devant de l'appareil illustré.

Vêtu de fourrure, le Très Honorable William Lyon MacKenzie King fait l'inspection de l'Escadrille n° 110 (Ville de Toronto) en compagnie du ministre des Mines et Ressources T. A. Crerar, du maréchal de l'Air G. M. Croil, du chef d'escadre W. D. Van Vliet et de l'Honorable Norman Rogers, ministre de la Défense, 30 janvier 1940 (BAC, PA-063634). L'appareil est un gros monomoteur de liaison Lysander II.

Visite de l'état-major canadien au BEF, janvier 1940. De gauche à droite : le brigadier Crerar, deux officiers d'état-major non identifiés et les majors-généraux McNaughton, Paget et Alexander (BAC, PA-034177)

Inspection du Royal 22e Régiment, Aldershot, Angleterre, 28 mars 1940 (BAC, PA-034157). Les quatre officiers faisant la revue sont : en avant, à gauche, le lieutenant-colonel Percy Flynn, commandant le bataillon ; à son côté, le généralissime allié, le général français Maurice Gamelin ; derrière l'épaule droite de Gamelin, le major-général Andy McNaughton, commandant la 1re Division canadienne ; derrière Flynn, on aperçoit le général « Tiny » Ironside, le CIGS britannique. Plus loin derrière, à peine visible, le brigadier Harry Crerar.

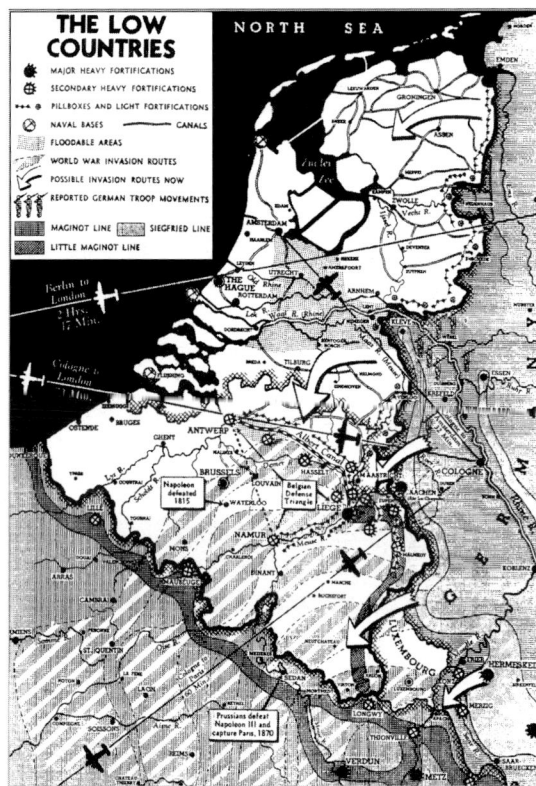

À droite, représentation d'un illustrateur-cartographe de l'Associated Press du 10 mai 1940, reproduite dans l'*Evening Citizen* d'Ottawa du même jour ; dessous, Carte de l'histoire officielle montrant la situation le 14 juin 1940, spécialement au point de vue du mouvement interrompu de la 1re Division canadienne vers la France. (C. P. Stacey, Six années de guerre, carte 4)

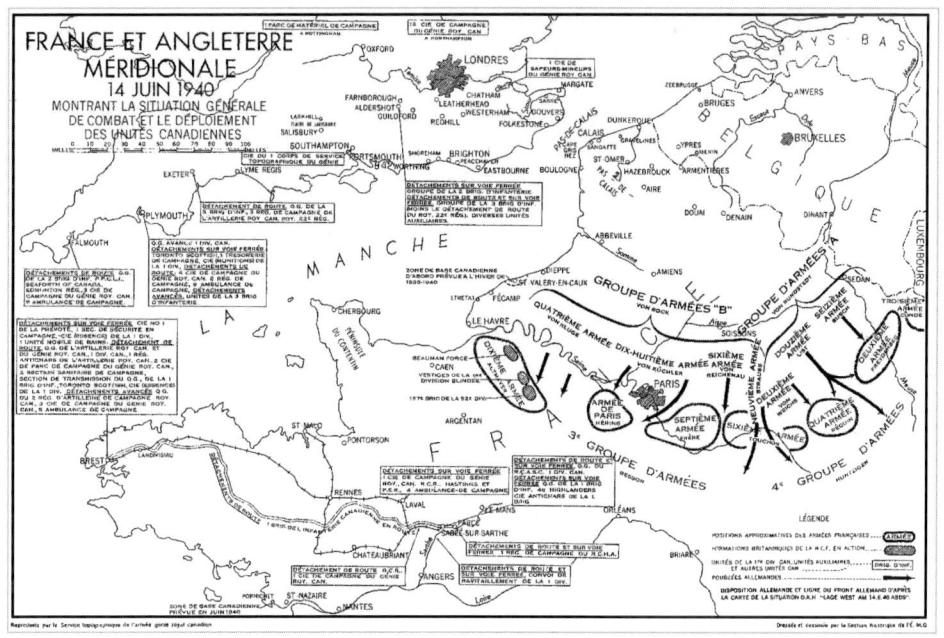

L'enfer de Dunkerque (wikipedia.org). Image tirée d'un film d'actualité britannique. Frank Capra a réutilisé ce film en 1943 pour son contrat de propagande avec le Pentagone. L'embarquement se faisait à partir de plages comme celle-ci, sous les piqués des Stukas. Ces avions se redressant à faible altitude, ils étaient vulnérables au tir des armes légères, telle la mitrailleuse Lewis de l'avant-plan à gauche.

Inspection des troupes canadiennes par le général Alan Brooke (à gauche de l'Union Jack), commandant des Home Forces, Angleterre, août 1940 (BAC, PA-034134). Entre août et décembre 1940, McNaughton (au centre de la photo) a commandé un corps d'armée multinational chargé de défendre le sud de l'Angleterre. Autour de McNaughton, on voit des officiers britanniques de l'état-major du corps. À l'extrême-droite, on aperçoit le futur général canadien G. G. Simonds.

Comité de guerre du Cabinet tel qu'il figure dans l'histoire officielle (C. P. Stacey, *Armes, hommes et gouvernement*, en regard de la page titre)

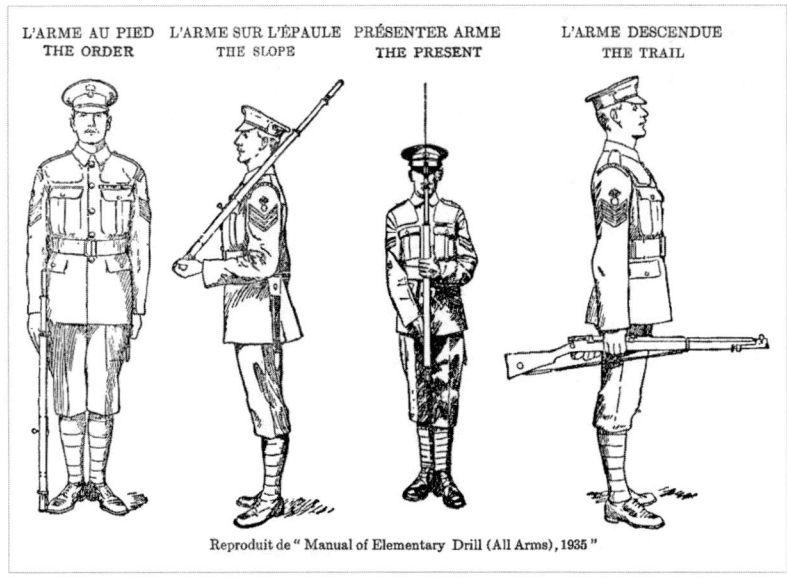

Drill. Noter l'uniforme de style 1914-1918. (*Instruction de la milice canadienne, brochure nº 1 : principes généraux pour la formation du jeune soldat, 1940*)

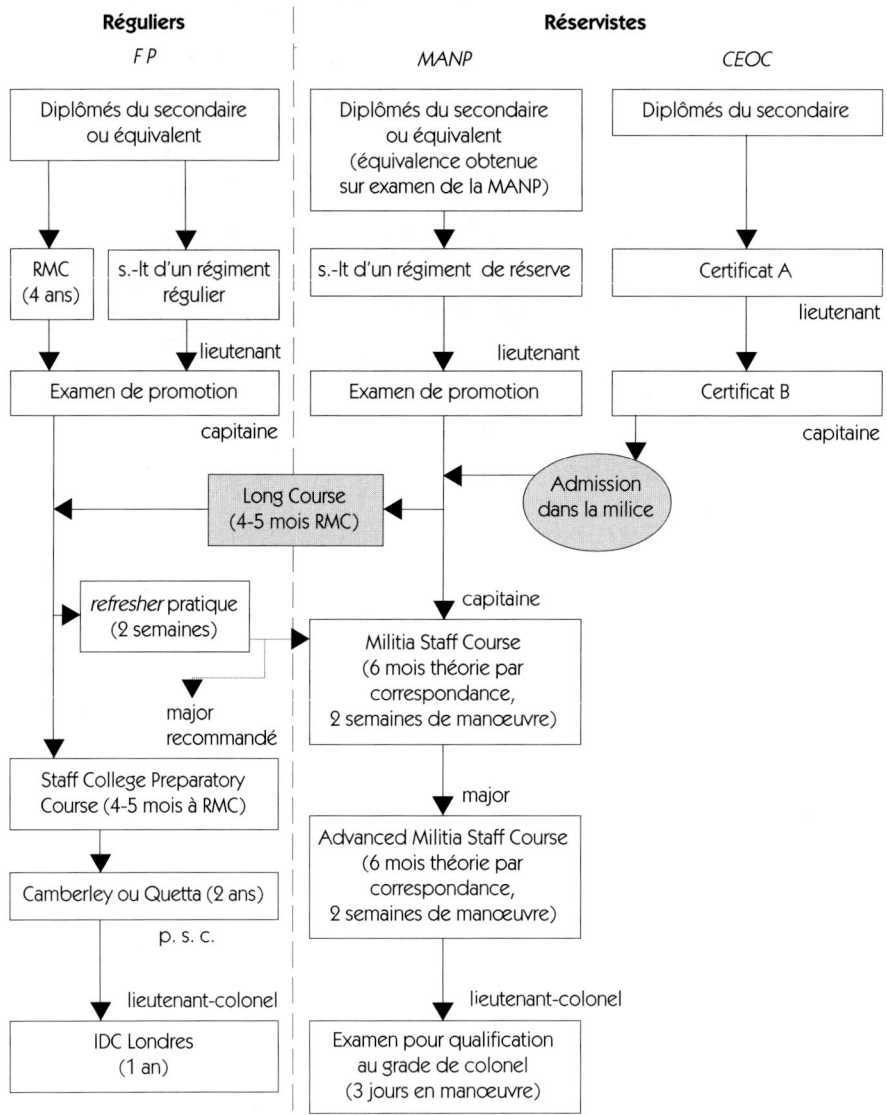

N. B. 1. Les cours qualifient pour une promotion, mais ne l'assurent pas. Pour cela, il faut ancienneté, recommandation par le supérieur, assentiment du QGDN et, en outre, il faut qu'il y ait un poste à combler.

N. B. 2. Par manque d'espace, les examens de promotion aux grades de major et de lieutenant-colonel ne sont pas illustrés.

N. B. 3. Il arrivait souvent qu'un officier expérimenté suive un cours avancé avec des officiers d'un grade supérieur, par exemple un capitaine pouvait être envoyé à Camberley avec un major.

Sources : J. L. Granatstein, *The Generals...*, op. cit., p. 14-17 et 24-26 ; *Report of the Department of National Defence 1939*, p. 43-47.

Système d'instruction des officiers canadiens, 1941-1945

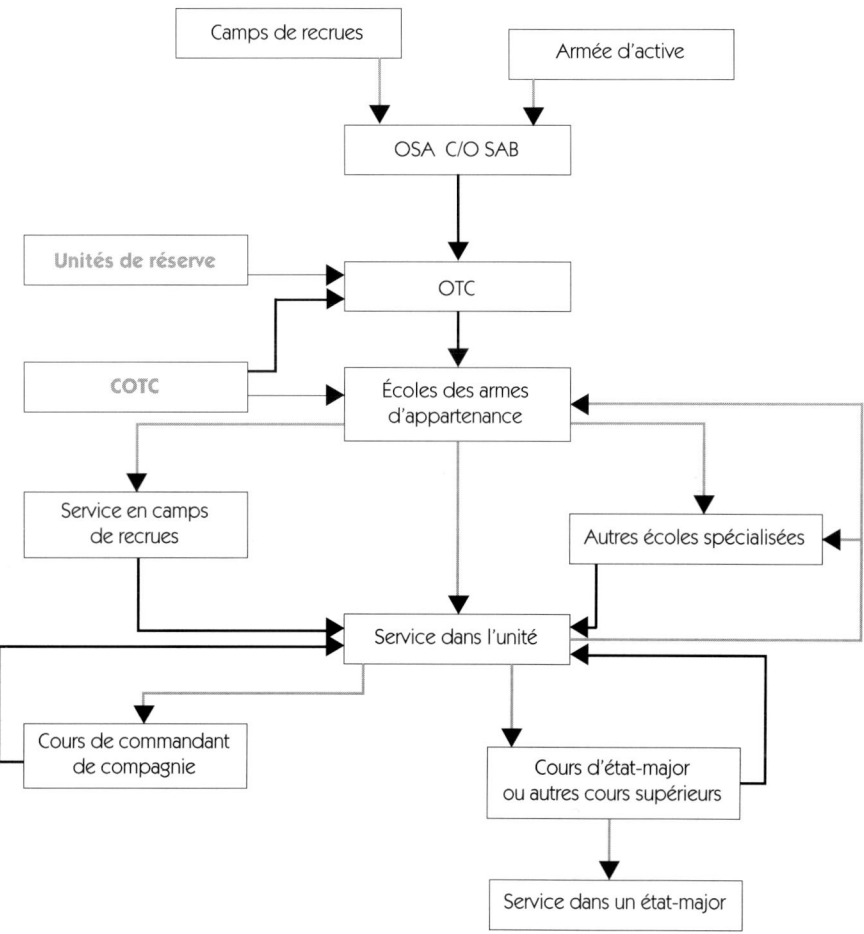

Jusqu'en avril 1941 pour les unités de réserve et juillet 1943 pour le COTC ———
Progression conditionnelle aux états de service ———

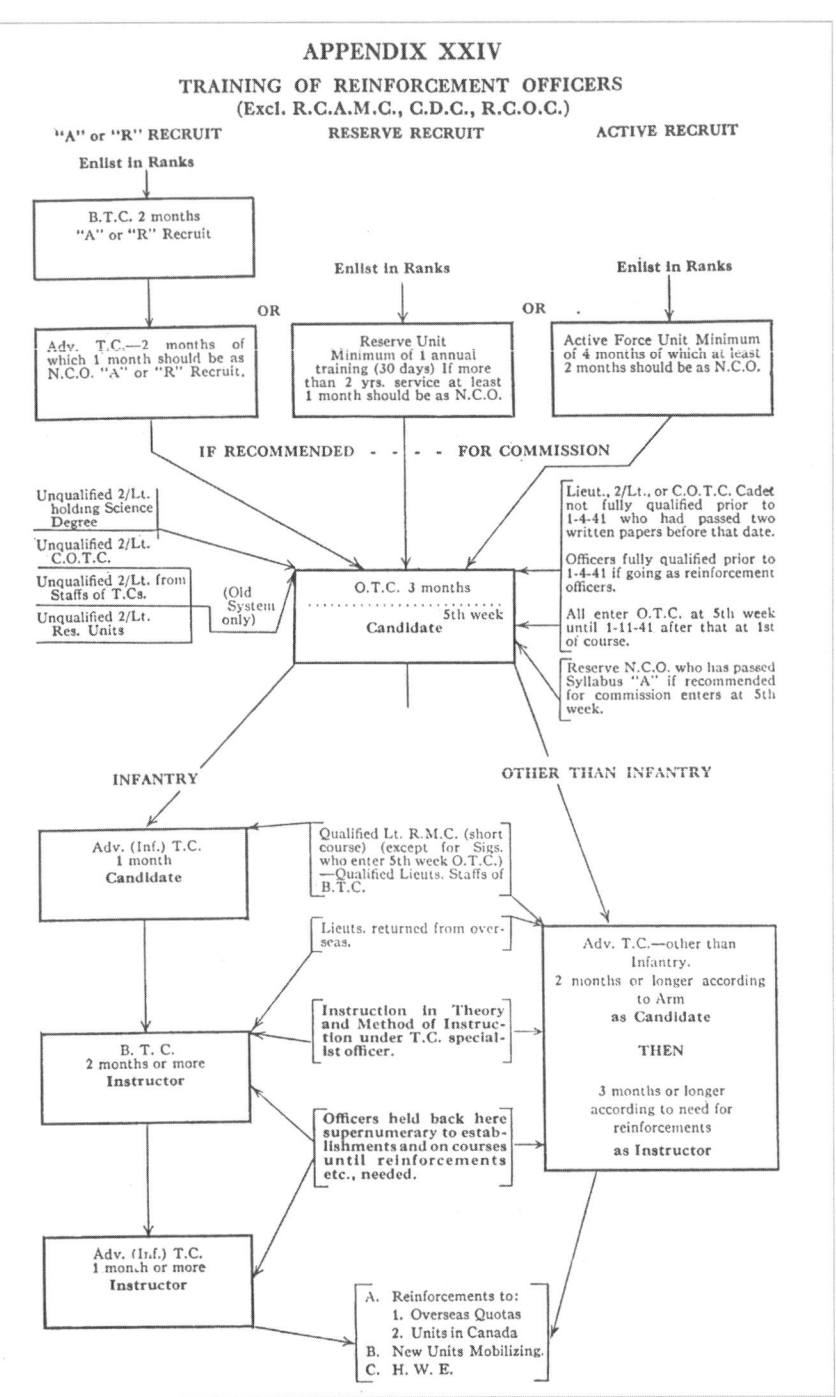

Cheminement des officiers de renfort (*Canadian Army Training Memorandum*, octobre 1941)

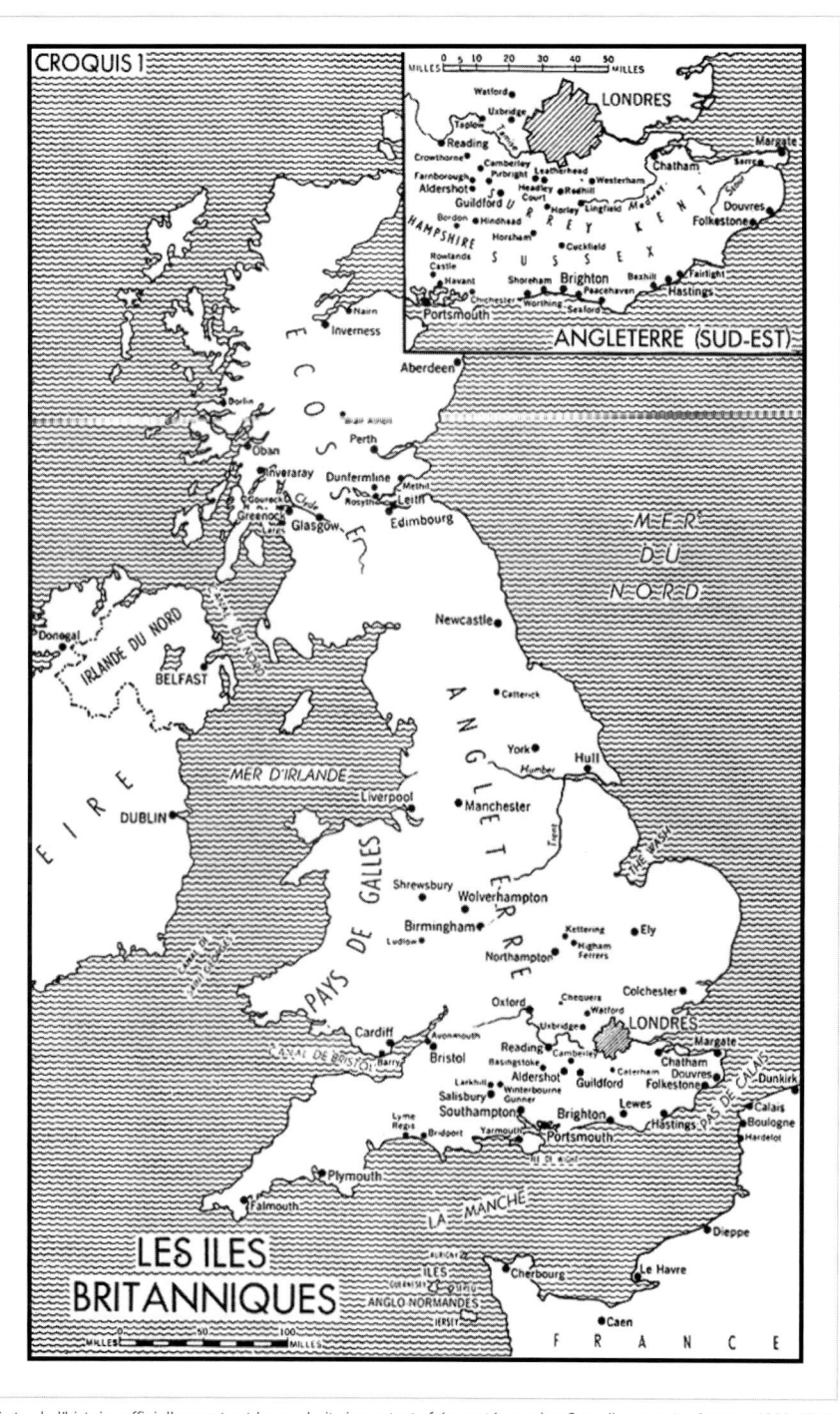

Carte de l'histoire officielle montrant les endroits importants fréquentés par les Canadiens en Angleterre, 1939-1945. (C. P. Stacey, *Six années de guerre*, croquis 1)

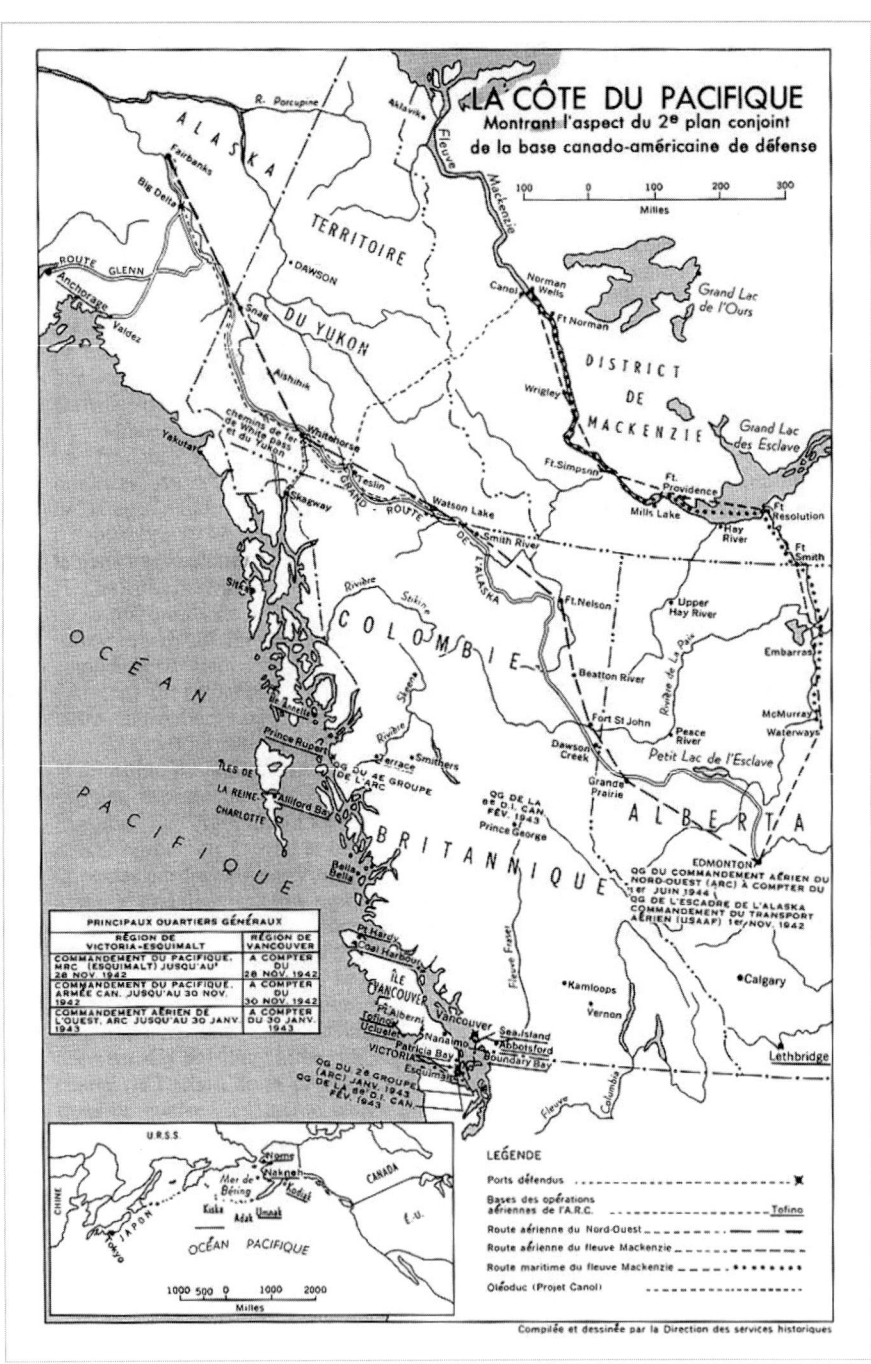

Carte de l'histoire officielle montrant les établissements militaires importants de la côte du Pacifique. (C. P. Stacey, *Armes, hommes et gouvernement*, en regard de la page 134)

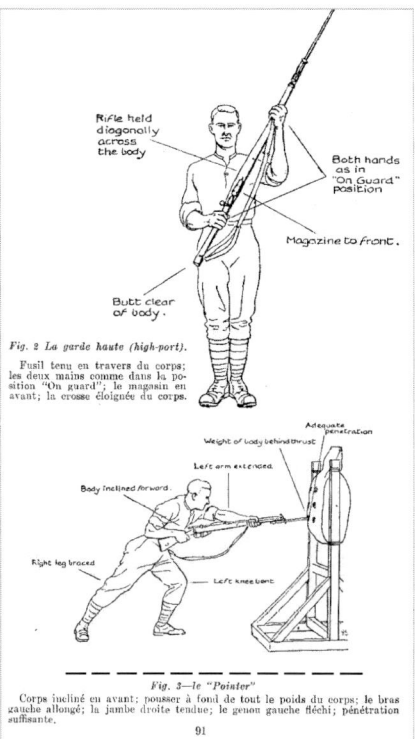
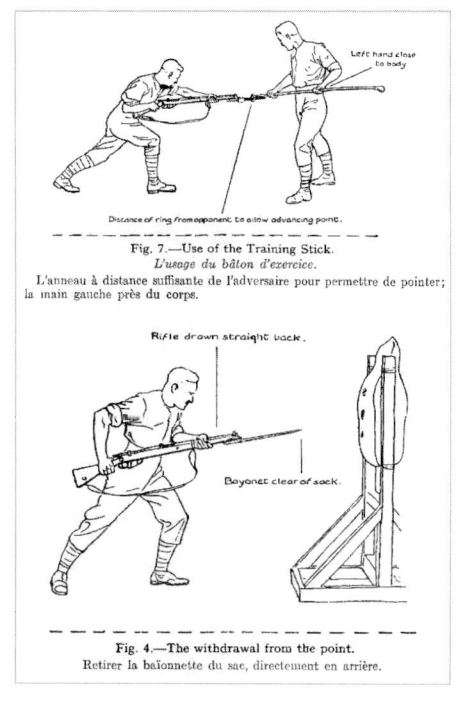

Utilisation de la baïonnette, en trois tableaux (*Instruction de la milice canadienne, brochure n° 1 : principes généraux pour la formation du jeune soldat*, 1940)

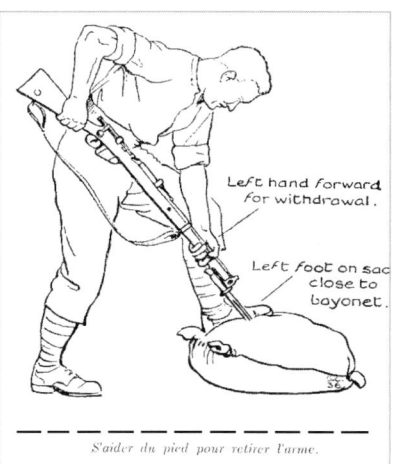
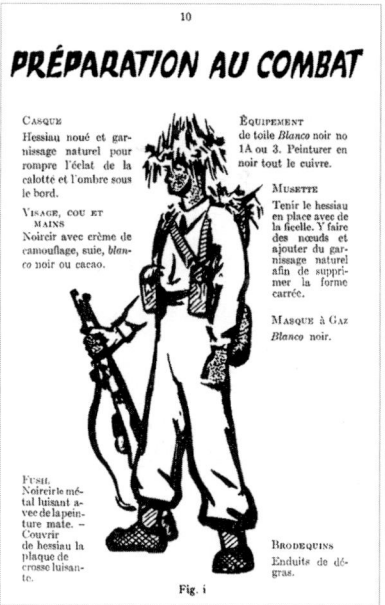

Préparation au combat (*Instruction de l'infanterie, partie VIII, 1944 : Exercices de service en campagne, exercices de combat, tactique de section et de peloton*, p. 10). Dans ce manuel, aucune illustration de *close order drill* comme en 1940 et, au contraire, tenue camouflée.

Parmi des dizaines, une caricature illustrant la nouvelle pédagogie : le film d'instruction. (*Mémorandum sur l'instruction de l'Armée canadienne*, octobre 1945, p. 48)

Des moyens impressionnants : filmothèque de l'Armée de terre (*MIAC*, septembre 1946, p. 24)

"Voyons! Comment Mickey Mouse s'y prenait-il dans le film d'instruction?"

Référence humoristique aux films d'instruction produits par la firme Disney aux États-Unis. L'arme dessinée est un fusil Boys antichar. (*MIAC*, juin 1943)

LA GUERRE c'est l'enfer
▼

Veuillez vous y préparer - Au lieu de tenir un camp de repos!

Slogan visant à dissuader de tout laxisme dans l'entraînement (*MIAC*, janvier 1943, dernière page)

L'INSTRUCTION GAGNE LES BATAILLES!

Autre slogan
(*MIAC*, février 1943, dernière page)

La maxime du jour n'est plus:
"Qui vivra verra,"
mais bien
"Qui s'instruit vivra"

Autre slogan au même effet
(*MIAC*, avril 1943, dernière page)

L'INSTRUCTION hâtera la Victoire!

Encore bis
(*MIAC*, novembre 1943, dernière page)

Avoir de l'INITIATIVE, c'est faire le geste APPROPRIÉ sans en recevoir l'ordre.

Entraînement et Instruction préparent à Écraser le Boche!

Encore (*MIAC*, juin 1943, dernière page)

Slogan dans l'esprit des réformes accomplis depuis 1940
(*MIAC*, juillet 1943, dernière page)

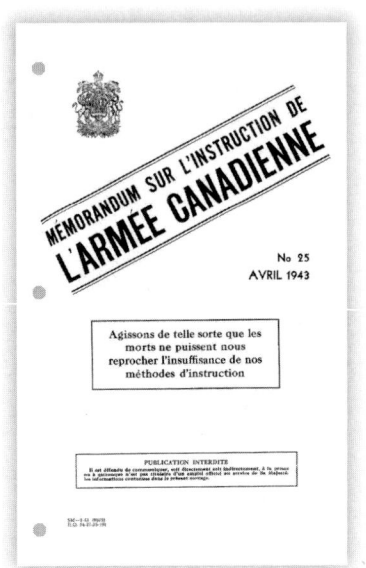

Impératif catégorique revu pour cause majeure.
(page titre du *MIAC*, avril 1943)

Pour en venir là, on l'espère.
(*MIAC*, août 1943, dernière page)

L'envers de l'impératif catégorique revu
(*MIAC*, janvier 1944, dernière page)

Saut d'obstacle du parcours du combattant, école de *battle drill* des Calgary Highlanders, fin 1941 (BAC, acquisition 1967-052, cliché 564-22)

Un peloton de démonstration des Calgary Highlanders attend des visiteurs de marque de la 2e Division, Burnt Wood, sud de l'Angleterre, 30 décembre 1941. (BAC, acq. 1967-052, cliché 572-11)

Position de tir en *slit trench* camouflée, école de *battle drill* des Calgary Highlanders, 30 décembre 1941 (BAC, acq. 1967-052, cliché 575-12)

Peloton d'infanterie écoutant les consignes des instructeurs, école de *battle drill* des Calgary Highlanders, 30 décembre 1941. (BAC, acq. 1967-052, cliché 575-16)

Peloton répétant un assaut (un « feu et mouvement » caricatural) dans un champ sous l'œil attentif des instructeurs, école de *battle drill* des Calgary Highlanders, 30 décembre 1941. (BAC, acq. 1967-052, cliché 575-18)

Le lieutenant-colonel Gregg observe une démonstration de *battle drill* des Calgary Highlanders, 30 décembre 1941. (BAC, acq. 1967-052, cliché 575-37)

Peloton franchissant un ruisseau, école de *battle drill* des Calgary Highlanders, 30 décembre 1941. (BAC, acq. 1967-052, cliché 578-23)

Capture d'un « prisonnier », école de *battle drill* des Calgary Highlanders, 30 décembre 1941. (BAC, acq. 1967-052, cliché 578-36)

Fin du briefing d'officiers supérieurs du Quartier général canadien à Londres peu avant une démonstration de *battle drill* par les Calgary Highlanders, 9 janvier 1942 (BAC, acq. 1967-052, cliché 588-4)

Fouille d'une maison, école de *battle drill* des Calgary Highlanders, 9 janvier 1942 (BAC, acq. 1967-052, cliché 588-21). Un officier semble filmer la sortie laborieuse de la maison. L'un des soldats est armé d'une mitraillette Thompson de fabrication américaine, ce qui est une bonne idée pour ce genre d'activité ; l'autre porte un Lee-Enfield la baïonnette au canon, ce qui n'est pas commode dans les circonstances ! On peut constater néanmoins que la *battle drill* avait aussi pour but de former aux rudiments du combat en zone construite.

Le servant du Bren sera-t-il brouté par les ennemies ? La supériorité numérique de l'adversaire est incontestable pour l'instant. Heureusement, la neige masque certains « obstacles ». École de *battle drill* des Calgary Highlanders, 9 janvier 1942 (BAC, acq. 1967-052, cliché 588-35).

Battle drill, entraînement réaliste (*MIAC*, juillet 1944, p. 37 et 38)

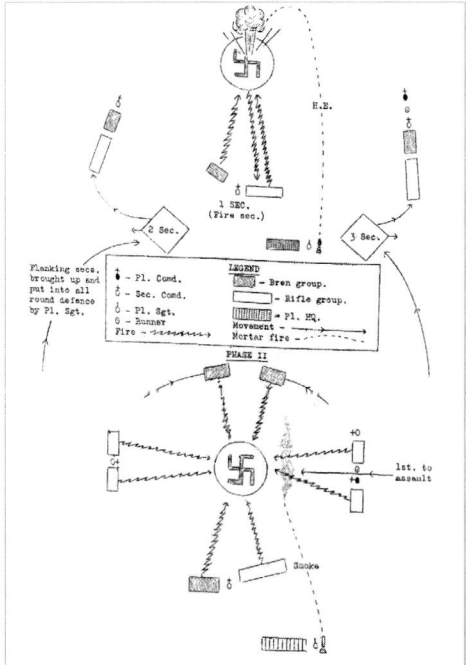

Compagnie à l'attaque selon un manuel improvisé : phase I d'un mouvement en pince. Illustration du « Battle Drill Précis » de l'École de Vernon, 5ᵉ édition, 27 janvier 1943, p. 78 (MDN, DHP, 367.064D1)

Première page du journal maison du Camp de Saint-Jérôme (BAC, annexe du journal de guerre du Camp nº 44, août 1941). Il faut remarquer qui finance et qui rédige (non sans fautes) le journal.

Page titre de la section française du manuel officiel *Instruction de l'infanterie, partie VIII*, édition de 1944

Nettoyage d'un village dans un manuel autorisé. La ressemblance avec le précis de *battle drill* n'est pas fortuite. (*ibid.*, p. 94)

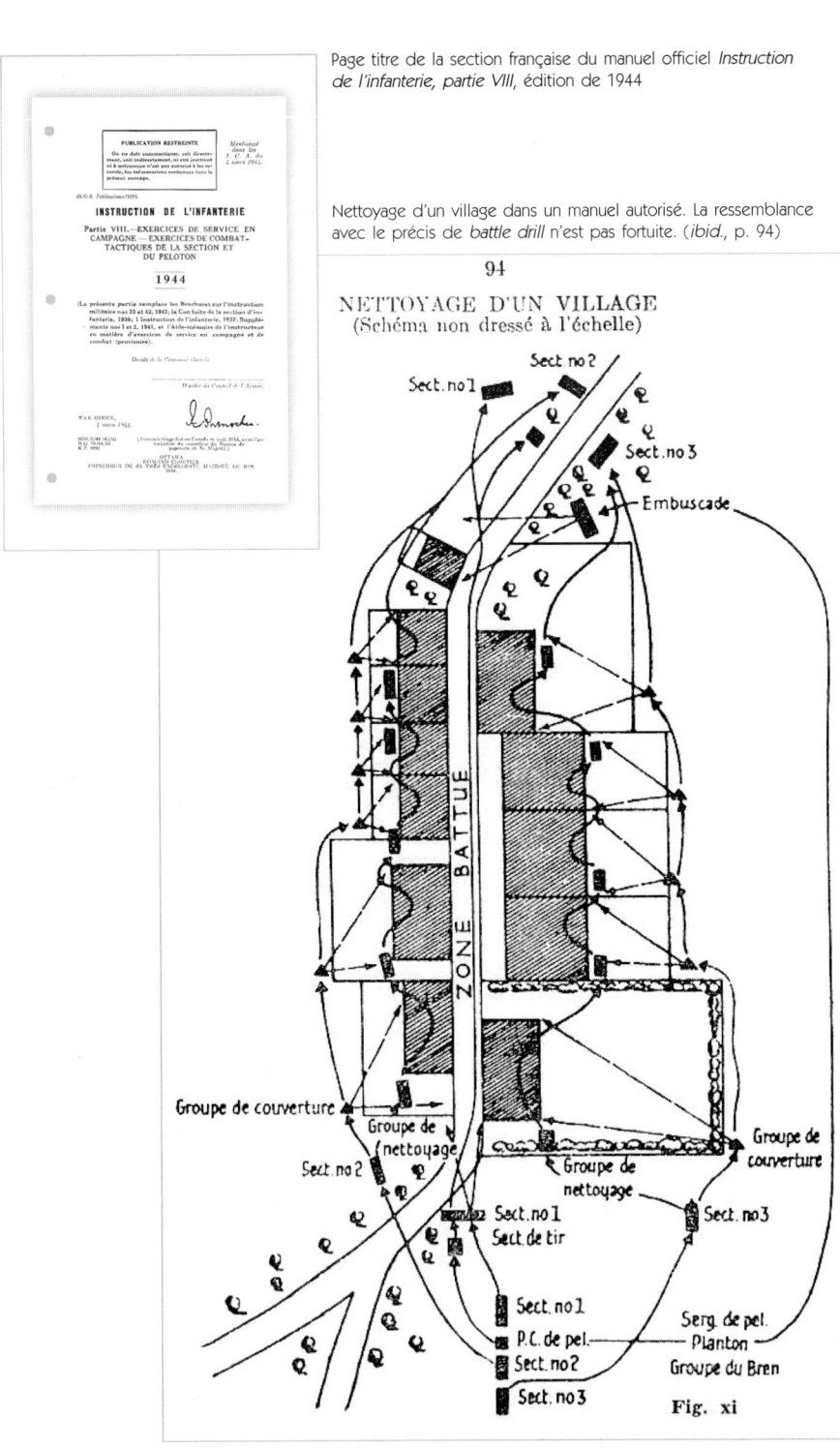

CANADIENS-FRANCAIS A BROCKVILLE

By Cadet B. Panet-Raymond

Les Candidats de langue française à Brockville se réjouissent de la nomination du nouveau Commandant et souhaitent au Colonel Gregg la plus cordiale bienvenue. Nous avons dans la personne du Colonel Gregg un bel exemple de courage et de discipline militaire qui mérite toute notre admiration.

Le Colonel Milton Gregg prit part à la guerre de 1914 pendant laquelle il se distingua en maintes occasions par son initiative et son courage. Sa valeureuse conduite lui valut la plus haute marque de distinction qu'un militaire puisse obtenir, la Croix Victoria.

Ne cédant en aucune façon sa place dans cette guerre, le Colonel Gregg traversa en Angleterre au début de la guerre avec son unité, le West Nova Scotian, pour ensuite prendre charge de l'Ecole d'Officiers Canadiens en Angleterre. Tout récemment, le Colonel Gregg revenait au Canada pour succéder au Colonel Whitelaw comme Commandant de l'Ecole Militaire de Brockville. Nous avons dans la personne du Colonel Gregg, un militaire dans toute la force du mot, une personnalité transcendante, une discipline de fer, et une grande compréhension de ses sujects. Bref, c'est l'homme idéal pour mener à bonne fin cette vaste entreprise dont le Colonel Whitelaw fut l'instigateur.

Le département de langue française à Brockville prend de jour en jour une ampleur grandissante, et sous la direction du Lt-Colonel Blais, Instructeur-en-Chef des Candidats de langue française à Brockville, nous sommes appelés à former un groupe de l'importance s'imposera en tout et partout.

Le Lt-Colonel Edmond Blais est pour nous un autre bel exemple de militarisme. Officier du célèbre régiment Canadien-Français, le Royal 22e, le Colonel Blais de distingua à la dernière guerre, et mérita la Croix de Guerre pour sa conduite valeureuse en action.

Le Colonel Blais est, depuis déjà plusieurs mois, attaché à Brockville, et nous espérons que nos compatriotes qui nous succéderons à l'Ecole, auront le privilège d'avoir le Colonel Blais comme Instructeur-en-Chef.

Un souvenir reste profondément inculqué dans la mémoire des candidats de langue française qui suivent le cours à Brockville. C'est le souvenir du premier mois avec le Commandant du "Common to All Arms," le Capitaine Parent.

Le Capitaine Henri Parent est le père adoptif de tous ces jeunes néophytes de l'armée, et son premier soin dès leur arrivée est de leur faire comprendre qu'un officier doit être en tout temps et en tout lieu un vrai "gentleman." Sa Compréhension des jeunes lui vaut un grand succès, et tous gardent de lui le meilleur souvenir.

Dès les premiers jours de notre stage à Brockville nous perdons cette idée prématurée que l'Ecole est une géôle d'où sortent des automates désabusés et sans plus aucune personnalité. Evidemment on nous soumet à une discipline rigide et à de longues périodes d'étude, mais, par contre, les Officiers du Personnel et à leur tête le Lt-Col. Gregg s'efforcent, dans toute la mesure du possible, de nous rendre la vie agréable; nous leur en sommes reconnaissants et partirons avec un bon souvenir de l'Ecole Militaire du Brockville.

La page française du journal maison de l'OTC de Brockville, le *B.M.A.* « Blitz », 1er numéro, mai 1942, p. 4 (BAC, annexe du journal de guerre de l'École, mai 1942)

				M.F.M. 11
Instructions regarding preparation of War Diaries (which will be kept from first day of mobilization, creation or embodiment), are contained in F.S. Regs. Vol. 1. Title pages will be prepared.		WAR DIARY OR INTELLIGENCE SUMMARY (Erase heading not required)		Original, duplicate and triplicate to be forwarded to O. i/c 2nd Echelon for disposal.
Place	Date	Hour	Summary of Events and Information	Remarks, references to appendices and initials
Brockville			The following is a brief summary of the activities of the Red and Blue Armies since their inception, together with a resume from each Special to Arm Wing for the year 1942:	
			RED ARMY	
			JULY: The Red Army spent a four day bivouac at Sherwood Springs. Training was carried out as per syllabus, which included field firing, cliff climbing, Section and Platoon Tactics.	
			AUGUST: Major W.E. Fairbairn attached to Red Army to teach Staff Close Combat and Pistol shooting. This instruction proved very useful.	
			SEPTEMBER: During the 12 day exercise, demonstrations of Infantry Weapons as well as M.M.G. and Sten S.M.G. were given, also the construction and Drill for Toggle Bridging was very successful.	
			OCTOBER: Demonstrations of Penatrative Powers of S.A.A. were conducted, also the Army put on a demonstration after the Graduation exercises. All the Platoons were exposed to War Noises after their range practices.	M
			NOVEMBER: The method of Mass Production Instruction was introduced by S.I. Red Army and has proved very successful.	
			DECEMBER: Helmet covers were painted white as an experiment and has been adopted by the Army.	
			A series of demonstrations were conducted on Graduation Day, 5 Dec 42. Major-General Leclerc presented the plume to the best all around platoon, 9 Pln., "Charlie" Coy.	
			A very successful demonstration was conducted for R.M.C. Staff Course.	

Première page de l'entrée du 31 décembre 1942 dans le journal de guerre de l'OTC de Brockville (BAC)

Le déminage, problème insoluble, sauf en caricature (JG de l'École S17, février 1944, annexe H)

Les sept ailes d'instruction de l'École canadienne d'infanterie de Vernon, Colombie-Britannique, Weekly Intelligence Reference Bulletin No. 6, École S17 (JG de l'École, mars 1944, annexe J)

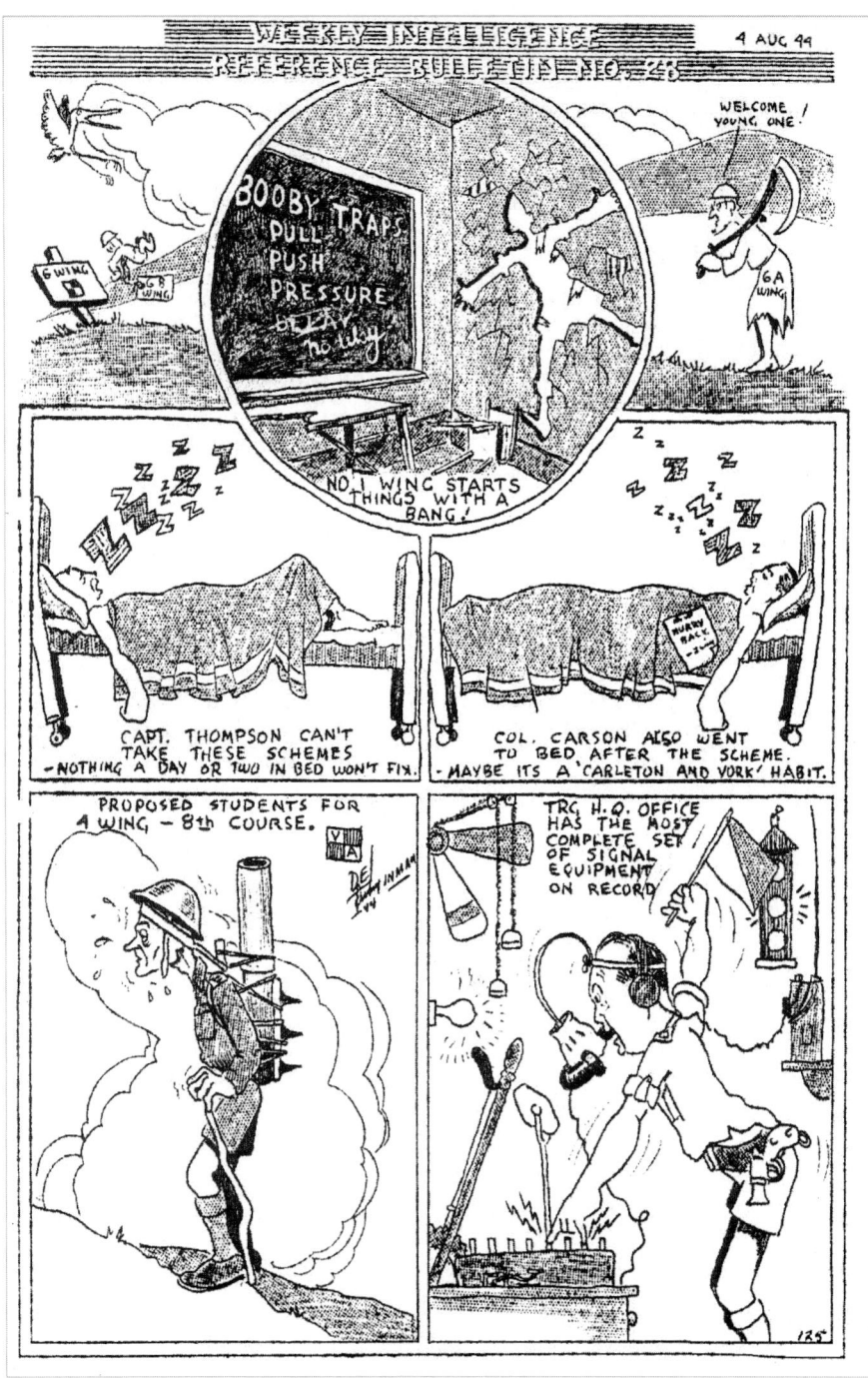

Booby traps cauchemardesques, *Weekly Intelligence Reference Bulletin No. 28*, École S17
(JG, août 1944, annexe F)

À droite, modèles d'ordres de patrouille pour les opérations de nettoyage après la chute de Tunis (*Instruction de l'infanterie, partie I*, 1944) ; dessous, RMC demande l'aide de Brockville. Du point de vue adopté dans ce livre, le plus important document depuis le début de la guerre. (BAC, journal de guerre de l'OTC de Brockville, novembre 1942)

En attendant la prochaine cohorte d'élèves, le personnel de l'École canadienne d'infanterie vaque à ses occupations. *Weekly Intelligence Reference Bulletin No. 44*, École S17 (JG, décembre 1944, annexe D)

L'esprit cavalier est-il mort ? (*MIAC*, mai 1946, 4ᵉ de couverture). Caricature très significative étant donné la date de publication.

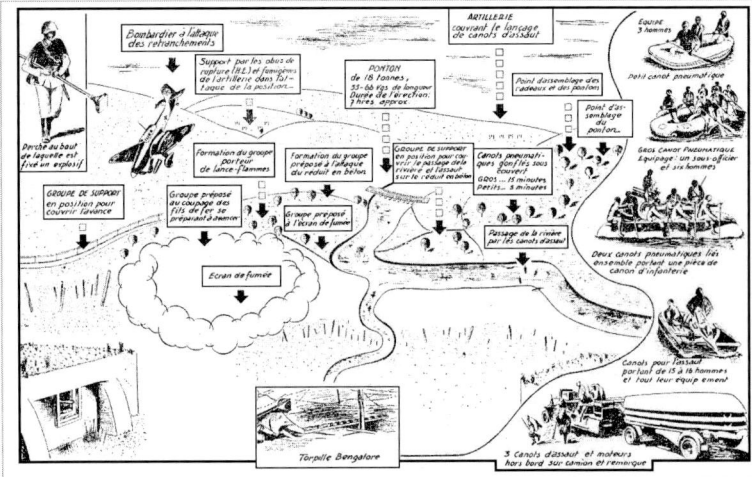

Dessin montrant la technique de passage d'une rivière par un bataillon de génie d'assaut allemand (*MIAC*, novembre 1941, encarté après la p. 36). L'illustration est canadienne, mais à cette date l'expertise est allemande.

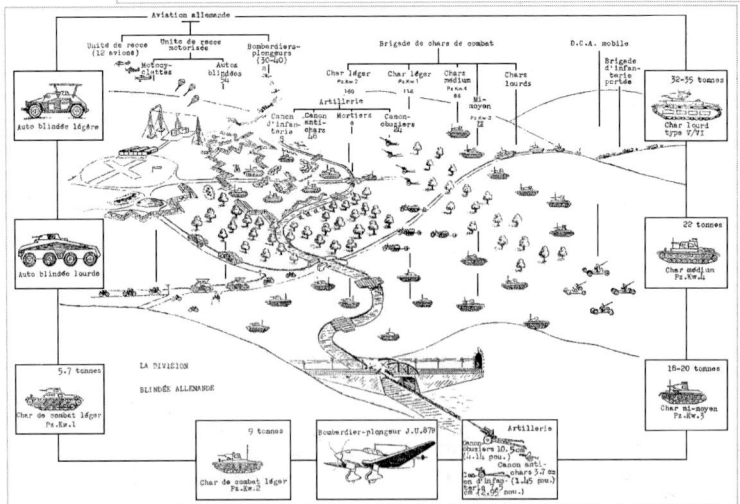

Dessin montrant toutes les armes d'une division blindée allemande ou *Panzerdivision* (*MIAC*, juin 1941, encarté après la p. 44). Il n'existe pas de grandes unités semblables dans l'armée canadienne en 1941, ni en 1944 !

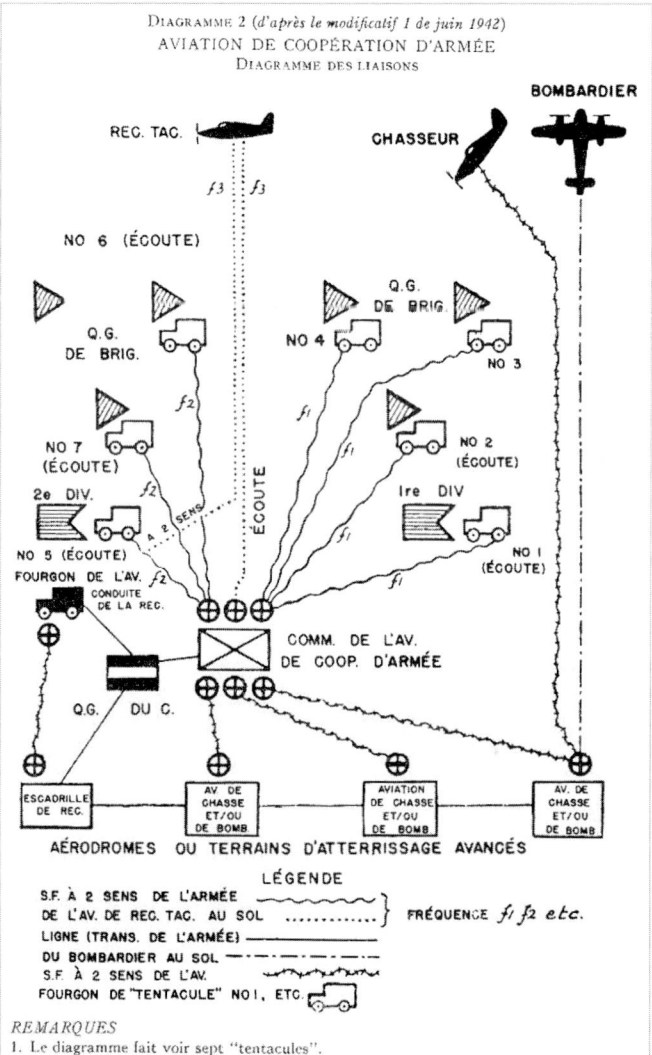

Diagramme des liaisons radio entre corps d'armée et aviation tactique dans la RAF et la RCAF en juin 1942 (*MIAC*, septembre 1942, p. 27)

Le brigadier M. F. Gregg, V.C., M.C. avec agrafe, recteur de l'Université du Nouveau-Brunswick et lieutenant-colonel honoraire du corps-école d'officiers de l'université.

Le brigadier Gregg à la fin de la guerre (*MIAC*, janvier 1947, p. 37)

Leçon de dernière minute : le sergent Derask explique les caractéristiques et le fonctionnement d'une mitrailleuse allemande (MG34) aux soldats du Royal 22e Régiment sur le pont d'un transport de troupes en route pour la Sicile, fin juin 1943. (BAC, acq. 1967-052, cliché 1063-2)

tion et son organisation paraisse en 1941 : *Canadian Army Training Pamphlet No. 3 : Principles and Organization of Training* (le numéro 3 semble avoir été placé là pour induire en erreur les espions allemands). Cette publication canadienne expose les principes de l'instruction à donner aux troupes et donne même des plans de cours types que pourront utiliser les officiers régimentaires. Le préambule de la brochure est fort intéressant et n'est pas sans rappeler l'influence de Montgomery :

> L'individualité est l'un des piliers de la démocratie pour laquelle nous nous battons aujourd'hui. Elle est à l'opposé de l'enrégimentement. Individualité et enrégimentement sont faciles à distinguer dans les systèmes présent et passé d'instruction : présentement, les qualités de chaque homme sont étudiées et exploitées, alors que par le passé le sergent-instructeur expliquait à grand renfort de coups de gueule à la recrue que réfléchir ne faisait pas partie de la tâche du soldat
>
> La différence entre une armée et des émeutiers est que l'armée fonctionne selon un plan concerté, ce qui requiert un entraînement systématique et uniforme. Sans un tel entraînement une armée n'est guère plus que cohue.
>
> L'individualité à l'instruction doit être encouragée, mais gardée entre certaines limites. Ces limites sont définies dans les manuels, brochures et feuilles périodiques d'instruction. Cela ne veut pas dire qu'il faille brider l'individualité, mais plutôt qu'il faut suivre des méthodes, des systèmes et des séquences acceptées par tous.
>
> L'homme qui invente un nouveau moyen de piéger les chars est certes utile, mais celui qui décide de précipiter la formation à l'arme en omettant le T.O.E.T.[112] est une menace.
>
> Le but de cette brochure est d'exposer le système général d'entraînement que doit suivre l'Armée canadienne. Elle ne fournit pas le contenu des enseignements, qui se trouve dans la documentation évoquée auparavant. Son objectif est d'expliquer par quel système on y parvient[113].

On remarque évidemment que l'Armée canadienne est indécise, et à vrai dire mal à l'aise, avec le statut à accorder à l'expression des individualités. Dans le système d'instruction de masse mis en place dans la première moitié de la guerre, on peut d'ailleurs suspecter que les subalternes, et plus encore les sous-officiers instructeurs, n'avaient guère l'occasion, et sans doute pas le désir, de

---

112. TOET = « test of elementary training », traduit dans le Chaballe (J.-H. Chaballe (dir.), *Military dictionary English-French/French-English/Dictionnaire militaire anglais-français/français-anglais*, Ottawa, Imprimeur du roi, 1945) par « épreuve d'instruction élémentaire ». L'armée réévalue périodiquement, du moins en théorie, les savoirs de base acquis lors de l'entraînement élémentaire. Ainsi, un officier est-il susceptible d'être questionné sur le fonctionnement du fusil des fantassins. La personnalité des commandants, qui insiste ou pas sur la performance au TOET, joue un grand rôle dans l'application de la norme, en théorie universelle. Pour les officiers régimentaires des armes de combat, il est évident que la bonne performance à un TOET a beaucoup plus d'importance que dans les services de l'arrière ou pour les positions élevées dans la hiérarchie.

113. Ottawa, Imprimeur du roi, 1941, p. ii (dans la coll. de la DHP). Note originale au bas de cette page : « Les plans de cours pour l'instruction commune à toutes les armes sont cependant inclus en appendice de manière à réduire le nombre de brochures distribuées au personnel chargé de la formation. »

permettre aux individualités de « s'épanouir ». D'ailleurs, les sociétés canadienne-anglaise et québécoise (encore plus) n'étaient pas si ouvertes à l'époque qu'elles laissent de jeunes hommes de 17 ans ou un peu plus s'exprimer à tout propos, particulièrement lors des phases préliminaires d'instruction. Le respect et la crainte des hiérarchies — parents, enseignants, Dieu et l'Église, employeurs — s'incarnaient encore vivement dans les individus qui, à leur passage dans la vie militaire, amenaient avec eux cette crainte révérencieuse. Il est encore plus probable que les individualités n'étaient pas très sollicitées dans la masse des simples soldats. Mais même pour les officiers, les « méthodes éprouvées » fixaient les « limites » à l'émission de suggestions, encore plus à la discussion des ordres d'un supérieur, de même qu'aux initiatives individuelles sur le terrain. Cette question primordiale est extrêmement difficile à juger d'après la documentation officielle, mais il y a de bonnes raisons de croire que c'est seulement sous la direction de chefs (du sous-officier au général) confiant en leurs moyens, et donc nullement effrayés par la discussion, que ce système plus libéral pouvait s'épanouir.

Le respect des hiérarchies était si fort que c'est longtemps après les événements que les langues se délient et les témoignages confirment que les « limites » ont frappé beaucoup plus les consciences que la manifestation des « individualités ». L'épreuve du front égalisait les conditions, comme le dira plus tard un soldat volontaire de 1941 : « Au front, ce n'était pas la même chose. C'est le jour et la nuit. Au front, on se parlait. Le [lieutenant-]colonel, le commandant, le sergent-major, c'était des soldats comme nous autres. C'était [tricoté] très serré, tous comme des frères[114]. » Mais avant d'en arriver là, les mentalités s'étaient transformées à l'épreuve du front.

Un critique britannique du système

L'officier breveté étant instructeur des hommes sous sa responsabilité, il doit connaître le fonctionnement des armes qui leur sont confiées (en plus d'avoir besoin de cette connaissance pour être capable de définir un plan de combat) : armes individuelles et armes d'appuis du peloton, en plus d'avoir une certaine connaissance de l'emploi des armes de la compagnie et du bataillon de manière à en connaître les effets sur l'environnement de combat et savoir comment y faire appel pour appuyer efficacement son peloton. L'exemple d'une école d'instructeurs aidera à saisir les limites du système d'instruction canadien au milieu de la guerre, limites qu'explique, je l'ai dit, en grande partie l'urgence de former rapidement les cadres d'une armée de masse.

L'Armée canadienne a établi deux écoles d'instructeurs aux armes portatives — pistolet, fusil individuel, grenade à main, fusil-mitrailleur Bren, mitrailleuse Vickers .303, mortiers de 2" et 3" — l'une pour l'Est à Long Branch (Ontario), l'autre pour l'Ouest à Nanaimo (C.-B.). Subalternes et sous-officiers y sont admis. Comment les choses s'y passent-elles ? Nous avons ici la chance d'avoir

---

114. Y. Tremblay, *Volontaires...*, op. cit., p. 73.

l'avis d'un professionnel, externe à l'institution, et qui a évalué la capacité des étudiants envoyés à Nanaimo (École S4) de même que la performance des instructeurs. Cette évaluation illustre certaines des difficultés considérables qu'on retrouve dans les écoles d'instruction canadiennes aussi tard qu'au début 1942, deux ans et demi après l'ouverture des hostilités.

L'évaluateur externe en question est le capitaine Parker, officier britannique servant à l'École des armes portatives de Netheravon, qui passe six mois au Canada (de septembre 1941 à février 1942) dans le cadre du soutien qu'offrent les forces britanniques aux systèmes d'instruction des membres du Commonwealth. De par sa fonction d'instructeur à Netheravon, Parker est particulièrement bien placé pour porter un jugement qualitatif sur Nanaimo. Et comme il ne dépend pas de la chaîne de commandement canadienne, il peut critiquer sans risque pour la suite de sa carrière. Parker ne s'en prive pas, car son rapport est extrêmement sévère à l'endroit des autorités canadiennes.

Rien n'échappe à l'œil inquisiteur du Britannique. La localisation de l'école est à son avis malavisée. Nanaimo est situé au nord-est de Victoria sur l'île de Vancouver au milieu de grandes forêts. Loin de la ville, sans grands espaces libres pour tenir des exercices, le lieu n'aurait pu être plus mal choisi pour s'assurer des services, et pire encore, pour simuler des combats dans un environnement semi-urbain ou urbain densément peuplé comme l'est l'Europe de l'Ouest, où l'on aura à combattre après tout. D'autres facteurs matériels handicapent la formation : l'entraînement au mortier est virtuellement impossible, faute de champs de tir adéquat. Ce n'est sans doute pas très grave, parce que de toute façon l'école dispose de très peu de munitions réelles pour les mortiers. Certaines écoles élémentaires sont mieux équipées, comme l'OTC de Gordon Head que Parker a visité.

De l'avis de l'instructeur anglais, le personnel de l'École de Nanaimo est de la plus mauvaise qualité : « [L]'École doit se satisfaire d'instructeurs que leurs unités d'appartenance considèrent non indispensables. Le standard d'instruction au Canada est médiocre et celui de Nanaimo est encore pire. » Les connaissances du personnel viennent exclusivement des brochures du War Office sans aucune expérience pratique personnelle. Les brochures en question sont de vieilles versions en retard de six mois sur les éditions correspondantes en Grande-Bretagne. Ce retard de six mois — c'est beaucoup entre 1939 et 1945 — est causé par la Direction de l'Instruction militaire du Quartier général à Ottawa qui retient les brochures pour étude, approbation et réimpression avant de les retransmettre aux intéressés.

Les instructeurs « ignorants » (un qualificatif qui revient souvent dans le rapport) sont dénués des notions les plus élémentaires quant à la manière de diriger une école ; pour compenser, ils suivent des cours de pédagogie d'un maître d'école récemment engagé et auquel on a donné le grade de major. Les instructeurs sont trop vieux et leurs connaissances tactiques dépassées. Ils n'exercent aucune supervision réelle, car ils restent dans leurs bureaux et laissent à leurs assistants (des sergents-majors fraîchement promus), tout aussi ignorants, la direction des exercices. Ces derniers n'ont jamais commandé plus qu'une section (le tiers d'un peloton), alors qu'ils enseignent à des chefs de peloton devant instruire d'autres chefs de peloton. L'enseignement est dogmatique, stéréotypé et manque de réalisme. Les instructeurs de Nanaimo « ne comprennent pas qu'un problème tactique puisse avoir plus d'une solution », ce qui fait que toute solution suggérée par les étudiants qui s'éloigne tant soit peu de celle de l'instructeur est rejetée. Les exercices sont improvisés, alors qu'il faut plusieurs jours pour préparer un exercice profitable quand on fait un travail sérieux.

Parker se fait railleur à certains moments. Par exemple, il se permet d'écrire qu'à l'École de Nanaimo, on fait un grand usage du fusil calibre 12 et des pigeons d'argile... pour s'entraîner au tir antiaérien, suggère-t-il !

Pour être juste, Parker admet que le commandant du camp n'est pas seul responsable de cet état de chose, car à plusieurs reprises il s'est plaint de la mauvaise qualité du personnel qu'on lui affectait. Même les instructeurs ne sont pas entièrement à blâmer : ils n'ont jamais vécu dans un bon camp d'instruction aux armes portatives, aucun standard n'est défini et ils sont laissés à eux-mêmes.

Sur les stagiaires en formation, Parker est tout aussi pessimiste. Beaucoup trop d'étudiants n'ont pas les qualifications minimales qu'il faudrait pour, par exemple, saisir les notions de pointage du cours au mortier de 3 pouces. Heureusement, ils sont pleins de bonne volonté et désireux d'apprendre. Si par chance ils tirent quelque chose du cours de Nanaimo, il n'est pas certain qu'à leur retour dans leur unité d'appartenance cela soit d'une grande utilité car, étrangement, ils ne sont souvent pas employés à l'instruction des armes pour lesquelles ils viennent tout juste de se qualifier. Autrement dit, la politique d'affectation est irrationnelle en ce début 1942, soit à cause de la mauvaise volonté des commandants d'unités, soit à cause de l'incompétence de la Direction de l'Instruction ou encore parce que la nouvelle Direction de la sélection du personnel (formée le 18 septembre 1941) n'arrive pas à suivre en temps réel les cheminements de carrière individuels[115].

Le Haut-Commissariat canadien à Londres a fait suivre le rapport Parker aux autorités militaires canadiennes. Il est bien sûr envoyé aussitôt à la Direction de l'entraînement militaire à Ottawa. Sans surprise, celle-ci s'est sentie obligée de défendre le système d'instruction canadien.

Nul autre que le colonel R. G. Whitelaw, alors à la Direction de l'instruction à Ottawa, prépare la réplique aux accusations du capitaine Parker. Son argumentaire repose sur deux bases : premièrement, Parker exprime une opinion personnelle, qui pourra être utile, mais qui n'est qu'une opinion parmi d'autres ; deuxièmement, certaines déficiences existent, mais elles s'expliquent par le manque de matériel ou la rapidité de la mobilisation. Whitelaw réaffirme la com-

---

115. Capitaine Douglas G. Parker, Royal Scots, « Canadian Small Arms Training Centre — Nanaimo, Western Canada », n.d. [début mars 1942], 8 p. (BAC, RG24, C-2, vol. 9763, dossier 2/ATTACH/6, l'un des dossiers du personnel militaire britannique détaché au Canada).

pétence du personnel canadien d'instruction, même s'il doit admettre que des « officiers à la retraite [rappelés au début de la guerre] ont rendu d'inestimables services, mais dont un certain nombre pourra, avantageusement, retourner maintenant à la vie civile et être remplacé par des jeunes officiers formés aux idées neuves ». Quant à la suggestion que l'École de Nanaimo devrait disposer d'installations permettant plus de réalisme dans les pratiques de tir, Whitelaw est catégorique : Nanaimo a un mandat très étroit, ce n'est pas le lieu d'y apprendre autre chose qu'à former de bons instructeurs aux tirs. Comme à Brockville, Whitelaw est toujours allergique à l'idée que l'entraînement est un tout visant à préparer aux combats. Pour lui, l'entraînement reste une collection d'activités séparées que l'individu maîtrise l'une après l'autre et qui finiront avec le temps par produire de bons officiers et sous-officiers. Avec le temps.

Reste que les accusations de Parker sont graves et remettent en cause la réputation des Canadiens là où cela leur fait le plus mal : dans l'opinion qu'ont d'eux les vrais professsionnels, ceux de Grande-Bretagne. Le chef d'état-major, le lieutenant-général J. K. Stuart, signe lui-même la réplique aux critiques du Britannique en insistant sur le côté opinion personnelle et en suggérant qu'un inspecteur britannique de haut rang vienne constater lui-même que les choses ne vont pas si mal dans le Dominion du Canada[116]. L'affaire est enterrée, mais nul doute que l'ego canadien a été froissé.

Après 1941, malgré des hésitations et quelques incohérences, un nouveau système produit des cadres subalternes en quantité. Comme le disait un connaisseur, « [q]uand une nation n'a pas de cadres et un principe d'organisation militaire, il lui est bien difficile d'organiser une armée[117] ». Le Canada a maintenant une organisation ou peut-être deux, celle en territoire national et celle du Royaume-Uni, basée(s) sur quelques principes, dont au moins un est très sain, le passage par le rang de tous les futurs officiers, et dont certains autres sont l'expression d'une capacité à innover, comme la sélection « scientifique » avec sa batterie de comités et de tests.

Lorsqu'ils débarquent en Angleterre après le passage dans les camps et écoles en territoire canadien, les hommes le font soit dans leurs unités soit individuellement comme renforts à être affectés (la guerre avançant, c'est de plus en plus le cas), auquel cas ils sont pris en charge par une Canadian Reinforcement Unit. Là, le jeune officier (ou sous-officier ou homme de troupe), réuni en classe avec des hommes de son niveau d'instruction en provenance d'autres unités, peut être détaché pour suivre des cours un peu partout en Grande-Bretagne sans

---

116. BAC, RG24, C-2, vol. 9763, dossier 2/ATTACH/6, note de service de Whitelaw du 2 juillet 1942 et lettre de Stuart à CMHQ du 11 septembre suivant.
117. Napoléon, *Manuel du chef : aphorismes*, choisis et préfacés par Jules Bertaut, Paris, Éditions Payot et Rivages, 2006, p. 105.

compromettre l'intégrité des unités de combat. Quand une vacance s'annonce, il reçoit son affectation. Cela permet de maintenir plus longtemps dans les cadres d'instruction certains jeunes ayant du potentiel mais manquant de maturité ou de savoir-faire[118]. (C'est d'autant plus important que les CRU, de par leur nature, perdent leurs étudiants les plus doués, qui vont au front, laissant la charge des pelotons et sections d'instruction à des capitaines, lieutenants, sergents et caporaux jeunes et inexpérimentés. Et plus la guerre avancera, plus cela sera vrai. On aboutira ainsi au paradoxe qu'après avoir enfin atteint un niveau de savoir-faire élevé, vers 1943, celui-ci sera menacé lorsque les pertes en cadres subalternes atteindront un niveau inquiétant à la fin de l'été 1944[119]. D'ici là, la nouvelle structure produit assez de cadres subalternes pour remplir les tableaux d'effectifs.) Mais les nouveaux venus apprennent-ils des choses utiles ?

On a vu qu'à l'École d'armes individuelles de Nanaimo, il y avait des problèmes. Pourtant, d'autres indices font croire que les enseignements sont devenus malgré tout plus pertinents en 1942-1943 qu'en 1939-1941. C'est pourquoi, après avoir examiné les réorganisations, les nouvelles structures, il est temps de passer aux nouveaux savoirs.

---

118. Cas de Farley Mowat, dont l'enthousiasme juvénile ne compensait pas la mine enfantine aux yeux de ses aînés et supérieurs (*And no birds sang...*, op. cit., p. 9-10, 15-16 et 20).
119. E. L. M. Burns, *Manpower in the Canadian Army 1939-1945...*, op. cit., p. 79.

Chapitre cinq

☆ ☆ ☆

Repenser l'instruction au combat

> Vous avancez paisiblement avec votre peloton sur un chemin tranquille. Soudain, c'est l'enfer. Vous vous retournez et vous apercevez les intestins du sous-officier de peloton qui pendent sur une branche au-dessus de vous. Le peloton a viré casaques ; c'est alors, mes chers, que vous devez reprendre vos hommes en main[1].
>
> Le brigadier Gerald Templer s'adressant à de jeunes officiers, avril 1942.

> [J]'ai critiqué et critiqué encore et toujours l'école de la *drill* et du *spit-and-polish* [...] qui affaiblit le caractère et les dispositions naturelles au commandement [...] La *close-order-drill* et les routines de cérémonie ne doivent venir que dans un second temps. On ne devrait jamais les enseigner aux recrues, mais seulement aux soldats entraînés, et à ceux-ci on devrait en expliquer la raison[2].
>
> J. F. C. Fuller, 1934.

L'instruction d'un jeune officier a pour but de lui donner des connaissances utiles certes, mais elle doit aussi, et peut-être surtout lui permettre de développer ses aptitudes à diriger des hommes dans des situations complexes et éprouvantes. Au début de la vingtaine le plus souvent, les jeunes chefs doivent partager les privations de leurs hommes, les mener au feu et souffrir en conséquence des pertes proportionnellement plus élevées que celles des non-gradés et des officiers supérieurs. En condition de combat intense, comme en Normandie de juin à septembre 1944, l'expérience a montré qu'une unité d'infanterie perdrait 75 % de son effectif en trois mois à la fatigue, aux maladies, aux blessures, en prisonniers et en tués. Comme le War Office (sur lequel les Canadiens se reposaient pour ce genre de prévisions) avait estimé au début de la guerre que ce taux serait plutôt de 63 % à long terme, on comprend qu'une crise des renforts ait éclaté à l'été 1944[3]. Pis, le taux chez les officiers était d'environ de 25 % à 75 % plus élevé que chez les non-officiers. Chez les lieutenants de peloton, il était du côté le plus élevé de cet intervalle, ce qui fait qu'un lieutenant durait en moyenne un mois et demi[4].

---

1. D. French, *Raising Churchill's Army : the British Army and the war against Germany, 1919-1945*, Oxford, Oxford University Press, 2001 (2000), p. 72-73.
2. J. F. C. Fuller, *The Army in my time*, réimpr., Cranbury, The Scholar's Bookshelf, 2006 (1re éd. brit., 1935), p. 221.
3. La question des « wastage rates » est analysée par E. L. M. Burns, *Manpower in the Canadian Army, 1939-1945*, Toronto, Clarke Irwin & Company, 1956, chap. 7.
4. Terry Copp (dir.), *Montgomery's scientists : operational research in Northwest Europe. The work of No. 2 Operational Research Section with 21 Army Group, June 1944 to July 1945*, Waterloo, Wilfrid Laurier

Or, des troupes fatiguées, affamées, bombardées et effrayées ont besoin d'une direction ferme et compétente pour poursuivre le combat[5]. Étant donné ces conditions difficiles, on conçoit l'importance d'une structure de formation produisant des cadres inférieurs très capables dès la fin de l'instruction et de l'entraînement, car l'expérience sera meurtrière. C'est d'autant plus important si l'on veut arriver un jour à limiter la saignée chez ces cadres. Autrement dit, savoir se battre n'était pas seulement une manifestation de militarisme, c'était aussi une condition de survie si l'on souhaitait vaincre les forces nazies. D'ailleurs, l'Armée canadienne du temps de guerre est formée à 99,5 % de civils qui aspirent à redevenir des civils après la guerre. Malheureusement, l'instruction au combat était si déficiente au début de la guerre que les fantassins et les officiers d'infanterie avaient peu de chance de durer. Pour éviter que des hommes meurent inutilement, il fallait d'abord tuer les stéréotypes.

L'instruction du fantassin

Après la défaite française et l'évacuation en catastrophe de Dunkerque, les Anglais entreprirent sérieusement de réformer l'instruction des troupes. Le revers de 1940 a mis en évidence deux lacunes majeures : la lenteur des réactions, attribuable à des méthodes dépassées et au manque d'initiative à tous les niveaux, et l'absence de coordination entre les différentes armes de combat de l'armée de terre, d'une part, et entre l'armée de terre et l'aviation, d'autre part. C'est sur ces sujets qu'il fallait travailler et faire en sorte de maîtriser la guerre moderne suffisamment bien pour contrer les Allemands.

C'est par l'instruction la plus élémentaire, celle du fantassin, que s'introduit dans la doctrine des armées de l'Empire britannique l'esprit d'une réforme radicale. Ce que les Allemands avaient cultivé avec succès depuis la Grande Guerre — l'esprit d'initiative à tous les niveaux de la hiérarchie et le principe de coopération entre les armes[6] (infanterie, artillerie, cavalerie et génie de combat) — les Anglo-Canadiens doivent l'apprendre précipitamment à compter de 1940-1941. Car contrairement à la croyance populaire, le soldat allemand était plein d'initiative, sur les champs de manœuvre comme sur les champs de bataille, tandis que son contemporain anglais était plus fort en paraître sur le terrain de parade. En plus, on sait aujourd'hui comment la doctrine opérationnelle des grandes formations blindées est héritière des méthodes appliquées par les petites unités de fantassins allemands en 1918[7]. C'est dire l'importance fondamentale de l'ins-

---

University, 1999, p. 425-430 ; Yves Tremblay, *Volontaires. Des Québécois en guerre (1939-1945)*, Montréal, Athéna éditions, 2006, p. 51.
5. J. F. C. Fuller, *The Army in my time...*, *op. cit.*, p. 76.
6. Démontré à grand renfort de sources primaires par R. M. Citino, *The path to blitzkrieg : doctrine and training in the German Army, 1920-1939*, Boulder, Lynne Rienner Publishers, 1999 ; J. S. Corum, *The roots of Blitzkrieg : Hans von Seeckt and German military reform*, Lawrence, University Press of Kansas, 1992, *passim*.
7. L. Deighton, *Blitzkrieg : from the rise of Hitler to the fall of Dunkirk*, Londres, Pimlico, 1993 (1973), p. 99-125. Deighton accorde trop de mérite à Guderian. On peut corriger avec J. S. Corum, *op. cit.*, *passim*.

truction au combat des sous-unités et c'est dire tout le chemin à parcourir en très peu de temps pour insuffler du bas vers le haut un nouvel esprit à toute une armée. C'est idéalement une nouvelle mentalité que devrait inculquer un changement de doctrine de cette ampleur.

Avant 1941, l'instruction du soldat anglais (et du soldat canadien) reposait sur la *drill*[8]. Intraduisible[9], le concept de *drill*, ou *close order drill* pour être précis, consiste en certaines évolutions sur le terrain de parade, marches au pas, maniement des armes individuelles et « dressage » élémentaire au combat, comme l'enfoncement des baïonnettes dans des mannequins empaillés ou encore la formation de lignes de fantassins en groupes plus ou moins serrés pour monter à l'assaut d'un objectif imaginaire. Par la répétition en groupe, on voulait moins donner des bases tactiques (la charge à la baïonnette est démodée et les formations en ligne serrée encore plus) que renforcer la discipline et la cohésion par l'obéissance instinctive aux ordres. On pensait aussi favoriser les réactions de groupe et créer un esprit de corps[10], ainsi que développer un certain stoïcisme dans les situations difficiles et tendues, y compris sous le feu.

Malheureusement, cette « philosophie » passéiste, qui a toujours cours au XXIe siècle dans certains cercles militaires, a la vie dure. Martin Samuels note que même après que les Boers eurent montré l'absurdité des attaques en ligne en 1899-1901, l'Armée britannique y est revenue avant 1914, de sorte que la ligne s'est maintenue pour une bonne partie de la Première Guerre mondiale, l'espacement entre les hommes étant simplement accru. À cela s'ajoutait la vilaine habitude, explique Samuels, d'occuper les fantassins à des travers ayant peu à voir avec leurs métiers de combattants, comme la livraison du courrier, la corvée de charbon, etc., de sorte que l'entraînement au combat ne recevait pas l'attention souhaitée[11].

Après 1918 s'est répétée l'histoire d'après 1901 si l'on en croit J. F. C. Fuller. C'est ce que ce général iconoclaste écrit à la fin de 1934, donc un long plaidoyer en faveur d'un changement de paradigme disciplinaire.

---

8. B. McAndrew, *Les Canadiens et la Campagne d'Italie, 1943-1945*, Montréal, Art Global, 1996, p. 16.
9. *Le Robert* (éd. 1988, vol. 3) ne donne pas d'équivalent français, mais définit le concept ainsi : « méthode d'entraînement des recrues », « exercices militaires fondés sur la répétition intensive » et « méthode d'enseignement programmé, fondée sur l'acquisition d'automatisme ». Dans les deux premières définitions, *drill* est en quelque sorte un germanisme, dans le troisième cas un anglicisme. Dans le dernier cas, il y a eu glissement sémantique dans le sens indiqué dans ce chapitre.
10. Voir F. Rousseau, *La guerre censurée : une histoire des combattants de 14-18*, Paris, Seuil, 2003, p. 124 et suiv.
11. Martin Samuels, *Command or control ? Command, training and tactics in the British and German armies, 1888-1918*, Londres, Frank Cass, 1995, p. 118-119. À propos des corvées de charbon, coutumière de l'époque et du pays, J. F. C. Fuller cite l'anecdote suivante : « Observons la livraison du charbon aux baraques des soldats mariés. Supposons un véhicule de livraison militaire côte à côte avec le camion d'une entreprise privée. Le premier aura son chauffeur et "l'incontournable" sous-officier avec ses quatre hommes, tandis qu'avec l'autre camion il n'y aura qu'un chauffeur, peut-être assisté d'un autre homme. Quel commentaire éditorial cela est-il sur le système militaire ! Quel stimulant pour le respect qu'un homme devrait avoir de lui-même ! » (*The Army in my time...*, *op. cit.*, p. 225).

Introduisons ici une notion empruntée aux sciences, la notion de paradigme a été introduite par l'historien des sciences Thomas S. Kuhn. Selon Kuhn, « la science normale » fournit un cadre permettant l'exercice de la profession scientifique jusqu'à un point où celle-ci entre en crise, car aller plus loin, c'est remettre en question ses fondements. Il doit alors se produire une révolution, au sens où la majorité des scientifiques laisse l'ancienne théorie et en adopte une nouvelle qui permet d'intégrer les observations que l'ancienne n'arrivait pas à intégrer ; il y a alors changement de paradigme. Un point important souligné par Kuhn, c'est qu'une théorie ancienne peut demeurer longtemps acceptable pour la majorité en l'absence de théorie nouvelle : « une théorie scientifique ne sera déclarée sans valeur que si une théorie concurrente est prête à prendre sa place », et ce, même si déjà quelques expériences nouvelles semblent contredire l'ancien paradigme.

Si l'on transpose ce raisonnement à notre problème, on peut croire que la méthode opérationnelle de la fin de la guerre 14-18 demeure la panacée, ou le paradigme, tant et aussi longtemps qu'une solution de rechange n'a pas été posée en concurrente crédible de la vieille méthode. L'ensemble des croyances entourant ancien et nouveau forme évidemment une culture, là des scientifiques, ici des théoriciens militaires. Cette approche permet de mieux saisir pourquoi il ne suffisait pas, dans les années 1930, de discuter de nouvelles idées pour que l'institution militaire change ; il fallait une alternative et, toujours selon Kuhn, c'est généralement à l'occasion d'une crise grave qu'elle a des chances de s'imposer, de devenir paradigme[12].

La *battle drill* n'est pas une théorie générale pouvant être assimilée à un paradigme kuhnien ; elle n'est que l'un des éléments d'une formule opérationnelle qu'il a été convenu d'appeler *blitzkrieg* à un moment donné de l'histoire, en 1939-1940, et qu'on qualifierait plutôt de théorie de la manœuvre opérationnelle aujourd'hui. C'est cette théorie de la manœuvre qui pourrait être un paradigme militaire. Mais une condition *sine qua non* pour que ce paradigme fonctionne dans l'environnement de combat créé par des puissances industrielles en conflit est que les petits groupes d'assaut puissent remplir leur mission. Ça, les pratiques anglo-canadiennes de 14-18 ne le permettaient pas, la *battle drill* si.

Il faut revenir en arrière un instant. En 1919, la guerre remportée, les armées ont démobilisé. Sont demeurés dans les cadres les officiers réguliers, et aux commandes les réguliers qui avaient déjà un grade élevé en 1914. Les vieilles habitudes ont rapidement repris le dessus, d'autant plus que les principaux partisans d'une modernisation étaient plus jeunes (comme Fuller) et donc moins bien placés dans la hiérarchie. Comme en plus l'armée régulière se sentait menacée

---

12. *La structure des révolutions scientifiques*, trad. de Laure Meyer, Paris, Flammarion, 1983 (d'après l'éd. rev. de 1970), introduction, chapitres Ier et VII surtout pour ce qui nous occupe ici. La citation provient de la p. 114. L'historien de l'Université de Calgary Tim Travers semble avoir été le premier à utiliser Kuhn dans l'étude des idées militaires. Voir l'index de *The killing ground : the British Army, the western front and the emergence of modern warfare 1900-1918*, Barnsley, Pen & Sword Books, 2003 (1987).

du fait de la réduction des budgets, elle s'est repliée sur ce qu'elle considérait comme son essence : la perpétuation des traditions, des traditions régimentaires en particulier, cimentées par l'esprit de corps, lui-même une production de méthodes répétitives comme la *close order drill*. Un paradigme, pour reprendre la notion de Kuhn, est difficile à surmonter dans la mesure où jusque-là il procurait une impression de maîtrise des phénomènes. Naturellement, quand quelque chose de nouveau survient, la réaction normale est de tenter de l'expliquer dans le cadre du paradigme. Si aucune explication satisfaisante ne peut se trouver dans le cadre ancien, alors le paradigme est ébranlé, et remplacé si une théorie concurrente présente un pouvoir explicatif plus grand. Survient un changement de paradigme assez soudain, poussant le vieux aux oubliettes.

C'est au même processus que réfère Fuller lorsqu'il propose de passer d'une discipline d'automates à une discipline qui ne détruit pas l'intelligence, nouvelle discipline absolument nécessaire. Évidemment, « discipline » a pour Fuller une connotation différente que celle habituellement accordée ; il s'agit pour lui de la culture d'un état mental propice à l'innovation et à l'initiative acquis par l'étude et l'entraînement dans toute l'organisation, c'est-à-dire pas seulement chez les officiers supérieurs en montant. Malheureusement, en calquant les méthodes prussiennes du XVIIIe siècle, qui ne sont plus celles de l'Armée allemande de 1934 ni même de 1918, l'Armée britannique empêche ses membres de cultiver le nouvel esprit nécessaire pour faire la guerre à l'ère du moteur à combustion interne[13]. Cette incapacité à secouer la tradition est propre à une période où les partisans du vieux paradigme sont encore tout-puissants. Dans sa modeste mesure, l'état-major canadien était lui aussi prisonnier du paradigme hérité de 1918.

L'entraînement du début de la guerre était simpliste à un autre point de vue que celui de la *drill* du terrain de parade. Le soldat devait garder la forme. Aussi, il marchait, marchait et marchait, en fatigue, en uniforme, avec bagage réduit ou avec tout son barda. Quand il ne marchait pas, ne faisait pas l'exercice ou n'astiquait pas en prévision d'une inspection, on lui organisait des sports collectifs, tant pour développer l'esprit de corps que pour maintenir la forme et dans le fond le tenir occupé, car un soldat oisif est nécessairement un fauteur de troubles. L'armée fétichise les sports, à un point tel que Fuller, encore lui, a dénoncé le poids excessif qu'on y accordait, qui n'est que la démonstration de l'incapacité de bien des officiers à imaginer des entraînements extérieurs réalistes. Les sports organisés devenaient un substitut facile, les règles étant depuis longtemps établies par d'autres ; ainsi, point besoin de penser. Pauvre substitut d'une véritable préparation militaire[14].

---

13. J. F. C. Fuller, *op. cit.*, p. 212 sq. Significativement, même critique chez Ernst Jünger, *Le boqueteau 125 : chroniques des combats de tranchée (1918)*, Paris, Éditions Payot et Rivages, 1995 (éd. orig. allemande 1932), p. 76-78, 93-95, 144-150 et 153-155. On trouve une analyse plus récente à la manière de l'historien, mais qui ne change rien au constat, dans D. French, *op. cit.*, p. 57-59. French parle lui de « barrack square psychology ».
14. J. F. C. Fuller, *op. cit.*, p. 39, 75-76, 79, 96-99 et 147-148, qui qualifie les sports organisés de véritable « pestilence » pour l'intellect militaire.

Ces méthodes mécaniques, que semblait avoir condamnées la Première Guerre mondiale[15], avaient la vie dure dans les armées de l'Empire. Elles étaient simples, faciles à enseigner et donnaient de bons résultats contre des adversaires indisciplinés et mal armés, tout à fait ce qu'il fallait pour une petite armée policant le vaste empire colonial des années 1920 et 1930.

Le règlement de mai 1942 prévoyait bien la « simplification de l'exercice », mais l'exercice en question (*drill*) comportait toujours le défilé en « ordre serré » et le maniement d'armes, celui-ci comptant encore 17 mouvements différents : *Stand at ease, Attention, the Slope from the Order, the Present from the Order*, etc. À noter que la *drill* se faisait toujours en anglais, même sur les places d'armes du Québec[16].

En 1943-1944, ce ballet inepte aura encore des défenseurs, car dans l'Armée canadienne, on le considérait toujours adéquat pour l'entraînement de l'armée de réserve (les soldats membres des unités de milice qui n'ont pas voulu se porter volontaires pour le service outre-mer). Le régime d'avant-guerre y était encore en vigueur (quinze jours d'entraînement *intramuros* et quinze jours d'exercices sur le terrain par année). Pour ces réservistes, pas de *battle drill*, cette nouvelle forme d'entraînement à laquelle les membres en service actif sont maintenant exposés avec de plus en plus de rigueur (voir plus bas). La politique d'entraînement de la réserve pour 1943-1944 renferme d'ailleurs des archaïsmes, tel ce fétichisme de la baïonnette :

> Notre expérience en Crète, en Grèce et subséquemment ailleurs nous apprend que les Allemands et les Japs sont aisément persuadés de se rendre devant une baïonnette « bien entraînée ». En plus de l'exercice physique que l'entraînement à la baïonnette procure, il y a là une technique aux grandes possibilités offensives. La plus grande partie de cet entraînement se fera dans les camps, mais pour assurer le maintien des standards, quelques périodes d'exercices à la baïonnette seront prévues au manège militaire local[17].

Il n'est pas inutile de rappeler qu'en Grèce et en Crète, les forces du Commonwealth connurent deux défaites sanglantes, que les Japonais ne se rendent que s'ils sont surpris, inconscients ou blessés trop grièvement pour se suicider et que les Allemands se rient des charges à la baïonnette avec leur mitrailleuse MG42 qui crache 1000 coups à la minute. C'est l'exemple même d'une fanfaronnade militaire teintée de racisme, héritée du XIXe siècle, démentie par 1914-1918, mais qui perdure chez les nostalgiques du bon vieux temps où tout était plus simple, nostalgiques qui semblent encore tenir la dragée haute dans les cadres supérieurs de la milice canadienne au début de 1943.

---

15. Elles avaient pourtant fait l'objet d'infinies critiques de la part des mémorialistes d'entre-deux-guerres, excédés par la futilité des exercices sur terrain de parade. Voir F. Rousseau, *op. cit.*, p. 92, 101, 167-174 et 340-342.
16. *MIAC*, n° 14, mai 1942, p. 12-13.
17. Journal de guerre du Directorate of Military Training, février 1943, annexe V, « Policy of Training – Reserve Army, 1st April 1943-31st March 1944 », paragraphe 18 (BAC, RG24, C-3, vol. 13239).

Ces méthodes conduisaient au désastre lorsqu'on devait affronter un adversaire sophistiqué[18]. Durant la Première Guerre mondiale, armés de mitrailleuses, les Allemands fauchaient les unités de soldats bien « drillés ». En 1940, ils les contournaient, pénétraient en profondeur sur leurs arrières, les privant de soutien logistique et de communication avec leurs supérieurs, en faisant des pantins aux fils coupés, des pantins parfois tenaces mais finalement désemparés, qui ne pouvaient pas influer sur la suite des événements.

En 1914-1918, on a bien sûr découvert les limites d'un entraînement basé uniquement sur la *close order drill*. On y suppléait par la « sédimentation » de courtes formations (quelques heures ou quelques jours) entrecoupées de séjours au front. Le front statique permettait aussi d'insérer les unités de recrues dans des secteurs tranquilles, de les retirer pour les instruire un peu plus, ensuite de les réinsérer dans un secteur plus actif. De cette manière, l'instruction s'effectuait au long d'une acclimatation graduelle. L'intégration de centaines de milliers de recrues pouvait se faire progressivement parce que rarement la situation exigeait de précipiter le processus[19]. Mais le caractère des opérations en 1940 fait qu'une unité inexpérimentée peut d'un instant à l'autre se retrouver à l'endroit décisif, sans avertissement. C'est ce qui a failli arriver à la 1re Division canadienne en 1940, comme on l'a vu au troisième chapitre.

En général, on peut dire que la fluidité plus grande du champ de bataille de 1939-1945 nécessite une instruction préalable plus élaborée qu'en 1914-1918. Il n'aurait donc jamais dû être question de réapprendre les méthodes[20] de trente ans passés.

Les débuts de la « battle drill » en Angleterre

Tirant les leçons de la catastrophe de 1940, plusieurs officiers britanniques ont conclu qu'il fallait redonner au soldat anglais de l'initiative afin qu'il réagisse adéquatement dans un environnement opérationnel fluide. C'est ce qui a conduit à l'introduction de la *battle drill*. Bien que ce cours ne constitue que l'un des éléments d'un cursus varié et complexe, sa nouveauté radicale en fait l'élément clé dans la réforme de l'instruction militaire des hommes et des officiers. Les fiches personnelles des officiers sont parsemées de mentions de détachement en dehors de l'unité pour suivre tel ou tel cours, mais rares sont les cours ayant

---

18. F. Rousseau, *op. cit.*, p. 40 et 99. Certaines critiques (celles d'Ardant du Picq et de Grandmaison) datent d'avant la Première Guerre mondiale (*ibid.*, p. 40-41, 125 et 130).
19. Le plus récent et le plus systématique exposé des méthodes d'entraînement canadiennes en 1914-1918 se trouve dans K. Radley, *We lead, others follow : First Canadian Division 1914-1918*, chap. III, p. 84-85 et chap. VII et VIII. Le lecteur francophone en aura une bonne idée en lisant Thomas-Louis Tremblay, *Journal de guerre (1915-1918)*, éd. établie par Marcelle Cinq-Mars, Montréal, Athéna éditions, 2006, *passim*.
20. Jeremy A. Crang, *The British Army and the People's War, 1939-1945*, Manchester, Manchester University Press, 2000, p. 79. Au début du XXIe siècle, l'ancienne *drill* est encore jugée essentielle par certaines autorités militaires, parce qu'elle favoriserait l'esprit de corps. Pour ce genre de défense du cirage de botte (« spit and polish »), voir D. Fraser, *op. cit.*, p. 147-151.

laissé des marques aussi importantes chez les étudiants[21], à l'exception peut-être des cours d'état-major. Mais ces derniers s'adressent à un auditoire par définition restreint, alors que le cours de *battle drill* a pour clientèle les instructeurs de toutes les unités qui instruiront ensuite toutes les troupes.

Le nom choisi peut porter à confusion, car le concept de *battle drill* est, du moins dans ses intentions théoriques, plus qu'une simple évolution de la *close order drill*. À dessein semble-t-il, le mot *drill* a été conservé, car la plupart des officiers britanniques étaient, on l'aura compris, attachés au concept[22]. D'où l'explication suivante dans l'un des premiers documents officialisant l'introduction de la *battle drill* dans les forces impériales métropolitaines (y compris canadiennes), une lettre circulaire aux « écoles » d'entraînement divisionnaire du 31 décembre 1941 :

> Le développement d'une bonne méthode de combat, qui conduira au travail d'équipe, est basé sur les exercices de combat ou *battle drill*. Il ne s'agit pas ici de gestes stéréotypés entravant l'initiative, comme pourrait le laisser entendre l'emploi du mot *drill*, même si la *battle drill* entretient une relation similaire avec la guerre moderne que la *drill* de caserne avec le genre de combat qu'on connaissait au temps de Waterloo. La *battle drill* vise à fournir des modes d'action d'après lesquels une bataille moderne devrait être conduite. Elle donne aux chefs subalternes des idées sur ce qu'il faut faire et comment il faut le faire lorsqu'on combat sur de vastes espaces, bougeant et bataillant de sa propre initiative tout en s'associant les uns aux autres pour se soutenir mutuellement, travaillant à un plan commun comme les membres individuels d'une équipe[23].

Cette *drill* tactique[24] se veut flexible, c'est-à-dire qu'on fait répéter aux hommes des exercices types ayant un rapport plus étroit avec la réalité du combat que ceux de la *drill* conventionnelle. En outre, on attend de ces exercices élémentaires qu'ils constituent une voie vers l'acquisition d'un instinct tactique permettant l'adaptation des recettes de la *battle drill* aux circonstances, et ce, au plus bas niveau de la hiérarchie d'une armée, dans les sections et les pelotons.

Des vétérans de la campagne de France, les généraux Harold Alexander (1891-1969) et John Utterson-Kelso (1893-1972), et leurs subordonnés, principalement le major Lionel Wigram (qui deviendra plus tard responsable de la *Battle School* du GQG des *Home Forces* britanniques, l'école centrale devant

---

21. C'est évident dans les deux récits autobiographiques de Strome Galloway (*The general who never was*, Belleville, Mika Publishing Company, p. 72 et suiv. ; *With the Irish against Rommel : a diary of 1943*, Langley, Battleline books, 1984, p. 2-13).
22. En parallèle à la révision de l'instruction tactique, le ministère britannique de la Guerre tentait de simplifier la *drill* conventionnelle et d'en éliminer les aspects les plus archaïques. Crang montre comment ces tentatives se sont heurtées à de très fortes résistances de la part des militaires de carrière (J. A. Crang, *The British Army and the People's War, 1939-1945*, Manchester, Manchester University Press, 2000, p. 78-79 et 82-83).
23. Lettre circulaire signée par le lieutenant-général H. C. Loyd aux quartiers généraux des régions militaires britanniques, copie dans le dossier du Canadian Military Headquarters à Londres 2/BATTLE SCH/1 « Courses – Battle School » (ANC, RG24, C-2, vol. 9764).
24. L'expression « tactical drill » est employée par D. French, *op. cit.*, p. 21.

former les instructeurs qui enseigneront dans les différentes unités), furent à l'origine du mouvement des *battle schools* enseignant la *battle drill*.

Au cours des opérations de mai-juin 1940, le général Alexander (qui commandait l'un des corps britanniques en Belgique et en France) a été frappé par l'inefficacité des sous-unités d'infanterie. La tradition voulait que le soldat anglais (et canadien) obéisse d'abord aux ordres, ensuite, mais ensuite seulement, il pouvait manifester de l'initiative. Du bas vers le haut de la chaîne de commandement, cet habitus régnait, c'est-à-dire que les subalternes (chefs de section et de peloton) attendaient trop souvent les ordres des officiers supérieurs (commandements de compagnie et de bataillon) et ceux-ci des officiers généraux (brigade, division, etc.) même pour les situations les plus simples[25]. Or, la réalité de 1940 demandait des réactions rapides à tous les niveaux de la structure.

A son retour en Angleterre, Alexander prépare une brochure faisant la synthèse des leçons qu'il tire de la catastrophe du printemps 1940. Il recommande du même coup au War Office de prendre des mesures correctives afin d'habituer toute la troupe à un tempo d'opérations plus rapide, avec des méthodes d'instruction conséquentes. Pour expliquer ses intentions, Alexander a recours à une analogie sportive, celle du travail d'équipe au cricket. Un officier canadien, en accord avec le diagnostic d'Alexander, a transposé l'analogie dans le vocabulaire d'un sport plus familier aux Canadiens, le hockey :

> Une équipe gagnante ne s'obtient pas seulement avec un capitaine distingué, qui connaît bien le sport et qui est lui-même une star sur glace. De même, il ne suffit pas que tous les membres de l'équipe soient de bons patineurs, d'habiles manieurs de bâton et de bons joueurs individuels. Ils doivent aussi s'entraîner souvent en équipe pour mettre au point des jeux qui, particulièrement lorsque le temps est précieux, naturellement et automatiquement serviront sur un signal du capitaine (ou de l'instructeur). L'entraînement doit aussi fournir l'occasion à l'initiative de s'exprimer dans la mise au point des jeux, libre de tout excès de routine, afin que le moment venu l'on puisse saisir les bonnes occasions. Évidemment, tous les membres de l'équipe doivent être en parfaite condition physique et avoir confiance en leur préparation, leur jeu d'ensemble et leur chef. Ainsi, lorsque la rondelle ne semble pas vouloir glisser dans la bonne direction, en dépit de la fatigue et du découragement, ils réaliseront des exploits qui semblent impossibles[26].

---

25. *Ibid.*, p. 12, 19-20, 23-25, 43-48, 55-58 et 129. Malgré les avertissements de plusieurs officiers clairvoyants et malgré certaines concessions rhétoriques dans les publications officielles, French montre bien que l'obéissance passait toujours avant l'expression de l'initiative dans la doctrine et dans son application par les forces britanniques jusqu'à au moins 1942. Il y a de fortes raisons de croire qu'il n'en allait pas autrement dans l'Armée canadienne, comme tend à le montrer l'analyse des deux premiers chapitres ci-haut. La croyance en la capacité d'initiative atavique du soldat canadien par rapport au soldat britannique, largement prise pour argent comptant dans l'historiographie canadienne-anglaise, ne repose sur aucune preuve. Tant qu'il en sera ainsi, ce mythe est à classer avec toutes les autres manifestations similaires de chauvinisme.

26. Cité par le brigadier M. F. Gregg, « Battle Drill – School of Infantry (Eng) », paragraphe 2 (BAC, RG24, vol. 16910, C-3, annexe X du JG École S17, octobre 1943).

Pour lui, ce qui est vrai d'une équipe sportive à l'entraînement l'est encore plus d'une unité de combat où la vie des hommes est en jeu. Cette conviction, il essaie de la faire partager War Office durant l'été 1940.

Présenté ainsi, la proposition d'Alexander peut sembler banale. Dans la mesure où l'art de la guerre a des principes, l'entraînement, le plan de match et le travail d'équipe en font partie. Le problème, dans l'Armée britannique, c'est que cela semble aller de soi ; en conséquence, ces matières triviales étaient souvent négligées au profit de discussions plus éthérées sur la stratégie. C'est dans un piège de la sorte que s'était retrouvé l'enseignement à Camberley dans les années 1920. Ce qu'il fallait, c'est traduire l'analogie en méthode détaillée, réaliste, efficace, donnant au soldat anglais une chance d'affronter l'adversaire à égalité.

C'est dans l'école divisionnaire de la 47e Division d'Utterson-Kelso, un subordonné d'Alexander en France, que sont développés les rudiments de cette méthode de « *battle drill* », avant que le War Office s'y intéresse, et à cause de cela plusieurs mois sans statut officiel. Les écoles divisionnaires (ou celles d'autres unités ou formations) sont des organisations informelles qui ont pour rôle de terminer l'instruction des nouveaux venus, en particulier de les amener à se rapprocher du niveau des vétérans qui, par expérience, connaissent les trucs du métier. Elles sont aussi un lieu pour introduire des techniques particulières lorsqu'on fait face à une situation inattendue (comme on devra le faire pour combattre dans les zones de polders néerlandais en 1944-1945). De la sorte, on augmente les chances que les membres plus anciens et les nouveaux aient une même compréhension de la doctrine.

Ces organisations informelles étaient sous l'autoriité des commandants en campagne, ce qui permettait à des innovations de trouver leur place sans délais indus causés par le cheminement d'une demande dans une vaste hiérarchie. L'école divisionnaire est un véhicule idéal pour des Jeunes Turcs en mal de solutions victorieuses et trop impatients pour attendre la sanction officielle.

Théorie de la *battle drill*

La guerre mobile avec opérations en profondeur suppose donc des situations confuses où les petits groupes de fantassins, laissés à eux-mêmes, doivent s'en sortir plus ou moins seuls. Les défaites et déroutes subies en 1940-1941 ont gravé des stigmates inoubliables dans la mémoire de ceux qui les ont vécues. Un attaquant agressif équipé d'armes modernes vous assaille de partout. Il coupe vos routes et vos téléphones, bombarde vos aérodromes, sectionne votre cordon logistique, vous empêchant de bouger, vous laissant sans essence, sans munition et sans ration. Vous êtes aussi sans ordre. Seul et paralysé. Vous pouvez improviser, si vous avez du caractère et de l'énergie, mais cela produit plus d'agitation que d'effets réels si votre initiative n'est pas un réflexe décodable pour ceux des vôtres qui, isolés comme vous, pourraient peut-être vous aider s'ils savaient comment réagir dans une telle situation. Chez les sans initiative ou les trop fatigués, la masse, une sensibilité exacerbée à tous les stimuli (cacophonie du champ de bataille, rumeurs...) entraîne nervosité excessive et une peur maladive qui brûlent rapidement toute l'énergie physique et mentale résiduelle, après quoi l'apathie guette. L'individu se referme sur lui-même pour tenter d'échapper à l'horreur réelle ou appréhendée. L'armée devient un ensemble d'atomes qui vibrent dans des enveloppes individuelles et dont les liaisons affaiblies se dissolvent et finissent par se rompre[27]. Peur et incapacité de réagir (qui se renforcent) doivent trouver un remède.

Par la *battle drill*, on cherche à donner aux officiers subalternes, aux sous-officiers (les chefs de peloton et de section) et même aux soldats, un ensemble de réflexes communs donnant automatiquement quelque avantage en situation de combat. À cette fin, l'entraînement doit être le plus réaliste possible, ce qui implique l'utilisation de munitions réelles, afin d'« immuniser[20] » les troupes contre les effets négatifs sur le moral en situation de combat des bruits, explosions ou blessures horrifiantes. L'entraînement doit être dur pour tester la forme physique et la résistance psychologique. Un reporter du *Times* de Londres témoigne de la *battle drill* en avril 1942 :

> Depuis que les principes de la *battle drill* sont appliqués dans toutes les unités d'infanterie, le réalisme et la dureté de l'entraînement ont atteint un niveau qui, à en juger par ce dont je viens d'être témoin, place les étudiants dans les conditions de guerre [...]
>
> La valeur de ce type d'entraînement réaliste est devenue plus évidente depuis que les Allemands et les Japonais nous ont infligé surprise tactique sur surprise tactique. [...]
>
> Nous avons vu [...] un peloton mener une attaque exemplaire en zone rurale en tirant de vraies munitions avec la plupart de ses armes d'infanterie. C'était du vrai « tir et bouge » [*fire and movement*] alors que les sections tournaient les flancs, couvertes par un écran de fumée et le tir d'une autre section. Par après, une section d'instructeurs nous a attaqués. On a tout fait pour nous confondre et nous empêcher de réagir à l'attaque, y compris par des bombardements en piqué, cela pour nous apprendre que le bruit ne conduit pas nécessairement à la terreur. Les plongeons des Spitfire étaient synchronisés avec la détonation de mines enfouies tout près et qui projetaient des débris alentour. Ce n'est pas tout le monde qui s'est rendu compte que nous étions attaqués par l'arrière.

---

27. Nul n'a décrit avec plus de sensibilité (et d'ironie) l'atomisation d'une troupe par l'effet d'un ennemi possédant une maîtrise opérationnelle et tactique supérieure que ce vétéran de la déroute de Crète, le romancier anglais Evelyn Waugh (*Officiers et gentlemen*, Paris, Éditions U. G. E. 10/18, 1998 (1955), p. 256-345).
28. « Inoculation » en anglais. Les Américains désignent la phase terminale d'entraînement que leurs fantassins accomplissent à compter de 1943 par « battle inoculation courses ». Voir Robert R. Palmer, Bell I. Wiley et William R. Keast, *United States Army in World War II, the Army Ground Forces : the procurement and training of ground combat troops*, Washington, Department of the Army, 1948, p. 387-390 et 448-455. R. R. Palmer deviendra, comme Paul Fussell, un historien et professeur d'université respecté après son passage dans l'Armée américaine.

Puis, il y a eu la « maison hantée », un vieux *cottage* où on pratique le tir instinctif avec la mitraillette Thompson. Des cibles à l'effigie d'Allemands bondissent de tous côtés dans un intérieur assombri. La partie est rendue quelque peu hasardeuse par le fait que l'homme qui a la Thompson est accompagné de plusieurs compagnons. Cela est des plus ingénieux et terriblement excitant. C'est sûrement une bonne manière de développer les réflexes de tireur[29].

Évidemment, une méthode d'instruction et d'entraînement comme la *battle drill*, même si elle se présente comme moderne, n'est pas une création *ex nihilo*. Certains de ces éléments constitutifs étaient connus avant 1940. Après tout, la guerre de mouvement mécanisée qui se manifeste spectaculairement depuis 1939 trouve ses origines dans les opérations menées à la fin de la Première Guerre mondiale. Il n'est donc pas surprenant que le capitaine H. Meredith Logan, vétéran canadien de la Première Guerre mondiale, tente de tirer des leçons de cette guerre en ce qui concerne l'entraînement militaire dès 1923, dans un article soumis à une revue britannique juste avant que commence à paraître la *Canadian Defence Quarterly*. Cet article expose de manière un peu embrouillée les fondements psychologiques d'un entraînement « réaliste » selon à peu près le schéma suivant : mémorisation de solution qu'on répète à l'entraînement (au même sens que des acteurs répètent au théâtre) en vue non pas d'obtenir un automatisme simple garanti par une discipline féroce, mais plutôt d'être capable d'agir, de savoir quoi faire malgré la peur. Logan demeure vague sur le contenu, car ce qui l'intéresse c'est de convaincre ses lecteurs militaires de l'importance de maintenir un moral élevé dans une guerre moderne, ce qui ne peut se faire que si le soldat a confiance dans son entraînement et est capable de s'en servir en situation difficile. Encore une fois, il peut apparaître ici que c'est une proposition banale, mais derrière il y a l'idée que la réaction en situation de combat ne peut être totalement instinctive — Logan récuse l'idée qu'un entraînement répété doive ou puisse même développer « l'instinct », une impossibilité biologique — et par conséquent il faut apprendre continuellement. Il emploie une rhétorique à mi-chemin du discours traditionnel — la focalisation sur le moral remonte à l'avant-1914, elle avait été l'une des grandes causes des hécatombes de 1914-1915 — mais plutôt que de réduire la doctrine à des slogans simplificateurs, qu'il dénonce, il prêche lui aussi une discipline de l'esprit, un peu comme le fera Fuller dix ans plus tard.

Cependant, à la différence de Fuller, la *drill* conventionnelle reste chez Logan un aspect important de l'entraînement militaire, mais il n'y a peut-être là qu'une concession à l'establishment. L'essentiel est pourtant qu'il insiste sur l'usage de la faculté de raisonner, même pour le simple soldat. Implicitement, c'est la société industrielle, l'alphabétisation et l'éducation de masse et la démocratisation qui imposent de revoir les méthodes d'entraînement, parce qu'on ne peut plus traiter les recrues comme au siècle précédent. Mais c'est aussi les éléments mécaniques

---

29. *The Times*, 27 avril 1942, p. 2.

et scientifiques maintenant propres aux combats qui imposent une révision des principes d'instruction et d'entraînement. Ce genre d'article, plutôt théorique, inspiré de la science psychologique du début du XXᵉ siècle, avait peu de chance de susciter une réaction dans la hiérarchie. L'exemple qu'il donne du caporal chef d'escouade éclaire bien son propos :

> Le sous-officier commande le plus grand groupe d'hommes qui, dans les circonstances normales, peut être contrôlé dans l'action. Lorsqu'il est laissé seul dans l'application des principes appris en temps de paix, beaucoup dépend de l'initiative dont il fera preuve. Jamais auparavant on ne lui avait demandé d'en savoir autant. Jamais il n'avait aspiré à une telle situation de commandement. Jamais il n'avait été aussi seul, responsable non seulement de six hommes, mais responsable aussi de rompre la ligne ennemie par laquelle le peloton, la compagnie, le bataillon, la brigade et la division se répandront. De l'instruction des chefs d'escouade dépend et dépendra bientôt en grande partie le sort d'une armée[30].

On a là une autre illustration d'une remarque faites dans les premiers chapitres à l'effet que les officiers canadiens n'étaient pas tous des abrutis incapables d'apprendre. Mais ce qu'ils savaient, l'institution semblait incapable de le retenir et encore moins de le transformer en doctrine de combat.

Ces principes mirent donc du temps à être bien saisis dans les armées impériales. Lorsque le changement est devenu inévitable, il a fallu trouver un moyen de faire vite et bien. C'est à ce moment critique, entre le choc de 1940 mais avant le retour des Alliés en Europe de l'Ouest (qui s'amorce en Sicile en juillet 1943) qu'intervient l'introduction de la *battle drill* qui, au fond, est un artifice pédagogique consistant à réduire les gestes du combat à leurs éléments essentiels, ceux-ci pouvant s'enseigner rapidement et efficacement. Les subalternes intelligents pourront adapter ces éléments aux nécessités particulières qui les confrontent. Au bout du compte, soutenaient ses promoteurs, la *battle drill* permet « en pratique de développer l'initiative à tous les grades[31] » par une sorte de contamination positive. Quant aux esprits plus « lents », qu'une grande armée de soldats-citoyens ne peut manquer de compter en nombre important, on pouvait espérer qu'ils retirent de la *battle drill* quelques recettes généralement valides.

Le corollaire essentiel de la théorie sous-tendant la *battle drill* veut que si les réflexes acquis provoquent les bonnes réactions, les opérations s'accéléreront, permettant enfin aux soldats anglais et canadiens d'affronter leurs adversaires

---

30. H. Meredith Logan, « Military training to-day », *The Army Quarterly* [revue britannique quasi officielle], vol. 6, n° 1 (avril 1923) p. 69-74. J'ai traduit la majeure portion de cet article sous le titre « L'entraînement militaire aujourd'hui (1923) », dans Yves Tremblay, Roch Legault et Jean Lamarre (dir.), *L'éducation des militaires canadiens*, Montréal, Athéna éditions, 2004, p. 107-128. La citation provient de la p. 118.

31. Voir le manuel « Battle drill – The shifting of tactics into high gear through the rapid execution of terse orders, based on drills which are designed to cope with any tactical problem. Lectures and Precis, originally assembled by 47ᵗʰ London Division – and printed by Calgary Highlanders C.A.(O) in England for use in 47ᵗʰ Div., G.H.Q., and Calgary Highlanders Battle Drill Schools in England (Oct. 1941) », 5ᵉ éd., Vernon (Colombie-Britannique), 27 janvier 1943, polycopié 8 1/2 x 14, 244 p. (coll. de la DHP). La citation provient de la p. 20.

allemands avec de bonnes chances de succès[32]. Ou pour parler en termes de niveaux d'art militaire, l'efficience tactique garantie par la *battle drill* permettra d'augmenter le tempo opérationnel.

Le mouvement pour la *battle drill* avait quelque chose de charismatique, révolutionnaire même, si on se fie au ton de certaines de ses propositions pédagogiques :

> Notre entraînement causera peut-être bien des blessures, mais ce ne sera pas par négligence, car la guerre est un sale métier qui s'exerce avec des outils dangereux. Notre armée doit apprendre à les maîtriser si l'on veut bâtir la confiance nécessaire pour les utiliser. Le prudent système qu'on utilise maintenant est la cause de prodigieuses pertes de vie et d'efficacité au combat, car il produit par milliers des hommes mal entraînés aux réalités du champ de bataille. Les règles de sécurité qu'on observe sont si contraignantes que la plupart de nos soldats regardent une grenade mais voient une vipère. Au contraire, du jour où l'étudiant ou le soldat se rapporte à l'école de B.D. il sent un changement de tempo. Il court prendre sa place, il a l'air sérieux, il veut être plus que le numéro 4, 5 ou 6 de sa section, il veut être le 2 sur le Bren, le premier franc-tireur et le premier grenadier.
>
> Lors d'une allocution au cours d'état-major à Kingston, le général Stuart, notre chef d'état-major, a insisté sur la loyauté envers ceux au-dessus et ceux au-dessous et la fidélité envers soi-même. L'école de *battle drill* tient régulièrement des « Soviets » où l'homme fidèle à lui-même peut exprimer ses vues.
>
> Ce dont notre armée a besoin, c'est d'une nouvelle méthode, de nouvelles vues, d'un nouvel objectif. Nos soldats veulent comprendre ce qu'est leur travail dans le conflit en cours et pourquoi il est si vital à l'effort de guerre. Ils ont besoin de sentir qu'ils sont une partie essentielle d'un plan soigneusement préparé qui mènera à la Victoire. Il nous est difficile d'apprendre les dures leçons de la coopération et du travail d'équipe d'une nation de mauvais chasseurs comme celle des Huns. Mais l'on doit réaliser que c'est par sa discipline de combat, la *battle drill*, par une véritable coopération entre toutes les armes, comme elle a été pratiquée avec des succès foudroyants en France, que l'Allemand nous a complètement déclassés, comme il l'avait fait aux Olympiques. Il n'y est pas parvenu parce qu'il est un homme meilleur, mais par un processus requérant une sélection sévère et un entraînement rigoureux[33].

Un tel vocabulaire exprimé sur un tel ton peut surprendre. Et il a surpris, car c'est avec réticence que le War Office britannique et (encore plus) l'état-major canadien se sont résolus à intégrer la *battle drill* au cursus des écoles militaires.

---

32. Bien que Stacey en discute (*Histoire officielle de la participation de l'armée canadienne à la Seconde Guerre mondiale, volume I. Six années de guerre : l'armée au Canada, en Grande-Bretagne et dans le Pacifique*, Ottawa, Imprimeur de la Reine, 1966, p. 249-250), les paragraphes précédents s'inspirent de J. A. English, *op. cit.*, chap. 5 et Timothy Harrison Place, *Military training in the British Army, 1940-1944 : from Dunkirk to D-Day*, Londres, Frank Cass, 2000, chap. 4 et 5. Notons qu'English condamne la *battle drill* comme trop rigide, alors qu'Harrison la défend parce qu'elle assure la survie et sert de base sur laquelle instruire à la prise d'initiative. Voir aussi le manuel polycopié cité plus haut.
33. Extraits d'une conférence sur la *battle drill* dont le texte intégral est donné à l'annexe X. Voir aussi à l'annexe IX un exposé sommaire de la théorie de la *battle drill* contemporain des événements discutés ici.

Un pas en ce sens est fait lorsque paraît l'*Instruction de l'infanterie, 1937. Supplément : notions de tactique à l'intention des commandants de section 1941*. Le War Office présente cette nouvelle brochure comme un *addenda* au manuel de 1937. En fait, c'est une fiction. Si le titre marque la continuité, c'est sans doute que l'institution répugne à admettre ouvertement qu'elle s'est trompée. Aucune mention du vocable *battle drill* ne s'y trouve, ni d'ailleurs les noms d'Alexander ou de ses acolytes. Pourtant, il s'agit de la reprise d'une note tactique écrite l'automne précédent par Alexander à l'intention des officiers du corps d'armée qu'il avait charge de reconstituer après l'évacuation de Dunkerque. Le but était d'« exposer une technique aidant à résoudre rapidement les situations tactiques de moindre importance ». Les solutions tactiques en question n'étaient pas présentées comme les réponses universelles aux défis tactiques rencontrés par les subalternes : « Les exemples que l'on expose dans la présente brochure ne sauraient envisager toutes les situations possibles. » On y tirait correctement les leçons des événements de 1939-1940. Ainsi :

> La nécessité de la vitesse dans l'exécution de toutes les manœuvres offensives impose [...] la rapidité de décision et d'action. Jusqu'ici, nous nous sommes habitués à des opérations dont le mouvement est beaucoup plus lent que celui dont nous sommes témoins ces temps-ci. Il en résulte que notre instruction s'appuie sur des plans détaillés et préparés avec méthode ; le succès de leur exécution dépend en grande partie du volume et de la précision du feu de couverture de toutes provenances.
>
> De nos jours, il faut affronter un ennemi excessivement rapide et audacieux, qui obtient des succès grâce à la surprise sous la forme d'infiltrations rapides. Notre infériorité deviendra des plus graves si nous n'atteignons pas, au même degré que lui, la vitesse, l'audace et l'esprit d'entreprise.
>
> La nouvelle armée allemande n'a pas encore rencontré d'adversaire capable de la battre à son jeu, mais nous pouvons avoir l'assurance que si nous acquérons, nous aussi, de la rapidité dans les opérations offensives, les Allemands auront des surprises à leur tour et deviendront une proie plus facile que nous nous l'imaginions[34].

L'auteur de la brochure ajoutait que la vitesse s'acquiert lorsque, jusque dans l'action des plus petites subdivisions, donc jusqu'au niveau des officiers subalternes et des sous-officiers, les qualités et méthodes suivantes étaient cultivées et employées : le flair, la vitesse dans l'exécution des reconnaissances, la simplicité des plans, l'utilisation d'ordres verbaux courts se limitant aux points essentiels et la capacité du commandant à se tenir suffisamment près de l'action pour réagir promptement aux imprévus.

---

34. *Instruction de l'infanterie, 1937. Supplément : notions de tactiques à l'intention des commandants de peloton 1941*, éd. bilingue canadienne mise à jour, [Ottawa, Défense nationale], octobre 1942 (d'après l'éd. brit., Londres, HMSO, 1941), p. 6. Conservée à la DHP sous FN 65. Je cite la réimpression bilingue canadienne d'octobre 1942. J'ai modifié considérablement la traduction, par exemple en remplaçant « téméraire » par « audacieux » dans la traduction de *bold*. Il n'est peut-être pas indifférent que ce qu'un traducteur militaire canadien pouvait considérer comme téméraire n'était qu'une audacieuse manifestation d'initiative pour un Allemand.

Mise en pratique de la *battle drill*

En quoi consiste la *battle drill* exactement ? On doit sa description la plus détaillée, telle qu'elle était exécutée à son apogée, à un officier américain. Assumant lui-même (!) les frais de son séjour au Canada, le colonel John K. Howard obtient la permission de passer dix jours à la Canadian Battle Drill School en août 1943. Il préparera un long rapport dans les semaines suivantes, dont un exemplaire se trouve dans les archives de l'École[35]. Après avoir décrit les aménagements physiques et évoqué l'origine britannique de la *battle drill*, Howard rappelle que l'objectif général de l'École est de former des instructeurs, officiers et sous-officiers, qui à leur tour disséminerent la méthode à l'ensemble des soldats. Il s'agit d'atteindre les objectifs particuliers suivants : 1. renforcer les capacités physiques individuelles ; 2. montrer comment utiliser le terrain ; 3. maximiser l'emploi des armes individuelles ; et 4. apprendre le travail d'équipe à partir de l'escouade en montant.

Howard résume la technique employée pour atteindre ces objectifs en quatre volets, à savoir :

1. mettre l'accent sur les mouvements en campagne (« fieldcraft ») ;
2. l'acquisition d'automatisme dans l'accomplissement des mouvements et des gestes tactiques, la *battle drill* à strictement parler, de manière à assurer un emploi coordonné de toutes les armes (le travail d'équipe) afin de réussir la mission et, ensuite, le développement de variations sur ces automatismes dans le but d'adapter les gestes selon les ennemis à affronter et les différents terrains rencontrés ;
3. l'insistance sur le réalisme en tout temps, ultérieurement par l'exécution des exercices sur le terrain avec des munitions réelles et en opposant aux étudiants un « ennemi » (c'est-à-dire un groupe d'instructeurs spécialisés jouant le rôle d'adversaires) ;
4. finalement, l'insistance sur le renforcement de la condition physique.

Howard procède ensuite à une analyse détaillée. Il critique d'abord l'emploi du mot « drill », qui rappelle trop à un Américain les évolutions sur le terrain de parade. Il suggère plutôt l'expression « battle training ». À vrai dire, c'est la seule critique notable, parce que pour lui, la technique qu'il a vue à l'œuvre à Vernon présente deux séries de points forts qui la distinguent des vieilles méthodes britanniques ou américaines : le choix des matières enseignées et la méthode de présentation.

Parmi les matières étudiées, Howard énumère : embarquement et débarquement des camions ; escouade, peloton et compagnie à l'attaque ; infiltration ; mouvements en pince ; flanquement ; franchissement de cours d'eau ; attaque d'une casemate ; nettoyage en terrain boisé ; attaque en terrain urbain ; prise

---

[35]. « Report on Canadian Battle Drill School, Vernon, British Columbia » par John K. Howard, colonel, US Army, n.d., dactylographié, 24 p., annexe H du journal de guerre de S.17 The Canadian School of Infantry (Vernon, B.C.), novembre 1943 (BAC, RG24, C-3, vol. 16 910).

d'un édifice ; entrée dans une pièce ; nettoyage en terrain urbain ; protection antiaérienne ; etc. Il note que le temps passé à ces exercices préliminaires est plus long au Canada que celui qu'on y consacre aux États-Unis à tout l'entraînement tactique des petites unités. Il ajoute que pendant que les étudiants suivent ces cours, ils ne sont pas astreints à des tâches de sentinelles. Celles-ci sont plutôt remplacées par l'apprentissage et l'exécution d'une *drill* sur la sécurité tout azimut de l'escouade (ou du peloton ou de la compagnie), de sorte que, à tout moment, le soldat est placé en situation d'apprentissage. Bref, la troupe à former s'épuise utilement plutôt que d'alterner entre exercices utiles et formalités de la vie militaire, un grand facteur de motivation[36].

Quant à la méthode de présentation qu'il apprécie, elle se fait selon la séquence suivante :

1. explication par exposé, conférence ou séquence filmée ;
2. démonstration par une équipe de l'école des gestes sur le terrain de parade ; l'utilisation du terrain de parade présente l'avantage d'offrir une bonne vue à tous les étudiants ;
3. toujours sur le terrain de parade, répétition par les étudiants ; ensuite, même chose, mais en ajoutant le tir de munitions à blanc pour forcer les étudiants à se jeter au sol à certains moments ; ensuite, passage à un terrain aménagé aux situations tactiques à maîtriser ; puis passage à un terrain plus naturel où sont encore répétées les *drill* apprises (par ordre de complexité) ; finalement, grands exercices tactiques en terrain naturel au cours desquels les étudiants devront adapter les *drill* apprises aux variations tactiques ou de terrains qu'on leur présente.

---

36. Point fondamental. Fussell (*À la guerre : psychologie et comportements pendant la Seconde Guerre mondiale*, Paris, Seuil, 2003 (1989), p. 225 (trad. de Paul Chemla) et *The Boys' crusade : the American infantry in northwestern Europe, 1941-1945*, New York, The Modern Library, 2003) et après lui Rousseau (*La guerre censuré…, op. cit., passim*) et Kindsvatter (*American soldiers : ground combat in the World Wars, Korea, and Vietnam*, Lawrence, University Press of Kansas, 2003, *passim*) ont montré comment les formalités militaires ennuyaient les troupes, spécialement les soldats récemment venus du civil. Pour ceux-ci, tout ce qui ne contribue pas directement à améliorer les habiletés guerrières et les techniques de survie est une perte de temps, ce que les Anglais et Canadiens qualifient de « bullshit » et les Américains de « chickenshit ». À cet égard, Fussell attire l'attention sur les attitudes opposées des soldats d'occasion (volontaires et conscrits des temps de guerre) et des soldats réguliers. Il montre que les premiers sont motivés par l'avancement rapide et efficient de la lutte, alors que les réguliers sont plus attachés aux gestes routiniers intériorisés en temps de paix. Ces attitudes opposées, et les représentations sur lesquelles elles se fondent (respectivement le soldat-citoyen engagé dans un boulot dangereux, mais motivé à en finir rapidement, et le soldat de carrière qui établit une équivalence entre habitus militaires et marque de professionnalisme), permettent de comprendre pourquoi les réguliers sont si souvent dépassés par une nouvelle formule. L'adéquation malheureuse qui est souvent faite entre « carrière » et « professionnalisme » par les militaires de carrière et qui est, je le regrette, reprise avec un manque de sens critique remarquable par des historiens expérimentés comme Stacey ou Granatstein, fausse totalement le débat. D'ailleurs, il n'y a rien à comprendre dans les performances remarquables des Canadiens en 1914-1918 par rapport à celles moins brillantes de 1939-1945 si l'on n'admet pas que le professionnalisme est un concept différent de la carrière. Voir aussi le travail remarquable de Bill Johnston (*A war of patrols : Canadian Army operations in Korea*, Vancouver, UBC Press, 2003, *passim*) où il est démontré que les « amateurs » ont surpassé les soldats de carrière sur le champ de bataille coréen.

Howard donne ensuite le détail les gestes que la *battle drill* vise à inculquer :
1. sécurité tout azimut de la marche en tout temps ;
2. méthode de protection antiaérienne ;
3. déploiement rapide donc « instinctif » en formation tactique appropriée à l'approche de l'ennemi ;
4. savoir s'abriter (trouver un couvert) dès qu'on se fait tirer dessus ;
5. savoir se déplacer d'un couvert à l'autre ;
6. s'assurer, toujours sous le feu ennemi, que le groupe est capable de se défendre de menaces venant de n'importe quelle direction ;
7. savoir localiser d'où vient le tir ennemi (d'où le fait que le tir à munitions réelles n'a pas seulement pour but d'immuniser le fantassin au chaos du champ de bataille, mais sert aussi à développer l'oreille pour reconnaître la nature des menaces en vue, éventuellement, de s'en débarrasser) ;
8. savoir trouver une position d'où l'on peut évaluer la situation (cela pour le chef d'escouade, de peloton ou de compagnie) ;
9. savoir évaluer la situation (« lire la bataille ») rapidement ;
10. savoir informer tous ses éléments de cette situation (le « O group » pour *orders group*) ;
11. savoir signaler ses intentions par des ordres (ou des gestes) simples et brefs ;
12. savoir bien utiliser et bien contrôler ses subordonnés immédiats, ce que les automatismes de la *drill* ont visé à rendre rapide en toute circonstance (puisque chacun devrait savoir, avec le minimum d'explication, ce que le chef veut, la *battle drill* ayant pourvu à l'avance aux gestes individuels à être accomplis) ;
13. savoir exécuter en attaque et en défense les principes tactiques fondamentaux : position des armes d'appui (mitrailleuse de section et mortier de compagnie en premier lieu), feu et mouvement, utilisation du couvert, nettoyage, etc.

Howard, qui connaît bien les écoles américaines (Fort Hood, Benning, Belvoir, Bragg...), souligne que ce qui différencie l'approche canadienne de l'américaine c'est la transition entre l'exposé formel et l'exécution. Par la *battle drill* sur le terrain de parade, les Canadiens sauvent du temps, car ils s'assurent que l'exposé est bien compris avant de laisser les groupes se disperser en terrain naturel. Cela évite des journées d'exercice perdues pour des sous-groupes qui ont mal compris où les instructeurs voulaient en venir.

Le colonel recommande que la transition qu'il a observée au Canada soit insérée dans la pédagogie américaine. Il la défend donc, en particulier de l'accusation souvent faite que la *battle drill* sclérose le sens tactique. Il utilise l'analogie de l'instructeur au football américain, qui fait des démonstrations puis demande à ses jours d'exécuter les mêmes gestes sous son œil vigilant, avant de les laisser s'exercer par eux-mêmes en dehors de sa surveillance immédiate. Du cricket au football américain en passant par le hockey, la leçon reste la même.

Il est clair que certains aspects des exercices sur terrain de parade, qui ont un air si artificiels et même comiques, auraient avantage à être répétés dans des aménagements plus appropriés qu'un terrain de parade nu. Avec le temps, c'est effectivement l'évolution que suivra l'entraînement. Des aménagements spécifiques servant aux démonstrations et aux premières répétitions seront construits en marge des salles de classe. Mais au début de l'implantation de la *battle drill*, on n'en était pas encore là, du moins pas encore à Vernon, et c'est ce qui explique que beaucoup d'instructeurs de l'époque considéraient que cette phase, aussi théâtrale qu'elle ait pu apparaître à des observateurs extérieurs, était néanmoins une étape pédagogique essentielle.

Le rapport d'Howard n'était peut-être pas dénué d'à-propos. Il ne semble pas que les chefs de l'US Army ont tiré toutes les conséquences des programmes d'exercices de combat britanniques et canadiens de 1941-1942. Si l'on se fie au témoignage du lieutenant Paul Fussell, les mises en scène développées par les Britanniques et les Canadiens sont négligées dans les écoles d'infanterie américaine[37]. L'histoire officielle américaine est ambiguë à ce sujet : on y parle bien de « battle inoculation courses », de « battle courses » pleins de réalisme avec effets sonores et explosions, de mises en scène aussi, comme dans les « village fighting courses » et autres « special battle courses », mais, et c'est le point étonnant, tous ces cours semblent débuter aux États-Unis au plus tôt en février 1943[38], après que les combats fort peu exigeants contre les forces françaises vichystes et quelques éléments allemands peu nombreux eurent démontré le caractère inepte de l'entraînement dans l'US Army en Afrique du Nord à la fin de 1942 et au tout début de 1943. Il ne faut également pas oublier que dans le Pacifique, c'est l'infanterie du Corps des Marines qui combattait, pas celle de l'US Army, qui était donc encore sans expérience. Cette dernière, malgré un an passé en Angleterre, ne semble pas avoir profité de l'expérience britannique ou de l'expérience des Marines[39] (la rivalité avec les Marines était et est toujours très grande), d'où les désagréables surprises de 1942-1943. C'est ce qui explique sans doute que le colonel Howard fut autorisé à voyager au Canada à l'été 1943, même à ses frais.

---

37. Paul Fussell, *The boys' crusade…, op. cit.*, p. 129. Le témoignage d'un autre subalterne américain, celui-ci officier de carrière et futur général, corrobore celui de Fussell : « Our training officers were definitely of the old school » (Donald V. Bennett assisté de William D. Forstchen, *Honor tarnished : a West Point graduate's memoir of World War II*, New York, Tom Doherty Associates, 2003, p. 66).
38. R. R. Palmer, B. I. Wiley et W. R. Keast, *The procurement and training of ground combat troops, op. cit.*
39. L'entraînement au combat des Marines trouve ses sources dans les études du Corps des Marines avant et au début de la Deuxième Guerre mondiale. Contrairement à un autre préjugé tenace, les officiers fusiliers marins des États-Unis sont plus studieux que leurs collègues et rivaux de l'Armée américaine. Voir le témoignage de E. B. Sledge, *With the old breed at Peleliu and Okinawa*, préf. de Paul Fussell, New York, Oxford University Press, 1990 (1981), chap. II.

Le mouvement de *Battle School* tendait le ressort psychologique de deux manières : les défaites des années précédentes avaient gravement entamé le moral des armées britanniques et certains officiers croyaient qu'il y avait un risque sérieux de développer un sentiment d'infériorité, et conséquemment un manque d'agressivité, si une méthode plus vigoureuse n'était pas introduite. Les zélateurs des premières *Battle Schools* voyaient leur méthode autant comme un conditionnement psychologique qu'une technique de combat.

C'est pourquoi on conseillait vivement aux instructeurs de pousser le plus loin possible le travail de « vaccination » contre la peur, avec des méthodes inspirées de la psychologie, de la psychanalyse et... du marketing (recours au slogan, courtes séquences filmées inspirant la haine de l'Allemand, etc.). En introduisant la *battle drill*, sans l'exprimer clairement, Alexander et Utterson-Kelso mettaient le doigt sur un problème psychologique fondamental du combat que des recherches ultérieures vont mieux exposer : les fantassins ne se laissent pas facilement abrutir par la peur s'ils ont confiance en leurs moyens et en leurs voisins d'infortune, car ils se battent moins pour la patrie que pour leurs *chums*. Le petit groupe (section, escouade) qui entoure le soldat est ce qui compte le plus, et le moral est meilleur si les chefs savent entretenir la cohésion de ces petits groupes. Évidemment, le contrôle de la peur, la confiance en son entraînement et en ses collègues sont souvent ébranlés lors de la confrontation avec l'ennemi, mais ceci est un autre problème[40].

Ce qui est indéniable, et j'y reviendrai, c'est qu'un entraînement plus réaliste accroissait la confiance ; les soldats n'étaient pas des idiots et ils comprenaient bien que les défilés et les marches ne serviraient pas à grand chose une fois sur le champ de bataille. L'officier canadien chargé du rapport historique préparé en 1944 a d'ailleurs fortement insisté sur le rôle de la *battle drill*, à partir de la fin de 1941, pour maintenir l'intérêt des soldats. Par un réalisme entretenu grâce à l'inventivité pédagogique des instructeurs, les recrues étaient pleinement occupées à un « travail » qui semblait vraiment les préparer au combat, plutôt que de s'ennuyer à effectuer des évolutions stéréotypées sur un terrain de parade[41].

Le but explicite était de former des soldats agressifs (« ruthless killer » fit partie du vocabulaire utilisé pour décrire le combattant idéal) aux nerfs solides et capables d'endurer les horreurs du champ de bataille. Pour reproduire les

---

40. Voir de B. Shepard, *A war of nerves : soldiers and psychiatrists in the twentieth century*, Londres, Jonathan Cape, 2000, p. 232 suiv. pour un aperçu critique de l'efficacité psychologique de la *battle drill* ; et F. Rousseau, *op. cit.*, p. 161-167, pour les limites de la notion de « groupe primaire », mais appliquée au cas de la Première Guerre mondiale.
41. W. Boss, « Report No. 123, Historical Officer, Canadian Military Headquarters – Battle Drill Training », 31 août 1944, par. 2, 21, 33, 36, 37 et 42. Le major Boss, l'officier chargé par C. P. Stacey de produire le rapport sur la *battle drill*, a semble-t-il été victime d'un enthousiasme communicatif lorsqu'il écrit un peu plus loin que « cette chose appelée *battle drill* est ce qui approche le plus le combat réel, ce qui donne aux troupes le stimulus dont elles ont besoin, l'antidote de l'ennui » (*ibid.*, par. 36).

bruits de la bataille ou l'effet de la chute d'obus, on utilisait des techniques similaires aux trucages cinématographiques. Le réalisme avait cependant les limites de la mise en scène : bien que les munitions réelles furent utilisées dans la mesure du possible, des procédures de sécurité rigoureuses étaient en place pour éviter les accidents. C'est aussi pourquoi on suggérait aux instructeurs des trucs qui peuvent paraître un tantinet repoussants : visites répétées d'abattoirs où les hommes doivent regarder les animaux au moment de la mise à mort, visites d'hôpitaux pour observer les opérations ou le pansement de blessés graves et, si cela ne suffit pas, recours à des mises en scène sophistiquées où des instructeurs jouent le rôle de blessés graves avec sang de cochon et os broyés d'animaux pour faire bon effet[42].

L'introduction de la *battle drill* dans la doctrine officielle : l'*Instruction de l'infanterie*, 1944

Après la faillite de 1940, après une réforme fondamentale de l'entraînement, la doctrine tactique officielle devenait difficile à mettre à jour. La profusion de nouveautés tactiques à enseigner avait conduit à la multiplication des brochures d'instruction sectorielle, mais la grande synthèse qui devait remplacer l'édition amendée de l'*Instruction* de 1937 n'avait pu être produite, probablement en raison de la complexité de la tâche et de différends qui persistaient dans les états-majors quant au degré de *battle drill* à injecter dans la doctrine. Ces débats seront analysés en détail plus loin. Il faut d'abord considérer la mesure dans laquelle l'institution s'est appropriée le projet des *Battle Schools*.

Il était prévu de remplacer l'*Instruction* de 1937 par une série de huit brochures substantielles (dont la deuxième ne sera jamais publiée), la première donnant les notions générales au bataillon, et s'adressant surtout aux officiers supérieurs de celui-ci, les autres portant sur divers aspects du fonctionnement des différents rouages d'un bataillon d'infanterie tel qu'il a été transformé entre le début de la guerre et la fin de 1943 : *Le bataillon d'infanterie*, *La compagnie de fusiliers*, *Le peloton de mortiers*, *Le peloton de chenillettes*, *Le peloton antichars*, *Le peloton de sapeurs* et *Exercices de service en campagne, exercices de combat, tactique de section et de peloton*[43]. C'est dans des textes comme ceux-là que devait se condenser le savoir-faire des unités canadiennes qui bataillaient en Italie et qui se préparaient à donner l'assaut en Normandie. La genèse de ce savoir-faire est capitale pour comprendre les difficultés qui n'ont cessé de compromettre le rendement de l'Armée canadienne en Europe jusqu'à la fin de la guerre.

L'édition britannique de la partie I (le bataillon) paraît le 15 janvier 1944, la partie VIII (le peloton) le 4 mars 1944 ; les éditions bilingues canadiennes

---

42. *Ibid.*, par. 3 et 20. Ces mises en scène ont soulevé l'ire de Montgomery. Les alliés ont accusé les Allemands de pratiques semblables en 14-18 (E. Jünger, *Le boqueteau 125, op. cit.*, p. 142).
43. La plupart des brochures mentionnées ici peuvent être consultées au ministère de la Défense nationale, Direction Histoire et patrimoine (Ottawa), collection des *Pamphlets* (sous les cotes FN).

sortent respectivement en octobre et août 1944, cette inversion des dates de publication au Canada étant peut-être une manière de démontrer que c'est l'instruction au combat dans le peloton qui compte le plus, ou que c'est celle-ci qui était la plus déficiente, ou qu'il fallait d'abord en commencer par là, comme si au Canada, on procédait moins du général au particulier que l'inverse.

Malheureusement, l'édition canadienne de la partie VIII est sortie trop tard (cela rappelle les critiques du capitaine Parker) pour les renforts s'entraînant avec l'armée de réserve et qui iront en Europe avant la fin de la guerre. Quant aux troupes débarquées à l'été 1944, elles ont probablement utilisé l'édition britannique de janvier 1944. Il n'est toutefois pas certain que tous ont eu un bénéfice égal d'une révision doctrinale en profondeur, trop occupé qu'était alors le IIe Corps canadien à répéter le débarquement. Mais les troupes engagées plus tard sur le front de Normandie ou de l'Escaut en ont sans doute bénéficié. Quoi qu'il en soit, comme indice de l'état de la doctrine tactique dans la dernière année de guerre, ces brochures sont un outil indispensable.

La partie I comporte évidemment des améliorations sur les pratiques antérieures. Par exemple, on en est enfin venu à prescrire officiellement la transmission verbale (« surtout ») des ordres entre la brigade et le bataillon, ce à quoi on prie les officiers de s'exercer en ayant toujours à leur disposition un carnet de notes pour aide-mémoire, et exclusivement par la voix à l'intérieur des bataillons, dans lesquels « il doit être rarement, s'il l'est jamais, nécessaire de mettre par écrit les ordres d'opération[44] ». On peut penser que ce devait déjà être la pratique dans les meilleures unités. Quoi qu'il en soit, c'était bien tard à l'automne 1944 pour donner force réglementaire à cette pratique sensée.

La partie VIII nous intéresse plus ici. On notera d'abord que dans le titre de cette partie, *battle drill* paraît en toutes lettres, traduit par « exercices de combat » dans l'édition française[45]. Bien que cet enseignement s'effectue depuis 1941-1942, la codification officielle a (encore) tardé. Mais même ainsi, elle a dû avoir des répercussions sur les unités loin du front, et parmi celles-ci les unités francophones qui s'entraînent en français au Québec et pour lesquelles s'étaient là la première chance de lire un exposé systématique en langue française[46].

---

44. *Instruction de l'infanterie, partie I : le bataillon d'infanterie 1944*, brochure bilingue Ottawa, État-major général de l'Armée canadienne, octobre 1944, p. 16.
45. On se demande quelle mouche a piqué English pour qu'il écrive dans son chapitre sur la *battle drill* de *Failure in high command* (*op. cit.*, p. 118) que « the revised instructions promulgated for infantry corps in August 1944 made no mention of battle drill ». Pourtant dans l'*Instruction de l'infanterie* de 1944, justement promulguée au Canada en août 1944, il aurait vu que « battle drill » apparaît non seulement dans le titre de la brochure, mais aussi dans le titre du plus gros chapitre et des dizaines d'autres fois dans le corps du texte. Surprenant d'un chercheur qui paraît bien informé et méticuleux.
46. Le *Mémorandum pour l'instruction dans l'Armée canadienne* a fait état dans ses numéros mensuels d'éléments de la *battle drill* sous la forme de nouvelles, d'extraits de conférence, de photos avec légende, mais tout cela était épars et à peu près impossible à colliger pour un jeune officier en continuel déplacement.

Dans ce genre de brochure, se trouve généralement une note à l'effet que le présent texte remplace un texte plus ancien. Ici, la note est placée en sous-titre, en gras : « La présente partie remplace les Brochures sur l'instruction militaire nos 33 et 42, la Conduite de la section d'infanterie, 1938 ; l'Instruction de l'infanterie, 1937 ; Suppléments n°s 1 et 2, 1941, et Aide-mémoire de l'instructeur en matière d'exercices de service en campagne et de combat (provisoire) ». C'est dire que la doctrine de 1937 sur la tactique à l'intérieur du bataillon, mise à jour précipitamment par la suite, est enfin remplacée par un seul texte cohérent.

La table des matières montre les progrès réalisés entre 1941 et 1944. Le chapitre premier n'est qu'une brève introduction de huit alinéas, mais tout imprégné de la pédagogie *battle drill*. Au paragraphe 2, on y réfère à l'exemple du hockey évoqué plus haut. Plus important est le ton donné dans l'alinéa 3 (toujours la première page), « L'initiative » :

> Les formations serrées d'autrefois ne sauraient subsister sur les champs de bataille d'aujourd'hui ; la dispersion s'impose donc. En raison de cette dispersion, il est inévitable que les petites sous-unités et même les individus soient appelés à prendre des décisions quant aux mesures à adopter pour se conformer au plan général de leur supérieur immédiat.
>
> Cela exige de la part de chaque soldat, de l'initiative, de l'intelligence et des connaissances militaires[47].

Tout le programme des *Battle Schools* tient là, dans ces quelques phrases bien tournées.

Les chapitres deux et trois détaillent l'organisation et la pédagogie à suivre, y compris les exercices de base à maîtriser. Théoriquement, tant pour l'officier instructeur que pour les autres membres du bataillon, il devrait s'agir là d'une répétition du cours de recrue, mais de toute évidence rendue plus pratique et plus proche des réalités du combat. (L'illustration d'un fantassin en tenue camouflée contraste vivement avec les postures illustrées au début de la guerre d'un soldat effectuant les gestes du maniement du fusil sur le terrain de parade.)

La suite étonne. Les trois derniers chapitres traitent respectivement de l'attaque, de la défense et de la retraite, mais sans équilibre : vingt articles pour l'attaque, trois pour la défense et un seul pour la retraite. Les Alliés sont à l'offensive en 1944 et on ne perd pas de temps avec les deux dernières matières, sachant fort bien que s'il y a quelques reculs, ils seront peu nombreux, de peu d'ampleur et de peu de durée. (Mais les Allemands attaqueront tout de même dans la profondeur du dispositif américain lors de l'offensive des Ardennes en décembre 1944 !)

Le chapitre quatre constitue par conséquent le cœur du manuel. Encore une fois, le titre dit beaucoup : « Exercices de combat en vue de l'attaque ». Titre

---

47. *Instruction de l'infanterie, partie VIII : Exercices de service en campagne, exercices de combat, tactique de section et de peloton, 1944*, Ottawa, Imprimeur du roi, 1944, p. 1. On remarquera le style de la traduction, très bonne et même peut-être un peu trop littéraire.

tout *battle drill*. On y trouve d'ailleurs des illustrations identiques ou presque à celles des manuels polycopiés des premières *Battle Schools*, dans un graphisme à peine supérieur. Style moins choquant et mise en pages exceptés, c'est exactement la doctrine préconisée par ces écoles. L'un des premiers paragraphes, exceptionnellement en caractères italiques, a été placé là à n'en pas douter pour répondre à des critiques de la *battle drill*, sur lesquels je reviendrai au chapitre sept :

> *Il faut se rappeler que les exercices décrits dans la présente brochure forment le fondement de la besogne. Ils constituent des règles simples à l'intention du simple soldat. Au fur et à mesure que les pelotons et les sections s'habituent aux exercices, ils les modifient et les emploient d'après la situation et le terrain. Aucun exercice ne peut s'appliquer dans tous les cas. De là l'importance qu'il y a de faire varier les exercices au présent chapitre et dans d'autres aussitôt que les hommes connaissent les notions élémentaires*[48].

Ce manuel est une œuvre achevée, mais tardive. On peut dire que son contenu guide toutes les publications d'instruction de l'infanterie de l'après-guerre[49]. Au fond, même la synthèse *On Infantry* de John English, éditée en 1981 et rééditée en 1994[50], n'en diffère pas substantiellement, et seulement pour accommoder les changements dans l'armement.

☆ ☆ ☆

Je suis bien conscient que l'instruction au combat ne se réduit pas à la seule *battle drill*, quoique aux niveaux des sous-unités du bataillon, ce puisse être presque cela. Je postule ici que les mécanismes révélés par ce débat sont révélateurs des caractéristiques culturelles profondes de l'organisation militaire canadienne de 1940-1945. En d'autres mots, ces caractéristiques trouvées dans un

---

48. *Ibid.*, p. 47.
49. Preuve de la valeur de la doctrine publiée dans cette brochure, des amendements y ont été apportés en novembre 1946, soit pour corriger de petites erreurs, soit pour insister davantage sur une plus grande souplesse tactique, comme avec l'alinéa 103 sur les divers regroupements d'hommes et d'armes possibles à l'intérieur de la section. Voir le cahier d'amendements accompagnant la brochure *Partie VIII*, DHP, carton FN06.
50. John A. English et Bruce I. Gudmundsson, *On infantry*, Westport, Praeger, 1994, viii-201 p. C'est l'édition complètement refondue de *A perspective on infantry* (1981) et de *On infantry* (1984) que English avait publiée sans coauteur. Dans la dernière édition, English expose des techniques venues de la *battle drill*, mais sans en admettre l'origine. Il ne voit dans la *battle drill* qu'une suite de recettes stéréotypées. Il va même jusqu'à attribuer la rigidité opérationnelle canadienne à cette méthode, ce qui est un comble. Avec mauvaise foi, English lui attribue l'absence de latitude laissée aux subalternes et l'abus des ordres écrits complexes. Or, je le répète, la *battle drill* vise à donner plus d'autonomie aux subalternes, et on s'y passe totalement d'ordres écrits. Poussant la mauvaise foi jusqu'au bout (*ibid.*, p. 105), il cite un officier allemand ridiculisant les méthodes rigides des Britanniques, conséquences de la « stupide » (*mindless*) *battle drill*. Ce qu'en fait critique cet officier allemand, ce sont les procédures employées par les états-majors et les généraux britanniques, et probablement le *sequencing* de Montgomery discuté au chapitre deux. Derrière cette mauvaise querelle cherchée aux *Battle Schools* de 1941-1945, il y a peut-être un refus de critiquer la classe des officiers de carrière.

élément singulier sont typiques d'une culture institutionnelle. Par conséquent, je peux faire l'économie d'une exploration plus détaillée, franchement difficile à entreprendre par un seul chercheur. Ce qui importe ici, c'est que par une exploration détaillée d'un objet limité mais d'une valeur-type, on parvient à éclairer les forces et faiblesses de l'organisation, et de la sorte à comprendre comment l'organisation, et les hommes qui la font, sous les pressions et les contraintes les plus fortes, arrivent à produire une solution qui apparaît prometteuse.

Toutefois, l'observation d'une valeur-type n'a de chance de nous éclairer sur la culture militaire que si le récit des transformations qui l'affectent est replacé dans le contexte global du système militaire. En mode interrogatif, une théorie peut sembler porteuse de réformes souhaitables, mais reçoit-elle un accueil positif dans le ou les milieux qui y sont exposés ? Et encore, l'accueil a-t-il été le même en haut et en bas de la hiérarchie, question importante quand on sait que l'enthousiasme venait d'en bas et que la hiérarchie était un peu en retard ? Finalement, comment la nouveauté s'inscrit-elle dans l'édifice général d'instruction et d'entraînement ? En répondant à ces questions dans les chapitres suivants, on comprendra mieux comment la culture organisationnelle héritée de la Première Guerre mondiale, qu'on tente de réformer en catastrophe sous le poids des circonstances, poursuit sa transformation ou résiste à cette transformation.

Il y a aussi que la culture organisationnelle, et les forces agissant directement sur elle dans un sens ou dans l'autre, n'évoluent pas dans le vase plus ou moins clos du système d'instruction. Même si l'Armée canadienne ne participe à aucune opération d'envergue avant l'été 1943, pour le Ier Corps d'armée, et le débarquement du 6 juin 1944 pour le IIe Corps (Dieppe n'est qu'un raid d'une journée), le système d'instruction canadien subit l'influence des événements qui se produisent au même moment dans les théâtres d'opération excentriques, et particulièrement les combats entre la 8e Armée britannique et les forces italo-allemandes en Afrique du Nord entre 1940 et 1943. Restera donc à examiner comment l'instruction plutôt théorique et les leçons tirées de l'expérience pratique sont compatibles, et surtout si l'amalgame produit est porteur de solutions aux problèmes révélés par le désastre de mai-juin 1940.

Finalement, il restera à établir quelle synthèse peut être faite des changements survenus dans l'édifice d'instruction des subalternes, puisque c'est surtout à celui-ci que je me suis attardé, parce qu'il a valeur exemplaire. Quelle synthèse donc peut-on en faire à la veille des grands engagements de Sicile, dans la botte italienne et sur les plages de Normandie ?

✳ ✳ ✳

Chapitre six
☆ ☆ ☆

Implanter une nouvelle conception de l'instruction

> L'École a connu un excellent départ sous la gouverne du colonel Whitelaw. Le colonel Gregg, avec son expérience d'entraînement outre-mer, y amène maintenant de nouvelles idées et un tempo plus rapide[1].
>
> J. L. Ralston, 7 novembre 1942.
>
> À moins que l'entraînement et la planification ne soient presque aussi cyniques et brutaux que la bataille dans la manière de soigner la nature humaine, à moins que les renforts ne soient entraînés rigoureusement et préparés psychologiquement, le désastre est presque inévitable[2].
>
> Paul Fussell.

Le mouvement des *Battle Schools* étant une réaction aux désastres subis par l'Armée anglaise en 1939-1940 et la copie du modèle britannique étant une seconde nature dans l'Armée canadienne, il n'est pas étonnant que la première école canadienne du genre ait été fondée en Angleterre.

La *battle drill* dans l'Armée canadienne d'outre-mer

Comme pour les Anglais, l'introduction de la *battle drill* chez les Canadiens ne s'est pas effectuée sous l'effet d'une intervention officielle. On l'a doit plutôt à des officiers d'unités combattantes stationnées en sol anglais, officiers insatisfaits des méthodes d'entraînement alors en vigueur. Ces officiers ont pris l'initiative de fonder des écoles régimentaires enseignant la *battle drill*. Il faut insister sur le fait qu'en 1941 jusqu'à tard en 1942, cette nouvelle méthode s'est répandue par un processus de diffusion latérale entre unités combattantes plutôt qu'en suivant la voie hiérarchique[3].

---

1. Allocution du ministre de la Défense nationale citée dans JG, OTC n° 1 (Brockville), novembre 1942, app. D (BAC, RG24, C-3, vol. 16 936).
2. *The Boys' crusade : the American infantry in northwestern Europe, 1941-1945*, New York, The Modern Library, 2003, p. 97.
3. Le rapport de la Section historique à Londres (W. Boss, « Report No. 123, Historical Officer, Canadian Military Headquarters — Battle Drill Training », *op. cit.*) comporte une introduction dont les paragraphes 2 à 10 relèvent d'une tentative malhabile d'intégrer la *battle drill* à une succession de réformes visant l'amélioration de la condition physique telle que préconisée dans des brochures de mars 1940 (*Training in fieldcraft and elementary tactics*) et mars 1941 (*Physical and recreational training*). Il s'agit bien sûr d'une tentative précoce (le rapport date d'août 1944) de récupérer au profit de la hiérarchie une réforme fondamentale. Il s'agit d'une pauvre solution de continuité que les témoignages des acteurs démentent, comme nous le montrons plus loin. Stacey, alors lieute-

La 47ᵉ Division britannique était stationnée dans le sud de l'Angleterre où elle relevait du *Southern Command* alors commandé par Montgomery. À l'été 1941, sa voisine, la 55ᵉ Division britannique, est relevée par la 2ᵉ Division d'infanterie canadienne. C'est ainsi que le hasard[4] des cantonnements permet à quelques Canadiens d'assister à des démonstrations par « l'école » de la 47ᵉ Division, commandée par le major Wigram et située à Chelmwood Gate au début de l'automne. Parmi les premiers témoins canadiens de ces nouvelles méthodes de la 47ᵉ figuraient des officiers d'un bataillon de la 2ᵉ Division, les Calgary Highlanders, le lieutenant-colonel J. F. Scott et l'un de ses subordonnés, le capitaine J. Campbell.

Les Calgary Highlanders vivent ce qui semble avoir été la situation typique des bataillons canadiens après deux années de garnison en Angleterre. Le 4 octobre, ce bataillon « écossais » de Calgary rentre tard à la base, fourbu. L'exercice « Bumper », des grandes manœuvres impliquant deux QG d'armée, quatre corps d'armée dont le corps canadien[5], viennent de prendre fin et le sentiment est, selon le compilateur du journal de guerre du bataillon, que ce « fut un entraînement profitable et l'on se demande pourquoi l'on n'a pas d'entraînement du genre plus souvent. Beaucoup de choses ont été apprises à tous les niveaux. »

À vrai dire, ce ne sont pas là les premières manœuvres auxquelles le bataillon a pris part. On trouve dans la première histoire de ce régiment parue après-guerre, sur des dizaines de pages, la liste des manœuvres auxquelles le bataillon a participé. Malgré tous les efforts de l'historien régimentaire pour nous convaincre que cette période fut heureuse, il laisse échapper trois petites lignes significatives : « Une indication de la popularité future qu'aura la "battle drill" est l'amusement que les hommes ont trouvé en balançant des grenades de combat et en utilisant des mortiers pour la première fois au début de mai[6] [1941] ».

---

nant-colonel, commandait la Section historique au CMHQ et il n'est donc pas surprenant que cette ligne soit reprise dans l'histoire officielle de l'Armée canadienne (*Histoire officielle de la participation de l'armée canadienne à la Seconde Guerre mondiale, volume I. Six années de guerre : l'armée au Canada, en Grande-Bretagne et dans le Pacifique*, Ottawa, Imprimeur de la Reine, 1966, p. 248-250 ; la traduction étant parfois chaotique, voir l'édition anglaise aux p. 240-241).

4. J. English, *Failure in high command : the Canadian Army and the Normandy campaign*, Ottawa, The Golden Dog Press, 1995 (1991), p. 108.
5. Montgomery agissait comme arbitre en chef lors de ces manœuvres. C'est probablement à cette occasion qu'il prit conscience de la médiocrité du haut-commandement canadien. Il devient en novembre 1941 commandement du Sud-Est de l'Angleterre, en fait un groupe d'armées dont fait partie le corps canadien. Il obligera alors à une vaste purge. Voir J. English, *ibid.*, p. 80, 127 et 161.
6. Roy Farran, *The History of the Calgary Highlanders 1921-54*, [Calgary ?], le Régiment, [1954 ?], p. 82. Je signale en passant que l'autre historien régimentaire des Calgary Highlanders, David Bercuson (*Bataillon of heroes : the Calgary Highlanders in World War II*, Calgary, le Régiment, 1994, p. 38-39), adopte à peu près le jugement de English (voir plus bas dans ce chapitre), même s'il semble avoir des doutes, de sorte qu'il est aux antipodes de Farran au sujet de la *battle drill*. Les sources connexes dont je parlerai plus loin à l'occasion de la réception s'accordent plus avec le récit de Farran que le résumé de Bercuson. Il est également remarquable que Farran consacre 120 des 200 pages de son livre à la mobilisation et à l'entraînement, alors que Bercuson ne consacre au même sujet qu'une quarantaine de pages sur 240 pages. Farran s'excuse d'ailleurs de son insistance sur ces sujets en préface (*The History of the Calgary Highlanders 1921-54, op. cit.*, p. ix). Farran a également eu

Il a donc fallu attendre plus de vingt mois après l'ouverture des hostilités pour un petit épisode mettant en jeu de vrais explosifs !

Après un an et demi ou deux ans d'entraînement inutile ou presque, c'est beaucoup dire. Mais chassé, le naturel a tenté un retour au galop : le 20 octobre une « Smartering Up School » régimentaire, c'est-à-dire un camp de bonne tenue, commence à fonctionner dans ce régiment[7]...

Heureusement, deux jours plus tard, survient un événement anodin mais qui va changer l'histoire régimentaire pour toujours selon l'historien régimentaire Roy Farran. On l'a vu, trois officiers, le capitaine Campbell et les lieutenants Buchanan et Nixon se rendent à Chelmwood Gate pour observer les exercices de *battle drill* de la 47e Division. Il est évident que ce détachement n'a pas été envoyé chez les Britanniques par courtoisie, mais que c'était une décision prise depuis au moins plusieurs jours. En effet, dès le lendemain après-midi, le capitaine Campbell organise une démonstration de *battle drill* pour nul autre que le ministre de la Défense, le colonel Ralston, alors en visite au Royaume-Uni[8].

« [A]ucun disciple plus fanatique que ce trio n'aurait pu revenir » de Chelmwood Gate écrira Farran une douzaine d'années après les événements, ajoutant que « les Calgary Highlanders devinrent alors des missionnaires d'un nouveau credo d'entraînement possédés de la ferveur des premiers évangélistes[9] ». À partir de ce moment, et jusqu'en février 1942, les Calgary Highlanders exsudent une fièvre causée par la *battle drill*. Ce n'est pas à dire que la tenue ou les longues marches propres à l'entraînement depuis 1939 cessent immédiatement, en fait elles se poursuivent[10], mais l'accent est dorénavant mis ailleurs.

Pour montrer l'exemple, un peloton de démonstration est organisé[11], donc la fonction sera aussi extrarégimentaire, c'est-à-dire qu'il montrera aux visiteurs, pour la plupart des officiers subalternes et sous-officiers de bataillons canadiens et britanniques, ce qu'est la *battle drill*. Les officiers du régiment sont très conscients qu'ils ont trouvé un bon filon, et c'est d'ailleurs noté au journal de guerre : « Cette *battle drill* est une vraie bonne affaire et les Calgary Highlanders sont à la fine pointe en ce qui concerne l'Armée canadienne [...] la plus grande avancée jusqu'ici dans l'entraînement de l'Armée canadienne[12]. » Dans les mots d'un autre subalterne du régiment, le lieutenant Jeffery Williams, « c'est

---

l'occasion de rencontrer plus d'anciens du régiment à la mémoire plus fraîche que Bercuson. Je suivrai donc Farran et le journal de guerre des Calgary Highlanders de préférence à Bercuson.
7. Journal de guerre des Calgary Highlanders, 4 et 20 octobre 1941 (BAC, RG24, C-3, vol. 15 016).
8. *Ibid.*, 23 octobre 1941. Deux sergents des Calgary Highlanders suivront aussi l'un des premiers cours de *battle drill* donné à la 47e Division (*The Regimental Journal — The Calgary Highlanders*, vol. III, n° 13, novembre 1941, p. 3-4, en annexe au JG pour novembre 1941).
9. R. Farran, *The History of the Calgary Highlanders...*, op. cit., p. 97 et 98.
10. *Ibid.*, 24 octobre, 6 et 10 novembre 1941, etc.
11. *Ibid.* novembre 1941. Le peloton de démonstration a certainement été formé avant le 14 novembre.
12. *Ibid.*, 14 novembre 1941.

la première fois depuis que nous avons joint l'armée que des soldats des pelotons de fusiliers apprennent ce qu'on attend d'eux devant l'ennemi[13] ».

Dans les semaines qui suivent, un par un, tous les pelotons de toutes les compagnies du bataillon suivent une formation. Parallèlement, d'autres officiers se rendent auprès de la 47e Division britannique pour un stage d'instructeurs, qui à cette époque dure deux semaines[14]. De son côté, le colonel Scott commence à répandre la bonne nouvelle dans le reste de l'Armée canadienne, auprès des chefs de bataillon des autres unités et même dans les dépôts de renforts[15].

L'un des effets premiers de ce nouveau régime d'entraînement est médical. Dans la seule journée du 24 novembre, le médecin régimentaire des Calgary Highlanders détermine que onze soldats n'auront pas à suivre le cours[16] de *battle drill*...

Six jours plus tard, l'école de *battle drill* du régiment est officiellement fondée, au sens où des membres d'autres régiments sont détachés auprès des Calgary Highlanders pour suivre le cours. Les premiers sont trois officiers et trois sous-officiers du South Saskatchewan Regiment, un autre bataillon d'infanterie de la 2e Division d'infanterie canadienne. Suivront des membres des Toronto Scottish (le bataillon de mitrailleuses de la 2e Division) puis de quelques autres unités d'infanterie canadienne avant que l'école soit fermée le 31 janvier 1942[17]. (Une école strictement intrarégimentaire redémarre dès février[18].)

En effet, l'école est victime de son succès. Le 9 janvier, les Calgary Highlanders avaient reçu le major-général H. D. G. Crerar, qui assumait alors l'intérim à la tête du Corps canadien en remplacement d'un McNaughton souffrant. Crerar était accompagné du major-général V. W. Odlum, commandant de division[19]. Le 30 janvier, une autre démonstration, cette fois au bénéfice de représentants de presque toutes les unités canadiennes, est tenue par le régiment. Le lendemain advient la fermeture, parce que l'état-major canadien a décidé de donner la responsabilité de cette formation à la Canadian Training School[20], l'unité du Quartier général canadien en Grande-Bretagne responsable des formations avancées. La *battle drill* commence à s'institutionnaliser.

---

13. *Far from home : a memoir of a twentieth-century soldier*, Calgary, University of Calgary Press, 2003, p. 188.
14. *Ibid.*, 16, 18, 23 et 24 novembre 1941.
15. *Ibid.*, 21 et 22 novembre 1941.
16. *Ibid.*, 24 novembre 1941.
17. *Ibid.*, 1er décembre 1941 et 31 janvier 1942. Cette première école à vocation extrarégimentaire a reçu quatre cohortes en deux mois.
18. *Ibid.*, 16 février 1942.
19. R. Farran, *The History of the Calgary Highlanders...*, *op. cit.*, p. 97.
20. *Ibid.*, 9, 30 et 31 janvier et 11 février 1942. Ce dernier jour, deux officiers de la CTS passent au régiment pour recueillir l'information nécessaire à la poursuite des activités à Bordon Hants. Ce soir-là, déçus de la tournure des événements, les instructeurs en *battle drill* des Calgary Highlanders tiennent un séminaire sur le thème « Co-operation between army tanks and infantry », un séminaire qui n'allait pas avoir de suite immédiate.

Implanter une nouvelle conception ✵ 213

Pour les Calgary Highlanders, le bilan de l'introduction de la *battle drill* avait déjà été dressé le dernier jour de l'an 1941 par le chroniqueur régimentaire :

> À ce jour, en ce qui concerne les Canadiens en Angleterre, la guerre est toujours dans une impasse. Rien que pour cela, beaucoup de nos hommes se sont même mariés et ont installé leurs épouses à Eastbourne. Ils ont des permissions de nuit. D'autres moins chanceux sur le plan matrimonial tuent simplement le temps. Cela me ramène encore et toujours à la « battle drill ». Ces « oisifs » n'avaient rien à faire pour s'entraîner avant la *battle drill*, si ce n'est que de défiler. Maintenant, ils parlent, mangent et rêvent de *battle drill*. Leur moral est plus élevé que jamais dans les dernières deux années et demie. Un homme est fier de pouvoir dire « j'ai suivi le cours de *battle drill* » parce que c'est un véritable test physique, particulièrement pour un simple soldat. Les chefs subalternes qui ont maintenant à leur dossier la *battle drill* savent que c'est aussi un test mental[21].

Dès lors, la nouvelle méthode d'instruction au combat commence à se répandre, bataillon par bataillon, à toutes les unités d'infanterie canadiennes stationnées en Grande-Bretagne. Toujours le 31 décembre 1941, l'officier tenant le journal de guerre écrit aussi que :

> la plus grande réalisation de l'année est l'adoption de la *battle drill*. La personne lisant le présent journal en a peut-être assez de me voir continuellement y référer, mais si vous continuez à consulter ce journal jusqu'au jour où, d'ici un an ou deux, vous lirez que le Calgary Highlanders a capturé une position ennemie importante par un mouvement en pince d'une précision mécanique, vous comprendrez pourquoi j'ai tant insisté sur ce type d'entraînement[22].

Aussi importante que la fondation par les Calgary Highlanders d'une école de *battle drill* est leur implication dans la publication d'un manuel « clandestin ». En l'absence d'assentiment doctrinal du War Office de Londres ou du QGDN à Ottawa, qui doivent approuver tous les manuels d'instruction dans leur juridiction respective, la 47e Division britannique avait assemblé des notes dactylographiées qu'elle n'arrivait pas à faire reproduire en suffisamment d'exemplaires pour satisfaire à la demande. La « première bible (sic) de *battle drill*, une compilation de la 47e Division de Londres, a dû être imprimée clandestinement dans la salle de rapport des Calgary Highlanders » au dire de l'historien régimentaire[23]. Ce texte connaîtra fortune. Les Calgary Highlanders en polycopient pour leur compte cinquante exemplaires (vendus 17 shillings pièce !), tirage rapidement épuisé[24]. Tous les quartiers généraux de formations supérieures canadiennes (brigades, divisions, corps et Londres) ont reçu un exemplaire d'un

---

21. *Ibid.*, 31 décembre 1941.
22. Cité par W. Boss, « Battle Drill Training », *op. cit.*, p. 6. Le lecteur auquel il est fait allusion est le chef de bataillon.
23. R. Farran, *The History of the Calgary Highlanders…*, *op. cit.*, p. 98.
24. Cette « première édition canadienne » peut être trouvée à l'annexe 6 du JG des Calgary Highlanders de décembre 1941.

autre tirage avant le 26 janvier 1942[25]. D'autres tirages et d'autres éditions (toutes polycopiées) se suivront entre 1942 et la 5e édition révisée du 9 février 1943, celle qui sera utilisée pour la 9e cohorte du cours de *battle drill* de Vernon en Colombie-Britannique. C'est la version la plus avancée que j'ai pu consulter. Elle se trouve dans les archives du ministère de la Défense nationale à Ottawa. Cette dernière édition comporte le double de pages de la première, mais probablement quatre fois plus de texte, avec de bien meilleures illustrations[26].

Une institutionnalisation chaotique

Comme je l'ai déjà suggéré, ce n'est pas sans tracasseries que les premières semaines de développement de la *battle drill* sont vécues. Au problème de l'absence de manuel, l'historien des Calgary Highlanders ajoute avec amertume que « la *battle drill* rencontrait une réception mitigée de la part de la vieille garde du War Office. Elle s'y est opposée avec le même entêtement inébranlable qu'elle avait combattu les innovations dans les blindés et la guerre aérienne[27]. » Plus décevante encore était l'attitude de nombres officiers supérieurs et officiers généraux canadiens qui voyaient l'école des Calgary Highlanders comme une menace pour leurs prérogatives ou, ce qui revient un peu au même, une marque de leur incompétence à entraîner leurs hommes. On a ainsi invoqué à l'encontre de l'initiative des hommes du colonel Scott la règle traditionnelle selon laquelle chaque officier doit instruire son peloton, et donc que c'est à chaque régiment de s'occuper de cette affaire.

Le général Odlum et son état-major divisionnaire semblaient ouverts aux nouveautés[28], mais ce n'était pas le cas dans l'autre grande unité canadienne en Angleterre. Lorsque des commandants d'unités de la 1re Division d'infanterie canadienne veulent envoyer des stagiaires auprès des Calgary Highlanders, le commandant de cette division[29], le major-général G.R. Pearkes (qui a remplacé McNaughton promu commandant de corps) leur interdit formellement. Pourquoi cette résistance ? Peut-être s'agit-il tout simplement d'une méfiance congénitale de vieux soldat. Né en 1888, Pearkes était passé de la Police montée à cheval (ancienne GRC) à l'armée en 1915. Il se couvrira de gloire et de décorations (dont la Croix de Victoria) et restera dans la Force permanente après la guerre. Il passera par le Staff College et l'IDC dans les années 1920. Comment ce prestigieux guerrier pouvait-il accepter que des jeunots de la milice (le bataillon des

---

25. W. Boss, « Battle Drill Training », *op. cit.*, p. 5.
26. DHP, dossier 367.064 (1).
27. R. Farran, *The History of the Calgary Highlanders...*, *op. cit.*, p. 98.
28. Le GSO1 d'Odlum (bientôt remplacé par le major-général Roberts, Lett demeurant en fonction), le jeune lieutenant-colonel Sherwood Lett, était un partisan enthousiaste de la *battle drill*. Il a été la cheville ouvrière de l'organisation des visites d'officiers de la division aux démonstrations des Calgary Highlanders et de l'école de la 47e Division. Voir Reginald H. Roy, *Sherwood Lett : his life and times*, Vancouver, UBC Alumni Association, 1991, p. 102. Je remercie Mike McNorgan de m'avoir signalé cette référence.
29. *Ibid.*, p. 98 et 100.

Calgary Highlanders est une unité de milice) lui montrent comment on entraîne un soldat ? Cela revenait à contester le professionnalisme du soldat de carrière[30]. Pearkes en avait aussi contre certains aspects de la *battle drill* des premiers temps, en particulier le « hate training » et « l'immunisation » au champ de bataille par la visite d'abattoirs ou de salles d'opération[31].

Un collègue de Pearkes, le major-général Maurice Pope (qu'on a rencontré au premier chapitre), avait peu d'estime pour les habiletés de ce dernier[32], une opinion qui a fini par être partagée par les supérieurs de celui-ci. Il sera éventuellement démis de son commandement et renvoyé au Canada[33]. Là, il prendra le commandement de la Division militaire du Pacifique, en Colombie-Britannique, ce qui lui permettra d'interférer avec une autre école de *battle drill*. Pearkes élira résidence en Colombie-Britannique après sa retraite de l'Armée et deviendra éventuellement ministre de la Défense dans le gouvernement conservateur de Diefenbaker à la fin des années 1950. Une carrière exemplaire.

Il n'y a pas que dans l'Armée canadienne où l'opposition d'officiers généraux réguliers s'est fait sentir. La 47ᵉ Division avait déjà dû fermer son école en novembre 1941 à cause de résistances similaires dans la hiérarchie britannique. Elle a alors utilisé ses bonnes relations dans les Calgary Highlanders pour donner une session clandestinement[34].

On a vu que le général Crerar avait constaté *de visu* ce qu'était la *battle drill* dans les premiers jours de janvier 1942. Il aurait été impressionné et d'ailleurs est revenu voir les Calgary Highlanders le 23 janvier du même mois. C'est peut-être ce qui explique, qu'en février suivant, il recommande la nomination du lieutenant-colonel Scott comme principal officier d'état-major pour le Collège militaire de Kingston, aux fins d'y superviser le cours pour officiers supérieurs[35].

---

30. Il s'est plaint de « l'attitude trop camp de milice » que les hommes adoptaient encore à l'automne 1940 (Reginald H. Roy, *For most conspicuous bravery : a biography of major-general George R. Pearkes, V.C., thorough two world wars*, Vancouver, University of British Columbia Press, 1977, p. 158). En rappelant que l'armée d'active n'est plus la milice, ce qui était vrai sur le plan organisationnel, Pearkes rabaissait néanmoins le milicien par rapport au régulier. C'est d'autant plus significatif qu'il le faisait en connaissance de cause ; il avait passé une bonne partie de l'entre-deux-guerres à côtoyer des officiers de milice dans ses fonctions d'état-major importantes dans l'Ouest du Canada (*ibid.*, p. 7 et 8).
31. Reginald H. Roy, *For most conspicuous bravery…, op. cit.*, p. 170.
32. Biographie de Pearkes dans les dossiers biographiques de la DHP. Le commentaire de Pope (« not an able man ») a été fait lors d'une interview que celui-ci a accordée à l'historien Norman Hillmer en 1977 (aussi DHP, dossier BIOG).
33. Pearkes est relevé à la demande du commandant régional dont dépend le corps canadien, le lieutenant-général B. L. Montgomery. Ce dernier a formulé un jugement lapidaire sur le général canadien après des manœuvres (Beaver III) durant lesquelles la 1ʳᵉ Division canadienne a connu des difficultés. Montgomery évalue que les officiers régimentaires et la troupe sont du bon matériel et il attribue en conséquence les difficultés connues par cette division aux généraux de la division. Il demande que trois d'entre eux soient relevés de leur commandement, Pearkes et deux des trois commandants de brigade. De Pearkes, Montgomery écrit dans son rapport que c'est un « courageux soldat… sans cervelle », qu'il « mènera courageusement sa division au combat jusqu'au dernier homme », ce qui « arrivera bien trop rapidement » (J. English, *Failure in high command…, op. cit.*, p. 135).
34. R. Farran, *The History of the Calgary Highlanders…, op. cit.*, p. 100.
35. *Ibid.*, p. 109.

Mais une autre explication est que Crerar voulait se débarrasser d'un zélé dérangeant, car Scott est déçu de cette nomination. En fait, le colonel Scott semble bien avoir été écarté de son bataillon en raison d'âge (il aura 50 ans en juillet 1942, presque l'âge de la retraite à son grade[36]). Il est remplacé par un nouveau promu, de quatorze ans son cadet. Malgré la promesse de Crerar, une fois rentré au Canada, Scott, officier de milice, ne prendra pas charge d'instruction au RMC, le grand temple des officiers réguliers[37]. Il sera plutôt affecté à une fonction loin du centre nerveux de l'instruction dans l'Armée canadienne (le triangle Ottawa-Borden-Kingston), une fonction dans son domaine de compétence néanmoins. La « nomination » a donc tous les airs d'un exil.

Dans une lettre du 12 janvier 1942, Crerar remerciait Scott de l'envoi du manuel de *battle drill*, celui-là même que les Calgary Highlanders imprimaient « clandestinement ». Crerar soulignait les services rendus à toute l'armée par l'école du bataillon. Cependant, du même coup, il faisait remarquer que « la saison des invasions » allait débuter bientôt et qu'il était temps que les étudiants retournent à la maison, dans leurs bataillons respectifs, pour se préparer à repousser une invasion nazie des îles Britanniques toujours appréhendée[38]. Autre justification de la fermeture de l'école du bataillon.

Cependant, ce sont les derniers moments où les écoles informelles de *battle drill* ne reçoivent qu'un agrément de façade, car le War Office décide finalement, presque dix-huit mois après la brochure originale d'Alexander, d'en formaliser l'existence en créant une *Battle School* centrale chargée de former des officiers et des sous-officiers instructeurs. Si le temps le permet — ce temps, les unités canado-britannique l'auront — toutes les unités s'entraîneront dans des camps-écoles spécialement aménagés à cet effet, écoles de « commandos », d'opérations combinées, c'est-à-dire les débarquements sur des plages[39], etc. où l'esprit *battle drill* est entretenu et développé. Ainsi pourra être diffusé à tous les membres de toutes les unités le nouveau credo.

---

36. J. F. Scott et M. F. Gregg (voir plus bas) ont été victimes d'une réforme réglementaire entrant en vigueur le 1er janvier 1942. Il s'agissait de rajeunir le commandement des unités (bataillons) au motif que « la guerre moderne exigeait, aux postes de commandement, des hommes jeunes. Ainsi, pour un lieutenant-colonel commandant une unité en campagne, la limite d'âge est fixée à 51 ans (mais 60 pour un poste au Canada). En 1943, des limites similaires sont imposées pour les officiers des rangs inférieurs, soit 47 ans pour un major, 45 pour un capitaine et 35 pour un lieutenant. Voir C. P. Stacey, *Six années de guerre...*, *op. cit.*, p. 435-436.
37. Department of National Defence, *Gradation List, Canadian Army, Active, December, 1942*, Ottawa, Imprimeur du Roi, 1943, p. 51.
38. Lettre citée *in extenso* dans R. Farran, *The History of the Calgary Highlanders...*, *op. cit.*, p. 106.
39. Il ne faut pas confondre l'entraînement commando et la *battle drill*. Les deux méthodes sont proches mais diffèrent quant aux objectifs et aux apprentissages. La *battle drill* est une pédagogie de masse visant à inculquer rapidement des attitudes propres à favoriser la survie sur le champ de bataille. L'entraînement commando vise à développer chez des candidats sélectionnés pour leurs aptitudes (physique, agressivité, courage aveugle), une force d'élite formée aux plus difficiles tâches du soldat (cours d'arts martiaux, expertise en démolition avec explosifs...). L'affaire est compliquée par la tendance de certains commentateurs de l'époque de qualifier de « commando » tout entraînement exigeant. Or, tout l'entraînement des forces régulières devient plus exigeant après la diffusion de la

À cet effet, le 31 décembre 1941, une lettre circulaire du chef d'état-major de l'Armée de terre britannique, le général Alan Brooke, qui commandait un corps d'armée au moment de Dunkerque, est envoyée à tous les quartiers généraux régionaux de Grande-Bretagne. On y ordonne la création de *Battle Schools* divisionnaires[40] (ce qui implique que l'école extrarégimentaire de la 47ᵉ Division n'est plus requise). À strictement parler, il ne s'agit pas d'établissement, mais plutôt de stages d'entraînement où sera fait l'apprentissage de la *battle drill*. Les instructeurs seront des officiers et sous-officiers de l'unité formés à l'école centrale de l'Armée britannique à Barnard Castle.

Le chef d'état-major britannique justifie sa décision ainsi :

> Le développement d'une bonne technique de combat, de laquelle dérive l'action collective, est basé sur la *battle drill*. Il ne s'agit pas ici de gestes stéréotypés brimant l'initiative, comme pourrait le laisser croire l'utilisation du mot « drill », quoique la *battle drill* entretient une relation similaire avec la guerre moderne que la *drill* traditionnelle avec les combats qu'on connaissait au temps de la bataille de Waterloo (par exemple). La *battle drill* offre un canevas sur comment devrait se conduire une bataille moderne. Elle donne aux chefs subordonnés des idées sur le quoi et le comment mener des opérations sur un front étendu, en faisant mouvement et en combattant de leur propre initiative tout en combinant l'action avec les autres armes pour se soutenir mutuellement, cela dans le but de réaliser un plan commun comme le font les membres individuels d'une équipe.

On reconnaît dans les propos de Brooke la théorie présentée au chapitre précédent. La seconde phrase est significative : continuité terminologique mais différence conceptuelle. La quatrième aussi : la *battle drill* s'adresse à la grande nébuleuse des subordonnés, pas aux généraux en chef. Les objectifs sont énumérés un peu plus loin dans la directive : 1. inculquer une discipline de combat, c'est-à-dire opérer la transition de l'exercice en caserne au champ de bataille ; 2. fournir un cadre d'interprétation des doctrines énoncées dans les manuels, spécialement les questions de « feu et mouvement[41] » ; 3. servir de système « d'immu-

---

battle drill. La confusion est compréhensible, mais la distinction est essentielle. Les écoles de commandos, un dada de Churchill, ont développé indépendamment leurs méthodes. Elles étaient considérées par beaucoup, sinon la majorité des officiers, comme un danger, car les meilleures recrues étaient « écrémées » des régiments ordinaires vers ces petites unités dont la seule fonction étaient de faire des raids en Europe occupée en attendant le jour de la grande invasion. Quant à l'entraînement aux opérations combinées, il visait évidemment à préparer les débarquements, une des tâches les plus difficiles qui soient, l'attaquant étant désavantagé lorsqu'il aborde une rive défendue par un ennemi qui l'attend, surtout si cet ennemi est allemand. Pour cette seule raison, le passage dans une école d'opérations combinées était indispensable. Dans cette école, située en Écosse, le réalisme était aussi au rendez-vous. Mais l'introduction du réalisme et sa diffusion à la grandeur de l'armée est essentiellement le résultat du travail des *Battle Schools*.

40. La circulaire est signée par le lieutenant-général H. C. Loyd pour le Chief of General Staff (BAC, RG24, C-2, vol. 9764, dossier 2/BATTLE SCH/1 « Courses — Battle School », un dossier du Quartier général de l'Armée canadienne outre-mer en Angleterre).
41. C'est peut-être ce qui explique que certains officiers supérieurs considéraient la *battle drill* comme une variation sur les pratiques antérieures et donc une fausse nouveauté à laquelle il ne fallait pas attacher trop d'attention.

nisation » aux difficultés du champ de bataille, afin d'habituer les chefs au stress, aux bruits et aux distractions de toutes sortes inhérents au combat ; 4. encourager tous les grades à exprimer des idées pratiques ; et 5. créer un bassin d'instructeurs en tactique des petites unités suffisant pour combler les pertes nombreuses qui surviendront inévitablement à ce niveau, ce bassin étant formé dans une école spéciale loin des interférences vécues dans les unités.

Ainsi, la *battle drill* est non seulement une méthode, mais devient aussi un intégrateur doctrinal et une garantie de maintien d'un haut niveau de compétence tactique peu importe les pertes subies (dont on a déjà dit qu'elles étaient proportionnellement plus élevées chez les chefs subalternes). La fonction d'intégration doctrinale est à noter, car cela restreint l'autorité que les chefs de bataillon avaient traditionnellement en matière d'entraînement tactique. Dorénavant, la doctrine tactique serait uniforme. Ajoutons qu'on voit mal comment une réelle coopération avec les autres armes peut être possible si l'infanterie ne professe pas une méthode uniforme dans ses propres cadres.

Il faudra trois semaines aux autorités supérieures canadiennes pour digérer cette très importante directive et l'expédier aux commandants des divisions canadiennes en Grande-Bretagne. Le 20 janvier 1942, le chef d'état-major (*Brigadier General Staff* dans le système britannique) du Quartier général canadien en Grande-Bretagne, le brigadier G. G. Simonds, transmet la directive britannique avec une note expliquant que les instructeurs canadiens n'iront pas à Barnard Castle (sauf quelques officiers échangés et des officiers supérieurs[42]), mais suivront le stage d'instructeurs dans une nouvelle aile créée pour l'occasion à l'École d'entraînement canadienne (la *Canadian Training School* – CTS) en Grande-Bretagne[43]. Il faut comprendre ici que, même si l'Armée canadienne se repose entièrement sur les autorités militaires britanniques en matière de contenu, elle a sa propre structure d'instruction et d'entraînement, et ce, pour des motifs politiques. Avec un Mackenzie King au pouvoir, il était impensable de fondre l'instruction des Canadiens anonymement au sein du grand ensemble britannique. Il y a un nationalisme canadien-anglais qui s'exprime ici, peut-être subtilement aux yeux des francophones, mais néanmoins réel. Trois semaines, c'est la facture du nationalisme *canadian*.

---

42. L'un de ces officiers supérieurs est Bert Hoffmeister, le nouveau commandant des Seaforth Highlanders of Canada, un des bataillons d'infanterie de la 1re Division. Hoffmeister deviendra brigadier d'infanterie dans la même division en 1943 et commandant de la 5e Division blindée en 1944, réalisant en une brève carrière l'exercice du commandement dans deux des trois armes de combat principales. Son biographe estime que les choses apprises à Barnard Castle, théoriquement valables pour les pelotons et les compagnies d'infanterie, se transposaient facilement aux niveaux supérieurs, particulièrement parce que la méthode forçait à penser la coopération interarmes (Douglas D. Delaney, *The soldiers' general : Bert Hoffmeister at war*, Vancouver, UBC Press, 2005, p. 45). J. L. Granatstein (*The generals : the Canadian Army's senior commanders in the Second World War*, Toronto, Stoddart, 1993, chap. VII) considère Hoffmeister comme l'un des meilleurs divisionnaires canadiens de la guerre.
43. 2/BATTLE SCH/1, pour la note de Simonds.

On est en droit de penser qu'après ce délai, les affaires iront vite. Mais pour des raisons qui demeurent obscures, la formation de l'aile de *battle drill* à la CTS s'avère laborieuse. Deux mois après la directive de Simonds, rien n'a été encore fait. Le commandant de la CTS, alors le lieutenant-colonel C. W. Devey, un cavalier (Lord Strathcona's Horse), justifie le retard par la difficulté de trouver un commandant. Il se montre pourtant confiant de trouver un candidat acceptable, puisqu'on a porté à son attention le fait que plusieurs unités canadiennes en Grande-Bretagne ont déjà improvisé des cours de ce type. Il ne connaît pas encore (ou laisse croire) les instructeurs de ces cours, après tout des cours conduits sans autorisation du Quartier général canadien à Londres. Mais début avril, sans doute après une bien longue enquête, on lui suggère le nom d'un capitaine des Calgary Highlanders, nul autre que J. Campbell[44] ! Trois mois perdus pour désigner un officier dont on aurait dû connaître les activités de l'automne précédent (le CTS relève du CMHQ et celui-ci est aussi le dépositaire des dossiers du personnel[45]).

La CTS comptait plusieurs ailes dont les plus importantes étaient la n° 1, l'école d'élèves-officiers de l'Armée canadienne outre-mer, et la n° 3 où était enseignée l'utilisation des armes d'appui de l'infanterie (mitrailleuses lourdes et mortiers d'infanterie principalement). L'aile n° 1 nous intéresse particulièrement ici. On a vu au chapitre quatre que son existence était contestée par les autorités militaires canadiennes à Ottawa qui en réduiront l'activité considérablement pour concentrer la formation élémentaire des officiers au Canada. Le responsable de l'aile n° 1 était le lieutenant-colonel Gregg, déjà mentionné au chapitre trois.

Si le commandant de la CTS fait la sourde oreille après la diffusion de la note de Simonds, au sein de son organisation on est bien au courant de ce qui se trame officieusement dans les unités sur l'instruction au combat. En effet, dès novembre 1941, Gregg avait insisté auprès de son supérieur sur la nécessité d'une meilleure préparation mentale et physique des officiers, de plus de réalisme dans l'entraînement individuel, d'entraînements collectifs au niveau du bataillon plus fréquents tout en fournissant aux élèves des « approches » pour le combat antichar. L'expression « *battle drill* » n'apparaît pas dans le rapport périodique de l'aile de novembre 1941, mais la conception dont Gregg fait état en est clairement inspirée. Le colonel Devey a transmis ce rapport au Quartier général canadien à Londres avec une note suggérant que les remarques de Gregg pourraient être d'un certain profit au Canada, « qu'une nouvelle manière d'étiqueter de vieux principes pour les présenter comme de brillantes nouvelles pourraient insuffler de l'enthousiasme » dans la formation tactique. Devey minimise l'aspect nouveau des méthodes et il ne manifeste aucun empressement à les adopter. Au plus, écrit-il, cet « habillage » pourra servir aux néophytes restés derrière.

---

44. Note de service du major J. R. G. Sutherland, G. S. O. 2, M.T., CMHQ, 6 avril 1942 (BAC, RG24, C-2, vol. 9764, dossier 2/BATTLE SCH/1).
45. Sur les responsabilités du CMHQ, voir E. L. M. Burns, *Manpower in the Canadian Army, 1939-1945*, Toronto, Clarke Irwin & Company, 1956, p. 35.

Pour un temps, les choses restent donc en l'état. En janvier 1942, aucun élève n'est admis dans l'aile n° 1, l'école d'officiers, mais Gregg produit néanmoins un rapport périodique. Cette fois, il est plus explicite. Il estime que, dans les derniers mois, la formation des élèves-officiers n'a pas été des plus satisfaisantes. Selon lui, les exercices de terrain préparés depuis six mois doivent être complètement revus. La méthode traditionnelle de l'exercice tactique sans troupe (TEWT) ne suffit plus. Il faut imprimer dans le cursus pour officiers toute l'importance de la vitesse[46], en particulier des ordres donnés verbalement, leur apprendre comment préparer un assaut et comment l'exécuter avec habileté. Pour cela, il faudrait ajouter à la fin du cours une pratique de *battle drill* en peloton. Et, très important, Gregg souligne que pour les études de cas au tableau noir, l'on ne doit plus enseigner une unique « bonne » solution, celle du personnel d'instruction, mais plutôt s'arranger pour que les enseignants et les groupes d'étudiants travaillent en équipe (*syndicates* dans la terminologie anglaise) et arrivent à une solution acceptable collectivement. Gregg joint à son rapport une version modifiée du précis de *Battle Drill* développé par la 47e Division britannique. Il est clair qu'il désire adapter à la formation des officiers ce qui n'est jusqu'ici qu'une méthode d'entraînement en peloton[47].

Finalement, malgré les embûches semées par Devey, Campbell prend le commandement d'une nouvelle aile de la CTS, la n° 5. Il se met immédiatement au travail, si bien que dès le 10 avril, Penhale, le nouveau BGS au Quartier général canadien à Londres, soumet un rapport favorable à son supérieur. Penhale transmet aussi et recommande une suggestion de Campbell à l'effet de faire passer le stage de conversion à la *battle drill* de deux à trois semaines[48]. À cette date, l'aile n° 5 n'avait pas encore produit de « diplômés ».

L'impression favorable se maintient dans le rapport d'une inspection plus détaillée par le brigadier Young (qui remplace Penhale), début juillet 1942. Sont notées dans ce dernier rapport un certain nombre d'observations sur la qualité des élèves qui, faut-il le rappeler, sont des officiers et sous-officiers des forces d'active auxquels on donne un cours de perfectionnement. On serait donc en droit de s'attendre, après plusieurs mois passés (plus de deux ans pour certains) à s'entraîner en sol anglais, à une certaine compétence tactique des cohortes entrant dans l'aile. À cet égard, la première remarque de Young[49] est troublante :

---

46. D'une certaine manière, il fallait arrêter de fétichiser la notion de phase, héritée des procédures opérationnelles de 1918 : bombardement, avancée de l'infanterie de quelques centaines de mètres sur une ligne déterminée à l'avance, arrêt pour consolider et rapprocher les canons, une phase, puis commencement d'une nouvelle phase par la répétition du cycle bombardement, etc. Tout cela est bien trop lent pour les moyens de communication, de transport et les armements de 1940.
47. Les deux rapports de Gregg et la note de Devey se trouvent dans le dossier « MONTHLY TRAINING REPORTS CDN. TRNG. SCHOOL » (BAC, RG24, C-2, vol. 9841, dossier 2/REPORTS/4).
48. Voir le dossier « Courses — Battle School » du *Canadian Military Headquarters* à Londres (BAC, RG24, C-2, vol. 9764, dossier 2/BATTLE SCH/1).
49. « Report on visit by Senior Officer and B.G.S. to No. 5 Wing (Battle School) on 10 July 42 », signé le 11 juillet 1942 par le brigadier H. A. Young, in suite du dossier « Courses — Battle School » (BAC, RG24, C-2, vol. 9764, dossier 2/BATTLE SCH/1/2).

La connaissance des armes du peloton, notamment celle des candidats officiers, est nettement insuffisante. Cela compromet la réalisation du programme de l'École, car la durée du cours a été établie en supposant que les candidats connaissent bien leurs armes et qu'ainsi, lors de divers exercices, par exemple lorsqu'il faut démonter un fusil-mitrailleur Bren rapidement pour le nettoyer, les candidats sauront le faire. Cependant, on a constaté qu'une forte proportion des candidats officiers ne connaissent pas les mécanismes de leurs armes. En conséquence, un temps précieux est perdu à donner des consignes sur les armes, alors que ce temps devrait plutôt servir aux exercices de combat. Cette lacune a été notée chez les candidats de toutes les divisions, de même que chez ceux venant des C[anadian] R[inforcement] U[nits].

La seconde remarque de Young est que la condition physique de plusieurs élèves laisse aussi à désirer. Des 96 membres de la 3e cohorte qui viennent de quitter l'aile n° 5, 10 n'ont pu compléter le cours parce que leur condition physique était mauvaise. D'ailleurs, Young ajoute plus loin qu'étant donné les exigences physiques élevées du cours, il faut penser à augmenter la ration des élèves en légumes, lait et viande, des denrées rares dans une Angleterre où les civils font déjà des sacrifices considérables pour permettre aux jeunes soldats de s'alimenter correctement.

Mais le cours est aussi exigeant sur le plan de l'attention qu'il faut soutenir avec un minimum de sommeil, ne serait-ce que parce que lors de certains exercices, des munitions réelles sont utilisées. Pour que corps et esprit tiennent le coup, le BGS recommande de tenter des expériences avec des drogues stimulantes, comme on l'a déjà fait à la 3e Division d'infanterie canadienne.

Quoi qu'il en soit de ces problèmes d'adolescence, la *battle drill* est là pour rester. Car malgré certains excès, notamment un langage rempli de grossièretés, Crerar (maintenant confirmé dans les fonctions de chef du 1er Corps d'armée canadien, McNaughton passant au commandement de la 1re Armée canadienne) prévient les commandants des formations sous ses ordres, par une circulaire du 17 août 1942, que, même si dernièrement on en a beaucoup parlé et on l'a déjà pratiquée, l'« accent » sur la *battle drill* « ne diminuera pas, mais au contraire augmentera ». Si Crerar avait encore quelques doutes fin 1941-début 1942, il ne les exprimera que par son irritation devant les abus de langage. Autrement, il entérine la dissémination de cette méthode d'instruction à toutes les unités sous son contrôle, parce que « l'adoption de cette "drill" accélère le déploiement et rend unités et sous-unités capables d'exprimer leur potentiel maximal de combat avec rapidité[50] ». Il est à remarquer que Crerar signe lui-même la lettre, alors que la tradition dans les états-majors britanniques veut que ce soit le principal officier d'état-major (le BGS) qui signe les ordres émanant du quartier général.

---

50. La lettre se trouve dans le dossier du CMHQ 2/BATTLE/SCH/1/2 (BAC, RG24, C-2, vol. 9764). Les formations en question sont les 1re, 2e et 3e Divisions d'infanterie, la 1re Brigade blindée canadienne de même que le bataillon de mitrailleuses du Royal Montreal Regiment, alors non endivisionné.

La *battle drill* arrive au Canada

Au Canada, avril 1942 est un tournant dans le cursus de formation. Malgré les distances, l'institutionnalisation de la *battle drill* se fait à seulement quelques semaines d'intervalle en Grande-Bretagne et au Canada. C'est à travers deux canaux principaux que le changement s'opère : une école avancée d'infanterie formant des instructeurs (officiers et sous-officiers) est ouverte en Colombie-Britannique et l'école d'officiers de Brockville l'introduit dans son cursus. Comme c'est la règle pour les écoles avancées, il s'agit encore ici de former des instructeurs qui dissémineront la technique d'instruction dans leurs unités d'appartenance (contrairement aux Calgary Highlanders qui avaient donné une formation à tous les membres de l'unité).

À Brockville, un changement de commandant procure l'occasion de revoir du tout au tout la formation élémentaire des jeunes officiers. Le nouveau commandant est issu du cadre d'outre-mer ; il arrive de la CTS. Milton Gregg est né la même année (1892) que J. F. Scott et à quelques semaines d'intervalle le même sort l'attendait : retourné au pays en raison d'âge. Mais sa carrière n'est pas finie. Il rentre au Canada avec la même volonté de rajeunir la formation donnée aux cadres de l'armée d'outre-mer.

Si Gregg n'était que chef de bataillon à l'âge avancé de 50 ans, ce n'est pas un inconnu pour l'armée. Il est avec George Pearkes l'un des rares soldats ayant la Croix de Victoria agrafée à sa poitrine encore en service actif. Rien que cette décoration fait de lui un personnage considérable. Mais c'est aussi un officier qui, contrairement à Pearkes, est resté à la fine pointe des théories tactiques et des méthodes pédagogiques.

Comme on l'a vu, Gregg commandait l'aile OTC du CTS en Angleterre où il avait été exposé à la *battle drill*. Il en était devenu un partisan, du moins dans la mesure où le programme des *Battle Schools* recoupait son analyse des faiblesses de l'instruction des élèves-officiers.

Avec la prise de commandement par Gregg en avril 1942, le régime d'instruction de Brockville sera rapidement chambardé. Huit jours après son arrivée, le rédacteur du journal de guerre écrit que « tout à l'OTC progresse favorablement entre les mains du nouveau et très capable commandant[51] ». D'autres indices laissent croire qu'autant Wheland était détesté, autant Gregg était apprécié.

Promu colonel, Gregg a les coudées franches pour implanter le programme conçu à l'aile n° 1 de la CTS. Il concentre l'instruction sur quelques objectifs clairs : endurcissement physique (la condition physique + longues marches + parcours du combattant propre à la *battle drill*), développement du leadership par la multiplication des exercices en section ou en peloton, connaissances tactiques générales toutes-armes pour tous, et non uniquement pour les fantassins comme c'était auparavant le cas, le but étant de faire de la coopération interarmes un quasi-réflexe.

---

51. Journal de guerre, OTC n° 1, entrées des 17 et 24 avril 1942 (BAC, RG24, C-3, vol. 16 935).

Tableau 5
Programme de l'OTC de Brockville promulgué en octobre 1942

Sujet	Heures par semaine								
	Total	1	2	3	4	5	6	7	8
Drill	44	6	6	6	6	5	5	5	5
Entraînement à la baïonnette & corps à corps	24	4	4	4	4	2	2	2	2
Battle Drill (cours de petite tactique)	53	–	–	–	–	–	–	26	27
Maniement des armes	64	12	12	12	12	8	8	–	–
Lecture de carte	20	2	2	4	4	4	4	–	–
Utilisation du terrain	27	3	3	3	4	7	7	–	–
Loi militaire	8	2	2	2	2	–	–	–	–
Administration	21	3	3	3	2	4	3	3	–
Génie de combat	9	–	–	–	–	4	5	–	–
Conduite et entretien des véhicules	44*								
Marche et conditionnement physique	25	–	–	–	2	2	4	9	8
Évaluation de situation, ordres, briefings, etc.	8								
Gaz de combat	15	5	5	5	–	–	–	–	–
Conférences	16	1	1	1	1	4	4	2	2
Périodes de révision	16	2	2	2	2	2	2	2	2
Réserve pour éventualité	6				3				3
Totaux	400	40	40	42	42	42	44	49	49

* Les périodes de conduite et entretien seront allouées en bloc aux différentes compagnies d'industrie, soit des blocs de quatre jours successifs et une fin de semaine de conduite en convoi. Les commandants des compagnies d'instruction devront ajuster l'horaire hebdomadaire en conséquence. Source : JG, OTC n° 1, grille annexée au journal du mois d'octobre 1942 (BAC, RG24, C-3, vol. 16 936).

Dans la seconde moitié de 1942, tous les élèves-officiers sont soumis au programme donné au tableau 5.

Le contraste est frappant avec le programme pour officiers subalternes de la milice, pas tellement quant à la densité du nouveau programme, mais quant à l'accent mis sur des matières inusitées avant 1940. Les deux programmes s'adressent à la même clientèle, des soldats-citoyens qui veulent devenir officiers mais qui retourneront éventuellement à la vie civile. Le premier est fort en administration et discipline, celui-ci en cours et pratique préparant au combat. Évidemment, le premier avait pour but de former des officiers qui ne choisiraient pas nécessairement d'être versés dans la force d'active alors que le second visait des candidats ayant fait ce choix. Néanmoins, le contraste laisse songeur sur les finalités d'une armée : est-elle une organisation devant se perpétuer ou une machine à combattre ? La guerre a fait que les autorités ont tranché, au moins jusqu'à un certain point, dans le sens du second terme de l'alternative.

Dans cette grille, Gregg a amalgamé les six semaines du tronc commun et les deux dernières consacrées aux « grandes manœuvres » terminales. La spécialisation, réduite à quatre semaines, est plus qu'auparavant une pré-spécialisation aux écoles d'armes. Néanmoins, là aussi, le changement de commandant a des effets. Le cas de l'aile d'artillerie est le mieux commenté dans le journal de guerre. La décision de réduire de six à quatre semaines est annoncée en avril 1942 à la suite d'une grande réunion impliquant les représentants de la Direction de l'instruction, des OTC et des camps d'instruction élémentaires et d'armes. Il s'agissait évidemment de coordonner les enseignements de manière à éviter les répétitions et surtout les oublis... La décision semble avoir été acceptée avec sérénité dans l'aile d'artillerie, d'autant plus que ce même mois d'avril amène un renouvellement du personnel, commenté en termes poétiques (oui, il y a de la poésie, en vers ou en prose dans les journaux de guerre !) :

> Soudain, l'étoile s'est levée à l'Orient, plus brillante chaque jour. Les Sages disaient : augure merveilleux. Pourtant, seul l'Élu de l'Aile d'Artillerie savait, comprenait, mais il gardait le secret, seul.
>
> La prophétie se réalisait. Un jour glorieux d'Avril est venu d'au-delà des mers le jeune guerrier, dur et sage dans le métier des armes. Écoutez son prêche, conseils bons, expérience inestimable ; Évangile vrai sur ce qui auparavant nous paraissait si vague, si insaisissable. Balayé cela, balayées les ficelles des arachnéens séniles et superstitieux.

Le messie incarnée ici est le... lieutenant K. W. Eagan, promu pour l'occasion capitaine intérimaire et commandant en second de l'aile d'artillerie[52]. De toute évidence, plusieurs au QGDN reconnaissaient la médiocre qualité du niveau d'instruction à l'OTC n° 1, et indirectement dans l'ensemble du système d'instruction militaire au Canada. Il fallait injecter du sang neuf.

Il est aussi évident que les deux semaines de « manœuvres » du trois mois passés à l'OTC ont moins pour objectif de développer les capacités de mener un peloton en campagne par l'exécution de longues marches et d'exercices de manuels (c'est-à-dire renforcer la forme physique tout en démontrant sa capacité à administrer en campagne) que d'introduire au commandement dans des conditions les plus proches du champ de bataille possible. De la sorte, la fin du cours devient l'occasion de « manœuvres » d'une dizaine de jours, manœuvres dans la mesure des modestes moyens de Brockville bien sûr, pour initier aux problèmes tactiques des ensembles plus grands (compagnie, bataillon, brigade). La forme physique y gagnera encore, le leadership sera toujours testé, mais la méthode Gregg a l'avantage de familiariser très tôt l'élève-officier aux réalités du champ de bataille, et donc de donner une instruction pratique débarrassée des irritants de socialisation de l'armée régulière. Derrière le choix pédagogique, il y a aussi une forte place pour la considération que les candidats officiers ne sont après tout que des civils qui ont un boulot à expédier avant de retourner à leurs préoccupations coutumières[53].

---

52. JG, OTC n° 1, décembre 1942, bilan de fin d'année. Il s'agit d'une longue entrée de 24 pages, peut-être la plus longue jamais écrite pour un journal de guerre canadien. C'est une revue annuelle des activités de l'OTC pour chacune des ailes. En soi, un tel résumé est inhabituel, mais le style, dont le passage cité est l'un des exemples les plus extraordinaires, est encore plus étonnant. Gregg a paraphé chaque page, comme s'il était conscient de l'importance historique du texte qu'il approuvait.

53. Cet aspect psychologique est crucial pour garantir que le consentement des civils d'une démocratie libérale à servir dans une guerre à l'étranger est durable, comme le montrent les études de P. Fussell

Moins d'heures seront donc passées à la *close order drill*, à l'astiquage de boutons, au polissage des bottes ou à la pratique de baïonnettes, et plus à des exercices utiles[54]. Encore une fois, le compilateur du journal de guerre marque bien cette révolution :

> Avec l'arrivée de la nouvelle classe de candidats au C. T. A. A., un nouveau programme de cours a été introduit. […] Une satisfaction considérable s'en est suivie, manifestée par l'enthousiasme avec lequel le programme a été mis en action et par la manière enlevée dont tous se comportent. Personnel et candidats se meuvent avec promptitude et distinction du terrain de parade aux salles de cours et des salles de cours au terrain d'exercice[55].

Un autre bénéfice appréciable est le fait que pour les non-fantassins, c'était à peu près la seule occasion de tester les théories du combat interarmes en petites unités. Cet aspect de l'instruction restera une faiblesse dans l'Armée canadienne au moins jusqu'en 1943-1944, les rigidités du système régimentaire faisant que l'instruction tactique avancée relevait de chaque corps d'armes (l'infanterie, les blindés, l'artillerie, le génie de combat) dans l'Armée canadienne, comme chez les Britanniques du reste. Gregg en était conscient et il tentait d'y remédier, mais les préjugés d'armes étaient sans doute trop forts pour être extirpés par les quelques semaines passées à Brockville. Ainsi, paradoxalement, l'instruction avancée (après Brockville) comporte moins d'« interdisciplinarité » que l'instruction de base dans le cursus des officiers canadiens. Cette aberration sera chèrement payée en vies humaines.

L'école pour élèves-officiers reçoit des candidats qui ont pour la plupart très peu d'expérience de l'armée et dont aucun ou presque n'a vu le feu. Pourtant, Milton Gregg les soumet à un régime d'entraînement d'une rigueur exemplaire. Là, pour la première fois, le jeune aspirant a l'occasion de pratiquer des tactiques vraiment utiles sur le champ de bataille. Dès août 1942, le compilateur du journal de guerre inscrivait pour la postérité comment les choses venaient de changer au camp d'instruction pour officiers de Brockville :

> Le plan de cours a été révisé du tout au tout depuis le début de la guerre. L'ancienne et éreintante *drill* sur le terrain de parade qui en formait une partie si considérable a été ramenée à des proportions modestes. Maintenant, l'accent est mis

---

(*The Boy's crusade…*, op. cit., p. 9) et P. S. Kindsvatter (*American soldiers : ground combat in the World Wars, Korea, and Vietnam*, Lawrence, University Press of Kansas, 2003, p. 27).

54. Cela correspond aussi à la conception d'une armée de citoyens en tant qu'elle est différente d'une armée de réguliers de carrière. Le général Montgomery pensait qu'on ne pouvait pas exiger du soldat-citoyen d'accepter les habitus des réguliers au risque de créer des problèmes disciplinaires insolubles et, qu'au contraire, une instruction pratique aux résultats immédiats aurait toutes les chances d'être plus facilement acceptée (N. Hamilton, *The Full Monty, volume I : Montgomery of Alamein 1887-1942*, Londres, Allen Lane, index à « Civilians in army » et « Democracy »). On notera aussi que malgré ce changement de régime, dont les nouvelles recrues n'étaient généralement pas conscientes, les plaintes à l'encontre de la *chickenshit* se poursuivront pour toute la durée de la guerre, comme le rappelle avec insistance P. Fussell (*À la guerre : psychologie et comportements pendant la Seconde Guerre mondiale*, Paris, Seuil, 2003 (1989), p. 225 (trad. de Paul Chemla), chap. VII).

55. JG, OTC n° 1, entrée du 15 mai 1942 (BAC, RG24, C-3, vol. 16 935).

sur les aspects plus intrépides de la guerre offensive et sur l'emploi des diverses armes, dont plusieurs nous étaient à peine connues au début des hostilités. Nous entendons parler d'entraînement de commandos, de barges d'assaut, de pratiques de parachutisme et activités similaires ayant toutes un lien avec l'idée offensive. Cela correspond aux vœux de tous à un moment où nous sommes anxieux de passer à l'attaque et de moins en moins patients avec les anciennes et ennuyeuses méthodes de combat qui sont irrémédiablement démodées. Lorsque le moment viendra pour les troupes canadiennes de passer aux opérations offensives, ou même de défendre le pays, elles ne seront pas ignorantes des approches nouvelles et plus utiles dans l'art de la guerre que le présent conflit a imposées[56].

Les lignes précédentes ont été portées au journal de guerre deux jours avant l'assaut manqué contre Dieppe. Le raid est longuement commenté aux entrées des 23 et 27 août. On y souligne les pertes élevées en officiers subalternes, d'où l'importance du travail effectué à Brockville. À cette dernière date, le diariste revient encore une fois sur le caractère radical des changements apportés au programme de cours dans les derniers mois, « de plus en plus en correspondance avec les exigences d'outre-mer » et « bien plus réaliste qu'auparavant ». « Les élèves-officiers, poursuit-on, dont plusieurs ont déjà servi outre-mer [des officiers sortis du rang d'unités stationnées en Grande-Bretagne], reçoivent des rudiments sur la manière de se comporter et celle de mener leurs hommes pour les prochains Dieppe à venir. Cet entraînement réaliste est perfectionné dans les centres d'instruction avancée[57]. »

Dorénavant, les démonstrations des tactiques les plus avancées (telles qu'on peut arriver à les lire à longue distance du champ de bataille) sont au moins hebdomadaires. Selon les cas, elles se font sur le terrain de parade ou en terrain naturel. Les étudiants ont ensuite l'occasion de s'exercer. Le réalisme est accru par la division des recrues en deux camps opposés, les Bleus et les Rouges, dès leur arrivée à Brockville[58].

L'opposition pédagogique Bleus/Rouges, se déployant dans des scénarios soigneusement préparés connus des instructeurs seulement, culmine lors des deux dernières semaines du cours. Alors, l'équipe d'instructeurs, sous la gouverne assurée de Gregg, manifeste une ingéniosité à faire pâlir d'envie toutes les institutions d'instruction militaire en sol national. Cela explique la fréquence élevée

---

56. JG, OTC n° 1, entrée du 17 août 1942 (BAC, RG24, C-3, vol. 16 936).
57. JG, OTC n° 1, entrée du 27 août 1942.
58. La séparation en Bleus et Rouges remonte à la fin de l'ère Whitelaw, mais elle demeurait un artifice placé en fin de cours. Le commentaire du diariste, avec des allusions à peine polies envers le commandant, illustre à nouveau les insuffisances du colonel Whitelaw : « Les exercices de tactique en commun de 4 jours [terminant le cours de trois mois] ont débuté aujourd'hui. Même si le scénario est toujours le même, on a déménagé dans un nouveau site, près de North Augusta. Deux fermes ont été achetées et rénovées pour l'usage des candidats, les deux compagnies utilisant chacune une ferme. Elles sont organisées en forces opposées, les Rouges et les Bleus. Cela devrait accroître l'intérêt tactique maintenant que l'adversaire est de chair et de sang plutôt qu'imaginaire comme cela a été si souvent le cas ces derniers mois. » Voir JG, OTC n° 1, entrée du 5 janvier 1942 (BAC, RG24, C-3, vol. 16 935).

des « représentations » devant des parterres de personnalités politiques, militaires ou autres visiteurs en provenance des diverses écoles militaires canadiennes. Dans la seconde moitié de 1942, Brockville était en quelque sorte une école modèle pour tout le personnel canadien en formation et non pas seulement les élèves-officiers y séjournant pour trois mois. Il serait trop long d'en décrire les tenants et aboutissants, mais ces démonstrations ont la plupart du temps l'objectif d'illustrer un aspect neuf et mal connu des nouvelles tactiques employées depuis 1939.

Gregg a le sens de la publicité[59], le lecteur l'a peut-être déjà noté. Il profite des démonstrations pour accroître la visibilité de Brockville et de ses méthodes. Ainsi, fin octobre 1942, les élèves-officiers en formation ont l'occasion de « jouer » dans une première nationale à l'occasion de la Troisième campagne pour les Bons de la Victoire. Il s'agit de pratiquer l'ouverture d'un second front (sic). De petites unités de la MRC miment trois « destroyers » de la flotte d'invasion sur le lac Ontario. Des barges d'invasion improvisées avec à leur bord des élèves-officiers s'approchent de la rive sous le couvert d'un épais écran de fumée déployé par des vedettes de la marine. Alors, des « bombardiers en piqué » de la RCAF venant de la base de Rockliffe près d'Ottawa bombardent la position ennemie pour la « ramollir ». Des obus provenant des canons de la flotte d'invasion s'ajoutent aux bombes des avions. Après un bref (15 minutes) mais intense bombardement qui met hors d'état de nuire trois canons « allemands », la force d'invasion débarque hommes et chenillettes sous un autre écran de fumée dense. Elle s'attaque aux nids de mitrailleuses qui se sont manifestés après la levée du bombardement. Cinq minutes plus tard, le quartier-général de la force d'invasion rejoint les premières troupes. Après que les mitrailleuses ennemies les plus nuisibles eurent été éliminées, mais pendant que les obus de marine, les bombes de mortiers et d'avions continuent à tomber dans un bruit infernal, les champs de mines sont nettoyés et l'assaut des bâtiments commence. Une maison fortifiée est prise, alors qu'un autre débarquement a lieu un peu plus loin. Les deux forces débarquées opèrent alors un mouvement en pince autour du « port » (le quai du CPR). On progresse ensuite vers l'hôtel de ville, aidé par un char. L'exercice se conclut par la capture du QG ennemi et de son chef.

La manœuvre ne dure qu'une journée[60]. Si elle peut compter sur autant de ressources matérielles (bateaux, avions et chars sont empruntés pour l'occasion), c'est évidemment parce que Gregg a eu l'astuce d'un faire une occasion de propagande pour la campagne de Bons de la Victoire. Une telle mise en scène est idéale pour les actualités filmées. Mais peu importe les moyens pris, c'est tout de même une première en sol national, dans l'histoire militaire du pays, en ce que la manœuvre comptait des participants des trois services.

---

59. À partir d'avril 1942 sont annexés au journal de guerre tous les articles de journaux relatifs au commandant de l'OTC n° 1 de même que toutes les couvertures de presse données à l'école, y compris une transcription d'une entrevue radiophonique.
60. JG, OTC n° 1, entrée du 31 octobre 1942 (BAC, RG24, C-3, vol. 16 936).

Un tel déploiement est toutefois exceptionnel. Plus caractéristique était le premier grand exercice concluant la formation d'une cohorte qui a eu lieu fin juillet début août 1942. D'une durée de douze jours, il comprenait une première d'une autre sorte pour l'OTC : le franchissement par les forces rouges d'un cours d'eau défendu par l'armée bleue[61]. Dans n'importe quelle opération terrestre, le franchissement d'un obstacle de cette nature est fréquent. Sa difficulté explique que les armées s'y exercent souvent. C'est donc un peu surprenant que les instructeurs de Brockville n'aient pas eu l'occasion d'en scénariser avant l'arrivée de Gregg.

Dans ces démonstrations et exercices, on trouve un niveau de complexité relativement élevé pour une école n'ayant pour mission que de donner la formation élémentaire d'officiers. Cette sophistication se retrouve à Brockville pour toutes les spécialités[62], comme le montre le compte rendu d'une autre démonstration faite le 15 février 1943, celle-ci par l'aile de spécialisation des blindés au bénéfice des élèves-officiers des armées bleue et rouge. Cette démonstration s'insère dans le format pédagogique propre aux *Battle Schools*. Ici, il s'agit de l'étape qui précède immédiatement l'exercice sur terrain de parade, à savoir une scène jouée par les pelotons de démonstration de l'école. Des équipes de démonstration de presque toutes les ailes spécialisées de l'école de Brockville miment sur un terrain de parade particulièrement spacieux des gestes susceptibles d'aider à la résolution des problèmes tactiques, en l'occurrence un assaut préparé (en anglais, *set piece attack*).

Il vaut la peine de donner le compte rendu complet de l'exercice pour les références qu'il comporte, pour les enseignements qu'on cherche à transmettre et pour les relations entre les diverses ailes pédagogiques de l'OTC :

> **Démonstration d'un assaut réglé [*set piece attack*] au bénéfice des armées bleue et rouge.**
>
> Le mercredi 10 décembre, le Corps des blindés du Canada a emprunté une page du manuel du général Montgomery sur la conduite tactique des armes combinées. Le général aurait été étonné des simplifications que nous avons fait subir à l'organisation complexe d'un assaut réglé et certainement confondu par son adaptation au terrain de parade. Néanmoins, il s'agissait d'une expérience et certains points seront ajustés pour la prochaine occasion.
>
> Quatre officiers du personnel, un sergent et six candidats, tous de l'aile du Corps blindé composait la force « Grosse poussée ». La « grippe » et le rappel de figurants par le Q.G.D.N. expliquent l'effectif réduit.
>
> Puisque la coopération est l'idée dominante dans toute opération combinée, l'aile des blindés estimait que du personnel de liaison des autres armes devait contribuer à l'exercice par des détachements de taille respectable.

---

61. JG, OTC n° 1, entrée du 5 septembre 1942.
62. Compte rendu détaillé des activités d'entraînement de l'année 1942, surtout les six derniers mois, JG, décembre 1942 (BAC, RG24, C-3, vol. 16 936). Des sections séparées sont rédigées par l'armée bleue, l'armée rouge et les diverses ailes d'instruction spécialisée à savoir blindés, artillerie, sapeurs, transmissions, infanterie, mitrailleuses, logistique et magasins militaires.

L'aile d'infanterie était la première sur la liste et la réponse de la classe avancée du capitaine Virtue a été des plus enthousiastes. Leur empressement et leur coopération ont été exceptionnels.

L'Artillerie royale du Canada a ensuite été approchée. Les débuts ont été timides, mais le jour fatidique approchant, l'enthousiasme a grandi. À l'heure H, nous avons obtenu tout ce qu'il nous fallait, y compris les précieux coups à blanc des obusiers de 25 livres et des canons antichars. Le tir de contre-batterie, après la phase de consolidation, a été évidemment une affaire d'artillerie purement, mais cela a permis de faire d'une pierre deux coups en évitant d'avoir à réunir à nouveau l'auditoire pour une autre démonstration.

Le Corps des transmissions a simplifié le contrôle de la démonstration en installant un système de communication sur camion. Le capitaine Beckett a même été plus loin en nous prêtant deux appareils modèle 58 qui permettaient aux détachements d'infanterie de communiquer entre eux.

Le Corps des sapeurs a fourni des mines, des fils barbelés, des cisailles et des explosifs pour simuler l'éclatement d'obus brisants sur le poste avancé ennemi.

Le Corps des mitrailleurs[63] a dû être excusé au dernier moment à cause d'un horaire trop chargé. Cependant, deux mitrailleuses Browning ont pu être dégotées d'on ne sait où pour jouer le rôle des Vickers.

La position ennemie était une hauteur imaginaire à l'extrémité nord du terrain de parade sud. Elle était tenue par des mitrailleurs, des sapeurs avec mines et barbelés, des fantassins se blottissant dans de fausses tranchées de protection personnelle.

L'action a commencé par un tir concentré de l'artillerie afin d'éliminer les barbelés, les mines, etc. Ensuite, un écran de fumée a été déployé pour couvrir les sapeurs et les fantassins qui avançaient pour ouvrir la voie aux chars. Est venue ensuite la vague d'assaut des chars (figurés par des camions 1½ tonne). Au même moment, le commentateur expliquait leur rôle ainsi : réduire le plus de mitrailleuses et d'avant-postes que possible. Il fallait en particulier expliquer que dans la réalité les chars approchent en faisant des manœuvres d'esquive, ce que nous ne pouvions reproduire ici faute d'espace. Un « char » a été détruit par les sapeurs et le véhicule immobilisé a été marqué d'un drapeau rouge.

Le peloton de chenillettes armées de fusils-mitrailleurs de la compagnie d'appui, suivi par des fantassins, a ensuite été engagé pour flanquer les positions ennemies restantes.

Cette infanterie s'attroupait autour d'un peloton de chars, une quasi-section par char. La coopération entre les deux a en particulier été illustrée après que des sapeurs ennemis eurent détruit un char. Les autres chars ont pris une position de tir défilée pour couvrir l'infanterie de leur feu pendant que celle-ci éliminait l'opposition. L'infanterie a finalement occupé la position adverse et s'est préparée à repousser une contre-attaque. La phase de consolidation a été complétée lorsque le Q.G. et les réserves en chars et en infanterie se sont avancés.

Derrière, l'artillerie s'est approchée à son tour pour prendre une bonne position de contre-batterie, cela afin de préparer le prochain assaut.

---

63. L'infanterie et les mitrailleuses moyennes forment toujours deux corps séparés. Elles seront fusionnées avant la fin de la guerre.

En conclusion, nous croyons qu'une démonstration de ce type sur terrain de parade, avec un commentaire simultané, offre une vision simplifiée de l'assaut réglé qui peut être mieux compris par les étudiants suivant le tronc commun à toutes les armes. Heureusement, l'armée rouge et l'armée bleue ont pu suivre les démonstrations en deux périodes successives, ce qui a limité la perte de temps d'entraînement de l'aile blindée[64].

Encore une fois, l'astuce pédagogique de la démonstration/répétition sur le terrain de parade propre aux *battle schools* est utilisée, mais cette fois dans des proportions surprenantes. Il ne semble pas que cela ait été tout à fait concluant, car malgré l'allusion aux leçons apprises et une future reprise de l'exercice, le journal de guerre de l'école ne fait plus référence à une démonstration sur terrain de parade de cette ampleur. On s'en tiendra plutôt à l'exposition de tactiques d'arme simple (canon antichar, etc.).

Les rivalités interarmes sont perceptibles dans le refus de participation du Corps des mitrailleurs, ce qui est regrettable au vu de l'étroite coopération entre les groupes de mitrailleurs et les fantassins sur les champs de bataille. L'existence de ce corps est une aberration en 1942 — on aurait dû depuis longtemps assimiler les mitrailleurs Vickers au reste de l'infanterie. Les mitrailleurs avaient quelquefois la fâcheuse propension à s'investir de missions similaires à celles de l'artillerie, alors que leur puissance de feu bien plus réduite ne justifiait en rien cette arrogance. L'artillerie aussi s'est fait prier, car l'on peut percevoir qu'elle n'a accepté de participer à l'exercice que parce qu'on lui a permis de conduire son propre petit spectacle (le tir de contre-batterie) dans le grand spectacle.

Plus significatif, sur le plan de la doctrine communiquée aux élèves-officiers, la démonstration a aussi quelque chose de transitoire ; on y tente une synthèse de la bataille réglée (*set piece battle*) de la Première Guerre mondiale, mais en introduisant des techniques récentes. Pour le niveau relativement élémentaire des classes en formation à Brockville, c'est un exercice sophistiqué. D'ailleurs, jamais les élèves-officiers des Forces régulières n'avaient pratiqué de manière aussi pertinente dans l'avant-guerre, où même jusqu'à 1942 pour les forces demeurées en territoire canadien ; les instructeurs de l'entre-deux-guerres n'avaient rien d'approchant à offrir à leurs élèves. En trois ans ou un peu plus, les armées anglo-canadiennes sont passées d'une instruction directement inspirée par la *drill* prussienne du XVIIIe siècle, elle-même un dérivé des « exercices » de Maurice de Nassau de 1597[65], à la méthode d'entraînement qui est encore celle des armées au début du XXIe siècle. On peut donc difficilement parler d'évolution ; il s'agit plutôt d'un changement de paradigme, pour emprunter à nouveau la notion introduite par T. S. Kuhn.

La méthode Gregg est-elle là pour durer ? Fait-elle des émules hors de l'établissement de Brockville ? Au vu de l'opinion du respecté John English sur la

---

64. JG, OTC n° 1, entrée du 15 février 1943 (BAC, RG24, C-3, vol. 16 936).
65. Jacob de Gheyn, *The Renaissance drill book*, Londres, Greenhill Books, 2003 (1re éd. 1607), introduction par David J. Blackmore, p. 7-8.

popularité éphémère de la *battle drill*, la question est pertinente[66]. L'introduction de la *battle drill* à Brockville est-elle un phénomène local tenant à une personnalité ? La réponse doit être nuancée car la diffusion de cette méthode ailleurs au Canada a connu des succès et des ratés.

Notons d'abord que les successeurs de Gregg (qui quitte Brockville en avril 1943) ne semblent pas avoir eu le même enthousiasme. Le grand exercice de fin de cours est réduit à neuf jours en septembre suivant. Les nombreuses indications personnelles du commandant sur sa philosophie d'instruction portées au journal de guerre du temps de Gregg disparaissent sous son successeur. Les scénarios de démonstrations et d'exercices se font plus rares et plus simplistes. Comme les instructeurs changent souvent — c'est le système militaire qui le veut — les connaissances d'un groupe d'instructeurs à l'autre peuvent varier. Et bien qu'en théorie à cette époque de la guerre des instructeurs qualifiés revenant d'outre-mer sont disponibles, il faudra constamment qualifier les instructeurs de Brockville en matière de *battle drill* en les envoyant à Vernon[67], Colombie-Britannique. Tout cela semble indiquer que les progrès sensibles accomplis sous le règne de Gregg sont rognés avec le temps.

Les journaux de guerre des OTC n° 2 et n° 3 sont laconiques. À Gordon Head, la *battle drill* ne semble pas avoir eu beaucoup d'impact. À Trois-Rivières, elle n'est introduite que tardivement, en janvier 1943 semble-t-il. Dans cette dernière école, la structure du programme était encore celle du début de la guerre, c'est-à-dire seulement quatre semaines au tronc commun à toutes les armes[68].

---

66. Dans son livre sur la faillite du commandement canadien en Normandie, English a placé un court chapitre intitulé « Battle Drill Die » (litt. le moulage *battle drill*). Il y prétend que les promoteurs de la *battle drill* étaient en quelque sorte des prosélytes d'une lubie (« fad ») qui était au mieux l'emballage de vieilles recettes d'entraînement que l'Armée canadienne de 1942 avait oubliées (donc faute grave de l'état-major, ce qui alimente la thèse d'English), au pire une mauvaise utilisation du temps, car en 1942 mieux valait s'entraîner en grandes formations (pour entraîner les états-majors) que de retourner à une phase d'entraînement individuel qu'on aurait déjà dû dépasser (autre faute de l'état-major, qui aurait dû préserver un meilleur équilibre entre entraînement en petits groupes et entraînement en grandes formations). English a consulté plusieurs des dossiers que je cite, mais il a été trop sélectif dans l'information retenue. Il en dit très peu sur Vernon et ignore le développement de la *battle drill* à Brockville ainsi que la décision ministérielle de l'été 1945 (voir ci-bas). Il n'a pas saisi l'effort d'un Gregg pour rendre acceptable la méthode en la débarrassant des excès des premiers temps. Au contraire d'English, j'estime que les *Battle Schools* ont joué un rôle vital, ne serait-ce que parce que la *battle drill* a contribué décisivement à faire de milliers de civils des combattants ayant un minimum de compétence tactique. Un peu avant English, Dominick Graham a suggéré que la *battle drill* était un sujet négligé et qu'elle avait probablement joué un rôle déterminant dans le redressement tactique des Britanniques après 1940. Il indique en note qu'on peut trouver des informations sur le sujet dans les dossiers de l'école de Vernon (« Observations on the dialectics of British tactics », dans Ronald Haycock et Keith Neilson (dir.), *Men, machines, and war*, Waterloo, Wlifrid Laurier University, 1988, p. 67-70). Il semble que ce fut là le point de départ d'English, qui ne suit pas l'intuition de Graham.
67. Nombreuses mentions dans les journaux de guerre de l'OTC de Brockville et de l'École de Vernon d'officiers faisant le va-et-vient entre les deux endroits.
68. Pour Gordon Head, voir l'article d'un journal de Victoria du 15 octobre 1943 annexé au journal de guerre (BAC, RG24, C-3, vol. 16941). Pour Trois-Rivières, journal de guerre de l'OTC n° 3 pour

Comment expliquer ces différences de programme d'une école à l'autre sinon par l'action de Gregg ?

L'école de Vernon

En fait, la réponse doit être un peu différente. On comprend mieux ce qui se passe dans l'édifice d'instruction militaire canadien si on examine le développement de l'école de *battle drill* canadienne à Vernon. On verra que là également, une personnalité dynamique arrivée récemment d'Angleterre communique avec ferveur une nouvelle méthode d'instruction. Mais dans la documentation pour Vernon apparaissent aussi plus clairement les obstacles institutionnels à la réforme de l'instruction.

L'École A31 d'exercice de combat (une dénomination française adoptée dans le Chaballe et dans la traduction de l'histoire officielle) ouvre ses portes le 25 mai 1942, avec un retard d'environ six mois sur son équivalent en Grande-Bretagne. Idéalement, toutes les unités d'infanterie auraient dû y passer. Mais étant donné les masses à instruire, c'était impossible. Par conséquent, comme je l'ai déjà expliqué, Vernon est un camp pour instructeurs. Si cela avait été possible, et si la volonté pour ce faire avait existé dans l'Armée canadienne, tous les sergents et lieutenants de l'infanterie y auraient fait un stage avant d'entreprendre l'instruction de leurs pelotons[69]. Là encore, les contingences de la guerre et des « difficultés administratives » feront que ce ne sera pas le cas. À vrai dire, le camp de Vernon est un palliatif aux insuffisances des écoles avancées d'infanterie. En formant des instructeurs de *battle drill*, on pourra améliorer la formation tactique des écoles de recrues, des OTC et des écoles avancées. Toutefois, A31 n'est pas à proprement parler une école « supérieure », mais seulement une école technique spécialisée comme l'école de guerre chimique de Suffield par exemple. C'est comme si l'infanterie n'avait pas encore une école d'arme correspondant aux écoles de spécialités des autres armes. Vernon en sera le prototype, mais ce serait anticiper que d'en exagérer l'importance à ses débuts.

On retrouve comme premier commandant à Vernon J. F. Scott, l'ancien commandant des Calgary Highlanders et fondateur de la *Battle School* canadienne en Grande-Bretagne. C'est une nomination logique. Malheureusement, les débuts de l'école sont marqués par des problèmes majeurs à plusieurs niveaux : site inadéquat, problème de personnel, mauvaise sélection des candidats et méfiance de la hiérarchie.

---

les mois de janvier et mars 1943 (BAC, RG24, C-3, vol. 16 941). Les annexes de ces deux journaux de guerre sont pauvres et ne comportent aucun des merveilleux documents accolés au journal de Brockville.

69. Will R. Bird rapporte l'anecdote suivante : « He had been an instructor in Canada for four years, serving from Debert to Vernon, B.C., and was now with the 9th Brigade [...] I didn't blame a man for getting lost in that woods but the temptation was too great. I called out, saying : "I always knew the Brockville O.T.C. instructors couldn't read a map !" » (*North Shore (New Brunswick Regiment)*, Fredericton, Brunswick Press, 1963, p. 526.)

Le Camp A31 avait d'abord été localisé à Courtenay, sur l'île de Vancouver. Le site semblait plaire au personnel, mais il avait le défaut d'être situé en forêt de grande valeur économique. L'École aurait été un facteur d'augmentation du risque de feux de forêt qui a été finalement jugé inacceptable par les autorités. En plus, l'eau potable manquait. Le camp est donc déménagé dans le centre-sud de la Colombie-Britannique, près du lac Vernon, aux côtés d'un camp de recrues de l'Armée fonctionnant depuis le début de la guerre[70]. Aux alentours, pour ainsi dire aucune civilisation, ce qui explique que la grogne s'installe rapidement parmi le personnel. Le terrain vallonné, la plupart du temps boisé, mais jamais cultivé, n'est en rien représentatif du théâtre de guerre européen, ce qui est problématique quand on cherche à simuler un environnement réaliste, comme l'explique un responsable de l'école envoyé en reconnaissance quelques jours avant le déménagement : « Des lacs plutôt que des rivières et pas de villages pour pratiquer les combats de rues, alors qu'on utilisait le village jap à Cumberland [à proximité de Courtenay] qui était l'idéal[71]. » Si l'Armée avait voulu enterrer la *battle drill*, elle n'aurait pu choisir meilleure localisation : extrême ouest du pays (ce qui implique plusieurs jours de voyage en train et camion pour les stagiaires de l'Est du pays) sur un site inadéquat. Le verdict final du personnel après le déménagement est à l'avenant : « Quel trou d'enfer après Courtenay. Pas une ombre sur le terrain de parade du camp. Les étudiants devront voyager pendant des milles pour trouver un terrain où s'entraîner, alors qu'à Courtenay, c'était à nos portes[72]. » Le chroniqueur de l'École termine ses entrées pour le mois de juillet 1942 par une invocation : « Nous verrons que la *battle drill* trouvera sa place légitime dans l'Armée canadienne[73]. »

Du fait de l'éloignement géographique et culturel, la Colombie-Britannique était également peu propice à l'accueil d'étudiants francophones, même s'il semble qu'un capitaine d'expérience francophone y a été nommé pour aider

---

70. Liste des camps d'entraînement élémentaire fonctionnant en 1939 dans Max Bookman, « DMT draft preliminary historical narrative 1939-1944 », rapport dactylographié, [1945?], p. 8, DHP, dossier 112.3M3(D1). Contrairement aux autres études historiques produites pour les besoins d'une future histoire officielle, les études du Directorate of Military Training sont médiocres, celle-ci et une autre contenue dans le même dossier.
71. JG de A31 CDN Battle Drill Training Centre, 10 juillet 1942 (BAC, RG24, C-3, vol. 16 906). Les résidants d'origine japonaise étaient internés depuis le début de la guerre avec le Japon.
72. *Ibid.*, 21 juillet 1942.
73. *Ibid.*, 31 juillet 1942. Le chef instructeur, le major A. E. Langston, avait déclaré à la presse quelques jours auparavant à propos de la *battle drill* que les « Allemands l'ont utilisée et les Japs l'ont utilisée ; nous allons l'utiliser nous aussi et en faire bon usage » (*ibid.*, annexe au journal du mois). À noter qu'à cette époque de difficulté « administrative » considérable pour l'École A31, le principal officier d'état-major de la Division du Pacifique est le nouveau brigadier-général R. G. Whitelaw. Il est donc le premier adjoint du général Pearkes. Whitelaw sera cependant éloigné dès la fin août. Voir ministère de la Défense nationale, *Gradation List, Canadian Army, Active, March, 1944*, Ottawa, Imprimeur du roi, 1944, p. 21, où sont données les affectations de Whitelaw depuis 1939. Whitelaw est contraint de prendre sa retraite début 1944 à l'âge de seulement 48 ans, alors que l'âge pour la retraite d'un officier de ce rang est de 54 ans (C. P. Stacey, *Six années de guerre…*, *op. cit.*, p. 435).

les jeunes de langue française à réussir le cours[74]. Des incidents raciaux auront d'ailleurs lieu dans le camp voisin entre recrues francophones et anglophones LRMN d'une unité de sapeurs (15th Field Company RCE) en juillet et août 1942[75], et la plus grave mutinerie de la guerre est survenue dans cette province, à Terrace, après l'annonce de l'envoi de conscrits outre-mer en novembre 1944[76].

Le personnel part donc à la recherche d'un terrain de manœuvres. Heureusement, un bon samaritain met son ranch de 11 000 hectares à la disposition du camp dès le début août. Quatorze kilomètres séparent le camp du ranch.

Déménagement ou pas, l'instruction se poursuit sans hiatus. Le personnel est formé de 140 officiers et soldats, dont environ la moitié pour le peloton de démonstration. Le corps étudiant compte entre 100 et 150 officiers et sous-officiers dans la seconde moitié de 1942[77]. Le peloton de démonstration est une réminiscence des camps anglais et a pour mission de faire « visualiser » aux étudiants les problèmes tactiques et les solutions correctes y répondant. Au début, le cours dure trois semaines, mais la durée est portée à quatre semaines dès l'arrivée de la quatrième cohorte. Le programme est extrêmement chargé et se partage entre des cours magistraux, des démonstrations et des exercices, aussi bien sur le terrain de parade du camp qu'au ranch. Toutes les situations tactiques imaginables sont abordées, de la plus simple à la plus complexe : manœuvre du peloton, mouvements de jour et de nuit, camouflage, combat à mains nues (première semaine), reconnaissance, évaluation de la situation, avance sous le feu, mouvement en pince, flanquement (deuxième semaine), utilisation des écrans de fumée, infiltration de nuit, nettoyage d'un boisé, franchissement d'un cours d'eau, combat de rue, dispositif défensif, dispositif offensif, utilisation des chenillettes porte-mortiers (troisième semaine), protection antiaérienne, défense d'une maison fortifiée, rôle des sapeurs, franchissement de nuit d'un cours d'eau défendu, attaque d'un blockhaus, défense antichar, défense d'un cours d'eau, compagnie à l'attaque sans l'appui d'armes lourdes, méthode d'enseignement de la *battle drill* et exercice tactique sans troupe (quatrième semaine) pour donner les principaux titres au programme[78].

---

74. Le capitaine Belzile organise des rencontres avec les francophones du camp pour discuter de *battle drill*. JG A31, 27 septembre 1942.
75. Dossier intitulé « Alleged treatment of French Canadians N.R.M.A. recruits at Vernon, B.C. Training Centre », BAC, RG24, C-1, bobine C-8376, dossier 8815-1. Le dossier a rapidement été classé lorsque le nom des dénonciateurs a été réclamé par les enquêteurs. On peut comprendre facilement pourquoi les dénonciateurs ont préféré l'anonymat.
76. Sur ce dernier incident, voir l'extraordinaire article de Reginald H. Roy, « From the darker side of Canadian military history : mutiny in the mountains — the Terrace incident », *Canadian Defence Quarterly*, vol. 6, n° 2, automne 1976, p. 42-55. C'est le général Pearkes qui devra répondre des agissements des mutins, dont les meneurs étaient des francophones des Fusiliers du Saint-Laurent, le régiment de milice basé à Rimouski.
77. Voir JG pour août (140 étudiants) et novembre (105 étudiants). En août, la ventilation est donnée par grade : 5 capitaines, 55 lieutenants, 5 sous-lieutenants, 10 sergents-majors de compagnie, 1 sergent-chef, 49 sergents, 3 sergents à titre temporaire et 11 caporaux.
78. JG, A31, annexe pour octobre 1942 (BAC, RG24, C-3, vol. 16 906).

Ce programme chargé cause des difficultés considérables aux étudiants. La première cohorte connaît tellement d'abandons que l'état-major du camp soupçonne certaines unités d'y envoyer leurs pires officiers et sous-officiers. La localisation excentrique de Vernon ne favorisait évidemment pas les demandes d'affectation, pas plus pour les étudiants que pour le personnel. Cause aussi de problèmes disciplinaires chez les sous-officiers[79].

En octobre 1943, une étape cruciale est franchie. Le Camp d'instructeurs A31 de Vernon est transformé en École d'infanterie (la S17), la première du genre en sol canadien[80]. Finalement, l'infanterie est dotée d'une école d'instruction avancée au même titre que les blindés ou, et là le parallèle est plus significatif, que les armes « savantes » (artillerie, génie, transmissions). Autrement dit, la guerre a révélé que le métier de fantassin avait atteint une complexité trop grande pour que son apprentissage soit laissé à l'amateurisme pédagogique des bataillons (réguliers et non réguliers) comme en 1939, ou pour qu'il puisse s'accommoder du programme des écoles de « leaders ».

De plus, l'École sera commandée par un brigadier. Le colonel J. F. Scott est écarté au profit de nul autre que M. F. Gregg, devenu brigadier-général entretemps. L'ancien commandant des Calgary Highlanders, qui a tant fait pour moderniser l'entraînement des Canadiens, est mis sur la touche ou presque. Par le jeu des chaises musicales dont les armées sont expertes, Snow devient le représentant de l'infanterie sur les Comités de sélection d'officiers pour l'Est du Canada, mais finira comme commandant de l'infanterie au Camp Borden[81]. Scott échange sa fonction avec Gregg, qui après son départ de Brockville en avril 1943 avait assumé la direction générale des OSAB pour l'Est du Canada, une « promotion » qui l'avait rendu malheureux[82].

Dommage pour le colonel Scott, mais Gregg avait sur lui l'énorme avantage d'être un vétéran connu de la Première Guerre mondiale et d'être plus acceptable à l'establishment du Corps d'infanterie, pour qui il était difficile d'accepter dans la fonction de chef de son principal établissement scolaire un « amateur ».

Gregg n'aura pas la partie belle pour autant. La *battle drill* a encore des ennemis à la Division du Pacifique et à Ottawa. Il le sait et c'est pourquoi il prépare une défense bien argumentée de la nécessité de conserver et de donner plus d'importance à la méthode développée depuis 1940.

Dès sa nomination, il produit une série de trois documents faisant l'historique de la *battle drill* depuis son invention en Angleterre, établissant les

---

79. JG, A31, entrée du 28 mai 1942 pour ces deux problèmes.
80. La réorganisation du camp en école d'infanterie est très officiellement portée à l'intention du public dans le *Report of the Department of National Defence for the fiscal year ending March 31, 1944*, Ottawa, Imprimeur du roi, 1944, p. 24.
81. Department of National Defence, *Gradation List Canadian Army, Active, March 1945*, Ottawa, Imprimeur du roi, 1945, p. 49.
82. « Colonel M. F. Gregg, V.C. promoted to brigadier Chairman Selection Board », coupure de presse non identifiée annexée au JG, OTC n° 1, mars 1943, annexe 2. L'article est accompagné d'une photo d'un Gregg surmené et piteux.

objectifs d'apprentissage et proposant un certain nombre de changements par rapport à l'enseignement offert sous l'ancienne structure du camp A31. Ce qui saute aux yeux dans ces textes, c'est l'effort considérable qui y est fait pour : 1. présenter la *battle drill* comme une nécessité logique découlant du progrès du machinisme et des perfectionnements concomitants de l'art de la guerre ; 2. montrer ses avantages pédagogiques, en fait que c'est seulement en utilisant des méthodes nouvelles que la guerre moderne peut s'apprendre ; 3. qu'il est vrai que certains excès ont été commis, mais qu'il ne faut pas rejeter la *battle drill* pour autant.

Gregg est ambitieux. Il ne s'agit plus uniquement de former des chefs, mais de véritables « tacticiens de première classe », et pas seulement parmi des subalternes. Cette dernière ambition, revenant à faire de Vernon une véritable « école », par opposition à un simple « camp », suscite des difficultés avec l'état-major. Pour ce qui est des chefs de moindre rang, officiers subalternes et sous-officiers, les cohortes devaient à l'origine être divisées en deux grands ensembles, eux-mêmes subdivisés en sous-ensembles : l'ensemble « tactique », subdivisé en sous-ensemble supérieur (commandants de compagnie), inférieur (chefs de peloton et sous-officier) et chenillette d'infanterie, et l'ensemble « technique » subdivisé en mortier (peloton de mortiers de compagnie de 3 pouces) et en canons antichars. Le cours supérieur durait dix semaines, tous les autres cinq. Il peut paraître incongru de placer le cours de chenillette dans le tactique plutôt que dans le technique, mais dans les bataillons d'infanterie canadiens (et britanniques), les chenillettes servaient aux reconnaissances et à la fourniture d'une réserve de feu rapide, ce qui demandait un sens tactique élevé. La première cohorte sous Gregg a compté un total de 170 étudiants[83].

Avec Vernon, l'infanterie canadienne avait enfin une école de spécialité équivalente en termes organisationnels aux écoles de Borden et de Petawawa pour les blindés et l'artillerie, et à plusieurs égards une institution plus avancée en ce qui concerne l'enseignement tactique. Dans une entrevue accordée au *Toronto Daily Star* en février 1944, Gregg explique la raison fondamentale d'établir une telle école au Canada.

> L'objectif de l'École d'infanterie, nous apprend le brigadier, est de former tous les chefs canadiens d'infanterie qui seront demandés par les unités de combat d'outremer une fois que celles-ci seront dans le grand chaudron. Les renforts arrivant du Canada ne pourront pas passer beaucoup de temps en Angleterre pour s'entraîner. Ils devront être bien préparés dès leur départ du Canada pour remplir les cadres affaiblis des bataillons, exactement comme ce qui s'est produit après Dieppe.
>
> Sachant cela, les meilleurs experts de l'armée d'outre-mer ont été ramenés au Canada comme personnel d'instruction de l'École de manière à ce qu'ils puissent passer aux officiers y étudiant leur expérience des vraies conditions de combat. Ces

---

83. JG, École S17, 1er et 2 octobre 1943, ainsi que l'annexe II (BAC, RG24, C-3, vol. 16 910) ; « Instructions provisoires relatives à l'admission des candidats à l'École canadienne d'infanterie », *MIAC*, n° 31, octobre 1943, p. 46-49.

officiers et un plus petit nombre de sous-officiers choisis dans tous les districts militaires du pays viennent à Vernon pour y suivre le cours. Une fois diplômés, ils retournent dans leurs unités pour y enseigner les leçons qu'ils auront apprises ici.

J'insiste, ajoute notre brigadier, sur le fait que nous ne donnons pas aux centaines d'officiers et autres gradés qui passent ici un cours physiquement éreintant, sanglant, de type commando. L'exagération sur ce point a été l'une de nos erreurs quand nous avons introduit la *battle drill* en Angleterre un peu après Dunkerque. Nous nous sommes aperçus par la suite que des hommes de qualité ont tout simplement été vidés par des épreuves du genre « nage ou coule » ; ils avaient épuisé toutes leur réserves d'énergie.

L'entraînement est toujours difficile, mais la différence, c'est que nous les y préparons. Ce cours est vraiment plus dur que les méthodes des jours passés[84].

Les références aux événements de 1940 et à Dieppe ne sont évidemment pas fortuites. Pas plus que les notations défensives, qu'il y a eu des erreurs commises et qu'il ne s'agit pas là d'un cours de commando, une confusion fréquente dans le public, d'ailleurs souvent entretenue par des militaires voulant passer pour des durs. On l'a vu, le cours de *battle drill* s'adresse à tous les soldats, pas le cours de commando, destiné à une élite de combattants.

Quoi qu'il en soit de ces tentatives de prévenir les coups, les propositions de Gregg étaient encore trop ambitieuses. Elles ne seront pas reçues avec empressement par la hiérarchie, qui pense que le brigadier Gregg outrepasse ses attributions. Son école va connaître des moments difficiles à la fin de la guerre. Gregg, sans doute déçu du traitement qu'il a reçu depuis son rappel d'Angleterre, annonce qu'il prend sa retraite en août 1944 (il accepte le poste de lieutenant-gouverneur du Nouveau-Brunswick). Autant que l'on puisse en juger d'après la documentation officielle, ce chef apprécié sinon adulé allait être difficile à remplacer. L'École S17 vivra alors des problèmes d'effectifs tant du côté des étudiants que des instructeurs, signe que les régiments, les districts militaires, la Direction de l'instruction au QGDN à Ottawa et les bureaux de l'adjudant-général ne forçaient pas trop sur le passage par S17.

Les événements vont encore une fois venir à la rescousse des partisans d'une formation militaire forte en tactique. Gregg avait prévu au début de 1944 que les bons tacticiens seraient en demande lorsque les combats deviendraient intenses en Europe de l'Ouest. Ce qui fut le cas à l'été 1944, au point où le gouvernement King a dû se résoudre à l'envoi de conscrits outre-mer le 22 novembre 1944[85].

---

84. James A. MacLean, « Study enemy tactics and improved on them », *Toronto Daily Star*, 5 février 1944, p. 19. Une copie de l'article se trouve à l'annexe O du journal de guerre de l'École S17 pour février 1944. On a vu que les motifs de rapatriement pouvaient être plus prosaïques, l'âge et l'état de santé venant immédiatement à l'esprit. On remarque que cet article détaillé a passé la censure.
85. Sur les circonstances de cette décision et ses conséquences immédiates, lire Desmond Morton, *Une histoire militaire du Canada, 1608-1991*, Québec, Septentrion, 1992, p. 309-313.

Le remplaçant de Gregg à Vernon est celui de Gregg à Brockville (chaise musicale...), le colonel T. E. Snow, fils d'un lieutenant-colonel à la retraite. Il a donc un profil d'officier de carrière, comme on devait les apprécier à Ottawa. À trente-neuf ans, il est plus jeune que son prédécesseur. T. E. (Eric) Snow qui était à la tête de la CTS a-t-il pour fonction de régulariser les affaires après les tempêtes que ne manque pas de soulever Gregg ? On le dirait bien.

À sa prise de fonction le 4 septembre 1944, il manque à Eric Snow 128 hommes pour compléter son personnel, en comptant le peloton de démonstration décimé. Le journal de guerre devient très laconique (et lacunaire) à cette époque, mais de toute évidence, l'École de Vernon est en voie de fermeture. La guerre achève et cette école géographiquement excentrique n'a pas d'avenir dans le système d'instruction d'une future armée permanente d'après-guerre. Tout au plus pourrait-on l'utiliser pour entraîner une division devant faire la guerre aux Japonais dans l'éventualité où le Canada soutiendra ses alliés dans le Pacifique après une victoire en Europe[86].

Il y a eu un hic cependant, et beaucoup de confusion. Le 22 novembre, au moment même où le gouvernement annonce la conscription pour service outre-mer, le personnel de S17 reçoit l'ordre de déménager à Prince George, en Colombie-Britannique continentale, pour des motifs obscurs, mais probablement parce que le transport par train est-ouest y est facile, de même que l'embarquement outre-mer pour le Pacifique, peut-on penser. Le 26 novembre, tout le matériel est empaqueté, mais le 27, l'ordre de déménagement est annulé. Le 30, Snow reçoit de vagues instructions à l'effet que S17 reprendra un « nouveau » rôle d'instruction. Il faut attendre encore trois semaines, le 22 décembre 1944, pour que 250 jeunes officiers débarquent pour y suivre... le même cours qu'avant les contre-ordres. Le cours change cependant d'appellation. Il est maintenant désigné, en janvier 1945, et c'est très significatif, « Officers Conversion Battle Wing ». Les officiers en sol canadien n'étant pas suffisamment préparés au combat, doivent être « convertis » en catastrophe pour servir de renfort en Europe, à moins que ce ne soit en prévision d'une invasion du Japon[87] !

Malgré les embûches, les écoles de *battle drill* d'Angleterre et du Canada ont poursuivi leur travail jusqu'à la fin du conflit. Elles sont l'inspiration directe de l'École d'infanterie d'après-guerre, qui fera finalement l'objet d'une annonce officielle en juillet 1945. La phraséologie employée dans le rapport annuel du

---

86. JG, École S17, septembre 1944.
87. *Ibid.*, novembre 1944 à janvier 1945. À l'automne 1944, une crise des renforts frappe toute l'infanterie. Des soldats et subalternes de l'arrière sont alors dépêchés aux bataillons d'infanterie avec une formation tactique insuffisante, comme en fait foi le rapport du commandant des Black Watch, un régiment anglophone de Montréal : « très peu de ceux qui arrivent maintenant connaissent le PIAT [l'arme individuelle antichar de l'infanterie britannique] ou la tactique élémentaire de section ou de peloton. Certains soldats de renfort n'ont jamais tiré au fusil-mitrailleur Bren ni lancé de grenades » (cité par C. P. Stacey, *Armes, hommes et gouvernements*, Ottawa, Imprimeur de la Reine, 1970, p. 485-486). On voit bien par cette critique que l'instruction au combat était devenue la norme. Voir aussi le même genre de commentaires dans F. Mowat, *And no birds sang*, éd. revue, Toronto, Key Porter Books, 2003, p. 237.

ministère de la Défense pour l'année se terminant le 31 mars 1946 symbolise le lien entre Brockville et Vernon, et le chaînon qui manquait jusqu'ici dans la formation des officiers d'infanterie :

> La politique chapeautant la production d'officiers pour la force d'active a graduellement été ramenée du pied de guerre à celui de paix. Ce changement s'est fait en déplaçant l'aile OTC de Brockville (Eastern Command) à l'École canadienne d'infanterie de Vernon, C.-B., durant le mois de juillet 1945[88].

Puis, l'École d'infanterie sera déménagée au centre du pays, sur la base de Borden en Ontario, avant la fin de l'année suivante[89].

L'école de Mégantic

L'établissement d'une école d'infanterie, dès avant l'acquisition du statut officiel, posait aussi la question de la pertinence de maintenir certaines formations de chefs « juniors » au Canada. Était-il pertinent de poursuivre des exercices de *battle drill* à Brockville, ce qui contraignait à réduire le temps consacré à une formation théorique déjà fort mesuré dans un cours compressé de douze semaines ? De fait, après le départ de Gregg, l'enseignement à l'OTC n° 1 a été recentré sur des aspects plus théoriques. La question se posait aussi pour d'autres établissements, car du fait des allers-retours du personnel d'instruction, formé au Canada ou en Grande-Bretagne, certains éléments, en particulier l'« immunisation » aux bruits du champ de bataille, deviennent rapidement standards dans les camps et écoles de l'Armée canadienne de tout l'Est du Canada, comme le montrent des rapports d'inspection de la Direction de l'instruction[90].

Une école était particulièrement remise en question, l'École S25 (plus tard S6), la « Junior Leaders School » de Mégantic au sud du Québec, qui formait les sous-officiers. Dans son rapport de juillet 1942, le lieutenant-colonel J.-A. Sparling s'interroge sur la pertinence de maintenir ouvert l'établissement de Mégantic, dont le rendement à ses yeux est à peine satisfaisant (« fair ») :

> L'avantage de maintenir cette École paraît douteux. Les chefs subalternes [comprendre ici les sous-officiers] pourraient apprendre plus efficacement des choses plus pratiques dans un véritable centre d'entraînement au combat. Celui qui existe à Vernon pourrait ne pas suffire à répondre aux besoins et en conséquence il est recommandé de fermer l'École des chefs subalternes et d'ouvrir un Centre d'entraînement à la *battle drill* pour l'Est du Canada quelque part dans les provinces atlantiques[91].

---

88. *Report of the Department of National Defence for the fiscal year ending March 31, 1946*, Ottawa, Imprimeur du roi, 1946, p. 29.
89. *Report of the Department of National Defence for the fiscal year ending March 31, 1947*, Ottawa, Imprimeur du roi, 1947, p. 32.
90. Voir les rapports d'inspection suivants de la Direction de l'instruction militaire pour l'automne 1942 (BAC, RG24, C-1, dossier H.Q.S.4729, vol. 3, bobine C-5071) : « Report of visit to H.Q., Atlantic Command, A.23 C. & A.A. (Arty) T.C., H.Q. M.D. 6, 20-24 Oct 42 by D.M.T. » ; note du lieutenant-colonel, *General Staff*, au chef d'état-major de l'Armée de terre, 9 novembre 1942.
91. BAC, RG24, C-1, dossier H.Q.S. 4729, vol. 3 (bobine C-5071), rapport d'inspection du lieutenant-colonel Sparling.

L'école de Mégantic ne sera fermée que dans la foulée de la rationalisation des établissements d'entraînement à la fin de 1943, mais en attendant, les sous-officiers y étudiant ont semble-t-il[92] connu un régime plus sévère inspiré grandement de la *battle drill*. À plusieurs égards, les camps et écoles distribués sur tout le territoire canadien étaient devenus des enjeux locaux de développement régional autant que des sinécures pour certains vieux militaires placés à leur tête. Il faudra beaucoup de volonté politique, et nul doute, la peur du ridicule, avant d'arriver à fermer les établissements redondants.

Jusqu'à un certain point, l'autre recommandation de l'inspecteur Sparling s'est réalisée, comme on peut le constater dans le rapport historique sur le Camp A30, dans la localité d'Utopia au Nouveau-Brunswick, dans la baie de Fundy. On aurait voulu trouver un nom plus approprié qu'on ne l'aurait pu. Utopia a été l'un des deux derniers camps avancés pour l'infanterie autorisés durant la dernière guerre. Il a reçu la majorité des renforts de deux régiments de la province, le Carleton and York Regiment et des New Brunswick Rangers, en tout 300 officiers et 12 000 hommes. L'un des derniers aménagés, sinon le dernier (les travaux s'effectuent dans la seconde moitié de 1942), ses installations reflètent l'état de ce qu'il était convenu de trouver indispensable pour l'entraînement des unités. C'est pourquoi on y trouvait un parcours à obstacles, devenus standards dans tous les camps depuis 1940 ou 1941, et deux champs de tir pour fusils, deux pour mitraillettes Sten, un pour lance-roquettes antichars (PIAT), un pour exercice à la grenade, d'autres pour les mortiers, etc. et des espaces pour un véritable entraînement au combat : un terrain « d'inoculation » avec système pour reproduire les bruits du champ de bataille, un terrain pour manœuvre de bataillon avec munitions réelles et un village reconstitué pour entraînement au combat de rue, dont on comprenait maintenant l'importance pour reconquérir une Europe fortement urbanisée[93].

La *battle drill* comme méthode d'instruction est donc bien implantée à partir de 1942-1943. Elle a été institutionnalisée à travers l'aile de *Battle School* canadienne en Angleterre, les cours à l'École d'officiers de Brockville et ceux de l'École d'infanterie à Vernon. L'institutionnalisation a réussi, mais comment les principaux intéressés, jeunes officiers, sous-officiers et hommes de troupe, l'ont-ils vécu ? Poser cette question nous renvoie à une démarche d'histoire sociale.

---

92. BAC, C-3, vol. 16 894, JG de l'École S6, décembre 1943. Dans ce livre, je ne pouvais entreprendre de mesurer la diffusion d'un entraînement plus réaliste dans tous les établissements d'instruction avec toute la précision voulue, faute de moyens. Il aurait fallu des monographies pour chaque école et chaque centre d'entraînement. Mais les indices dans les écoles clés comme Brockville ou Vernon sont irréfutables. Par exemple, on voit dans le journal de guerre de Vernon que des centaines d'instructeurs des autres centres du pays ainsi que des régiments de l'Armée de réserve y suivent le stage de *battle drill*.
93. Major H. M. Logan, « History of A-30 C I T C (CA) — Camp Utopia », dactylographié, 6 p. (DHP, collection PRF).

Des moyens pédagogiques modernes

Il est toujours difficile d'évaluer les progrès ou les résultats d'un enseignement et c'est encore plus vrai d'un enseignement reposant sur un nouveau concept. Pédagogie et contenu y sont en cause simultanément.

La création d'écoles d'instructeurs comme celles de Bordon Hants ou de Vernon avait évidemment pour but d'élever le niveau de compétence des instructeurs. Les rotations entre le front et l'arrière de certains officiers (convalescents, blessés en voie de réaffectation, victimes d'épuisement ou renvoyés au pays en raison d'âge) affectés à des tâches d'instruction avaient pour but de faire partager une expertise toute récente. Mais la guerre de 1939-1945 marque aussi le passage à des techniques audiovisuelles modernes pour un public de masse, un passage qui ne se fera dans la société civile que dans les années 1950 ou même seulement dans les années 1960 ou 1970.

Luxe inouï que seules les conditions spéciales d'une guerre autorisaient, l'Armée canadienne mettait des illustrateurs professionnels à la disposition des centres d'instruction, d'où les bons dessins, schémas et plans qu'on trouve en abondance dans les annexes des journaux de guerre de ces centres d'instruction. Les meilleures étaient d'ailleurs parfois l'objet de publication dans le *MIAC*. Cela explique aussi l'omniprésence de caricatures maison et de bandes dessinées locales, dont quelques exemples paraissent dans ce livre (voir le cahier photo).

Une technique visuelle plus moderne a aussi été massivement utilisée pour l'instruction : des courts métrages en 16 mm. L'Armée a produit des centaines de films durant la guerre (ces films se trouvent aujourd'hui à Bibliothèque et Archives Canada et à l'ONF). Car le film n'a pas servi qu'à des fins d'information (« les actualités ») ou de propagande (l'ONF a été créé à cette fin ou presque, rappelons-le), mais a été l'un des principaux modes de démonstration utilisés dans les camps d'entraînement au Canada et à l'étranger, y compris à Vernon.

De ces nouvelles méthodes font aussi partie les mises en scène utilisées par les instructeurs de *battle drill* dans les parcours du combattant décrits précédemment : simulation des difficultés de terrain, bruits, éclairs, fumées produits par des méthodes artificielles (proche du théâtre ou du cinéma) ou avec des munitions réelles, etc.

Mais en dehors des interludes procurés par l'emploi de nouveaux artifices pédagogiques, un enseignement magistral très conservateur semble avoir été de règle. Ce sont ces méthodes qu'avaient connues les instructeurs dans les systèmes scolaires de l'époque et rien de plus naturel qu'ils les reproduisent. Le rapport d'autorité inhérent à la position des élèves par rapport aux instructeurs, les premiers généralement supérieurs en grade aux seconds, avait d'ailleurs pour effet d'encourager une certaine passivité de l'auditoire, et ce, même si l'institution tentait de pousser ses instructeurs à accepter de répondre aux questions ouvertement. Les instructeurs des premières années étaient fatalement défavorisés par rapport à leurs successeurs, car les méconnaissances tactiques du début de la guerre rendaient leur maîtrise de la matière pour le moins fragile. Le recours d'autorité à la solution du livre, ou plutôt de la brochure d'instruction, a sans doute été trop fréquent.

Même si les sources sont nombreuses et accessibles, il n'existe pas d'étude d'ensemble sur les problèmes de pédagogie militaire au Canada. J. A. Crang fait état des efforts britanniques pour élever le niveau d'instruction de la troupe en créant des écoles d'instructeurs, dont l'école de *battle drill* du Grand Quartier général, par l'usage de moyens visuels, y compris le film[94], etc. Cependant, les instructeurs n'acceptaient pas toujours facilement de revoir leur enseignement et leurs méthodes. Les troupiers se plaignaient fréquemment que les vieilles méthodes, comme la récitation par cœur, persistaient trop souvent[95]. Ces remarques s'appliquent sans doute aussi au cas canadien.

L'Armée canadienne pouvait difficilement être plus progressiste que la plupart des institutions civiles de son temps. Malgré tout, on peut sentir des tentatives de renouvellement pédagogique à partir de quelques sources.

Ainsi, deux pédagogues, F. S. Rivers de Toronto et Henry Jansen de Saskatoon, mènent une inspection des camps du Corps canadien de l'Intendance à Borden (Ontario), de ceux des sapeurs et des artilleurs à Petawawa (Ontario), de celui des transmissions à Barriefield (Ontario), du Centre d'instruction élémentaire de l'infanterie à Winnipeg, du Centre avancé de l'artillerie à Shilo (Manitoba) et celui des unités de reconnaissance à Dundurn (Saskatchewan) avant de remettre des rapports préliminaires le 15 juillet 1941. Leurs recommandations sonnent un refrain connu des pédagogues modernes : il faut privilégier l'enseignement en plus petits groupes (et pas des groupes de soixante-dix comme il a été constaté) ; bien énoncer les objectifs et tester l'apprentissage après chaque cours ; répéter les contenus, la répétition étant considérée comme un principe premier de la pédagogie par nos deux experts ; combler l'inventaire de brochures d'instruction et de matériel pédagogique, alors en déficit dans les écoles visitées ; et finalement, utiliser plus de matériel audiovisuel, une recommandation soulignée dans la marge par le lecteur de la Direction de l'instruction[96].

Si les contraintes d'un enseignement de masse ne seront jamais entièrement surmontées, les recommandations sur le matériel pédagogique seront suivies avec zèle, d'autant plus que le budget d'instruction est pour ainsi dire illimité. L'unité cinématographique de l'Armée et l'Office national du film seront mis à contribution dans la préparation de courts métrages portant sur tous les aspects

---

94. Dès leur sortie, les films sont annoncés à la communauté des officiers dans le *Mémorandum sur l'instruction de l'Armée canadienne*. Par exemple, aux n°s 32 (novembre 1943, p. 59-60) et 34 (janvier 1944, p. 45-46), on annonce l'arrivée de productions britanniques sur les divers cours de *battle drill*.
95. Jeremy A. Crang, *The British Army and the People's War, 1939-1945*, Manchester, Manchester University Press, 2000, chap. 5. On ne dispose malheureusement pas d'une étude comparable pour le cas canadien.
96. BAC, RG24, C-1, dossier H.Q.S. 4729, vol. 2 (bobine C-5071), rapports préliminaires de Rivers et Jansen du 15 juillet 1941 transmis le jour même au lieutenant-colonel Spencer Ball du District militaire n° 4. Un rapport plus complet de 16 p. daté du 10 septembre 1941 est également au dossier.

de la préparation d'une armée, du recrutement pour l'École des blindés à l'entretien du matériel roulant en passant par l'illustration du cours d'exercices de combat. Ces films s'ajoutent à un matériel imprimé de qualité — posters, diagrammes et bien sûr les brochures — réalisé avec les mêmes généreux fonds et mettant à contribution des artistes graphiques de talent[97].

Ajoutons, pour terminer cet aperçu insuffisant sur la pédagogie, que dans le cas canadien, la transmission des savoir-faire était rendue plus compliquée par la nécessité de faire une place aux locuteurs francophones, d'où un important service de traduction[98].

La réception de la *battle drill* par la troupe

Contrairement à ce qu'on peut trouver pour les États-Unis et la Grande-Bretagne, il n'y a pas dans le cas canadien d'étude détaillée faisant l'anthropologie du combat pour la Seconde Guerre mondiale dans laquelle l'acculturation au militaire soit le thème principal[99]. On peut cependant dire que plusieurs témoignages d'officiers subalternes canadiens ayant connu toute la guerre, ou du moins sa seconde moitié, montrent un enthousiasme certain pour la *battle drill*.

Après huit années de milice dans les années 1930, Strome Galloway a la déception de voir son bataillon (le Elgin Regiment) oublié dans l'ordre de mobilisation de septembre 1939. Il a toujours eu du goût pour la vie militaire, mais il n'avait pas les qualités nécessaires pour être admis au Collège militaire de Kingston. Il s'est accroché à la milice dans l'espoir de suivre un jour le cours dit « long » des officiers de milice, qui qualifiait pour un brevet dans un régiment régulier, puis d'obtenir le transfert vers la force régulière. La guerre le rejoignit. Comme il veut en découdre, il obtient facilement son transfert comme sous-lieutenant dans un bataillon de régulier, le Royal Canadian Regiment, qui appartient à la 1re Division[100]. Galloway n'est donc pas passé par le système revu de formation des officiers de l'après 1941. On a vu quelle piètre opinion il avait de la qualité de l'entraînement durant les années 1930. Il est aussi très critique de ses deux premières années à l'entraînement en Angleterre. C'est pourquoi il voit avec soulagement la venue de la *battle drill* dans son bataillon :

---

97. On se fera une idée de la quantité et la qualité du matériel audiovisuel disponible en consultant les annexes du *Mémorandum sur l'instruction de l'Armée canadienne* à chaque mois. C'est tout simplement colossal.
98. J. Pariseau et S. Bernier, *Les Canadiens français et le bilinguisme dans les Forces armées canadiennes, tome I, 1763-1969 : le spectre d'une armée bicéphale*, Ottawa, ministère de la Défense nationale, 1987, p. 129-133.
99. Ce n'est pas dire que le champ d'investigation soit vierge, bien au contraire. Pour s'en tenir aux auteurs déjà cités dans ce livre, pour le Canada de 1914-1918, on a qu'à penser à Morton ou Rawling ; pour la Grande-Bretagne de 1939-1945, les travaux de Crang, French et Harrison Place, qui font maintenant autorité ; et pour les États-Unis Fussell et Kindsvatter.
100. S. Galloway, *The general who never was*, Belleville, Mika Publishing Company, p. 72 et suiv. ; *With the Irish against Rommel : a diary of 1943*, Langley, Battleline books, 1984, p. 23 et 39. Galloway a quitté l'armée en 1969 avec le grade de colonel.

Au début de 1942, l'Armée canadienne en Angleterre a connu la frénésie pour la *battle drill*. Cours sur l'assaut, exercices avec munitions réelles et marches forcées dominaient dorénavant la vie des fantassins et de quelques autres. Après deux années d'exercices de routine sur le terrain de parade et en grandes manœuvres, auxquelles personne ne comprenait rien sinon le commandant en chef des Forces britanniques en territoire national, nous étions devenus une bande de guerriers volontaires saturés, désillusionnés, qui en avaient marre. Nous en étions au point où nous aurions eu toutes les difficultés du monde à nous frayer un chemin pour sortir d'un sac de papier d'emballage. Nous avions besoin que quelque chose soit fait et ce quelque chose ce fut la *battle drill*. Des officiers et des sous-officiers furent choisis pour se qualifier au cours d'instructeur de quatre semaines — courses, parcours d'obstacles avec des balles réelles nous sifflant après, afin que nous accélérions le rythme. Là, nous étions fiers et anxieux à notre retour de faire endurer à nos camarades deux fois plus de souffrances que nous en avions subies.

C'était la meilleure chose qui pouvait nous arriver. Enfin, pour la plupart. Les forts excellaient et leurs egos en étaient tout gonflés. Les faibles devenaient plus forts ou sinon étaient éliminés. Le résultat, c'est que notre « efficacité combative » a bondi. Nous sommes devenus forts, frugaux et méchants. Sans la *battle drill*, la 1re Division n'aurait pas pu s'en sortir en Sicile l'année suivante. Ça n'a pas bien aidé la 2e Division à Dieppe, mais le terrain y était tellement défavorable que la troupe n'a pas pu quitter les plages pour mettre en pratique les leçons de *battle drill*[101].

On l'a vu, le Calgary Highlanders a été la première unité à expérimenter la *battle drill*. Les officiers du bataillon, Scott, Campbell et les autres, sont devenus des prophètes du nouveau credo en Angleterre et au Canada. Mais qu'en est-il de leurs hommes ? David Bercuson, un autre historien des Calgary Highlanders, rapporte six témoignages contradictoires : la *battle drill* était inutilement violente, avec un langage offensant pour deux soldats interviewés ; trois autres la trouvaient très éprouvante mais citent des exemples de son utilité ; et pour un dernier, c'était « le seul entraînement dans l'armée qui approchait quelque chose de réaliste[102] ». Il n'y a donc pas unanimité, surtout lorsqu'elle revêtait ses aspects les plus controversés, mais la majorité semble en avoir eu une vue plutôt positive.

Farley Mowat témoigne des excès sur l'endurance physique avoués par Gregg dans un passage cité plus haut. Le fameux exercice d'enfoncement de la baïonnette, que Mowat et ses instructeurs admettent être une arme dépassée, sert maintenant à exciter le « hate training » : « enfonce, sort, fouille dans le maudit fils de pute, enfonce, sort, tranche la gorge », et ainsi de suite criait le sergent-instructeur pendant que les élèves s'exécutaient. Les jeunes étaient soumis à d'autres entraînements physiques plus difficiles, de sorte qu'après une semaine, selon Mowat, neuf d'une classe de vingt ou trente étaient renvoyés, dont trois blessés lors d'exercices avec munitions réelles[103].

---

101. *Ibid.*, p. 72-73. Même passage cité dans J. English, *Failure in high command...*, *op. cit.*, p. 107.
102. David Bercuson, *Battalion of heroes...*, *op. cit.*, p. 38.
103. F. Mowat, *And no birds sang*, *op. cit.*, p. 17-18.

Mais la plupart des témoignages d'élèves des écoles de *battle drill* n'ont pas l'ironie critique qu'on trouve chez Mowat.

L'expérience de Charley Forbes, un peu atypique par sa variété, a cependant l'avantage de montrer, du point de vue d'un témoin, comment le système d'instruction de l'Armée canadienne fonctionnait durant la première moitié des hostilités.

Jean-Charles Forbes est né à Matane en 1921. Sa famille est d'origine écossaise, son ancêtre Fraser s'est battu à Québec en 1759. Lui est pourtant catholique et francophone. Il n'apprendra l'anglais qu'au cours secondaire en 1937. Ayant réussi avec brio sa 12e scientifique en 1940, il opte pour la carrière militaire et parvient à être admis au Royal Military College de Kingston dans ce qui a été la dernière promotion avant la « fermeture » des cours réguliers pour la durée de la guerre. Le régime suivi est classique : bizutage, abus physiques par les classes avancées, le tout pour faire un homme… L'enseignement général est intérieur aux classes moyennes du cours classique. L'entraînement sportif est intense, course à pied et boxe dans le cas de Forbes, mais l'entraînement militaire frise le ridicule. En 1940-1941 :

> Les tactiques enseignées ne sont plus de notre temps. On nous enseigne encore à creuser des tranchées comme en 14-18. il n'y a aucune idée précise sur le déploiement des armes mobiles conjointement avec les fantassins. Selon moi, les patrouilles ne sont plus de notre temps. La *blitzkrieg*, guerre éclair, des Allemands a renversé tous les concepts vieillots et a pris les états-majors de court[104].

Le RMC est fermé à la fin de l'année scolaire et Forbes termine son cours d'officiers par un cours précipité de trois semaines au Camp Borden, puis suit un parcours un peu chaotique entre Brockville (pour suivre des compléments de formation et comme instructeur) et Matane (pour les permissions). Forbes participe aussi à des manœuvres « qui reposent toujours sur les charges en ligne de 14-18[105] ». Juste avant l'arrivée de Gregg.

Puis le lieutenant Forbes est envoyé à l'École A31 de Vernon, où vient d'arriver le colonel Scott. On est donc à la fin du printemps 1942 :

> Le colonel Scott, un Calgary Highlander, arrive d'Angleterre avec cette nouvelle formule de combat que l'on appelle « Battle Drill ». Cette façon de faire la guerre permettra une variété de déploiements à partir du peloton, de la compagnie, du bataillon et même de la brigade d'infanterie. […] Vernon est une révélation. Il est maintenant possible de déployer des troupes intelligemment en mesurant sa science tactique à celle de l'ennemi. Par des mouvements concertés et faciles, on utilise le terrain. Il devient alors possible de surprendre l'ennemi soit en l'encerclant, soit en l'attaquant sur les flancs. Tout cela, synchronisé avec l'appui des armes de soutien, donnait à la guerre, sur le terrain, le caractère d'un jeu d'esprit. Je m'y consacrai corps et âme. Finies les boucheries épouvantables dans les lignes d'assaut. Finis les corps à corps entre les deux adversaires à bout de cartouche pour se jeter l'un sur l'autre et s'éventrer mutuellement[106].

---

104. Charles Forbes, *Fantassin pour mon pays, la gloire et… des prunes*, Québec, Septentrion, 1994, p. 105.
105. *Ibid.*, p. 117.
106. *Ibid.*, p. 117-118.

Forbes termine Vernon premier de classe. Il retourne ensuite à Brockville comme instructeur de *battle drill* dans la phase « Special to arms ». Entre-temps, le colonel Gregg est arrivé à l'OTC n° 1 et le régime d'instruction a changé du tout au tout, comme on l'a vu. Quelque mois plus tard, Forbes fonde l'école de *battle drill* au Camp de Valcartier (cours de fantassins avancés, école A13). Suit la concentration à Brockville en prévision du passage outre-mer, qui s'effectue en décembre 1942. Là, Forbes passe d'abord par le No. 6 Canadian Infantry Reinforcement Unit, où l'attend à nouveau un cours de *battle drill*, dont il aurait pu être l'instructeur ! (Cela montre bien l'incohérence et les dédoublements entraînés par deux structures parallèles d'instruction au Canada et en Angleterre, dont Crerar avait bien raison de vouloir se débarrasser.) Plus tard dans l'année, il rejoint le Régiment de Maisonneuve (2ᵉ Division). Il aurait bien voulu passer au R 22ᵉ R (1ʳᵉ Division) combattant déjà en Italie, mais il doit ronger son frein avec le reste de la 2ᵉ Division, qui ne sera engagé qu'à la mi-juillet 1944 en Normandie[107].

Dans toute son incohérence et ses imperfections, le parcours frénétique de Forbes montre bien comment un jeune officier motivé pouvait tirer le meilleur parti des circonstances[108].

Même les simples soldats auraient accueilli avec bienveillance les *battle drills*. On pourrait suspecter le diariste des Calgary Highlanders de partialité dans son bilan de la fin de l'année 1941 enthousiaste cité plus haut, si l'enthousiasme n'avait pas débordé hors les cadres du régiment.

Ainsi, les historiens du Régiment de la Chaudière rapportent un enthousiasme similaire. Ce régiment de milice francophone, la seule unité francophone à débarquer le 6 juin 1944, appartenait à la 3ᵉ Division, ce qui montre bien que la technique issue des Calgary Highlanders est rapidement passée de la 2ᵉ à la 3ᵉ Division. Il semble qu'il en ait été de même au Régiment blindé de Trois-Rivières[109], même si l'on sait que les unités blindées pratiquaient relativement peu la *battle drill*. Le fait que les Trois-Rivières fassent partie de la 1ʳᵉ Brigade blindée indépendante chargée de fournir le soutien en chars à l'infanterie du Iᵉʳ Corps d'armée canadien (qui combat en Italie pour la majeure partie de la guerre)

---

107. *Ibid.*, p. 95-139. Forbes quittera l'Armée canadienne en 1965 au rang de lieutenant-colonel. Il était entre-temps passé au R 22ᵉ R.
108. Forbes n'est pas un cas unique chez les Québécois. Harry Pope, Québécois anglophone et francophile, comme son père Maurice rencontré au début de ce livre, a servi successivement dans les Voltigeurs de Québec et au R 22ᵉ R, puis a été instructeur de *battle drill* en Angleterre en janvier 1944. (William Henry Pope, *Leading from the front : the war memoirs of Harry Pope*, Waterloo, The Laurier Centre for Military Strategic and Disarmament Studies – Wilfrid Laurier University, 2002, p. 33). Par contraste, Arthur Gladu, conscrit LMRN, ensuite volontaire récalcitrant pour choisir son affectation, fait le camp de Saint-Jérôme qu'il déteste, Brockville qu'il aime et Vernon qu'il hait. Ce subalterne du Régiment de Châteauguay (mitrailleuses) y montre toute la mauvaise volonté possible à suivre le cours de *battle drill*, parce que « nous étions spécialistes dans les forces mo-to-ri-sées ! » (*Tel que j'étais…*, Montréal, Hexagone, 1988, p. 109). Merci à Michel Litalien pour cette référence.
109. Jacques Castonguay et Armand Ross, *Le Régiment de la Chaudière*, Lévis, le Régiment, 1983, p. 175 ; Jean-Yves Gravel, *Les soldats-citoyens : histoire du Régiment de Trois-Rivières, 1871-1978*, Trois-Rivières, Éditions du Bien Public, 1981, p. 46.

explique peut-être cette familiarité relative des tankistes trifluviens avec la *battle drill*. Elle témoigne en tout cas d'une diffusion au-delà de l'infanterie.

L'historien officiel a aussi recueilli des témoignages semblables durant la guerre même. Ainsi de ce témoignage anonyme relevé dans un rapport de la censure postale en juillet-août 1943, qualifié de typique dans le rapport de censure. On y cite un jeune subalterne écrivant à sa mère :

> Nous revenons tout juste du camp d'entraînement au combat situé en Pays de Galles. Sans farce, maman, ton fils est presque un commando maintenant. Je pense qu'on m'a tiré dessus avec tout ce qui peut être tiré, y compris un évier de cuisine. C'est quelque chose que d'être sous le feu. Cela vous donne véritablement confiance et c'est ce dont un officier a besoin dans cette guerre d'hommes. J'espère que j'irai au front bientôt. Le plus beau, maman, c'est que je ne broncherais pas parce que je sais que je peux me contrôler[110].

Le jeune officier a donc subi avec succès son « immunisation » aux terreurs du champ de bataille, du moins il espère en convaincre sa mère. Il est en mesure de réagir adéquatement, à ce qu'il croit, et par voie de conséquence à remplir sa mission dans des conditions difficiles.

La censure aux armées, un outil de mesure

La source dont est tiré ce dernier témoignage est intéressante, car on peut y voir une avalanche de commentaires favorables à la *battle drill*.

L'introduction de la *battle drill* survenait à un bon moment[111]. Depuis bientôt deux ans, les troupes canadiennes s'entraînaient en Angleterre. Les perspectives d'une reconquête du continent semblaient encore éloignées, d'autant plus que les nouvelles des autres théâtres d'opération (Union soviétique, Afrique du Nord et Sud-Est asiatique) étaient mauvaises. Les troupes étaient mal logées, le rationnement anglais était un contraste avec l'abondance canadienne, des restrictions diverses rendaient la vie désagréable (le *blitz* aérien sur les villes, le *black-out*, les couvre-feu…) et, bien sûr, les soldats manquaient de femmes. Pour l'immense majorité de la troupe, et pour la plupart des subalternes aussi, une sorte de routine malfaisante s'incrustait : entraînement individuel répétitif, inspections tatillonnes par la hiérarchie et revues inutiles pour le plaisir des visiteurs de marque, grandes manœuvres incompréhensibles au niveau de la troupe, tour de garde sur les côtes pour prévenir une invasion des îles Britanniques annoncée mille fois mais qui n'arrivait jamais, le tout entrecoupé de brèves permissions

---

110. W. Boss, « Battle Drill Training », *op. cit.*, par. 37. Les historiens britanniques S. Shepard (*A war of nerves : soldiers and psychiatrists in the twentieth century*, Londres, Jonathan Cape, 2000, p. 232) et D. French (*Raising Churchill's Army : the British Army and the war against Germany, 1919-1945*, Oxford, Oxford University Press, 2001 (2000), p. 282) citent des lettres aussi enthousiastes, dont l'une du 17 juillet 1944 reçue par le général Paget (qui a comme Montgomery commandé le Sud-Est de l'Angleterre) en provenance d'un jeune officier en pleine bataille de Normandie.

111. Même ce critique de la *battle drill* qu'est J. English admet qu'elle est arrivée à un bon moment dans l'histoire de l'Armée canadienne en Angleterre (*Failure in high command…, op. cit.*, p. 113).

dans les villes anglaises (le voyage outre-mer étant impensable sur un Atlantique Nord infesté de sous-marins allemands). L'ennui régnait[112], le moral en souffrait[113] et des problèmes disciplinaires en découlaient, alcoolisme et absence sans permission étant les deux infractions les plus courantes[114].

Avant l'introduction de la *battle drill*, le fantassin répétait encore et toujours les mêmes exercices, à peu de choses près ceux qu'on lui avait appris au camp de recrues, qui variaient donc peu de la *drill* traditionnelle. L'ennui était la conséquence naturelle de cette routine simpliste. La hiérarchie combattait l'oisiveté des soldats en occupant la troupe à des tâches futiles, ce qui n'améliorait pas le moral. De temps à autre, le soldat était convié aux manœuvres en grandes unités. Mais ces manœuvres étaient menées à une échelle telle que le fantassin, sa section ou son peloton, étaient plus ou moins des pions déplacés de-ci de-là, tués, blessés, faits prisonniers, défaits ou vainqueurs au gré des décisions des arbitres, décisions prises sans que le comportement individuel ait grand chose à voir. Pour les soldats du peloton, les manœuvres se résumaient donc à monter et descendre d'un bus, marcher, à occuper le secteur de rassemblement, à courir d'un point à un autre, le tout sans vraiment savoir le pourquoi des gestes accomplis ni bien saisir en quoi ils seraient utiles en situation réelle. En fait, hors les généraux, les officiers d'état-major et les arbitres, il y avait peu de choses à comprendre dans le genre de manœuvres du début de la guerre. Quant aux officiers subalternes, ils avaient peu à faire en dehors des routines de garnison et de défense côtière. Le subalterne André Vennat, des Fusiliers Mont-Royal (6ᵉ Brigade d'infanterie, 2ᵉ Division) exprime fin 1941 comment l'ennui le ronge et comment il espère être désigné pour suivre des cours :

> Il était temps qu'on me donne quelque chose à faire, car je commençais à m'enliser dans la paresse. Le travail que je commence à faire [officier de renseignement au bataillon] va être intéressant. Malheureusement, je ne suis pas au courant. Pendant tout le temps que j'ai perdu à attendre, si on m'avait donné des cours, j'aurais eu bien des fois le temps de me qualifier pour ça et bien autre chose. Tandis que maintenant, je suis obligé d'apprendre tout seul. Le point le plus important, c'est que j'aie quelque chose pour m'occuper et c'est tant mieux, car parfois je m'ennuie

---

112. On ne le dira jamais assez, mais la vie militaire est faite de longues phases d'ennui entrecoupées de brefs moments intenses. Un ennui souvent débilitant, comme le montre P. Fussell (*À la guerre...*, *op. cit.*, p. 96-100).
113. Ce n'était pas propre aux Forces canadiennes. D. French (*op. cit.*, p. 130-132) parle d'une véritable crise du moral dans l'Armée anglaise en 1941-1942, crise qui a nécessité un recours à des mesures de redressement vigoureuses (politique de permission plus libérale, directive aux officiers de s'occuper des problèmes personnels de leurs hommes et spécialement de tenir compte des difficultés familiales, amélioration des services de restauration, etc.).
114. Certaines de ces difficultés sont abordées dans C. P. Stacey et Barbara M. Wilson, *The half-million : the Canadians in Britain, 1939-1946*, Toronto, University of Toronto Press, 1987, chap. II, *passim*. La barrière linguistique et culturelle accentuait le problème pour les Canadiens français (p. 50-53). Pour un autre témoignage d'un subalterne sur les dangers de l'ennui, voir S. Galloway, *With the Irish against Rommel : a diary of 1943*, Langley, Battleline books, 1984, p. 2 et 10-11. L'interprétation qui suit paraît schématiquement chez Bill McAndrew, *Les Canadiens et la Campagne d'Italie, 1943-1945*, Montréal, Art Global, 1996, p. 16.

tellement, que je perds le goût de tout. Jusqu'à présent, depuis mon arrivée avec le régiment [les Fusiliers Mont-Royal], je n'ai jamais eu de chance, ni de me faire valoir, ni d'obtenir des cours intéressants. Je n'y pouvais rien, car dans l'armée, on ne peut qu'une chose : c'est suivre les ordres et attendre. Or maintenant, depuis le dernier déménagement, j'ai de nouvelles fonctions où je pourrai probablement plus me faire valoir et aussi obtenir des cours qui me permettront de me qualifier et m'ouvriront la voie à des promotions futures, s'il y en a[115].

Cette lettre provient d'une collection privée. Or, il y a un moyen de trouver un échantillonnage scientifiquement construit de ce genre de témoignages pour 1941-1945 : dans les rapports de la censure postale, on trouve des impressions fraîches relevées pour leur qualité informative. C'est la seule source systématique collectée selon les méthodes (alors) modernes des sciences sociales.

Il peut paraître contradictoire d'utiliser le travail des censeurs pour être bien informé ; c'est qu'il faut faire attention avec le sens un brin particulier que recouvre cette notion dans le monde militaire canado-britannique de 1939-1945. Pour des raisons évidentes — la sécurité des opérations et un désir de « contrôler » certaines informations sensibles, avant tout l'effet démoralisant que pourrait avoir la nouvelle de pertes humaines importantes — le courrier est contrôlé, aussi bien le courrier civil que le courrier militaire, et ce, tant en Grande-Bretagne et sur les divers fronts européens qu'au Canada.

Le courrier militaire passe par deux étapes de censure : la lecture par un officier du régiment, qui appose son timbre après lecture et possiblement caviardage ; la lettre est ensuite mise dans les sacs de la poste militaire, certains de ceux-ci étant ouverts pour un second contrôle, en moyenne pour la durée de la guerre une lettre interceptée pour chaque lot de vingt. Cette seconde opération est sous la supervision du contre-espionnage britannique, qui prépare des rapports ayant pour motif principal de mesurer le moral des troupes, et comme motif secondaire de contrôler la première étape de censure en détectant les officiers ou unités laxistes dans l'application des règles de censure. Les seules fautes sanctionnées sont les indiscrétions sur le chiffre des pertes, les lieux de cantonnements, les mouvements de troupes (départs, dates, routes, destinations) et finalement les modèles, quantités et efficacité des équipements. Les indiscrétions sur le cantonnement et les mouvements forment la très grande majorité des fautes, tandis que l'équipement est rarement discuté dans la correspondance privée. Tout le reste passe sans être retranché par les censeurs, c'est-à-dire les états dépressifs, les obscénités, les récriminations contre la qualité du cantonnement, de la nourriture, des possibilités de permission et la laideur des femmes anglaises, et

---

115. Lettre à son épouse citée dans Pierre Vennat, *Dieppe n'aurait pas dû avoir lieu*, Montréal, Méridien, 1991, p. 116-117. Voir aussi les remarques sur les cours (non spécifiés) pas très intéressants suivis dans les semaines et mois suivants (*ibid.*, p. 118 et 120). Comme l'officier d'infanterie Vennat, le lieutenant d'artillerie Jacques Gouin connaît l'ennui, et comme lui il est réconforté de suivre des cours, même les plus inutiles (*Lettres de guerre d'un Québécois (1942-1945)*, Montréal, Éditions du Jour, 1975, p. 70, 86, 146, 158, 159, etc.).

même les récriminations contre la censure ainsi que les commentaires négatifs à l'encontre du gouvernement, des forces armées en général et des cadres du bataillon en particulier. (Ajoutons que les lettres postées dans les boîtes civiles ne sont pas lues au régiment.)

La mesure du moral serait impossible sans la sincérité des correspondants, une sincérité sur laquelle comptent les censeurs, d'où les limites qu'ils s'imposent. Et afin de garantir que les officiers du bataillon ne se servent pas de la censure de second niveau pour contrôler les opinions des hommes sur le bataillon, les noms des auteurs sont gardés confidentiels dans les rapports du contrôle postal. Pour encore plus de sûreté, les organes centraux de censure sanctionnent sévèrement toute velléité des officiers des bataillons de se livrer à une chasse aux sorcières. Le travail de censure est supervisé par un bureau du War Office britannique, MI12, et l'officier supérieur en charge de la censure au CMHQ canadien, eux-mêmes sous la surveillance des juges-avocats généraux des deux armées et du ministère britannique des Postes. On a ici une source fiable[116], et si on en doutait, la meilleure preuve est la franchise des informateurs, notamment les nombreux commentaires négatifs qu'ils font sur les chefs de bataillon, les officiers et les sous-officiers des régiments.

À partir de cette source exceptionnelle et négligée, on peut apercevoir avec précision comment fut reçue la *battle drill* dans les unités canadiennes en Angleterre. Les analystes de la censure postale avaient donc comme première responsabilité de détecter et de commenter l'état du moral des troupes. Au début de la guerre, après une période d'enthousiasme éphémère, les analystes rapportent avec inquiétude des fluctuations du moral, y corrèlent des problèmes disciplinaires et surtout diagnostiquent le grand responsable selon eux : l'ennui. L'un des premiers rapports soumis, pour mars 1941, fait état de tensions vives entre soldats canadiens et soldats britanniques, tensions se traduisant en bagarres plus fréquentes, surtout à la sortie des danses sociales, où les Canadiens usaient de l'avantage d'une solde supérieure aux Britanniques pour mousser leur popularité auprès des filles. Par exemple, au Régiment de Maisonneuve, le jour de paye est celui où les occasions de bagarres sont les plus grandes. Plus intéressant pour nous est le fait que l'analyste du premier rapport conclut que ces frictions sont le résultat de l'inaction[117].

---

116. Sur les rapports de censure, voir Pierre Grégoire, « Le moral des troupes canadiennes outre-mer entre 1943 et 1945 d'après les "Field Censors (Home)" », dans Yves Tremblay (dir.), *L'histoire militaire canadienne depuis le XVIIe siècle. Actes du Colloque d'histoire militaire canadienne, Ottawa, 5-9 mai 2000*, Ottawa, ministère de la Défense nationale, [2001], p. 245-258. Dans sa thèse, Claude Beauregard (*Guerre et censure : l'expérience des journaux, des militaires et de la population pendant la Deuxième Guerre mondiale*, thèse de doctorat (histoire), Université Laval, 1995, chap. III) parle d'une censure militaire orwellienne, omnipotente et répressive. Cela n'est pas corroboré dans les dossiers des censeurs militaires, qui ont bien plus d'ouverture d'esprit que ne veut l'admettre Beauregard. Seules les indiscrétions très graves sont punies.
117. BAC, RG24, C-2, vol. 12318, dossier 4/CENSOR/4, rapport pour la période se terminant le 25 mars 1941 et lettre du 23 mai 1941 (bobine T-17920, images 1102 et 1108). Cité dorénavant par le numéro de bobine du microfilm suivi de celui ou de ceux des images.

Les chefs de bataillon n'ont pas la latitude des soldats pour résoudre les tensions avec des horions. Fin avril 1941, un colonel appartenant à la 2ᵉ Division canadienne — on voit bien ici comment les services britanniques ne ménagent pas les hauts gradés[118] — déplore la médiocrité des recrues arrivant du Canada, employant un langage sans nuances : « Ça fait pitié de voir la condition des renforts. Ceux qui sont responsables de l'entraînement devraient être fusillés pour l'inconscience avec laquelle ils exposent de pauvres diables et nous aident finalement très peu. Il y a quelque chose qui ne marche pas du tout ou bien à Montréal ou bien au camp[119]. » La référence à Montréal laisse soupçonner qu'il s'agit d'un membre de l'un des nombreux régiments anglophones de cette ville. Le colonel préconisait comme solution le va-et-vient d'instructeurs expérimentés entre la Grande-Bretagne et le Canada pour transmettre les plus récents enseignements tactiques, solution adoptée on l'a vu.

On ne s'étonnera pas que l'ennui pèse plus lourdement sur les soldats francophones, qui outre l'hostilité de la soldatesque britannique, avaient aussi la langue comme obstacle aux conquêtes féminines et à toutes activités sociales qu'ils auraient aimé pratiquer lors des permissions. Les choses s'enveniment tellement qu'à la fin mai 1941, une mutinerie éclate dans le seul régiment régulier canadien-français, le Royal 22ᵉ Régiment, justement à propos du manque d'action. C'est par des lettres de soldats canadiens que les autorités britanniques ont connu cette mutinerie, sûrement à la grande honte des responsables militaires canadiens. Des lettres en provenance des Calgary Highlanders, du Régiment de Maisonneuve et du dépôt des renforts canadiens à Bordon Hants et d'au moins deux autres unités non identifiées sont interceptées, de même qu'une autre d'un régiment d'artillerie à Aldershot (là où s'entraînent des milliers de Canadiens), dénotant un mécanisme de rumeur particulièrement inquiétant pour la hiérarchie. La cause de la mutinerie est la même dans toutes les missives, dans les mots d'une lettre d'un Maisonneuve écrite le 20 mai : « On a appris ce matin que le 22ᵉ de Québec s'est mutiné. Ils veulent rentrer au Canada ou voir de l'action. Ils en ont assez d'attendre, de jouer les soldats. Je vois bien là de vrais Canadiens français. Apparemment, d'autres régiments font de même. Que ça continue, ce serait une bonne idée de se tenir ensemble[120]. »

Les notations sur le manque d'action parsèment à peu près tous les rapports de l'année 1941, qu'il serait fastidieux de citer un à un[121]. Un dernier exemple

---

118. J. L. Granatstein, *The generals...*, *op. cit.*, p. 128-131, raconte que l'interception par les Britanniques d'une lettre de E. L. M. Burns à sa maîtresse à Montréal, dans laquelle il critiquait McNaughton, mœurs et indiscrétion impardonnables, ont failli briser sa carrière. Après rétrogradation de brigadier à colonel et retour punitif au Canada, Burns s'est pourtant vu donné le commandement d'une division en mai 1943 et d'un corps d'armée en janvier 1944.
119. BAC, T-17920, 1092.
120. BAC, T-17920, 1167. Je traduis en français la traduction anglaise de MI12 d'un extrait originellement en français. Rien n'indique que la « grève », comme l'écrivent d'autres correspondants, se soit étendue au-delà du 22ᵉ.
121. Voir notamment mais non exclusivement : BAC, T-17920, 1152 (rapport du 10 juin 1941), 1288 (lettre du 31 août 1941), 1292 et 1294 (rapport pour la période du 25 au 31 août 1941 ; dorénavant,

suffira : dans une lettre de la seconde moitié de septembre 1941, un soldat des Fusiliers Mont-Royal se dit déprimé par l'inactivité, inutile et regrette de s'être porté volontaire[122]. Certes, l'inaction et la médiocrité de l'entraînement ne sont pas les seules causes des difficultés, la piètre qualité de la nourriture offerte aux troupes en Angleterre revenant tout aussi souvent dans les lettres interceptées sinon plus. Mais sur la diète, l'autorité militaire avait peu de leviers, compte tenu du rationnement sévère pour cause de guerre sous-marine. Les commentaires que font de nombreux correspondants à l'effet de débarquer immédiatement sur le continent pour y combattre les nazis ne peuvent recevoir pour l'instant de réponses satisfaisantes, car il est impossible pour le haut commandement d'expliquer les raisons pour lesquelles un débarquement est difficile à réaliser en 1942[123].

L'un des extraits les plus longs de cette période difficile présente un intérêt de première importance dans cette histoire des idées sur le combat. Dans une lettre interceptée à la fin novembre ou au début décembre 1941, un subalterne appartenant au tout nouveau Corps blindé du Canada[124] revient sur ses années à RMC et compare avec le moment qu'il vit alors. Le commentaire est très instructif sur les frictions bien réelles qui existent entre réservistes et réguliers, entre diplômés de RMC et non diplômés du collège militaire canadien, entre officiers des armes « savantes » et les autres. Je cite *in extenso* le témoignage de ce subalterne, y compris le commentaire de MI12 :

> « J'avais une drôle d'idée quand j'étais encore au Canada, celle que R. M. C. produisait de très bons soldats. Écoute-moi bien, c'est juste de la b.s. [*bull shit*] et pas de bonne qualité à part ça. Sur le terrain de parade et au gym, ils sont difficiles à battre, mais quant à leur habileté organisationnelle, ils sont dégueulasses. Je pense

---

les rapports seront réguliers et bihebdomadaires), 1352 et 1355 (du 15 au 28 septembre 1941) ; 1454 (13 au 26 octobre 1941) 1517 et 1542-1543 (27 octobre au 9 novembre 1941) ; 1615 (à propos du South Saskatchewan Regiment, période du 10 au 23 novembre 1941) ; 1698 et 1716-1717 (24 novembre au 7 décembre 1941) ; T-17921, 171 (2 au 15 février 1942) ; T-17921, 212 (16 février au 1er mars 1942) ; 350 (2 au 17 mars 1942). Le rapport pour la première quinzaine de mars 1942 est le dernier rapport plutôt pessimiste sur l'ennui que cause un entraînement routinier, même si les effets positifs d'un entraînement plus dur (« harder ») sont notés depuis février.

122. BAC, T-17920, 1355. Je traduis MI12 paraphrasant la lettre.
123. Comme on le sait, les Américains voulaient un tel débarquement (opération « Sledgehammer ») en 1942, mais les Britanniques s'y refusaient, estimant qu'on manquait de barges de débarquement et qu'on courait droit vers un échec tactique vu les insuffisances de la préparation. C'est l'une des questions les plus controversées de l'historiographie de la Seconde Guerre mondiale. Un résumé récent de la controverse peut être trouvé dans W. A. B. Douglas *et al.*, *Parmi les puissances navales. Histoire officielle de la Marine royale du Canada pendant la Deuxième Guerre mondiale, 1939-1943*, volume 2, partie 2, St. Catherines, Vanwell Publishing, 2007, chap. XIV.
124. Le Corps blindé est formé officiellement le 13 août 1940 (*General Order* 250). Sur les débuts tardifs et hésitants du Corps blindé canadien, après l'invasion de la Pologne et après la fin des opérations en Belgique et en France, voir J. Marteinson et M. R. McNorgan, *Le Corps blindé royal canadien : une histoire illustrée*, Kitchener, The Royal Canadian Armoured Corps Association, 2001, chap. 4. Dans le rapport de censure, il y a une erreur dans la désignation du régiment, qui ne peut être le « 1st Armoured Canadian Regiment », un tel régiment n'existant pas. C'est probablement le 1st Armoured Car Regiment (Royal Canadian Dragoons), un régiment de reconnaissance formé à partir d'une unité de cavalerie régulière.

que c'est surtout par paresse. Ils sont de R. M. C. et ils savent qu'être passés par le collège garantit leur futur. Personne ne les critique, et tu sais à quoi cela conduit. »
Le correspondant poursuit en alléguant que d'avoir dans le même régiment des diplômés de R. M. C. et d'autres qu'y n'en sont pas est une erreur, car ils ne formeront jamais un ensemble, comme le montre son propre régiment : « il y a des cliques qui existent et qui prospèrent, ce qui n'arrange rien ». Selon ce témoin, ses collègues du centre d'entraînement ont été formés à être continuellement avec leurs hommes, à les traiter en êtres humains, à s'occuper de leur bien-être, tandis que la façon R. M. C., prétend-il, est tout juste le contraire. Il continue :

« [...] cette unité a besoin d'un nouveau groupe d'officiers supérieurs. Ça commence à changer... Il devrait bientôt y avoir de bonnes occasions pour de jeunes officiers, si seulement nous arrivons à passer à travers la carapace du favoritisme R. M. C[125]. »

Il est indéniable que le soldat canadien se morfond en 1941, faute d'action. Comment y pallier ? Des permissions, des activités sociales et sportives mieux organisées, bien entendu, mais également, et c'est là le point qui nous intéresse, des changements dans les méthodes d'entraînement. En fait, au premier trimestre de 1942, plusieurs indices conduisent les analystes de MI12 à accréditer un meilleur moral, notamment de meilleurs arrangements de casernement et une amélioration mineure mais perceptible de la diète. Mais de l'avis des services secrets britanniques, en se basant sur les interceptions de lettres vers le Canada, le fait le plus significatif est que l'entraînement est devenu plus intensif et plus pertinent.

Chaque fois que les soldats échappent à l'entraînement routinier qu'ils vivent depuis 1939, les notations positives se multiplient. Ainsi, peu après les grandes manœuvres de corps tenues du 29 septembre au 3 octobre 1941 (« Bumper »), les analystes notent « des commentaires généralement favorables donnant l'occasion de rompre avec la monotonie de la routine militaire[126] ». C'est un peu la même chose avec un cours spécialisé, le cours de commandos se donnant à Inverailort, Écosse, beaucoup de Canadiens trouvent difficile mais excitant[127].

La *battle drill* n'est donc pas la seule méthode d'entraînement à être citée comme motif de l'amélioration générale du moral, mais, on va le voir, MI12

---

125. BAC, T-17920, 1729.
126. BAC, T-17920, 1456. « Bumper » est un grand exercice (le plus grand jusque-là pour les Canadiens en Angleterre) simulant la réaction des unités canado-britanniques à une invasion aéroportée et à un débarquement dans le sud de l'Angleterre. Sous le commandement du général britannique Alan Brooke (bientôt lord Alanbrooke), ces manœuvres avaient comme objectif premier de tester la manière dont les chefs des grandes unités, dont McNaughton et ses généraux divisionnaires, maniaient leurs formations. Le rôle des Allemands était joué par un corps britannique et l'arbitre en chef était Montgomery, qui prendra quelques semaines plus tard le commandement de l'Armée britannique couvrant le sud de l'Angleterre, à laquelle appartient le corps canadien. J. English estime que si Bumper eut une certaine utilité pour la préparation des grands chefs et pour tester les communications, des affaires de quartiers généraux, cela n'aidait pas les soldats à s'entraîner (*Failure in high command...*, *op. cit.*, p. 113). Il est significatif que des manœuvres peu faites pour tester les combattants de la base furent néanmoins perçues positivement.
127. BAC, T-17920, image 1546 (27 octobre au 9 novembre 1941).

considère que parmi les activités d'entraînement, c'est la plus souvent mentionnée dans les deux premiers trimestres de 1942 de manière positive. Il se produit ce qu'on pourrait appeler un effet *battle drill*. Évidemment, il ne se fait pas sentir simultanément partout dans l'Armée canadienne, mais les conséquences pour le moral se diffusent de manière relativement rapide, en trois trimestres si l'on suit les rapports des censeurs.

C'est sans surprise que ces premiers effets sur le moral perçus par MI12 viennent d'une lettre interceptée en provenance des Calgary Highlanders, dans le rapport pour la période de deux semaines allant du 10 au 23 novembre 1941. Un sous-officier fait le commentaire suivant sur la sévérité de l'entraînement dont lui et ses compagnons font maintenant les frais :

> [C]hacun des hommes devra dorénavant être capable de manier toutes les armes... et dans la meilleure forme parce que c'est maintenant vite, toujours plus vite... tu ne reconnaîtrais pas le bataillon, ils se sont vraiment endurcis, l'entraînement a été si sévère que plus de 25 % sont rentrés au Canada le cœur brisé, très peu de nos vieux officiers ont tenu le coup, maintenant on veut seulement des jeunes. J'ai fait l'examen pour devenir officier mais la Division m'a refusé, parce qu'il n'y a aucune possibilité que j'atteigne le grade de major avant quarante ans, la nouvelle règle[128].

On a donc ici un sous-officier assez âgé, et performant, puisqu'il aurait pu devenir officier avec un peu de chance. L'opinion exprimée par ce sous-officier va dans le sens de l'enthousiasme de l'officier tenant le journal de guerre du régiment et rapporté au début du chapitre. Le rapport de MI12 pour la période bi-hebdomadaire suivante confirme le précédent, notant que les hommes de ce régiment trouvent l'entraînement « exténuant » mais que « le colonel est satisfait d'eux, leur accordant trois jours de permission extraordinaire[129] ».

Ces observations sont d'autant plus intéressantes que dans les autres régiments les correspondants se plaignent toujours de la routine. Mais les choses vont changer dans ces autres bataillons, et relativement rapidement.

Une observation d'un non-gradé des Black Watch de Montréal, qui semble plutôt instruit, résume admirablement bien, de l'avis des analystes de l'époque, plusieurs des lettres interceptées entre le 8 et le 21 décembre 1941 :

> Nous vivons une drôle de guerre. Nous prenons plus de temps pour construire, peindre, poser des fils, etc. que pour apprendre notre métier. Je suppose que nos officiers ne savent pas quoi faire avec nous. Un jour ils nous font démanteler des barbelés et vider des sacs de sable, et puis ils nous demandent de remplir les sacs et de remettre les barbelés. Quel progrès ! Puis, évidemment, on décharge le charbon d'un wagon pour le mettre dans un camion, puis on rénove le bâtiment d'un quelconque hôpital (briques, travail de charpente simple, peinture, etc.) et de bien d'autres travaux utilitaires qui nous permettront sans aucun doute de battre les Allemands. Si ce genre de corvées peut permettre de vaincre les Panzers et d'abattre les Stukas, le 1er Bataillon des Black Watch vaincra assurément ! J'ai bien peur que

---

128. BAC, T-17920, 1615. Les points de suspension sont de MI12, pour fin de concision.
129. BAC, T-17920, 1698.

beaucoup de gars en ont vraiment soupé et qu'ils aimeraient bien passer aux sapeurs de la R. A. F., dans l'artillerie, etc. Une chance que quelques petites choses se sont améliorées depuis peu : un peu plus de temps libre, plusieurs soirées la semaine, la nourriture est meilleure et en plus grande quantité[130].

On voit bien ici que les chefs des Black Watch occupent les hommes du mieux qu'ils le peuvent, ce que ne semblent pas apprécier tous les hommes si l'on se fie à notre correspondant. Comme tout le monde ne pouvait pas devenir commando, il fallait trouver autre chose pour revigorer l'entraînement tactique de la troupe.

Dans le rapport de MI12 pour la première quinzaine de février 1942, même si l'ennui demeure un problème, les indices dispersés dans la correspondance de plusieurs régiments depuis quelques semaines conduisent les auteurs du rapport à affirmer que « l'entraînement difficile dans la plupart des unités a un effet bénéfique sur le moral des troupes tout en les mettant en bonne forme et en les préparant pour ce qu'elles auront éventuellement à endurer, chacun croyant que c'est là le prélude à un engagement prochain[131] ».

Cet « entraînement difficile » si bénéfique n'est pas désigné sous son nom dans les premiers rapports de censure, mais il s'agit bien de la *battle drill*.

Dans la première moitié de mars 1942, rapporte MI12, « le sujet [de l'entraînement] revient un peu plus souvent, et cela s'explique surtout parce que les correspondants montrent beaucoup d'empressement pour un entraînement plus dur et les bénéfice qu'il procure ». L'extrait choisi pour illustrer la tendance de la quinzaine se lit ainsi :

> Je prends un grand plaisir aux activités d'entraînement, mais je déteste le volet *spit-and-polish*. Ça ne me surprendra pas si l'on tient une parade régimentaire le jour où Singapour tombera.
>
> Je crois fermement qu'on devrait cesser toutes ces bêtises. C'était peut-être bien en 1914, mais ils devraient réaliser qu'on est en 1942[132].

L'allusion à Singapour — la principale place forte britannique d'Asie tombe aux mains des Japonais le 15 février, ce qui a failli causer la chute de Churchill — et au défilé pour célébrer sa chute est une manière de ridiculiser les principaux responsables militaires britanniques.

Un mois plus tard, la tendance au relèvement du moral s'affirme. Les analystes de MI12 écrivent que « [l]e sujet d'un entraînement intensif revient plus souvent, et en général les mentions sont plutôt positives[133] ». L'entraînement est

---

130. BAC, T-17920, 1769.
131. BAC, T-17921, 171. Le rapport pour la quinzaine suivante, du 16 février au 1er mars 1942, insiste aussi sur l'ennui (*ibid.*, 213).
132. BAC, T-17921, 350. Le témoin est artilleur, mais son grade n'est pas mentionné. Le *spit-and-polish* est souverainement détesté, particulièrement lorsque l'on revient d'un exercice épuisant (problème mentionné aussi au rapport pour la période du 5 au 19 octobre 1942, BAC, T-17921, 1778). C'est sûrement l'une des causes majeures de friction entre la troupe et la hiérarchie.
133. BAC, T-17921, 599 (période du 2 au 7 avril 1942).

implacable, mais « la majorité admet que c'est un excellent entraînement, qu'ils deviennent durs comme l'acier, que ça leur fait du bien, et que c'est bien plus difficile qu'au Canada[134] », la *battle drill* n'étant pas encore pratiquée dans les camps avant l'embarquement pour la Grande-Bretagne.

La quinzaine suivante, celle du 19 mai au 2 juin 1942, MI12 rapporte une diminution marquée des mentions d'ennuis dans les lettres. Les auteurs du rapport n'arrivent toujours pas à désigner correctement la raison — ils emploient encore des expressions comme « entraînement de type commando » ou « entraînement spécial » — mais, encore une fois, il ne fait aucun doute qu'il s'agit bien de cela. Cette méconnaissance du vocable illustre parfaitement l'étanchéité entre les différentes branches de l'administration militaire en guerre, qui doit assurer une bonne sécurité quant au contrôle de l'information stratégique ; en même temps, cela accroît la signification du jugement des analystes de MI12.

Les rapports de la fin mai, de juin et de juillet comportent des extraits plus longs décrivant cet entraînement difficile à désigner. On peut entre autres y lire une description par un instructeur du PPCLI en formation à l'aile de *battle drill* du GHQ britannique (dont la désignation et l'adresse ne peuvent être mentionnées ni dans la lettre ni sur l'enveloppe, mais la critique interne du texte ne laisse aucun doute sur l'activité responsable de l'amélioration du moral des combattants) :

> Nous sommes ici à l'entraînement pour devenir les instructeurs des nouvelles méthodes de combat dans les écoles divisionnaires. C'est un cours assez rude, plus rude que ce que l'esprit d'un homme peut concevoir ! Il y a ici des Guards, des Marines, des Commandos, des Parachutistes, des Tankistes, de l'Infanterie, étudiant tous ici, tous enthousiasmés par leur travail. Quand le grand jour viendra… la conquête allemande de l'Europe apparaîtra un jeu d'enfants en comparaison avec la [reconquête] britannique. Il est extrêmement encourageant de voir le nouvel esprit et l'enthousiasme qui s'est installé et, pas besoin d'insister, je suis reconnaissant d'avoir été choisi pour répandre cet esprit dans l'Armée canadienne. J'espère que l'armée au pays en recevra une bonne dose, qu'on s'apercevra des standards élevés d'ici. Il est encourageant de voir une bonne proportion d'officiers canadiens maintenant sur les bancs d'école — il y a deux ans, il n'y en avait presque pas, maintenant ils forment un bon pourcentage des étudiants[135].

L'effet moral perceptible dans cet extrait est percutant : esprit offensif et confiance en sa supériorité sur l'ennemi. Même si l'avenir pas trop lointain prouvera que cette confiance est souvent mal fondée, on ne peut nier que ce membre des Princess Patricia's Canadian Light Infantry ait été séduit et convaincu par son passage à Barnard Castle.

---

134. BAC, T-17921, 648.
135. BAC, T-17921, 710. L'auteur du rapport a coupé le texte. Les Guards, les (Royal) Marines, les Commandos et les Parachutistes sont nécessairement des unités britanniques, aucune unité de ce type n'existant alors dans l'Armée canadienne. Une unité de parachutistes canadiens sera bien autorisée le 26 juin 1942, mais elle s'entraîne aux États-Unis à l'été 1942 (C. P. Stacey, *Six années de guerre…*, *op. cit.*, p. 103-105). Plutôt que « deux ans », les écoles de *battle drill* n'ont en mai 1942 qu'une vingtaine de mois d'existence.

Des notations similaires peuvent être trouvées dans les lettres des semaines suivantes, par exemple pour la période du 19 mai au 2 juin 1942 où, parallèlement à un enthousiasme semblable à celui tout juste décrit pour un « entraînement de type commando », MI12 note également la diminution de la fréquence des lettres évoquant le vague à l'âme. L'été revenu signale aussi une recrudescence des grandes manœuvres divisionnaires et de corps[136], et la préparation de l'opération de Dieppe, pour certaines unités de la 2ᵉ Division, est également un facteur d'amélioration du moral.

Toutefois, l'effet *battle drill* s'essouffle en juillet 1942. Le rapport pour la période allant du 4 au 18 juillet 1942 fait état d'une recrudescence du sentiment de routine, même si les responsables de MI12 continuent de relever des remarques positives de la multiplication des manœuvres et d'un rude entraînement au combat (« severe battle training[137] »). À l'été 1942, la plupart des unités ont déjà goûté à la *battle drill* et l'entraînement, sans revenir au laxisme de 1939-1940, reprend une allure moins frénétique : la quinzaine du 19 juillet au 3 août 1942 est « plus ou moins un moment de repos après l'entraînement de type commando très intensif qui a mis les hommes en très bonne forme et leur a donné confiance ». Le retour à un niveau d'activité plus faible suscite, poursuit l'agent de MI12, « de la rouspétance et de la nervosité[138] », même si l'entraînement de « type commando » est toujours perçu favorablement[139]. Avec une reprise du cycle d'entraînement à l'automne, les choses se tassent un peu[140].

Mais il y a aussi que d'autres événements prennent parfois le pas sur l'entraînement comme explication de la fluctuation du moral. Le raid de Dieppe, le 19 août 1942, n'est pas perçu comme l'échec qu'il est véritablement et ne provoque pas de baisse de moral parmi les survivants ou les troupes canadiennes demeurées en Angleterre, au contraire, comme le montrent deux rapports spéciaux de septembre 1942 préparés à partir d'une plus grande proportion de lettres qu'à l'habitude[141]. La réaction des soldats au raid demeure la même après l'affichage des listes des morts, blessés et disparus présumés prisonniers[142], même si

---

136. BAC, T-17921, 763-764 (19 mai au 2 juin 1942) ; 882-883 (3 au 18 juin 1942) ; 1001 (19 juin au 3 juillet 1942).
137. BAC, T-17921, 1118.
138. BAC, T-17921, 1283. Voir aussi le rapport pour la période suivante (du 4 au 19 août 1942), bobine T-17921, images 1375-1378, où la question de « l'inactivité » recommence à préoccuper énormément MI12, au sens où après trois années de guerre, les grandes unités canadiennes ne sont toujours pas engagées contre les Allemands.
139. BAC, T-17921, 1552 (période du 4 au 19 septembre 1942) ; bobine T-17922, image 7 (20 novembre au 3 décembre 1942).
140. BAC, T-17921, 1871 (20 octobre au 3 novembre 1942).
141. BAC, T-17921, images 1457-1461 et 1573-1477. Le rapport régulier pour la période du 20 août au 3 septembre 1942, très sommaire sur Dieppe, allait déjà dans le même sens (*ibid.*, 1441). Sur le raid de Dieppe, les meilleures monographies sont : Brereton Greenhous, *Dieppe, Dieppe*, Montréal, Art Global, 1992, 157 p. ; et Brian Loring Villa, *Unauthorized action : Mountbatten and the Dieppe raid*, Toronto, Oxford University Press, 1990, xiii-314 p.
142. *Ibid.*, image 1636, période du 20 septembre au 4 octobre 1942. Sur les perceptions à long terme du raid au Québec, il faut lire Béatrice Richard, *La mémoire de Dieppe : radioscopie d'un mythe*, Montréal, VLB éditeur, 2002, 205 p.

ça et là quelques doutes s'élèvent, par exemple chez un soldat de l'artillerie qui cite le général McNaughton à l'effet qu'on « ne nous débarquera pas pour que l'on soit fauché avant d'atteindre la plage », ajoutant que « nous serons débarqués suffisamment en force de manière à que rien ne puisse nous stopper ». Ce soldat tire également du réconfort du fait qu'il connaît maintenant une « super-technique, l'art de la *battle drill*[143] », une des premières utilisations du vocable dans les rapports de MI12.

Un officier du Carleton and York Regiment est plus loquace. Il vaut la peine de citer au long l'extrait choisi par MI12 pour le rapport sur la période s'écoulant du 20 novembre au 3 décembre 1942, extrait provenant vraisemblablement d'une lettre adressée à un frère ou un ami à l'entraînement au Canada depuis peu :

> Cours supposé le plus difficile en Angleterre (plus de sergents l'abandonnent que d'officiers). Tu me dis qu'il faut se débarrasser des mauvais officiers. Nous sommes plus chanceux que vous autres. Nous avons eu plus de temps pour nous préparer et je crois que nos officiers et nos sous-officiers sont les meilleurs sur le marché... Je peux faire n'importe laquelle job dans ma compagnie... si on m'avait dit il y a trois ans que je pourrais courir des milles en portant un mortier et un sac plein de bombes, j'aurais dit que c'est de la folie... Je ne pense pas qu'il y ait eu une armée de notre taille dans l'histoire qui égale l'Armée canadienne en Angleterre au point de vue de l'endurance physique et de l'efficacité générale. Nous n'avons plus d'excuses. Je pense aussi que le nouvel entraînement montre des résultats en Afrique. Nous avons eu Montgomery tout l'hiver et le printemps dernier, et c'est un vrai pèrefouettard. Ne t'inquiète pas, on n'est plus un enfant de chœur quand on termine un cours de *battle drill* — tu en viens à te haïr. La seule raison pour laquelle je n'ai pas cassé la gueule à un instructeur, c'est que j'étais trop fatigué. Quand tu as terminé ce cours, tu te sens capable de n'importe quoi. Tu cesses de t'en faire pour la boue, les barbelés, les embrasures de mitrailleuses, les vrais munitions et tout le reste, tu y vas et tu fais ta job. C'est le plus précieux entraînement que j'ai jamais vu, et si la vraie chose est encore plus dure physiquement, il n'y a pas un seul Canadien qui ne saura se tenir debout[144].

Voilà peut-être l'une des meilleures expressions d'une confiance en soi et en son habileté de combattant gagnée grâce à la *battle drill*.

Cependant, en novembre 1942, l'opération Torch, l'invasion américaine de l'Algérie et du Maroc français, a l'effet moral inverse, car si cette opération annonce le début de la fin pour l'empire nazi, les Canadiens sont déçus de ne pas en être[145]. En décembre, c'est l'approche de la saison de Fêtes qui donne le mal du pays[146].

---

143. BAC, T-17922, 48 (4 au 29 décembre 1942).
144. BAC, T-17922, 7.
145. BAC, T-17921, 1958 (4 au 19 novembre 1942). La nouvelle du débarquement réussi en Afrique du Nord coïncide avec celle de la victoire de la 8ᵉ Armée britannique de Montgomery en Égypte et les succès défensifs et de la contre-offensive à Stalingrad de l'allié russe, sur lesquels les soldats alliés en Angleterre sont particulièrement bien informés dans les derniers mois de 1942.
146. *Ibid.*, 1958 ; T-17922, 7 (20 novembre au 3 décembre 1942) ; T-17922, 49 (4 au 20 décembre 1942).

Plus tard, parce que la *battle drill* fait maintenant partie des mœurs d'entraînement, elle en vient à être considérée comme un élément de routine. C'était fatal. Les plaintes se font de nouveau plus fréquentes d'un séjour en Angleterre trop long, d'un manque d'action, ce qui n'est d'ailleurs pas étranger à l'insistance de l'état-major canadien pour participer au raid de Dieppe, ni à la décision de participer au débarquement en Sicile.

Quoi qu'il en soit de la suite des événements, à un moment critique, la *battle drill* a joué un rôle vital. Elle est perçue de manière positive dans une majorité des sources, et notamment dans la source la plus fiable que nous possédons sur cette période, les rapports des censeurs aux armées. L'introduction de cette méthode est un tournant dans l'histoire de l'entraînement au combat de l'Armée canadienne. On pourrait même aller jusqu'à dire que c'est *le* tournant dans l'histoire de l'entraînement des armées occidentales (allemandes et russes exceptées), puisque après 1942 et après la guerre, et encore de nos jours, l'entraînement du soldat, des sous-officiers et des officiers régimentaires est toujours basé sur les découvertes des fondateurs des *Battle Schools*.

Évidemment, notre source privilégiée nous informe sur sa réception surtout au bas de la hiérarchie, l'échantillonnage se faisant plus ou moins au hasard. On verra au chapitre suivant que la réception était de moins en moins chaude au fur et à mesure que l'on s'élevait dans la hiérarchie de l'Armée canadienne.

L'entraînement dans les bataillons d'infanterie en 1942

L'introduction de la *battle drill* dans le seul bataillon régulier francophone correspond à un tournant pris par cette unité en matière d'entraînement. Ce tournant ne s'explique pas simplement par l'adoption enthousiaste par le 22e, mais résulte de la conjonction de trois facteurs, qui se rencontrent souvent dans l'histoire d'autres bataillons, anglophones ou francophones, d'où sa valeur exemplaire : les efforts du haut commandement britannique pour améliorer la préparation opérationnelle des corps d'armée, dont le corps canadien, qui a des répercussions jusqu'au niveau des bataillons, la *battle drill* ensuite et finalement l'effet conjoncturel des promotions, limogeages et déplacements d'officiers qui ont cours dans la vie de toute unité militaire, mais qui prennent un rythme essoufflant à cause de la guerre. Le nombre particulièrement élevé de changements de commandement au 22e joue également un rôle.

Pour bien montrer ces dynamiques à l'œuvre, il faut revenir en arrière, à peu près au moment où nous avions cessé la chronique des activités d'entraînement de ce régiment au chapitre trois.

Des méthodes d'entraînement et des progrès dans la préparation au combat des unités canadiennes, le commandant d'armée, le lieutenant-général B. L. Montgomery se montre particulièrement critique fin 1941 début 1942. Des commandants d'unités (bataillon d'infanterie, régiments blindés et d'artillerie) au chef de corps en passant par les brigadiers et les divisionnaires, Montgomery n'épargne personne[147]. Le chef de corps, les trois divisionnaires, des brigadiers et plusieurs chefs de bataillon sont sévèrement critiqués pour leur incompétence et certains pour leur âge, ce qui mènera à plusieurs limogeages (mais pas à celui de McNaughton[148]). La principale accusation de Montgomery est que beaucoup trop de commandants canadiens sont incapables de dresser un programme d'entraînement adéquat et de le mettre en œuvre. La préparation de toutes les troupes canadiennes en souffre. Le « vrai problème », précise Montgomery, c'est que « les officiers [canadiens] n'ont généralement jamais appris comment on enseigne l'entraînement en tant que cela se distingue du comment on fait la guerre » et d'ailleurs, ajoute-t-il, « ils n'y comprennent rien en réalité ». L'énergie de tous est ainsi dépensée de façon improductive parce qu'on utilise « les mauvaises méthodes ». Par exemple, il note que les commandants de compagnie supervisent leurs propres exercices, laissant le commandement direct de la troupe aux subalternes. C'est un sacrilège pour lui et il gourmande les chefs de bataillon de ne pas forcer leurs commandants de compagnie à exercer le commandement eux-mêmes[149].

Il reproche aussi aux Canadiens leur faiblesse à assurer une coordination étroite entre l'infanterie et l'artillerie du niveau de la brigade en descendant vers celui de la compagnie. Tout plan est vain si l'organisation n'a pas intégré l'habitude de préparer des plans de feu adéquats pour supporter les mouvements de l'infanterie. D'ailleurs, Montgomery indique que cela vaut également pour les mortiers et les mitrailleuses lourdes des bataillons[150].

Sur le plan opérationnel, Montgomery est furieux de constater que les divisionnaires et le chef de corps canadiens et leurs états-majors sont incapables de séquencer la bataille[151]. C'est ce qui expliquerait les piètres résultats du corps canadien dans les grandes manœuvres tenues en Angleterre dans la première moitié de 1942.

---

147. Je suis ici l'analyse admirable qu'a faite John English de ce moment particulier dans l'instruction du corps canadien sous la supervision générale de Montgomery dans son chapitre « The Montgomery measurement » (*Failure in High Command…*, *op. cit.*, chap. 6), particulièrement p. 130 et suiv.
148. McNaughton sera bientôt commandant de la 1re Armée canadienne (qui n'existe encore que sur papier) et recevra une évaluation catastrophique du général Paget pour son commandement des Canadiens durant les grandes manœuvres « Spartan » de mars 1943 (D. French, *Raising Churchill's army…*, *op. cit.*, p. 209-210). Malgré son incompétence, il restera en place jusqu'en décembre. Il aura fallu de considérables pressions des généraux Paget, Montgomery et Brooke pour convaincre Ralston et Mackenzie King de rappeler McNaughton. Brooke, le chef d'état-major britannique, voulait s'en débarrasser dès juin 1941 ! Sur cette affaire, voir le journal personnel de Brooke : *War diaries 1939-1945*, éd. non expurgée, Phoenix Press, 2002 (2001), p. 164, 388, 391, 470, 486, 504, 515 et 536. Quelques mois après son rappel, McNaughton deviendra ministre de la Défense en remplacement de Ralston ! Dans plusieurs armées du monde, on se débarrasse des incompétents de haut rang en donnant des promotions.
149. *Ibid.*, p. 130.
150. *Ibid.*, p. 134.
151. *Ibid.*, p. 132.

C'est dans ce contexte difficile que le 22ᵉ Régiment poursuit l'entraînement. Le premier programme d'entraînement « intensif » au 22ᵉ est préparé à la mi-octobre 1940. Il s'agit d'un programme « individuel » s'étalant sur cinquante jours dont j'ai fait état précédemment, mais qui réserve une journée par semaine pour l'entraînement collectif avec les deux autres bataillons de la 3ᵉ Brigade (The Carleton and York Regiment et The West Nova Scotia Regiment, deux régiments des Maritimes). En fait, il s'agit d'une répétition du même : marches de vingt et trente mille (32 à 48 km), préparation de tranchées, entraînement à la baïonnette et à la grenade, absolument rien de neuf sur l'entraînement de 1918. Rien ne changera tant que le premier commandant du bataillon, le lieutenant-colonel Percy Flynn, ne connaîtra pas des ennuis cardiaques en janvier 1941. Suivra une période encore plus difficile où se succèdent trois commandants aussi inefficaces, malades et absents que Flynn. Marches et conférences sur le barrage d'artillerie sont à l'honneur en mai 1941, encore des techniques de 1916-1918. La *battle drill* n'est pas mentionnée au journal à cette époque, malgré le fait que le 22ᵉ jouxtait les West Nova Scotia, le régiment de M. V. Gregg. C'est peut-être le reflet de l'interdiction du général Pearkes mentionnée en début de chapitre, le 22ᵉ appartenant à la 1ʳᵉ Division.

Heureusement, quelques jeunes officiers manifestent un intérêt pour de nouvelles formes d'entraînement. Le lieutenant J. A. A. G. Vallée était l'un des subalternes qui avaient été détachés en France en prévision d'un débarquement de la 1ʳᵉ Division canadienne en Bretagne. C'est peut-être ce court (du 23 au 25 mai 1940) et peu édifiant épisode de l'histoire militaire canadienne, qui a stimulé son intérêt pour la tactique. Il est promu capitaine en juillet suivant et suit le cursus normal, y compris le cours de commandant de compagnie en décembre 1940 – janvier 1941. Dès son retour, il est placé en charge d'un TEWT s'adressant aux officiers du bataillon. Le 23 juillet 1941, il dirige aussi un exercice de compagnie en attaque, probablement à la façon des assauts de 1916-1918, mais dont le journal de guerre rapporte qu'il fut « réaliste », comme pour marquer que d'ordinaire, les exercices ne l'étaient pas. Le 16 septembre 1941, il est l'un des officiers assistant à une conférence d'un major britannique qui commandait un escadron de chars au Moyen-Orient. Puis, le 23 novembre, le capitaine Vallée et le major G. A. Turcot vont suivre la cours de *battle drill* de la 47ᵉ Division.

Ce moment correspond à la fin des flottements au commandement du 22ᵉ Régiment, lorsque le major Bernatchez est promu lieutenant-colonel le 17 octobre 1941. Le 23 décembre 1941, la *battle drill* est enfin introduite lors d'une conférence du major G. A. Turcot[152]. Avant la fin du mois, Bernatchez chambarde entièrement la routine. L'encadré qui suit résume le programme approuvé par ce dernier et placé en annexe du journal de guerre de décembre 1941 :

---

152. JG R 22ᵉ R, septembre 1939 à janvier 1942 (BAC, RG24, C-3, vol. 15 236 et 15 236).

« POLICY AND DIRECTIVES FOR TRAINING »

§1 À cause des activités éparses et des affectations différentes à l'intérieur des cies, chaque cie produira un syllabus d'entraînement séparé ;

§2 cela se fera chaque semaine ;

§3 l'entraînement durera de 07h00 à 12h00 et de 13h30 à 16h30 tous les jours avec samedi pm et dimanche de congé ; il y aura au moins un exercice de nuit de <u>trois heures</u> chaque semaine ;

§4 les lundis seront consacrés à l'entretien des véhicules ; mercredi pm pour les marches *cross country* ou routes ;

§5 l'entraînement se fera en 5 phases : (1) section, du 8 déc. au 1er janvier (2) peloton, du 1er au 16 janv. (3) compagnie, du 16 au 31 janv. (4) bataillon du 1er au 28 février et (5) brigade du 1er au 31 mars ;

§6 deux périodes de *drill* par semaine, une de respirateur (le mercredi de 11h00 à 11h30), deux de baïonnettes, trois de PT, avec, à toutes les phases, mousqueterie sur terrain de tir si possible, retranchement, lecture de cartes pour sous-officiers, utilisation des armes AT et des différentes grenades ;

§ 7 la phase 1 comprend : (a) section en attaque (b) section en défense (c) patrouilles de jour et de nuit (d) section en avant-garde/tactique à l'indienne (e) retranchement pour armes/pose de mines et (f) mines et passage d'obstacles ;

§8 deuxième phase : (a) peloton en attaque — en route, donner une situation ou rencontre avec un ennemi en position (b) attaque contre faible opposition et attaque délibérée (c) peloton en défense (d) exercices avec chars (e) peloton en retraite précipitée (f) chargement du camion de peloton — embarquement/ débarquement de bus avec différentes méthodes (g) réaction lorsque attaqué par A.F.V. (h) combats dans les bois et dans un village (i) érection de défense de fils barbelés (j) passage de l'information — messages verbaux et écrits (se référer aux notes tactiques pour chefs de peloton) ;

§9 les phases 3-5 comprendront des exercices préparés par les commandants de compagnies et leurs seconds (détails suivront) ;

§10 les détails pour les phases 4 et 5 suivront ;

§ 11 Note pour les QG de compagnies : ils doivent suivre les formations spécialisées, mais ils ne sont pas dispensés du paragraphe 6 ci-haut ; les pionniers doivent savoir décontaminer après une attaque aux gaz ; les chauffeurs doivent recevoir l'instruction nécessaire pour remplir les différents papiers relatifs à leur emploi ;

§12 divers : la préparation aux retranchements peut être intégrée aux exercices ci-haut ; les pelotons et compagnies doivent avoir des exercices « Aux armes ! » prêts à tout moment, sauf lorsque des exercices de bataillon ont lieu ;

§13 conférence, discussion, par après, instruction données aux hommes ;

§14 conseils : marches courtes organisées avec toutes sortes d'exercices en vue : prise de contact, lutte contre A. F. V., gaz, etc., ce qui implique une très bonne préparation ; les compagnies doivent assister les groupes plus petits en donnant des conseils, en prêtant du personnel et de l'équipement et en passant de l'info ; prendre avantage de l'artillerie (obtenue seulement par l'intermédiaire de l'adjudant), des

mortiers, des instruments optiques, des chenillettes ; il faut aussi s'occuper de l'Home Guard ;
§ 15 Les directives particulières seront données à l'annexe A ;
§ 16 le médecin de l'unité, l'officier de renseignement de l'unité et le sergent *provost* doivent soumettre leur propre programme hebdomadaire d'entraînement ;
§ 17 « An officer who can train his men well can lead them well into action. » L'entraînement dans des conditions faciles est facile, mais l'entraînement dans des conditions difficiles est le vrai test d'un bon homme. « LET US SEE WHAT YOU CAN DO. »
Signé J. P. R. BERNATCHEZ

Source : Journal de guerre, R 22ᵉ R, décembre 1941 (BAC, RG24, C-3, vol. 15 236).

C'est bien sûr un mélange d'anciennes pratiques avec les nouvelles, mais il est clair que les nouvelles prennent le dessus.

Les difficultés du 22ᵉ ne sont pas particulières à ce régiment. Les Fusiliers Mont-Royal connaissent également de graves difficultés à s'entraîner en 1941. Ainsi, si le lieutenant André Vennat suit un cours de deux semaines de « hardening » et d'assaut fin 1941 ou début 1942, qui semble être un cours de *battle drill* régimentaire[153], l'état de préparation au combat des FMR ne s'améliore pas suffisamment, ce qui amène le commandant de brigade, le général Price, à procéder à un changement à la tête du bataillon.

C'est encore une fois la nomination d'un chef plus jeune et plus énergique qui change la donne. Dollard Ménard est l'un des seuls officiers réguliers canadiens enrôlés avant 1939 et qui ait combattu, sur la frontière du Pakistan ! Après RMC, Ménard a suivi un parcours remarquable l'amenant à servir sur la frontière de l'Empire, aux confins des Indes et de l'Afghanistan. Il revient à Kingston pour suivre le cours d'état-major début 1942, puis est affecté comme major de brigade à la 8ᵉ Brigade (3ᵉ Division d'infanterie), nouvellement formée. Il est toutefois rapidement promu lieutenant-colonel[154] et muté au commandement des Fusiliers Mont-Royal, un bataillon d'infanterie de la 6ᵉ Brigade (2ᵉ Division d'infanterie), parce que celui-ci connaissait des difficultés comme bon nombre d'autres bataillons canadiens.

Bien après la guerre, Ménard n'a pas été tendre pour les officiers de son nouveau bataillon : « [C]'était un secret de polichinelle à l'époque que la discipline y était un peu relâchée et que sous le commandement de mon prédécesseur, le colonel Grenier, les officiers avaient tendance à jouer leur rôle quelque peu en dilettante, en attendant la guerre et les choses sérieuses[155] ».

---

153. P. Vennat, *Dieppe n'aurait pas dû avoir lieu…*, op. cit., p. 122. Pierre Vennat ne donne pas la date de la lettre, mais son père a dû suivre ce cours à la fin 1941 ou au début de 1942, en tout cas avant l'arrivée de Ménard dans les premiers jours d'avril 1942.
154. P. Vennat (*ibid.*, p. 131) souligne que Ménard devenait alors le plus jeune lieutenant-colonel de l'Empire britannique.
155. Entrevue de P. Vennat avec le général Ménard citée dans *ibid.*, p. 132.

Ménard met son empreinte aussitôt arrivé. Pour le jeune André Vennat, la différence est saisissante. Parlant de l'ancien colonel avec lequel il était pourtant en très bons termes, il écrit qu'il « m'aurait été bien plus profitable, s'il ne m'avait pas adopté ; je serais probablement plus avancé que je le suis maintenant[156] ». Dès la première rencontre avec le nouveau commandant, il sent que le nouveau régime sera différent du précédent :

> Aujourd'hui est arrivé le nouveau commandant, le lieutenant-colonel Ménard. C'est un jeune homme de vingt-neuf ans, de la Force permanente. Cela fait une différence avec l'autre, qui en avait cinquante et qui n'était pas trop fort. Il est venu seulement quelques minutes au bureau, vers la fin de l'après-midi et il est parti s'installer. C'est difficile de savoir encore quelle sorte de type c'est. Mais cela va faire du bien d'avoir du sang neuf dans le bataillon, surtout de quelqu'un qui vient d'en dehors et ne sera pas embêté par les vieilles amitiés de temps de paix et les relations de famille. On verra bientôt les résultats. En attendant, je crois qu'on va travailler plus fort, ce qui ne fera pas de tort[157].

Et d'ajouter deux jours plus tard : « [A]vec le nouveau commandant, cela va barder dans le régiment. Il est encore bien tôt pour se former une opinion, et d'ailleurs, mes opinions là-dessus, je ne les formulerais pas par lettre, mais je peux quand même dire que je pense que le changement est pour le mieux[158]. » Vennat ne se trompe pas et dès les premiers jours du nouveau régime l'entraînement est devenu plus ardu :

> Il s'agit maintenant de travailler. Le nouveau commandant n'y va pas par quatre chemins et ça va continuer. Ça ne me fait pas de peine et ça va faire du bien, car le régiment en avait grand besoin en général. Je n'ai pas eu le temps de faire grand chose aujourd'hui. Nous avons eu une petite marche de 20 milles (32 km), qui a pris la plus grande partie de la journée. Il faut se mettre en forme, paraît-il, car l'armée motorisée doit pouvoir marcher à pied. Ça sauve la gazoline !

Ménard a expliqué à Pierre Vennat, le fils du lieutenant Vennat, ses objectifs d'alors :

> Dès mon arrivée, je m'activai à redresser la situation. Nous étions au printemps 1942 et, désormais, ai-je annoncé, l'entraînement serait sans pitié, obligatoire pour tous et à point. D'ailleurs, je m'entraînais moi-même avec eux, selon un plan de véritable entraînement de commando, conçu par moi, sur mesure pour ce régiment[159].

Il ne s'agit pas d'entraînement de commando, mais d'une forme de *battle drill*[160]. Et dans ce cas-ci, Ménard vise surtout à endurcir ses hommes et à restaurer une discipline trop relâchée, guère plus.

---

156. *Ibid.*, p. 132 (lettre de à son épouse du 31 mars 1942).
157. *Ibid.*, p. 133-134 (lettre du 2 avril 1942).
158. *Ibid.*, p. 134 (lettre du 4 avril 1942). La discrétion est de mise ici, car André Vennat semble utiliser la poste militaire. Ceux qui utilisaient la poste civile britannique se gênaient moins pour critiquer leurs supérieurs, mais les lettres pouvaient être interceptées lors d'un contrôle par échantillonnage.
159. *Ibid.*, p. 132.
160. *Ibid.*

Plus tard, obsédé par un peu d'avancement qu'il n'obtiendra pas, le lieutenant Vennat redevient morose et le mal du pays s'installe à nouveau. Mais, peu avant le désastreux raid du Dieppe au cours duquel le FMR sera décimé et le lieutenant Vennat tué, celui-ci reconnaît que Ménard est « un bon militaire et que le régiment en avait besoin[161] ».

Un autre ancien des Fusiliers Mont-Royal, un sous-officier dur à cuire celui-là, corrobore les perceptions de Vennat à propos du changement bénéfique apporté par le nouveau colonel :

> Il nous a promis que nous jouerions vraiment aux soldats, selon l'expression consacrée de l'Armée canadienne. Nous avons été sceptiques au début, ayant entendu bien d'autres salades du genre. Mais il avait déjà commencé à nous faire confiance, à nous traiter comme des soldats et à exiger des résultats ! C'est déjà un grand changement avec notre commandant précédent qui nous prenait pour des enfants ou plutôt pour ses domestiques. Oui, il avait sous ses ordres neuf cents officiers, sous-officiers et soldats, et pour lui c'était neuf cents hommes qui n'avaient rien de mieux à faire que de le servir[162] !

Cela dit, même si le régime Ménard est plus dur et plus profitable à son bataillon[163], il ne correspond toujours pas aux nécessités de la guerre moderne. Ménard le reconnaîtra bien après la guerre, dans une entrevue accordée en 1982, en insistant sur la rigidité du plan d'assaut, où dans la meilleure tradition britannique tout était prévu dans le moindre détail, ne laissant aucune place à l'initiative pour permettre de s'adapter en cas d'imprévu : « Un plan comme ça, conçu trop longtemps à l'avance et figé dans le ciment, est condamné à échouer. C'est ce qui est arrivé[164] [à Dieppe le 19 août 1942]. ».

---

161. *Ibid.*, p. 135, lettre du 5 août 1942.
162. L. Dumais, *Un Canadien français à Dieppe*, Paris, Éditions France-Empire, 1968, p. 84.
163. Si l'on suit toujours Dumais (*ibid.*, chap. III, IV et V), il s'agit d'un entraînement qui intègre certains aspects de *battle drill* — endurcissement physique, parcours de combattant avec tirs à munitions réelles, mais sans l'être vraiment puisque sans *drill* tactique. On y reçoit l'entraînement au débarquement, mais on reste loin de l'entraînement commando et bien en deçà des subtilités tactiques que devait inculquer la méthode.
164. Entrevue accordée par Dollard Ménard à William Whitehead et Terence MacCartney-Filgate pour leur reportage « Echoes of disaster », citée par P. Vennat, *Dieppe...*, *op. cit.*, p. 75. Vennat commente plus longuement vers la fin de son livre : « Plusieurs sont d'avis que la situation aurait été moins pire si on n'avait pas envoyé à Dieppe des troupes qui n'avaient aucune expérience du combat. Entre des manœuvres, les plus réalistes possibles, pendant plus d'un an en Angleterre, et un véritable raid contre l'ennemi en force dans des conditions aussi mauvaises, il y avait toute une marge. Mais le commando britannique de lord Lovat s'en est mieux tiré que tous les autres, justement parce qu'il avait, lui, l'expérience du combat et que, délaissant les plans préconçus, lord Lovat décida de se fier à sa propre expérience et d'improviser. Malheureusement, les Canadiens, eux, n'avaient pas cette expérience. Placés devant le triste constat que les plans de l'état-major conçus pour eux ne fonctionnaient pas et qu'ils couraient tout droit à l'échec, ils ne surent pas, habitués qu'ils étaient à suivre aveuglément les ordres, improviser, ce qui aurait peut-être permis de diminuer les pertes » (*ibid.*, p. 184).

Le grand continuum de la formation au combat

Les fantassins sont donc soumis à un régime d'entraînement différent à compter de 1942 aussi bien pour les unités déjà en Angleterre que pour les renforts en formation au Canada. Cependant, il ne faut pas oublier que la *battle drill* entre en compétition avec d'autres types de formation, d'une part, et que, d'autre part, elle n'est, aussi importante soit-elle, qu'un moment dans un processus d'apprentissage, ce qu'on peut appeler un « continuum ».

Pour les officiers canadiens au Canada, on peut dire qu'il y a l'avant et l'après Gregg. Les officiers de l'artillerie, du génie de combat et des blindés ont connu la *battle drill* s'ils ont été brevetés après la venue de Gregg à Brockville à l'été 1942. Comme les divisions blindées ont été formées en dernier, plusieurs de leurs membres sont d'ex-fantassins ayant vécu au moins un peu de *battle drill*. Le spectre d'influence de la nouvelle méthode est *a priori* vaste. Toutefois, les officiers, les sous-officiers et les soldats appartenant à ces corps spécialisés suivent également des formations techniques rigoureuses pendant lesquelles les apprentis sortent du circuit des grandes unités (plus ou moins) interarmes. Durant ces formations techniques exigeantes, les leçons ont amplement l'occasion d'être oubliées. L'artillerie est une arme très complexe et il est facile de s'enfermer dans ses aspects les plus techniques. L'arme blindée est toute récente au Canada et l'entraînement de ses membres pose des défis considérables. De sorte que la formation de fantassins, que les recrues de ces trois armes ont pratiqué quelques semaines seulement, n'est considérée par beaucoup de spécialistes que comme un rite de passage désagréable qu'il vaut mieux oublier. Ce n'est trop souvent qu'après le retour dans une grande unité (brigade et plus) que les spécialistes réapprennent à collaborer entre eux et avec l'infanterie.

Dans les blindés, il y a aussi que les instructeurs du début de la guerre jusqu'à 1942 sont confrontés à tellement d'ignorance, il y a tellement à apprendre dans la manœuvre et le commandement des formations blindées que toute velléité d'ajouter des notions de collaboration avec les autres armes se heurte à l'incompressibilité des horaires[165]. La coopération entre les armes ne peut qu'en souffrir si bien que les unités blindées canadiennes auront de la difficulté à suivre leur couverture d'artillerie ou à maintenir le contact avec les fantassins même avec la meilleure volonté du monde. Et sans compter que le désir de collaborer n'est pas toujours présent. Ainsi, toujours dans les blindés, il y a en beaucoup qui conçoivent leur arme comme décisive et par conséquent indépendante des autres armes de combat, ce qui causera bien des problèmes lorsque les chars rencontreront des obstacles ou des ponts détruits (d'où les indispensables sapeurs), lorsqu'ils seront attaqués par des chars allemands supérieurement armés (donc nécessité d'obtenir le feu de l'artillerie ou de l'aviation d'assaut) ou lorsque les

---

165. L. Worthington, « *Worthy* » : *a biography of major-general F.F. Worthington, C.B., M.C., M.M.*, Toronto, The Macmillan Company of Canada, 1961, p. 179 et sq. La 4ᵉ Division blindée canadienne qu'entraîne le général Worthington était une division d'infanterie jusqu'à la fin de 1941.

canons antichars et les fantassins allemands les prendront par surprise (d'où besoin d'être supporté par l'artillerie et accompagné par l'infanterie).

Il est en plus évident que la *battle drill* constitue une étape de formation dans un processus de plusieurs mois comprenant d'autres types de formation[166]. Ce qui est certain c'est que pour les officiers de l'infanterie, cette méthode devient une étape cruciale d'apprentissage, sinon la plus cruciale. Ils s'y initient dès l'école d'officiers (Brockville) et auront l'occasion de pousser plus loin cet apprentissage (Vernon) pour quelques-uns d'entre eux. Mais pour les officiers des autres armes, c'est moins vrai. Et malheureusement, trop souvent, l'insistance trop grande de beaucoup d'officiers supérieurs venant de l'infanterie, qui dominent numériquement dans les camps d'instruction, sur la tenue générale et la discipline, renforce la tendance des armes spécialisées à s'isoler dans leurs métiers respectifs.

Après l'école d'officiers, les occasions d'étudier avec les officiers des autres armes ne sont pas légion et au mieux, en temps de guerre, il ne s'agit que de cours accéléré durant tout au plus une ou deux semaines. En fait, les occasions de vraiment étudier ensemble ne reviennent que lorsque les officiers atteignent une étape avancée dans leur carrière, lors de la formation des « syndicats » dans les écoles d'état-major. Et même là, ce n'est que rarement qu'on peut y rencontrer des officiers de l'aviation. De sorte qu'au-delà du grade de sous-lieutenant, pour la masse des officiers de rang subalterne, l'apprentissage à la collaboration interarmes se fait dans la pratique, en se frottant aux autres unités sur les terrains de manœuvre, ou carrément sur le champ de bataille. Dans la réalité, ce hiatus est une faiblesse grave du système d'instruction des forces canadiennes et britanniques. L'organisation des grandes formations américaines (et allemandes) était plus judicieuse, avec les *combat command* multiarmes, de tailles variables et de composition variable selon la mission à remplir[167].

Bref, l'institutionnalisation de la coopération interarmes, difficile en soi, se heurte aussi aux sous-cultures propres à chaque arme et au mode d'organisation spécifique des divisions de style britannique.

---

166. Pour le cycle d'entraînement d'un bataillon entre 1941 et 1944, à la fin de la période que j'étudie, voir J. Castonguay et A. Ross, *Le Régiment de la Chaudière…*, *op. cit.*, p. 148, 164-167, 173-179, 188-194, 212-213 et 222. Malheureusement, la description que donnent Castonguay et Ross de l'étape *battle drill* est sommaire. Ils la réduisent à l'aspect répétition des gestes sur le terrain de parade, qui n'est que l'étape initiale.

167. Les Américains y arrivaient en prévoyant organiquement dans leurs divisions des quartiers généraux intradivisionnaires sans leur affecter rigidement des troupes : *combat commands* A, B et R pour réserve. À chaque niveau d'organisation, les troupes disponibles étaient divisibles en trois groupes de combat, mais rien n'obligeait à distribuer également les effectifs. Schématiquement, on peut dire qu'en attaque A ou B fixait l'ennemi, B ou A le flanquait et R servait de réserve pour l'exploitation ou autre éventualité. L'organisation, ici la division dite « triangulaire », est ainsi un reflet de la souplesse tactique désirée. Remarquer que l'organisation de l'Armée allemande reposait aussi sur les formations triangulaires (ce sont les Allemands qui ont développé la division triangulaire durant la Première Guerre mondiale).

✭ ✭ ✭

Cependant, en ce qui concerne la conduite des opérations, aucune nouveauté introduite brusquement ne pouvait changer du jour au lendemain les habitudes acquises pendant une génération et inscrite dans une culture militaire qui, bien que déstabilisée par de nombreux revers, restait encore sûre d'elle-même. La hiérarchie allait résister.

✭ ✭ ✭

Chapitre sept

☆ ☆ ☆

Les conceptions du haut commandement en 1942-1943

Ayant gâté nos généraux, la drill [conventionnelle] gâte nos hommes à travers nos généraux[1].
J. F. C. FULLER, 1934.

La coutume n'a rien à voir avec la réalité ; c'est du mythe, un creuset de léthargie, car il est tellement plus facile de suivre les sentiers battus. C'est pour cela qu'aucune armée professionnelle n'a jamais eu moins d'une génération de retard[2].
J. F. C. FULLER, 1934.

Une chose met bien en évidence que la classe dirigeante britannique est au fond plutôt morale : c'est qu'en temps de guerre, elle s'offre au massacre. Plusieurs ducs, comtes et autres machins-trucs ont péri dans la récente campagne de Flandre. Cela ne serait pas arrivé si on avait eu là les scélérats qu'on imagine facilement. [...] Ce qui caractérise plutôt nos chefs militaires, ce n'est pas la trahison ou même la lâcheté du corps, mais la stupidité, le sabotage par inconscience ainsi qu'un instinct infaillible pour entreprendre la mauvaise chose. Ils ne sont pas mauvais, en tout cas pas entièrement ; ils sont simplement incapables de rien apprendre[3].
GEORGE ORWELL, 1940.

La *battle drill* est toujours à la base de l'entraînement des troupes au début du XXIe siècle. Elle s'est imposée comme la méthode d'entraînement moderne au combat. Petit à petit, les manuels et brochures d'instruction officiels ont reflété les changements induits par le mouvement. Cependant, l'institution militaire canadienne a assimilé la révolte des régiments d'infanterie en l'édulcorant. Crerar dénonçait en août 1942 ses manifestations les plus irritantes, comme les abus de langage. Il n'était pas le seul à être offensé. Cette critique n'est pas qu'accessoire, car plusieurs hauts gradés ont résisté à l'implantation d'un entraînement au combat qui remettait en cause l'obéissance servile, tant et si bien que se pose la question de savoir si la classe dirigeante militaire canadienne était capable d'accepter les changements nécessaires, voire de se poser en agent de renouvellement. Rien n'éclaire plus le handicap que peut constituer une culture fermée aux changements que les obstacles que ses défenseurs érigent contre ceux qui veulent la transformer.

---

1. *The Army in my time*, réimpr., Cranbury, The Scholar's Bookshelf, 2006 (1re éd. brit., 1935), p. 83.
2. *Ibid.*, p. 231-232.
3. Nouv. éd. de « The lion and the unicorn : socialism and the English genius », dans *Why I write* [et autres essais], Londres, Penguin Books, 2004, p. 37. Le lion et la licorne du titre sont les emblèmes de la royauté gravés sur les insignes de couvre-chefs militaires britanniques et canadiens.

Durant la Seconde Guerre mondiale, presque toutes les questions relatives à l'entraînement des troupes ont reçu une attention minutieuse de la part des parlementaires canadiens, y compris la *battle drill*. Dans un échange avec le ministre de la Défense à l'occasion du débat sur l'approbation des crédits militaires en avril 1942, un député de l'Opposition officielle a esquissé un lien entre la tradition, de nouvelles méthodes d'instruction et d'entraînement et la compétence de l'état-major général :

> Ce que j'en ai à dire, et le ministre comprendra, reflète non seulement mon opinion, mais aussi celle de la plupart de mes honorables collègues. La plupart d'entre nous, moi compris, sommes inquiets à l'idée que ce que nous pourrions dire apparaisse comme un blâme pour ceux qui commandent nos forces armées dans ce pays ou ailleurs. Toutefois, en Grande-Bretagne, on n'a pas hésité à critiquer dans l'intérêt de la nation. Des hommes de grande réputation dans la vie publique l'ont fait. Ils ont exigé que ce qu'ils ont appelé la « mentalité du colonel Blimp » cesse d'être associée à l'effort de guerre national[4].

Cette critique à peine voilée de l'état-major canadien et de son conservatisme militaire est aussitôt atténuée par le député qui réitère sa confiance dans le général McNaughton. Il y a certaines limites à ce qu'un parlementaire, même de l'Opposition, choisit d'exprimer en public en temps de guerre, du moins à cette époque.

Le ministre est-il de cet avis ? On peut tout penser de la réponse pleine de banalités du ministre ce jour-là. Il est évidemment difficile pour un ministre d'accréditer une critique, car les grands chefs militaires sont choisis par le gouvernement (sur recommandation de l'état-major et, il faut insister là-dessus, parmi une liste courte produite au terme d'un long processus de gestion de carrière déterminé par ce même état-major).

Cependant, quelques semaines plus tard, Ralston est poussé dans ses retranchements à l'occasion d'une enquête parlementaire sur le désastre de Hong Kong, où une petite brigade d'infanterie canadienne a été complètement anéantie par les Japonais en décembre 1941.

En réponse à un autre député conservateur, le ministre Ralston se lance dans une longue description des mesures prises depuis le début de la guerre pour mieux entraîner les troupes canadiennes. Tout y passe, y compris les échanges d'officiers supérieurs avec la Grande-Bretagne, la venue d'instructeurs britanniques au Canada, l'ouverture des OTC de Brockville et Gordon Head, les nouveaux cours compressés d'état-major à RMC et ainsi de suite. Durant son exposé, soudain, Ralston est interrompu par un autre député de l'Opposition qui demande au ministre si la troupe est dorénavant soumise à l'entraînement commando.

---

4. Chambre des communes, *Débats*, 22 avril 1942, question de Gordon Graydon. J'ai traduit de l'original anglais. Le colonel Blimp est le type d'officier de 14-18 de caricature, tout en tenue parfaite, mais totalement inconscient de ses devoirs de tacticiens.

On a évidemment ici affaire à l'imprécision relevée au chapitre précédent entre l'entraînement des commandos, réservé à une minuscule élite, et celui plus généralisé de *battle drill*. C'est ce que comprend immédiatement Ralston, qui clarifie d'abord les concepts avant de donner les détails. Les deux parties de la réponse sont des plus significatives. Voici comment le ministre de la Défense, qui, on se le rappelle, a été exposé sept mois auparavant à des démonstrations de *battle drill*, rectifie le vocabulaire :

> Je ne suis pas sûr que vous [les deux députés de l'Opposition] ne mélangez pas deux ou trois choses. Les parachutistes, les commandos, la guerre de guérilla, la *battle drill* et l'entraînement au combat sont des choses différentes. Je crois que l'on veut savoir ici s'il y a au Canada de l'entraînement en campagne, n'est-ce pas ?

Ralston veut rester général, peut-être pour éviter les fuites. Mais le fait saillant de la réplique qui suit est la *battle drill* :

> À ce sujet, nous avons ramené le colonel Scott, des Calgary Highlanders, pour enseigner justement cela. Nous avons des instructeurs à Courtenay, mais nous sommes maintenant à Vernon. Des instructeurs sont entraînés à Vernon puis disséminés dans les différentes unités où ils enseignent ce genre de techniques.

Pour la plus grande confusion de tout le monde, surtout après une clarification liminaire, Ralston explique ensuite que l'intention est d'amener des bataillons entiers à Vernon pour l'entraînement genre commando. L'intervention du ministre se conclut par une liste d'épicerie composée de référence aux diverses écoles d'armes et de métiers[5].

Reste à savoir si l'ouverture d'esprit que suggère cette intervention de Ralston était partagée par tout l'état-major canadien. Les généraux allaient-ils être plus difficiles à convaincre de la nécessité de révolutionner leurs méthodes que des parlementaires ? Nous avons aujourd'hui le luxe d'en savoir un peu plus sur la culture de l'état-major, dont son attitude envers les nouveaux exercices de combat paraît être un bon indicateur.

Les résistances

Là même où la réforme devait se fixer avec le plus de fermeté existait les plus grands obstacles à une adoption généralisée de la nouvelle doctrine : dans l'édifice d'instruction canadien, aussi bien en Angleterre qu'en sol national.

On a vu que les deux premières *Battle Schools* avaient été rapidement fermées avant d'être remplacées par des structures contrôlées par la hiérarchie : l'aile de la CTS canadienne à Bordon Hants et l'aile du GHQ britannique à Barnard Castle. Cette institutionnalisation avait sans doute autant pour but de diffuser une technique d'instruction efficace que de mettre fin à des « excès » de zèle. D'ailleurs, les deux écoles verront leurs instructeurs zélés des débuts dispersés

---

5. Chambre des communes, *Débats*, 27 juillet 1942. Les deux députés conservateurs sont dans l'ordre Howard Green, alors député de Vancouver-Sud et qui deviendra ministre des Affaires extérieures sous Diefenbaker, et J. R. MacNicol.

dans les unités ou dans les garnisons, y compris L. Wigram, M. V. Gregg, J. F. Scott et T. E. Snow. Les écoles centrales seront aussi « réorganisées », ce qui commence à l'automne 1943 pour l'école canadienne, à l'été 1944 pour la britannique[6].

Dans le cas canadien, il est clair que la réorganisation en Angleterre répond à une situation gênante : le surplus de subalternes. L'aile 1 de la Canadian Training School est d'ailleurs transformée en Infantry Wing, dont l'objectif est maintenant de servir d'école d'infanterie avancée pour des subalternes venant des unités de renforts. C'est par la même occasion donner plus de rationalité à une organisation trop toile d'araignée, les RU devenant un passage obligé pour tous les renforts, la CTS exclusivement une école supérieure. Malgré cette « rationalisation », les chiffres sont éloquents. Jusqu'à la fin de la guerre, l'aile *battle drill* demeure la plus grosse entreprise de la CTS : à son apogée, la CTS instruit des cohortes totalisant environ 850 étudiants avec un personnel (y compris les instructeurs et les administratifs) de près de 1100 militaires, les cours durant en moyenne un mois. En avril 1943, des 850 étudiants, l'aile OCTU (avant sa transformation en Infantry Wing) comptait 150 candidats, l'aile *battle drill* 230 et il y avait aussi une petite aile pour une cinquantaine d'officiers régimentaires, de jeunes capitaines (qui sera dissoute peu après). Les autres donnaient des formations techniques à des sous-officiers (cours de chauffeurs et d'entretien du matériel roulant de la Technical Wing, cours de mortiers de la Weapons Wing, cours de la Chemical Wing, malgré son nom, surtout les lance-flammes).

Dans sa forme finale, après d'autres réorganisations qui commencent à l'été 1943 et ne cesseront pas jusqu'en mai 1945, la CTS réduite à cinq ailes d'instruction et à un personnel d'environ 250 à 300 officiers et non-officiers pouvait enseigner à un nombre à peu près équivalent d'élèves. La plus grosse aile était la Battle Wing (nouvelle dénomination de mai 1944, alors que la CTS prend le nom d'Infantry School) avec 65 élèves, plus une aile de cours avancé pour subalternes (Junior Officers Tactical Wing) de 24 élèves. La nouvelle organisation est plus souple que la précédente en ce que le tableau d'effectif n'est pas fixé une fois pour toutes, comme c'est l'habitude dans l'armée, c'est-à-dire qu'au besoin, par « incrément » d'équipes d'instructeurs, des « compagnies » d'élèves peuvent être ajoutées sans augmenter indûment l'effectif administratif et surtout sans affecter à l'École de manière permanente un grand nombre d'instructeurs, qui sont

---

6. Le journal de guerre de l'École canadienne de *battle drill* s'interrompt au mois d'octobre 1943 (BAC, RG24, C-2, vol. 9765). Comme l'explique T. Harrison Place (*Military training in the British Army, 1940-1944 : from Dunkirk to D-Day*, Londres, Frank Cass, 2000, p. 78) à propos du cas britannique, il s'agit d'un processus « de dissolution » par lequel les instructeurs sont retournés à leurs unités de combat ou dispersés dans des postes administratifs. Âme dirigeante de la *battle drill* britannique, Lionel Wigram, devenu lieutenant-colonel, est affecté en Italie où il périra en février 1944 (*ibid.*). Mais le besoin de formation est si grand que seulement quelques semaines après la « dissolution », des écoles d'infanterie informelles redémarrent sous l'impulsion d'autres officiers régimentaires, officiers qui n'ont cependant pas toujours une bonne connaissance des précédents de Barnard Castle ou de Bordon Hants, la dissolution/dispersion ayant produit une perte temporaire de mémoire institutionnelle. J. English réduit le sort final des *battle schools* à cette dissolution.

en fait les cadres combattants les mieux formés et dont on a un criant besoin dans les unités combattantes à la fin 1944 début 1945. C'est d'ailleurs le caractère de gros bataillon non combattant, petit empire du colonel Snow, qui avait finalement déterminé les autorités du Quartier général canadien (CMHQ) à Londres à obliger la CTS à une cure d'amaigrissement[7]. Les chiffres du printemps 1945 sont quelque peu inférieurs à ceux de la fin 1944, avec toutefois les mêmes proportions et le même accent sur la *Battle Wing*.

On le voit, la *battle drill* a bel et bien pris racine dans l'Armée canadienne d'outre-mer, comme elle l'a fait dans l'armée métropolitaine avec l'École d'infanterie. Plus généralement, toute la formation tactique des officiers et sous-officiers d'infanterie est dorénavant organisée et codifiée en dehors du contrôle des chefs de bataillon, qui sont dépouillés des formations de base comme des perfectionnements, et dont le rôle d'instruction vise maintenant à l'intégration des candidats revenus des écoles et surtout à la pratique d'idées tactiques sur lesquelles ils n'ont de prise qu'en tant qu'exécutants.

Ce qui m'amène à une parenthèse sur la doctrine. Il est devenu évident que cette éviction des régiments d'infanterie comme facteurs déterminants des apprentissages était requise depuis longtemps, comme cela avait déjà été le cas dans les armes plus techniques de l'artillerie et du génie de combat. Mais l'infanterie a toujours été méprisée, le métier de fantassin étant considéré comme simple. On a vu comment ce préjugé tenace a conduit les autorités centrales de l'Armée canadienne à sélectionner du personnel « d'intelligence inférieure » pour l'infanterie. Maintenant, en 1943, il apparaissait que ces moins brillants devaient aussi être considérablement plus instruits dans leur métier qu'on ne l'imaginait encore deux ou trois ans auparavant. Mais restait un problème. Dans l'artillerie comme pour les sapeurs, une autorité centrale, à l'école de spécialité, déterminait le contenu des enseignements.

Naturellement, les Gregg et Snow, petits bâtisseurs d'empire scolaire militaire, jugeaient que c'était à leur école respective de jouer ce rôle pour l'infanterie. Alors qu'il venait à peine d'arriver à Vernon (octobre 1943), Gregg avait proclamé devant la presse que l'École d'infanterie S17 était « plus qu'un centre

---

7. L'information sur les réorganisations entre février 1943 et juin 1945 se trouve dans deux dossiers « War Establishment – Cdn School of Infantry H.Q. », n°s 5/INF SCHOOL/HQ/1/2 et 5/INF SCHOOL/1/3, BAC, RG24, série C-2, vol. 9943. On reprochait à la CTS d'être surencadrée par rapport aux autres institutions canadiennes du genre, ce qui a amené le colonel W. A. B. Anderson, GSOI (Staff Duties) CMHQ, à produire un tableau comparatif donnant les ratios d'encadrement suivants : OTC Eastern Canada (Brockville), personnel de 1389 pour 2016 élèves et un ratio de 1:1,4 ; Canadian Army Junior Leaders School (RMC Kingston), respectivement 132, 210 et 1:1,6 ; Canadian Infantry Reinforcement Unit (en cours d'organisation en Angleterre), 451, 1910 et 1:4,2 ; et Canadian Ordnance RU (aussi en Angleterre) 613, 1840 pour 1:3. En moyenne cela fait pour ces quatre écoles un ratio de 1:2,5. La CTS a quant à elle un ratio voisinant le 1:0,78. L'intention de CMHQ est clairement visible par cette comparaison. Pour rendre la comparaison plus juste, Anderson mêle formation d'officiers, formation technique et formation de renforts, parce que la CTS donne des formations très diverses. La comparaison avec Brockville fait mal paraître la CTS (note de service du colonel Anderson, 10 avril 1943, dossier 5/INF SCHOOL/HQ/1/2).

d'entraînement ; c'est un collège qui instillera chez tous ceux qui y passeront la doctrine du nouveau Corps d'infanterie canadien[8] ». Cette doctrine dépasse la *battle drill* jusque-là enseignée à Vernon, précise Gregg dans une entrevue accordée à un quotidien de Vancouver, en ce que l'École d'infanterie assure aussi « l'entraînement dans l'utilisation des armes de support qui sont maintenant présentes dans chaque bataillon, et qu'elle enseigne la coordination entre ces armes[9] ». Cette manière de placer le QGDN devant un fait accompli n'a pas dû plaire et la proposition est ignorée par la hiérarchie d'Ottawa[10].

Snow a tenté la même chose avec sa CTS, mais en suivant la voie hiérarchique. Dans les faits, par ces cours polycopiés, la CTS jouait un peu au producteur de doctrine, et ce, dès le début de 1942. Au milieu de 1943, alors qu'il résiste encore victorieusement aux réorganisations qui réduiront finalement son empire, le colonel Snow se sent assez fort pour faire deux demandes à Londres (CMHQ) : que le commandement de la CTS soit confié dorénavant à un brigadier-général plutôt qu'à un colonel, avec comme justification que les commandants d'écoles britanniques sont généralement des brigadiers, et qu'un poste supplémentaire, au rang de major, soit créé, major à qui serait confiée la « recherche » sur la doctrine d'infanterie. Sur le premier point, qui lui aurait valu une promotion, Snow est éconduit, mais le poste de major est autorisé[11]. Toutefois, l'ambition de production de doctrine ne sera jamais formellement confiée à la CTS, et ce point capital d'un lieu de création de la doctrine ne sera pas réglé en Angleterre plus qu'au Canada.

En réalité, à cette époque, comme on le verra au dernier chapitre, la doctrine émanait plus des états-majors de la 8ᵉ Armée britannique, avant de provenir de ceux du 21ᵉ Groupe d'armées, comme par hasard des commandements du maréchal Montgomery en 1942-1943 et 1944-1945 respectivement. Les Canadiens se reposaient entièrement sur Montgomery en cette matière et les velléités d'un Snow ou d'un Gregg à cet égard pesaient de bien peu de poids. Sur le plan de l'initiative doctrinale, l'émancipation n'est pas advenue, ni en 1940, ni en 1943, ni en 1944-1945. Après la guerre, un faible vent de « canadianisation » se lèvera, rapidement balayé par la doctrine soufflant dorénavant des États-Unis[12].

---

8. En 1939, les régiments d'infanterie n'étaient pas regroupés dans un organisme commun, comme il en existait déjà dans l'artillerie et les blindés. Corps et école d'arme vont ensemble. C'est pourquoi le Corps canadien d'infanterie est formé le 2 septembre 1942 (General Order No. 466).
9. JG, École S17, octobre 1943 (BAC, RG24, C-3, vol. 16 910), annexe A, coupure de l'article de Gordon Root, « Canada's first School of Infantry opens at Vernon as offensive training of troops advances », *The Vancouver Daily Province*, 12 octobre 1943, p. 12.
10. Avant le départ de Gregg en août 1944, aucune mention au journal de guerre ne fait référence à une accréditation doctrinale pour l'École d'infanterie.
11. La correspondance pertinente à ces deux demandes se trouve au dossier 5/INF SCHOOL/HQ/1/2 (LAC, C-2 RG24, vol. 9943) au mois de juin et juillet 1943.
12. Yves Tremblay, « Environnement stratégique et formation d'état-major : le Collège de l'Armée de terre, 1946-1973 », dans Y. Tremblay, R. Legault et J. Lamarre (dir.), *L'éducation et les militaires canadiens*, Montréal, Athéna éditions, 2004, p. 177-196.

L'acharnement d'une grande partie de la hiérarchie contre la *battle drill* rappelle l'engouement servile de plusieurs généraux d'après 1918 pour les tactiques de la fin de la Grande Guerre. Plusieurs officiers canadiens parvenus au sommet de la hiérarchie vont adopter cette suffisance de parvenus qui préfèrent la tradition, comme si le fait de parvenir devait être masqué par des courbettes aux traditions pour camoufler des débuts modestes.

On se rappelle que le vieux général Pearkes s'était opposé à la *battle drill* en Angleterre. Il maintiendra son hostilité après son congédiement comme commandant de division et son retour au Canada. Commandant de la Division du Pacifique, Pearkes avait un grand pouvoir de nuisance sur l'École de Vernon. Il visite l'école à quelques reprises, notamment en octobre 1942, où il se serait déclaré « en faveur de l'introduction de la *battle drill* dans l'entraînement de base ». Cela revient à dire que Vernon, une école spécialisée en formation d'instructeurs pour les écoles avancées n'aurait plus un mandat très clair et qu'on pourrait peut-être s'en passer. On peut douter que, comme l'ajoute le compilateur du journal de guerre de l'École, Pearkes se soit vraiment montré ravi de la visite et qu'il soit « cent pour cent derrière l'école[13] ». En fait, c'est l'opposition entre la conception de l'officier gentleman et celle de technicien de la tactique qu'on retrouve encore une fois ici. Pearkes maintient son attitude hostile en octobre 1943, après la transformation en École d'infanterie. Il est accompagné d'un visiteur très prestigieux, le field-marshal sir John Dill, ancien chef d'état-major de l'Armée britannique, alors en poste à Washington. Le journal de guerre est laconique, et aucun commentaire de Pearkes ou de Dill n'est rapporté.

Cependant, on sait que Dill comme Pearkes était un adversaire des nouvelles méthodes. En 1935, avant de devenir chef d'état-major, Dill avait représenté l'Armée britannique aux cérémonies anniversaires de la bataille de Tannenberg, la grande victoire allemande sur les Russes de 1915. Il avait alors demandé à ses hôtes « comment les Allemands avaient pu remporter de telles victoires alors qu'il était notoire que leurs officiers subalternes désobéissaient souvent ». En avril 1941, cette fois à la tête de l'Armée britannique, le même Dill émet un commentaire montrant encore son incompréhension profonde des méthodes de commandement et de combat allemandes : « L'efficacité des Bochs (ou des Boches ?) est peut-être un lapin. Je ne pense pas que le soldat boche soit bon à rien ; en général il est plutôt ordinaire. Toutefois, il a l'équipement le plus moderne, et des masses d'équipement. Si seulement nous avions ses outils, nous pourrions faire plus », écrit-il à un prédécesseur en avril 1941. Sir John était un compagnon idéal pour Pearkes dans sa tournée d'inspection de l'école canadienne de *battle drill*[14].

---

13. JG A31, octobre 1942 (BAC, RG24, C-3, vol. 16 906).
14. Propos de Dill cités par D. French, *Raising Churchill's Army : the British Army and the war against Germany, 1919-1945*, Oxford, Oxford University Press, 2001 (2000), p. 45 et 119. Incertitude sur l'orthographe de « Boches » dans le texte.

Deux incidents similaires dans ses nouvelles responsabilités montrent que Pearkes n'a pas changé d'avis. Le commandant de l'École de *battle drill*, le colonel Scott, voulait que tous les officiers supérieurs, majors commandant en second les unités, lieutenants-colonels, majors de brigade et autres officiers principaux des états-majors, suivent un cours accéléré de recyclage à Vernon. Aussi, a-t-il proposé un tel cours, essentiellement théorique, c'est-à-dire que ces officiers dans la trentaine ou la quarantaine n'auraient pas à jouer dans la boue comme les subalternes du cours d'instructeurs. Mais ils pourraient tout de même comprendre les possibilités tactiques offertes. On touche ici évidemment à cette zone limite que les promoteurs de la *battle drill* rêvaient de franchir, celle entre la tactique, affaire de pelotons, de compagnies, de bataillons et de brigades, et la possibilité d'influer sur le déroulement des opérations, affaire de corps d'armée et d'armées, la division étant coincée entre ces « deux mondes ». Pearkes avait perdu le commandement d'une division opérationnelle à cause de son incapacité à l'entraîner et il pouvait penser que de jeunes loups adeptes de méthodes « violentes » avaient joué un rôle dans ce limogeage. Pis, n'est-il pas prétentieux pour un colonel venu de la milice de faire la leçon à un général de carrière, héros de 14-18 ? Ce sont là deux hypothèses difficiles à vérifier mais qui, étant donné les problèmes respectifs de Pearkes et Scott en Angleterre paraissent vraisemblables. En l'occurrence, Scott et son école étaient probablement plus que des boucs-émissaires.

Quoi qu'il en soit, en décembre 1942, Scott recommande à l'inspecteur de la Direction de l'instruction de passage qu'un « Senior Officers Course » de dix jours soit approuvé pour les officiers supérieurs du Commandement du Pacifique. Une première cohorte est d'ailleurs déjà sur place pour étudier la *battle drill*. L'inspecteur, le lieutenant-colonel Brown, rapporte à ses supérieurs d'Ottawa la recommandation du commandant de l'école de recevoir d'autres cohortes du genre. Toutefois, Brown ne fait aucune recommandation de son cru[15] et le journal de guerre est muet sur la venue d'une autre cohorte d'officiers supérieurs. Le cours a dû être abandonné faute de volonté dans la hiérarchie et faute de volontaires recommandés par Pearkes. La même chose se reproduit un peu moins d'un an plus tard lorsque le brigadier Gregg prend la direction de Vernon : les mêmes objectifs sont recherchés, mais cette fois, c'est un cours de cinq jours qui est proposé, peut-être pour rendre la proposition plus acceptable. De toute évidence, Gregg n'avait pas plus confiance que Scott en la compétence tactique des officiers du Pacifique, planqués loin des fronts actifs et qui se préparaient à une guerre contre le Japon avec un zèle insuffisant. (Ajoutons que Gregg a commandé son bataillon d'infanterie dans la 1re Division de Pearkes.) Le cours pour officiers supérieurs de Gregg ne semble jamais avoir été donné[16].

---

15. Rapport d'inspection du lieutenant-colonel E. C. Brown sur les centres d'entraînement de l'Alberta et du Pacifique, 6 décembre 1942, p. 4 (BAC, RG24, C-1, bobine C-5071).
16. JG S17, octobre 1943, annexe II et décembre 1943, annexe H (BAC, RG24, C-3, vol. 16 910).

Cette opposition était le fait de personnages bien plus dangereux que d'un seul vétéran de 14-18 déjà plus ou moins sur la touche pour incompétence.

La même froideur pour l'excès de zèle de subordonnés régimentaires est perceptible dans l'affectation du lieutenant-colonel J. F. Scott des Calgary Highlanders au Canada par Crerar.

Un aspect inconnu de cet épisode est un incident plutôt cocasse. Le lecteur se souvient peut-être de l'utilisation des rapports de censure au chapitre précédent et de la remarque à propos du fait que parfois un officier supérieur pouvait être pris en flagrant délit d'infraction grave à la sécurité ou aux mœurs. Le lieutenant-colonel J. F. Scott des Calgary Highlanders a aussi été une victime de MI12 pour une affaire semblable à celle qui avait failli coûter sa carrière à E. L. M. Burns. Le 15 février 1943, MI12 envoie une note à l'officier responsable de la censure du Quartier général canadien à Londres à propos d'une longue lettre de « Prudence », envoyée d'un bureau de poste civil près de la base d'Aldershot (sud de l'Angleterre), au lieutenant-colonel Scott, commandant du Canadian Battle Unit Training Centre à Vernon. Que Prudence soit le prénom véritable ou un pseudonyme particulièrement mal choisi importe peu ici. D'après le contexte interne de la lettre, c'est une femme qui tient une sorte de salon d'intellectuels militaires fréquentés par les hauts gradés canadiens basés dans la région. Elle semble être particulièrement entichée de Scott, à laquelle elle fait des confidences qui vont du potinage à l'infraction à la sécurité militaire avec un grand « I » en passant par le commérage pur et simple. Elle espère un retour prochain de Scott et attend de lui un câble « chiffré », une des infractions les plus surveillées par les censeurs de l'armée. Mal lui en pris, la lettre tombe dans le lot des 5 % de lettres interceptées par les services britanniques cette quinzaine-là. La longue missive (que Scott ne recevra jamais) est condensée par MI12 dans les cinq extraits que voici :

[Premier extrait] Écoute ça ! Sammy nous a amenées, Pamela et moi, à un party au « Select ». J'y ai rencontré Greasy (Worthy) et ai eu la conversation suivante avec lui : « Mme J., l'Armée n'ira jamais au combat, nous n'entendrons pas un seul coup être tiré, alors à quoi sert de rester ici en Angleterre. Je n'arrive pas à garder le moral de mes hommes, etc. » Ça m'a d'abord coupé le souffle, puis je lui ai dit (pas trop bien) que c'était des bêtises, que je travaille quatre jours par semaine avec ses hommes et que penseraient-ils si je répétais pareils propos devant eux. En dépit de mon déni, il a continué et même parié avec moi 5£ sur sa prédiction. Ne crois-tu pas que c'est là une épouvantable perspective ? Je lui ai aussi dit qu'il était déprimé et qu'il devrait se détendre. Il m'a répondu qu'il pourrait venir me voir de temps en temps. J'ai l'air d'une Mae West.

[Deuxième extrait] Sammy est excité par sa nomination. Il est venu ici les deux derniers week-ends et m'a mentionné qu'il avait reçu un câble de Scott. J'ai dit « Red Cross Scott » et il a dit « Oui » ! As-tu envoyé un télégramme ?

[Troisième extrait] Je ne comprends pas, le vieux garçon me dit que je lui mène la vie dure. Je ne sais pas où il voulait en venir et j'ai changé de sujet.

[Quatrième extrait] J'ai lunché avec Emmett & Arthur l'autre jour, qui en avait gros à dire. Je ferais une bonne Mata Hari, non ?

[Cinquième extrait] Dimanche, Gibby est venu souper. Il a commencé à parler de la *battle drill*. Sammy a dit qu'il avait fermé l'École, car elle enlevait trop d'hommes aux unités[17].

Le moral pouvait donc être mauvais au haut de la hiérarchie, comme chez le divisionnaire Worthington, qui commandait alors la 4ᵉ Division blindée canadienne, commandement dont il sera relevé en février 1944, officiellement en raison d'âge. Sammy et Gibby sont difficiles à identifier, mais Sammy (Sansom ?) est un général canadien ou un officier de l'état-major général à Londres. Cette interception a probablement joué un rôle dans les difficultés de fin de carrière de Scott au Canada, car Scott n'a pas eu la chance de Burns, qui avait quatre avantages sur lui : la jeunesse, le grade, la notoriété intellectuelle et surtout l'appartenance à la force régulière. Une lettre comme celle-ci rappelle également que le processus de décision, qu'on aimerait croire parfaitement rationnel, s'inscrit dans un réseau de sociabilité qui ne favorise pas toujours l'émergence de solutions éclairées. L'historien aurait bien tort de l'ignorer.

De bureaucrates puissants, l'Armée canadienne ne manque pas. Et à l'instar de Crerar, plusieurs officiers supérieurs canadiens à Londres manifestent de la mauvaise volonté à l'endroit des zélateurs de la *battle drill*, quand ce n'est pas de la mauvaise foi. Ainsi, on peut lire dans un échange entre les brigadiers Penhale et McCarter, deux grands amis, deux artilleurs vétérans de 1914-1918, deux p.s.c. de l'entre-deux-guerres, le premier BGS de la toute nouvelle 1ʳᵉ Armée canadienne (QG activé en avril 1942), le second commandant de l'artillerie de Iᵉʳ Corps canadien, deux officiers clés dans le commandement canadien. Ces deux officiers occupant des postes parmi les plus importants d'une armée en campagne ont une conception de leur devoir qui fait frémir. Toute la lettre de McCarter (« Nick ») à Penhale vaut la lecture, tellement elle expose dans une sorte de candeur criminelle la mentalité de caste des officiers réguliers de l'artillerie :

QG RCA 1 Cdn Corps, 28 août 1942

Mon cher Pen,

Il y a quelques jours, Harold Inns [lieutenant-colonel commandant le 7ᵉ Régiment d'artillerie légère antiaérienne] est rentré du cours de *battle drill* pour commandant de la CTS. Il est venu me voir hier et n'avait que de bons mots sur la manière dont ce cours est généralement conduit, à une réserve près, qui demande notre censure.

Les deux exemples suivants permettent de comprendre :
   (a) Durant un exposé sur le mortier de 2 pouces, l'officier instructeur a déclaré qu' « un officier général commandant dans le corps canadien a déjà aligné

---

17. BAC, RG24, C-2, vol. 12320, dossier 4/CENSOR/4/11 (bobine T-17922, images 306 et 319-321).

ses mortiers de 6 pouces [sic] comme on pourrait le faire avec une batterie de 6 canons. Pouvez-vous imaginer que quelqu'un ayant un cerveau puisse faire une chose pareille ? » ou quelque chose approchant.

(b) Un officier donnant un autre cours discutait les pour et contre d'une attaque frontale comparée à une attaque par le flanc ou à un enveloppement. Il a cité Dieppe comme l'illustration de l'échec d'une attaque frontale, alors que l'objectif du raid aurait pu être atteint en s'en prenant aux flancs. Dans cet incident aussi l'instructeur a utilisé une expression comme celle que j'ai mentionnée ci-dessus.

C'était trop pour Harold qui s'est levé et a suggéré que :

(a) Il est extrêmement malavisé de référer à DIEPPE de cette manière à ce stade de la partie alors que personne d'entre nous ne sait vraiment ce qui s'est produit.

(b) Ce n'est pas une très bonne politique d'enseigner aux gens d'avoir confiance en leur armement quand en même temps on mine la confiance dans les officiers supérieurs par des remarques comme celles-ci.

Après que Harold eut fait ses remarques à l'instructeur, à son crédit ce dernier a présenté des excuses devant la classe et a admis qu'il avait eu tort de référer à DIEPPE de cette façon.

Je ne prétends évidemment pas citer les remarques faites par les instructeurs de ce cours textuellement, mais il m'apparaît clairement que certains des excellents et très enthousiastes instructeurs de cette école ont tendance à rabaisser quelque peu leurs chefs. S'ils se permettent cela devant un groupe d'officiers supérieurs, je pense qu'ils le font encore plus en présence d'officiers subalternes et de sous-officiers.

J'ai discuté de ce problème avec le commandant de corps [Crerar, un autre artilleur, qui a remplacé McNaughton, qui a pris le commandement de la 1re Armée]. Celui-ci pense, et je crois très correctement, que quelqu'un devrait « susurrer » à l'oreille en position d'autorité dans les C.R.U. que les instructeurs doivent être découragés de tenir des propos semblables à ceux que je viens de mentionner.

Très sincèrement, [signé] Nick[18]

On a donc ici l'exemple d'une coterie d'officiers de l'Artillerie royale canadienne, qui contrôle l'Armée canadienne « en campagne » au Royaume-Uni et qui regarde d'un mauvais œil l'activité de l'aile de *battle drill* de la CTS. Même la remarque de Harold sur la qualité des instructeurs en général dans cette école n'est probablement qu'une entrée en matière toute rhétorique.

À la décharge de ces officiers, il faut dire que la *battle drill* et les *Battle Schools* avaient les défauts de leur qualité. Même débarrassées de certains irritants non

---

18. Dossier 2/BATTLE SCH/1/2, « Courses — Battle School », 5 juillet au 12 septembre 1942 (BAC, RG24, C-2, vol. 9764). Les affectations de Penhale, McCarter et Inns sont tirées de Department of National Defence, *Gradation List Canadian Army, Active, June, 1943*, Ottawa, Imprimeur du roi, 1943, p. 19 et 60.

essentiels, abus de langage, « hate training » ou répétitions sur le terrain de parade avec de gagner le champ de manœuvre[19], elles continuaient à déranger. Ce qui était de l'enthousiasme pour certains devenait un zèle excessif pour d'autres, et cela embêtait une partie de l'*establishment*. Le mouvement a suscité des résistances et pas des moindres.

J'ai déjà signalé qu'il y avait risque de confusion entre *battle drill* et *drill*, ou plus précisément *close order drill*, et de ce risque, les premiers défenseurs de la *battle drill* étaient conscients, d'où l'avertissement au début des premiers manuels polycopiés à l'effet de ne pas confondre les deux types d'exercices. Le brigadier Gregg, bien conscient de cette difficulté, avait à l'occasion de l'ouverture de la Canadian School of Infantry de Vernon (l'Ecole S17) tenté de désamorcer la controverse en précisant la différence entre les deux méthodes, les définitions semblant être toujours difficiles à saisir pour les reporters, les politiciens et les généraux : « En réalité, les deux [*battle drill* et entraînement commando] sont un concentré de petite tactique répétée avec enthousiasme et réalisme, l'association libre de nouvelles idées sur un tempo accéléré et dur physiquement[20]. »

Même ce langage châtié ne servit à rien. En partie par volonté de salir la réputation des *Battle Schools*, en partie à cause de l'ignorance entretenue par la condescendance naturelle dont étaient imbibés les parvenus militaires, la confusion est restée, et à certains égards demeurent encore aujourd'hui, à preuve l'interprétation maintes fois dénoncée dans ces pages de John English. Les réticences du haut commandement finissaient par imbiber certains secteurs de la classe politique et de l'opinion publique[21]. Le choix des promoteurs de nommer leur méthode d'entraînement « battle drill », s'il avait l'avantage d'associer la nouveauté avec la tradition et ainsi d'en rendre l'acceptation plus facile dans certains secteurs de l'armée, avait aussi le désavantage de rappeler à d'autres l'origine soi-disant prussienne de la *drill*.

Plus que le programme technique, c'est cette association qui choque de nombreux officiers britanniques et beaucoup de civils intéressés par les affaires militaires. Les Britanniques aiment à se considérer les inventeurs de la démocratie parlementaire. La culture « démocratique » libérale dans laquelle baigne l'élite politique et militaire de Grande-Bretagne répugne à toute association avec

---

19. Les instructeurs de *battle drill* se rendront compte rapidement de cela. Voir la remarque tirée du p.-v. de la 1re Conférence sur la *battle drill* citée par J. English, *Failure in high command : the Canadian Army and the Normandy campaign*, Ottawa, The Golden Dog Press, 1995 (1991), p. 116, à l'effet que le premier stade des exercices, la sorte de ballet sur le terrain de parade, n'est peut-être pas essentiel.
20. JG, École S17, octobre 1943, annexe X (la 2e), p. 2 (BAC, RG24, C-3, vol. 16 910).
21. Le *Times* de Londres, le quotidien le plus lu des officiers canadiens-anglais, a donné une bonne couverture à la *battle drill*, mais ce faisant il a choisi d'exposer des aspects dérangeants de cette méthode, en particulier le « hate training ». Ainsi, dans l'édition du 27 avril 1942 (p. 2), les recrues entendaient un montage sonore « hate, hate, hate... » surimposé sur un film de propagande nazie décrivant la victoire allemande en Flandre. Elles assistaient aussi à des conférences du gouvernement polonais en exil sur les atrocités commises par les Allemands en Pologne. Voir aussi T. Harrison Place, *Military training in the British Army...*, *op. cit.*, p. 57, qui cite un reportage de novembre 1941.

des méthodes brutales[22], aussi bien celles de Frédéric II que celles du Führer. Les Britanniques sont victimes de l'image stéréotypée qu'ils se font des Allemands, une conception certainement renforcée par la guerre en cours.

Selon cette représentation déformée, l'histoire de l'être britannique est celle même du développement de la liberté individuelle. Par atavisme, le peuple britannique est capable de faire des choix. Cette logique s'accommode bien de l'évidente « vérité » qui veut que l'apprentissage au combat soit trop complexe pour être réduit à des *drills*. Celles-ci seraient dangereuses parce qu'elles conduiraient à des tactiques répétitives et prévisibles. Au contraire, l'officier britannique peut trouver les bonnes solutions aux problèmes tactiques simplement en appliquant les principes généraux de l'art de la guerre. Mieux, en cas de problème, toujours par atavisme national, le Britannique saura improviser. Le témoignage de David Hunt, jeune officier britannique à l'instruction dans une école élémentaire pour officiers en 1939-1940, est à cet égard édifiant :

> [L]es Allemands sont diaboliquement malins et ils arrivent aux combinaisons les plus ingénieuses à partir d'une information complète et précise fournie par un suprêmement efficace service de renseignement tactique. Cependant, mes instructeurs insistaient sur le fait que lorsque leurs plans rencontraient des difficultés, ils se trouvaient en grave difficulté. Le Britannique, qu'on me disait, est justement à son meilleur dans des circonstances imprévues. L'Allemand est totalement incapable d'improviser[23]…

Devenus quelques années plus tard officier de renseignement militaire en Afrique du Nord et en Italie, Hunt en est venu à conclure que l'inverse était vrai : « la caractéristique prééminente des Allemands est leur habilité remarquable à improviser ». Il ajoute que les chefs allemands montrent « énormément d'initiative[24] ».

Étant donné qu'il parle ici de la campagne contre les Allemands en Afrique du Nord, le lieutenant Hunt cite de mémoire ses instructeurs de 1941, 1942 ou du tout début 1943. Le préjugé dont il fait état a résisté aux défaites anglaises aux mains de Rommel en 1941-1942 et à une longue campagne en Tunisie où

---

22. F. Rousseau, *La guerre censurée : une histoire des combattants de 14-18*, Paris, Seuil, 2003, p. 92, 100-102 et 340-341, estime que le bris de confiance entre une élite militaire conservatrice préconisant des méthodes d'entraînement et de commandement autoritaires et la masse de la société démocratique existante ou émergente en Europe s'opère durant la guerre de 1914-1918. S'il n'a pas tort sur la chronologie générale et le contexte social, son explication est insuffisante pour comprendre comment les armées des pays les plus avancés politiquement (Angleterre et France) offrent des performances inférieures à celle d'un État autoritaire (l'Allemagne), et ce, autant en 1914-1918 qu'en 1939-1945. Il ne comprend pas que le conservatisme social peut s'accompagner (en Prusse par exemple) d'ouverture d'esprit envers la science et les nouvelles méthodes de gestion des ressources humaines. Autrement dit, le conservatisme social n'implique pas nécessairement le refus d'une « modernité militaire », si l'on me passe cette expression.
23. D. French, *Raising Churchill's Army…*, *op. cit.*, p. 46. Voir aussi la discussion p. 21.
24. *Ibid.*, p. 46-47. Les quatre paragraphes précédents sont inspirés par l'analyse de French. David Fraser, subalterne anglais au début des années 1940, devenu général par la suite, exprime la même chose dans des Mémoires récents (*Wars and shadows : memoirs of general Sir David Fraser*, Londres, Penguin Books, 2003 (2002), p. 133 et 135).

les Alliés ont montré tout le contraire de l'initiative. Et Hunt a une bonne mémoire. Voici ce qui est probablement le texte original qu'on a servi à Hunt au milieu de la guerre, traduit dans le mensuel officiel d'instruction canadien :

> L'Allemand donne son meilleur rendement quand il combat d'après les exercices bien appris et bien exécutés, mais, si l'on modifie le plan, il éprouve de la difficulté à s'adapter aux circonstances nouvelles. Les Britanniques, d'autre part, aiment mieux accomplir ce qui semble logique d'après les circonstances d'une situation donnée.

Le Canadien anglais se considère l'héritier de la culture britannique ; on remarque d'ailleurs que dans le texte ci-haut, ni la rédaction canadienne-anglaise ni les traducteurs francophones n'ont cru bon de « canadianiser ». Ce n'est pas la moindre des ironies que cette dernière citation soit extraite d'une page intitulée « Nécessité de la souplesse dans la tactique », page publiée en… mai 1944 ! À la veille du débarquement, la Direction de l'instruction se fermait encore à la réalité qui aurait pourtant dû être évidente avec les difficultés des campagnes précédentes : la rigidité conceptuelle est britannique, et partant canadienne, la souplesse est allemande[25]. S'il y a une tare militaire ethnique, c'est chez les Anglo-Canadiens qu'on la trouve, pas chez les « Prussiens ».

Pour en finir avec cette méprise, relisons le compte rendu que fit Raymond Aron de *L'étrange défaite* en 1947. Dans l'Armée française,

> [l]'autorité des anciens n'était pas contestée. Ils étaient maîtres des promotions et des doctrines et ils avaient créé un lien redoutable, pire encore, un lien fatal, entre l'esprit d'orthodoxie et les chances de carrière. Même les régimes totalitaires se sont bien gardés de supprimer, en matière technique, l'esprit de recherche et de discussion. Il suffirait de lire les revues militaires allemandes pour s'apercevoir qu'en ces matières la liberté régnait outre-Rhin. Or la démocratie, qui invoque si volontiers la liberté, l'avait proprement supprimée, ou du moins réduite, précisément dans les domaines où elle est le plus indispensable à l'efficacité de l'action collective. Sans doute, l'hétérodoxe n'avait rien à redouter pour sa vie, nulle épuration ne le menaçait, mais il avait à craindre pour sa carrière : il est fâcheux d'exiger des hommes, en temps en paix, des vertus d'exception[26].

Ce n'est pas que les vues hétérodoxes n'étaient pas débattues, de Gaulle étant le parfait exemple d'un marginal bien publié. Mais c'est que les opinions d'un de Gaulle n'avaient pas pu s'imposer avec la force comparable de celles d'un Guderian en Allemagne ou d'un Toukatchevsky en Union soviétique. Du reste, l'ancienneté et l'opinion des chefs de la guerre précédente déterminaient l'avancement au Canada comme en France.

---

25. *MIAC*, n° 38, mai 1944, p. 5. Ajoutons que la description négative de la *battle drill* que fait John English (*Failure in high command…*, *op. cit.*, chap. 5) pourrait aussi être attribuée au sentiment de supériorité d'un être démocratique britannique qui *par principe* refuse ce qui peut être vu comme une excessive préparation.
26. Raymond Aron, « Méditations sur la défaite », *Critique*, n° 12, 1947, reproduit en annexe de Marc Bloch, *L'histoire, la guerre, la Résistance*, Paris, Gallimard, 2006, p. 1016. Aron a lui aussi vécu le désastre de 1940, mais ce Juif français, comme Bloch, a eu la vie sauve parce qu'il a choisi de combattre pour la France libre en Angleterre plutôt que dans la Résistance.

Les limites d'une réforme tactique

Au-delà du commandement d'une compagnie, l'effet *battle drill* avait ses limites. Même si l'état d'esprit qu'on voulait développer avait de la pertinence à n'importe quel niveau de commandement, les pédagogues s'adressaient avant tout aux officiers subalternes, aux sous-officiers et aux simples soldats. Le matériel publié en est le reflet : on n'y discute que de situations tactiques pour les sections, pelotons et compagnies d'infanterie. Ce n'est pas sans importance ; comme nous l'avons plusieurs fois répété, pour combattre efficacement dans un environnement fluide, les petites unités, et donc les subalternes qui les commandent ne doivent pas attendre les ordres d'en haut et ils doivent être capables de réagir aux imprévus.

Cependant, ces caractéristiques — esprit d'initiative et rapidité de réaction — devraient imprégner la culture de l'organisation à tous les niveaux pour que l'efficacité tactique se traduise dans toute l'organisation et ait des effets sur l'ensemble d'un théâtre d'opération. Les supérieurs laisseront à leurs subordonnés un espace d'initiative suffisant, ce qui implique bien sûr de ne pas formuler des plans où les niveaux inférieurs de commandement se voient prescrire chacun de leur mouvement. Le supérieur fixerait les objectifs[27] et procurerait les moyens à ses subordonnées ; à ceux-ci de préparer leur portion du grand plan général. Chacun recevra des ordres courts et simples du niveau supérieur pour ensuite transmettre à ses subordonnées juste ce qu'il faut pour que ceux-ci puissent travailler. Les détails devraient toujours être laissés au niveau de ceux qui sont le mieux à même de juger des meilleures solutions pour le cas particulier qui les occupe. Et il devrait en être ainsi du plus haut au plus bas de la hiérarchie.

Pour que cet état d'esprit se fasse sentir aux niveaux supérieurs (en commençant avec les majors de brigade, les officiers d'état-major à la base), il aurait fallu une guerre plus longue au cours de laquelle des officiers subalternes rompus à la *battle drill*, en se hissant à des niveaux de responsabilité supérieure, communiquent à toute l'institution leur vision du combat. Ainsi, la direction opérationnelle aurait pu en être affectée profondément. Mais la période des réformes vient seulement après le désastre de mai-juin 1940. C'est seulement à compter de ce moment que l'institution est plus réceptive à des changements. Mais c'est moins de cinq ans avant la victoire de mai 1945, donc cinq années pour transformer du tout au tout le profil intellectuel de l'Armée. C'est peu de temps quand on vise un changement de culture de combat de grande ampleur.

Bien sûr, les Alliés ont été victorieux en 1945, mais la question est moins de savoir s'ils allaient l'emporter qu'à quel moment ils vaincraient l'Axe. En effet, avec les entrées en guerre successives des Soviétiques (juin 1941) et des Américains (décembre 1941) l'issue ne faisait plus de doute. Mais les Alliés

---

27. C'est le concept allemand d'*Auftragstaktik*. Le mot est devenu courant dans le monde anglo-saxon bien après la Deuxième Guerre mondiale, signe d'une acceptation tardive de l'avance conceptuelle allemande.

allaient-ils devoir attendre l'effondrement socio-économique des Allemands, comme en 1918 ? Sauraient-ils rapprocher l'échéance ? Quel serait le coût humain d'une prolongation des hostilités ? C'est dans cette dernière perspective qu'une doctrine bien balancée et un entraînement adéquat peuvent servir. Autrement dit, combien faudrait-il de morts, tommies ou GIs, et surtout le sacrifice des masses rouges en Europe de l'Est, avant d'écraser la machine de guerre nazie ? Lorsque doctrine et entraînement répondent aux problèmes militaires, on peut escompter des victoires plus rapides. Sans compter le dilemme que constituent les souffrances des populations civiles qu'une guerre terminée plus diligemment permet de réduire.

Malheureusement, l'Armée canadienne de 1941, celle sur laquelle le processus de réformes dont nous parlons s'applique, tire essentiellement ses cadres de la petite force régulière d'avant-guerre, ainsi que du bassin d'officiers de réserve de la milice d'avant-1939. Commandants de compagnie, de bataillon, de brigade et officiers d'état-major de niveau inférieur viennent de ce même substrat. Même après 1942, peu de nouveaux officiers se hisseront à un niveau supérieur à celui de commandant de compagnie (à cause de leur âge, faute de temps et faute d'expérience), peu feront aussi bien qu'un Dextraze ou un Allard. Il aurait fallu que l'armée d'avant 1939 possède des cadres de niveaux moyens ouverts aux nouvelles techniques, suffisamment jeunes et suffisamment nombreux pour encadrer la grande armée de 1940-1945 pour espérer que celle-ci manifeste une astuce tactique et opérationnelle supérieure à celle qui fut la sienne jusqu'à la fin de la guerre. L'armée de 1939 était trop petite et ces quelques cadres moyens, réguliers ou réservistes, peu importe, étaient mal préparés à assumer de grandes responsabilités dans un environnement hostile qu'on n'avait pas su prévoir[28].

La modification des conceptions tactiques a quelque chose du phénomène de génération. Les jeunes ont moins d'expérience, mais si l'édifice d'instruction est efficace, leur niveau de compétence théorique est souvent supérieur à celui de leurs aînés et supérieurs. C'est ainsi que le régime d'instruction mis en place par M. F. Gregg à Brockville au printemps 1942 sert de vitrine d'exposition pour le reste de l'organisation d'instruction de l'Armée canadienne. Et de par sa nature, une armée mute constamment ses cadres pour assurer polyvalence et uniformité d'expérience. Le cadre d'instruction de Brockville répandra ainsi la méthode Gregg à travers le Canada.

Toutefois, un aspect plus étonnant de la vitrine pédagogique que joue Brockville est la réception des visiteurs. La proximité entre Brockville, Ottawa et Kingston, où se concentre l'essentiel du leadership politique et militaire (du moins pour l'Armée de terre et l'Aviation) du pays, favorisait les visées publicitaires[29]

---

28. L'Armée britannique, comptant sur des milliers d'officiers subalternes avant 1939, contre moins de 400 pour le Canada, n'a pas fait mieux (D. French, *Raising Churchill's Army...*, *op. cit.*, p. 264, 279 et 281).
29. Dans une mesure moindre que Burns ou McNaughton, Gregg avait aussi le sens de sa propre mise en marché. Les nombreuses interviews et photos accordées à la presse, soigneusement collectées dans les annexes du journal de guerre de l'OTC de Brockville sous le règne de Gregg, en témoignent.

du commandant de l'OTC n° 1. Politiciens, officiers supérieurs et journalistes sont reçus chaleureusement par Gregg, qui à chaque occasion organise des « démonstrations » de sa méthode, généralement par la reconstitution d'une phase d'un combat avec véhicules, bruits et fumée au rendez-vous, un véritable spectacle son et lumières avant la lettre. Gregg cherchait à se gagner un soutien public, car il connaissait trop bien l'armée pour ne pas savoir que sa façon de faire dérangeait les habitudes établies. (Voir le chapitre six.)

Cependant, il peut paraître étonnant que les étudiants du cours introductif de Brockville servent de modèles pour les étudiants des cours prétendument avancés de niveau « école de guerre » donnés au Collège militaire de Kingston. En effet, à plusieurs reprises en 1942-1943, l'OTC n° 1 organise des « démonstrations » au bénéfice des étudiants des cours plus avancés de Kingston. Le 27 mai 1942, on montre comment tenir une embuscade contre un peloton de chars pour le bénéfice du major-général H. F. H. Hertzberg, ancien adjudant-général devenu commandant de RMC en juillet 1940. Le 2 septembre suivant, deux démonstrations, la première d'un assez classique assaut d'infanterie soutenu par les mitrailleuses et l'artillerie et la seconde d'un débarquement, sont tenues pour RMC, et le lendemain une autre démonstration d'endurcissement physique (*battle drill* ?) à laquelle assistent quarante étudiants du Senior Officers Course (commandant de compagnie et futurs chefs de bataillon). Ces visites pédagogiques deviennent quelque peu ingérables dans les semaines suivantes, lorsque RMC demande s'il est possible d'étendre l'expérience pour le bénéfice de 135 officiers étudiants et instructeurs du collège[30]. Ce genre d'échanges (des instructeurs de Brockville vont suivre les cours d'état-major de RMC) ne survit pas au départ de Gregg. Néanmoins, le simple fait que les étudiants « avancés » viennent apprendre dans les champs de Brockville est édifiant.

Le point important ici n'est pas seulement le contenu des démonstrations, mais que ces démonstrations se faisaient par une école élémentaire de formation d'officiers, c'est-à-dire les élèves et les instructeurs de cette école, pour le bénéfice de l'école la plus avancée d'officiers alors en territoire canadien.

Cela pose indirectement la question de l'incohérence des parcours étudiants et de la confusion qui l'accompagne sur le plan de la doctrine tactique. Si les officiers supérieurs ne comprennent plus la petite tactique, comment peuvent-ils préparer les opérations ?

La doctrine enseignée dans les *Battle Schools*, qui arrive par percolation dans les manuels officiels fin 1943 ou début 1944 pour les niveaux les moins élevés de la structure de l'armée, ceux de la section et du peloton, n'a pas trouvé son équivalent dans l'instruction des cadres du niveau supérieur[31], faute de temps.

---

30. JG, OTC n° 1, mai, septembre et novembre 1942 (BAC, RG24, C-3, vol. 16 935 et 16 936).
31. John A. English et Bruce I. Gudmundsson, *On infantry*, Westport, Praeger, 1994, p. 122-126. English souligne la contradiction entre l'initiative qu'on commence à développer pour instruire les sections et les pelotons et celle qu'on semble incapable d'inculquer aux niveaux plus élevés. Il utilise toutefois une documentation différente de la nôtre, sans pousser ses conclusions dans la même

Les échanges RMC-Brockville sont une façon d'improviser une solution rapide, mais insuffisante.

Sur des aspects aussi vitaux pour les opérations de 1939-1945 que la coopération de l'infanterie avec les autres armes, les chars, l'artillerie antichar et l'aviation d'appui en particulier, le mouvement des *Battle Schools* pouvait apporter certaines choses, mais il demeure que l'objectif de ces écoles était l'instruction aux très petits groupes d'infanterie[32], alors que la coopération continue à être une nécessité bien au-delà du bataillon[33] (brigade, division et corps).

La manière d'interpréter les nouvelles méthodes peut varier grandement à cause de la latitude laissée par l'état-major général aux commandants d'unités et de formations dans un contexte où personne, pas même la Direction de l'instruction à Ottawa, n'a l'expertise pour fondre en un tout cohérent les apports venant des écoles comme Brockville ou Vernon. Une école d'infanterie, encore moins une école de *battle drill*, n'avait ni les ressources humaines ni surtout l'autorité pour réformer la doctrine, certainement pas en ce qui concerne les opérations et même pas au sujet de la tactique, cette autorité résidant à la Direction de l'instruction et chez le chef d'état-major de l'Armée de terre à Ottawa, autorité que ces deux entités refusaient d'exercer par servilité envers le War Office. Celui-ci exerce d'ailleurs tellement mal son rôle doctrinal que dans la seconde moitié de 1944, le maréchal Montgomery utilise les vastes ressources de l'état-major du 21e Groupe d'armées pour publier des brochures tactiques et opérationnelles de son cru[34].

Après avoir rejoint leur bataillon, les jeunes officiers devaient intégrer la dimension tactique de leur formation au combat à des dimensions qui dépassent la tactique. Au fur et à mesure des pertes et des promotions, les défis devenaient autres ; un capitaine ou un major qui passait dans un état-major, théoriquement après avoir suivi un cours d'état-major comme celui de RMC ou dans une école britannique, devait apprendre progressivement à penser non plus en engagement de quelques heures ou quelques jours, mais en termes d'opérations de plusieurs jours voire plusieurs semaines, où le nombre de participants et la planification sont nécessairement beaucoup plus complexes.

---

direction qu'ici. McAndrew est plus laconique : « Au-dessus du niveau du bataillon, cette doctrine semble avoir été stérile » (B. McAndrew, « Doctrine canadienne : continuités et discontinuités », *Bulletin de doctrine et d'instruction de l'Armée de terre*, vol. 4, n° 3, automne 2001, p. 45). Voir aussi B. McAndrew, « Le métier d'officier canadien : une vue d'ensemble », dans Bernd Horn et Stephen J. Harris (dir.), *La fonction de général et l'art de l'amirauté : perspectives du leadership militaire canadien*, Toronto, Dundurn Press, 2002, p. 72, n. 66.

32. J. A. English, *Failure in high command…, op. cit.*, p. 118, parle même d'entraînement individuel, ce qui est quelque peu exagéré.
33. Voir Jonathan M. House, *Combined arms warfare in the twentieth century*, Lawrence, University Press of Kansas, 2001, 2e partie. Dans les armées du Commonwealth, il y avait un officier d'artillerie chargé de la coordination pour chaque bataillon d'infanterie (G. Blackburn faisait ce travail), alors que pour l'appui aérien rapproché, il y en avait un par brigade (le regroupement tactique de trois bataillons).
34. Sur la question de l'incohérence doctrinale, voir D. French, *Raising Churchill's Army…, op. cit.*, p. 173, 201-202, 207, 279, 280.

Malheureusement, du fait de sa complexité, la préparation des opérations demande de longues études et un long entraînement (c'est là un point fort du système d'enseignement du grand état-major allemand avec ses TEWT, ses *staff rides* et l'alternance des séjours entre fonctions au grand état-major et fonctions en théâtre de guerre, tout cela permettant de produire en une ou deux décennies des officiers d'état-major cultivés et efficaces). Il n'est donc pas aussi facile de réformer l'enseignement opérationnel que l'enseignement tactique. L'entraînement opérationnel ne peut être dirigé que par des officiers expérimentés, donc plus âgés, et chez ceux-ci les mentalités sont forcément moins malléables qu'avec de plus jeunes chefs, surtout si auparavant la formation originale a été médiocre.

Il aurait fallu au niveau opérationnel l'équivalent des exercices tactiques découlant de la *battle drill* pour conserver aux opérations un tempo rapide. Bien que certains indices laissent croire que les forces britanniques et canadiennes s'engageaient dans un tel apprentissage à la fin de la guerre[35], le temps a manqué, et il a manqué d'autant plus qu'il fallait combattre les résistances institutionnelles qu'on a vues.

En résumé, un mécanisme mi-psychologique mi-institutionnel agit comme barrage ou plutôt « ralentisseur » dans l'acquisition de l'attitude de souplesse requise pour pratiquer avec succès ou contrer avec bonheur la *blitzkrieg*. Des soldats qui s'attendent à un assaut cherchent instinctivement à dresser une ligne de protection entre eux et les assaillants. Cette ligne est faite d'abris, d'obstacles (mines, tranchées antichars, etc.), de mitrailleuses, de canons antichars tournés dans la direction vraisemblable d'où viendra l'attaque. C'est naturel, mais c'est la recette parfaite du désastre lorsqu'on affronte un adversaire ingénieux comme l'était l'Armée allemande de 1939-1945. S'infiltrant sur les flancs et l'arrière des positions, les Allemands attaquaient les défenseurs là où ils n'étaient pas attendus. Une position défensive qui n'est pas protégée sur 360°, et on pourrait ajouter où on ne s'est pas prémuni contre la possibilité d'un assaut aéroporté, est vulnérable[36]. Même là, si les réserves pour contre-attaquer sont insuffisantes, les points fortifiés finiront par céder. Une mobilité supérieure est un avantage bien difficile à parer. Et il en va des sections comme des bataillons, etc.

En attaque, il faut inculquer de nouveaux réflexes qui n'ont eux aussi rien de naturel. Il faut éviter les points de résistance, les contourner, ne réduire que ceux qui bloquent les axes de pénétration, puis chercher à semer le chaos dans la profondeur du dispositif adverse. Cela suppose que les premières vagues d'assaut laissent dans leur dos des troupes ennemies en ordre de combat. C'est à première vue faire ignorance de la plus élémentaire prudence. Cela suppose

---

35. Critique détaillée des efforts britanniques d'intégrer les tactiques des différentes armes et de traduire ces efforts en termes opérationnels (spécialement chez Montgomery), et l'échec ultime de ces tentatives, dans D. French, *Raising Churchill's Army...*, op. cit., p. 234, 243, 246, 249-251, 256-258, 262-263, 265-266, 268, 272 et 282.
36. Ce paragraphe est suggéré par les réflexions d'A. Farrar-Hockley sur la *battle drill* dans *Infantry tactics 1939-1945*, Londres, Almark Publishing, 1976, p. 36-37.

que tous les commandants, du lieutenant en charge d'un peloton jusqu'au général en chef d'une armée, comprennent qu'une pénétration en profondeur dans un dispositif défensif a, par la vitesse à laquelle elle se produit, un tel effet paralysant sur les défenseurs que ce qui semble à première vue dangereux est en fait plus efficace. Un certain état d'esprit où la vitesse d'exécution joue un rôle déterminant est un préalable dans ce genre d'opération, aussi bien pour le succès du peloton que pour la réussite du groupe d'armées. En quelque sorte, dans la guerre moderne, le succès au niveau opérationnel requiert la souplesse tactique au niveau des sections, des pelotons, des compagnies, des bataillons, des brigades, des divisions, des corps d'armées. Sans vitesse en tactique, pas de rapidité opérationnelle. La seconde est irréalisable sans la première.

Les cours avancés

Après un séjour « en campagne », quelques lieutenants, des capitaines et des majors sélectionnés pour leurs aptitudes pouvaient suivre l'un de ces cours (donnés à RMC, à la CTS ou dans les écoles anglaises) : le cours d'officier supérieur (Senior Officers Course), le cours de préparation à l'école de guerre (Junior War Staff Course) souvent appelé cours d'état-major canadien, le cours de commandant de compagnies, le cours de renseignement militaire (c'est-à-dire la synthèse des informations collectées par les unités combattantes) et le cours de sécurité en campagne[37]. Les deux premiers cours (programmes aux annexes VII et VIII), qui nous intéressent le plus ici, correspondaient aux cours intermédiaires qu'avaient suivis les officiers de l'armée régulière aux collèges impériaux de Camberley et de Quetta dans l'entre-deux-guerres. Ils avaient pour objectif de produire respectivement des officiers du rang de commandant de bataillon (en trois mois) et des officiers d'état-major pour les brigades et les divisions (en quatre mois)[38].

Au début de la guerre, il est hors de doute que les aspects « administratifs en campagne », mouvements et approvisionnements en particulier, dominaient presque entièrement le programme. En trois ou quatre mois, on ne pouvait prétendre donner ce qui se faisait à Camberley en un an ou deux avant la guerre. La formation tactique et opérationnelle en souffrait, limitée à des exercices tactiques sans troupes (TEWT) sur cartes ou modèles réduits, ce qui explique peut-être l'engouement pour les visites à Brockville. Le manque de connaissance des

---

37. Brèves descriptions des « War courses, Royal Military College » dans le « Progress Report Military Training 1942 », *op. cit.*, dactylographié, 14 janvier 1943, par. 56-63. L'organisation y est parfois décrite.
38. L'abrégé du cursus suivi par les officiers durant la guerre 1939-1945 a été construit à partir de divers passages de C. P. Stacey, *Histoire officielle de la participation de l'armée canadienne à la Seconde Guerre mondiale, volume I. Six années de guerre : l'armée au Canada, en Grande-Bretagne et dans le Pacifique*, Ottawa, Imprimeur de la Reine, 1966, p. 128-133, 140-143, 244-246 et app. D, p. 546-555 ; et du *MIAC*, n° 1 (avril 1941), p. 3-17 ; n° 8 (novembre 1941), p. 27-33. Pour la traduction, je me suis servi du remarquable dictionnaire de Chaballe et Daviault, *Military dictionary English-French/French-English/Dictionnaire militaire anglais-français/français-anglais*, Ottawa, Imprimeur du Roi, 1945.

étudiants, et le manque de manuel au début de la guerre, forcent les instructeurs à maintenir le niveau d'instruction en deçà de ce qu'il aurait dû être[39].

Au début de 1943, avant donc le début pour les Canadiens des grandes opérations en Europe, les contenus se sont un peu relevés, particulièrement en ce qui concerne le cours avancé pour officiers régimentaires. Le cours de commandant de compagnie est maintenant remplacé par deux cours, le premier restreint au commandement de compagnie, l'autre plus ambitieux devant montrer au jeune major en charge d'une compagnie à commander un bataillon. On s'inspire ici visiblement du principe allemand (voir chapitre premier, tableau 2) d'après lequel un jeune officier doit être capable de commander des troupes à un niveau supérieur à celui de son commandement. Ce changement de perspective, qui rompt avec la tradition d'obéissance aux ordres attendus d'en haut si forte dans les armées de culture britannique, est tellement important — c'est en fait une philosophie différente de celle inculquée dans les écoles militaires britanniques et canadiennes — qu'il est noté dans le journal de guerre de la Direction de l'instruction[40]. On ne va toutefois pas aussi loin que chez les Allemands, pour qui le chef de n'importe quelle unité doit être capable de commander à deux niveaux au-dessus du sien. C'est cependant un progrès, mais c'est bien tard.

Il est difficile de mesurer l'adéquation de la formation des officiers supérieurs aux réalités contemporaines. Dans l'Armée canadienne, il est de bon aloi de considérer que la formation administrative des chefs est particulièrement soignée, à tel point que des observateurs américains ou même anglais ont fait des commentaires désobligeants quant à la fixation procédurale des Canadiens[41]. Cependant, au moins jusque dans la seconde moitié de 1942, l'enseignement que RMC donnait aux nouveaux officiers supérieurs laissait à désirer sur un aspect essentiel comme la tactique des armes combinées. De fait, une telle chose que « la tactique des armes combinées » n'existe pas encore dans le lexique militaire canadien[42]. C'est pourquoi RMC doit procurer l'occasion de s'y familiariser aux officiers inscrits en les envoyant, comme on l'a vu, à Brockville ! Autrement dit, des instructeurs subalternes forment maintenant des instructeurs qui sont des officiers supérieurs. La guerre a de ces retournements !

---

39. Ces critiques sont celles que formule G. G. Simonds à propos d'un cours semblable organisé en Angleterre au début de la guerre. Rapport du lieutenant-colonel G. G. Simonds, commandant du cours, « Report of the first Canadian Junior War Staff Course », dactylographié, Ford Manor Estate, 20 avril 1941, 13 p. (BAC, RG24, C-2, vol. 9 874). Comme Simonds bénéficiait de l'appui du personnel de Camberley, il y a toutes les raisons de penser que les cours « équivalents » de RMC étaient en fait inférieurs.
40. JG DMT, mai 1943, copie d'une note de service du colonel J. G. K. Strathy (pour le CGS) au commandant de RMC, 10 mai 1943 (BAC, RG24, C-3, vol. 13 329).
41. Commentaires recueillis par l'auteur à l'occasion de congrès d'historiens.
42. Voir le dictionnaire de Chaballe et Daviault, op. cit., aux articles « combined » et « tactics », où les deux mots ne sont jamais couplés. Rien non plus sous « co-operation ». Les manuels doctrinaux récents en font évidemment état, mais la réalité qui se cache sous l'expression « coopération interarmes » semble trop récente et mal comprise pour faire partie de la langue courante militaire compilée dans ce dictionnaire. Les mots des métiers, comme de la mécanique ou de l'électronique, y sont pourtant bien représentés.

Probablement aussi révélateur est l'attitude de certains responsables à la Division de l'instruction à Ottawa. On a vu comment le colonel R. G. Whitelaw, prédécesseur du colonel Gregg à Brockville, avait quitté précipitamment l'OTC. C'est qu'il était promu brigadier-général, à nulle autre fonction que celui de Directeur de l'instruction militaire au Quartier général à Ottawa, c'est-à-dire qu'il devait superviser le travail d'enseignement de Gregg. (Whitelaw avait déjà assuré l'intérim à cette fonction en octobre-novembre 1939, période cruciale pendant laquelle la Direction de l'instruction ne semble pas avoir fait un travail remarquable.) On n'aurait pu choisir plus mauvaise paire. Heureusement pour Gregg, Whitelaw semble avoir épuisé son capital de chef instructeur très rapidement et il est à nouveau muté en juin 1942, cette fois à la Division du Pacifique pour deux mois comme principal administrateur à l'état-major du Commandement du Pacifique, où il a retrouvé Pearkes, comme on l'a vu[43].

Les aléas du tableau d'avancement et des nominations aux fonctions les plus prestigieuses et intéressantes jouent donc un certain rôle dans les misères du système d'entraînement canadien pendant la Seconde Guerre mondiale. Le récit officiel de la Direction explique dans un langage prudemment choisi le principal problème du service entre 1939 et 1945 selon ceux qui commandaient ledit service à la conclusion des hostilités :

> De manière à s'assurer que l'organisation d'entraînement demeure à jour quant aux plus récentes méthodes d'entraînement en usage dans l'Armée canadienne outremer, il était nécessaire que la majorité des officiers occupant des fonctions à la Direction soit non seulement des officiers d'état-major bien entraînés, mais aussi des officiers ayant servi récemment avec une unité ou une formation d'outre-mer. Cela faisait que les mutations étaient fréquentes, les tours de service excédant rarement plus de huit mois et souvent moins. Malheureusement, à cause des difficultés de transport, les périodes de transition étaient aussi très courtes, ce qui plaçait les nouveaux titulaires dans la situation difficile de devoir apprendre les procédures du Quartier général sur le tas, de devoir établir des contacts eux-mêmes au sein des autres directions et de devoir compléter des projets en cours, tout cela sans le bénéfice d'une période de formation. Cela tendait parfois à ralentir le travail et à répéter certaines tâches, même si avec la coopération d'autres services ces difficultés pouvaient généralement être surmontées[44].

La Direction de l'instruction souffrait d'un roulement élevé de son personnel de commandement, comme les unités du front (mais pas pour les mêmes raisons).

Mais les difficultés organisationnelles ne peuvent expliquer à elles seules les problèmes de l'instruction. D'ailleurs, les archives de la Direction de l'instruction montrent de l'ouverture d'esprit quant aux méthodes pédagogiques à employer

---

43. Comparer les étapes des carrières de Whitelaw et Gregg telles qu'elles sont schématisées dans *Gradation List – Canadian Army, Active, March 1944*, Ottawa, Imprimeur du roi, 1944 (exemplaire conservé à la DHP), p. 21 et 24 respectivement.
44. DHP, 112.3M3(D1), « Narrative – Directorate of MIL TRG 1939 to 1945 », s.d. , p. 7, § 8c.

(films, etc.) ainsi que sur le plan des contenus. Le mensuel de la Direction, le *Mémorandum sur l'instruction de l'Armée canadienne* fait état tous les mois d'avancées pédagogiques et conceptuelles avec une conscience généralement à-propos des déficiences à combler. Cependant, l'expression d'idées justes ne conduit pas nécessairement à des ajustements conséquents en bout de ligne, là où les soldats affrontent l'ennemi. C'est en cela que le concept d'une culture organisationnelle, par essence complexe à transformer, aide à comprendre qu'il y avait des habitus profondément ancrés à changer avant d'arriver à des résultats probants sur le champ de bataille[45]. Une culture institutionnelle change lentement.

Le poids de la culture institutionnelle

Les chefs formés à l'école systématique de la Première Guerre mondiale, en pratique presque tous les officiers réguliers et la plupart des réservistes de haut rang de 1939, doivent avoir une intelligence et une volonté peu communes pour échapper à la pesanteur des méthodes du passé. Ils doivent en outre avoir des qualités pédagogiques rares pour enseigner à leurs subordonnés ce qui semble enfreindre les prescriptions de la tradition.

Les armées anglo-canadiennes n'y parviendront jamais. Prenons l'exemple d'une brochure d'instruction faisant la mise à jour, avant l'assaut en Normandie, de l'instruction des officiers commandants les compagnies et les bataillons d'infanterie, c'est-à-dire les majors et lieutenants-colonels. Dans l'*Instruction de l'infanterie, partie I : le bataillon d'infanterie 1944*, dont nous avons dit au chapitre cinq qu'elle intégrait les avancées de la *battle drill* en petite tactique, on n'en tirait pas toutes les conséquences pour la préparation des opérations. En fait, dans la manière dont les bataillons devaient être utilisés, on comprend que les opérations sont planifiées toujours avec la même lourde méthode employée par les Alliés à la fin de la Grande Guerre, méthode où la supériorité du feu, celui de l'artillerie moyenne et lourde en particulier, était la recette magique pour venir à bout de tous les problèmes tactiques. On retrouve dans cette brochure de 1944 des échos de préoccupation de 1916 à propos de l'artillerie et même d'avant 1914 en ce qui concerne l'allant, comme si rien n'avait été appris depuis ce temps :

> L'attaque définitive se livre avec élan et détermination. Les troupes d'infanterie, une fois lancées dans l'attaque, continueront d'avancer. Si elles font halte et s'étendent par terre, il sera peut-être difficile de les remettre en marche dans le sens voulu.

---

45. Terry Copp a contesté que la performance canadienne en 1944-1945 fut aussi mauvaise que je le suggère ici (*Fields of Fire : the Canadians in Normandy. The 1998 Joanne Goodman Lectures*, Toronto, University of Toronto Press, 2004 (2003), xv-344 p. ; *Cinderella Army : the Canadians in northwest Europe, 1944-1945*, Toronto, University of Toronto Press, 2006, xi-407 p.). Il s'attaque à une historiographie pourtant très convaincante, y compris à J. English, que j'ai souvent cité. On ne peut pas suivre Copp. Un résumé de ce débat se trouve dans mon *Volontaires. Des Québécois en guerre 1939-1945)*, Montréal, Athéna éditions, 2006, *passim*, où l'on voit que presque tous les anciens combattants interviewés (19) admettent une grande infériorité sur leurs adversaires allemands.

Cette prescription, toutefois, ne comporte aucune interdiction aux troupes d'attaque d'assurer leur propre feu de couverture pour faciliter leur progression. Il faut prévoir et vérifier avec soin la synchronisation, de façon à marcher de pair avec le soutien de l'artillerie et à éviter, en arrivant trop tôt, de s'enterrer[46].

Il y avait confusion et incohérence doctrinale. L'initiative, encouragée au niveau des petits groupes, laissait place ici à la tactique méthodique qui a causé la catastrophe de 1940, voire à des raisonnements discrédités dès 1915. Au mieux, cela causera des délais meurtriers lors des tentatives d'agrandir la tête de pont en Normandie au début de l'été 1944. On indiquait bien que pour accélérer l'exécution, les ordres devraient être donnés verbalement à l'intérieur même du bataillon (paragraphe 12d), mais dans les paragraphes sur la préparation des ordres d'opération (102 à 106 surtout), on prescrivait que « si le bataillon n'a pas atteint un haut degré d'instruction et d'entraînement, [il faut] détailler [les ordres] en conséquence » et y inclure « autant que possible, toutes les instructions relatives à l'utilisation du terrain, y compris les lignes de départ, les objectifs et les axes de progression ». C'était tout à fait comme en 1914-1918.

Ailleurs, dans la même brochure, les méthodes à employer dans l'approche, l'attaque, la défense, le repli et les patrouilles étaient prescrites avec force détails[47]. Dans l'attaque (paragraphes 81 à 100), le commandant de bataillon (lieutenant-colonel) devait suivre un schéma qui rappelle à s'y méprendre celui développé par les Alliés durant la Première Guerre mondiale : mouvement des positions de rassemblement vers les positions de départ, combat d'artillerie et autres feux, assaut lorsque la supériorité du feu a été acquise, corps à corps et finalement consolidation. Les compilateurs du manuel de *battle drill* de Vernon pensaient de tout ceci que, « en d'autres mots, le plan des artilleurs était rédigé en premier, celui de l'infanterie était simplement inséré pour s'y conformer[48] ».

Sur ce qui devait être fait après la phase de consolidation, le manuel de 1944 est muet. L'opportunité, souvent rencontrée sur le terrain d'agir sans ordre d'un supérieur pour s'emparer d'un objectif important laissé sans défense par un ennemi temporairement désorganisé, n'est même pas évoquée.

Ce silence est significatif. Le chef de bataillon devait plutôt comprendre qu'un nouveau bond en avant supposait la répétition du schéma primitif, avec tous les délais que cela impliquait, encore une fois comme en 1914-1918. Jamais on ne suggérait qu'il pourrait être préférable de poursuivre l'avance pour profiter d'une occasion qui se présentait. Au contraire, constamment dans la brochure se manifeste un souci maladif des flancs, ce qui induisait le commandant de bataillon à la prudence dans l'avance, pour éviter que son unité ne soit coupée de la brigade. En inculquant de pareilles procédures, on bridait l'initia-

---

46. *Instruction de l'infanterie, partie I : le bataillon d'infanterie 1944*, brochure bilingue, Ottawa, État-major général de l'Armée canadienne, octobre 1944, paragraphe 97a.
47. B. McAndrew, « Doctrine canadienne : continuités et discontinuités... », *op. cit.*, p. 45 parle de « micro-gestion ».
48. Canadian Battle Drill Training Centre, *Training Précis*, janvier 1943, p. 182.

tive des chefs de compagnie et de bataillon, on perdait des occasions, avec pour résultat qu'on ralentissait le rythme des opérations. La conséquence fatale était que le défenseur avait tout le temps nécessaire pour préparer des lignes successives de repli. La prudence, qui devait épargner la vie des troupes, était paradoxalement cause de rigidités qui occasionnaient en retour la lenteur et contraignaient en fin de compte à donner l'assaut contre des positions préparées d'avance par un défenseur qui avait le temps de s'organiser. Les pertes étaient en proportion.

Un autre exemple tiré de l'*Instruction de l'infanterie, partie I : le bataillon d'infanterie 1944* montre le conformisme qui imprègne toute l'organisation militaire de type britannique du haut jusqu'au bas. La dernière section du manuel décrit l'emploi des patrouilles. La guerre est peut-être faite de combats, mais la majeure partie de la vie de soldat ne se déroule pas sous le feu direct des armes de l'ennemi. Les soldats passent beaucoup plus de temps à l'instruction, à l'entraînement, au repos ou en patrouille qu'au combat. On peut patrouiller pour reconnaître une position, pour savoir où se trouvent les unités amies (les patrouilles de liaison) ou pour engager et mesurer l'ennemi, lui faire dévoiler ses positions de tir et lui arracher des prisonniers pour interrogation (les patrouilles de combat). Étonnamment, le manuel indique qu'il revient au commandant du corps d'armée ou de la division de prescrire la ligne de conduite générale quant aux patrouilles et au commandant de brigade d'émettre les ordres d'exécution. Les ordres en question émanent du major de brigade et, suggère-t-on encore, devraient suivre un modèle fourni en annexe du manuel.

L'idée même que des officiers généraux, de corps, de division ou de brigade consacrent du temps aux patrouilles laisse songeur. Cela se justifiait en 1914-1918 par le fait que le front était continu, que la densité d'occupation était forte, que chaque bataillon, brigade, division ou corps occupaient une zone relativement étroite du front et que l'essentiel de l'activité était de patrouiller dans le *no man's land*, juste devant son secteur, puisque le front ne bougeait pas[49]. Dans un environnement plus fluide, il y a lieu de douter que les règles ci-haut

---

49. Voir Tony Ashworth, *Trench warfare 1914-1918 : the live and let live system*, Londres, Pan Books, 2000 (1980), p. 94-98 et 106-107. Je n'affirme pas que l'armée canadienne fonctionnait de cette manière sur le terrain ; mais plusieurs officiers supérieurs, y compris ceux qui ont rédigé et approuvé les manuels cités ici, auraient voulu qu'il en soit ainsi. C'est en tant qu'indice d'une mentalité conservatrice entretenue dans l'institution militaire que les exemples évoqués ici comptent. Les brigadiers de la Première Guerre mondiale contrôlaient (au sens d'ordonner et de vérifier) les patrouilles. Il s'agissait d'accroître l'agressivité en première ligne, parce qu'on s'était aperçu qu'un grand nombre d'unités avait la propension à ne pas embêter l'ennemi pourvu que celui-ci rende la pareille. Le haut commandement ne pouvant accepter cette passivité, il ordonnait des patrouilles. Puisque le front bougeait peu, on avait le temps de préparer les ordres et de les acheminer de haut en bas de la hiérarchie. Notons qu'une brigade de 1914-1918 (marchant à pied) occupait 2 km d'un front statique, alors qu'une brigade de 1944-1945 entièrement motorisée pouvait se déplacer sur quelques dizaines de kilomètres par jour. D'où une manière de commander qui, calquée sur 1914-1918, est inadaptée aux conditions de 1939-1940. En Corée, après la stabilisation du front en 1951, on reviendra à une organisation très centralisée des patrouilles où la brigade jouera le rôle de coordination principal (B. Johnston, *A war of patrols : Canadian Army operations in Korea*, Vancouver, UBC Press, 2003, p. 229-236).

énoncées fussent bénéfiques. En plus, elles ne pouvaient manquer d'entretenir la vilaine habitude d'en référer à la plus haute autorité pour les détails les plus infimes. Ce n'était sûrement pas le moyen d'inculquer l'initiative.

Évidemment, les officiers entreprenants pouvaient affecter positivement cet état de chose. Mais les autres, ceux qui par excès de prudence ou manque d'initiative naturelle hésitaient dans les circonstances difficiles qui formaient le quotidien des jours de combat, ceux-ci pouvaient toujours justifier leurs mauvais résultats par le fait qu'ils avaient suivi le règlement à la lettre.

Alors que le processus de démobilisation se terminait en 1946, les responsables de l'Instruction militaire crurent constater chez les militaires canadiens encore sous l'uniforme qu'un « triste spectacle », pour lequel « les officiers ont leur large part de responsabilité », s'offrait aux yeux du « peuple canadien » :

> La tenue de nos militaires s'est singulièrement relâchée. Une des plus flagrantes infractions aux règlements relatifs à la tenue consiste à se balader sans couvre-chef ; on voit aussi des collets de vareuse ouverts, pas de cravate ; des rabats de poche déboutonnés, exhibant ainsi plumes et crayons ; des vareuses à moitié boutonnées ; des chaussettes de couleurs vives avec la tenue de combat ; des boutons ternis, des équipements sales [...]

Six années de guerre avaient produit des relâchements inadmissibles. Maintenant, la hiérarchie de réguliers reprenait les commandes avec un minimum d'interférences extérieures. Foin des soldats amateurs, renvoyés à leurs foyers, des politiciens ayant d'autres chats à fouetter et des civils lassés par le poids du militaire dans leur finance, leur alimentation, leur travail, leurs loisirs et leur sexualité. L'armée à l'armée. Six années de guerre avaient fait qu'elle était devenue trop indulgente, qu'elle avait presque oublié ce qui a toujours fait le soldat selon « la vieille tradition militaire britannique[50] » : le *spit-and-polish*. La paix acquise, la hiérarchie pouvait remettre les priorités à la bonne place. Comme en 1919. Vivement la paix ! n'a jamais eu autant de valeur que dans l'Armée canadienne.

L'examen détaillé des raisons amenant la réforme de l'instruction de base par la *battle drill* chez et par les officiers de rangs intermédiaires, des avantages tactiques et psychologiques que cela procure dans les bataillons d'infanterie, de la réception par les hommes, des frictions institutionnelles que cela cause, des limites intrinsèques de la méthode et du manque de temps pour transformer l'esprit de tout l'édifice de formation militaire ne forment évidemment que quelques-uns des nombreux aspects de l'histoire de la préparation de l'Armée canadienne avant les grands engagements terrestres de 1943-1944. Il faudrait aussi expliquer comment les grandes manœuvres qui se multiplient en Angleterre de la fin de l'été 1941 au printemps 1944 affectent en bien ou en mal les Forces

---

50. Toutes les citations sont extraites de « Apologie de l'astiquage », *MIAC*, n° 62, mai 1946, p. 2-3.

canadiennes, et comment les nombreux camps au Canada que je n'ai pu étudier ici collaborent aussi aux transformations nécessaires. Mes conclusions en seraient peut-être nuancées, mais je ne crois pas qu'elles seraient fondamentalement différentes de celles à laquelle je suis parvenu en décrivant un processus particulier en détail, ce processus étant un bon révélateur des tares de l'instruction militaire d'entre-les-deux-guerres et du début de la guerre, et des limites auxquelles l'instruction militaire des Canadiens s'est finalement butée jusqu'à la fin de la guerre. Bref, plutôt qu'une histoire totale de l'instruction militaire en 39-45, difficile à réaliser vu l'abondance de matériaux, j'ai privilégié l'effet révélateur. C'est d'ailleurs une démarche semblable qu'a suivie l'historien britannique Timothy Harrison Place dans un livre inspirant que j'ai souvent cité dans ces pages[51].

Dans le dernier chapitre, un examen sommaire du mécanisme de rétroaction entre le front et les écoles d'instruction tactique permettra de conclure dans le sens de transformations non abouties, pour les raisons similaires à celles tout juste évoquées : une culture institutionnelle, malgré l'urgence, malgré toute la bonne volonté (ce qui n'a pas été toujours le cas), ne peut être transformée en seulement quelques années, du moins pas dans l'Armée canadienne de 1939-1945.

---

51. *Military training in the British Army, 1940-1944...*, *op. cit.* Harrison Place interrompt ses analyses avec la campagne de Normandie.

Chapitre huit
★ ★ ★
Les premières leçons de la guerre

> De ce qu'il existe une façon uniformisée de réaliser une petite opération de tactique ou de résoudre un problème, il ne s'ensuit pas qu'on doive l'appliquer dans son intégrité ou sans aucune variante aussi bien au combat que dans les exercices d'instruction. Il ne s'ensuit pas non plus que les formations, distances et chronométrages employés doivent se reproduire servilement au combat ou à l'instruction. La technique de combat ou l'exercice de combat [*battle drill*] est le premier pas dans la voie qui conduit à l'emploi convenable des troupes et des armes de combat. Les commandants subalternes (officiers et sous-officiers) doivent tirer le meilleur parti de l'avantage qui résulte de l'existence d'un fonds uniforme de connaissances parmi les militaires de tous rangs, suivant les circonstances de chaque situation prise en particulier.
> *Mémorandum sur l'instruction de l'Armée canadienne*, janvier 1943.
>
> L'expérience ne se transmet pas, mais elle se raconte[1].
> HÉLIE DE SAINT MARC, résistant, rescapé de Buchenwald, putschiste et mémorialiste.

Les cadres de l'armée permanente sur lesquels on comptait naïvement dans l'entre-deux-guerres pour former la grande armée mobilisée n'étaient pas suffisamment nombreux pour remplir tous les postes d'instructeurs. Nombre d'entre eux étaient d'ailleurs affectés aux formations de combat stationnées en Angleterre. Il fallut donc utiliser des officiers frais sortis du système d'instruction pour combler le déficit d'instructeurs, d'où le cheminement particulier menant au cours de formation d'officiers instructeurs. C'est dire que la plupart des instructeurs d'avant 1943 (avant les opérations en Sicile en juillet-août 1943) n'avaient qu'un bagage pratique des plus réduits à transmettre. Aucun ou presque n'avait d'expérience personnelle de la guerre. Dans l'ensemble, ces officiers étaient mal outillés pour comprendre, instruire et entraîner la troupe, et peut-être se perfectionner eux-mêmes. Pour ces raisons, les instructeurs de la nouvelle armée canadienne avaient besoin qu'on leur procure des plans de cours, des résumés, des méthodes rapides et efficaces pour qu'ils puissent enseigner les techniques du commandement, la tactique et les opérations. De loin, la brochure d'instruction, sous toutes ses formes — fascicules doctrinaux, brochures encore plus simples résumant la doctrine, textes de vulgarisation et d'instruction et périodiques — constituait le véhicule principal d'information, non seulement de théorie, mais aussi de conseils pratiques et d'illustrations des méthodes suggérées, de catalogue des moyens pédago-

---

1. Hélie de Saint Marc et August Von Kageneck, *Notre histoire (1922-1945) : conversation avec Étienne de Montety*, Paris, Éditions J'ai lu, 2004 (2002), p. 265.

giques disponibles, avec des nouvelles des divers fronts partout dans le monde pour mettre à jour l'enseignement.

Avant de passer des contenus, il fallait d'abord préparer l'auditoire, ce qui revient à dire dans notre cas chasser l'idée de l'invincibilité de l'ennemi en exposant les raisons de son succès. Ensuite seulement, on pourrait élaborer des solutions et constituer des moyens de les enseigner, et finalement il faudrait les confronter au problème pour voir si elles fonctionnaient.

La tâche était complexe, car l'adversaire était aussi intelligent que coriace.

L'obsession de la *blitzkrieg*

Le mot « blitzkrieg » n'était pas utilisé par les Allemands eux-mêmes et il semble qu'il soit d'abord apparu dans le *Times* de septembre 1939. Il s'est s'imposé immédiatement dans la presse occidentale[2], dans le vocabulaire des populations affectées et il est demeuré dans la langue des spécialistes pour désigner la forme de guerre inaugurée par les Allemands en Pologne en septembre 1939.

Quelque cinquante ans après la Seconde Guerre mondiale, des historiens militaires révisionnistes ont remis en cause l'existence d'une conception moderne des opérations de guerre qui viserait à paralyser l'adversaire en surgissant profondément dans son dispositif grâce à des engins motorisés (chars d'assaut, avions mais on l'oublie souvent, des camions aussi) mis à la disposition des militaires par la science et l'industrie des années 1910, 1920 et 1930. Selon ces auteurs[3], si on y regarde bien, il y a eu bien moins de cette guerre-éclair qu'on l'a prétendu et les opérations ont généralement revêtu un caractère plus proche de la précédente guerre mondiale qu'on veut l'admettre, c'est-à-dire que la puissance de feu, et l'artillerie d'abord, comme en 1914-1918, a dominé les champs de bataille. Et ceux qui disposaient de la plus grande puissance de feu l'ont emporté. Quant aux tranchées, ou plus généralement aux lignes de défenses fixes, ces auteurs rappellent qu'elles ont bien existé en France avant mai 1940, en Russie de l'automne 1941 à l'été 1943, en France à nouveau entre le débarquement et la percée d'Avranches à l'été 1944, dans les nombreux sièges des villes portuaires à l'automne 1944, enfin en Allemagne au début de 1945. De sorte que la *blitzkrieg* ne serait qu'un mythe tendant à figurer une supériorité douteuse de la « science » militaire allemande avec en prime la dangereuse perception que la guerre-éclair est plus intellectuelle, plus propre et moins meurtrière que la guerre des tranchées, domaine des ânes galonnés, de la boue et des sacrifices inutiles.

Au vu des réactions françaises, britanniques et canadiennes consécutives au choc de 1940, il est difficile de suivre ces critiques bien longtemps. Que des historiens remettent en question la réalité de la *blitzkrieg* est peut-être une stratégie de recherche originale, mais il n'en demeure pas moins que pour les contempo-

---

2. Hervé Coutau-Bégarie, *Traité de stratégie*, Paris, Économica, 1999, p. 252.
3. Récemment John Mosier, *The blitzkrieg myth : how Hitler and the Allies misread the strategic realities of World War II*, New York, HarperCollins, 2003, 400 p.

rains, il y a eu choc psychologique, militaire et politique. L'année 1940 a été un traumatisme pour les Danois, les Norvégiens, les Hollandais, les Belges, les Français, les Anglais et les Canadiens, comme 1939 l'avait été pour les Polonais et comme les étés 1941 et 1942 le seront pour les Soviétiques.

Sans aller aussi loin que cette historiographie révisionniste[4], Paul Fussell dénonce pourtant la perception résiduelle, qui nous intéresse particulièrement ici, celle de la mobilité tactique. Vétéran de la Deuxième Guerre mondiale qu'il a vécu comme subalterne d'infanterie, Fussell ouvre son livre sur la psychologie et les comportements des combattants pendant la Seconde Guerre mondiale sur un chapitre dénonçant toute vision romantique, tout boy-scoutisme et plus généralement toutes les illusions sur la nature de la guerre. Non, écrit Fussell, 1939-1945 est bien comme 1914-1918. Le jeune homme qui s'engage volontairement ou qui est conscrit aurait pu savoir ce qu'il en serait n'eût été la mémoire collective défaillante et les manipulations conscientes et inconscientes des intellects aux débuts des guerres ; de sorte que « [l]a guerre serait longue, sanglante, brutale, totale et absurde[5] ». D'où nécessité pour l'intellectuel travaillant sur la mémoire, comme le professeur de littérature Fussell, de dire ces déplaisantes vérités pour mettre à leur place « les sentimentaux, les patriotes à tout crin, les ignorants et les amateurs de chair fraîche », et ce, pour « équilibrer la balance[6] ».

Fussell dénonce en particulier un mythe qui a couru en Angleterre et aux États-Unis dans l'entre-deux-guerres et au début de la Deuxième Guerre mondiale. Là, refoulant les leçons de 1914-1918, une école de « cavalerie » au fond nostalgique de la guerre en dentelles des XVIe, XVIIe et XVIIIe siècles, n'accepte le monde moderne que dans la mesure où l'avènement du moteur à combustion interne rétablit la mobilité des armées. Cette école de cavaliers défend la *manœuvre* comme un fétiche : une force entièrement blindée mais légère, donc très mobile, manœuvrera autour de l'ennemi pour le forcer à se rendre. Difficilement l'esprit cavalier a renoncé aux montures de chair et de sang pour les engins mécaniques et pas encore totalement en 1939, car les chevaux sont dans l'ordre de bataille de presque toutes les nations belligérantes (sauf l'Angleterre et le Canada, remarquons-le). Toute une classe de véhicules blindés, chars légers de reconnaissance, chars croiseurs de poursuite, chenillettes d'infanterie, doit son existence à cette conception « cavalière » des véhicules blindés. Malheureusement, les performances tout-terrain se font au détriment de l'armement emporté et du blin-

---

4. Entre les extrémistes, qui voient en 1939-1940 une nouveauté radicale (historiographie vieillie qui ne rallie maintenant que très peu de partisans) et ceux qui nient le phénomène (que nous appelons ici les révisionnistes), un consensus semble rallier de plus en plus de spécialistes : les continuités sont grandes avec la fin de la Première Guerre mondiale et la première application pratique d'envergure doit être créditée aux Allemands. Ce point de vue est illustré dans l'une des synthèses les plus récentes sur le sujet : Jeremy Black, *World War Two : a military history*, Londres, Routledge, 2003, p. 11 et 25.
5. P. Fussell, *À la guerre : psychologie et comportements pendant la Seconde Guerre mondiale*, Paris, Seuil, 2003 (1989), (trad. de Paul Chemla), p. 20.
6. *Ibid.*, p. 9.

dage, donc de la protection de l'équipage. De sorte que les Américains, par exemple, ne disposeront que d'un matériel blindé léger à leur entrée en guerre à la toute fin de 1941 et que les Anglais auront une classe de chars croiseurs rapides insuffisamment armés et protégés aussi tard qu'en 1943. Avec retard les deux grandes économies industrielles occidentales devront reléguer aux oubliettes le chevalier blindé pour alourdir leur matériel et ainsi affronter les Allemands avec de meilleures chances. Et pour faire bonne mesure, ils recourront de plus en plus à l'appui de l'artillerie (pour laquelle ils ont de toute manière un penchant atavique) et de l'aviation tactique pour écraser sous les bombes leur ennemi, comme en 1915-1918. La guerre industrialisée a ses règles qu'on ne viole pas impunément. Voilà la démonstration façon Fussell.

Bref, les révisionnistes nient la *blitzkrieg*, la rupture, pour insister sur la continuité. Malheureusement, là-dessous, se trouvent deux travers de pensée plus ou moins avoués : un « défensisme » assez semblable à celui qui, dans les années 1920 et 1930, conduit les Français à une défensive à outrance paralysante, empêchant l'innovation conceptuelle dans les hauts échelons de commandement et chez les politiques ; et de la jalousie à l'endroit de la supériorité intellectuelle des militaires allemands en matière tactique et de conception de l'armement.

Même si elle est soutenue par une érudition littéraire remarquable, la thèse de Fussell pèche par simplisme. Il y a ici une faille propre au courant d'histoire militaire culturelle, dont Fussell fut le principal initiateur. Assurément, la guerre est horrible. D'accord, l'esprit cavalier a bien existé et est sans doute la cause de graves erreurs militaires jusqu'en 1944, en Afrique du Nord et en Normandie en particulier. Pourtant, un coup d'œil simultané sur une chronologie et une carte de l'Europe et du pourtour de la Méditerranée permet de se convaincre que la mobilité dans les opérations est bien plus grande dans le Second Conflit mondial que dans le premier, que les phases statiques sont plus courtes, que les systèmes défensifs permanents sont plus facilement franchis (en quelques heures ou quelques jours généralement), que les fronts ne sont jamais vraiment continus. En attaque, la percée suivie d'un enveloppement est la règle et les systèmes défensifs ne sont efficaces que si le défenseur dispose d'importantes réserves mobiles, dont une bonne partie blindées, pour colmater les brèches. Les années 1939-1945 ne sont pas 1914-1918. C'est d'ailleurs ce qui explique que ceux qui préparaient 1918 dans l'entre-deux-guerres sont vaincus en 1939, en 1940 et en 1941.

En fait, l'esprit cavalier n'a jamais eu l'influence qui lui prête Fussell dans les armées de tradition britannique, comme le montre l'analyse quantitative du *Canadian Defence Quarterly*. Les militaires plus intellectuels avaient des opinions partagées et les esprits « fantassin » ou « artilleur » étaient au moins sinon plus influents, et d'ailleurs pas nécessairement plus dans le vrai que les cavaliers. Les Britanniques avaient dans leur arsenal, aux côtés de leurs chars croiseurs, des chars lourds bien protégés, dits « chars d'infanterie », et c'est encore plus vrai des Français et des Soviétiques.

Le problème est ailleurs. C'est que tous les adversaires des Allemands ne savaient pas comment insérer les blindés dans leur ordre de bataille et comment les employer, n'avaient aucune véritable conception de la collaboration interarmes et négligeaient de manière coupable les effets de l'aviation tactique.

Pour comprendre le désarroi des combattants alliés, Polonais de 1939, Français, Anglais et Canadiens de 1940, 1941 et 1942, Soviétiques de 1941 et 1942, pour comprendre la psychologie et les comportements comme le veut Fussell, il ne suffit donc pas de réduire toutes les guerres à *la guerre* simple synonyme de l'horreur.

Il faut encore rappeler qu'au début de la Deuxième Guerre mondiale, même sans les États-Unis et l'Union soviétique, les Alliés disposaient d'une supériorité quantitative nette dans toutes les catégories d'armement et d'une très grande supériorité en potentiel à mobiliser, humain ou économique. Ils ont pourtant été vaincus en quelques semaines. Il faut revenir aux idées et aux institutions, à la culture militaire en somme, si l'on veut comprendre le drame de 1939-1945. C'est là que le pacifisme latent d'un Fussell et le « continuisme » tactique d'un Mosier font dérailler le raisonnement, car on n'aime pas se faire dire que le pacifisme des années 1920 et 1930 a laissé Hitler prendre le pouvoir pour ensuite massacrer des millions d'innocents, puis envoyer à la boucherie des soldats mal préparés, et, justement, on aime encore moins se faire dire qu'on agissait plus bêtement que l'adversaire nazi ; on lui accorde la brutalité mais on ne veut pas lui concéder l'intelligence. Or, la brutalité sans intelligence n'aurait jamais permis aux nazis de conquérir toute l'Europe, des Pyrénées aux portes de Moscou, en deux ans. Que les pires bourreaux de l'Histoire fussent des êtres à la fois vicieux et suprêmement intelligents paraît trop incongru pour les catégories morales moyennes de l'Occidental « évolué » d'après 1945. C'est cette brutale vérité de la défaite intellectuelle[7] que Marc Bloch lançait dans son *Étrange défaite*.

Cependant, comme j'y ai fait plusieurs fois allusions dans les chapitres précédents, des historiens et théoriciens militaires — comme Deighton, Doughty, Frieser[8], Corum, Citino — ont établi que la *blitzkrieg* est un développement des

---

7. Voir « Méditations sur la défaite », le compte rendu de R. Aron reproduit en appendice de l'édition de référence des écrits de guerre de M. Bloch, *L'histoire, la guerre, la résistance*, p. 1013-1020. L'un des mérites du roman interminable de Jonathan Littell (*Les Bienveillantes*, Paris, Éditions Gallimard, 2006, 907 p.) est de répéter inlassablement que les fabricants de l'Holocauste étaient des docteurs en philosophie, en droit, en anthropologie et en médecine, qui discutaient de littérature et de linguistique tout en accomplissant leurs basses besognes.

8. Le titre de Karl-Heinz Frieser (*Le mythe de la guerre-éclair : la campagne de l'Ouest de 1940*, Paris, Éditions Belin, 2003 (éd. orig. allemande 1995) peut induire en erreur. Frieser ne conteste pas l'existence de la *blitzkrieg*, mais il circonscrit le concept au domaine opérationnel avec les présupposés tactiques qui en sont les conditions. L'explication qu'il propose recoupe, en plus détaillée, l'exposé ancien de Deighton. Ce que Frieser rejette vigoureusement, c'est l'idée que Hitler aurait pensé la guerre-éclair comme alternative de sa diplomatie de force (Rhénanie, Anchsluss, Munich) avant 1940. C'est seulement après les victoires décisives et rapides sur la Pologne en 1939, en Norvège et en Flandre en 1940 que Hitler (Goebbels joue un rôle ici) a abusivement étendu un concept d'opérations à une conception générale de la guerre au niveau stratégique. Il s'est ainsi abusé sur les possi-

tactiques d'infiltration allemande de la fin de la Première Guerre mondiale[9], couplées à l'emploi de masses blindées, amalgamées aux méthodes d'entraînement et de commandement développées dans la Reichswher dès les années 1920 (*Truppenführung*) sous l'impulsion du chef de la Reichswher d'alors, Hans von Seeckt (intention du commandement communiquée aux subordonnées qui conservent leur autonomie et chez qui la prise d'initiative respectant l'intention générale est favorisée, insistance sur les solutions tactiques impliquant une coopération entre les armes), et améliorées au fil des progrès techniques dans les chars, l'aviation et les communications[10] pour devenir une théorie opérationnelle en 1939-1940, une praxis sans traité théorique, mais une praxis (théorie pratique) néanmoins.

C'est une chose nécessaire de pointer les faiblesses des cavaliers comme le fait Fussell, c'est autre chose de comprendre ce qui s'est vraiment passé. L'explication proposée dans les chapitres précédents n'est pas que les armées occidentales fussent peuplées entièrement d'ânes bâtés, car des idées progressistes circulaient. C'est plutôt que les idées restèrent confuses parce qu'il manquait une synthèse transformable des doctrines tactique et opérationnelle, d'une part, et que, d'autre part, dans la mesure où un début de synthèse est apparu vers 1941-1942, celle-ci commença plutôt du milieu de la hiérarchie pour devenir vigoureuse vers le bas, mais sans jamais gagner l'ensemble des forces combattantes, et certainement pas l'ensemble des officiers généraux. Dans ces circonstances, il était inévitable que la confusion ait continué de régner sur l'enseignement à donner aux jeunes cadres jusqu'à la fin de la guerre. Puisqu'on avait de la difficulté à saisir le problème en haut lieu, les premiers combats des troupes anglaises et donc canadiennes furent souvent mal analysés, avec pour résultat que les « leçons apprises » retournées du champ de bataille vers les écoles militaires entretenaient cette confusion. Si l'on ajoute à cela la pauvreté de la culture tactique des cadres de la milice de l'entre-deux-guerres et la faiblesse numérique de l'encadrement du début de guerre, qui contraignait à placer de très jeunes subalternes dans des

---

bilités des armes allemandes, d'où les mauvaises surprises en Russie à partir de la fin 1941. Cette fausse conception de l'infaillibilité d'une guerre-éclair stratégique avait déjà trouvé un foyer peu critique dans la presse occidentale dès l'automne 1939 — on en trouve des échos dans les journaux canadiens, mais elle a aussi connu une certaine vogue dans des histoires populaires de la Seconde Guerre mondiale au moins jusqu'aux années 1960.

9. Erwin Rommel en fait une tardive expression dans son *Infantry attacks*, nouv. éd., Londres, Greenhill Books, 1990 (éd. orig. allemande 1937), xix-264 p.
10. Le principal défenseur de l'arme blindée allemande des années 1930, Heinz Guderian, était un officier des transmissions en 14-18. Voir son *Achtung-Panzer ! The development of armoured forces, their tactics and operational potential*, Londres, Arms and Armour, 1996 (éd. orig. allemande 1937), p. 55, 71 et 197, et l'introduction de Paul Harris aux p. 8 et 11. L'ouvrage est remarquable sur deux autres points : par le fait que, même s'il est conçu comme un pamphlet pour convaincre la hiérarchie et les politiciens nazis de la nécessité de former et d'employer plus de divisions blindées, Guderian y insiste fortement sur la coopération avec les autres armes et même l'aviation ; et par la démonstration qui s'appuie sur les quelques batailles de chars de la Première Guerre mondiale conduites par les Français et les Anglais (et la participation de « l'agressive » infanterie canadienne y est signalée). Une parfaite illustration du dicton qu'on apprend plus d'une défaite que d'une victoire.

situations d'apprentissage difficiles, on avait là la recette d'un retard institutionnalisé difficile à rattraper en peu de temps.

Cette question des défauts dans l'institutionnalisation de l'apprentissage a été examinée en détail aux chapitres précédents. Il faut maintenant dire quelques mots du mécanisme par lequel l'on devait assurer l'adéquation entre l'enseignement des écoles du temps de guerre et les leçons à tirer des plus récents engagements, autrement dit sur le contenu passé du front vers l'arrière.

Transmettre les leçons apprises

Après leurs grandes défaites aux mains des armées de Napoléon en 1806-1807, les Prussiens ont érigé en système l'étude des campagnes récentes aux fins d'y découvrir des leçons applicables dans l'avenir. Il est bien important de comprendre que ce processus diffère de l'histoire que peuvent pratiquer les universitaires, les muséologues ou les collectionneurs. Alors que ces derniers cherchent à reconstituer mentalement les époques révolues ou à préserver les artefacts qui nous sont parvenus, d'où une préoccupation pour les détails, les militaires recherchent plutôt ce qui les éclaire sur leurs manquements ou pourrait leur suggérer des idées pour l'avenir. La décision d'étudier un objet plutôt qu'un autre est donc influencée par des préoccupations différentes des historiens et des collectionneurs. Les militaires ont tendance à étudier des campagnes récentes et où les conditions sont transposables (une même aire géographique, des technologies semblables, un ennemi commun) à la résolution des problèmes de leur temps. Dans la mesure où cette règle est rigoureusement observée, les études qui sortent des états-majors sont parfois d'une grande rigueur historique. À l'imitation des Prussiens, tous les états-majors du monde se mettront à mener de pareilles études, après 1865 pour les Américains (mais à très petite échelle, faute d'un grand état-major dans l'Armée du temps), après 1871 pour les Français, dans les années 1880 pour les Russes, après 1901 pour les Britanniques, donc presque toujours après des défaites ou après des campagnes plus difficiles que prévues. Au Canada, en 1919, on a eu les mêmes intentions, même si le colonialisme militaire atavique des Canadiens et la forte réduction des effectifs en ont limité la portée. Mais les travaux des officiers canadiens dans les collèges d'état-major britannique, de même que plusieurs articles de la *Canadian Defence Quarterly* sont souvent de petites études du genre.

Malheureusement, la rigueur n'est pas toujours au rendez-vous. Une étude récente sur les leçons (non) apprises par les Britanniques pendant la guerre d'Espagne (1936-1939), où les Allemands, les Italiens et les Soviétiques ont testé armes et concepts, et où les deux premiers ont envoyé des dizaines de milliers d'hommes pour supporter les franquistes, montrent que les études des états-majors de l'Air et de l'Armée britanniques sont entachées de biais causés par les stéréotypes qu'on se faisait sur les forces en présence, alimentés par les querelles interservices britanniques. Quant à celles qui n'avaient pas de tels biais, elles restèrent sur les tablettes.

Néstor Cerdá[11] rappelle dans cette étude que la culture gouvernementale britannique, où relativement peu d'hommes de l'élite politique et militaire produisaient l'information, la partageaient et prenaient les décisions, pouvait encourager un manque d'ouverture si cette élite sélectionnait les faits et les interprétait pour alimenter ses préjugés. Ainsi, les Allemands s'aperçurent en Espagne de la difficulté de coordonner l'action des forces terrestres avec celle de l'aviation et du manque de coordination entre les canons antiaériens et le système d'alerte, problèmes qu'ils ont rectifiés dans la mesure des moyens technologiques disponibles avant 1939 et avant 1940.

Mais dans la RAF, il en allait différemment. Dans l'aviation britannique, on refusait d'admettre l'efficacité des attaques au sol contre les troupes républicaines. Accepter une telle vue revenait à faire des missions d'attaque au sol avec de petits avions robustes des missions prioritaires. Or, cela était impossible dans la RAF des années 1930, car celle-ci était obnubilée par l'idée du bombardement stratégique de terreur contre les villes. Selon elle, le meilleur moyen de faire des guerres courtes était de terroriser les civils en bombardant les villes avec de gros avions volant à haute altitude. Par voie de conséquence, les affrontements terrestres n'auraient pas d'importance décisive. Des avions dédiés à l'appui tactique étaient une dépense inutile et mieux valait financer l'achat de gros avions. On a vu les effets de ce préjugé, lorsque le général McNaughton a tenté d'obtenir la collaboration de la RCAF pour l'entraînement de la 1re Division.

Cerdà montre que le même genre de préjugés existait aussi en ce qui concerne le développement des chars et des moyens antichars réalisés durant la guerre d'Espagne. L'Armée britannique a refusé d'en tenir compte, car les servants de ces machines n'étaient que des amateurs peu entraînés ou « des mercenaires sans conviction », une description qui ne colle ni aux Allemands ni aux Russes, qui étaient bien entraînés, ni aux Brigades internationales, où les convictions ne manquaient pas.

Cette logique a fait que l'expérience des « brigadistes » britanniques fut complètement ignorée. Sur ce plan, l'état-major canadien a manifesté ici encore le zèle du colonisé. Le deuxième plus gros contingent de brigadistes après le français fut le canadien, 1650 volontaires, dont l'étonnant nombre de 140 possédaient une expérience militaire. Aussi étonnant est le fait que les Canadiens purent s'entraîner trois mois avant de monter en ligne, chose très rare chez les brigadistes. Malgré cela, l'Armée canadienne a adopté exactement la même attitude que l'Armée britannique lorsqu'est venu le temps d'enrôler des anciens des brigades internationales après le 1er septembre 1939. Selon un historien des brigadistes canadiens, l'Armée canadienne préférait « avoir à l'œil ces recrues un peu trop militantes [et] plusieurs seront affectées à des tâches administratives au Canada ».

---

11. « The road to Dunkirk : British intelligence and the Spanish Civil War », *War in History*, vol. 13, n° 1, janvier 2006, p. 42-64. À la base de cet article se trouve un mémoire de maîtrise de War Studies, King's College, Londres.

Un exemple suffira. Le jeune brigadiste québécois Amédée Grenier, après seulement quelques semaines au front en Espagne, est promu sergent et placé en charge d'une escouade de mitrailleurs en mars 1938. Il assume brièvement par la suite (toujours avec le rang de sergent) le commandement intérimaire d'une compagnie lorsque celle-ci se retrouve sans officier. Malgré cette expérience très pertinente, Grenier n'arrivera pas à se faire enrôler dans une fonction où ses connaissances auraient pu servir. Et il devra s'engager dans la Marine marchande pour affronter le danger sous-marin[12].

La critique des opérations récentes pouvait donc être limitée voire non pertinente si les auteurs et les lecteurs des rapports n'avaient pas une attitude « réceptive ».

Après 1939, avec des moyens incomparablement plus grands, ce mécanisme d'autocritique redémarre en grand. Le canal privilégié de diffusion est toujours la brochure, le plus souvent sous forme de petites monographies d'une campagne, d'une bataille, d'une nouvelle technologie, etc. En ce qui concerne les Canadiens de 39-45, ces brochures sont généralement de provenance britannique, quelquefois d'origine américaine après 1941. Mais aux brochures l'état-major canadien préférait un mensuel dans lequel l'équipe éditoriale faisait la sélection d'articles de provenance étrangère, et donnait par la même occasion des éléments de doctrine tirés de brochures officielles parues ou à paraître sous peu. Ainsi, dans le même média trouvait-on des analyses « historiques » et la théorie ajustée qui devrait en résulter, en principe.

(Il existait un mécanisme encore plus sophistiqué, où des équipes de vrais chercheurs planchaient sur les problèmes militaires les plus divers en préparant des études d'un haut niveau scientifique. Toutefois, ces études issues de la « recherche opérationnelle » étaient gardées secrètes pour des raisons évidentes. Elles avaient des implications surtout technologiques et n'ont pas eu une grande portée sur l'enseignement général avant 1945. Je peux donc les ignorer ici[13].)

Le *Mémorandum sur l'instruction de l'Armée canadienne* (*MIAC*) est la forme périodique de l'effort pour rattraper le temps perdu en matière de théorie, d'instruction et d'entraînement. C'est une publication mensuelle à diffusion « restreinte » (réservée aux militaires canadiens seulement) de l'Armée canadienne dont 72 numéros ont paru entre avril 1941 et mars 1947. Au début, les rédacteurs du *MIAC* avaient pour objectifs de fournir les informations les plus récentes ayant un impact sur l'instruction, de commenter les méthodes d'instruction et de fournir tout autre renseignement jugé utile. À cause de sa pério-

---

12. Cet aspect peu connu de l'histoire du bataillon Mackenzie-Papineau est mis en évidence par Jean-François Gazaille, « La Deuxième Guerre mondiale, 1939-1945 : les Canadiens français dans la guerre d'Espagne, des héros très discrets », dans Robert Comeau et Serge Bernier (dir.), *Dix ans d'histoire militaire en français au Québec. Actes du 10ᵉ colloque en histoire militaire tenu à l'UQAM les 10, 11 et 12 novembre 2004*, Montréal, Chaire Hector-Fabre d'histoire du Québec, 2005, p. 77-83.
13. J'ai toutefois fait allusion à une de ces études lorsque j'ai cité le *Montgomery's scientist* de T. Copp, où Copp a exhumé quelques études de recherche opérationnelle d'intérêt.

dicité, le *Mémorandum* était un véhicule idéal pour exposer les leçons à tirer des derniers combats et faire les mises à jour doctrinales que cela impliquait[14]. Publié dans un format commode (6 ½ po x 9 ½ po), bien illustré, il reprenait, complétait et mettait à jour les informations qu'on ne pouvait trouver rapidement dans les documents officiels à parution plus épisodique. Il est important de noter que le *MIAC* avait valeur d'autorité pour l'instruction et qu'il était diffusé à chaque officier canadien sur le sol national ou sur un théâtre d'opération occidental[15]. Nulle autre publication d'instruction n'avait sa diffusion[16].

Si à partir du numéro 40 (juillet 1944), le contenu est simplifié et semble s'adresser dorénavant aux sous-officiers ou aux officiers donnant les cours de base aux recrues du rang (cela correspond à la réduction de l'effectif étudiant à l'OTC), auparavant, le périodique visait un public plus large, y compris les officiers du grade de capitaine ou de major[17] des cours de commandement et d'état-major.

Apprivoiser l'art de la guerre allemand

Lorsqu'on ouvre les premiers numéros du *MIAC*, on ne peut manquer d'être frappé par la prépondérance accordée à un sujet : la blitzkrieg. On l'a dit, la « guerre-éclair » vise moins à tuer l'ennemi qui vous fait face qu'à le jouer, à le rendre impotent en pénétrant sur ses arrières pour perturber ses communications, le couper de son commandement, de ses troupes de réserve, de ses ressources logistiques et de ses possibilités de retraite.

Les rédacteurs du *Mémorandum* s'efforcent dès les premiers numéros de définir et de décrire ce qu'est la *blitzkrieg*, d'abord de manière à fournir aux officiers et sous-officiers matière à réflexion, ensuite pour suggérer des parades et finalement pour le pratiquer en attaque.

À strictement parler, le *MIAC* n'est pas rédigé ; c'est plutôt une compilation de notes d'une multitude de provenances, à commencer par les publications doctrinales britanniques, les revues militaires britanniques et américaines, les textes de conférenciers canadiens ou étrangers, etc. On y trouve des traductions de documents allemands, telle cette intéressante citation tirée de l'un des premiers numéros du *MIAC* (juillet 1941) :

---

14. Le *Mémorandum* canadien correspond à l'*Army Training Memorandum* britannique dont la parution se faisait cependant à intervalle irrégulier. Voir T. Harrison Place, *Military training in the British Army, 1940-1944 : from Dunkirk to D-Day*, Londres, Frank Cass, 2000, p. 10.
15. *Mémorandum sur l'instruction de l'armée canadienne*, n° 1, avril 1941, p. 3.
16. En contrepoint, voir T. Harrison Place, *Military training in the British Army...*, *op. cit.*, chap. II, qui explique les objectifs des différentes collections de brochures d'instruction britanniques.
17. Chaque numéro compte en moyenne une cinquantaine de pages. On trouve deux collections complètes à la Direction Histoire et patrimoine, l'une en anglais, l'autre en français. À l'exception des numéros 6 et 30, tous les numéros ont été traduits en français. À notre connaissance, seuls Bernier et Pariseau ont signalé cet effort de traduction, en le minimisant d'ailleurs peut-être un peu trop. Voir J. Pariseau et S. Bernier, *Les Canadiens français et le bilinguisme dans les Forces armées canadiennes, tome I, 1763-1969 : le spectre d'une armée bicéphale*, Ottawa, ministère de la Défense nationale, 1987, p. 133.

L'emploi du mot « blitzkrieg » a fait croire au monde qu'il s'agissait d'une déviation des principes tactiques généralement admis, quand, en réalité, il ne s'agissait que d'une application de deux principes reconnus dans tous les pays :
(a) toutes les armes doivent coopérer pour permettre à l'infanterie d'en venir aux mains avec l'ennemi, pendant qu'elle a encore les moyens d'infléchir la situation ;
(b) toutes les armes doivent contribuer à la poursuite acharnée de l'ennemi une fois sa résistance brisée.
L'infanterie continue d'être l'arme principale. Le fait qu'on ait utilisé chars de combat et aviation avec tant de succès ne diminue en rien son importance, car il lui reste de briser, avec ses propres ressources, la dernière résistance de l'ennemi. Quelque épuisés que puissent être les attaquants, ils doivent poursuivent l'ennemi de près. Même si les véhicules blindés de combat, l'aviation et les troupes mobiles peuvent contribuer à faire d'un succès tactique une victoire stratégique [on écrirait opérationnelle aujourd'hui], l'infanterie a son rôle à jouer, qui est de pousser en avant, au prix même de perdre contact sur ses flancs, pour empêcher l'ennemi de rétablir une position. Dans une telle situation, les commandants subordonnés, souvent laissés à leur propre initiative, doivent agir avec audace et être prêts à assumer des responsabilités[18].

Ce choix de citations d'une publication allemande non identifiée, mais qualifiée de semi-officielle par la rédaction du *MIAC*, se révèle rétrospectivement judicieux. Il est aussi trompeur. Judicieux parce que l'auteur anonyme allemand indique avec force combien est fausse l'idée que la *blitzkrieg* sorte des nues. Les succès allemands de 1939-1940 s'expliquent non pas par l'application d'une recette magique d'invention récente, mais plutôt par l'application imaginative de principes tactiques connus. Trompeur parce qu'une lecture superficielle peut laisser croire que cette application peut s'apprendre facilement et qu'après tout la *blitzkrieg* n'enlève pas à l'infanterie, cette « reine des batailles » son rôle décisif. Or, les recherches récentes ont montré qu'il a fallu un quart de siècle aux Allemands pour inculquer, à tous les niveaux de la hiérarchie de l'armée, un état d'esprit (une mentalité ?) favorisant, d'une part, la coopération entre les armes et, d'autre part, la prise d'initiative, cette dernière étant une condition *sine qua non* d'opérations à tempo rapide[19].

Revenons au concept de *blitzkrieg* présenté dans le *Mémorandum* de juillet 1941. La rédaction ajoute à la suite de l'extrait cité plus haut des commentaires qui illustrent le gouffre qui sépare l'intention d'enseigner la *blitzkrieg* des réalités de l'instruction à la sauce britannique. On commence par l'injonction suivante : « de la diligence, toujours plus de diligence ». Suivent trois paragraphes indiquant comment accélérer le tempo en utilisant des ordres verbaux, en s'habituant à élaborer un plan et à le mettre à exécution sans délai, en faisant preuve d'agressivité, et en se référant au tout récent supplément à l'*Instruction de l'infanterie, 1937* que j'ai cité auparavant. Pour finir, on ajoute deux courts extraits du prin-

---

18. *MIAC*, n° 4, juillet 1941, p. 3. J'ai rectifié une traduction particulièrement fautive ici.
19. Voir les travaux cités plus haut de James Corum et Robert Citino.

cipal manuel doctrinal de l'armée de terre allemande, le *Truppenführung* : « mieux vaut se tromper et même désobéir que de rester inerte » et « mieux vaut un plan imparfait mais qui fait preuve d'audace et de résolution, qu'un plan parfait qui s'embrouille dans les imprévus[20] ».

Les rédacteurs commentent ainsi ce dernier principe :

> [L]e devoir du commandant est évident. Ayant pris une décision, il doit l'exécuter avec la plus grande énergie. Il ne doit pas avoir peur de prendre cette décision car, dans une *blitzkrieg*, on ne saurait gaspiller un temps précieux pour consulter un supérieur. Une telle façon de voir a de nombreux avantages dans la pratique. Un ordre d'opération allemand comporte essentiellement une idée de manœuvre et les officiers chargés de réaliser l'opération ont une grande latitude dans le choix de la méthode d'exécution.

Voilà ce que les commentateurs canadiens donnent l'impression de vouloir enseigner à leurs lecteurs. Malheureusement, dans l'Armée canadienne les choses ne se passent pas simplement. Les rédacteurs emploient un langage quelque peu ambigu pour décrire et condamner la pratique canadienne (et britannique par voie de conséquence), comme si une condamnation trop affirmative risquait de ne pas passer la censure des supérieurs. Le mode interrogatif est préféré :

> L'émission d'un ordre d'opération circonstancié, comportant un paragraphe compliqué sur la méthode d'exécution, est excellente à condition que l'ennemi ne brouille pas vos plans. Par malheur, c'est ce qu'il fait d'habitude et le chef de l'unité subalterne se trouve alors en bien piètre posture. Doit-il s'en tenir rigidement aux indications de l'ordre d'opération ? Doit-il plutôt faire ce qui lui paraît s'imposer dans les circonstances ?

La question posée, les rédacteurs y répondent avec astuce, en citant un long passage d'un « rapport officieux » britannique (non spécifié) qui « pour une fois[21] » offre une réponse appropriée :

> L'essence du commandement chez les Allemands réside en ceci : le commandant doit se trouver bien à l'avant afin de se rendre compte de la situation et de préparer son plan avant de donner des ordres de vive voix aux chefs subalternes. En théâtre d'opérations, les formations inférieures à la division ne rédigent pas d'ordres écrits et plus souvent qu'autrement les commandants de corps d'armée et de divisions donnent également leurs ordres de vive voix. Il est intéressant de noter qu'il semble y avoir peu d'ordres écrits aux fins du journal de guerre ou en vue de déterminer les responsabilités en cas de succès ou d'échec. Les ordres donnés verbalement permettent d'économiser du temps s'ils prennent une forme simple et concise. Les chefs subalternes, quand ils reçoivent des ordres verbaux, montrent qu'ils en ont saisi le sens en les répétant à la première personne. Cette pratique est perfectionnée durant les périodes d'instruction. Le commandant constate puis prépare son plan. Il donne ensuite ses ordres de vive voix que les subalternes répètent avant de retourner à leurs unités. Le tout ne prend que quelques minutes[22].

---

20. *MIAC*, n° 4, juillet 1941, p. 4.
21. Ces deux expressions sont utilisées par la rédaction du *MIAC* dans sa présentation du document.
22. Les citations précédentes proviennent du *MIAC*, n° 13, avril 1942, p. 6-7. J'ai rectifié la traduction.

Il n'est évidemment pas indifférent que, « pour une fois », on cite un rapport britannique qui donne la solution préférée par les rédacteurs du *Mémorandum* au problème du commandement sur un champ de bataille étendu, où un général ne peut contrôler efficacement tous ses subordonnés. D'ailleurs, le fait que ledit rapport soit « officieux » est tout aussi indicatif d'un hiatus entre la théorie que veulent enseigner les rédacteurs du MIAC et celle qui est *officiellement* en vigueur. Remarquable aussi est le lien fait entre l'ordre écrit et la responsabilité personnelle, l'ordre écrit étant vu comme un moyen de dégager la responsabilité personnelle en cas d'échec !

Dans un autre numéro du *Mémorandum* est reproduite la traduction d'un autre document allemand, celui-ci en provenance du chef des opérations de la 6ᵉ Armée allemande sur le rôle des officiers subalternes en attaque. On y préconise la promptitude à décider, l'esprit d'initiative, l'importance de la surprise, la coopération avec les armes lourdes, l'artillerie en particulier, le choix du point d'effort principal (préférablement un point faible de l'ennemi) sur lequel le gros des forces d'assaut sera concentré[23]. Tout ceci rappelle à s'y méprendre les principes généraux enseignés aux officiers subalternes allemands depuis les années 1920 et qui sont formalisés en 1933 dans *Truppenführung*[24]. Certes, si l'état-major de la 6ᵉ Armée allemande revient là-dessus, c'est peut-être que tous les subalternes allemands ne maîtrisent pas la doctrine tactique. Cependant, les officiers subalternes ne demeurent que relativement peu de temps à la tête d'un peloton. C'est le poste le plus dangereux dans une armée, il y a donc un taux de roulement élevé. Ceux qui survivent sont promus. Il faut constamment instruire de nouveaux jeunes officiers pour remplacer ceux qui sont morts, blessés ou promus. Le document allemand montre donc une sensibilité aiguë au problème de transmettre la doctrine aux nouveaux venus.

La lecture des premières campagnes (les Britanniques en Afrique du Nord)

À première vue, le jeune officier est bien renseigné sur les principes tactiques de son adversaire allemand. Qu'en découle-t-il pour son travail dans l'Armée canadienne ? Tenons-nous encore au MIAC, qui offre un bon échantillon d'extraits des publications d'instruction britannique en vigueur dans l'Armée canadienne et, ce qui m'intéresse aussi, qui s'additionnent de commentaires du cru.

Entre les premiers désastres de la guerre et les débarquements de grande envergure de 1943-1944, les Britanniques et leurs coloniaux affrontent les Allemands sur un seul théâtre d'opérations : la Libye, incluant les franges de terrain aux frontières de l'Égypte et de la Tunisie. Depuis 1942, les Allemands sont sur la défensive et les Alliés sont passés à l'attaque. Pourtant, malgré des facteurs très

---

23. *MIAC*, n° 12, mars 1942, p. 44-45. Traduction révisée.
24. *On the German art of war : Truppenführung*, trad. par Bruce Condell et David T. Zabecki, Boulder, Lynne Rienner Publishers, 2001, xvi-303 p. La première partie date de 1933, la seconde de 1934.

favorables — maîtrise des mers et donc logistique mieux assurée des Britanniques, domination progressive dans les airs, matériel arrivant maintenant en abondance des États-Unis, incapacité des Allemands d'envoyer beaucoup de renforts, qui doivent être prélevés sur le front russe ou sur le Mur de l'Atlantique, les campagnes libyennes seront loin d'être faciles pour les Britanniques.

Les premières leçons des campagnes d'Afrique du Nord arrivent au début de 1942. L'écart entre la théorie britannique sur l'emploi des chars, une sorte de variation sur la charge de cavalerie, et la pratique allemande, où les chars ne s'emploient jamais seuls mais en coopération avec l'infanterie et les canons antichars, est énorme. L'esprit cavalier persistait dans le Royal Tank Corps[25] (qui était un amalgame du régiment de chars et des régiments de cavalerie motorisés, des régiments qui se jalousaient). Les conséquences de cet écart conceptuel sont souvent fatales pour les unités blindées britanniques. Elles ont d'abord connu des succès contre les Italiens en 1940, mais se sont fait rosser par les Allemands en 1941 parce qu'elles avaient tiré les mauvais enseignements de la première campagne.

La confiance des Britanniques en 1940 reposait sur les préjugés habituels. Après Dunkerque, le groupement d'armée en Égypte et en Palestine était la seule grande force terrestre organisée et équipée de la Grande-Bretagne. Les 36 000 hommes du lieutenant-général Richard O'Connor (soit un petit corps d'armée) étaient aussi la seule formation de réguliers dont l'entraînement remontait à avant 1939 et n'avait pas été interrompue par les événements en Europe. Ils faisaient face à 10e Armée italienne du maréchal Graziani forte de 140 000 hommes, mais moins bien équipée et surtout composée d'une majorité de conscrits qui n'avaient pas le cœur à la guerre comme on n'allait pas tarder à le constater[26]. Quant à la couverture aérienne, faible numériquement et employant des biplans surclassés pour la chasse des deux côtés, les Anglais avaient l'avantage de pilotes mieux entraînés. En plus, la Royal Navy pouvait tenir tête sans problème à la Marine italienne[27]. Les choses se présentaient donc moins mal que le rapport de 4 à 1 des forces terrestres pouvait le suggérer.

---

25. J. Black, *World War Two…*, *op. cit.*, p. 273-274. La critique la plus détaillée se trouve dans J. P. Harris, *Men, ideas and tanks : British military thought and armoured forces, 1903-1939*, Manchester, Manchester University Press, 1995, p. 306-307 et la n. 112 p. 314, et p. 317-319. Dans ces pages, Harris remet en question l'analyse des deux grands prophètes britanniques des chars, Fuller et Liddell Hart, qui blâmaient le War Office et l'état-major de l'Armée britannique pour toutes les erreurs commises par les formations blindées britanniques en 39-45, soi-disant parce que les autorités avaient refusé d'écouter les conseils des partisans des chars, et principalement d'eux-mêmes. Harris montre plutôt que certaines théories des défenseurs radicaux des chars étaient fausses et dangereuses, comme l'emploi des chars en toute circonstance, le tir en mouvement (les équipements de direction de tir de l'époque étaient inadéquats, ce que reconnaissaient les autres armées, mais pas les Britanniques), etc.
26. Les observations qui suivent sur la guerre dans le désert sont inspirées par J. M. House, *Combined arms warfare in the twentieth century*, Lawrence, University Press of Kansas, 2001, p. 122-127.
27. Niall Barr, *The pendulum of war : the three battles of El Alamein*, Londres, Pimlico, 2005 (2004), p. 4-8. Ce livre remarquable rend obsolète toute l'historiographie (abondante) sur les batailles de 1941-1942 dans le désert nord-africain ; côté aérien, voir J. Terraine, *The right of the line : the Royal Air Force in the European War, 1939-1945*, Ware (Hertfordshire), Wordsworth Editions, 1998 (1985), p. 303-304 et 309-312, p. 311.

L'Italie entre en guerre le 10 juin 1940, alors que la défaite de la France est consommée. En Europe, les Italiens veulent récupérer Nice et la Savoie, mais une poignée de Français déterminés réussit à les bloquer dans les Alpes. C'est seulement avec le secours allemand que les Italiens atteindront leurs objectifs. En Afrique, les soldats du Duce ont pour mission de conquérir la rive sud de la Méditerranée pour en faire un « lac italien » comme au temps de l'Empire romain. Mais malgré leur supériorité numérique sur les Anglais, les Italiens ne prennent l'offensive de la Libye vers l'Égypte que le 9 septembre 1940. Entretemps, la RAF a envoyé quelques chasseurs modernes, des Hurricanes[28], qui vont assurer aux Britanniques une presque totale supériorité aérienne. Les faiblesses en matériel, en ce qui concerne le moral et le commandement des Italiens apparaissent tout de suite. Après une avancée italienne dans les zones désertiques entre la Libye et l'Égypte, sans opposition anglaise, les Italiens s'arrêtent, partie par essoufflement logistique (les Italiens sont dépendants du cabotage), partie par conscience de leur infériorité matérielle et morale. Les Anglais contre-attaquent le 8 décembre 1940 (opération Compass). En quelques jours, la 10ᵉ Armée italienne est presque entièrement détruite et les Anglais pénètrent au cœur de la Libye, mais doivent s'arrêter avant d'avoir chassé les Italiens d'Afrique du Nord, faute d'approvisionnements suffisants. Ce répit va donner la chance aux Italiens de se rétablir, et aux Allemands d'envoyer un minuscule corps d'armée commandé par le général Rommel, un des héros de la campagne de France de mai-juin 1940, et qui connaissait bien les Italiens pour s'être battu contre eux durant la Première Guerre mondiale !

Avant même que toute sa petite force soit débarquée (les premiers Allemands arrivent en février 1941), Rommel prend l'offensive en mars 1941. Les Britanniques sont repoussés en Égypte, mais une fois encore la logistique contraint à l'arrêt des opérations. Pendant les vingt-deux mois suivants, Britanniques et Italo-Allemands vont s'attaquer et se contre-attaquer sans faire de maîtres, jusqu'à ce que finalement Montgomery, qui arrive d'Angleterre, prenne définitivement le dessus à El Alamein en octobre-novembre 1942[29]. Simultanément, sur les arrières italiens et allemands, les Américains débarquent au Maroc et en Algérie (opération Torch).

L'important est ici moins les mouvements de va-et-vient que le fait que du moment de l'intervention allemande de février-mars 1941, les Anglais, malgré une supériorité quantitative grandissante, arrivaient difficilement à contenir les offensives de l'Afrika Korps de Rommel.

En tirant les (mauvaises) leçons de leur victoire sur les Italiens[30], les Anglais ont commis au moins deux erreurs graves, liées entre elles. La première tient aux conditions particulières du théâtre d'opération libyen. Le désert était un terrain

---

28. *Ibid.*, p. 312.
29. N. Barr, *Pendulum of war…*, *op. cit.*, p. 8 et sq.
30. Lire les deux pages finales de N. Barr, *ibid.*, p. 411-412.

idéal pour les opérations de chars, mais à peu près impossible pour l'infanterie se déplaçant à pied (majorité des Italiens). Dans cet élément, moyennant certaines adaptations qu'ont su faire les adversaires (filtre à poussière pour protéger les moteurs, navigation astronomique pour suppléer au manque de points de repère, comme en mer, etc.), il était généralement possible de parvenir à encercler la force ennemie en la débordant, parce que jamais les effectifs ne seront suffisants pour couvrir toute la largeur du front (sauf à El Alamein, qui est un passage étroit entre la Méditerranée et une mer de sable mou). Pour cette raison, les Britanniques ont cru, en particulier dans leurs affrontements contre les Italiens, que la conception de la division de chars chargeant l'ennemi, avec peu ou sans infanterie, et loin devant la portée de l'artillerie amie, était valide. Contre les Allemands, cela ne fonctionnait pas, car ceux-ci avaient la vilaine habitude de masser leurs canons antichars *devant* leurs positions, par ailleurs défendues par d'immenses champs de mines. Comme les blindés britanniques n'avaient pas suffisamment d'infanterie et de sapeurs pour les accompagner, neutraliser les champs de mines et débusquer les positions allemandes, il leur était difficile d'avancer très loin. Bref, par esprit cavalier et par manque de coopération interarmes, les Britanniques connaissaient de graves difficultés tactiques face aux Allemands.

O'Connor et Auchinleck (l'un des successeurs de O'Connor) étaient compétents, mais malgré tous leurs efforts, jamais ils n'arriveront à donner à leurs forces cette souplesse tactique qui faisait la marque de l'Afrika Korps. Toutes leurs tentatives de créer des groupements tactiques interarmes à l'image des *Kampfgruppe* allemand échouèrent[31]. C'est le « génie » de Montgomery d'avoir admis cette impossibilité « culturelle » et d'avoir contourné la difficulté en forçant ses subordonnés et ses troupes à collaborer entre eux autrement. Cependant, et c'est la deuxième erreur, inévitable peut-être mais pas moins une erreur pour autant, cette « coopération forcée » était toute préparée, puisqu'on n'arrivait pas à improviser la coopération sans directives écrites. La tactique britannique à compter de 1942 est donc un croisement entre les méthodes de 1916-1918 (qu'avait pratiquées Montgomery comme officier d'état-major), les théories qu'il avait défendues dans les années 1930 sur le séquençage des opérations et certaines innovations limitées amenées par de meilleures communications radio entre l'artillerie, les blindés et l'infanterie (mais moins avec l'infanterie que les blindés, car les fantassins ont de la difficulté à obtenir des appareils portatifs de qualité) permettant la concentration rapide des feux sur un point chaud. La collaboration avec l'aviation est également mieux assurée par la décision de faire cohabiter côte à côte les QG respectifs de l'Armée de terre et de la RAF[32].

---

31. Ce point est magistralement démontré par Barr, *ibid.*, notamment aux p. 186-187.
32. Le grave problème de la collaboration armée de terre-aviation est discuté avec brio par J. Terraine, *The right of the line...*, *op. cit.*, p. 347-362. Voir aussi N. Barr, *Pendulum of war...*, *op. cit.*, p. 43-44 et 302-304, pour la question du voisinage des QG Terre et Air.

Au niveau opérationnel, la victoire britannique en Libye devait grandement à la supériorité matérielle (donc navale) et des renseignements. Les Alliés avaient des approvisionnements virtuellement illimités en hommes et en matériel et en plus ils connaissaient les intentions allemandes du fait que leurs experts avaient réussi à percer le chiffre allemand. Sur le terrain, Montgomery utilisait ses atouts prudemment en orchestrant des batailles séquencées[33] : une défensive puissante utilisant le terrain malmène l'ennemi, puis une contre-attaque le repousse, suivie d'une pause pour rapprocher l'artillerie et amener à pied d'œuvre les formations blindées chargées de l'exploitation.

Plus de cinquante ans après les événements, le maréchal Carver pose un jugement sans fard sur l'expérience nord-africaine. Carver était alors un jeune officier de blindés et il a participé à certaines des batailles contre Rommel. Les chars britanniques ont connu des moments difficiles. Carver l'explique ainsi :

[I]l n'y a pas de doute que les Allemands étaient plus performants [que nous] en attaque. Les raisons sont multiples, mais les principales demeurent les méthodes tactiques standardisées combinant toutes les armes, y compris les canons antichars. Dans l'Armée britannique, on laissait plutôt à chaque commandant le soin d'imaginer ses propres tactiques et il y avait un manque de poigne certain dans l'organisation du commandement[34].

Le jugement de Carver sur les événements de 1941-1942 dans le désert de Lybie rejoint ceux d'Alexander et Utterson-Kelso sur la chute de la France en 1940. Les troupes ont besoin d'un entraînement tactique poussé et très directif qui leur donnera confiance. L'exercice du jugement vient après, ne serait-ce que parce qu'il faut bien survivre au premier choc avec l'ennemi.

Malheureusement, pour les praticiens britanniques des blindés, la guerre du désert a été un mirage. Le terrain étant propice aux chars, ce que l'on y faisait semblait confirmer l'approche « cavalière ». Les Britanniques tirèrent des leçons trop rapidement de la campagne d'Afrique, et les officiers des blindés retinrent ce qui faisait leur affaire[35]. Le général Montgomery a imposé un peu d'ordre, mais pour ce faire, il a dû recourir à un expédient remontant à la Première Guerre

---

33. J. Black, *World War Two r...*, *op. cit.*, p. 122, où Black emploie l'expression « his [Montgomery] sequential blows ». Voir aussi à la p. 207 où Black indique que durant la Deuxième Guerre mondiale, « la mobilité a permis de remplacer la séquence des lignes de phase de la Première Guerre mondiale par un champ ouvert » à l'exploitation d'un ennemi en retraite qui ne peut se défendre qu'en s'accrochant à des positions clés retranchées sur 360°.
34. M. Carver, *Britain's Army in the 20th century*, Londres, Pan Books/Imperial War Museum, 1999 (1998), p. 223. D. Fraser, *And we shall shock them : the British Army in the Second World War*, Londres, Cassell, 1999 (1983), p. 174-175, émet un jugement semblable : « The Afrika Korps' operations showed, as ever, great energy and flexibility. It was a more "handy" formation that the British could yet produce, more mechanically robust, needing less time to react to an order or a situation, with excellent battle drills. »
35. Bilan des mauvaises leçons apprises dans le désert par les Britanniques et conséquences pour l'entraînement en Angleterre dans T. Harrison Place, *Military training in the British Army...*, *op. cit.*, p. 111-118 et 124-127. S'applique sans changer une virgule aux Canadiens.

mondiale[36]. Sur d'autres terrains, contre un autre ennemi, les choses allaient être différentes.

L'emploi des chars

Il n'est donc pas surprenant que dans l'emploi des chars, les Canadiens, à l'image de leurs mentors britanniques, aient démontré un manque presque total de savoir-faire. Il est vrai que leur matériel était souvent inférieur en puissance de feu et en protection à celui de leurs ennemis. Mais cela n'explique pas tout. Avec sensiblement le même matériel, le char moyen Sherman, les Américains parviendront à de meilleurs résultats. L'échec canadien est dû, observe English, à une doctrine opérationnelle d'origine britannique et à une formation déficiente des officiers supérieurs canadiens[37].

Les Canadiens étaient bien informés des opérations britanniques en Afrique du Nord et, comme eux, méjugeaient des causes des succès comme des revers. On pourrait affirmer qu'ils étaient intoxiqués par les études partiales des Britanniques[38].

Dans le *Mémorandum* de juillet 1942, on trouve une série de trois longs articles, des reproductions canadiennes de brochures « occasionnelles » britanniques, sur les combats au Moyen-Orient (deux aux appendices III et IV) et en Union soviétique (appendice V). Les deux premiers articles concernent les combats en Cyrénaïque en novembre et décembre 1941 respectivement. Les deux articles sont fort élaborés, plutôt théoriques, mais utilisent les combats comme illustration. Ce qui est intéressant, c'est de voir comment les théories des années 1920 et 1930, trouvées en défaut, sont adaptées, mais seulement adaptées, au terrain et à l'ennemi.

Par la place qu'elle occupe dans les deux articles, il est évident que la collaboration interarmes est le problème principal rencontré par les forces britanniques. On signale d'ailleurs que chez les Allemands, la « collaboration entre les chars, les canons des chars et l'infanterie est remarquable », alors que l'appui de l'artillerie de campagne allemande est qualifié de « médiocre[39] ». De plus, « [d]ans la plupart des combats, on remarque que les Allemands placent leurs canons antichars sur la même ligne que leurs chars ou à l'avant de ceux-ci. Ces canons sont bien dissimulés et on s'en sert hardiment. On semble les utiliser

---

36. Après la guerre, alors qu'il aidait à l'édition des papiers de Rommel, le général Bayerlein, spécialiste des chars qui fut aussi un de ses principaux subordonnés, a écrit ceci à l'intention des lecteurs britanniques des carnets de Rommel : « L'immobilité et l'adhésion étroite à un plan préétabli sont déjà peu recommandables en Europe ; elles sont désastreuses dans le désert. » (Erwin Rommel, *La guerre sans haine : victoire en Afrique*, éd. préparé par Manfred Rommel *et al.*, Paris, Hachette, coll. « Le meilleur livre d'histoire », s.d., p. 168.)
37. J. A. English, *Failure in high command : the Canadian Army and the Normandy campaign*, Ottawa, The Golden Dog Press, 1995 (1991), p. 313.
38. Critique radicale dans R. A. Hart, *Clash of arms : how the Allies won in Normandy*, Boulder, Lynne Rienner, 2001, p. 180-182.
39. *MIAC*, n° 16, juillet 1942, p. 32.

pour protéger les chars pendant l'avance, la retraite et même le ravitaillement[40] ». Ces tactiques s'expliquent du fait que les Allemands se sont rendu compte de la vulnérabilité des chars aux canons antichars et même aux fantassins résolus. Mais ne voulant pas sacrifier la mobilité des blindés, les chefs allemands ont développé une technique palliant ce handicap, à savoir faire accompagner les chars par de l'infanterie montée (les « Panzergrenadier ») remorquant des pièces antichars que l'infanterie a appris à mettre en batterie en quelques dizaines de secondes dans les attaques, ou à camoufler jusqu'à les rendre presque invisibles en posture défensive. D'ailleurs, la défense étant toujours plus forte tactiquement, les Allemands sont très habiles à leurrer leurs adversaires : ils font semblant que l'attaque de blindés échoue, entraînant les chars ennemis chargeant à leur poursuite (les « cavaliers » de l'arme blindée britannique s'y laissent entraîner facilement en 1941) vers leurs pièces antichars.

Après que celles-ci ont disposé des chars britanniques, les chars allemands s'occupent des canons antichars britanniques comme ceci : ils se promènent devant eux à distance maximale de portée. Une fois la position d'un canon antichar découverte, soit qu'un char le prenne à revers, soit que l'infanterie l'approche et mitraille les servants, soit que l'artillerie de campagne ou l'aviation d'attaque intervienne. Cela fait, les chars allemands reprennent l'assaut, cette fois en massacrant l'infanterie britannique maintenant vulnérable. Dans ces conditions, seule l'artillerie de campagne britannique, loin derrière, a encore la capacité de stopper une attaque allemande[41]. Cette méthode simple, expérimentée en France mais raffinée en Afrique du Nord (et en Russie), est devenue pratique « standard » chez les Allemands en 1941. Le rédacteur de l'étude figurant dans l'appendice III du même numéro du MIAC l'appelle d'ailleurs « la méthode *allemande*[42] », qualification significative s'il en est.

Dans ces notes parues en juillet 1942, on voit bien que les rédacteurs anonymes britanniques comprennent enfin comment les Allemands travaillent. Toutefois, il n'est pas question de les imiter. Les raisons ne sont pas énoncées explicitement dans les articles, mais le genre des solutions préconisées permet de comprendre ce qui ne fonctionne pas dans l'approche britannique.

En effet, la « collaboration de toutes les armes » pour prendre un titre de paragraphe du premier article, consiste pour les Britanniques en « l'emploi de barrages chronométrés de chars, de chenillettes et d'un minimum d'infanterie ». Cette solution est exposée en détail dans les deux articles[43]. On reconnaît évidemment là les pratiques développées en 1915 et 1916 et appliquées par les Français

---

40. *Ibid.*, p. 37.
41. *Ibid.*, appendice III, p. 36-37 ; appendice IV, p. 39-40, 44 et 48-52 (un exemple développé). Les mêmes remarques reviennent dans l'article sur la Russie (appendice V) pourtant d'une rédaction totalement indépendante des deux premiers articles : chez les Allemands, « les armes d'appui suivent toujours de près » (p. 57). Voir aussi la p. 56.
42. *Ibid.*, appendice IV, p. 39. C'est le rédacteur britannique qui souligne.
43. *Ibid.*, appendice III, p. 32 et appendice IV, p. 41-42 et 50.

et les Anglais pour le reste de la Première Guerre mondiale. D'où également des injonctions à l'effet que « plus d'une fois on a subi des pertes évitables parce que les troupes se sont éloignées de leur barrage d'artillerie » et qu'en conséquence, il « faut enseigner aux troupes à veiller sur ce point[44] ». Suivre de près le barrage d'artillerie permet de surprendre les défenseurs avant qu'ils se rétablissent de l'effet du bombardement... comme en 1916-1918.

Toutefois, plusieurs problèmes techniques entravent cette « coopération » à l'anglaise. Il y a d'abord les impondérables, inévitables en situation de combat. Car, « [l]'expérience a encore une fois fait voir que l'infanterie ne doit accueillir qu'avec une extrême réserve les renseignements touchant le chronométrage de l'appui des autres armes », un avertissement « encore plus important lorsqu'on n'a pas eu souvent l'occasion de travailler avec les unités en cause[45] ». Le rédacteur pense-t-il à 1941 ou... à 1914-1918 ? La solution britannique n'en est pas vraiment une :

> Dans toutes les opérations où deux armes ou plus doivent collaborer, on doit prévoir de très larges tolérances dans le chronométrage. À cause d'un certain nombre de facteurs pouvant changer leur vitesse, cette précaution s'impose surtout à l'égard des chars d'armée [les régiments pourtant dévolus à l'accompagnement de l'infanterie !] dont la marche d'approche [ces chars sont plus lents que les chars croiseurs] peut être fort longue et dont l'arrivée peut subir des retards si les routes sont mauvaises[46].

Doivent collaborer ? Est-ce à dire que la situation normale est celle où les armes différentes n'ont pas à collaborer ? Lapsus significatif.

Le problème du « chronométrage » persistera. En janvier 1944, un témoignage anonyme cité dans le *Mémorandum* rappellera aux rédacteurs de plans que, « en certains cas, on ne tenait pas assez compte du temps nécessaire à l'infanterie afin d'exécuter une manœuvre[47] », manière de dire que si le parcours d'un obus se fait à la vitesse du son, le fantassin doit marcher sur des terrains pleins d'obstacles.

Il y a aussi que les communications sont mauvaises entre les blindés et l'artillerie et entre les blindés et l'infanterie, en partie parce que les appareils radio des trois armes opèrent sur des fréquences différentes ou manquent de puissance et ne sont pas suffisamment portatifs et nombreux (dans l'infanterie). Il s'agira donc de munir chacune des armes de meilleurs appareils, ce qui se révélera en fait presque impossible avant 1945 pour ce qui concerne l'infanterie britannique et canadienne. Pour ce qui est de la collaboration chars-artillerie, on en viendra à suggérer que les observateurs d'artillerie accompagnent les régiments blindés dans un char spécialement pourvu d'appareils radio le reliant à la fois au commandant de l'unité blindée et à ceux de son régiment d'artillerie. Il a fallu presque

---

44. *Ibid.*, appendice IV, p. 44.
45. *Ibid.*, appendice IV, 41.
46. *Ibid.*, p. 42.
47. *MIAC*, n° 34, janvier 1944, p. 24.

trois ans de guerre et de défaites pour « imaginer » cette solution. Ces difficultés de communication, littéralement, exposent les faiblesses d'un système trop cloisonné entre régiments d'armes différentes, particulièrement chez les régiments blindés, de création récente, jaloux de leurs prérogatives et peu enclins à avouer les faiblesses de leur arme chérie.

La collaboration chars-infanterie demeure difficile durant toute la campagne d'Afrique du Nord. Après les revers de 1941, qui se poursuivront dans la première moitié de 1942, les tankistes britanniques vont devenir trop prudents, refusant (et recevant l'ordre) de ne pas approcher des Allemands sans couverture de l'artillerie, comme l'infanterie de 1916-1918 ! En territoire urbain, les chars pourraient avancer avec la protection de fantassins débusquant les positions antichars ennemies, mais comme l'infanterie ne fait pas confiance aux chars pour obtenir une protection contre les mitrailleuses allemandes (ce pour quoi les chars ont été inventés en 1916), les avances se font souvent chacun pour soi, comme on le verra en Sicile en juillet 1943, puis en Italie, puis en Normandie...

Les communications sont encore plus difficiles entre les armes terrestres et l'aviation d'appui tactique. La solution consiste ici à raffiner le processus complexe par lequel une unité terrestre demande une intervention aérienne. Mais même après la réforme du système, le temps de réponse britannique restera décevant : au printemps de 1942, environ deux heures entre un appel et une intervention, alors que les Allemands réagissent en deux fois moins de temps[48]. Malgré tout, à cause de la supériorité aérienne grandissante des Alliés, permise par la production en quantité industrielle de chasseurs de plus en plus performants, les Allemands commencent à ressentir les effets négatifs de cette amélioration relative des rapports entre l'Armée de terre britannique et la RAF.

Malgré l'avertissement à l'effet que « [q]uelques-unes des leçons [...] sont d'un ordre purement local et qu'il ne faut en tirer des conclusions générales qu'avec prudence[49] », il deviendra évident que ce qui est « purement local » n'est pas l'obsession pour le chronométrage... ou la difficulté de collaborer.

---

48. *MIAC*, n° 16, juillet 1942, appendice I, p. 34 et appendice III, p. 58, le temps pour les Allemands étant donné dans l'article sur les combats en Russie en janvier 1942.
49. *Ibid.*, p. 32. Les trois appendices suggèrent aussi d'autres réformes, toutes inspirées par la « méthode allemande », comme localiser côte à côte les QG de l'Air et de l'Armée de terre, décharger les équipages de chars de l'entretien de leur véhicule (comme chez les Allemands, précise-t-on), équiper les chars de canons de plus gros calibre et capables de tirer des obus efficaces autant contre les chars que contre l'infanterie (d'où l'absurdité d'avoir trois types de chars — léger, croiseur et « I »), l'utilisation des mines antichars, l'emploi de canons antiaériens comme armes antichars, etc. Pour plus d'information sur ces problèmes, voir les exposés complets et rigoureux de D. French, *Raising Churchill's Army : the British Army and the war against Germany, 1919-1945*, Oxford, Oxford University Press, 2001 (2000), p. 196-197, 212-242 ; T. Harrison Place, *Military training in the British Army...*, *op. cit.*, chap. V, VI et VII, *passim*.

Programme de stages

Rien ne vaut l'expérience sur place. Il est extrêmement difficile de savoir combien de Canadiens participèrent à une ou plusieurs campagnes en Afrique du Nord à titre individuel et ensuite retournèrent dans une unité canadienne avant la fin de 1942, peut-être quelques dizaines[50], pas plus. Ce que l'on sait de façon plus certaine, c'est ce qui a trait au programme de la fin 1942 mené à la suite d'un accord entre le CMHQ et le War Office et visant à donner l'occasion à des membres d'unités canadiennes qui n'avaient pas encore combattu (donc à l'exclusion des unités ayant participé à Dieppe) d'acquérir une expérience de combat. Cinq groupes de Canadiens furent envoyés en Tunisie via l'Algérie entre janvier et mai 1943, pour un total de 201 officiers et 147 sous-officiers. Le cinquième groupe est arrivé après la fin des combats (10 mai 1943) et pour cette raison n'était composé que de spécialistes de la logistique. Chaque groupe devait passer trois mois en théâtre d'opération auprès d'unités britanniques correspondantes à la spécialité des stagiaires (ingénieurs de combats avec les Royal Engineers, etc.). À cause de la date tardive du début du programme (mais pourquoi a-t-on attendu aussi longtemps ?), et aussi des délais inévitables pour le placement des stagiaires (arrivant à un dépôt, ils devaient attendre une affectation), ce sont surtout les membres du premier groupe, aussi le plus important en effectif (150 officiers et sous-officiers) qui ont vraiment eu l'occasion de connaître le front. Quelques-uns ont même commandé au combat des Britanniques lorsque des officiers britanniques étaient tués ou blessés. Le cas des Irish Rifles est le plus connu, où, pendant un bref moment, le commandant en second et trois commandants de compagnie sont des Canadiens. Cela préfigure le programme de prêt d'officiers canadiens aux unités britanniques de 1944-1945 (CANLOAN). Durant les stages, huit Canadiens furent tués et dix-sept blessés[51]. Cependant, en général, les fonctions assumées sont plutôt périphériques au combat, comme celles du lieutenant-colonel W. A. Bean, qui fut assistant quartier-maître général (logistique) dans un QG britannique.

Le plus souvent, les grades des stagiaires allaient du lieutenant au major pour les officiers, et du sergent au sergent-major régimentaire pour les sous-officiers. Il est à noter que parmi la liste (très partielle) des stagiaires que j'ai retrouvée, on ne compte qu'un officier francophone (le major J.-F. L'Espérance, un réserviste passé par le CEOC de l'Université de Montréal avant guerre) et

---

50. Ce fut le cas de plusieurs parachutistes qui servirent avec les Anglais en Italie et en Europe du Nord-Ouest, mais étant donné le statut d'élite de cette arme, il y avait peu de chances qu'un parachutiste passe à une unité d'infanterie ordinaire.
51. Description générale du programme dans C. P. Stacey, *Histoire officielle de la participation de l'armée canadienne à la Seconde Guerre mondiale, volume I. Six années de guerre : l'armée au Canada, en Grande-Bretagne et dans le Pacifique*, Ottawa, Imprimeur de la Reine, 1966, p. 257-258. Stacey paraphrase le rapport qu'il a signé à ce sujet : « Report No. 95, Historical Officer, Canadian Military Headquarters », Londres, 18 mars 1946, en ligne à <http://hr.ottawa-hull.mil.ca/dhh/collections/reports/files/cmhq/cmhq095.pdf>.

seulement une poignée de sergents, dont Lucien Dumais, des Fusiliers Mont-Royal, qui s'est fait connaître à Dieppe. Il avait été envisagé au début du programme d'intégrer des officiers et sous-officiers formés au Canada, mais, probablement sous la pression des Britanniques, on a jugé que ces derniers n'étaient pas suffisamment préparés pour rejoindre des unités du front (après trois ans et demi de guerre).

Ce que l'on sait de ces stages nous vient surtout de l'enquête de l'historien officiel qui a produit un rapport au moment où le dernier contingent arrivait en Afrique du Nord, et du journal publié par l'un des officiers échangés, le capitaine Strome Galloway[52], un réserviste qu'on a déjà rencontré dans les chapitres précédents et qui s'est fait muter aux réguliers en 1939. C. P. Stacey cite quatre témoignages, dont celui du lieutenant-colonel W. A. Bean, du Hamilton Light Infantry, une unité de la réserve, très positif sur l'expérience acquise et l'accueil britannique, de même que pour la « bonne » préparation des officiers d'état-major canadiens qui s'intègrent facilement dans les organigrammes britanniques. Mais ce témoignage ne nous intéresse pas vraiment ici, car l'expérience de Bean est toute administrative. Les trois autres témoignages cités par C. P. Stacey sont cependant significatifs et symptomatiques des aléas de l'histoire de l'entraînement des troupes canadiennes entre 1939 et 1943.

Le parcours du capitaine G. M. MacLachlan du Royal Regiment of Canada (un régiment de réserve de Toronto), qui sert avec deux régiments d'infanterie britanniques, les Buffs (nom familier du Royal East Kent Regiment) et les Royal Irish Fusiliers, est présenté comme typique par l'historien officiel : un mois pour passer à travers les formalités administratives et se rendre au front, du 22 décembre 1942 au 19 janvier 1943 ; ensuite deux mois comme commandant de compagnie et commandant en second de bataillon, surtout des patrouilles[53] dans les omniprésents champs de mines de la guerre du désert, mais qui donnent aussi à MacLachlan l'occasion de repousser deux contre-attaques de chars allemands supportés par l'infanterie, l'artillerie et la Luftwaffe (méthode archétypique des Allemands de la première moitié de la guerre, puisqu'il s'agit d'une des dernières vraies sorties de la Luftwaffe), et de participer à une petite attaque d'un groupe composite de chars, d'infanterie portée (commandé par notre capitaine) et d'infanterie à pied. Et MacLachlan a assisté, le 31 janvier 1943, à la destruction d'un gros char Tigre allemand par un 6-*pounder* de l'unité qu'il commandait. Tout aussi significatif est le commentaire fait dans une lettre privée de MacLachlan du 14 février 1943, lettre remise à Stacey par un ami du capitaine :

> Notre instruction en Angleterre, depuis l'adoption des exercices de combat, a été excellente, mais aucun exercice ne saurait se comparer au désagrément mental et

---

52. *With the Irish against Rommel : a diary of 1943*, Langley, Battleline Books, 1984, VIII-182 p.
53. Très évident chez Galloway aussi (*ibid.*, p. 61-63). À part quelques mitraillages par des Stuka ou des Messerschmitt, Galloway ne participera qu'à l'une des dernières attaques anglaises en Tunisie, du 7 au 13 avril 1943.

physique du combat. Si je puis faire comprendre mes idées, à mon retour, je ferai en sorte d'adoucir le choc initial de la bataille pour nos troupes[54].

Le « depuis l'adoption des exercices de combat », c'est-à-dire la *battle drill*, est crucial pour MacLachlan.

Quant à Strome Galloway, il lui faut deux semaines pour se rendre en Afrique du Nord en février 1943 et deux semaines pour en revenir fin avril. Durant ces deux mois au front en Tunisie, il commande des patrouilles durant une phase statique, dans un hiver boueux. Au printemps, il participe à sa seule attaque d'envergure du 5 au 13 avril 1943. Il retourne à son régiment avant la conclusion de la campagne. L'expérience de mener des hommes en patrouille le long du front, des hommes d'une nation étrangère de surcroît, est sans doute importante pour le jeune Galloway, mais c'est une expérience de combat qui reste limitée[55].

On peut s'en convaincre encore plus en lisant ce que Stacey rapporte de son troisième témoin. Ce témoin, c'est le lieutenant-général H. D. G. Crerar (qui, il faut le noter, défend le programme d'histoire officielle du CMHQ et « protège » l'équipe de Stacey). Crerar ne se rend pas en Tunisie (en février 1943) comme stagiaire, mais Stacey l'associe logiquement au programme, puisqu'il y séjourne en même temps que les stagiaires canadiens et que son voyage a aussi un motif pédagogique. Après tout, le général canadien n'a jamais accompagné une grande unité au front. Les commentaires de Crerar sur cette visite, lors d'une conférence qu'il donne le 26 février 1943 devant les officiers supérieurs et généraux du Ier Corps canadien (« Leçons tactiques, techniques et développements à suivre d'après l'expérience britannique à la 8e Armée »), sont aussi significatifs que ceux du capitaine MacLachlan. Il éclaire sur le fossé ouvert entre cet officier général et un commandant de compagnie en matière de tactique :

> Comme je l'ai indiqué, je n'ai rien vu de nouveau dans les tactiques du général Montgomery, même si l'application technique du feu et mouvement présente pour chaque bataille des particularités propres, comme il se doit. Ce que j'ai constaté, par contre, c'est une compréhension approfondie de chaque problème militaire auquel il [Montgomery] faisait face, une appréciation perspicace de la manière dont les principes de la guerre doivent s'appliquer pour résoudre ces problèmes par un plan d'action adapté à la difficulté et appliqué avec énergie. Ce que j'ai vu, je veux que chaque officier dans cette salle le voit par lui-même. C'est seulement de cette façon qu'un commandant arrivera à assumer ses responsabilités dans la bataille…
>
> Je l'ai mentionné en début de conférence, l'information la plus utile que je rapporte de ma récente et des plus intéressantes visites, ce qui fait le succès de la 8e Armée, ce n'est aucun secret super-humain, mais, et c'est plus admirable encore, c'est l'intelligence très claire des événements que le commandant en chef a des principes éternels de la guerre, et l'adoption énergique de méthodes simples lors-

---

54. Une fois n'est pas coutume, j'utilise ici la traduction officielle, dans C. P. Stacey, *Six années de guerre…*, *op. cit.*, p. 257. Le texte original se trouve dans le « Report No. 95 » du CMHQ (*op. cit.*, p. 10 de la version en ligne) signé par C. P. Stacey. *Battle drill* est rendue par « exercice de combat » par le traducteur officiel.
55. S. Galloway, *With the Irish…*, *op. cit.*, *passim*.

qu'il applique ces principes aux plans d'opération. Il nous sera peut-être difficile d'y arriver, mais il n'y a là rien d'impossible[56].

Quelque soixante ans plus tard, il est troublant de penser que Crerar diffuse[57] ce genre de « leçons apprises officielles » auprès des officiers supérieurs de son commandement. Des généralités, des banalités sur les principes éternels de la guerre et sur la volonté de vaincre du chef, etc. Crerar aurait pu faire le même genre de commentaires en… 1914. Pourtant, la volonté des chefs n'a servi à rien en ce temps-là… Manifestement, Crerar ne s'intéresse pas aux problèmes tactiques.

D'autres officiers supérieurs canadiens ont aussi fait le même genre de brèves visites au QG de la 8e Armée[58], mais peu ont laissé de traces en dehors du brigadier Simonds, qui a aussi fait une visite au QG de la 8e Armée en avril 1943. Simonds a soumis un long rapport sur sa visite, un rapport curieux à bien des points de vue, mais qui serait trop long à commenter dans ce livre. Il suffira de dire que Simonds y prétend que le temps de la *blitzkrieg* est terminé et que les batailles sur positions fixes deviendront la norme, où l'infanterie et l'artillerie joueront les premiers rôles. Ce constat amène trois commentaires.

Premièrement, Simonds semble ériger l'expérience tunisienne, notamment le siège de Tunis, en modèle de ce que sera la libération de l'Europe de l'Ouest, choisissant de diminuer l'importance des phases précédentes de la guerre du désert, des campagnes de Pologne et de France et des deux premières années de la campagne de Russie, où la mobilité a joué un rôle déterminant. Il se trouvera aussi nombre d'occasions en 1944 où d'autres chefs de guerre, Allemands, Soviétiques et Américains, arriveront à pratiquer la guerre de mouvement, que Simonds condamne donc un peu vite.

Deuxièmement, il semble que l'instinct d'artilleur soit plus fort que jamais chez Simonds ; les combats autour de Tunis, où effectivement on a recours à des méthodes semblables à celles de 1914-1918, seraient en quelque sorte une validation de l'efficacité de l'approche d'artilleur. Ces méthodes, il ne faudrait pas l'oublier, ne suscitent pas l'admiration de tous, et pas celle d'un « libéré » nullement impressionné par la performance militaire des Anglo-Américains. Ainsi commente André Gide la glorieuse bataille de Tunis, où il vivait à cette époque : « Inoffensifs bombardements des "Alliés". "Ils visent mal et ne font guère de dégâts que civils. Ils ne savent pas se battre" ; c'est ce que vont répétant même leurs plus chauds partisans. Les Allemands, eux, savent. Eux, apprennent, et à leurs dépens (et au nôtre). Ils y perdront beaucoup de temps et beaucoup d'hommes » (11 décembre 1942). N'ayant rien perdu de son sens critique malgré l'âge, il écrivait déjà le 30 novembre 1942 (bien avant le début des opérations

---

56. C. P. Stacey, « Report No. 95 », p. 12-13. L'ellipse est de Stacey.
57. Sous l'intitulé « Vieilles idées tactiques modernisées » dans le *MIAC* n° 22, janvier 1943, p. 8, on peut lire que les « principes de la doctrine tactique n'ont pas changé ; et notre étude des tactiques allemandes et de leur succès incontestable ne doit pas nous porter à croire qu'elles sont particulièrement neuves ».
58. C. P. Stacey, « Report No. 95 », p. 13-14 de la version en ligne.

contre Tunis) que les Alliés « vont se heurter à une très forte résistance à laquelle ils ont laissé le temps de s'organiser[59] ». On ne peut pas être plus perspicace à saisir les défauts des machines militaires anglo-saxonnes.

Troisièmement, Simonds est totalement séduit par Montgomery, de qui il devient très proche[60], et les méthodes de planification systématique de la 8e Armée. (Simonds sera le général canadien préféré de Montgomery durant la Deuxième Guerre mondiale.)

À noter aussi que Simonds est impressionné, mais pas forcément convaincu, par la convivialité qui existe au QG de la 8e Armée et par le recours à des ordres verbaux peu élaborés entre officiers du QG. Or il sera souvent blâmé pour son manque d'empathie et, en tant qu'artilleur, les ordres élaborés lui paraissent souvent nécessaires sinon indispensables. Le meilleur général canadien de la Deuxième Guerre est bien coulé dans un certain moule ; et quand l'exemple britannique semblerait[61] suggérer que d'autres comportements sont préférables, il n'arrive pas à se détacher de la tradition. Il aurait été un superbe commandant en chef en... 1919.

Pour prendre un dernier exemple d'un lien entre l'instruction des Canadiens et l'Afrique du Nord, je signale que la 1re Brigade canadienne indépendante de chars (unité devant appuyer les divisions d'infanterie qui, elles, sont totalement dépourvues de chars), qui allait débarquer en Sicile, a été instruite par des officiers anglais ayant combattu Rommel, en l'occurrence le brigadier G. W. Richards et le major E. S. Franklin, envoyés par Montgomery pour aider la brigade blindée canadienne[62].

Somme toute, ces expériences tardives sont d'une portée limitée. Lorsque les Canadiens entreront en scène en Sicile le 10 juillet 1943, quarante-six mois exactement après la déclaration de guerre du Canada à l'Allemagne, ils ne seront pas prêts.

Les lacunes : coopération tactique déficiente et rigidités opérationnelles

La coopération entre les armes est un aspect souvent négligé par les historiens militaires. Eux aussi ont leurs armes préférées et ils construisent leur récit à partir d'une vue partielle du problème[63].

---

59. A. Gide, *Journal*, Paris, Gallimard, 1997, t. II, p. 847 et 853.
60. Rapport de Simonds du 29 avril 1943 résumé dans D. Graham, *The price of command : a biography of general Guy Simonds*, Toronto, Stoddart, 1993, p. 67-69. Je ne suis pas l'interprétation très favorable de Graham. Le rapport se trouve aujourd'hui à BAC.
61. D. French, *Raising Churchill's Army...*, op. cit., p. 161-162, ne croit pas les Britanniques soient parvenus à secouer leur penchant excessif pour le contrôle.
62. G. W. L. Nicholson, *Histoire officielle de la participation de l'Armée canadienne à la Seconde guerre mondiale, volume II : les Canadiens en Italie, 1943-1945*, Ottawa, Imprimeur de la Reine, 1960, p. 34. Au moment du débarquement de Sicile en juillet 1943, il y avait aussi des dépôts canadiens en Algérie, près de Philippeville (*ibid.*, p. 39), mais ces Canadiens n'ont pas vu le front.
63. Cette difficulté des historiens militaires, souvent d'anciens militaires, à penser en dehors de leur arme préférée et partant à écrire une histoire mettant en évidence la coopération interarmes, est le point de départ de J. M. House, *Combined arms warfare...*, op. cit., p. 4.

La coopération interarmes implique que l'officier est familier avec des armements qui ne sont pas les siens et cela complique la tâche d'instruction. Avec les cours communs à toutes les armes, des cours élémentaires suivis en début d'apprentissage chez les officiers subalternes, et les cours d'état-major que suivent les officiers promus et sélectionnés, ceux-ci tout aussi sommaires que les premiers, un degré de coopération interarmes satisfaisant ne sera jamais atteint dans l'Armée canadienne.

Dans le système d'instruction mis au point en 1941-1942, et ce, malgré les cours de Brockville et Vernon, l'officier canadien n'est pas suffisamment exposé au problème de la coopération avec les autres armes, spécialement les officiers qui n'appartiennent pas à l'infanterie. Il y aurait bien eu la possibilité pour un officier de suivre les cours dans une école d'une autre arme (par exemple, un officier d'infanterie suivant un cours de blindé et vice versa, en quelque sorte un programme d'échange), mais cette possibilité ne semble pas avoir été développée durant la Deuxième Guerre mondiale. La tradition d'appartenir à une arme, et par le fait même à un régiment ou à un corps fait uniquement de cette arme (comme le R 22ᵉ R pour l'infanterie), primait sur tout autre impératif y compris les exigences tactiques de l'heure.

Parfois, le hasard d'une carrière individuelle ouvre les perspectives tactiques à plus d'une arme, comme ce fut le cas de Jean Allard, qui passe des Trois-Rivières, un régiment de chars, au Régiment de la Chaudière (pour dix jours !) et de là au R 22ᵉ R, deux unités d'infanterie[64].

Mais institutionnellement, les mécanismes sont primitifs ou inexistants, car les divisions d'infanterie et de chars sont mal structurées dans les armées britanniques : divisions de chars ayant trop peu d'infanterie, divisions d'infanterie sans chars et donc obligées de coopérer avec des brigades indépendantes de chars qui elles ont très peu d'infanterie, manque de radios portables rendant difficile la communication des fantassins avec les chars qu'ils accompagnent ; tactique différente, par exemple l'habitude des chars de stopper pour observer la route à faire avant de s'engager, moment où les fantassins sont particulièrement exposés[65].

C'est ce qui explique, qu'étrangement, avant 1943, le peu d'initiation à la coopération interarmes au Canada s'est fait au début du cursus des officiers, dans certaines unités stationnées en Angleterre et à l'OTC de Brockville, et pas assez par la suite. On se rappelle les surprenantes visites des étudiants de RMC aux élèves de l'OTC de Brockville.

Au bout du compte, la coopération interarmes à la manière britannique était trop lâche, n'était pas systématique et improvisée au dernier moment.

---

64. J. V. Allard et S. Bernier, *Mémoires du général Jean V. Allard*, Ottawa, Les Éditions de Mortagne, 1985, p. 80-84.
65. Liste courte mais éloquente des difficultés des fantassins et des chars à coopérer dans M. Hastings, *Armageddon : the battle for Germany, 1944-1945*, New York, Alfred A. Knopf, 2004, p. 82-84. Hastings écrit que si les Allemands éprouvaient aussi des difficultés à ce chapitre, le problème était plus mal résolu chez les Alliés.

Comme c'est compliqué à enseigner, il faut s'y prendre tôt et s'y entraîner continuellement, deux choses que l'Armée canadienne a été incapable de faire. Si en plus on ne dispose pas d'une méthode (doctrine) correcte, il est facile de comprendre que le développement de la coopération s'en trouve handicapé voire impossible[66]. Et cela ne peut être corrigé facilement, parce qu'une bonne coopération suppose un matériel conçu et fabriqué avec cette idée en tête, par exemple, un moyen pour les fantassins de parler au chef d'un char qui se trouve à leur côté.

Pour coopérer, il faut coordonner et contrôler. Cela suppose de bonnes communications, radio en particulier. Tout un système technique doit supporter l'intention de coopérer et la mise au point de ce système est une tâche difficile. La Reichswehr avait envisagé ces difficultés dès les années 1920 et 1930 et avait réalisé quelques expériences en Espagne. De ces expériences, la Lutfwaffe tirera des leçons opposées à celles des Anglais et des Français comme je l'ai suggéré, à savoir que les bombardements étant imprécis, le bombardement stratégique ne peut permettre de « finir » un adversaire rapidement, et même pas le bombardement de terreur des populations civiles — Guernica n'a pas mis fin à la guerre civile en Espagne. Au contraire, une étroite coopération entre aviation et armée de terre (en termes militaires, l'interdiction du champ de bataille aux renforts et approvisionnements de l'armée ennemie et le support rapproché aux fins de neutraliser les obstacles dont ne viennent pas à bout les soldats, les chars ou l'artillerie) peut permettre des mouvements rapides de grandes forces motorisées qui peuvent arriver à détruire la majeure partie d'une armée de terre, conduisant cette fois rapidement à un résultat décisif[67].

Lorsque les communications entre les différents corps d'armes vont s'améliorer dans l'Armée canadienne, ce n'est pas tant la coopération qui sera modifiée que le renforcement des habitus de 1914-1918, c'est-à-dire la manie d'un quartier général supérieur d'empiéter, cette fois en temps réel, sur les responsabilités des quartiers généraux inférieurs. Comme les quartiers généraux supérieurs ont souvent une mauvaise connaissance du terrain et des situations à l'avant, il en résulte des plans qui « accrochent » après la première phase du séquençage. L'amélioration des moyens radio permet aux supérieurs de suivre pas à pas la situation de leurs subordonnés, donnant à ces derniers la possibilité de toujours en référer à leurs chefs, tout cela renforçant la centralisation et limitant le rôle de l'initiative individuelle[68]. Ce travers culturel a produit des situations comme celles survenues à Nissoria en Sicile qui ouvraient ce livre.

---

66. R. A. Hart, *Clash of Arms...*, *op. cit.*, p. 180. Ce chercheur américain est très dur pour les Canadiens, dont il pense qu'ils étaient mal commandés et mal entraînés.
67. Étude comparative des leçons divergentes tirées du conflit espagnol par les Allemands, les Français, les Anglais et les Américains dans James S. Corum, *The Luftwaffe : creating the operational air war, 1918-1940*, Lawrence, University Press of Kansas, 1997, chap. VII et VIII. Voir aussi Robert M. Citino, *Quest for decisive victory : from stalemate to Blitzkrieg in Europe, 1899-1940*, Lawrence, University Press of Kansas, 2002, p. 224-250.
68. Sur les communications radio et les problèmes de commandement qui en résultent, commencer par M. Carver, *Britain's Army in the 20th century*, Londres, Pan Books/Imperial War Museum, 1999

La coopération insuffisante des chars avec l'infanterie a laissé des rancunes ressenties longtemps après la guerre chez les anciens combattants des deux armes. C'est que le char est accessible aux fantassins ; c'est un objet qu'il peut toucher, mais pas assez souvent à son goût. Inversement, les tankistes ressentent l'absence de compréhension des fantassins lorsqu'il s'agit d'accompagner les chars dans les terrains où le champ de vision, toujours limité depuis un char, est particulièrement mauvais, dans les lieux propices aux embuscades, des situations dans lesquelles les Allemands étaient redoutables.

Au moment où ils débarquent en Normandie, Britanniques et Canadiens n'ont pas encore une idée juste de ce que doit être la collaboration infanterie-chars. Les idées des cavaliers blindés du désert nord-africain ne sont pas encore oubliées et au début de la campagne, les formations de chars chargeront les positions allemandes sans soutien d'artillerie et d'infanterie suffisant avec des résultats parfois catastrophiques[69]. Le fait de ne pas avoir une idée juste du problème et de sa solution a des conséquences difficiles à rectifier rapidement. En effet, l'ordre de bataille découle en partie des nécessités tactiques et si la coopération n'est pas considérée prioritaire, l'organisation des unités le reflète. C'est pourquoi les formations blindées et d'infanterie du Commonwealth sont le plus souvent des entités séparées qui n'ont pas développé des techniques de combat en commun[70].

Il faudra improviser. Ce seront des groupes mixtes *ad hoc*, mais qui auront tendance à devenir officieusement permanents, ce qui montre bien comment la doctrine écrite britannique prend du temps à s'ajuster[71]. Ce seront aussi les véhicules spéciaux mis au point par les Canadiens pour transporter les fantassins (Kangoroo), imaginés par le général Simonds, et improvisés à partir de châssis de canons autopropulsés américains[72]. Et ainsi de suite. Mais jamais le résultat de ces modes de coopération de dernière minute ne donnera les résultats attendus par les Canadiens : une victoire tactique entraînant la percée opérationnelle.

Le cas de l'artillerie est à mettre un peu à part puisque ce devrait être, par définition, une arme d'appui. Cependant, depuis la Première Guerre mondiale, l'artillerie est considérée dans les armées occidentales comme l'arme par excellence, celle qui gagne le combat. L'infanterie occupe la position ennemie qu'aura auparavant ravagée l'artillerie et on compte sur les blindés pour exploiter une

---

(1998), p. 171-172 et 180-181 ; dans les blindés britanniques, D. Fraser, *Wars and shadows : memoirs of general Sir David Fraser*, Londres, Penguin Books, 2003 (2002), p. 235 et 237 ; exposé et critique systématique dans D. French, *Raising Churchill's Army...*, op. cit., p. 161, 165-167, 180-181, 218, 227-228, 253, 270-271 et 283.

69. C. P. Stacey, *Histoire officielle de la participation de l'Armée canadienne à la Seconde Guerre mondiale. La campagne de la victoire. Les opérations dans le nord-ouest de l'Europe, 1944-1945*, Ottawa, Imprimeur de la Reine, 1960, chap. VII et VIII, notamment les difficultés autour de la crête de Verrières, où des unités entières seront presque détruites.
70. D. Fraser, *Wars and shadows...*, op. cit., p. 203.
71. Cas de la division blindée de la Garde britannique décrit dans D. Fraser, *ibid.*, p. 204, 221, 228, 234-239 et 252-253.
72. C. P. Stacey, *La campagne de la victoire...*, op. cit., p. 222. Noter que les forces impériales n'utilisent pas le half-track si répandu chez les Allemands et les Américains.

éventuelle percée. Comme on l'a vu au chapitre précédent, ce mode d'opération domine encore dans les esprits des officiers canadiens et il continuera à le faire même après que les Allemands en auront démontré l'inanité.

Les artilleurs opèrent derrière la ligne de front et laissent à l'infanterie et aux blindés la tâche d'avancer. Il a donc fallu développer des procédures pour assurer une coordination entre les feux de l'artillerie et la marche des autres troupes, une coordination très rigide jusqu'au début de la Seconde Guerre mondiale. C'est par conséquent dans l'emploi de l'artillerie en attaque que les rigidités du système tactique britannique sont les plus marquées. Le réarmement ayant été tardif, avec des conséquences néfastes sur la modernisation des armes d'appui de l'infanterie (notamment les déficiences en armes automatiques de section, en mortiers légers et en armes antichars de peloton), les fantassins ont pris l'habitude de se reposer beaucoup trop sur l'artillerie pour résoudre leurs problèmes[73]. La culture tactique des officiers supérieurs encore très colorée par l'expérience de 1916-1918 et le peu de confiance que l'on avait dans le soutien des chars et des avions renforçaient encore l'habitude.

Du reste, c'est d'une véritable dépendance psychologique qu'il s'agit, dont les effets se répercutent tant sur la tactique, localement, que sur la conduite des opérations. À la moindre difficulté tactique, les Canadiens recourront à l'appui massif de l'artillerie (et des bombardiers lourds s'il le faut). La dépendance de l'artillerie est en fait le symptôme d'un système de commandement construit entre 1915 et 1918 pour permettre à l'infanterie de progresser sous la protection de barrages d'artillerie. Dans ce système, le chronométrage est une nécessité. Incapable de penser en dehors de ce paradigme, le haut commandement n'arrive à concevoir des solutions tactiques que dans son cadre[74].

Comme l'a démontré l'historien britannique Timothy Harrison Place, le manque de compréhension des tactiques de base de l'infanterie dans le haut commandement et chez les artilleurs les rendait incapables d'ajuster la doctrine opérationnelle à ce qu'avait de bénéfique la *battle drill*, telle qu'elle était enseignée en 1942. En effet, avec le temps, la *battle drill* a été apprivoisée et on n'en a retenu de plus en plus et seulement que le bénéfice psychologique d'une confiance exaltée par l'action, plutôt que les techniques de combat rapproché. De la sorte, la complémentarité des armes, artillerie et infanterie, est passée à l'arrière-plan et on en est revenu plus ou moins délibérément dans beaucoup d'unités, et probablement dans la majorité, aux méthodes d'attaque où l'infanterie suit de près le barrage d'artillerie. Ce faisant, chaque avance nécessitait la longue préparation de plans pour coordonner les feux et les mouvements, empêchant l'exploitation des situations favorables. C'est pourquoi on peut dire avec Harrison Place

---

73. *Ibid.*, p. 27-28 et 89.
74. T. Harrison Place, *Military training in the British Army...*, *op. cit.*, p. 67-79 ; D. French, *Raising Churchill's Army...*, *op. cit.*, p. 161-162 ; Russell A. Hart, *Clash of Arms...*, *op. cit.*, p. 182 ; William J. McAndrew, « Fire or movement ? Canadian tactical doctrine, Sicily - 1943 », *Military Affairs*, vol. 51, n° 3, juillet 1987, p. 144 ; M. Hastings, *Armageddon...*, *op. cit.*, p. 80 et 148.

« qu'en tant que tentative de se débarrasser des contraintes inhérentes avec l'artillerie, la *battle drill* a échoué[75] ». L'esprit artilleur, avec l'esprit cavalier, avaient une prégnance culturelle trop grande pour être réduits en seulement quelques années de guerre.

En fin de compte, on peut dire que le lobby des artilleurs, si puissant au War Office, a imposé ses méthodes[76]. C'est encore plus vrai dans l'Armée canadienne, plus dominée par des artilleurs (McNaughton, Crerar, Simonds, etc.) que son modèle chéri. Par essence, l'artilleur a l'esprit de système. Cet esprit, étendu à toutes les conceptions du combat, peut être stérilisant. Le caractère procédurier de l'institution militaire canadienne était trop incrusté pour être extirpé après seulement deux années de guerre. Les Allemands jugeront d'ailleurs que les troupes britanniques et canadiennes, *durant toute la Seconde Guerre mondiale*, ont agi avec lourdeur, avec lenteur et trop méthodiquement[77].

Si les tâches de l'infanterie sont souvent oubliées par les analystes pressés et obnubilés par la mécanique, si la coopération entre les armes principales de l'armée de terre — infanterie, chars et artillerie — demeure difficile, la collaboration de cette même armée de terre avec l'aviation est une chimère avant 1942. L'armée de terre et l'aviation sont deux services totalement indépendants sur le plan administratif et opérationnel. Qui plus est, l'aviation, le plus jeune des deux services, protège farouchement une indépendance acquise aux dépens de l'armée de terre au début des années 1920. En plus de cette différence de juridiction, les chefs de l'armée de l'air ont une conception différente de la guerre de celle des commandants des forces terrestres. Vers 1940, les chefs de l'aviation considèrent généralement qu'ils ont quatre missions principales, à savoir, dans l'ordre : assurer la supériorité aérienne, rôle des avions de chasse ; détruire les grandes infrastructures civiles et militaires qui permettent à une nation moderne d'alimenter sa machine de guerre et, pour certains théoriciens de l'arme aérienne, cela peut aller jusqu'à l'attaque de la population ennemie dans le but de détruire sa volonté de résistance ; empêcher les ressources (hommes, matériel, munitions et autres approvisionnements) de parvenir au champ de bataille par l'attaque des moyens de transport menant au théâtre des opérations, ce qu'on appelle l'interdiction ; appuyer l'armée de terre en contact avec les forces ennemies. Pour les chefs de l'aviation, cette quatrième mission est la moins prioritaire parce qu'elle est, selon leur conception de la guerre, la plus difficile à réaliser ; les ressources coûteuses qu'on pourrait y consacrer sont mieux employées aux trois autres missions. Plusieurs des chefs de l'aviation croient d'ailleurs fermement que la guerre pourra être

---

75. T. Harrison Place, *Military training in the British Army...*, op. cit., p. 78.
76. *Ibid.*, p. 168-169.
77. John A. English et Bruce I. Gudmundsson, *On infantry*, Westport, Praeger, 1994, p. 123-124 ; J. English, *Failure in high command...*, op. cit., p. 125 ; William J. McAndrew, op. cit., p. 140-145. T. Copp rejette le « mythe » (*Fields of Fire : the Canadians in Normandy. The 1998 Joanne Goodman Lectures*, Toronto, University of Toronto Press, 2004 (2003), p. 7-13) de la supériorité du soldat allemand comme une construction *a posteriori* non fondée sur l'expérience réelle du combat.

gagnée par le seul emploi des forces aériennes en mission stratégique de bombardement des ressources nationales de l'ennemi.

Dans ce contexte, la coopération avec l'armée de terre ne peut être que difficile, et dans la mesure où collaboration il y a, le soutien direct des troupes de combat arrive après les missions de reconnaissance ou de supériorité aérienne au-dessus du champ de bataille. Quant à l'observation pour l'artillerie de campagne, elle sera finalement assurée par une aviation de l'armée équipée d'appareils lents servant aussi à la liaison entre QG de l'armée de terre[78]. L'aviation s'en fout.

La vision de l'Autre

Le 13 janvier 1944, Montgomery s'adresse aux commandants des divisions, des corps et des armées du 21ᵉ Groupe d'armées qui débarqueront en Normandie plus tard à la fin du printemps. Au cours de cette conférence, il expose sa conception des opérations : il leur fait part de son rôle de metteur en scène d'une grande opération séquencée en batailles successives. Le concept énoncé dans l'article de 1938, au niveau divisionnaire, est repris cette fois au niveau d'un groupe d'armées de deux dizaines de divisions, mais il est toujours reconnaissable[79]. Lorsque viendra le temps de briser la poche dans laquelle les Britanniques et les Canadiens se sont laissés enfermer autour de Caen à l'été 1944, Montgomery et son élève Simonds auront recours à la même méthode : bataille « séquencée » en phases prescrites à l'avance, plan de feu complexe, exploitation limitée afin d'éviter les contre-attaques surprises que font toujours les Allemands après une percée dans leur système défensif, puis reprise du cycle par la planification d'une nouvelle bataille « séquencée[80] ». Dans cette logique, c'est l'usure qui vient à bout des Allemands, pas le génie militaire canadien ou anglais.

Ces rigidités tactiques et opérationnelles étaient évidemment perceptibles pour l'adversaire. La vision qu'à l'Autre, l'adversaire, l'Allemand, le Boche, confirme les tendances décrites à partir des seules sources canadiennes et britanniques[81].

---

78. Sur l'obstination de la RAF à l'encontre du soutien direct aux forces terrestres, voir J. Terraine, *The right of the line…*, *op. cit.*, p. 311-312 et 324-325. Par un excès d'obséquiosité, la RCAF reproduira à l'égard de l'Armée canadienne le même genre de méfiance, en pire.
79. D. French, *Raising Churchill's Army…*, *op. cit.*, p. 251. Le texte de la conférence sera publié peu après sous le titre *Notes on High Command in War*.
80. Malgré quelques innovations techniques, comme l'utilisation tactique de l'aviation de bombardement stratégique ou l'invention des Kangoroos, Simonds est très prévisible. Voir en particulier les longs ordres élaborés pour les opérations Totalize et Tractable en Normandie en août 1944 dans C. P. Stacey, *La campagne de la victoire…*, *op. cit.*, chap. IX et X.
81. On pourrait objecter, et on l'a fait, que l'Autre a une vision tronquée de Soi, teintée dans le cas des troupes nazies d'un sentiment de supériorité raciale, rendant les témoignages inutilisables. Malheureusement, ces témoignages ajoutés aux sept chapitres précédents fournissent, je crois, des éléments de preuve qui se corroborent. À l'opinion de Copp, on peut opposer celle de Max Hastings, *Overlord : D-Day and the battle for Normandy*, New York, Vintage Books, 2005 (1984), p. 33 et sq., 135 et sq. et 315-320 ; *Armageddon…*, *op. cit.*, p. 73-92 et 147-150.

Le témoignage du commandant de la 2ᵉ Division de panzers, dans un rapport sur les leçons à tirer de la campagne de Normandie daté du 14 juillet 1944, alors que sa division est encore engagée contre les Britanniques et les Canadiens, montre bien les forces et faiblesses respectives des Alliés et des Allemands. Les premiers utilisent leur supériorité matérielle avec avantages, mais les seconds les surclassent tactiquement.

> Dans la défensive, nous devons savoir que l'ennemi écrase presque toujours le secteur sur lequel il compte faire porter son effort sous une concentration de feux d'artillerie et d'aviation. Jusqu'à présent, les Alliés ont toujours réussi, généralement après peu de temps, à occuper notre ligne principale de résistance après un fort barrage de ce genre. Il est donc essentiel de maintenir, au moins dans chaque secteur de bataillon, des réserves qui avanceront immédiatement après la fin du barrage. On n'a pas besoin de grosses masses de troupes pour ce faire mais seulement de quelques détachements d'assaut. Le fantassin ennemi n'est pas un combattant dans le sens que nous donnons à ce terme et, par suite, quelques mitrailleuses suffisent pour le retenir ; à la condition toutefois que celles-ci se trouvent au bon endroit, au bon moment. L'anticipation est donc vitale. Les réserves divisionnaires doivent être employées sans attendre la « fin de l'alerte » afin de repousser l'ennemi par une contre-attaque immédiate et déterminée. En tout cas, quand l'ennemi tire par fumigènes avec des armes de tous calibres, tout se trouve caché dans un brouillard épais, rendant impossible une appréciation nette. Mais une fois que l'ennemi a amené ses canons antichars ainsi que ses officiers d'observation avancés et s'est enterré, il est généralement trop tard. Le seul remède est alors de pénétrer par infiltration la nuit suivante. Après l'avortement de plusieurs tentatives, les Britanniques ont l'habitude de devenir plus prudents et, finalement, cessent leurs attaques[82].

Il s'agit évidemment d'une défensive « élastique » où la contre-attaque par des troupes entraînées pour cette tâche permet de reprendre aussitôt les points clés d'une position qu'on ne peut conserver sous le déluge de feu allié. L'esprit d'initiative est vital ici, puisque la contre-attaque réussit d'autant mieux et à moindre coût humain qu'elle est déclenchée avant que l'ennemi organise la position. Sinon, von Lüttwitz préfère attendre la nuit, pour éliminer la supériorité aérienne alliée, et aussi parce que les fantassins allemands maîtrisent mieux « l'infiltration » et le combat de nuit que leurs adversaires. Ces tactiques, défense élastique et infiltration, les Allemands les ont perfectionnées en 1916-1918. Les Alliés ne sont jamais parvenus à bien les comprendre, encore moins à les maîtriser. On a vu plus haut que l'infiltration a d'ailleurs servi d'inspiration aux théoriciens de la *blitzkreig*.

---

82. Heinrich von Lüttwitz, « Normandie 1944 : la bataille vue par le "patron" de la 2. Panzer-Division », *Batailles et blindés. Histoire de la guerre mécanisée et des engins militaires*, n° 13 (avril 2006), p. 9. La 2ᵉ Panzer est d'abord opposée aux Britanniques et aux Canadiens pour les empêcher de percer au sud de Caen, puis elle est dirigée vers l'ouest pour contre-attaquer les Américains qui viennent de percer au sud de Carentan. Lüttwitz a donc rencontré tous les Alliés. À la fin de la campagne de Normandie, sa division aura perdu tous ses chars et toute son artillerie et aura été réduite à l'effectif d'un seul bataillon d'infanterie (C. P. Stacey, *La campagne de la victoire…, op. cit.*, p. 286).

Le général von Lüttwitz ne cache pas son mépris pour le fantassin allié, mais son attitude hautaine ne justifie pas de prendre son témoignage à la légère. La plupart des auteurs cités auparavant dans ce livre acceptent ce jugement. Plus important encore, les fantassins canadiens eux-mêmes l'admettent, comme on l'a vu dans les extraits cités à propos de l'insuffisance de l'entraînement, et les rapports sur les affrontements en Afrique du Nord mentionnés dans ce chapitre[83].

Et Lüttwitz n'est pas seul à dénoncer l'ineptie tactique de ses adversaires. Dans une note intitulée « Ce que le Boche pense de nous », les rédacteurs du *Mémorandum sur l'instruction de l'Armée canadienne* rapportent le peu élogieux commentaire d'un simple soldat allemand (un *panzergrenadier*) interrogé par les Britanniques après sa capture près de Monte Cassino en 1944 :

> Les soldats alliés qui, avançant au pas de gymnastique, font une halte soudaine, restent fréquemment agenouillés, constituant des cibles parfaites, plutôt que de se jeter à plat ventre sur le sol. Si rien n'arrive, ils se lèvent à l'endroit même où ils s'étaient agenouillés et poursuivent leur avance. Cette tactique est extrêmement dangereuse, à mon avis, particulièrement dans une contrée parsemée de tireurs d'élite, comme l'est le front italien. J'ai moi-même vu périr au moins une douzaine de soldats alliés pour avoir commis cette erreur grossière[84].

On voit ici que la *battle drill* n'a pas eu tous les effets escomptés.

Une analyse faite par les officiers du IIe Corps canadien en novembre 1944, à partir de documents saisis et d'interviews réalisées en Italie et en Normandie confirme largement les vues de von Lüttwitz. En novembre 1944, la qualité des troupes allemandes est en déclin et la supériorité aérienne totale des Alliés commence à miner le moral des combattants nazis. Pourtant, les analystes canadiens admettent la validité de l'opinion générale que l'on peut se faire à partir des sources allemandes à l'effet que « du fait de leurs méthodes sans flexibilité, l'infanterie des Alliés n'a pas le réflexe d'exploiter les pénétrations locales en profitant de poussées improvisées sur place et sur-le-champ ». Le même reproche est fait aux régiments blindés alliés, qui ne savent pas poursuivre un avantage momentané, ce qui donne la chance aux défenseurs allemands de se rétablir. De plus, les Allemands ont remarqué la crainte des blindés alliés à s'engager dans les combats à courte portée contre les chars, les canons ou l'infanterie allemande. Les Allemands réagissent à la supériorité aérienne et en artillerie des Alliés comme ils l'avaient fait en 1915-1918, c'est-à-dire en accroissant la profondeur de leur dispositif tout en éclaircissant les premiers rangs des ceintures de défense afin de limiter leurs pertes. Toutefois, les contre-attaques préparées par les grandes unités allemandes sont devenues « futiles », à cause de la reconnaissance aérienne alliée

---

83. Dans mon *Volontaires. Des Québécois en guerre (1939-1945)*, Montréal, Athéna éditions, 2006, l'échantillon de dix-neuf soldats canadiens-français penche très majoritairement pour une infériorité tactique des troupes alliées sur les Allemands, et ce, malgré que ces dix-neuf témoins ont souvent affronté des troupes allemandes décimées en 1944 et 1945.
84. *MIAC*, n° 49, avril 1945, p. 18. On a quand même attendu à la fin de la guerre pour publier ce texte désobligeant !

qui repère facilement les préparatifs allemands. Les contre-attaques sont donc de moins en moins planifiées et de plus en plus spontanées, ce qui implique que des chefs locaux de rang subalternes doivent prendre des décisions rapidement et sans en référer aux échelons supérieurs. C'est évidemment là que se distinguent le plus les méthodes de commandement allemandes et alliées, et par conséquent la culture et l'instruction des troupes[85].

✫ ✫ ✫

Que nous révèlent les « leçons apprises », dans la mesure où des « leçons apprises » par les Anglais et quelques Canadiens puissent nous informer sur l'adéquation de l'entraînement durant les années 1939-1943 ?

D'une part, les observateurs perspicaces du temps avaient de bonnes raisons de s'inquiéter, d'où un effort considérable pour disséquer toute la documentation disponible, la partager avec le maximum d'officiers et de sous-officiers et établir un programme pour permettre à quelques-uns d'entre eux d'acquérir un peu d'expérience. D'une certaine manière, c'était reconnaître que l'entraînement, aussi intensif fut-il, sans véritablement pouvoir en tester la pertinence, avait une valeur mais relative.

D'autre part, et c'était moins évident pour les contemporains que pour nous aujourd'hui, le programme d'instruction et d'entraînement développé laborieusement depuis le début de la guerre, et à partir de l'été 1940 surtout, avait ses limites. Tardivement, l'état-major canadien a été forcé d'innover dans la sélection du personnel, dans l'organisation de l'enseignement et par les méthodes d'entraînement. Toutefois, la multiplication de réalisations pédagogiques en peu de temps s'est heurtée au poids de la culture ambiante. Naturellement, la puissance d'une culture comme la culture militaire canadienne réside surtout dans ses cadres permanents, et ce n'est pas forcément un bien. Dans la mesure où certaines innovations, en réalité ou en apparence, cela n'y change rien, semblent présenter un risque pour l'institution, des résistances vont se manifester. Réagissant trop tard, les principaux gardiens de l'institution étaient souvent ses pires ennemis parce que trop d'innovation leur faisait peur.

C'est avec des connaissances tactiques limitées et pas toujours judicieuses que l'officier canadien allait affronter l'Axe à compter de l'été 1943. Là, après des expériences malheureuses, comme à Nissoria, un autre apprentissage s'amorce, un apprentissage fondé cette fois sur l'expérience plutôt que sur la fréquentation des centres d'instruction. Toutefois, il était bien tard, et même après le débarquement de Normandie, les performances canadiennes resteront en deçà des attentes.

✫ ✫ ✫

---

85. « German views on allied combat efficiency », *Int[elligence] Summary No 90*, annexe D du journal de guerre du IIe Corps, novembre 1944, (BAC, RG24, C-3, vol. 13 714 ou bobine T-1867).

Conclusion

☆ ☆ ☆

L'excuse que j'invoquais habituellement, que le danger n'était pas si grand que je l'avais imaginé, je ne l'ai pas. C'était une occasion unique de montrer toute ma force d'âme. Et j'ai été faible et c'est pourquoi je ne suis pas content de moi. J'ai compris seulement maintenant ce qu'a de trompeur l'assurance des actes à venir, et qu'on ne peut compter sur soi-même que dans ce dont on a déjà fait l'expérience[1].

Léon Tolstoï, 28 février 1852.

Outre l'instruction proprement dite, il est nécessaire pour qu'une troupe soit bonne, que des rapports se soient établis d'homme à homme, c'est-à-dire une véritable cohésion entre les atomes. Cela demande quelque temps ; il faut que les hommes aient tissé ensemble une certaine substance de vie, qu'ils aient fait une provision de petites souffrances et de joies communes. Il faut que se forme un revêtement d'histoire[2].

Ernst Jünger, 14 mai 1940.

Mais c'est ici que la diversité des races se manifeste : l'Anglais a toujours une tendance à considérer la guerre comme un sport, le Français comme un tournoi tandis que l'Allemand la prétend résoudre à la manière d'un problème[3].

André Gide, un feuillet de 1922.

À la différence de 1919, la fin de la Seconde Guerre mondiale ne ramène pas au *statu quo ante* les Forces canadiennes. Il est vrai que les effectifs sont réduits dramatiquement — d'environ 700 000 hommes et femmes pour les trois armes à moins de 50 000 hommes (les femmes sont toutes démobilisées sauf quelques infirmières) dans l'immédiat après-guerre. Cependant, c'est plus que les 4000 ou 5000 de 1939 et c'est un chiffre suffisant pour assurer la sauvegarde de l'expertise chèrement acquise durant les années de guerre.

Sur le plan individuel, la génération qui a fait ses premières armes entre 1914 et 1918 a quitté totalement la scène ou presque lorsque la guerre se termine. McNaughton a été rappelé en 1943 pour son incapacité à entraîner le corps canadien. Burns a été limogé en 1944 pour ses échecs en Italie à la tête du 1er Corps d'armée canadien. Au faîte de sa carrière, Crerar quittera bientôt l'Armée (en 1946). Une génération d'hommes plus jeunes, celle de Simonds, prend la relève,

---

1. Léon Tolstoï, *Journaux et carnets I (1847-1889)*, Paris, Éditions Gallimard, 1979, p. 112.
2. Ernest Jünger, *Jardins et routes. Journal I, 1939-1940*, Paris, Christian Bourgois éditeur, 1995 (1942), p. 151-152.
3. André Gide, *Journal*, Paris, Éditions Gallimard (coll. La Pléiade), 1996-1997, p.

mais les méthodes changent finalement peu. Les résultats seront décevants en Corée[4].

Comment expliquer les difficultés de l'Armée de terre canadienne à s'adapter à l'environnement créé par les victoires allemandes de 1939-1942 ?

Si l'on suit l'analyse de John English, les défaillances de l'entre-deux-guerres pèsent lourdement sur l'armée de 1941-1942. Il reproche en particulier à McNaughton et à son entourage un désintérêt pour les questions d'entraînement et de tactique, ce qui on l'a vu aux trois premiers chapitres, est certainement vrai pour McNaughton lui-même, mais qu'il faut nuancer pour certains autres officiers, dont les jeunes loups qu'étaient alors Burns et Simonds, mais aussi un officier supérieur clé dans l'organisation comme le brigadier Lawson. Pour English, la meilleure mesure des difficultés canadiennes, c'est celle donnée avant les grands engagements de 1943-1944 par celui qui n'était alors qu'un lieutenant-général : Bernard Law Montgomery. Lors de ses inspections du corps canadien en garnison dans le sud de la Grande-Bretagne en 1941-1942, Montgomery a porté un jugement sévère sur la qualité de l'instruction donnée par les officiers canadiens et sur les compétences des hauts gradés canadiens à assumer le commandement de grandes formations[5].

Bien des officiers supérieurs canadiens ne maîtrisaient pas l'art de la guerre de leur temps et ne s'intéressaient pas assez aux problèmes tactiques ou opérationnels. Plusieurs d'entre eux ont malheureusement occupé des fonctions stratégiques dans l'organisation trop longtemps, comme le colonel Whitelaw ou le major-général Pearkes, du simple fait de l'expansion soudaine de l'Armée au début de la guerre. Et cela s'est reflété jusque tard dans la guerre, car la réticence de certains officiers réguliers à accepter les nouvelles réalités a conduit à des situations incongrues, comme celle décrite au chapitre sept. Ceux, généralement plus jeunes, comme Burns et Simonds, qui se passionnaient de débats sur l'art de la guerre, n'arrivaient pas toujours à formuler des idées claires ou vraiment porteuses pour l'avenir. Comment le leur reprocher, dans l'état d'indigence intellectuelle où leurs chefs laissaient végéter la Force permanente et la milice d'avant-guerre ?

Ce qui ressort de l'analyse du contenu de l'enseignement doctrinal de l'avant-guerre, et même de celui de la période 1939-1942, c'est l'incrustation, parfois même chez les plus clairvoyants, de deux illusions dangereuses qu'on pourrait appeler « mythes opérationnels » : 1. parce que l'on est obsédé par la protection de ses flancs, on préfère le front continu (et le souvenir de 14-18

---

4. Objet de la magistrale démonstration de B. Johnston, *A war of patrols : Canadian Army operations in Korea*, Vancouver, UBC Press, 2003.
5. Ce développement s'inspire de J. A. English, *Failure in high command : the Canadian Army and the Normandy campaign*, Ottawa, The Golden Dog Press, 1995 (1991), chap. VI, « The Montgomery Measurement ».

encourage cela), avec pour conséquence que les unités avancent sans se dépasser les unes les autres pour éviter d'exposer un flanc, ce qui brime l'initiative et fait qu'on laisse échapper de bonnes occasions, laissant à l'ennemi le temps d'organiser une ligne défensive, forçant à recourir systématiquement aux assauts d'infanterie soigneusement préparés, avec tout ce que cela implique de lenteur dans le déroulement des opérations ; 2. comme on ne perce jamais du fort au faible, il faut se reposer constamment sur l'artillerie, considérée panacée suprême et seul mode décisif pour neutraliser l'adversaire, ce qui fait négliger l'impact psychologique et matériel de l'apparition d'une force manœuvrière profondément sur les arrières[6].

L'incrustation de ces deux mythes a été favorisée par une politique de sélection biaisée durant l'entre-deux-guerres en faveur d'officiers à l'esprit systématique, mais manquant de certaines qualités propres au chef de guerre. Ces qualités en déficit, l'on doit, faute de mieux, les subsumer sous le vocable d'« intuition », à savoir : la capacité de saisir ce qui importe vraiment parmi l'information déferlante provenant de toutes sources ; celle de formuler quelques hypothèses utiles à propos de l'adversaire et de ses propres capacités ; d'en déduire une idée maîtresse qu'un état-major habile traduira en plan d'opération ; finalement, d'avoir la force de caractère pour s'en tenir au plan lorsque les apparences laissent croire qu'il ne fonctionnera pas ou, inversement, d'être capable d'en diverger pour s'adapter aux circonstances tout en ne perdant pas de vue les intentions initiales. Si en plus un tel individu est capable de saisir les occasions imprévues qui se présentent, alors on est devant un grand chef.

Cependant, ces qualités ne suffisent pas. Elles sont souvent présentes à l'état brut chez nombre de soldats, mais elles demandent à être encouragées et nourries par l'environnement dans lequel les individus sont formés et poursuivent leur carrière. C'est dire le rôle capital que jouent les institutions au sens large, comme les écoles militaires et les cours d'état-major, les publications pédagogiques professionnelles, comme bien sûr les mécanismes de sélection des individus. Si les institutions ne favorisent pas l'expression de quelques variations significatives par rapport à la norme, alors la possibilité d'innovation est des plus réduites. Les rigidités[7] du système ne doivent pas être si fortes qu'elles empêchent des individus d'assumer le risque personnel de s'opposer à la pensée établie.

Ces difficultés étaient aggravées du fait que les généraux canadiens de 1939-1945 manquaient cruellement d'expérience de commandement, ne serait-ce que parce que les sept divisions d'infanterie d'avant-guerre n'existaient que sur papier et qu'à aucun moment n'ont été tenues de grandes manœuvres où aurait pu être testé le savoir-faire des généraux et de leurs états-majors. Les manœuvres de 1938 n'en étaient pas vraiment. Les généraux de 1943 n'étaient la veille que des com-

---

6. Sur le caractère délétère de ces deux mythes, parmi une littérature abondante, voir E. R. May, *Strange defeat : Hitler's conquest of France*, New York, Hill and Wang, 2000, p. 398 et 407.
7. J. Black (*World War Two : a military history*, Londres, Routledge, 2003, p. 172) parle de « rigidités tactiques » montrées par les unités de Montgomery en Normandie.

mandants de bataillon, des officiers d'état-major potentiels pour quelques brigades ou des officiers d'armes spécialisées et n'avaient donc l'habitude que de commandements relativement modestes. Le soir du 31 août 1939, la veille de l'ordre de mobilisation, il n'y avait aucun major-général canadien commandant une division, aucun brigadier général commandant une brigade et aucun état-major à ces niveaux, ni d'ailleurs au niveau du corps. Plus grave à moyen et long terme, les commandants de bataillon étaient eux aussi mal préparés à affronter un adversaire mieux instruit en tactique et dans l'art de conduire les opérations.

Mais avant de combattre, il fallait entraîner. Les lacunes des officiers généraux dans leur métier de commandant de grandes unités avaient leur correspondance dans leur incapacité à organiser et superviser la formation de toutes les unités, petites et grandes. Nul n'illustre mieux cette incapacité qu'Andrew McNaughton, pourtant un homme intelligent, cultivé, mais obnubilé par la technologie et absolument pas intéressé au côté homme du binôme homme-machine.

C'est ainsi que toute la préparation, ou ce qui en tenait lieu avant l'été 1940, revient à du temps perdu. Alors que les Allemands envahissent le Danemark, la Norvège, la Hollande, la Belgique et la France en employant des moyens mécaniques sur terre et dans les airs, McNaughton entraîne ses hommes dans les tranchées reconstituées d'un camp du sud de l'Angleterre. On se rappelle de la question embarrassante posée par Blaise Cendrars après une visite à l'état-major de McNaughton en février 1940. Dans un autre reportage, Cendrars montre son éblouissement de voir que le Corps expéditionnaire britannique montant vers la Flandre française est entièrement mécanisé, la première et encore la seule armée du monde à s'être débarrassée de ses chevaux. L'Armée canadienne fut peut-être la deuxième. Mais demeurait une question :

> Souvent déjà, en voyant défiler sur les routes de France la moderne armée anglaise, ses colonnes de véhicules mécaniques, ses armes automatiques, ses soldats habillés d'un complet sport, un deux-pièces comme la salopette des ouvriers [le fameux *battledress*, qui ne fait que commencer à être distribué aux Canadiens], cette armée qui n'a plus rien de pittoresque sauf son camouflage et qui n'est spectaculaire que par sa masse, souvent je m'étais posé la question de savoir jusqu'à quel point la motorisation de l'armée n'allait pas à l'encontre des plus pures traditions de l'Armée britannique et quelle serait l'influence de ces armes, de ces véhicules, de toute cette machinerie scientifique et anonyme mise à leur disposition, et des méthodes industrielles de mener la guerre, sur la mentalité, voire sur la discipline des soldats ?

La question n'avait alors reçu qu'une réponse rhétorique de la part du reporteur, lors d'un passage à l'École militaire de Sandhurst, fin mars 1940 : « nulle part ailleurs, je n'ai senti avec autant de brutalité que la guerre actuelle est une brisure et qu'il nous faudra piétiner tout ce que nous avons aimé au monde, et dans notre civilisation de l'Occident, pour vaincre les barbares et entrer dans les temps nouveaux[8] ».

---

8. B. Cendrars, *Tout autour d'aujourd'hui, tome 13 : Panorama de la pègre, à bord de Normandie, Chez l'armée anglaise*, Paris, Denoël, 2006, p. 267-271. Il faut se demander si Cendrars a lu le pamphlet

Dans ce contexte mental précis, mai et juin 1940 constituèrent un choc ; les militaires furent pris de court et le gouvernement canadien en fut ébranlé, ce qui a conduit à des réformes, certes, mais jamais au bouleversement mental qui aurait été nécessaire dans les circonstances. Les lacunes signalées dans les chapitres précédents ne seront jamais entièrement comblées, même après qu'un système de rotation entre le front et les écoles d'officiers aura été instauré, juste avant la fin de la première grande campagne à laquelle ait participé l'Armée canadienne en Sicile. Et quel que soit le bienfait de la *battle drill* dans l'instruction des sections ou pelotons, les principes sous-tendant cette méthode n'ont que très imparfaitement pénétré les esprits au niveau supérieur de la hiérarchie.

Le meilleur exemple d'une « incapacité culturelle » entravant des réformes en profondeur est le désir de tout contrôler, qui se manifeste dans des prescriptions pointilleuses et dans le recours excessif aux ordres écrits interminables.

En plus, il faut bien admettre que l'expansion rapide jusqu'à 1943 a propulsé vers le haut de nombreux officiers qui n'étaient pas faits pour les grandes responsabilités. On ne centuple pas un corps des officiers sans commettre des erreurs d'affectation, d'autant plus que les systèmes de sélection et de promotion sont demeurés imparfaits, et que ceux qui évaluaient et affectaient les officiers n'étaient eux-mêmes pas toujours les plus qualifiés et les plus compétents pour choisir. Pour faire mieux, une volonté inflexible de former et de nommer les meilleurs et les plus compétents, et sa contrepartie, l'élimination sans pitié des inefficaces, auraient dû être la règle. Il ne semble pas que dans l'Armée canadienne on pouvait ou voulait agir ainsi.

L'expansion rapide a donc conduit des officiers réguliers aux compétences tactiques douteuses[9] vers des commandements de brigades, de divisions, de corps d'armée (Burns, Foulkes) ou d'armée (Crerar) sans que ceux-ci ait eu l'occasion de pratiquer et de maîtriser l'art opérationnel, cette division de l'art de la guerre entre la tactique et la stratégie. Parmi ces généraux, seuls Simonds s'en est tiré honorablement. Aux niveaux inférieurs, les réformes du début de la guerre et l'expérience acquise ont eu le temps de procurer quelques bénéfices, surtout au niveau le plus bas, disons jusqu'au commandement de compagnie. Là, l'effet *battle drill* s'est fait pleinement sentir. Quelques bons subalternes ont pu profiter de l'élimination rapide d'officiers supérieurs incompétents pour gravir rapidement les échelons, si bien que l'Armée canadienne avait à la fin de 1945 plusieurs bons commandants de bataillons et de brigade (Allard, Dextraze, Rockingham…), dont quelques-uns poursuivront une carrière militaire brillante par la suite.

---

de J. F. C. Fuller publié en 1935 et souvent cité dans ces pages. En effet, lorsque Cendrars parle de mentalité et de discipline, il rappelle à s'y méprendre certains développements de la fin du pamphlet (*The Army in my time*, réimpr., Cranbury, The Scholar's Bookshelf, 2006 (1re éd. brit., 1935), les deux derniers chapitres), où le général britannique dénonce l'effet pernicieux et stérilisant de l'esprit de corps aux niveaux supérieurs des hiérarchies militaires et appelle à une nouvelle discipline à base de responsabilité individuelle plutôt que d'imitation servile.

9. Voir la dure critique de R. A. Hart, *Clash of arms : how the Allies won in Normandy*, Boulder, Lynne Rienner, 2001, p. 178.

En somme, c'est tout en haut que le problème résidait. Était-ce parce que la masse critique était insuffisante avant 1939 ? Toute l'organisation de la Force permanente et de la milice d'alors visait pourtant à produire une grande armée à partir d'un cadre réduit et, en principe, cela n'avait rien d'impossible, surtout si quatre ans s'écoulaient avant les premiers engagements d'envergure, comme ce fut le cas pour l'Armée canadienne entre la mobilisation en 1939 et le débarquement de Sicile en 1943. Mais, on l'a vu, cela ne s'est pas produit sans un chambardement complet de l'édifice d'instruction, ce qui fait que l'on n'a pas pu profiter pleinement du temps mis à disposition.

Je n'irai pas jusqu'à affirmer que le respect des traditions conduit nécessairement à la sclérose. Le régiment d'inspiration britannique, premier véhicule des traditions militaires canadiennes, a ses bons côtés, notamment par les liens quasi familiaux qu'il développe et entretient entre les membres du régiment et qui conduisent certains d'entre eux à des actes d'héroïsme pour sauver leurs compagnons. Autrement dit, le régiment renforce l'esprit de corps. Néanmoins, une facette moins désirable de la tradition est la routine rassurante qui en est l'émanation, et qui peut conduire à un conservatisme dangereux. Si la tradition dans ce qu'elle a de pernicieux a pu être vaincue en partie au niveau des officiers subalternes, c'est parce que la majorité venait de la sphère civile et parce qu'après 1940, le plus grand nombre de ceux-ci passe par une filière dont le régiment n'est plus le grand ordonnateur, et qu'une nouvelle pédagogie véhiculant de nouvelles conceptions tactiques s'impose ; on ne peut en dire autant des officiers supérieurs et généraux qui ont, pour la plupart, fait leur classe dans le système traditionnel comme le perpétuait la petite armée régulière canadienne d'avant 1939.

Même lorsque la théorie se présente sous une forme adaptée aux circonstances, rien ne garantit le succès si l'entraînement est déficient. C'est un peu comme si le progrès théorique et la culture du moment divergeaient. Les théoriciens ont beau prévoir avec justesse, si l'entraînement ne traduit par leur vision, ajustant de la sorte la culture de l'organisation, et sa pratique tactique, opérationnelle et stratégique, c'est un coup d'épée dans l'eau[10].

La notion de mentalité a par conséquent sa place dans l'explication ; si les performances des armées britanniques et canadiennes ont été si décevantes en 1939-1945[11], c'est que les esprits fonctionnaient toujours en mode Première Guerre mondiale. Changer une doctrine aux niveaux tactique et opérationnel demande du temps et un travail d'instruction en profondeur. Les réformes

---

10. Réflexion inspirée par l'analyse « culturelle » d'un autre désastre militaire, celui de 1914-1918, chez Antulio J. Echevarria, *After Clausewitz : German military thinkers before the Great War*, Lawrence, University Press of Kansas, 2000, p. 288.
11. C'est un point sur lequel l'accord est presque général. Voir T. Harrison Place, *Military training in the British Army, 1940-1944 : from Dunkirk to D-Day*, Londres, Frank Cass, 2000, p. 1-2. Le cas canadien est examiné par J. A. English, *Failure in high command...*, op. cit., passim. L'exception notable est Terry Copp, par exemple, le doublet *Fields of Fire : the Canadians in Normandy. The 1998 Joanne Goodman Lectures*, Toronto, University of Toronto Press, 2004 (2003), et *Cinderella Army : the Canadians in Northwest Europe, 1944-1945*, Toronto, University of Toronto Press, 2006.

substantielles réalisées entre 1940 et 1943 n'ont fait de l'Armée canadienne qu'une force en bonne forme physique, plutôt capable en défensive, mais aux capacités offensives très dépendantes des moyens matériels d'appui.

L'Armée allemande a mis plus de vingt ans — de la bataille de Verdun (1916) aux leçons tirées de la campagne de Pologne (1939) — pour intégrer les conséquences de l'emploi des mitrailleuses, d'une artillerie composée d'obusiers, de la motorisation des forces terrestres et de l'aviation, cela du niveau de l'escouade d'infanterie à celui des commandants des grandes formations opérationnelles et des chefs d'état-major. Dans les armées britanniques, en 1940-1941, on arrivait à peine à « accoucher », à mettre au monde dans la souffrance, une saine doctrine au niveau de la section d'infanterie. Pour que la doctrine change du tout au tout et à tous les niveaux, il aurait fallu qu'une véritable révolution conceptuelle survienne dans un contexte de faibles résistances institutionnelles. L'Armée canadienne de 1939 n'était pas une institution capable d'un tel bouleversement des mentalités. Tant et si bien que la performance des troupes et de leurs commandants, qui arrivent en masse sur les champs de bataille européens à partir de 1943, doit être jugée à partir du programme d'entraînement en vigueur depuis l'ouverture des hostilités[12], car ce qui est venu auparavant a presque entièrement été balayé sous le tapis en 1940-1941.

L'état-major canadien a eu beau réfléchir à la guerre moderne dès 1919, il n'est pas arrivé à la penser véritablement ni en 1939 ni en 1940, et encore plutôt mal en 1943 ou 1944. Puisque les troupes canadiennes ont passé les deux tiers (pour ceux qui ont fait campagne en Italie) voire les cinq sixièmes (pour ceux qui sont entrés en scène en Normandie) de la guerre à l'entraînement, il n'y a là rien d'un bilan reluisant. Ce résultat peu satisfaisant ne s'explique pas par la bêtise ou par l'ignorance, car les idées neuves circulaient. Mais les réformes ont manqué de hardiesse, n'ont pas été poussées avec assez de vigueur, ce qui fait que l'institution militaire canadienne a mal utilisé les premières années de la guerre et a finalement manqué de temps. Jamais on n'est arrivé à donner à une armée qui a grandi trop vite les nourritures spirituelles qui lui auraient permis de devenir l'être réflexif qu'il aurait fallu être pour affronter les épreuves qu'elle connaîtra de 1943 à 1945. Et certains membres de cet être se sont fort mal alimentés durant toute la guerre.

Avant 1940 ou 1941, la formation des officiers subalternes (des sous-officiers et des soldats aussi) est d'une simplicité… désarmante. Cela vaut pour l'Armée canadienne et toutes les armées du monde, sauf l'Armée allemande. Après, des progrès seront accomplis, de telle sorte que les officiers formés entre 1940-1941 et le milieu ou la fin de 1943 sont probablement les officiers canadiens les mieux préparés de l'histoire militaire canadienne avant l'arrivée sur un champ de bataille,

---

12. S. J. Harris écrit (*Canadian Brass : the making of a professional army, 1860-1939*, Toronto, University of Toronto Press, 1988, p. 210) : « little is to be gained by relating the performance of specific units (including those of the regular force) with the training they had received before the war ».

certainement mieux que leurs pairs de 1914-1916, et probablement mieux que les officiers de 1917-1918 pourtant très compétents. Il leur manquait juste un peu d'expérience, qu'ils auraient pu acquérir si les stages en Afrique du Nord avaient démarré plus tôt.

Les pertes, les promotions aussi, feront qu'à compter de l'automne 1944, l'infanterie canadienne manquera de subalternes aussi bien préparés. Heureusement, ceux qui entre-temps sont devenus commandants de compagnie, chefs de bataillon et brigadiers-généraux, comme les Dextraze, Bernatchez, Allard, Rockingham et d'autres, peuvent maintenir une performance acceptable en tirant le meilleur parti d'une nouvelle cohorte d'officiers hâtivement jetée au feu. La guerre approchant de sa fin, trop peu de ces chefs de bataillon et brigadiers ont pu accéder au niveau où les opérations sont planifiées, de sorte que malgré certains progrès, l'Armée canadienne est demeurée jusqu'à la fin une force gauche, manquant d'agilité. En définitive, à l'inexpérience des commandants de compagnie de Nissoria se conjugue la rigidité du commandement supérieur pour ralentir le tempo.

Du reste, l'histoire du maintien de l'efficacité au combat à partir de 1943 demanderait une approche plus totale que celle utilisée dans ce livre, plus qu'une observation de certaines idées tactiques et de certaines mœurs militaires.

Entre les deux guerres, on peut questionner la volonté d'apprendre à combattre de l'Armée canadienne ; après 1940, si les moyens ont été centuplés, la volonté de former au combat qui sont réellement menés en Europe continentale est encore en question. Mais alors, à quoi sert une armée dont la volonté d'apprendre semble limitée, et dont la capacité à le faire est mise en doute ?

Bibliographie et sources

✶ ✶ ✶

A. Documents d'archives (références complètes dans les notes)
Bibliothèques et Archives Canada
Journaux de guerre :
  Directorate of Military Training, avril 1941 à mai 1943.
  OTC No. 1, Brockville, Ont., mars 1941 à novembre 1944.
  OTC No. 2, Gordon Head, C.-B., octobre 1943.
  OTC No. 3, Trois-Rivières, Québec, novembre 1942 à septembre 1943.
  C.A.(Res)T.C. No. 44 et École S18, pré-OTC de Saint-Jérôme, Québec, septembre 1940 à septembre 1943.
  A31 Canadian Battle Drill School, mai-novembre 1942.
  S6 Junior Leaders School, Mégantic, Québec, décembre 1943.
  S17 Canadian Infantry School, Vernon, C.-B., octobre 1943 à janvier 1945.
  IIe Corps d'armée canadien, novembre 1944.
  1re Division d'infanterie canadienne, octobre 1939 à juin 1940.
  The Calgary Highlanders, octobre 1941 à février 1942.
  Royal 22e Régiment, septembre 1939 à février 1942.
CMHQ, Canadian Training School (Angleterre) :
  Dossier 2/BATTLE SCHOOL/1, /1/2, /1/4, /1/5, « Courses – Battle School », décembre 1941 à octobre 1943 (le dossier /1/3, *circa* octobre à décembre 1942, était manquant).
  Dossier 2/REPORTS/1, « Reports by Director of Military Training Canada » [dossiers et correspondance du DMT à la CTS], novembre 1940 à octobre 1943.
  Dossier 2/REPORTS/4, « Monthly Training Reports CDN. TRNG. SCHOOL », novembre 1941 à janvier 1943.
  Dossiers 5/INF SCHOOL/HQ/1/2 à HQ/1/5, « War Establishment – Cdn School of Infantry H.Q. », février à août 1943.
CMHQ, Censor Officer :
  Dossiers 4/CENSOR/4 à 4/CENSOR/4/11, rapports bihebdomadaires de la censure aux armées soumis par MI12, mars 1941 à février 1943.
Autre dossier CMHQ : 2/ATTACH/6, l'un des dossiers du personnel militaire britannique détaché au Canada (BAC, RG24, C-2, vol. 9763).
Dossiers divers :
  « Alleged treatment of French Canadians N.R.M.A. recruits at Vernon, B.C. Training Centre », BAC, RG24, C-1, bobine C-8376, dossier 8815-1.
  Directorate of Military Training (Canada) : dossier H.Q.S. 4729, « Inspection by D.M.T. Generally », vol. 1-4 (juin 1941 à avril 1944)
  « STATISTICS – Commissions By Month & Year of Appt 1939-1946 » (dossier Kardex 133.064(D4) transféré à BAC, RG24, vol. 18574).

Lieutenant-colonel G. G. Simonds [commandant du cours], « Report of the first Canadian Junior War Staff Course », dactylographié, Ford Manor Estate, 20 avril 1941, 13 p. (BAC, RG24, C-2, vol. 9 874).

Journal personnel de William Lyon Mackenzie King, mai-juin 1940 (en ligne sur le site de Bibliothèque et Archives Canada http://king.collectionscanada.ca/).

Ministère de la Défense nationale, Direction histoire et patrimoine, Ottawa
Fonds Patrick Capolupo (96/23) : interviews avec des anciens combattants de 1939-1945.

Collection « Kardex » :
« Battle drill – The shifting of tactics into high gear through the rapid execution of terse orders, based on drills which are designed to cope with any tactical problem. Lectures and Precis, originally assembled by 47th London Division – and printed by Calgary Highlanders C.A.(O) in England for use in 47th Div., G.H.Q., and Calgary Highlanders Battle Drill Schools in England (Oct. 1941) », 5e éd., Vernon (Colombie-Britannique), 27 janvier 1943, polycopié 8_ x 14, 244 p. (367.064(D1)).

« Notes on air co-operation », [6] p. et « Notes on the employment of aircraft when used in a close support role », 8 p., précédées d'une lettre de transmission signée par le lieutenant-colonel R.O.G. Morton pour le CGS datée du 3 mars 1941. (141.9.009(D21)).

« Progress report military training – 1942 », note de service adressée au CGS, dactylographié, 14 janvier 1943, [ii]-29 p. (112.3M3.009(D195)).

Syllabus de spécialisation, subalternes d'infanterie (171.009 (D143)).

Colonel J. K. Lawson, Director of Military Training, « Report on visit to the United Kingdom 11th Nov. 1940 – 4th Jan. 1941 », Ottawa, 30 janvier 1941, dactylographié, p. 8 (MDN, DHP, 112.3S2.009(D181)).

« Narrative – Directorate of MIL TRG 1939 to 1945 », s.d., 8 p. + annexes ; Max Bookman, « DMT draft preliminary historical narrative 1939-1944 », 10 p. deux rapports dactylographiés, [1945 ?], (112.3M3(D1)).

Collection PRF :
Major H. M. Logan, « History of A-30 C I T C (CA) – Camp Utopia », dactylographié, 6 p.

Collection « Subject Files » : « Division Size/Chart - U.S. & Canada » :
Dossiers BIOG : Dextraze, Jacques Alfred
                Pope, Maurice

Rapports historiques :
« Closing exercices, Second course, Canadian O.C.T.U. – Training of junior officers », CMHQ Report No. 21, avril 1941.

W. Boss, « Report No. 123, Historical Officer, Canadian Military Headquarters – Battle Drill Training », 31 août 1944, 15 p.

H. S. M. Carver, « Personnel selection in the Canadian Army : a descriptive study », Ottawa, National Defence Headquarters (Directorate of Personnel Selection), 1945, dactylographiée, [iv]-260.

J. M. Hitsman, « Selection and training of officers for the Canadian army overseas 1940-1945 », CMHQ Report No. 156, 1946.

J. C. Newlands, « The policy governing the finding and selection of officers for the C.A.S.F. (later C.A.(A.)) », AHQ Report No. 37.

C. P. Stacey, « Passing-out ceremony, Eight Course, Canadian Officer Cadet Training Unit, 7 Mar 42. Transfer of Canadian O.C.T.U. to Canada », CMHQ Report No. 63, 18 mars 1942.

C. P. Stacey, « Report No. 95, Historical Officer, Canadian Military Headquarters », Londres, 18 mars 1946.

B. Sources imprimées (collection de la DHP)
Publications officielles :
Canada, *Débats de la Chambre des communes*, mai-juin 1940 et avril-juillet 1942.
Canada, Ministère de la Défense nationale, *General Orders*, 1940, 1942.
Canada, Ministère de la Défense nationale, *Defence Forces List Canada (Naval, Military and Air Forces), Part I, November 1939*, Ottawa, Imprimeur du Roi, 1939.
Canada, Ministère de la Défense nationale, *Gradation List, Canadian Army, Active, December, 1942*, Ottawa, Imprimeur du Roi, 1943.
Canada, Ministère de la Défense nationale, *Gradation List Canadian Army, Active, June, 1943*, Ottawa, Imprimeur du Roi, 1943.
Canada, Ministère de la Défense nationale, *Gradation List, Canadian Army, Active, March, 1944*, Ottawa, Imprimeur du Roi, 1944.
Canada, Ministère de la Défense nationale, *Gradation List Canadian Army, Active, March 1945*, Ottawa, Imprimeur du Roi, 1945.
Canada, Ministère de la Défense nationale, *Report of the Department of National Defence for the fiscal year ending March 1923*, Ottawa, Imprimeur du Roi, 1923.
Canada, Ministère de la Défense nationale, *Report of the Department of National Defence for the fiscal year ending March 1925*, Ottawa, Imprimeur du Roi, 1925.
Canada, Ministère de la Défense nationale, *Report of the Department of National Defence, Canada for the Year ending March 31, 1936*, Ottawa, Imprimeur du Roi, 1936.
Canada, Ministère de la Défense nationale, *Report of the Department of National Defence, Canada for the Year ending March 31, 1937*, Ottawa, Imprimeur du Roi, 1937.
Canada, Ministère de la Défense nationale, *Report of the Department of National Defence, Canada for the Year ending March 31, 1938*, Ottawa, Imprimeur du Roi, 1938.
Canada, Ministère de la Défense nationale, *Report of the Department of National Defence, Canada for the Year ending March 31, 1939*, Ottawa, Imprimeur du Roi, 1939.
Canada, Ministère de la Défense nationale, *Report of the Department of National Defence Canada for the fiscal year ending March 31, 1940*, Ottawa, Imprimeur du Roi, 1940.
Canada, Ministère de la Défense nationale, *Report of the Department of National Defence Canada for the Year Ending March 31, 1942*, Ottawa, Imprimeur du Roi, 1942.
Canada, Ministère de la Défense nationale, *Report of the Department of National Defence for the Fiscal Year Ending March 31, 1943*, Ottawa, Imprimeur du Roi, 1943.
Canada, Ministère de la Défense nationale, *Report of the Department of National Defence Canada for the Year Ending March 31, 1944*, Ottawa, Imprimeur du Roi, 1944.
Canada, Ministère de la Défense nationale, *Report of the Department of National Defence for the fiscal year ending March 31, 1946*, Ottawa, Imprimeur du Roi, 1946.
Canada, Ministère de la Défense nationale, *Report of the Department of National Defence for the fiscal year ending March 31, 1947*, Ottawa, Imprimeur du Roi, 1947.
Canada, Ministère de la Défense nationale, *Ordonnances et règlements royaux applicables à la milice canadienne, 1939*.
Canada, Ministère de la Défense nationale, *Canadian Army Routine Orders*, 1939-1943.
Manuels de service en campagne et brochures d'instruction (la plupart de ces dernières dans les cartons FN de la DHP) :
Canadian Army Training Pamphlet No. 3 : principles and organization of training 1941, Ottawa, Imprimeur du Roi, 1941.
Canadian Army Training Pamphlet No. 8 : How to qualify, 1941, Ottawa, Imprimeur du Roi, 1941, 54 p.

Royaume-Uni, War Office, *Field Service Regulations*, Londres, HMSO :
Vol. I : *Organization and administration 1930*, éd. canadienne 1942 ;
Vol. II : *Operations – General 1935*, éd. canadienne 1941 ;
Vol. III : *Operations – Higher formations 1935*, éd. orig. 1936.
Royaume-Uni, War Office, *Infantry training, Vol. I : training 1932*. Londres HMSO, 1932, 277 p. *Infantry training Vol. II : war 1931*. Londres, HMSO, 1931, 260 p.
Canada, ministère de la Défense nationale, *Instruction de l'infanterie, 1937. Supplément : notions de tactiques à l'intention des commandants de peloton 1941/Infantry training, 1937. Supplement : tactical notes for platoon commanders 1941*, éd. bilingue canadienne mise à jour, [Ottawa, Défense nationale], octobre 1942 (d'après l'éd. brit., Londres, His Majesty's Stationery Office, 1941).
Canada, ministère de la Défense nationale, *Instruction de l'infanterie, partie I : le bataillon d'infanterie 1944 / Infantry training, part I : the infantry battalion 1944*, éd. bilingue canadienne, octobre 1944, 114 p. (d'après l'éd. orig. brit. du 15 janvier 1944).
Canada, ministère de la Défense nationale, *Instruction de l'infanterie, partie VIII : Exercices de service en campagne, exercices de combat, tactique de section et de peloton, 1944/Infantry training, part VIII : fieldcraft, battle drill, section and platoon tactics 1944*, éd. bilingue canadienne d'août 1944 (d'après l'éd. brit. du 4 mars 1944).
Notes on elementary military administration and organization, Toronto, The University of Toronto Press, 1941, [iii]-68 p. [brochure à l'intention des étudiants du COTC]
Périodiques :
Canadian Defence Quarterly, vol. I-XVI (1923-1939), revue trimestrielle semi-officielle.
Mémorandum pour l'instruction de l'Armée canadienne, éd. française du *Canadian Army Training Memoradum*, Ottawa, ministère de la Défense nationale, n°s 1-62 (avril 1941 à mai 1946).
Presse officielle : *Supplement to the London Gazette*, en ligne à <www.gazettes-online.co.uk/index.asp?webType=0>, rapports sur les campagnes d'avril à juin 1940.
Journaux : *Le Devoir* (10 mai au 7 juin 1940), *The Gazette* (10-27 mai 1940), *The Globe and Mail* (10-17 mai 1940), *The Ottawa Evening Citizen* (10-23 mai 1940), *Le Petit Journal* (mai-juin 1940), *La Presse* (10 mai au 24 juin 1940), *The Winnipeg Free Press* (10-18 mai 1940).

C. Livres

Lord Alanbrooke, *War diaries 1939-1945*, éd. non expurgée préparée par Alex Danchev et Daniel Todman, Phoenix Press, 2002 (2001), lii-763 p.

Jean V. Allard et Serge Bernier, *Mémoires du général Jean V. Allard*, Ottawa, Les Éditions de Mortagne, 1985, 533 p.

Elizabeth H. Armstrong, *Le Québec et la crise de la conscription 1917-1918*, Montréal, VLB éditeur, 1998, 295 p.

Tony Ashworth, *Trench warfare 1914-1918 : the live and let live system*, Londres, Pan Books, 2000 (1980), xiii-266 p.

Louis-Philippe Audet, *Histoire de l'enseignement au Québec, tome 2 : 1840-1971*, Montréal et Toronto, Holt Rinehart et Winston, 1971, XII-496 p.

W. C. S. Barnes, *Canada and the science of ballistics 1914-1945*, Ottawa, Musées nationaux du Canada, 1985, vii-87 p.

Niall Barr, *The pendulum of war : the three battles of El Alamein*, Londres, Pimlico, 2005 (2004), xliii-531 p.

Jacques Benoist-Méchin, *Soixante jours qui ébranlèrent l'Occident*, Paris, Albin Michel 1956, 2 vol.

David Bercuson, *Battalion of heroes : the Calgary Highlanders in World War II*, Calgary, le Régiment, 1994, xvi-297 p.

David J. Bercuson et J. L. Granatstein, *Dictionary of Canadian military history*, Toronto, Oxford University Press, 1992, [iii]-248 p.

Serge Bernier, *Le Royal 22e Régiment, 1914-1999*, Montréal, Art Global, 1999, 455 p.

Lita-Rose Betcherman, *Ernest Lapointe : Mackenzie King great Quebec's lieutenant*, Toronto, University of Toronto Press, 2002, x-426 p.

Shelford Bidwell, *Gunners at war : a tactical study of the Royal Artillery in the twentieth century*, Londres, Arrow Books, 1972 (1970), 256 p.

Will R. Bird, *North Shore (New Brunswick) Regiment*, Fredericton, Brunswick Press, 1963, 629 p.

Jeremy Black, *World War Two : a military history*, Londres, Routledge, 2003, xvi-299 p.

George G. Blackburn, *Where the hell are the guns ? A soldier's eyes view of the anxious years, 1939-44*, Toronto, McClelland and Stewart, 1999 (1997), xiv-439 p.

Marc Bloch, *L'étrange défaite. Témoignage écrit en 1940*, Paris, Éditions Gallimard, 1990, 328 p.

Marc Bloch, *L'histoire, la guerre, la Résistance*, éd. établie par Annette Becker et Étienne Bloch, Paris, Éditions Gallimard, 2006, lxxi-1095 p.

Joanna Bourke, *An intimate history of killing : face-to-face killing in twentieth-century warfare*, Londres, Granta Books, 2000 (1999), xi-564 p.

E. L. M. Burns, *General Mud : memoirs of two world wars*, Toronto, Clarke Irwin, 1970, xii-254 p.

E. L. M. Burns, *Manpower in the Canadian Army, 1939-1945*, Toronto, Clarke Irwin & Company, 1956, xiv-184 p.

Michael Carver, *Britain's Army in the 20th century*, Londres, Pan Books/Imperial War Museum, 1999 (1998), xx-550 p.

Jacques Castonguay et Armand Ross, *Le Régiment de la Chaudière*, Lévis, le Régiment, 1983, 644 p.

Blaise Cendrars, *Tout autour d'aujourd'hui, tome 13 : Panorama de la pègre, à bord de Normandie, Chez l'armée anglaise*, Paris, Éditions Denoël, 2006, xxxii-445 p.

J.-H. Chaballe et Pierre Daviault (dir.), *Military dictionary English-French/French-English – Dictionnaire militaire anglais-français/français-anglais*, Ottawa, Imprimeur du Roi, 1945, xix-1016 p.

Robert M. Citino, *The path to blitzkrieg : doctrine and training in the German Army, 1920-1939*, Boulder, Lynne Rienner Publishers, 1999, ix-281 p.

Robert M. Citino, *Quest for decisive victory : from stalemate to Blitzkrieg in Europe, 1899-1940*, Lawrence, University Press of Kansas, 2002, xix-372 p.

Robert Comeau et Serge Bernier (dir.), *Dix ans d'histoire militaire en français au Québec. Actes du 10e colloque en histoire militaire tenu à l'UQAM les 10, 11 et 12 novembre 2004*, Montréal, Chaire Hector-Fabre d'histoire du Québec, 2005, 216 p.

Terry Copp, *Cinderella Army : the Canadians in northwest Europe, 1944-1945*, Toronto, University of Toronto Press, 2006, xi-407 p.

Terry Copp, *Fields of Fire : the Canadians in Normandy. The 1998 Joanne Goodman Lectures*, Toronto, University of Toronto Press, 2004 (2003), xv-344 p.

Terry Copp (dir.), *Montgomery's scientists : operational research in Northwest Europe. The work of No. 2 Operational Research Section with 21 Army Group, June 1944 to July 1945*, Waterloo, Wilfrid Laurier University, 1999, 478 p.

Terry Copp et Bill McAndrew, *Battle exhaustion : soldiers and psychiatrists in the Canadian Army, 1939-1945*, Montréal et Kingston, McGill-Queen's University Press, 1990, xxiv-249 p.

James R. Corum, *The Luftwaffe : creating the operational air war, 1918-1940*, Lawrence, University Press of Kansas, 1997, ix-378 p.

James R. Corum, *The roots of Blitzkrieg : Hans von Seeckt and German military reform*, Lawrence, University Press of Kansas, 1992, xviii-274 p.

Hervé Coutau-Bégarie, *Traité de stratégie*, Paris, Économica, 1999, 1005 p.

Jeremy A. Crang, *The British Army and the People's War, 1939-1945*, Manchester, Manchester University Press, 2000, ix-161 p.

Jean-Louis Crémieux-Brillac, *Les Français de l'an 40*, Paris, Éditions Gallimard, 1990, 2 vol.

Martin Van Creveld, *The training of officers, from military professionalism to irrelevance*, New York et Londres, The Free Press et Collier Macmillan, 1990, ix-134 p.

Mike Croll, *The history of landmines*, Barnsley, Leo Cooper, 1998, ix-164 p.

Len Deighton, *Blitzkrieg : from the rise of Hitler to the fall of Dunkirk*, Londres, Pimlico, 1993 (1973), xxii-295 p.

Douglas D. Delaney, *The soldiers' general : Bert Hoffmeister at war*, Vancouver, UBC Press, 2005, xvi-299 p.

Robert Allan Doughty, *The Breaking point : Sedan and the fall of France, 1940*, Hamden (Conn.), Archon Books, 1990, xiv-374 p.

W. A. B. Douglas et al., *Parmi les puissances navales. Histoire officielle de la Marine royale du Canada pendant la Deuxième Guerre mondiale, 1939-1943, volume 2, partie 2*, St. Catherines, Vanwell Publishing, 2007, xvii-680 p.

Lucien A. Dumais, *Un Canadien français à Dieppe*, Paris, Éditions France-Empire, 1968, 285 p.

Raymond Dumay, *Mon visage le plus calme et autres journaux de guerre*, Paris, La Table Ronde, 2006, ix-291 p.

James Eayrs, *In defence of Canada from the Great War to the depression*, Toronto, University of Toronto Press, 1967 (1964), xiv-382 p.

Antulio J. Echevarria, *After Clausewitz : German military thinkers before the Great War*, Lawrence, University Press of Kansas, 2000, ix-346 p.

John English [homonyme de l'historien militaire qui suit], *Trudeau, citoyen du monde, tome 1 : 1919-1968*, Montréal, Les Éditions de l'Homme, 2006, 542 p.

John A. English, *Failure in high command : the Canadian Army and the Normandy campaign*, Ottawa, The Golden Dog Press, 1995 (1991), xix-347 p.

John A. English, *On infantry*, New York, Praeger, 1984 (mise à jour de *A perspective on infantry*, 1981), xxii-284 p.

John A. English et Bruce I. Gudmundsson, *On infantry*, Westport (Conn.), Praeger, 1994, viii-201 p.

Patrick Facon, *L'Armée de l'air dans la tourmente : la bataille de France 1939-1940*, Paris, Éditions Économica, 2005, 305 p.

Roy Farran, *The History of the Calgary Highlanders 1921-54*, [Calgary], le Régiment, [1954 ?], ix-222 p.

Anthony Farrar-Hockley, *Infantry tactics 1939-1945*, Londres, Almark Publishing, 1976, 71 p.

Charley Forbes, *Fantassin pour mon pays, la gloire et... des prunes*, Québec, Septentrion, 1994, 451 p.

William D. Forstchen, *Honor tarnished : a West Point graduate's memoir of World War II*, New York, Tom Doherty Associates, 2003, 304 p.

David Fraser, *And we shall shock them : the British Army in the Second World War*, Londres, Cassell, 1999 (1983), xiii-429 p.
David Fraser, *Wars and shadows : memoirs of general Sir David Fraser*, Londres, Penguin Books, 2003 (2002), viii-328 p.
David French, *Raising Churchill's Army : the British Army and the war against Germany, 1919-1945*, Oxford, Oxford University Press, 2001 (2000), xii-319 p.
Karl-Heinz Frieser, *Le mythe de la guerre-éclair : la campagne de l'Ouest de 1940*, Paris, Éditions Belin, 2003 (éd. orig. allemande 1995), 480 p.
J. F. C. Fuller, *The Army in my time*, réimpr., Cranbury (N.J.), The Scholar's Bookshelf, nouv. éd. 2006 (1re éd. brit., 1935), [ix]-246 p.
Paul Fussell, *À la guerre : psychologie et comportements pendant la Seconde Guerre mondiale*, Paris, Éditions du Seuil, 2003 (1989), 417 p.
Paul Fussell, *The boy's crusade : the American infantry in northwestern Europe, 1944-1945*, New York, The Modern Library, 2003, xix-184 p.
Paul Fussell, *The Great War and modern memory*, Oxford, Oxford University Press, 2000 (1975), xiii-368 p.
Azar Gat, *A history of military thought, from the Enlightenment to the Cold War*, Oxford, Oxford University Press, 2001, xiii-890 p.
Strome Galloway, *The general who never was*, Belleville (Ont.), Mika Publishing Company, 1981, 256 p.
Strome Galloway, *With the Irish against Rommel : a diary of 1943*, Langley (C.-B.), Battleline books, 1984, viii-182 p.
Richard et Philippe Garon, *Le 6e Régiment d'artillerie de campagne*, Lévis, le Régiment, 2002, xvi-470 p.
Romain Gary, *La promesse de l'aube*, Paris, Éditions Gallimard, 2003, 393 p.
J. Guy Gauvreau *et al.*, *Les Fusiliers Mont-Royal, 1869-1969*, Montréal, Éditions du Jour, 1971, 416 p.
Jacob de Gheyn, *The Renaissance drill book*, Londres, Greenhill Books, 2003 (1re éd. 1607), 247 p.
André Gide, *Journal*, Paris, Éditions Gallimard (coll. La Pléiade), 1996-1997, 2 vol.
Arthur Gladu, *Tel que j'étais...*, Montréal, Hexagone, 1988, 188 p.
Jacques Gouin, *Lettres de guerre d'un Québécois (1942-1945)*, Montréal, Éditions du Jour, 1975, 343 p.
Dominick Graham, *The price of command : a biography of general Guy Simonds*, Toronto, Stoddart, 1993, xv-345 p.
J. L. Granatstein, *The generals : the Canadian Army's senior commanders in the Second World War*, Toronto, Stoddart, 1993, xiv-370 p.
Jean-Yves Gravel, *L'armée au Québec (1868-1900) : un portrait social*, Montréal, Boréal Express, 1974, 159 p.
Jean-Yves Gravel (dir.), *Le Québec et la guerre 1867-1960*, Montréal, Boréal Express, 1974, 175 p.
Jean-Yves Gravel, *Les soldats-citoyens : histoire du Régiment de Trois-Rivières, 1871-1978*, Trois-Rivières, Éditions du Bien Public, 1981, 153 p.
Brereton Greenhous, « C » *Force to Hong Kong : a Canadian catastrophe, 1941-1945*, Toronto, Dundurn Press, 1997, vii-160 p.
Brereton Greenhous, *Dieppe, Dieppe*, Montréal, Art Global, 1992, 157 p.

Brereton Greenhous, *Dragoon : the centennial history of The Royal Canadian Dragoons, 1883-1983*, Belleville), Guild of the Royal Canadian Dragoons, 1983, xiii-557 p.

Heinz Guderian, *Achtung-Panzer ! The development of armoured forces, their tactics and operational potential*, Londres, Arms and Armour, 1996 (éd. orig. allemande 1937), 220 p.

Nigel Hamilton, *The Full Monty, volume I : Montgomery of Alamein 1887-1942*, Londres, Allen Lane, xli-902 p.

Max Hastings, *Armageddon : the battle for Germany, 1944-1945*, New York, Alfred A. Knopf, 2004, xxiii-584 p.

Max Hastings, *Overlord : D-Day and the battle for Normandy*, New York, Vintage Books, 2005 (1984), 368 p.

Stephen J. Harris, *Canadian Brass : the making of a professional army, 1860-1939*, Toronto, University of Toronto Press, 1988, [xviii]-271 p.

Richard Harrison, *The Russian way of war 2001 : operational art, 1904-1940*, Lawrence, University Press of Kansas, xi-351 p.

Stephen Ashley Hart, *Montgomery and « colossal cracks » : the 21st Army Group in northwest Europe, 1944-45*, Westport, Praeger, 2000, xv-229 p.

Russell A. Hart, *Clash of arms : how the Allies won in Normandy*, Boulder, Lynne Rienner Publishers, 2001, xviii-469 p.

J. P. Harris, *Men, ideas and tanks : British military thought and armoured forces, 1903-1939*, Manchester, Manchester University Press, 1995, viii-342 p.

Timothy Harrison Place, *Military training in the British Army, 1940-1944 : from Dunkirk to D-Day*, Londres, Frank Cass, 2000, xii-227 p.

Ronald Haycock et Keith Neilson (dir.), *Men, machines, and war*, Waterloo, Wilfrid Laurier University, 1988, xx-219 p.

Bernd Horn et Stephen Harris (dir.), *Chefs guerriers : perspectives concernant les militaires canadiens de haut niveau*, Toronto, Dundurn Press, 2002, 412 p.

Bernd Horn et Stephen J. Harris (dir.), *La fonction de général et l'art de l'amirauté : perspectives du leadership militaire canadien*, Toronto, Dundurn Press, 2002, 583 p.

Alistair Horne, *Comment perdre une bataille, France 1940*, Paris, Presses de la Cité, 1969, 491 p.

Jonathan M. House, *Combined arms warfare in the twentieth century*, Lawrence, University Press of Kansas, 2001, xviii-364 p.

Julian Jackson, *The fall of France : the Nazi invasion of 1940*, Oxford, Oxford University Press, 2003, xviii-274 p.

Bill Johnston, *A war of patrols : Canadian Army operations in Korea*, Vancouver, UBC Press, 2003, xx-426 p.

Ernst Jünger, *Le bocqueteau 125*, Paris, Payot/Rivages, 1995, 231 p.

Ernst Jünger, *Jardins et routes. Journal I, 1939-1940*, Paris, Christian Bourgois éditeur, 1995 (1942), 255 p.

J. de N. Kennedy, *History ot the Department of Munitions and Supply*, Ottawa, Imprimeur du Roi, 1950, 2 vol.

A. J. Kerry et W. A. McDill, *The history of the Corps of Royal Canadian Engineers*, Ottawa, The Military Engineers Association of Canada, 1962-1966, 2 vol.

Peter S. Kindsvatter, *American soldiers : ground combat in the World Wars, Korea, and Vietnam*, Lawrence, University Press of Kansas, 2003, xxii-432 p.

Thomas S. Kuhn, *La structure des révolutions scientifiques*, trad. de Laure Meyer, Paris, Flammarion, 1983 (d'après l'éd. revue de 1970), 284 p.

Florent Lefebvre, Elizabeth H. Armstrong et R. B. Oglesby, *La presse canadienne et la Deuxième Guerre mondiale*, recueil de trois textes présentés par Claude Beauregard, Serge Bernier et Edwidge Munn, Ottawa, ministère de la Défense nationale, 1997, 189 p.

Roch Legault (dir.), *Le leadership militaire canadien-français : continuité, efficacité et loyauté*, Toronto, Dundurn Press, 2007, 366 p.

Christine Levisse-Touzé (dir.), *La campagne de 1940*, actes d'un colloque tenu du 16 au 18 novembre 2000, Paris, Éditions Tallandier, 2001, 585 p.

Jonathan Littell, *Les Bienveillantes*, Paris, Éditions Gallimard, 2006, 907 p.

John Lukacs, *Five days in London, May 1940*, New Haven, Yale University Press, 2001 (1999), xvi-236 p.

George S. MacDonell, *One soldier's story 1939-1945, from the fall of Hong Kong to the defeat of Japan*, Toronto, Dundurn Press, 2004, 202 p.

John MacFarlane, *Ernest Lapointe and Quebec's influence on Canadian foreign policy*, Toronto, University of Toronto Press, 1999, 270 p.

Marie-Victorin [frère des Écoles chrétiennes], *Mon miroir : journaux intimes 1903-1920*, Montréal, Éditions Fides, 2004, 814 p.

John Marteinson et Michael R. McNorgan, *Le Corps blindé royal canadien : une histoire illustrée*, [Toronto], Robin Brass Studio, 2001, 446 p.

G. D. Matthews, *Soldiers in battle*, éd. canadienne, Toronto, Macmillan, 1941.

Philippe Masson, *La Seconde Guerre mondiale*, Paris, Tallandier, 2003, 797 p.

Ernest R. May, *Strange defeat : Hitler's conquest of France*, New York, Hill and Wang, 2000, viii-594 p.

Bill McAndrew, *Les Canadiens et la Campagne d'Italie, 1943-1945*, Montréal, Art Global, 1996, 167 p.

A. G. L. McNaughton, *The development of artillery in the Great War...*, s.n., [194?], 56 p.

Henri Michel, *La Seconde Guerre mondiale*, Paris, Presses universitaires de France, 1968.

Desmond Morton, *Une histoire militaire du Canada, 1608-1991*, Québec, Les éditions du Septentrion, 1992, 415 p.

John Mosier, *The blitzkrieg myth : how Hitler and the Allies misread the strategic realities of World War II*, New York, HarperCollins, 2003, 400 p.

Farley Mowat, *And no birds sang*, éd. revue, Toronto, Key Porter Books, 2003, 243 p.

Williamson Murray et Allan R. Millett, *A war to be won : fighting the Second World War*, Cambridge, The Belknap Press of Harvard University Press, 2000, xiv-656 p.

Williamson Murray et Allan R. Millett (dir.), *Military effectiveness, volume II : the interwar period* et *Military effectiveness, volume III : the Second World War*, Boston, Allen & Unwin, 1988, [xix]-375 p.

Max et Monique Nemni, *Trudeau, fils du Québec, père du Canada, tome 1 : les années de jeunesse – 1919-1944*, Montréal, Les Éditions de l'Homme, 2006, 446 p.

G. W. L. Nicholson, *Gunners of Canada : the history of the Royal Regiment of Canadian Artillery, volume II, 1919-1967*, Toronto et Montréal, McClelland and Stewart, 1972, 2 vol.

G. W. L. Nicholson, *Histoire officielle de la participation de l'Armée canadienne à la Seconde guerre mondiale, volume II : les Canadiens en Italie, 1943-1945*, Ottawa, Imprimeur de la Reine, 1960, xv-851 p.

On the German Art of War : Truppenführung, trad. par Bruce Condell et David T. Zabecki, Boulder, Lynne Rienner Publishers, 2001, xvi-303 p.

George Orwell, *Why I write* [et autres essais], Londres, Penguin Books, 2004, 120 p.

Robert R. Palmer, Bell I. Wiley et William R. Keast, *United States Army in World War II, the Army Ground Forces : the procurement and training of ground combat troops*, Washington (D.C.), Department of the Army, 1948, xi-696 p.

J. René Paquette *et al.*, *Cent ans d'histoire d'un régiment canadien-français : les Fusiliers Mont-Royal 1869-1969*, Montréal, Les Éditions du jour, 1971, 416 p.

Jean Pariseau et Serge Bernier, *Les Canadiens français et le bilinguisme dans les Forces armées canadiennes, tome I, 1763-1969 : le spectre d'une armée bicéphale*, Ottawa, ministère de la Défense nationale, 1987, xxvii-468 p.

Lester B. Pearson, *Mike : the memoirs of the Right Honourable Lester B. Pearson, volume I, 1897-1948*, Toronto, University of Toronto Press, xxii-301 p.

Guy Pedroncini (dir.), *Histoire militaire de la France 3 – De 1871 à 1940*, Paris, Presses universitaires de France, 1997 (1992), 518 p.

Willam Henry Pope, *Leading from the front : the war memoirs of Harry Pope*, Waterloo, The Laurier Centre for Military Strategic and Disarmament Studies – Wilfrid Laurier University, 2002, xxiv-248 p.

Maurice A. Pope, *Soldiers and politicians : the memoirs of Lt.-Gen. Maurice A. Pope, C.B., M.C.*, Toronto, University of Toronto Press, 1962, xi-462 p.

Richard Arthur Preston, *Au service du Canada : histoire du Royal Military College depuis la Deuxième Guerre mondiale*, Ottawa, Les Presses de l'Université d'Ottawa, 1992, xix-268 p.

Richard Arthur Preston, *Canada's RMC : a history of the Royal Military College*, Toronto, The University of Toronto Press, 1969, [xvii]-415p.

Kenneth Radley, *We lead, others follow : First Canadian Division 1914-1918*, St. Catherines, Vanwell Publishing, 2006, xix-415 p.

Bill Rawling, *Ottawa's sapper : a history of 3rd Field Engineer Squadron*, [Ottawa], Canadian Military Engineer Museum, 2002, 224 p.

Bill Rawling, *Survivre aux tranchées : l'Armée canadienne et la technologie (1914-1918)*, Montréal, Athéna éditions, 2004 (1992), 305 p.

Bill Rawling, *Technicians of battle : Canadians field engineering from pre-Confederation to the post-Cold War era*, Toronto, Military Engineering Institute of Canada, 2001, xix-367 p.

Brian Holden Reid, *J. F. C. Fuller : military thinker*, New York, St. Martin's Press, 1987, xiii-283 p.

Béatrice Richard, *La mémoire de Dieppe : radioscopie d'un mythe*, Montréal, VLB éditeur, 2002, 205 p.

Charles Ritchie, *The siren years : a Canadian diplomat abroad, 1937-1945*, Toronto, McClelland and Stewart, 2001 (1974), xii-244 p.

Erwin Rommel, *La guerre sans haine : victoire en Afrique, février 1941 – septembre 1942*, éd. préparé par Manfred Rommel *et al.*, Paris, Hachette, coll. « Le meilleur livre d'histoire », s.d., 287 p.

Erwin Rommel, *Infantry attacks*, nouv. éd., Londres, Greenhill Books, 1990 (éd. orig. allemande 1937), xix-264 p.

Frédéric Rousseau, *La guerre censurée : une histoire des combattants de 14-18*, Paris, Seuil, 2003, 465 p.

Jean-Louis Roux, *Nous sommes tous des acteurs*, Montréal, Éditions Lescop, 1998, 505 p.

Reginald H. Roy, *Débarquement et offensive des Canadiens en Normandie*, Montréal, Éditions du Trécarré, 1986 (1984), 471 p.

Reginald H. Roy, *Sherwood Lett : his life and times*, Vancouver, UBC Alumni Association, 1991, xv-180 p.

Reginald H. Roy, *For most conspicuous bravery : a biography of major-general George R. Pearkes, V.C., thorough two world wars*, Vancouver, University of British Columbia Press, 1977, xiv-388 p.

Antoine de Saint-Exupéry, *Écrits de guerre, 1939-1944*, éd. rev., Paris, Éditions Gallimard, 1994, 520 p.

Antoine de Saint-Exupéry, *Pilote de guerre*, Paris, Éditions Gallimard, 2001 (1942), 222 p.

Hélie de Saint Marc et August von Kageneck, *Notre histoire (1922-1945) : conversation avec Étienne de Montety*, Paris, Éditions J'ai lu, 2004 (2002), 287 p.

Ernst Von Salomon, *Le destin de A.D. : un homme dans l'ombre de l'Histoire*, Paris, Gallimard, coll. « L'Imaginaire », 2002 (éd. orig. allemande 1960), 222 p.

Martin Samuels, *Command or control ? Command, training and tactics in the British and German armies, 1888-1918*, Londres, Frank Cass, 1995, ix-339 p.

Jean-Paul Sartre, *Lettres au Castor et à quelques autres ** 1940-1963*, éd. établie par Simone de Beauvoir, Paris, Gallimard, 1983, 369 p.

Bernard Schnetzler, *Les erreurs stratégiques du IIIe Reich pendant la Deuxième Guerre mondiale*, 3e éd., Paris, Économica, 2003, 277 p.

Shane Schreiber, *Shock army of the British empire : the Canadian Corps in the last 100 days of the Great War*, Westport, Praeger, 1997, xvi-164 p.

Ben Shepard, *A war of nerves : soldiers and psychiatrists in the twentieth century*, Londres, Jonathan Cape, 2000, xxiii-486 p.

William L. Shirer, *La chute de la IIIe République : une enquête sur la défaite de 1940*, Paris, Hachette, 1990 (éd. orig. 1969), 1047 p.

E. B. Sledge, *With the old breed at Peleliu and Okinawa*, préf. de Paul Fussell, New York, Oxford University Press, 1990 (1981), xxiv-326 p.

Wilfred I. Smith, *Code word CANLOAN*, Toronto, Dundurn Press, 1992, xii-346 p.

C. P. Stacey, *Armes, hommes et gouvernements*, Ottawa, ministère de la Défense nationale, 1970, vi-747 p.

C. P. Stacey, *Histoire officielle de la participation de l'armée canadienne à la Seconde Guerre mondiale, volume I. Six années de guerre : l'armée au Canada, en Grande-Bretagne et dans le Pacifique*, Ottawa, Imprimeur de la Reine, 1966, xiii-652 p.

C. P. Stacey, *Histoire officielle de la participation de l'Armée canadienne à la Seconde Guerre mondiale. La campagne de la victoire. Les opérations dans le nord-ouest de l'Europe, 1944-1945*, Ottawa, Imprimeur de la Reine, 1960, xiii-837 p.

C. P. Stacey, *Introduction à l'étude de l'histoire militaire à l'intention des étudiants canadiens*, 6e éd., 4e rév., n.d., Ottawa, Quartier général des Forces canadiennes, vi-168 p.

C. P. Stacey et Barbara M. Wilson, *The half-million : the Canadians in Britain, 1939-1946*, Toronto, University of Toronto Press, 1987, xii-198 p.

G. R. Stevens, *The Royal Canadian Regiment, Volume Two, 1933-1966*, London, London Printing and Lithographing, 1967, xii-420 p.

G. R. Stevens, *Princess Patricia's Canadian Light Infantry, 1919-1957*, Montréal, Southam Printing, s.d., p.

Michael D. Stevenson, *Canada's greatest wartime muddle : National Selective Service and the mobilization of human resources during World War II*, Montréal et Kingston, McGill-Queen's University Press, 2001, 235 p.

John Swettenham, *McNaughton, volume I 1887-1939*, Toronto, The Ryerson Press, 1968, 3 vol.

John Terraine, *The right of the line : the Royal Air Force in the European War, 1939-1945*, Ware, Wordsworth Editions, 1998 (1985), xix-841 p.

Tim Travers, *The killing ground : the British Army, the western front and the emergence of modern warfare 1900-1918*, Barnsley), Pen & Sword Books, 2003 (1987), xxiii-309 p.

Thomas-Louis Tremblay, *Journal de guerre (1915-1918)*, éd. établie par Marcelle Cinq-Mars, Montréal, Athéna éditions, 2006, 331 p.

Yves Tremblay, *Volontaires : des Québécois en guerre, 1939-1945*, Montréal, Athéna éditions, 200), 144 p.

Yves Tremblay (dir.), *L'histoire militaire canadienne depuis le XVIIe siècle. Actes du Colloque d'histoire militaire canadienne, Ottawa, 5-9 mai 2000*, Ottawa, ministère de la Défense nationale, [2001], vi-591 p.

Yves Tremblay, Roch Legault et Jean Lamarre (dir.), *L'éducation des militaires canadiens*, Montréal, Athéna éditons, 2004, 263 p.

Jonathan Vance, *Death so noble : memory, meaning and the First World War*, Vancouver, UBC Press, 1997, xv-319 p.

Pierre Vennat, *Dieppe n'aurait pas dû avoir lieu*, Montréal, Éditions du Méridien, 1991, 199 p.

Brian Loring Villa, *Unauthorized action : Mountbatten and the Dieppe raid*, Toronto, Oxford University Press, 1990, xiii-314 p.

Hubert de Wailly, *1940 : l'effondrement*, Paris, Librairie Académique Perrin, 2000, 411 p.

John F. Wallace, *Dragons of Steel : Canadian armour in two world wars*, Burnstown, General Publishing House, 1995, 283 p.

Evelyn Waugh, *The diaries of Evely Waugh*, éd. préparée par Michael Davie, Londres, Phoenix, 1995 (1976), xii-820 p.

Evelyn Waugh, *Officiers et gentlemen*, Paris, Éditions U.G.E. 10/18, 1998 (1955), 380 p.

John S. Weeks, *A history of anti-tank warfare*, New York, Mason/Charter, 1975, p.

Jeffery Williams, *Far from home : a memoir of a twentieth-century soldier*, Calgary, University of Calgary Press, 2003, x-374 p.

Clara E. Worthington, *"Worthy" : a biography of major-general F. F. Worthington, C.B., M.C., M.M.*, Toronto, The Macmillan Company of Canada, 1961, 236 p.

Peter Young, *The world almanach of World War II*, 1re éd. rev., Londres, Bison Books, 1987 (1981), 514 p.

Stefan Zweig, *Journaux 1912-1940*, trad. de Jacques Legrand, Paris, Librairie Générale Française, 1995, 475 p.

D. Articles de revues

Martin S. Alexander, « After Dunkirk : the French Army's performance against "Case Red", 25 May to 25 June 1940 », *War in History*, vol. 14, n° 2, avril 2007, p. 219-264.

John Black, « De comptable agréé à professeur d'université : la vie en temps de paix et en temps de guerre de Robert Randolph Thompson, professeur de comptabilité et de gestion scientifique à l'Université McGill de 1921 à 1943 », *Bulletin de doctrine et d'instruction de l'Armée de terre*, vol. 6, n° 3, automne-hiver 2003, p. 47-54.

Néstor Cerdá, « The road to Dunkirk : British intelligence and the Spanish Civil War », *War in History*, vol. 13, n° 1, janvier 2006, p. 42-64.

David French, « The mechanization of the British cavalry between the world wars », *War in History*, vol. 10, n° 3, juillet 2003, p. 296-320.

Strome Galloway, « Between the wars with the Canadian militia », *Esprit de Corps*, vol. 10, n° 5, mars 2003, p. 19-20 ; 10, n° 6, avril 2003, p. 19-20.

Jamie Hammond, « La plume avant l'épée : développer une pensée sur les forces mécanisées au Canada », *Revue militaire canadienne*, vol. 1, n° 2, été 2000, p. 95-104.

Heinrich von Lüttwitz, « Normandie 1944 : la bataille vue par le "patron" de la 2. Panzer-Division », *Batailles et blindés. Histoire de la guerre mécanisée et des engins militaires*, n° 13, avril 2006, p. 6-15.

Bill McAndrew, « Doctrine canadienne : continuités et discontinuités », *Le Bulletin de doctrine et d'instruction de l'armée de terre/The Army Doctrine and Training Bulletin*, vol. 4, n° 3, automne 2001, p. 44-50.

Brian Mockenhaupt, « The army we have », *The Atlantic Monthly*, vol. 299, n° 5, juin 2007, p. 87-99.

R. J. M. Porter, « Higher Command and Staff course Staff Ride Paper : As the experience of the French and German Armies in 1940 demonstrates, doctrine not equipment is the key to success in modern warfare. Discuss », *Defence Studies*, vol. 3, n° 1, printemps 2003, p. 136-147.

Bill McAndrew, « Fire or movement ? Canadian tactical doctrine, Sicily – 1943 », *Military Affairs*, vol. 51, n° 3, juillet 1987, p. 142-143.

Béatrice Richard, « La participation des soldats canadiens-français à la Deuxième Guerre mondiale : une histoire de trous de mémoire », dans *Bulletin d'histoire politique*, n° spécial, vol. 3, n°s 3-4, printemps-été 1995, p. 383-396.

John N. Rickard, « Une étude de cas sur le perfectionnement professionnel : la préparation de McNaughton à assumer le haut commandement au cours de la Deuxième Guerre mondiale », *Le Journal de l'Armée du Canada* (traduction loufoque de *The Canadian Army Journal*), vol. 9, n° 3, hiver 2006 [paru en mars 2007], p. 60-78.

Reginald H. Roy, « From the darker side of Canadian military history : mutiny in the mountains – the Terrace incident », *Canadian Defence Quarterly*, vol. 6, n° 2, automne 1976, p. 42-55.

E. Mémoires et thèses

Claude Beauregard, *Guerre et censure : l'expérience des journaux, des militaires et de la population pendant la Deuxième Guerre mondiale*, thèse de doctorat (histoire), Université Laval, 1995, 300 p.

Daniel Thomas Byers, *Mobilizing Canada : the National Resources Mobilization Act, the Department of National Defence, and compulsory military service in Canada, 1940-1945*, thèse de doctorat (histoire), Université McGill, 2001, vii-442 p.

Geoffrey Hayes, *The development of the Canadian Officer Corps, 1939-1945*, thèse de doctorat (histoire), University of Western Ontario, 1992.

Gilles Lafontaine, *L'Université de Montréal et sa participation à la Deuxième Guerre mondiale*, mémoire de maîtrise (histoire), Université de Montréal, 1985, vi-188 p.

Sigles et abréviations

★ ★ ★

AFV	Armoured Fighting Vehicule, véhicule de combat blindé
AT	Anti-tank, canon antichar
BAC	Bibliothèque et Archives Canada
BEF	British Expeditionary Force, le corps expéditionnaire britannique envoyé en France et en Belgique en 1939-1940
BGS	Brigadier General Staff, principal officier d'état-major d'un corps d'armée, d'une armée ou d'un GQG dans le système militaire de style britannique
BUP	British United Press, une agence de presse alimentant plusieurs journaux canadiens
CAFVS	Canadian Armoured Fighting Vehicles School, école des blindés, Camp Borden
CANLOAN	Programme de prêt d'officiers canadiens à des unités britanniques
CDQ	*Canadian Defence Quarterly*, périodique semi-officiel
CEOC	Corps-école des élèves-officiers canadiens, mieux connu sous l'abréviation anglaise de Canadian Officers Training Corps ou COTC
CGS	Chief of the General Staff. À cette époque, désigne le chef d'état-major de l'Armée de terre
CMHQ	Canadian Military Headquarters, Londres
CRU	Canadian Reinforcement Unit, Unité de renforts canadiens en Grande-Bretagne
CTS	Canadian Training School, l'école d'instruction de l'Armée canadienne en Angleterre
DHP	Direction Histoire et patrimoine, le service historique du MDN
DMT	Director of Military Training, Direction de l'Instruction militaire, Quartier général de l'Armée canadienne, Ottawa
FP	Force permanente
FSR	*Field Service Regulations*, principal texte doctrinal de l'Armée britannique
GQG	Grand quartier général
GSO1	General Staff Officer 1, rang administratif le plus élevé d'un officier dans un état-major (sous un chef d'état-major ou un général commandant une grande unité)
IDC	Imperial Defence College, Royaume-Uni
JG	Journal de guerre (War Diary)
LMRN	Loi sur la mobilisation des ressources nationales (21 juin 1940)
MANP	Milice active non permanente, l'ensemble des forces de réserve de l'Armée de terre canadienne
MC	Décoration pour fait d'armes attribué aux officiers dans l'Empire britannique
MDN	Ministère de la Défense nationale
MIAC	*Mémorandum pour l'instruction de l'Armée canadienne*, un mensuel

MI12	Military Intelligence 12, bureau du War Office britannique chargé de la répression des infractions à la censure postale
MRC	Marine royale du Canada
OSAB	Officers Selection and Appraisal Board, équivalent du War Office Selection Board (WOSB) des Britanniques
OSAC	Officers Selection and Appraisal Centre
OTC	Officers Training Corps, école d'officiers
p.s.c.	*pass Staff College* (mention que peuvent ajouter à leur nom les officiers ayant réussi le cours de l'un des collèges d'état-major britannique de Camberley ou de Quetta)
QG	Quartier général
QGDN	Quartier général de la Défense nationale, Ottawa
R 22ᵉ R	Royal 22ᵉ Régiment
RCA	Royal Canadian Artillery
RCE	Royal Canadian Engineers
RCR	Royal Canadian Regiment
RMC	Royal Military College of Canada, Kingston, Ontario
PPCLI	Princess Patricia's Canadian Light Infantry
RAF	Royal Air force, l'armée de l'Air britannique
RCAF	Royal Canadian Air Force (Aviation royale du Canada)
RU	Voir CRU
SDN	Société des Nations
TEWT	Tactical exercice without troops, un exercice en campagne réservé aux officiers, afin de tester leurs capacités de planification
VC	Victoria Cross, la plus haute décoration pour valeur au combat dans l'Empire britannique

Annexe I
Camps et écoles d'instruction de l'Armée canadienne[1]
en territoire national au 1er juillet 1943

	Localisation	Date d'ouverture et remarque
A. Camps de recrues		
Centre d'instruction élémentaire		
n° 6	Stratford (Ont.)	Autorisé, mais inactif
n° 10	Kitchener (Ont.)	15 février 1941
n° 12	Chatham (Ont.)	15 février 1941
n° 13	Listowel (Ont.)	1er août 1942
n° 20	Brantford (Ont.)	15 février 1941
n° 22	North Bay (Ont.)	15 février 1941
n° 23	Newmarket (Ont.)	15 février 1941
n° 24	Brampton (Ont.)	28 janvier 1942
n° 25	Simcoe (Ont.)	28 janvier 1942
n° 26	Orillia (Ont.)	15 avril 1942
n° 31	Cornwall (Ont.)	15 février 1941
n° 32	Peterborough (Ont.)	15 février 1941
n° 33	Ottawa (Ont.)	1er août 1942
n° 41	Huntingdon (Québec)	15 février 1941
n° 42	Joliette (Québec)	15 février 1941
n° 43	Sherbrooke (Québec)	15 février 1941
n° 45	Sorel (Québec)	15 février 1941
n° 47	Valleyfield (Québec)	15 février 1941
n° 48	Saint-Jean (Québec)	1er août 1942
n° 51	Chicoutimi (Québec)	15 février 1941
n° 53	Lauzon (Québec)	15 février 1941
n° 54	Montmagny (Québec)	15 février 1941
n° 55	Rimouski (Québec)	15 février 1941
n° 60	Yarmouth (N.-É.)	15 février 1941
n° 61	New Glasgow (N.-É.)	15 février 1941
n° 62	Charlottetown (Î.-P.É.)	15 février 1941
n° 70	Fredericton (N.-B.)	15 février 1941
n° 71	Edmundston (N.-B.)	15 février 1941
n° 100	Portage-la-Prairie (Man.)	15 février 1941
n° 102	Fort William (Ont.)	15 février 1941
n° 103	Winnipeg (Man.)	28 janvier 1942
n° 110	Vernon (C.-B.)	15 février 1941. Dissout pour ouvrir S17
n° 112	Chilliwack (C.-B.)	28 janvier 1942. Devient O.S.A.C. en 1943
n° 120	Regina (Sask.)	15 février 1941
n° 121	Maple Creek (Sask.)	3 octobre 1941
n° 122	Prince Albert (Sask.)	28 janv. 1942
n° 131	Camrose (Alberta)	15 février 1941
n° 132	Grande Prairie (Alberta)	15 février 1941
n° 133	Wetaskiwin (Alberta)	28 janvier 1942

---

1. D'après C. P. Stacey, *Histoire officielle de la participation de l'Armée canadienne à la Seconde Guerre mondiale, volume I. Six années de guerre : l'armée au Canada, en Grande-Bretagne et dans le Pacifique*, Ottawa, Imprimeur de la Reine, 1966, appendice D. J'ai modifié la classification de Stacey, plutôt administrative, pour un ordonnancement basé sur la fonction. Un centre donne une formation plus élémentaire qu'une école.

B. Camps et écoles des armes de combat

Infanterie

Centre d'instruction de l'infanterie

A10	Camp Borden (Ont.)	15 février 1941
A11	Camp Borden (Ont.)	15 février 1941
A12	Farnham (Québec)	15 février 1941
A13	Valcartier (Québec)	15 février 1941
A14	Aldershot (N.-É.)	15 février 1941
A15	Shilo (Man.)	15 février 1941
A16	Calgary (Alberta)	15 février 1941
A29	Ipperwash (Ont.)	28 janvier 1942
A30	Utopia (C.-B.)	28 janvier 1942

Centre canadien d'instruction des mitrailleurs

A17	Trois-Rivières (Québec)	15 février 1941. Devient O.S.A.C. en 1943

École des armes portatives

S3	Long Branch (Ont.)	15 mai 1940
S4	Nanaimo (C.-B.)	15 mai 1940

École d'exercice de combat[2]

S10	Vernon (C.-B.)	1er mai 1942. Réorganisée en École de l'infanterie canadienne S17 le 31 août 1943

École des parachutistes

S14	Shilo (Man.)	1er avril 1943

École d'opérations combinées[3]

S16	Courtenay (C.-B.)	printemps 1943

Blindés

Centre d'instruction du Corps blindé

A33	Camp Borden	1er novembre 1936

Centre d'instruction des éléments de reconnaissance

A27	Dundurn (Sask.)	28 janvier 1942

Artillerie

Centre d'instruction de l'artillerie

A1	Petawawa (Ont.)	1er décembre 1939
A2	Petawawa (Ont.)	15 février 1941
A3	Shilo (Man.)	15 février 1941
A4	Brandon (Man.)	15 février 1941
A23	Eastern Passage (N.-É.)	15 février 1941 (artillerie côtière)

École d'instruction de l'artillerie

S1	Esquimalt (C.-B.)	1er janvier 1942 (artillerie côtière et D.C.A.)
S2	Petawawa (Ont.)	1er avril 1942

Génie

Centre d'instruction du génie

A5	Petawawa (Ontario)	1er décembre 1939
A6	Chilliwack (C.-B.)	15 février 1941

---

2. En anglais *Battle School*.
3. Il s'agit des opérations de débarquement.

École de guerre chimique
    S11   Suffield (Alberta)   1er août 1942

C. Camps et écoles des armes auxiliaires

*École canadienne
d'administration militaire*
    S7   Kemptville (Ont.)   15 février 1941

Transmissions

Centre d'instruction
    A7   Barriefield (Ont.)   1er septembre 1939

*École canadienne
de radiogoniométrie*
    S15   Barriefield (Ont.)   1er juillet 1943

Prévôté

Centre d'instruction
    A32   Camp Borden (Ont.)   16 septembre 1942

Intendance

*Centre d'instruction
de l'intendance*
    A19   Camp Borden (Ont.)   1er septembre 1939
    A20   Red Deer (Alberta)   15 février 1941

Magasins militaires

Centre d'instruction
    A21   Barriefield (Ont.)   1er septembre 1939

Conduite et entretien

*École de conduite
et d'entretien*
    S5   Woodstock (Ont.)   1er avril 1941

École de mécanicien
    S9   London (Ont.)   23 juin 1941

*École d'entretien
de motocyclettes*
    S13   Barriefield (Ont.)   2 septembre 1942

Formation professionnelle

*École de formation
professionnelle*
    n° 1   London (Ont.)   1er janvier 1942
    n° 2   Toronto/Hamilton (Ont.)   1er janvier 1942
    n° 3   Kingston (Ont.)   1er janvier 1942
    n° 4   Montréal (Québec)   1er janvier 1942
    n° 5   Québec (Québec)   1er janvier 1942
    n° 6   Halifax (N.-É.)   1er janvier 1942
    n° 7   Saint-Jean (N.-B.)   1er janvier 1942
    n° 10   Winnipeg (Man.)   1er janvier 1942
    n° 11   Vancouver (C.-B.)   1er janvier 1942
    n° 12   Saskatoon (Sask.)   1er janvier 1942
    n° 13   Edmonton (Alberta)   1er janvier 1942

École des métiers de l'armée
    S8   Hamilton (Ont.)   15 janvier 1941

Santé

Centre d'instruction
   A22   Camp Borden (Ont.)   1er décembre 1939

Corps féminin de l'Armée canadienne

Centre d'instruction
   (supérieure) n° 1   Sainte-Anne (Québec)   1er octobre 1942
   (élémentaire) n° 2   Vermilion (Alberta)   1er octobre 1942
   (élémentaire) n° 3   Kitchener (Ont.)   15 octobre 1942

D. Formation des officiers et sous-officiers

École des sous-officiers
   S6   Mégantic (Québec)   20 août 1941

Centre de formation d'officiers
   O1   Brockville (Ont.)   5 mars 1941
   O2   Gordon Head (C.-B.)   5 mars 1941
   O3   Trois-Rivières (Québec)   1er novembre 1942.
                                      (temporaire)   Dissout le 30 septembre 1943

Centre d'instruction élémentaire
et de formation d'officiers
   n° 44   Saint-Jérôme (Québec)   15 février 1941
                                                                                 Devient École d'instruction militaire S18
                                                              en juillet 1943 (école préparant les
                                                              francophones à Brockville)

Collège militaire royal   Kingston (Ontario)   Après fermeture comme école
                                                              d'élèves-officiers, devient École
                                                              de guerre

Annexe II
L'instruction militaire au Canada[1]

Pour l'entraînement, comme pour toute autre chose, il faut avoir un objectif. Pour atteindre cet objectif, il faut qu'un bon système nous assure que chaque étape du progrès vers l'objectif est bien comprise avant de passer à l'étape suivante.

Généralement, l'objectif de l'entraînement militaire est de produire des formations qui sont capables de combattre efficacement dans tout type d'opération, partout, jour et nuit. Il faut être patient, planifier à l'avance et travailler fort.

Aux premiers temps de la guerre, et de moins en moins depuis, on pouvait compter qu'une unité ou formation aurait du temps pour s'entraîner après son passage outre-mer. Avec l'extension du conflit à de nouveaux théâtres et la possibilité de l'envoi de formations canadiennes directement vers ceux-ci, l'objectif ultime de notre système est de nous assurer que les formations quittant le Canada ont atteint un niveau qui les rendra capable de combattre efficacement dès le moment de leur débarquement.

Le corollaire est qu'elles devront déjà posséder l'équipement correspondant à ce niveau.

De plus, bien sûr, des dispositions doivent être prises pour la défense côtière du pays, de même que pour l'entraînement des renforts.

La Direction de l'instruction a un rôle limité dans la décision de mobiliser telle ou telle unité. Sa fonction est plutôt de s'assurer que les unités qui sont mobilisées reçoivent l'instruction qui leur permette de tenir leur place dans la guerre moderne. C'est si vrai qu'en ce moment il y a dorénavant une proportion plus importante de formations mécanisées dans l'armée canadienne que dans l'armée allemande.

La plus grande différence entre l'instruction dans cette guerre et celle de la dernière est le fait que chaque officier, sous-officier et soldat doit posséder un haut niveau d'entraînement individuel qui lui permette de remplir ses tâches en toute circonstance sans attendre la réception de longs ordres détaillés. L'idée de fronts continus, en attaque comme en défense, telle que chaque unité puisse, si l'on peut dire, serrer la main de ses voisines, est révolue. Chaque unité doit être prête à mener sa propre bataille. De la division en descendant, les ordres sont généralement donnés verbalement, aussi brefs que possible. Cela laisse énormément de latitude au chef subalterne qui doit être formé pour user de cette latitude de manière intelligente.

C'est pourquoi plusieurs d'entre vous ont vu des pelotons se déplaçant ici et là de manière indépendante durant leur entraînement et, même au plus fort de l'hiver, préparant leurs repas dans leurs bivouacs tout en menant leurs exercices tactiques.

Un autre préalable de la guerre moderne est une condition physique parfaite. C'est pour cette raison qu'officiers et hommes qui normalement se déplaceraient en véhicules motorisés doivent plutôt marcher 20 milles par jour durant leur entraînement, les unités devant faire 75 milles en quatre jours, vivant au moins pendant l'un de ces jours de leurs rations. Bref, tous les hommes doivent être pleinement instruits et prêts à combattre en tout temps. La guerre moderne n'offre pas de deuxième chance.

Une autre différence entre l'instruction pour ce conflit et celle du précédent est le grand nombre d'hommes de métier qualifiés nécessaires : mécaniciens, ajusteurs, électriciens, artificiers, charpentiers, forgerons et plus d'une centaine d'autres. De fait il y a dans l'armée d'aujourd'hui plus de 150 métiers différents et bien peu d'hommes peuvent être recrutés dans le civil sans perturber l'industrie de guerre. Nous devons, par conséquent, les former au sein de l'armée.

Il ne servirait à rien qu'une unité parte en campagne sans ses hommes de métier, comme il ne servirait à rien qu'elle le fasse sans artilleurs, sans mitrailleurs, sans ingénieurs de combat ou sans spécialistes des communications. Cela ne conduirait qu'à la panne des équipements élaborés qui équipent une armée moderne. Un char avec une chenille brisée, un poste radio hors service ou un moteur de camion défectueux sont des masses inertes jusqu'à ce qu'ils aient été réparés.

---

1. Texte d'une allocution prononcée au réseau anglais de Radio-Canada le 10 août 1941 par le colonel J. K. Lawson (1890-1941), directeur de l'Instruction militaire au Quartier général de la Défense nationale à Ottawa, et publié dans *Canadian Army Training Memorandum*, n° 6 (septembre 1941) : 26-27. Traduction libre, car il s'agit de l'un des deux numéros du Mémorandum non traduit par les services officiels.

Le Canada doit former 17 000 hommes de métier dans les 12 prochains mois. Pour y arriver, nous recevons l'aide généreuse des écoles techniques et commerciales de partout au pays.

C'est pour parvenir à satisfaire les besoins en hommes bien entraînés, en forme, dont beaucoup sont des hommes de métiers, que nous avons mis sur pied au Canada un réseau de plus de 60 établissements d'instruction qui assurent l'entraînement de tous les individus, de l'officier supérieur ou d'état-major au soldat du dernier rang.

Ce n'est pas tout. Après l'instruction individuelle il faut apprendre à travailler en équipe, ce que nous appelons l'entraînement collectif. Cela commence dans la plus petite équipe, la section, et progresse par étape vers le peloton ou l'escadron, la batterie ou la compagnie, le bataillon et les autres unités, vers l'entraînement au niveau de la brigade et de la division.

À vrai dire, les niveaux supérieurs d'entraînement collectif sont plus une affaire d'instruction des officiers et des états-majors que d'entraînement des hommes. Il n'y a pas de grande différence dans le rang entre participer à une attaque d'une division ou celle d'un bataillon ; l'homme du rang est toujours membre de sa section et il fait toujours le même travail.

Jusqu'à présent, cette instruction de haut niveau s'était faite à l'étranger. Cependant, comme je l'ai dit il y a quelques minutes, notre objectif ultime est de compléter cette instruction au Canada avant le départ outre-mer des unités. Ainsi, la 3ᵉ Division mènerait présentement des exercices divisionnaires si elle était demeurée au Canada[2].

Comme vous le savez, le gouvernement peut déclarer n'importe lequel secteur du pays zone de manœuvre. Ce pouvoir nous a été donné expressément pour nous permettre de conduire manœuvres de brigade ou de division. Si un jour, après avoir été notifié, vous constatez qu'une bataille fait rage à votre porte, vous saurez que nos troupes demandent votre collaboration afin de se préparer pour des opérations de grande envergure.

Naturellement, vous vous demandez ce que nous faisons pour assurer un entraînement moderne de qualité. Eh bien, premièrement, nous recevons du Royaume-Uni et d'ailleurs des copies des dernières méthodes d'instruction, avec les détails sur la manière de conduire les exercices et les leçons à tirer de ceux-ci et des opérations en cours dans les divers théâtres d'opération.

Ces méthodes sont communiquées aux officiers sous forme de brochures. En outre, chaque mois nous imprimons un mémorandum qui est distribué à raison d'un par officier afin que chacun puisse se tenir à jour.

Ces brochures ne sont pas, c'est évident, disponibles pour le grand public, car leur contenu pourrait être utile à l'ennemi. N'en mentionnons qu'une, celle sur la « chasse au char », c'est-à-dire les méthodes pour attraper et détruire les chars ennemis qui peuvent pénétrer derrière notre front. À l'évidence, ceci ne peut être diffusé.

Nous obtenons aussi des copies de films du Royaume-Uni, des États-Unis et nous en avons même quelques-uns d'Allemagne. Nous préparons aussi les nôtres.

Deuxièmement, nous avons mis sur pied un système permanent par lequel des officiers et des sous-officiers ayant servi outre-mer reviennent au Canada pour donner leur assistance dans l'instruction. À ce jour, nous avons obtenu des Forces canadiennes outre-mer, de celles du Royaume-Uni, ou envoyées là-bas pour étudier certains aspects particuliers de l'entraînement, plus de 120 officiers et encore plus de sous-officiers. Ceux qui proviennent de nos propres forces demeurent au Canada pour huit mois et ensuite retournent à leur unité, de telle sorte que par rotation nous ayons toujours au pays un certain nombre d'instructeurs avec une expérience récente. Le premier groupe venu au Canada selon ce système est déjà reparti, ayant complété son séjour de huit mois ici.

L'officier général commandant la 3ᵉ Division et huit de ses officiers supérieurs ont été rappelés au pays pour formation en vue de remplir leurs fonctions. D'autres officiers d'outre-mer ont aidé à entraîner cette division et d'autres encore fournissent de l'aide pour l'entraînement de la 5ᵉ Division (blindée). Quelques-uns de ces derniers ont d'ailleurs l'expérience de la Bataille de France[3].

---

2. La 3ᵉ Division a été dépêchée en Grande-Bretagne à l'été 1941.
3. Après la percée des Ardennes et l'encerclement de Dunkerque, la 1ʳᵉ Brigade de la 1ʳᵉ Division d'infanterie canadienne fut envoyée en Bretagne avec des forces britanniques dans l'espoir de constituer un second corps expéditionnaire britannique qui se battrait à partir d'un réduit breton. L'opération, mal montée, n'avait aucune chance de réussir et

Finalement, nous maintenons une liaison constance entre le Q.G.D.N. et les Forces canadiennes outre-mer[4]. Comme vous le savez, le chef de l'état-major général a servi outre-mer au début de la guerre[5] et y est retourné l'hiver dernier, le vice-chef d'état-major y était tout récemment, le brigadier du Corps canadien est maintenant au Canada et le brigadier qui le remplace y était l'hiver dernier, deux officiers de la Direction ont servi dans des unités outre-mer, deux autres y ont été pour étudier les méthodes d'entraînement et discuter des besoins avec les chefs des Forces canadiennes au Royaume-Uni et encore deux autres arriveront bientôt pour se joindre à la Direction.

Notre système est donc conçu pour produire des combattants endurcis et efficaces et des hommes de métier qui puissent garder le matériel en opération. Ce système nous gardera à la pointe de la pensée moderne et nous assurera que les officiers et les hommes en sol canadien seront prêts autant qu'il est possible pour affronter et triompher des épreuves qui seront les leurs lorsque le temps de la bataille arrivera.

---

après seulement quatre jours en France (du 13 au 17 juin) les unités canadiennes se rembarquaient en abandonnant une partie de leur matériel. Seuls six hommes manquaient à l'appel, dont l'un se tua accidentellement, les cinq autres étant faits prisonniers. Quatre de ces derniers s'évadèrent par la suite et rejoignirent l'Angleterre. La brigade n'avait pas combattu. Voir C. P. Stacey, *Six années de guerre...*, *op. cit.*, p. 285-297.

4. C'est-à-dire le Quartier général canadien à Londres.
5. Le lieutenant général H. D. G. Crerar était alors chef de l'état-major général, le major-général K. Stuart vice-chef de l'état-major général, le colonel E. L. M. Burns venait de quitter les fonctions de brigadier d'état-major de corps pour être remplacé par le brigadier G. G. Simonds.

Annexe III
Niveaux d'instruction – Candidats envoyés aux écoles d'instruction[1]

Voici les niveaux sur lesquels se fondent les programmes. Ils aident les responsables de la sélection des sujets. Le commandant du centre d'instruction renverra à son unité tout candidat qui n'a pas atteint le niveau prescrit.

(a) *Lieutenant*

   (i) Doit connaître parfaitement tous les sujets du programme standard d'instruction élémentaire s'appliquant à toutes les armes et à son arme de spécialité.

   (ii) Doit connaître à fond toutes les armes dont est dotée son unité, leur maniement, leur fonctionnement, leur usage tactique et la manière de les maintenir en action.

   (iii) Doit posséder une connaissance détaillée de l'organisation de son arme et une connaissance générale des autres armes.

   (iv) Doit être capable d'administrer et d'entraîner sa troupe.

   (v) Doit savoir comment conduire et entretenir tous les genres de véhicules utilisés par sa sous-unité.

(b) *Capitaine*

   (i) Avancement au mérite. Un officier ne peut être retenu pour avancement à ce grade s'il n'est pas *entièrement compétent dans tous les sujets exigés pour le grade de lieutenant*.

   (ii) De plus, le capitaine doit avoir acquis, pendant son temps de service, avant sa nomination, une connaissance parfaite de la tactique et de l'administration d'une compagnie.

(c) *Major*

   Pendant le cours d'avancement au grade de major, le candidat apprend à commander une sous-unité du niveau de la compagnie ou l'équivalent, en coopération avec les autres armes ; il apprend à commander une petite force mixte composée des différentes armes ; il apprend l'administration, conformément aux devoirs d'un officier supérieur en exercice, ainsi que la conduite et l'entretien des véhicules dont son unité est pourvue.

   Le cours comprend des visites aux centres d'instruction de l'armée ; ces visites ont pour but de familiariser les officiers avec l'importance du travail qui s'y fait et les niveaux de compétence exigés au commencement et à la fin de l'instruction.

   On n'enseignera pas le maniement de son arme, sauf pour l'usage tactique, car celui-ci doit être connu dès l'obtention du grade de lieutenant. Le cours d'avancement au grade de major ne peut comporter aucune période d'instruction sur le maniement des armes si l'on veut couvrir tous les sujets prévus au programme et atteindre le niveau d'instruction exigé.

   Les commandants, dès qu'ils s'aperçoivent qu'un candidat n'est pas familier avec les armes de son unité, doivent immédiatement renvoyer ce sujet à son unité et en faire rapport au Q.G.D.N. par les voies habituelles.

(d) *Lieutenant-colonel*

   Le cours d'avancement au grade de lieutenant-colonel a pour but d'enseigner le commandement et l'administration de forces mixtes comprenant toutes les armes.

---

1. D'après *Mémorandum pour l'instruction de l'armée canadienne*, n° 4, juillet 1941, p. 20-21. Traduction retouchée.

Annexe IV

**Sélection des officiers,
promotion et reclassement**[1]

À la fin de 1942, des changements ont été apportés dans les méthodes employées et dans le personnel chargé par le Q.G.D.N. de la sélection, de la promotion et du reclassement des officiers.

2. Un nouveau système de cueillette et de classification de l'information sur l'éducation et l'expérience civile et militaire de tous les officiers de l'Armée canadienne au Canada, y compris les rapports de performance remplis par les supérieurs, a été développé et fonctionne maintenant avec succès.

3. Toutes les nominations à l'état-major à travers le Canada, de même que les nominations d'officiers commandants et de commandants en second d'unités doivent faire l'objet d'une recommandation par un comité impartial du Q. G. D. N. qui prend en considération tous les candidats disponibles d'après l'information disponible. Ce système nous assure que tous les candidats acceptables où qu'ils servent sont considérés. Il permet aussi une salutaire rotation entre les officiers d'état-major et les commandants de districts ou d'unités concernés. Les recommandations des commandants de districts et des diverses formations reçoivent toute l'attention du comité avant qu'il prenne sa décision.

Centres de sélection et d'évaluation des officiers

4. La nécessité d'uniformiser les méthodes de sélection des officiers subalternes qui attendent un brevet dans l'armée canadienne au Canada a aussi entraîné des changements significatifs.

5. Au lieu de laisser cette tâche aux unités, aux districts et autres formations concernées, les candidats sont dorénavant identifiés lors de l'entraînement de base, à savoir ceux qui possèdent les études et autres qualifications suffisantes pour qu'on les considère pour le brevet d'officier. Leurs progrès sont surveillés par des examinateurs de l'Armée. Ceux qui possèdent les qualités de chef suffisantes suivent le cours de sous-officiers. Là, on les évalue à nouveau dans leur façon de mener les hommes.

6. Ceux qui, de l'avis de leurs officiers et de l'avis des examinateurs de l'Armée, ont les qualités pour devenir officier sont acheminés vers un Centre de sélection et d'évaluation d'officiers, un dans l'Est du pays et un autre dans l'Ouest. Une commission impartiale composée d'officiers supérieurs de toutes les armes, de psychiatres, de psychologues et d'officiers d'instruction, commission présidée par un brigadier expérimenté dans la sélection et l'entraînement des officiers, pose son jugement final après qu'une batterie de tests a donné des indications claires sur les diverses qualités recherchées. Le centre pour l'Est est situé à Trois-Rivières, P.Q., celui pour l'Ouest ouvrira en mai en Colombie-Britannique.

7. La nouvelle procédure de sélection devrait fonctionner à plein au milieu de l'été, après quoi tous les officiers sortiront du rang, exception faite des médecins et dentistes. La tentation de retenir des candidats sur la base de leurs relations personnelles ou autres raisons semblables ne pourront plus réussir sous le système ici proposé. On fera pression sur les unités et sur les formations de manière à ce qu'elles poussent toutes les candidatures jugées bon matériel d'officier sans égard à leur désir de retenir dans leurs rangs des candidats utiles comme sous-officiers, commis de bureau, etc.

8. Aussitôt que les Centres de sélection seront en opération, il est prévu que chaque soldat avec plus de 7 mois de service, qui croit posséder les qualités pour devenir officier, pourra demander à son commandant d'unité de passer un test déterminant ses aptitudes à recevoir un brevet d'officier.

9. Le nouveau système s'attache aux qualités de chef par-dessus tout. En ce qui concerne l'éducation des candidats, le système considère les connaissances actuelles plutôt que de procéder à la sélection sur la base d'une éducation formelle reçue parfois il y a plusieurs années.

---

1. Note de service du 8 avril 1943 préparée par l'adjudant général en vue d'une allocution du ministre en Chambre et reproduite dans J. C. Newlands, « The policy governing the finding and selection of officers for the C.A.S.F. (later C.A.(A.)) », A. H. Q. Report No. 37, 28 juin 1950, annexe B. La traduction n'est pas toujours littérale afin de favoriser une meilleure compréhension.

Annexe V
SYLLABUS DES ACTIVITÉS DES C.S.E.O.

23 AVRIL 1943

Basé sur un horaire journalier de 8 périodes de 45 minutes chacune, 44 périodes la semaine. Rassemblement par compagnie chaque matin, 08 h 00-08 h 15.

Exercice par escouade (5 périodes)
1. Peloton divisé en escouades de 4 ou 5 qui forment groupes.
2. Faire marcher les hommes en formation d'un endroit à un autre.
3. Position que l'homme doit adopter durant la marche.
4. Déplacer les hommes en formation d'un point à un autre.
5. Déplacement en ligne (par petits groupes).
6. Déplacement à la file par petits groupes.
7. Par escouade, changer de direction.
8. En formation plus grande (peloton).

Durant cette activité, on demandera à un candidat de s'effondrer ou d'agir de manière insubordonnée ou de quitter le rassemblement ou autre diversion. La réaction des candidats sera notée.

L'objectif de cet exercice est de donner confiance en soi, vivacité, énergie, esprit d'équipe, allure militaire, facilité d'expression, assiduité et capacité administrative.

Exercice avec armes (inclus dans les 5 périodes ci-haut)
1. Les candidats doivent prononcer un petit discours sur l'importance et la valeur de l'exercice.
2. Montrer comment former avec un fusil.
3. Montrer les mouvements simples avec un fusil.

Mises en situation – Un candidat échappe son fusil et l'endommage. Un candidat perd le contrôle et lance son fusil au sol. Un candidat sort des rangs et engage la conversation avec l'instructeur. Une arme fait feu. Notez la réaction des candidats.

Ces points servent à éveiller le sens des responsabilités, l'initiative, la facilité d'expression, le bon sens et la vigilance.

Entraînement physique (5 périodes). Conditionnement en utilisant les tableaux d'exercices élémentaires. Candidats sous supervision. Les commandants de peloton observent les traits caractéristiques.

Sports organisés (6 périodes). Les candidats organisent des matchs de baseball, etc., et aussi des jeux sans équipements. Le commandant de peloton note les qualités d'administration, l'esprit d'équipe, l'attitude envers le travail, l'esprit d'initiative.

Connaissance du terrain et coup d'œil (6 périodes). Exercices intérieurs sur boîte à sable ou modèle à l'échelle, ou extérieurs dans des secteurs choisis afin d'initier individus et sections à prendre des décisions rapides et instinctives.

En scrutant un modèle à l'échelle, une boîte à sable, un panorama ou autres assortiments d'objets à l'intérieur, ou une portion de terrain à l'extérieur, en donner la description.

Points sur lesquels insister : vigilance, énergie, facilité d'expression, initiative, bon sens, sens des responsabilité, esprit d'équipe.

Formation de base (4 périodes). Inspection du fourniment pour revue de détail, inspection des salles en caserne, chaque jour par un candidat. Points à noter : attitude envers le travail, allure militaire, vigilance, sens des responsabilités.

Verbalisation (4 périodes). On donnera aux candidats la description orale d'une situation qu'ils devront répéter sous pression. Description d'une situation après laquelle on demandera aux candidats de préparer une note écrite la résumant.

Afin de faire ressortir facilité d'expression, vigilance, bon sens, énergie et endurance.

Causeries (6 périodes). On demandera aux candidats de préparer et livrer des causeries sur des sujets prescrits. Les candidats devront aussi improviser 2 exposés sur des sujets prescrits sans préparation préalable.

Afin de faire ressortir vivacité, initiative, énergie, confiance en soi, résistance aux contrariétés, bon sens et équilibre mental.

Maniement du fusil (3 périodes). Nettoyage et vérification, description générale, pointage. Les candidats organiseront et donneront la description et l'instruction. Étape préliminaire au champ de tir prévu à une date ultérieure.

Afin de faire ressortir les habilités administratives, facilité d'expression, l'esprit d'initiative, le bon sens et la vigilance.

Organisation des corvées (4 périodes). Nettoyage d'une section désignée de la caserne, déplacement de l'ameublement, récurage d'un endroit spécifique, creusage et remplissage de trous, pelletage de neige et déglaçage. Creusage d'une tranchée-abri pour pièce d'armement.

Le but de cet exercice est de tester les candidats sous pression, de voir leur équilibre mental, leur endurance, leur capacité à gérer, leur énergie, leur esprit d'équipe, leur initiative et leur attitude au travail.

Temps libre (1 période).

Annexe VI

Programme A – Commun à toutes les armes[1]

1. **Organisation**. *En général.* Caractéristiques des différentes armes (blindés, artillerie, infanterie et génie) et de leur armement. Fonctions des services administratifs. Organisation du commandement dans l'Armée canadienne au pays et outre-mer.

    En particulier. L'organisation des unités suivantes de la division : Artillerie - Génie - Infanterie, y compris bataillon de reconnaissance et bataillon de mitrailleuses. Fonctions du Corps d'intendance royal de l'armée canadienne (Divisional R.C.A.S.C.), des sections de dépannage, du Corps des magasins militaires (Light Aid Detachments R.C.O.C.), de l'Ambulance de campagne.

2. **Topographie et lecture des cartes**. Définitions, signes conventionnels, références et coordonnées de carte. La construction d'une échelle. Les méthodes pour indiquer le relief du sol. Les pentes. La visibilité entre deux points. L'emploi de la boussole et du rapporteur. L'orientation d'une carte. L'agrandissement d'une carte. Les préparatifs pour une marche de nuit.

3. **Génie de campagne**. Construction d'ouvrages de défense requis par le commandant du peloton, y compris le creusage de fosses d'armes et leur développement comme partie d'un poste défendu ; érection d'obstacles en fil barbelé et obstructions de route ; usage du couvert naturel ; organisation d'équipes de travail et partage des responsabilités pour ce travail.

4. **Le soin des hommes**. Devoirs du chef de peloton (ou son remplaçant) quant au soin de ses hommes à la caserne, au camp et en campagne. Maintien du moral et de l'esprit de corps, protection de la santé, quantité suffisante de vêtements, d'armes et d'équipement, leur entretien et leur remplacement.

5. **L'instruction**. Ouvrages à consulter - Brochures et mémorandums sur l'instruction de l'armée. *Vade-mecum* de l'officier en campagne (F.S.P.B.). Établir l'horaire d'un peloton en suivant un programme d'instruction. Préparation de causeries sur des sujets communs à toutes les armes.

6. **L'administration**. Les fonctions des officiers et des sous-officiers de service. Les fonctions du S.M.R., du S.M.C., du S.Q.M.R. et du S.Q.M.C.

7. **Le droit militaire**. Nature et objet du droit militaire - statut légal des officiers et des soldats. Un aperçu des matières suivantes afin d'être en mesure d'y trouver tout renseignement désiré : la loi de la milice, le Manuel de droit militaire (M.M.L.), les Ordonnances et règlements royaux de l'armée canadienne (K.R. Can.). Arrêts et détention militaire. La procédure à suivre pour déposer une plainte - la réforme des abus. Les pouvoirs d'un commandant de compagnie. L'examen des accusations par le commandant de compagnie et le jugement à rendre. Le résumé de la preuve.

8. **Drill**. Manuel sur l'exercice élémentaire (en omettant les sections 69 à 72 et 84 à 86) tel que modifié par les Brochures sur l'instruction militaire, n°s 18, 18A et 18B, suivant l'arme.

9. **L'emploi des armes**. Le fusil, le fusil antichars et la mitrailleuse légère.

10. **Service en campagne**. Évaluation de la situation. Messages écrits en campagne – ordres de peloton sous forme de messages. Ordres verbaux.

11. **Tactique de peloton**. Principes généraux. Le peloton en position de défense. Le peloton à l'attaque. Coopération avec les autres armes en ce qui concerne le chef de peloton. Protection du peloton contre les attaques au gaz et les attaques aériennes.

---

1. *Source* : d'après *MIAC*, n° 1, avril 1941, appendice II. J'ai rectifié la traduction pour coller à l'original anglais et rendre plus adéquatement la terminologie militaire. La réussite de l'examen du Programme A permet aux élèves du CEOC d'accéder à l'École d'officier (O TC) exempté des quatres premières semaines, et de là d'accéder à l'armée d'active en réussissant le reste du cours comme les autres. Le Programme B (donné dans le même numéro du *MIAC*) est une version allégée du Programme A qui permet aux cadets des CEOC de devenir officier de milice, mais sans pouvoir passer à l'armée d'active, passage qui ne pourra se faire qu'en suivant tout le cours d'élèves-officiers.

Annexe VII

Cours d'officiers supérieurs[1]

1. **Généralités**. (A) *But* – Préparer des officiers sélectionnés pour le rang de lieut.-col. et évaluer les aptitudes, quant au commandement, de ceux qui ont déjà été promus. (B) *Objet du cours* – Il dure trois mois. Durant le premier mois, revue à fond des sujets suivants : organisation, équipement et usage des différentes armes. La topographie, le service d'état-major et les sections pertinentes d'administration seront aussi étudiés. Le programme du deuxième et du troisième mois se fonde sur celui de l'École des officiers supérieurs britanniques et comprend des exercices destinés à enseigner les principes de l'emploi tactique de toutes les armes dans les diverses opérations d'une guerre. Ils sont suivis d'exercices tactiques sans troupes (T.E.W.T.) préparés et conduits par les candidats sous supervision. Entre les exercices, on organise des visites aux écoles et centres d'instruction.

2. **Organisation toutes armes**. *En détail*. Organisation des unités d'une division, y compris services auxiliaires, d'une brigade de chars et d'une division blindée. *En général* (i) Organisation des unités d'un corps d'armée et ses troupes auxiliaires ; (ii) organisation des unités d'une division d'infanterie et d'une division blindée allemandes.

3. **Administration**. (A) *Soin et entretien* des véhicules en général. Comptabilité tenue dans les unités pour les magasins de transport motorisé. Cours d'entretien et de conduite de cinq jours à l'École avancée de conduite et d'entretien de Woodstock. (B) *Mess*. Méthode suivie dans les mess des unités au Canada et au Royaume-Uni. Visite à l'école culinaire. (C) *Code militaire*. (i) Pouvoirs d'un officier commandant ; (ii) conférences sur la procédure des commissions d'enquête et des cours martiales. (D) *Équipement et habillement*. Conférences et visites aux magasins du C.M.M. (R.C.O.C.). Comptabilité en usage. (E) *Travail de bureau*. Conférences sur la correspondance officielle et rapports faits au pays comme en campagne. (F) *Solde et allocations*. Une conférence sur le manuel F.R.&I. (G) *Mouvement*. Conférences et exercices de mouvement ferroviaire ou routier, en particulier sur les transports motorisés incluant la préparation des ordres et graphiques. Réglementation routière. (H) *Santé*. Conférences sur : (i) fonctions d'un médecin militaire ; (ii) évacuation des blessés ; (iii) hygiène et le service sanitaire. (I) *Économie interne*. Conférences et discussions sur : (i) maniement des hommes ; (ii) leadership et discipline ; devoirs de l'officier. (J) *Logement*. Remise d'une caserne à une autre unité. Méthode.

4. **Instruction**. (A) préparation et discussion d'un programme d'instruction individuelle, collective ou d'armes portatives. (B) Visite à l'École des métiers de Hamilton. (C) Visite à l'École d'armes portatives de Long Branch pour une démonstration d'armes de peloton et de compagnie. (D) Causeries. Chaque candidat prépare au moins deux causeries de 15 min. sur des sujets militaires - un sujet étant choisi par le candidat, l'autre par l'officier responsable. Les candidats doivent aussi participer à un débat sur l'entraînement.

5. **Fonctions d'état-major**. (A) Exercices et discussion sur : (i) évaluation ; (ii) messages ; (iii) ordres. (B) Participation à des batailles simulées par messages reçus/envoyés et ordres téléphoniques (avec le C.J.W.S.C[2].). (C) Les ordres permanents de l'unité en temps de guerre. (D) Exercices de correspondance.

6. **Tactique**. (A) Exercices préparés et dirigés par les officiers responsables pour enseigner les principes d'emploi des différentes armes, y compris une force mixte qu'on pourrait attribuer à un lieutenant-colonel. Ces exercices comprennent l'approche, l'attaque, la défense, la retraite, la sûreté au repos et en marche. Lorsqu'il s'agit d'une brigade composée de toutes les armes, les candidats doivent prendre charge des différentes unités qui la composent. (B) La conduite d'une force mixte désignée pour : (i) la défense générale d'une zone ; (ii) la défense d'une zone contre des troupes parachutées ou aéroportées. (C) Le choix du terrain et la préparation d'exercices par les candidats pour enseigner certains principes d'emploi des véhicules blindés, de l'artillerie, de l'infanterie et du génie.

7. **Le renseignement** : (i) l'usage des photos aériennes ; (ii) le renseignement en campagne ; (iii) l'Armée allemande.

---

1. *Source* : d'après *MIAC*, n° 8, novembre 1941, appendice V. J'ai rectifié la traduction pour coller à l'original anglais et rendre plus adéquatement la terminologie militaire.
2. Canadian Junior War Staff Course. Voir annexe VIII.

Annexe VIII

Cours préparatoire à l'École de guerre[1]

Le but de ce cours est de qualifier les officiers aux fonctions d'officiers d'état-major de troisième classe[2]. Le cours est de quatre mois.

Les sujets enseignés sont les suivants :

(a) L'organisation des diverses armes du service. La coopération de ces armes dans l'attaque, la défense, l'approche et la retraite du point de vue des formations suivantes :
— les divisions blindées ;
— les divisions d'infanterie ;
— les brigades blindées autonomes ;
— les unités d'armée ou de corps d'armée rattachées à l'une des formations énumérées ci-haut et en support à celles-ci.

(b) Les fonctions d'état-major dans la division.

(c) Le renseignement dans la division.

(d) L'administration dans la division.

(e) L'organisation et les tactiques des armées étrangères.

(f) Les mouvements par route, chemin de fer et outre-mer.

(g) La rédaction sur un sujet militaire d'actualité.

(h) L'étude d'opérations passées sur lesquelles les candidats donneront des conférences.

(i) Visites aux unités et formations (si possible) et aux centres d'instruction.

(j) Préparation d'exercices tactiques sans troupes (T.E.W.T.) et de programmes d'entraînement.

---

1. *Source* : d'après *MIAC*, n° 8, novembre 1941, appendice V. J'ai rectifié la traduction pour coller à l'original anglais et rendre plus adéquatement la terminologie militaire.
2. Le G.S.O. 3 a normalement le grade de capitaine.

Annexe IX
THÉORIE DE LA *BATTLE DRILL*[1]

L'idée de la *battle drill* nous la devons au général Alexander. Voici ce qu'il écrivait en préface de ses toutes premières notes sur le sujet peu après l'évacuation de Dunkerque :

Une discipline pour le combat

« De la connaissance à la réalisation, il y a toujours une marge, mais cette marge est faite de connaissance, pas d'ignorance. »

Nous sommes une nation de sportifs et nous savons tous l'importance d'enseigner aux jeunes gens les techniques habituelles d'un sport. Au cricket, nous enseignons au frappeur plein d'espoir une technique stricte et souvent expérimentée, à savoir qu'il doit faire contact avec la balle de cette manière sur un tir haut, de celle-ci sur un tir court, de cette autre sur une balle sautillante et ainsi de suite. Par ces techniques éprouvées, on peut raisonnablement assumer faire du jeune enthousiaste un joueur respectable. Le joueur brillant s'écartera sans doute rapidement des méthodes plus orthodoxes, mais son progrès se sera fait grâce à la connaissance qu'il a des méthodes orthodoxes, pas parce qu'il en est ignorant.

Les boxeurs apprennent les techniques du ring, les athlètes celles de la piste et pelouse. Les golfeurs, les joueurs de tennis et tous les autres sportifs passent par la dure école de l'apprenti avant d'atteindre les hauteurs olympiques. Pourtant nous qui pratiquons le jeu suprême ignorons ce que nous savons être vrai. La technique de campagne n'est pas enseignée selon des règles définies, mais grâce à des principes, parce que l'on croit généralement que quelque chose de plus défini que des principes détruit l'initiative. Mais est-ce si vrai ? Si tel est le cas, comment se fait-il que les grands golfeurs atteignent une telle maîtrise du vert ? Assurément, un soldat sur le champ de bataille, assailli par la peur et le doute, a bien plus besoin d'une règle pour se mouvoir que le joueur à Madison Square ou au Maple Leaf Garden. Il vaut mieux connaître instinctivement quelques règles de conduite orthodoxe que de se trouver paralysé par l'incertitude de ne savoir que faire.

Étudions en conséquence des règles de conduite, qui seront les guides du simple soldat, de manière à s'assurer que nos soldats, confrontés aux défis du champ de bataille, sauront comment s'y comporter.

La *drill* en rang serré qu'on enseigne sur les terrains d'exercice est en fait la discipline de combat des temps passés, celle que les hommes utilisaient dans les campagnes qui ont culminé à Waterloo. Pourquoi ne pas élaborer une nouvelle *drill* basée sur la manière dont l'on se bat aujourd'hui ?

Une pénible controverse a sévi lorsque la brochure contenant cette introduction est parue. Les vieilles barbes nous avaient dit : « Vous ne pouvez enseigner la tactique par la *drill*, vous allez tuer l'initiative. Il est impossible de prescrire en tactique. »

Quelle absurdité ! N'est-ce pas vraiment tuer l'initiative ? L'homme qui en a en fera usage quelle que soit l'instruction que vous lui donnez, ou alors il n'en a pas ; et celui qui n'en a pas hésitera et ne saura où aller à moins que vous lui enseigniez exactement quoi faire et quand le faire. L'expérience pratique montre que la *battle drill* encourage la prise d'initiative si elle est correctement enseignée, comme nous espérons le montrer plus bas. Les principes sur lesquels la *battle drill* repose sont simplement ceux-ci :

---

1. *Source* : « Battle drill – The shifting of tactics into high gear through the rapid execution of terse orders, based on drills which are designed to cope with any tactical problem. Lectures and Precis, originally assembled by 47th London Division – and printed by Calgary Highlanders C.A.(O) in England for use in 47th Div., G.H.Q., and Calgary Highlanders Battle Drill Schools in England (Oct. 1941) », 5ᵉ éd., Vernon (Colombie-Britannique), 27 janvier 1943, polycopié 8$^1/_2$ x 14, p. 19-20.

1. Vous prenez chaque mouvement et chaque opération de la guerre, les analysez, c'est-à-dire les décomposez en leurs éléments les plus essentiels.
2. Vous préparez ensuite une méthode idéale pour réaliser ce mouvement ou cette opération dans des conditions idéales en réunissant le plus d'avis et d'idées que vous le pouvez auprès de gens qui ont eu à entreprendre ce genre d'opération au feu en temps de guerre.
3. Vous enseignez cette méthode idéale comme *drill*. La *drill* est pour l'armée ce que se mettre au travail est dans le civil. Chaque simple soldat comprend que la *drill* doit être parfaitement comprise. Il l'apprendra donc réellement, il ne mâchonnera pas un bout de paille durant les manœuvres comme il le fait d'habitude parce ce qu'il pense que les manœuvres ne sont pas son affaire.
4. Vous enseignez aussi un certain nombre de variations de la *drill* pour l'adapter à des circonstances variables.
5. À la fin de l'instruction, vous faites ressortir clairement que la *drill* est un moyen d'arriver à une fin. Il ne faut pas être dogmatique lorsque vous enseignez la *drill*. Une fois comprise, la *drill* doit être maîtrisée. Ce n'est pas la *drill* qui doit devenir votre maître. Vous devez vous assurer que chaque subalterne, sergent, caporal ou **soldat**, a une idée bien claire de la méthode photographiée dans son esprit, comme une série de motifs. Il saura ce que l'on veut atteindre, ce qu'est vraiment une bataille, ce que chacun cherche à faire, toutes choses qu'il ne pouvait connaître avec l'ancien système.

    Avec cette méthode idéale en tête, s'il a de l'imagination, il l'adaptera selon ce que les circonstances dictent. (Le plus souvent, la méthode originale ou l'une de ces variations fera l'affaire.) S'il n'a aucune imagination, il exécutera la *drill* les yeux fermés et ne fera pas trop mal.
6. Les combats dans la confusion de la guerre de mouvements sont gagnés ou perdus dans les petits détachements – sections ou individus coupés et isolés – menant seuls leurs propres batailles. Les Allemands se spécialisent dans ce genre de combat, « l'infiltration » comme on l'appelle. C'est une guerre de petites guerres, l'une s'imbriquant dans l'autre. Par conséquent, chaque simple soldat doit maintenant se faire tacticien. Il doit comprendre ce que cherche à faire son commandant. S'il reste assis pour attendre les ordres et obéit comme un automate sans réfléchir, il restera assis longtemps, parce que les communications dans ce type de guerre sont très difficiles à maintenir. Il ne doit pas rester assis, il doit **AGIR**. Quels que soient les risques, la victoire ou la défaite dépendent de lui. À cause de la tactique d'infiltration, les pelotons peuvent très bien se retrouver dispersés à travers le paysage. Il serait désastreux si, au moment crucial, le caporal Lebrun attendait pour quitter son trou qu'un ordre écrit – du genre aller de A à B pour tirer sur Z afin que C et D puissent avancer – lui parvienne. Le caporal Lebrun doit comprendre le plan général, c'est-à-dire l'idée générale que tous essaient de réaliser sur le champ de bataille, tout comme le capitaine Gagnon doit la comprendre aussi. Il se peut donc qu'il doive faire preuve d'initiative à tout moment. **En pratique, la *battle drill* développera l'esprit d'initiative à tous les niveaux.**
7. Lorsque la bataille a débuté, le capitaine Gagnon n'aura **en réalité** que peu d'influence sur les événements. Elle sera gagnée ou perdue par le caporal Lebrun et des douzaines comme lui, grâce à leur habileté ou leur manque d'habileté sur le champ de bataille. Le capitaine Gagnon s'imagine peut-être être l'acteur principal ou la cheville ouvrière d'un spectacle. Il n'en est rien. Il n'est qu'un maillon. Lorsque le spectacle a commencé, il est dans les coulisses et ne peut que le laisser se dérouler, ne donnant ici et là que des encouragements.

Annexe X
Battle drill[1]

Général – Ce n'est pas une école ou un mouvement d'adeptes aux yeux étincelant de fanatisme.

L'idée que la *drill* aiguise la vitesse de réaction dans les circonstances les plus diverses est venue à l'esprit de plusieurs commandants dans les deux dernières années d'entraînement et dans plusieurs cas on s'est appliqué à l'expérimenter.

À Dunkerque, le général Alexander et le général Utterson-Kelso ont observé la méthode de combat des Allemands, leur *battle drill*, et ils se sont souvenus que ceux-ci ont mis plusieurs années à la développer en préparation du présent conflit. Quelques vieilles barbes de l'ancienne école militaire s'opposent à cette forme de *drill*, ou discipline de combat, en invoquant le fait que la tactique ne peut être enseignée par une *drill*, que la remarquable capacité du soldat britannique à penser et à agir par lui-même compense largement l'automatisme allemand.

Je vous demande : y a-t-il quelque chose qui puisse tuer l'initiative ? La nécessité de la B.D. est devenue évidente au général Alexander lors de la retraite de France, alors que des groupes de nos hommes s'agglutinaient dans des trous d'obus, des hommes au bon vouloir, mais ignorant, vaincus psychologiquement par les bombardiers en piqué allemands, hurlant l'enfer de leurs bombes, le même son qu'on peut faire avec des bouteilles vides, faisant du champ de bataille un théâtre d'horreur.

La *drill* conventionnelle (*close order drill*) qu'on enseigne sur des douzaines de terrains de parade est la *drill* du temps de Waterloo, exercice pour apprendre à former le vieux carré britannique. Mais la bataille d'aujourd'hui n'est plus menée par la mince ligne rouge. C'est une bataille en ordre dispersé, mouvante, individuelle, et la *drill* adaptée à ce genre de situation doit être différente des cérémonies du terrain de parade. Le jour où nos hommes partiront pour la bataille s'approche trop rapidement pour qu'on leur apprenne à marcher comme les unités de Gardes. Plutôt maîtriser parfaitement l'armement et la tactique, après seulement la parade, s'il nous reste du temps.

Notre entraînement causera peut-être bien des blessures, mais ce ne sera pas par négligence, car la guerre est un sale métier qui s'exerce avec des outils dangereux. Notre armée doit apprendre à les maîtriser si l'on veut bâtir la confiance nécessaire pour les utiliser. Le prudent système qu'on utilise maintenant est la cause de prodigieuses pertes de vie et d'efficacité au combat, car il produit par milliers des hommes mal entraînés aux réalités du champ de bataille. Les règles de sécurité qu'on observe maintenant sont si contraignantes que la plupart de nos soldats regardent une grenade mais voient une vipère. Mais du jour où l'étudiant ou le soldat se rapportent à l'école de B.D. il sent un changement de tempo. Il court prendre sa place, il a l'air sérieux, il veut être plus que le numéro 4, 5 ou 6 de sa section, il veut être le 2 sur la Bren, le premier franc-tireur et le premier grenadier.

Lors d'une allocution au cours d'état-major à Kingston, le général Stuart, notre chef d'état-major, a insisté sur la loyauté envers ceux au-dessus et ceux au-dessous et la fidélité envers soi-même. L'école de *battle drill* tient régulièrement des « Soviets » où l'homme fidèle à lui-même peut exprimer ses vues.

Ce dont notre armée a besoin, c'est d'une nouvelle méthode, de nouvelles vues, d'un nouvel objectif. Nos soldats veulent comprendre ce qu'est leur travail dans le conflit en cours et pourquoi il est si vital à l'effort de guerre. Ils ont besoin de sentir qu'ils sont une partie essentielle d'un plan soigneusement préparé qui mènera à la Victoire. Il nous est difficile d'apprendre les dures leçons de la coopération et du travail d'équipe d'une nation de mauvais chasseurs comme celle des Huns. Mais l'on doit réaliser que c'est par sa discipline de combat, la *battle drill*, par véritable coopération entre toutes les armes, comme elle a été pratiquée avec des succès foudroyants en France, que l'Allemand nous a complètement déclassé, comme il l'avait fait aux Olympiques. Il n'y est pas parvenu parce qu'il est un homme meilleur, mais par un processus requérant une sélection sévère et un entraînement rigoureux.

---

1. *Source* : « Battle drill – The shifting of tactics into high gear through the rapid execution of terse orders, based on drills which are designed to cope with any tactical problem. Lectures and Precis, originally assembled by 47th London Division – and printed by Calgary Highlanders C.A. (O) in England for use in 47th Div., G.H.Q., and Calgary Highlanders Battle Drill Schools in England (Oct. 1941) », 5e éd., Vernon (Colombie-Britannique), 27 janvier 1943, polycopié $8^1/_2$ x 14, p. 24.

Index

A

A.B.C. (pseudonyme), 56-58
Adam, Ronald, 164
Afrique du Nord, 19, 127, 201, 207, 247, 281, 300, 309-322, 330
Alanbrooke, lord, 33, 217, 253, 260
Alexander, Harold, 122, 190-192, 202, 216, 313, 371, 373
Alexander, R. G., 92
Algérie, 258, 311, 318
Allard, Jean Victor, 46-47, 284, 323, 337, 340
Anderson, T. V., 30
Anderson, W. A. B., 273
Ardant du Picq, Charles, 8
Armée allemande (Reichswehr, Wehrmacht), 26, 54, 55, 59, 67, 72, 82, 83, 184, 302, 324, 339
  2e Panzer, 329-330
  6e Armée, 309
  15e Division de Panzergrenadier, 14
  Afrika Korps, 311-312
  Truppenführung, 83, 302, 308, 309
  Voir aussi Luftwaffe
Armée américaine, 164, 193, 198, 200, 201
Armée britannique
  21e Groupe d'armées, 274, 286, 328
  8e Armée, 58, 77, 207, 258, 274, 320-322
  47e Division, 210-213, 215, 220, 261
  55e Division, 210
  GHQ Battle Drill School (Borden Hants, Angleterre), 190, 216, 217, 256, 271
  Irish Rifles, 318
  Royal East Kent Regiment (The « Buffs »), 319
  Royal Engineers, 318
  Royal Irish Fusiliers, 318, 319
  Sandhurst (école d'officiers), 58, 336
  Small Arms School (Netheravon), 179
  Southern Command, 210
  Royal Tank Corps, 25, 100, 310
  Royal Tank Corps School (Bovington), 51
  Staff College, Camberley, 30, 32-36, 43, 44, 83, 192, 214, 288, 289
  Staff College, Quetta, 32, 34, 44, 288

War Office, 66, 89, 93, 96, 119, 164, 183, 191, 197, 213, 214, 216, 250, 286
War Office Selection Board, 164
Woolwich (école du génie et de l'artillerie), 58
Voir aussi Royal Air Force
Armée canadienne
  1re Armée, 34, 221, 278, 279
  Districts et régions militaires, 155-156
    n° 2 (QG à Toronto), 92
    n° 3 (QG à Kingston), 166
    n° 4 (QG à Montréal), 53
    n° 5 (QG à Québec), 154
    n° 6 (QG à Saint-Jean, N.-B.), 146
    n° 7 (QG à Halifax), 146
    Division du Pacifique, 215, 273, 275, 276, 290
  Ier Corps d'armée, 207, 212, 221, 246, 278, 320, 322, 333
    1re Division d'infanterie, 13, 43, 54, 88, 89, 96, 103, 120, 130, 174, 189, 243, 244, 246, 261, 276, 304
      1re Brigade d'infanterie, 15
      2e Brigade d'infanterie, 15
      3e Brigade d'infanterie, 104, 129, 261
    5e Division blindée (auparavant, 1re Division blindée), 98, 174, 362
      1re Brigade blindée indépendante, 13-14, 246, 322
  IIe Corps d'armée, 54, 98, 204, 207, 330
    2e Division d'infanterie, 210, 212, 244, 246, 248, 251, 257, 263
      6e Brigade, 248, 263
    3e Division d'infanterie, 97, 125, 131, 174, 221, 246, 263, 362
      8e Brigade, 263
      9e Brigade, 232
    4e Division blindée, 278
  Bataillons d'infanterie et de mitrailleurs et Canadian Infantry Corps, 229, 230, 235, 274
    The Calgary Highlanders, 210-216, 219, 222, 232, 235, 244-246, 251, 254, 271, 277

The Carleton and York Regiment, 240, 258, 261
The Elgin Regiment, 47, 243
Les Fusiliers Mont-Royal, 102, 156, 248-249, 252, 263-265, 319
Les Fusiliers du Saint-Laurent, 234
Governor General's Foot Guard, 98
The Royal Hamilton Light Infantry, 319
The Hastings and Prince Edward Regiment, 153
New Brunswick Rangers, 240
Princess Patricia's Canadian Light Infantry, 45, 52, 54, 98-99, 256
Régiment de la Chaudière, 46, 131, 133, 246, 323
Régiment de Maisonneuve, 147, 246, 250, 251
Royal 22e Régiment, 18, 44-46, 52, 54, 98, 99, 103-104, 120, 129-130, 132, 246, 251, 259, 261, 263, 323
Royal Canadian Regiment, 14-15, 45, 52, 98, 243
Royal Highlanders of Canada (The Black Watch), 254-255
Royal Montreal Regiment, 221
Royal Regiment of Canada, 319
Seaforth Highlanders of Canada, 218
South Saskatchewan Regiment, 212, 252
The Toronto Scottish Regiment, 212
Voltigeurs de Québec, 246
The West Nova Scotia Regiment, 98, 261
Canadian Armoured Corps, 124, 140, 142, 152, 166, 228, 252
Lord Strathcona's Horse, 51, 52, 219
Régiment de Trois-Rivières, 14, 15, 46, 89, 109, 246, 323
Royal Canadian Dragoons, 51
Autres corps de troupes et unités
Royal Canadian Artillery, 229, 279
3rd Field Regiment, 120
4e Régiment d'artillerie moyenne, 160
6e régiment d'artillerie de campagne, 53
7e Régiment d'artillerie légère antiaérienne, 278
Royal Canadian Horse Artillery, 59
Corps canadien de l'intendance, 242
Ingénieurs de combat ou sapeurs (Royal Canadian Engineers), 34, 50, 72, 92, 229
1st Field Company, RCE, 50
12th Field Company, RCE, 92-93
15th Field Company, RCE, 234

Voir aussi Camps et écoles d'instruction ; Canadian Reinforcement Units ; Canadian Training School ; Corps-école des élèves-officiers canadiens ; Royal Canadian Air Force ; Royal Canadian Military College
Armée française
2e Armée, 110
9e Armée, 109
Armée italienne
10e Armée italienne, 310
Armstrong, Elizabeth H., 106
Aron, Raymond, 282, 301
Ashton, E.C., 30
Auchinleck, Claude, 117-119, 312

B

Balzac, Honoré de, 8
Bartholemew, comité, 128-129, 130
Bayerlein, Fritz, 314
Bean, W. A., 318, 319
Beckett, capitaine, 229
Bell, A. A., 55, 56
Belzile, Charles, 234
Bennett, R. B., 37
Bird, Will R., 232
Blackburn, George, 171-172, 176
Bloch, Marc, 113-115, 119, 282, 301
Brown, E. C., 276
Buchanan, lieutenant, 211
Burns, E. L. M., 34, 37, 72, 73, 75-76, 79-85, 128, 251, 277, 278, 284, 333, 334, 337

C

Campbell, Colin, 92
Campbell, J., 210, 211, 219, 220, 244
Camps et écoles d'instruction
Direction de l'instruction militaire (QGDN, Ottawa), 31, 174, 179, 180, 224, 237, 239, 242, 276, 282, 290
Camp Borden (Ontario), 46, 50, 52, Canadian Armoured Fighting Vehicles School, 51-52, 140, 164, 166, 169, 172, 173, 243
Camp Petawawa (Ontario), 50, 59, 140, 169, 172
Camp Shilo (Manitoba), 242
Centre d'instruction élémentaire n° 103 (Winnipeg), 242
A13 (Valcartier), 246
A30 (Utopia, N.-B.), 240

Index ★ 377

A31/S17 (Courtenay puis Vernon, C.-B.), 198, 232-239, 240, 245-246, 273, 275-277, 280
    Senior Officers Course, 276
    OTC n° 1 (Brockville, Ontario), 143-145, 152, 157-159, 162, 168-172, 222-231, 239, 246, 270, 285, 323
    OTC n° 2 (Gordon Head, C.-B.), 143, 144, 168, 179, 232, 270
    OTC n° 3 (Trois-Rivières), 143, 144, 168, 179, 232
    S3 (Long Branch, Ontario), 369
    S4 (Nanaimo, C.-B.), 178-181, 182
    S6 (Mégantic, Québec), 145, 239-240
    S11 (Suffield, Alberta), 232
    Camp n° 44/S18 (Saint-Jérôme, Québec), 144-145, 155, 159, 160, 162, 168
    École des métiers de Hamilton (Ontario), 369
    Voir aussi Canadian Training School
Canadian Military Headquarters, Londres, 90, 92, 151, 219, 250, 274, 318, 320
Canadian Psychological Association, 164
Canadian Reinforcement Units (Angleterre), 150, 152, 181-182, 279
    No. 6, 246
Canadian Training School (Angleterre), 150-152, 157, 212, 218-222, 271-274, 278-279, 288
    OTC Wing (aile n° 1, auparavant aile OCTU), 151, 219, 220
    Battle Drill Wing (aile n° 5), 220-221, 240, 273
    Chemical Wing, 272
    Junior Officers Tactical Wing, 272
    Technical Wing, 272
    Weapons Wing (aile n° 3), 219, 272
CANLOAN, programme, 162, 318
Carver, lord, 23, 313
Cendrars, Blaise, 90-92, 336-337
Cerdá, Nestor, 304
Chaballe, Joseph, 232
Chamberlain, Neville, 105, 124
Churchill, Winston, 124, 217, 255
Citino, Robert M., 301
Copp, Terry, 165
Corap, André, 109, 110
Corps-école des élèves-officiers canadiens (CEOC, COTC), 44, 53, 55, 141, 144, 155, 158-160, 162, 169, 318
Corum, James, 301
Crerar, H. D. G. (« Harry »), 32, 34, 35, 54, 151, 165, 212, 215-216, 221, 246, 269, 277-279, 320-321, 327, 333, 337
Cummings, A. C., 111
Currie, Arthur, 25, 27, 30

D

Deighton, Len, 301
Detroit General Aptitude Test, 165
Dewey, C. W., 219, 220
Dextraze, Jacques, 157, 284, 337, 340
Dieppe (France) : *voir opération Jubilee*
Diefenbaker, John, 215
Dill, John, 275
Doughty, Robert A., 301
Dumais, Lucien, 103, 265, 319
Dumay, Raymond, 9, 139
Dunkerque (France), évacuation de : *voir opération Dynamo*

E

Eagan, K.W., 224
El Alamein, bataille d', 311, 312
English, John A., 32, 37, 59, 60, 204, 206, 230-231, 247, 253, 260, 272, 280, 282, 285, 314, 334
Espagne, guerre d', 35, 303-305, 324
Exercice « Ively Farm » (1940), 120
exercices : *voir manœuvres*

F

Flynn, Percy, 261
Forbes, Charley, 245-246
Force C : *voir Hong Kong*
Foulkes, Charles, 337
Franklin, E. S., 322
Fraser, David, 63-64, 87, 127, 245, 281
Freiser, Karl-Heinz, 105, 301
Fuller, John Frederick Charles, 21, 24, 33, 61, 72, 73, 87, 100-101, 183, 185-187, 194, 269, 310, 337
Fussell, Paul, 62-65, 299-302

G

Galloway, Strome, 47, 52, 243, 319, 320
Gamelin, Maurice, 94, 97, 108, 114, 120
Gary, Romain, 110, 116
Gaulle, Charles de, 122, 282
Gide, André, 9, 113, 321-322, 333
Gort, John, 33
Gouin, Jacques, 249
Graydon, Gordon, 271
Graziani, maréchal, 310
Green, Howard, 271
Greenhous, Brereton, 104, 154, 159, 160, 164, 191, 209, 219
Gregg, Milton F., 98, 172, 219-220, 222-228, 230-232, 235-239, 244-246, 261, 266, 272-274, 276, 280, 284-285, 290

Grenier, Amédée, 305
Grenier, lieutenant-colonel, 263
Guderian, Heinz, 282, 302

H

Haig, Douglas, 34, 40, 64
Hall, O., 92
Hanson, R. B., 123
Harris, Stephen G., 32, 36-38
Harrison Place, Timothy, 326, 327
Henshaw, F. R., 50, 73-74, 80
Héroux, Omer, 109
Hertzberg, H. F. H., 285
Hitler, Adolf, 75, 87, 105, 301
Hobart, Percy, 51
Hodson, V., 98
Hoffmeister, Bert, 104, 218
Hong Kong, chute de (1941), 127, 135, 148, 270
Horrocks, Brian, 43
Howard, John K., 198-201
Howe, C. D., 137
Hunt, David, 281-282
Huntziger, Charles, 110

I

Imperial Defence College, 31, 35, 214
Inns, Harold, 278
Ironside, Edmund, 94

J

Jansen, Henry, 242
Juin, Alphonse, 122
Jünger, Ernst, 8, 87, 187, 333

K

Kennedy, brigadier, 155
King, William Lyon Mackenzie, 31, 37, 123-127, 218, 237, 260
Knappe, Siegfried, 59
Kuhn, Thomas S., 186, 187, 230

L

L'Espérance, J.-F., 318
Langston, A. E., 233
Lapointe, Ernest, 124
de Lattre de Tassigny, Jean-Marie, 122
Lawson, J. K., 133-136, 143, 164, 174, 334, 361
Léopold II de Belgique, 126
Lett, Sherwood, 214
Liddell Hart, B. H., 66, 72, 73, 310
Logan, H. Meredith, 194

Lovat, lord, 265
Loyd, H. C., 190, 217
Luftwaffe, 59, 319, 324
Lüttwitz, Heinrich von, 329-330

M

MacBrien, J. H., 27-30, 31
MacLachlan, G. M., 319-320
manœuvres
    Camp Borden (1938), 52-54
    « Beaver III » (1942), 215
    « Bumper » (1941), 210, 253
    « Spartan » (1943), 260
    « Waterloo » (1941), 129
Marine royale du Canada, 227
Massey, Vincent, 90
Matthews, J. D., 132
McAndrew, Bill, 69-70, 104, 165
McCarter, brigadier, 278
McNaughton, A. G. L. (« Andy »), 30-39, 43, 49, 58, 71, 88-92, 94-98, 119, 127, 130, 135, 148, 151, 165, 212, 214, 221, 251, 253, 260, 270, 279, 284, 304, 327, 333, 334, 336
Ménard, Dollard, 263-265
Mencken, H. L., 72
MI12, 250, 252-258, 277
Montague, P. J., 151
Monte Cassino, bataille de, 330
Montgomery, B. L., 24, 65, 76-79, 85, 131, 210, 228, 253, 258, 259-260, 274, 286, 287, 305, 311-313, 320, 322, 328, 334, 335
Mosier, John, 298, 301
Mowat, Farley, 153, 182, 244-245
Mussolini, Benito (le « Duce »), 311

N

Napoléon Ier, 28, 64, 74, 101, 303
de Nassau, Maurice, 230
Nicholson, G. W. L., 49
Nissoria (Sicile), 14-16, 324, 331, 340
Nixon, lieutenant, 211
Nops, A. S., 55
Normandie, campagne de, 54, 107, 144, 183, 204, 246, 300, 317, 325, 328, 329
Norvège, campagne de, 88, 117-119, 124, 127

O

O'Connor, Richard, 33, 310, 312
Odlum, V. W., 212, 214
Office national du film, 242
Officers Selection and Appraisal Board, 157-158, 160-162, 235, 365

Officers Selection and Appraisal Centres, 157-158, 160, 175
Oglesby, R. B., 106-107
Opérations
  Barbarossa, 106
  Compass (Afrique du Nord), 311
  Dynamo (Dunkerque), 50, 109, 121, 126-128, 184, 217, 237, 310, 371, 373
  Husky (Sicile) : voir Sicile
  Jubilee (Dieppe), 14, 127, 226, 236-237, 244, 257, 259, 265, 279, 318, 319
  Sledgehammer (Normandie 1942), 252
  Totalize (près de Caen), 328
  Torch (Algérie et Maroc), 258, 311
  Tractable (près de Caen), 328

P

Paget, B. C. T., 247, 260
Parker, capitaine, 179-180, 204
Pearkes, George R., 32-33, 43, 214-215, 222, 233, 234, 261, 275-276, 334
Penhale, brigadier, 220, 278
Pétain, Philippe, 123
Plan d'entraînement aérien du Commonwealth britannique, 125, 174
Pologne, campagne de, 38, 111, 124, 170, 174, 298, 321, 339
Pope, Harry, 246
Pope, Maurice, 30, 34-36, 215, 246
Power, Chubby, 125
Price, C. B., 129, 263
psychologie industrielle, 162-168

R

Ralston, J. L., 173, 209, 211, 260, 270-271
Reichswehr : voir Armée allemande
Reynaud, Paul, 108, 123
Richards, G. W., 322
Rickard, John N., 37
Rivers, F. S., 242
Rockingham, John M., 337, 340
Rogers, Norman, 124, 125, 126
Rommel, Erwin, 77, 281, 311, 313, 314, 322
Roux, Jean-Louis, 158
Rowan-Robinson, brigadier, 73
Royal Air Force, 24, 29, 32, 53, 96, 255, 304, 310-312, 328
Royal Canadian Air Force, 52, 53, 95-96, 130, 153, 174, 227, 304, 328
  110ᵉ Escadron : 130
  École de coopération avec l'armée, 174
Royal Military College of Canada (Kingston, Ontario), 23, 39, 58, 82, 140, 142, 158, 215, 243, 245, 252-253, 263, 270, 285-286, 288, 323
  Junior War Staff Course, 288
  Senior Officers Course, 285, 288
Royal Navy, 24, 310

S

Sagar, Elmer, 167
Saint-Exupéry, Antoine de, 112-113, 119
Saint Marc, Hélie de, 297
Salomon, Ernst von, 21
Samuels, Martin, 185
Sansom, E. W., 98, 278
Sartre, Jean-Paul, 139
Scott, J. F., 210, 212, 214-216, 222, 232, 235, 244, 245, 271, 272, 277-278
Seeckt, Hans von, 26, 27, 67, 72, 302
Sicile, débarquement et campagne de, 13, 207, 244, 322, 324
Simonds, G. G., 15, 35-36, 82-85, 93, 218, 219, 289, 321, 322, 325, 327, 328, 333, 334, 337
Singapour, chute de, 127
Smith, George Carrington, 173
Snow, T. E. (« Eric »), 151, 235, 238, 272-274
Société des Nations, 23-25
Sparling, J.-A., 239, 240
Stacey, C. P., 23, 32, 135-137, 319, 320
Stein, C. R. S., 37
Strathy, J. G. K., 289
Stuart, Kenneth, 70, 101, 165, 181, 373

T

Templer, Gerald, 183
tests psychologiques « M » et « M » révisé, 164-167
Thacker, H. C., 30
Thompson, Robert R., 53
Tolstoï, Léon, 11, 333
Toukatchevsky, maréchal, 282
Travers, Tim, 40
Triquet, Paul, 150
Trudeau, Pierre Elliot, 158
Tunisie, campagne de, 281, 309, 318, 320,-322
Turcot, G. A., 261

U

United States Marine Corps, 201
Utterson-Kelso, John, 190, 192, 202, 313, 373

V

Vallée, J. A. A. G., 261
Vanier, Georges, 126

Vennat, André, 248-249, 263-265
Vennat, Pierre, 263-265
Versailles, Traité de, 23, 26, 72
Virtue, capitaine, 229

W

Watson, Barry, 55
Waugh, Evelyn, 87, 139
Wehrmacht : *voir Armée allemande*
Weygand, Maxime, 120
Whitelaw, R. G., 122, 170-172, 180-181, 209, 226, 233, 290, 334
Wigram, Lionel, 190, 210, 272
Williams, Jeffery, 211
Worthington, F. F. (« Worthy »), 51-52, 99, 277-278

Y

Young, brigadier, 220-221

Z

Zweig, Stefan, 105, 108

Table des matières

✵ ✵ ✵

Avant-propos	9
Introduction	11
Chapitre un	
L'encadrement de 1919 à 1939	21
Un contexte difficile	23
Un matériel insuffisant	25
Les chefs d'état-major	27
Les officiers supérieurs	31
Officiers régimentaires et régiments	38
La formation des officiers de réserve	41
Les activités d'entraînement	44
Un débat sur l'instruction militaire des officiers à la veille de 1939	55
Chapitre deux	
Culture institutionnelle et débats doctrinaux dans l'entre-deux-guerres	61
La doctrine officielle	62
La vulgarisation de la doctrine officielle	65
Les blocages	67
La modernisation en question	70
Un débat à trancher	76
Chapitre trois	
La mobilisation et la crise de 1940	87
Un bien mauvais départ : la 1re Division en Angleterre et en France, 1939-1940	88
La situation dans les bataillons d'infanterie au début de la guerre	97
La déroute de l'entraînement	99
Le choc de 1940	105
Que s'est-il passé ?	111
Interpréter la défaite	115
La réaction du gouvernement canadien	122
Cafouillages	127
Désarroi dans les unités restées au Canada	131
La réaction de la Direction de l'entraînement, 1940-1941	133
Chapitre quatre	
L'organisation de l'instruction jusqu'en 1943	139
Une nouvelle structure	140
Les élèves-officiers francophones	144
Tensions administratives	148
La sélection des officiers	152
Les tests de sélection	162
Le cours d'officier : la formation élémentaire	168
La spécialisation	172

Nouveaux outils pédagogiques	176
Un critique britannique du système	178

Chapitre cinq
Repenser l'instruction au combat — 183

L'instruction du fantassin	184
Les débuts de la « battle drill » en Angleterre	189
Théorie de la *battle drill*	192
Mise en pratique de la *battle drill*	198
L'introduction de la *battle drill* dans la doctrine officielle : l'*Instruction de l'infanterie, 1944*	203

Chapitre six
Implanter une nouvelle conception de l'instruction — 209

La *battle drill* dans l'Armée canadienne d'outre-mer	209
Une institutionnalisation chaotique	214
La *battle drill* arrive au Canada	222
L'école de Vernon	232
L'école de Mégantic	239
Des moyens pédagogiques modernes	241
La réception de la *battle drill* par la troupe	243
La censure aux armées, un outil de mesure	247
L'entraînement dans les bataillons d'infanterie en 1942	259
Le grand continuum de la formation au combat	266

Chapitre sept
Les conceptions du haut commandement en 1942-1943 — 269

Les résistances	271
Les limites d'une réforme tactique	283
Les cours avancés	288
Le poids de la culture institutionnelle	291

Chapitre huit
Les premières leçons de la guerre — 297

L'obsession de la *blitzkrieg*	298
Transmettre les leçons apprises	303
Apprivoiser l'art de la guerre allemand	306
La lecture des premières campagnes (les Britanniques en Afrique du Nord)	309
L'emploi des chars	314
Programme de stages	318
Les lacunes : coopération tactique déficiente et rigidités opérationnelles	322
La vision de l'Autre	328

Conclusion	**333**
Bibliographie et sources	**341**
Sigles et abréviations	**355**
Annexes	**357**
Index	**375**

Dans la même collection

Bouvier, Patrick, *Déserteurs et insoumis. Les Canadiens français et la justice militaire (1914-1918)*, 2003.

Legault, Roch, *Une élite en déroute. Les militaires canadiens après la Conquête*, 2002.

Lemblé, Jean, *Incorporé de force dans la Wehrmacht*, 2002.

Litalien, Michel, *Dans la tourmente. Deux hôpitaux militaires canadiens-français dans la France en guerre (1915-1919)*, 2003.

Litalien, Michel, Thibault, Stéphane, *Les tranchées. Le quotidien de la guerre 1914-1918*, 2004.

Morin-Pelletier, Mélanie, *Briser les ailes de l'ange. Les infirmières militaires canadiennes (1914-1918)*, 2006.

Morton, Desmond, *Billet pour le front. Histoire sociale des volontaires canadiens (1914-1919)*, traduction de Pierre R. Desrosiers, 2005.

Piché Allard, Simone, *Une vie. Entre diplomatie et compromis (1909-1995)*, 2002.

Rawling, Bill, *La mort pour ennemi. La médecine militaire candienne,* traduction Pierre R. Desrosiers, 2007.

Rawling, Bill, *Survivre aux tranchées. L'armée canadienne et la technologie (1914-1918)*, traduction Pierre R. Desrosiers, 2004.

Rawling, Bill, *Une façon de faire la guerre. La prise de Cambrai, octobre 1918,* 2006.

Tremblay, Thomas-Louis, *Journal de guerre (1915-1918),* texte inédit, établi et annoté par Marcelle Cinq-Mars, 2006.

Tremblay, Yves, *Volontaires. Des Québécois en guerre (1939-1945)*, 2006.

Tremblay, Yves, Legault, Roch, Lamarre, Jean (dir.), *L'éducation et les militaires canadiens,* 2004.

Vance, Jonathan, *Mourir en héros. Mémoire et mythe de la Première Guerre mondiale (1914-1918),* 2006.

Athéna
ÉDITIONS
2007